dLv

Josh McDowell / Bob Hostetler

HANDBUCH JUGEND-SEELSORGE

**Ein kompetenter Führer für
Jugendmitarbeiter, Gemeindeälteste,
Lehrer und Eltern**

1. Auflage 1998

Originaltitel: Josh McDowell's Handbook on counseling youth
© 1996 by Word Publishing
© der deutschen Ausgabe
by CLV - Christliche Literatur-Verbreitung
Postfach 110135 - 33661 Bielefeld
Übersetzung: Christiane Eichler, Christoph Granz,
Mechthild Niemöller, Martin Plohmann
Satz: CLV
Umschlaggestaltung: Eberhard Platte, Wuppertal
Druck und Bindung: Graphischer Großbetrieb Pößneck

ISBN 3-89397-383-4   (Christliche Literatur-Verbreitung)
ISBN 3-89436-178-X   (Christliche Verlagsgesellschaft Dillenburg)

Inhalt

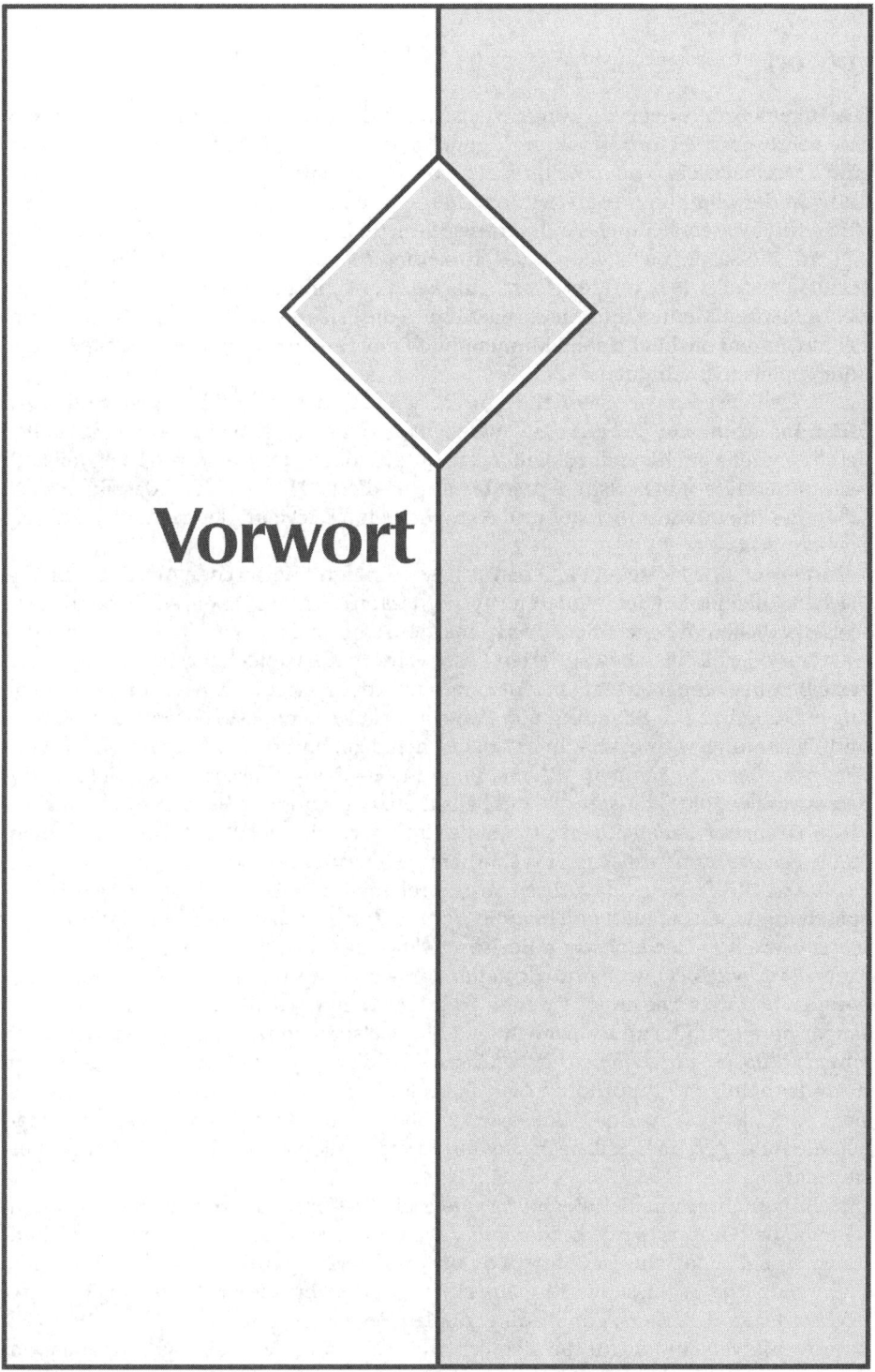

Vorwort

Vorwort

Die Herausforderungen für junge Menschen haben von Generation zu Generation eine vergleichbare Grundstruktur: Jugend bedeutet den Übergang von der Kindheit zum Erwachsensein, von der elterlichen Vormundschaft zur Eigenverantwortlichkeit und von der übernommenen heteronomen Moral zu einer selbstverantworteten Lebens- und Werteinstellung. Andererseits hat jede Generation veränderte Bedingungen, auf die sie sich einstellen muss. In keiner Zeit haben sich die Bedingungen so rasant geändert wie in unserer: Der technische Fortschritt zum Beispiel im Bereich der elektronischen Medien führt dazu, dass Eltern die Erlebniswelt der Jugendlichen zum Teil nicht mehr nachvollziehen können. Auch moralische und religiöse Vorstellungen unterliegen einem dramatischem Wandel.

Ein Verdienst des vorliegenden Handbuches ist es, durch Einzelbeispiele und statistische Aussagen, zum Teil aus dem evangelikalen Milieu, den Versuch einer aktuellen Beschreibung von Jugendproblemen zu unternehmen und eine fundierte biblisch orientierte Hilfe zur Seelsorge anzubieten. In dieser Hinsicht füllt das Buch auch schon in seiner Ausführlichkeit und Aktualität eine Lücke im deutschen christlichen Büchermarkt.

McDowell und Hostetler bedienen sich eines integrationistischen Ansatzes, d.h., sie machen Anleihen bei der säkularen Psychotherapie und versuchen, sie den christlich-seelsorgerlichen Anliegen dienstbar zu machen. Dem in der psychologischen Literatur auch nur oberflächlich bewanderten Leser werden die Parallelen zwischen dem vorgestellten Seelsorgekonzept und der non-direktiven Gesprächspsychotherapie von Rogers auffallen. Die Betonung von Wahrhaftigkeit, nicht besitzergreifender Wärme und Einfühlungsvermögen – in der deutschsprachigen Psycholiteratur bekannter in der Formulierung »Echtheit, Wärme, Empathie« – das Verbalisieren der Gefühle des Ratsuchenden, die Schlüsselrolle des Selbstkonzeptes und der Selbstachtung, die Akzentuierung der Ganzheitlichkeit – all dies und noch viel mehr sind wichtige Elemente, die aus der humanistischen Psychotherapie übernommen werden.

Nun ist die Tatsache, dass diese Strukturelemente in einer von unbiblischen Voraussetzungen ausgehenden Therapie Verwendung finden, kein Beweis ihrer Unbrauchbarkeit in der biblischen Seelsorge. Im Gegenteil, ihre therapeutische Wirksamkeit ist, wie McDowell und Hostetler zu Recht erwähnen, größtenteils empirisch deutlich bestätigt. Die entscheidende Frage ist: Gelingt es, die unbiblischen Aspekte sauber herauszufiltern? Mehr noch: Hat ein Seelsorgekonzept, das in weiten Teilen einem gottlosen, durch menschliche Überheblichkeit gekennzeichneten System folgt, noch die richtigen Proportionen? Ist sie gesund und ausgewogen in biblischer Hinsicht oder führt sie zu einer Akzentverschiebung? In dieser Hinsicht werden sicherlich die Aussagen über Selbstachtung ein Kristallisationspunkt kontroverser Diskussion sein.

Selbstannahme und Selbstachtung sind logische Konsequenzen aus den Grundannahmen der Gesprächspsychotherapie: »Die Grundstruktur des frei sich vollziehenden menschlichen Seins ist konstruktiv und vertrauenswürdig. Dies ist für mich eine unumgängliche Schlussfolgerung aus einem Vierteljahrhundert Erfahrungen in der Psychotherapie« (Rogers, Entwicklung der Persönlichkeit, Stuttgart, 1973, S. 193). »Ich habe wenig Verständnis für die ziemlich weit verbreitete Vorstellung übrig, dass der

Mensch im Grunde irrational ist, und dass seine Triebe auf Zerstörung seiner selbst und anderer angelegt sind, wenn sie nicht kontrolliert werden: Des Menschen Verhalten ist ungemein rational ...« (Rogers, a.a.O., S. 194). Selbstakzeptierung ist für Rogers die Basis für eine positive Verhaltensänderung, größere Realitätsbezogenheit und Echtheit (Rogers, Encounter-Gruppen, München, 1974, S. 29ff).

Offensichtlich ist, dass der Selbstachtungs-Begriff aus der humanistischen Psychologie nicht uneingeschränkt in eine biblische Seelsorge verpflanzt werden kann, weil die Grundannahmen, auf denen er beruht, mit den Aussagen der Heiligen Schrift kollidieren. Andererseits kann auch nicht behauptet werden, dass er keine Schnittmenge mit der biblischen Sicht vom Menschen hat.

In welcher Hinsicht kann aufgrund der Bibel positiv von Selbstachtung gesprochen werden?

Geschöpfe Gottes: Nicht nur Jugendliche in der Pubertät, aber sie besonders neigen dazu, mit ihren schöpfungsmäßigen Anlagen unzufrieden zu sein. Manche ärgern sich darüber, blond zu sein und nicht dunkelhaarig, meinen, sie hätten eine zu dicke Nase, wären gerne musikalischer, statt sich über ihre sportlichen und mathematischen Fähigkeiten zu freuen usw. In diesem Aspekt ist es richtig, sich selbst anzunehmen und mit David zu sagen: »Ich preise dich, dass ich auf eine erstaunliche, ausgezeichnete Weise gemacht bin. Wunderbar sind deine Werke ...« (Ps. 139,14). Allerdings sind auch hier die Proportionen zu beachten. Der Vers besagt zwar, dass David sich als ein erstaunliches, ausgezeichnetes und wunderbares Geschöpf sieht. Dies sagt er allerdings zur Ehre des Schöpfers, nicht um sich selbst zu ehren. Die Achtung vor unserer Geschöpflichkeit setzt auch Paulus in Kolosser 2,23 voraus. In Abgrenzung zu leibfeindlichen Tendenzen spricht er davon, dass dem eigenen Leib mit seinen Bedürfnissen wie Nahrung, Schlaf, Bewegung usw. durchaus eine gewisse Wertschätzung oder Achtung zukommt.

Psychische Fähigkeiten: McDowell und Hostetler bemerken zu Recht, dass viele Menschen mit psychischen Störungen durch tiefe Mutlosigkeit und Verzagtheit in Bezug auf ihre Fähigkeiten und ihren Wert gekennzeichnet sind. Ihre innere Haltung scheint auszudrücken: »Entschuldigung, dass ich existiere. Es soll nicht wieder vorkommen.« Genau vor diesem Zustand wird in Kolosser 3,21 gewarnt: »Ihr Väter, ärgert (irritiert) eure Kinder nicht, damit sie nicht mutlos (verzagt, scheu, ängstlich, unsicher) werden.« Umgekehrt könnte man formulieren, dass eine zuversichtliche, mutige, die eigenen Fähigkeiten nicht geringschätzende Haltung durch die Erziehung und darüber hinaus natürlich auch durch die Seelsorge gefördert werden sollte.

Geistliche Gaben: Bezogen auf die Gnadengaben wird in 1. Korinther 12 vor zwei Fehlhaltungen gewarnt: vor Überheblichkeit (»Das Auge kann nicht zur Hand sagen: Ich brauche dich nicht«) und vor Minderwertigkeitsgefühlen: (»Weil ich nicht Auge bin, gehöre ich nicht zum Leib«). Auch daraus läßt sich schlussfolgern, dass Dankbarkeit Gott gegenüber für die eigene Ausstattung richtig und negatives, geringschätzendes Denken über sich selbst in dieser Hinsicht unangebracht ist, (wenn nicht sogar sündig) und eine Anklage gegen Gott.

Allerdings darf nicht übersehen werden, dass die Bibel in anderen Zusammenhängen vor Selbstachtung und Selbstliebe warnt:

Selbstliebe, Selbstsucht: Von den negativen menschlichen Eigenschaften und Verhaltensweisen, die sich in den letzten Tagen vor dem Wiederkommen des Herrn besonders entfalten, wird die Selbstliebe zuerst genannt (2. Tim. 3,2). Gemeint ist die Haltung, sich selbst mit den eigenen Bedürfnissen und Wünschen zum zentralen Lebensinhalt zu erheben, selbstsüchtig zu sein, auch auf Kosten der Rechte anderer und unter Missachtung Gottes. Der Nachfolger Jesu wird aufgefordert, sich selbst zu verleugnen (Lk. 9,23), d.h., das Recht auf Verwirklichung eigener Wünsche und Ziele soll für bedeutungslos und nicht existent geachtet werden, wenn sie nicht mit dem Willen des Herrn übereinstimmen.

Sündiges Wesen: Bezüglich unserer Gerechtigkeit vor Gott ist Selbstachtung völlig fehl am Platz. In dem Gleichnis vom Pharisäer und Zöllner warnt der Herr Jesus die, »die auf sich selbst vertrauen, dass sie gerecht seien« (Lk. 18,9). Wenn es um Sünde geht, ist nicht Selbstannahme, sondern Selbstgericht (1. Kor 12,32), Traurigkeit und Niedergeschlagenheit (Jk. 4,9) Abscheu (Röm. 12,9) und Buße (2. Kor. 7,9) die angemessene Haltung. Dies ist ein der humanistischen Psychologie völlig fremder Gedanke. Mit sehr drastischen Worten warnt der Herr Jesus vor Selbstannahme in Hinblick auf Sünde: »Wenn aber dein rechtes Auge dir Anlass zur Sünde gibt, so reiß es aus und wirf es von dir; denn es ist dir besser, dass eines deiner Glieder umkommt, als dass dein ganzer Leib in die Hölle geworfen wird« (Mt. 5,29). Mit Sicherheit ist hier keine Aufforderung zu körperlicher Selbstverstümmelung gegeben. Dies würde nicht von der Hölle retten. Jedenfalls wird deutlich, dass eine undifferenzierte Selbstannahme verheerende, ewig dauernde Folgen haben kann.

Keinesfalls soll der Eindruck erweckt werden, dass McDowell und Hostetler die Notwendigkeit der Sinnesänderung, der Abkehr von Selbstsucht und der Verurteilung von Sünde in Abrede stellen. Ihre erklärte Absicht ist es auf der Grundlage einer lebendigen Beziehung zu Christus und unter der Voraussetzung der wirkenden Kraft des Geistes Gottes Anleitung und Hilfe zu biblischer Seelsorge zu geben: »*Das Ziel biblischer Seelsorge ist nicht Fröhlichkeit, sondern Christusähnlichkeit*« (S. 20).

In dieser Hinsicht und unter der Voraussetzung der Unterscheidung von richtiger und falscher »Selbstannahme« kann das »Handbuch Jugendseelsorge« für den Leser eine kompetente und wertvolle Hilfe sein. Andererseits ist er damit nicht aus der Verantwortung entlassen im Einzelnen zu prüfen und die Aussagen im Horizont seiner eigener Möglichkeiten und Grenzen zu überdenken.

Ich wünsche im Gleichklang mit den Autoren, dass dieses Buch zurüstet zur christuszentrierten Hilfe an Jugendlichen auf der »gefährlichen Straße zum Erwachsenwerden«.

Gerrit Alberts

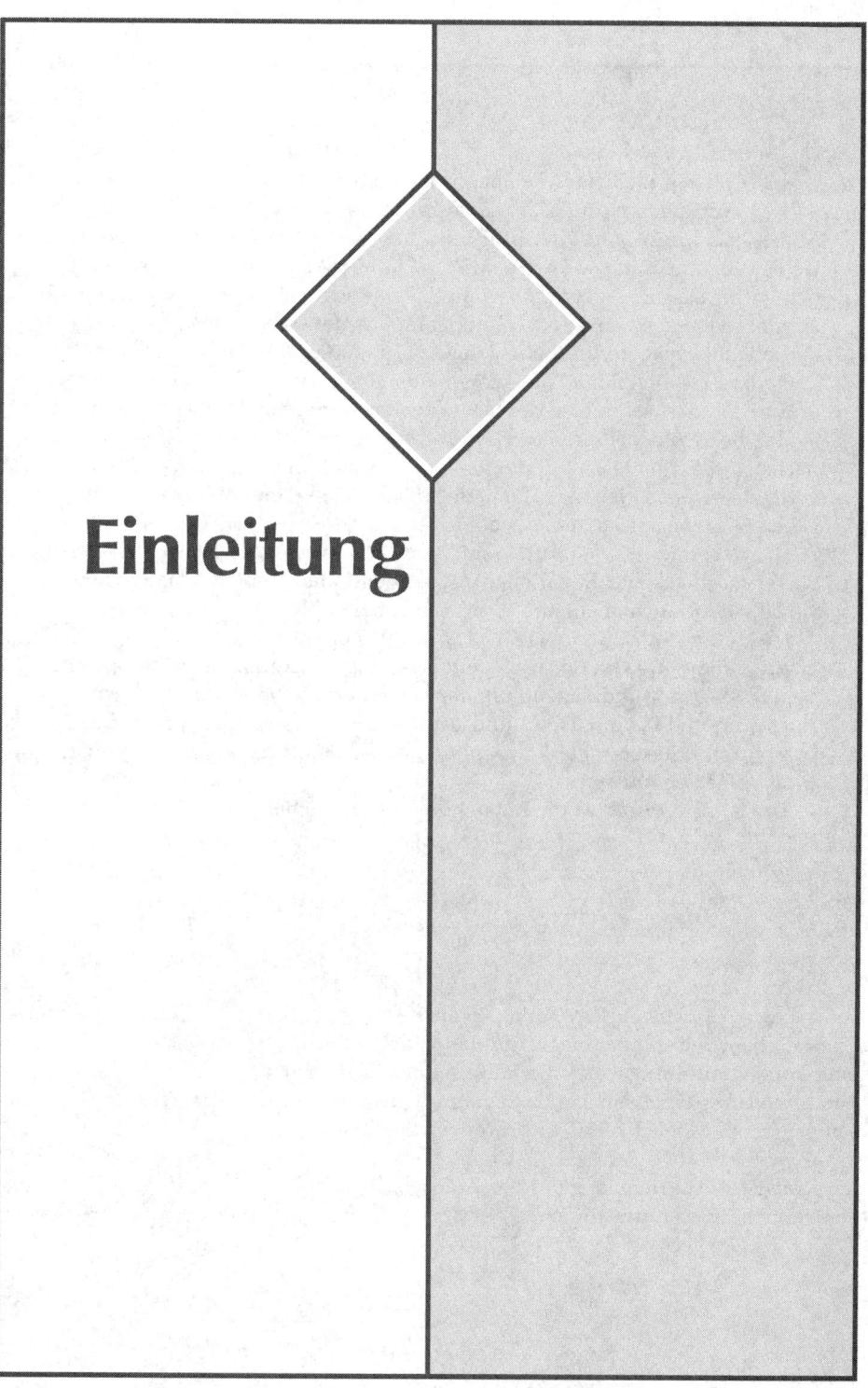

Einleitung

◆ Einführung

Ich erhielt einen Brief von einem gläubigen Vater, der einen meiner Vorträge gehört hatte. Er sagte, er und seine Frau hätten stets ihr Bestes getan, um gute Eltern zu sein. Sie waren Glieder einer bibeltreuen Gemeinde und konnten immer stolz auf ihre Kinder sein. Jedoch, so sagte er mir, hatten sie soeben etwas über ihre älteste Tochter entdeckt, das ihre Welt zusammenbrechen ließ. Er beschrieb seine Tochter als ein hübsches Mädchen, das jedoch nie sonderlich beliebt bei den Jungen war. Bis vor kurzem.

Sie fing an, sich mit einem Jungen aus dem Football-Team zu verabreden und hatte – das war es, was der Vater soeben erfahren hatte – bereits sehr früh in der Beziehung Sex mit ihm. Von diesem Football-Spieler ging sie zum nächsten. Bald hatte sie mit der ganzen Mannschaft geschlafen! Der zutiefst verletzte Vater schrieb mir: »Josh, sie haben mein kleines Mädchen weitergegeben wie eine Art Teammädchen!«

Der liebende Vater schüttete mir sein Herz weiter aus. Er wollte wissen, was er machen sollte. Er bat mich um Antwort. Manche seiner Fragen konnte ich beantworten, manche nicht, obwohl ich mein Bestes gab.

Ich kann nicht zählen, wie oft ich ähnliche Berichte gehört habe – aus erster Hand –, die selbst das härteste Herz erweichen würden. Eltern, Großeltern, Lehrer, Pastoren und Jugendarbeiter vertrauen mir ihre Frustrationen und Ängste an und ihr intensives und dringendes Verlangen nach Hilfe bei den komplexen kritischen Punkten, mit denen sich die Jugendlichen heute auseinandersetzen müssen.

Das ist der Grund für die Entstehung dieses Buches.

Jugend in der Krise

Nachforschungen geben eine statistische Horror-Story von dem, was heute täglich in Amerika geschieht:[1]

- 1 000 unverheiratete weibliche Teenager werden Mütter;

- 1 106 weibliche Teenager lassen abtreiben;

- 4 219 Teenager stecken sich mit einer Geschlechtskrankheit an;

- 500 Heranwachsende fangen an Drogen zu konsumieren;

- 1 000 Heranwachsende fangen an Alkohol zu trinken;

- 135 000 Kinder bringen eine Pistole oder andere Waffen mit zur Schule;

- 3 610 Teens werden misshandelt, 80 werden vergewaltigt;

- 2 200 Teens brechen die Schule ab;

- 2 750 Kinder erleben die Trennung oder Scheidung ihrer Eltern;

- 90 Kinder werden der Obhut ihrer Eltern entzogen und in Pflegefamilien, Wohngruppen oder staatlichen Heimen untergebracht;

- 7 Kinder (zwischen 10 und 19 Jahren) werden umgebracht;

- 7 Jugendliche im Alter von 17 Jahren und darunter werden wegen Mordes verhaftet;

- 6 Teens begehen Selbstmord.

Viele der achtundzwanzig Millionen amerikanischer Teenager sehen sich Kämpfen und Krisen gegenüber, die die meisten Erwachsenen kaum ertragen könnten. Zum Beispiel hat jeder achte Jugendliche einen alkoholabhängigen Elternteil. Einer von fünf lebt in Armut. Mehr als einer von fünf (22%) lebt mit nur einem Elternteil. Mehr als einer von fünfzig lebt gänzlich ohne Eltern.[3]

Überdies haben Nachforschungen – und Erfahrungen – gezeigt, dass Teens in evangelikalen Gemeinden in keiner Weise immun gegenüber solchen Problemen sind. Eine Umfrage von dreiundzwanzig christlichen Landes-Jugendleitern[4] aus verschiedenen Denominationen und Freikirchen ergab Problemschwerpunkte wie voreheliche Geschlechtsverkehr, Pornografie, sexueller Missbrauch, emotionaler Missbrauch, Abtreibung, Scheidung der Eltern, Alkoholismus, Drogensucht und Selbstmord. Diesen Problemen sehen sich die Kinder gegenüber – Kinder aus christlichen Familien wohlgemerkt. Probleme, welche die Jugendleiter sowohl wichtig als auch dringend erachten für die heutige Jugend ... und für die Erwachsenen, die mit ihnen umgehen.

Diese dreiundzwanzig Landes-Jugendleiter halfen uns, die fünfzig wichtigsten und dringlichsten Probleme zu identifizieren, denen Jugendliche heute ausgesetzt sind. Probleme, die von Emotionen (wie Einsamkeit und Depressionen) über Beziehungen (wie Liebe, Verabredung und Gruppendruck), Sexualität, Missbrauch, Süchte, Störungen bis hin zu Glaubensdingen (wie Gottes Willen erkennen und Karriere machen oder ein Amt in der Gemeinde übernehmen) reichen.

Wie dieses Buch zu gebrauchen ist

Dieses Buch verhilft den betroffenen Eltern und anderen Erwachsenen in ausführlicher Weise, die Probleme der Jugendlichen zu verstehen. Die Erzieher gewinnen eindrückliches Wissen über die Probleme und werden ausgerüstet, passende Antworten dazu zu geben.

Jedes der nachfolgenden neunundvierzig Kapitel betrachtet ein ernstes Problem von Heranwachsenden (manchmal von Kindern) und beabsichtigt, eine erprobte Empfehlung zu diesem Thema zu geben. Eine Übersicht zu Anfang eines jeden Kapitels gibt Auskunft über dessen Inhalte, was eine schnelle Auffindung spezifischer Punkte erlaubt. Jedes Kapitel ist folgendermaßen aufgebaut:

Eine eröffnende Fallstudie zur Präsentation und Illustration des Problems, dessen Symptome und Charakteristiken in einem lebensnahen Szenario. Viele der Fallstudien sind aus den aktuellen Nachrichten übernommen, einige stammen aus den Studien von Fachleuten, die sich mit Jugendlichen beschäftigen. Manche beinhalten von beidem etwas.

Ein Überblick des Problems und seiner Verbreitung unter den Jugendlichen.

Die Ursachen und Folgen des Problems oder Themas, bezugnehmend auf die Experten des jeweiligen Fachbereiches.

Ein Blick auf das Problem aus biblischer Sicht und der Standpunkt der Bibel diesbezüglich.

Die Verantwortung, die ein Gemeindeleiter, Jugendarbeiter, Lehrer und Eltern möglicherweise übernehmen können, um den Problempunkt zu vermeiden oder aufzudecken. Jedes der neunundvierzig Kapitel empfiehlt *eine Antwort in sechs Schritten*: Zuhören – Verständnis zeigen – Bestätigen – Richtung weisen – Ziele setzen – Hilfe von außen. Diese sechs Schritte sollen be-

troffenen Eltern und Erwachsenen helfen, die Vorschläge richtig und sorgfältig anzuwenden.

Die Nachforschungen, Expertenmeinungen, Empfehlungen, biblischen Hintergründe und die biblische Basis, die hier präsentiert wird, kann eine unschätzbare Quelle für Eltern und sich sorgende Erwachsene sein, die sich fragen: »Was kann ich tun? Was soll ich sagen?« oder »Was sollte ich wissen?«. Dieses Buch ist so strukturiert, dass es betroffenen Eltern, Gemeindeleitern, Jugendleitern, Lehrern oder anderen Erwachsenen erlaubt, die Übersicht aufzuschlagen, das Kapitel zu suchen, das sich mit dem Thema befasst und sogleich ein tiefes Verständnis für das Problem zu gewinnen und eine Möglichkeit zu haben, dem zu begegnen.

Die Übersicht zu Beginn eines jeden Kapitels ermöglicht dem Leser ein schnelles Auffinden spezifischer Punkte innerhalb eines Themenbereiches. Darüber hinaus können betroffene Erwachsene noch mehr Einsicht und Information gewinnen, wenn sie, nachdem sie das gesamte Kapitel sorgfältig gelesen haben, das Nachwort und die empfohlenen Quellen beachten.

Obwohl die Kapitel dieses Buches von dem Rat und der Information der meist respektierten Persönlichkeiten christlicher Seelsorge ihre Nutzen ziehen, beabsichtigen sie nicht, eine vollständige und unfehlbare Abhandlung eines jeden Themas zu präsentieren. Ganze Bücher zu jedem Thema könnten das nicht leisten. Noch beabsichtigt dieses Buch, den Rat eines Christen, der in Seelsorge geübt ist, zu verdrängen oder auch nur zu verzögern. Wir haben lediglich die Tatsache erkannt, dass Tausende von Eltern, Lehrern, Gemeindeleitern und Jugendarbeitern bereits Situationen gegenüberstehen, in denen junge Männer und Frauen dringend weisen Rat gebrauchen.

Dieses Buch ist für die betroffenen Erwachsenen gedacht, die sich schlecht ausgerüstet vorkommen, denen die Probleme über den Kopf wachsen, die nach einer Möglichkeit verlangen, die ihnen hilft, ihren Kindern zu helfen.

Es ist als ein Angebot für Erwachsene gedacht, die die Tragödien, die unsere Jugend nur zu oft treffen, verhindern und ihnen entgegnen wollen.

Josh McDowells Handbuch zur Jugendseelsorge präsentiert eine Sicht, die in vielen guten Büchern, die in säkularen Buchhandlungen angeboten werden, nicht zu finden ist: eine biblische, christuszentrierte Annäherung an hilfsbedürftige Jugendliche. Es registriert die harte Realität einer gefallenen Welt, bietet aber auch »das Licht des Wissens um die Herrlichkeit Gottes«[5] an.

Dieses Handbuch bietet außerdem etwas, das in den vielen hervorragenden christlichen Ratgebern für Erwachsene nicht angeboten wird: Es ist ein speziell für die Hilfe an Jugendlichen entwickelter Führer, der nicht nur die Schwierigkeiten, sondern auch die Möglichkeiten während der Zeit des Heranwachsens erkennt.

Die physischen und emotionalen Tumulte der Teenagerjahre haben immer vielfältige Probleme und Herausforderungen präsentiert. Die heutige Jugend hat jedoch mit vielen Schwierigkeiten zu ringen, an denen die meisten ihrer Eltern und Großeltern schwer zu tragen hätten. Viele dieser Jugendlichen zeigen eine unglaubliche Widerstandskraft im Angesicht schwieriger Umstände. Einige verhalten sich bewunderungswürdig gegen jede Versuchung. Andere jedoch werden zu Opfern der gefährlichen »Straße zum Erwachsenwerden«. Dieses Buch ist für all jene jungen Menschen und für die Erwachsenen, die sich um sie sorgen.

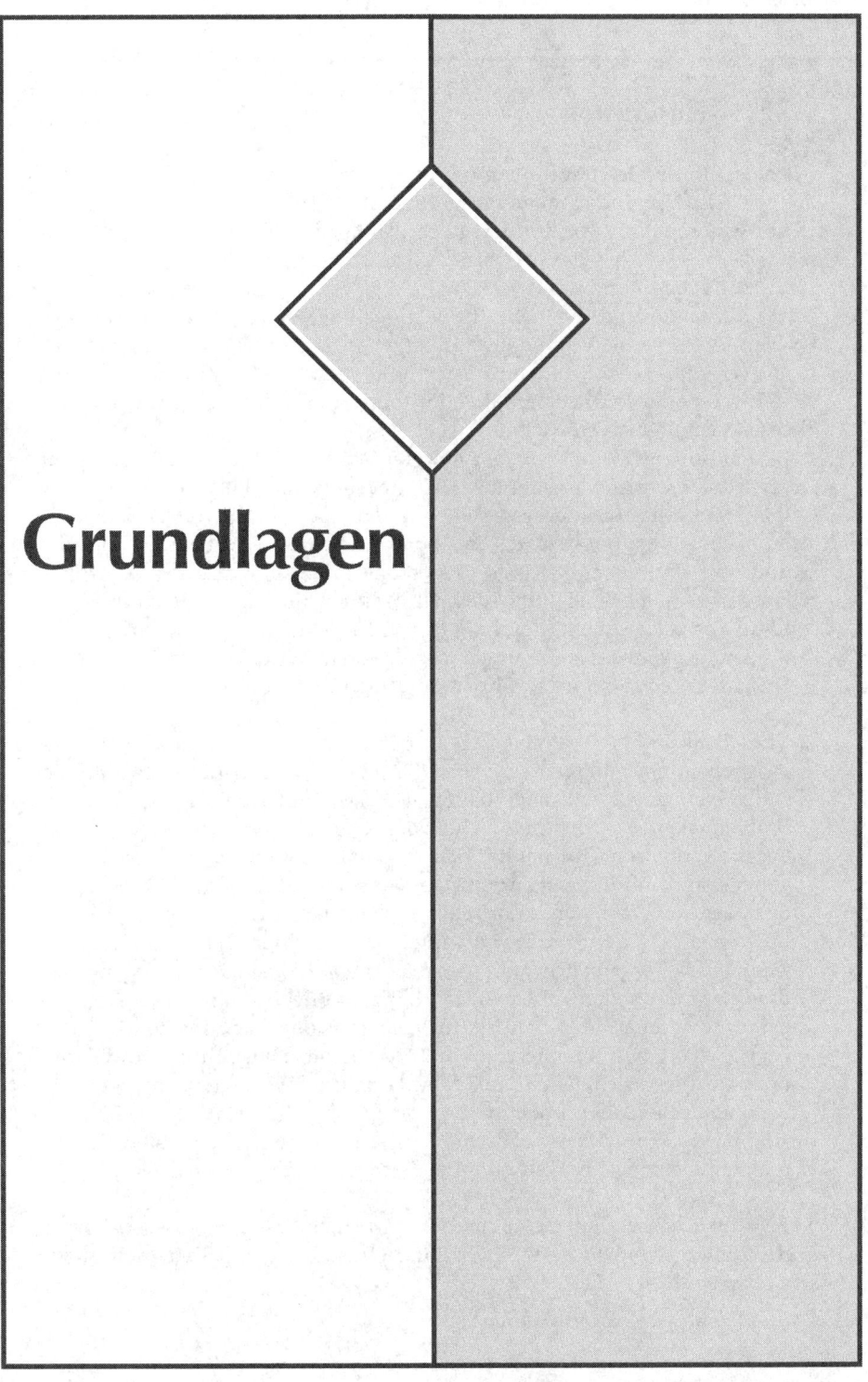

Grundlagen

Einführung

In den letzten fünfzig Jahren haben in den Gemeinden weitgreifende Veränderungen stattgefunden.

Vor einem halben Jahrhundert noch war es, als ob eine große Kluft zwischen der Gemeinde – das war alles, was Gott, Jesus, die Bibel, Erlösung und Heiligung betraf – und der Psychologie – das war alles, was mit dem menschlichen Verhalten und der Hilfe für Männer und Frauen zu tun hatte, ihre Probleme zu erkennen und damit umzugehen, bestünde. Viele Christen betrachteten die Psychologen und Psychotherapeuten mit Misstrauen – und viele Psychologen betrachteten Religion – und Christen im Besonderen – mit Skepsis oder offener Feindschaft.

In den fünfziger und sechziger Jahren dieses Jahrhunderts jedoch fingen einige wenige Christen – unter ihnen Clyde Narramore, James Dobson, Larry Crabb, Frank Minirth und Paul Meier – an, die Beziehung von Christentum und Psychologie zu erforschen und zu entwickeln. Sie begannen, über die Grundsätze und Techniken der Psychologie und der biblischen Lehre zu reden, nicht um die Bibel durch diese Grundsätze und Techniken zu ersetzen, sondern um menschliche Emotionen und Beziehungen im Licht der biblischen Analyse und deren Lösungen besser verstehen zu können.

So schreibt Tim Stafford in Christianity Today:

Christliche Psychologie hat sich in das Zentrum des Evangelikalismus geschoben. Psychologen schreiben bestverkaufte christliche Bücher. Sie sind diejenigen, auf die wir schauen, wenn wir Hilfestellung bei familiären Problemen und zum persönlichen Wachstum benötigen. 1991 hat eine Leserumfrage von Christianity Today ergeben, dass Evangelikale weit mehr geneigt sind, mit Problemen zu professionellen Seelsorgern als zu Gemeindeleitern zu gehen. (Dreiunddreißig Prozent suchten »professionelle« Hilfe; weniger als zehn Prozent wandten sich an einen Gemeindeleiter.) ... Gemeindeleiter haben sich dieser Welle angeschlossen, in der Erkenntnis, dass ihre Gemeinden sich mehr für Predigten über ›Heilung der Verletzungen des inneren Menschen‹ als für ›Das missionarische Bewusstsein des Apostels Paulus‹ interessieren. Wörter wie Sucht, Selbstachtung und Funktionsstörung durchziehen viele Sonntagmorgen-Predigten. Evangelikale Seminare sehen auf schnell wachsende Seelsorgekurse. Wheaton College, eine Bastion fundamentalistischer Christen, startet seinen ersten Doktorenkurs, nicht in Theologie oder Bibelkunde, sondern in Psychologie.[1]

Neben der wachsenden Akzeptanz von christlichem Rat, entstehen immer noch Probleme und Proteste, die primär einem von zwei Extremen zuzuschreiben sind.

Zwei extreme Reaktionen

Einige hochangesehene christliche Stimmen attackieren verschiedene Versuche, psychologische Theorien und Beratungstechniken in die Gemeinden zu bringen. Einige sagen. »Jesus ist die Antwort. Alles was wir tun müssen ist, IHM zu vertrauen und mehr zu beten; dann wird alles gut werden.«

Andere sagen: »Gott sagt uns nicht, dass wir unsere Gefühle kennen sollen; ER sagt, dass wir Gottes Willen kennen und befolgen sollen.«

Dann gibt es das andere Extrem. Man glaubt, dass man nur mit seiner Vergangenheit »aufzuräumen« muss und alles gut werden wird. Befreiung wird in unterstützenden Gruppen und in Zwölf-Schritte-Programmen angeboten. Sie nehmen die Bibel, um ihre Theorien zu untermauern und ihre Ideen in »christliche« Terminologien einzuhüllen. Sorgfältiges Nachforschen wird jedoch ergeben, dass ihre Sicht der Dinge sich nicht von der eines Nichtchristen unterscheidet.

Die Schwierigkeit ist, dass in beiden Positionen Wahrheit enthalten ist. Hinter ihrer Kritik stehen nachvollziehbare Ängste. Jesus ist die Antwort und Gehorsam gegenüber dem Willen Gottes ist ein Schlüsselbegriff. Auf der anderen Seite ist das Verständnis der Vergangenheit eines Menschen oftmals aufschlussreich und Krisen erfordern oftmals die Hilfe von anderen Menschen. Aber keines der beiden Extreme ist – für sich selbst gesehen – biblisch, denn jede Sichtweise präsentiert nur einen Teil des Gesamtbildes.

Der christliche Psychologe Gary R. Collins schreibt:

Von der Bibel her gesehen müssen Christen alles lehren, was Christus befohlen und gelehrt hat. Das schließt sicher auch Doktrinen über Gott, Autorität, Erlösung, geistliches Wachstum, Gebet, Gemeinde, Zukunft, Engel, Dämonen und die menschliche Natur ein. Weiter hat Jesus über Heirat, Eltern-Kind-Beziehung, Gehorsam, Beziehungen zwischen den Klassen und Freiheit für Männer und Frauen gelehrt. Und er lehrte über persönliche Themen wie Sexualität, Sorge, Angst, Einsamkeit, Zweifel, Stolz, Sünde und Entmutigung.

All das sind Themen, bei denen die Menschen heute Rat suchen. Als Jesus mit solchen Leuten umging, hörte er oftmals den Nachfragenden zu und akzeptierte sie, bevor er sie anregte, anders zu denken oder zu handeln. Gelegentlich hat er den Menschen gesagt, was sie tun sollten, aber er hat auch durch geschickte und göttlich geleitete Fragen Menschen angeleitet, ihre Probleme selbst zu lösen.[2]

Christen, die Jesus nachfolgen wollen, der unser Vorbild in allen Dingen ist, werden nicht nur den Vorteil erkennen, vor einer großen Menge zu predigen, sondern auch die Heilung erkennen, die ein Gespräch unter vier Augen bewirken kann, wenn sorgfältiges Zuhören und biblisch fundierte Antworten mit Feingefühl aufregende Ergebnisse bewirken.

Das Wissen von wertvollen psychologischen Nachforschungen und Techniken kann jedoch nicht die Tatsache schmälern, dass letztendliche Heilung und Wiederherstellung von Gott kommt, durch Christus. Nur einen Arzt aufzusuchen, zeigt einen Mangel an Vertrauen in Gottes souveräne Liebe und Macht. Aber so, wie Gott oftmals Wunder durch ausgebildete Ärzte und Ärztinnen bewirkt, bewirkt Er auch oft emotionale und mentale Heilung durch Zuhör- und Kommunikationstechniken christlicher Psychologen, die biblisch fundiert sind.

Die Charakteristiken biblischer Seelsorge

Sogar unter Christen, die die Stellung von Seelsorge in der Gemeinde erkennen, gibt es viele Debatten über wahre biblische Seelsorge (was sie ist, was sie nicht ist, wer sie predigt, wer sie ausübt und wer nicht). Für die vielen Männer und Frauen Gottes auf dem Feld ist es nötig, Ansichten auszutauschen mit dem Ziel, Methoden zu Gottes Ehre zu finden, um anderen zu helfen. Es ist hier nicht unser Zweck, diese Ansichten zu beweisen, zu tadeln oder zu verbessern.

Trotzdem gibt es einige Voraussetzungen, die dem Inhalt und den Empfehlungen dieses Buches unterliegen. Diese Voraussetzungen basieren auf den Prinzipien und Lehren der Bibel, Gottes autoritativem, unfehlbarem Wort, welches die ultimative Quelle für ein geistliches Leben ist.

Gott ist Liebe (1. Joh. 4,16) und Gott ist Wahrheit (Joh. 14,6). Seine Liebe motiviert Ihn, uns die Wahrheit zu offenbaren. »Die wichtigste Prämisse in der christlichen Beratung ist«, so schreibt William Bakkus, »dass die Wahrheit Menschen frei macht, wenn sie daran glauben und ihr gehorchen (Joh. 8,31-32) ... die Aufgabe der Beratung ist es, Irrglauben durch Wahrheit zu *ersetzen*.«[3]

Obwohl nicht alle Krisen und Probleme geistlich sind (in ihrer Ursache oder ihrer Korrektur), sind sie in Beziehung zu sehen mit dem Glauben und dem geistlichen Zustand eines Menschen. »Durch den Sündenfall sind all diese Probleme (Depression, Panik, Schuld, Sucht etc.) auf das unterentwickelte Bild von Gott innerhalb der Seele zurückzuführen«, sagt Dr. Henry Cloud. Cloud glaubt, »emotionale Ganzheit liegt in der Offenbarwerdung des Bildes Gottes in uns«.[4]

Ein entscheidender (und integrativer) Faktor im Erlangen von Heilung und Ganzheitlichkeit ist eine persönliche Beziehung mit dem lebendigen Christus. »Eine Beziehung zu Christus«, so sagt Larry Crabb, »gibt Kraft, die unverzichtbar ist um jedes psychologische Problem substantiell zu lösen.«[5] Ganzheitlichkeit kann nicht ohne Jesus Christus erreicht werden.

Gesunde Beziehungen sind die Achsen mentaler, emotionaler und geistlicher Gesundheit. Viele der Krisen, denen sich die Jugendlichen von heute gegenüber sehen, sind unauflösbar mit Beziehungen verbunden – mit Eltern, mit Geschwistern und anderen Verwandten, mit Freunden, mit Mentoren und sogar mit Gott. Einsamkeit, Selbstachtung, Gruppendruck, Rebellion, Homosexualität, Leistungsmangel und andere Probleme haben ihre Wurzel in ungesunden oder zerbrochenen Beziehungen.

Heilung des Gemüts, der Emotionen und des Geistes ist möglich. Es wird sicherlich Arbeit von Seiten des Seelsorgers sowie des Ratsuchenden nötig sein (und vielleicht auch von der Familie und den Freunden des Ratsuchenden). Es wird ebenfalls die nötige Hilfe Gottes durch den Heiligen Geist beansprucht. Es wird vielleicht viel Zeit in Anspruch nehmen. Aber Gott kann auch die emotionale Einheit eines jungen Mannes oder einer jungen Frau, die sich an Ihn wenden, wieder zurecht bringen.

Das Ziel biblischer Seelsorge ist nicht Fröhlichkeit, sondern Christusähnlichkeit. Larry Crabb schreibt: »Viele von uns setzen die höchste Priorität nicht darauf, Christus inmitten der Probleme ähnlicher zu werden, sondern darin, glücklich zu werden. Ich möchte glücklich sein; die paradoxe Wahrheit ist jedoch, dass ich niemals glücklich sein werde, wenn ich primär damit beschäftigt bin, glücklich zu werden. Mein wichtigstes Ziel muss unter allen Umständen sein, biblisch zu handeln, den Herrn an erste Stelle zu setzen und mich möglichst so zu verhalten, wie Er es gerne hätte. Die wunderbare Wahrheit ist, dass … wenn ich gehorsam bleiben werde in Wahrheit, mit dem Ziel, Gott ähnlicher zu werden und Ihn das auch wissen lasse, das Nebenprodukt mein eventuelles Glück ist.«[6]

Ohne gründliche biblische Lehre und Gehorsam gegenüber Gottes Wort und Seinem Willen wird Heilung und Ganzheitlichkeit nicht möglich sein. John MacArthur schlägt Alarm gegenüber solchen, die versuchen, psychologische Techniken als Ersatz zu biblischer Lehre und Verständnis zu nehmen.

Wenn jemand ein echter christlicher Psychologe ist, muss er tief in den Bereich des Wortes und des Geistes eindringen, um Seelenarbeit zu leisten. Er sollte es dabei nicht bei oberflächlichen Verhaltensänderungen belassen. Warum sollte sich ein Gläubiger für Verhaltensänderungen entscheiden, wenn er doch das »Werkzeug« zu geistlicher Umwandlung hat? Das wäre wie ein Chirurg, der mit einem Buttermesser anstelle eines Skalpells operiert und damit großen Schaden anrichtet. Der beste Seelsorger ist der, der mit größter Sorgfalt, betend und vertrauend die göttlichen geistlichen Ressourcen zur Heilung anwendet, umso einen Menschen dem Bilde Jesu ähnlicher zu machen.[7]

Wer auch immer versucht, Jugendlichen in einer Krise zu helfen, sei es Mann oder Frau, muss jede Anstrengung unternehmen, um für diesen Dienst des Trostes und der Kommunikation gute biblische Lehre und Anwendungstechniken zu erwerben. Wichtiger als Techniken ist jedoch ein festes und ausdauerndes Vertrauen auf den Geist Gottes. Jay Adams schreibt:

Methode und Technik, Ausbildung und Begabung sind ganz übereinstimmend mit dem Geist. Was den Unterschied macht, ist die Haltung und innere Einstellung eines Menschen: Macht er das, was er macht, im Vertrauen auf seine eigenen Kräfte, in Abhängigkeit von Methoden und Techniken oder erkennt er seine eigene Unfähigkeit an und bittet Gott, seine Begabungen und Methoden zu benutzen? Begabungen, Methoden und Techniken können natürlich missbraucht werden; sie können über Gott gestellt werden und dazu gebraucht werden, Seine Arbeit zu ersetzen. Aber sie können auch in totaler Abhängigkeit von Ihm zur Ehre Gottes und zum Nutzen Seiner Kinder gebraucht werden.[8]

Möge jeder besorgte Christ, der dieses Handbuch benutzt, so vom Heiligen Geist abhängig sein zur Ehre Gottes und zum Nutzen Seiner Kinder.

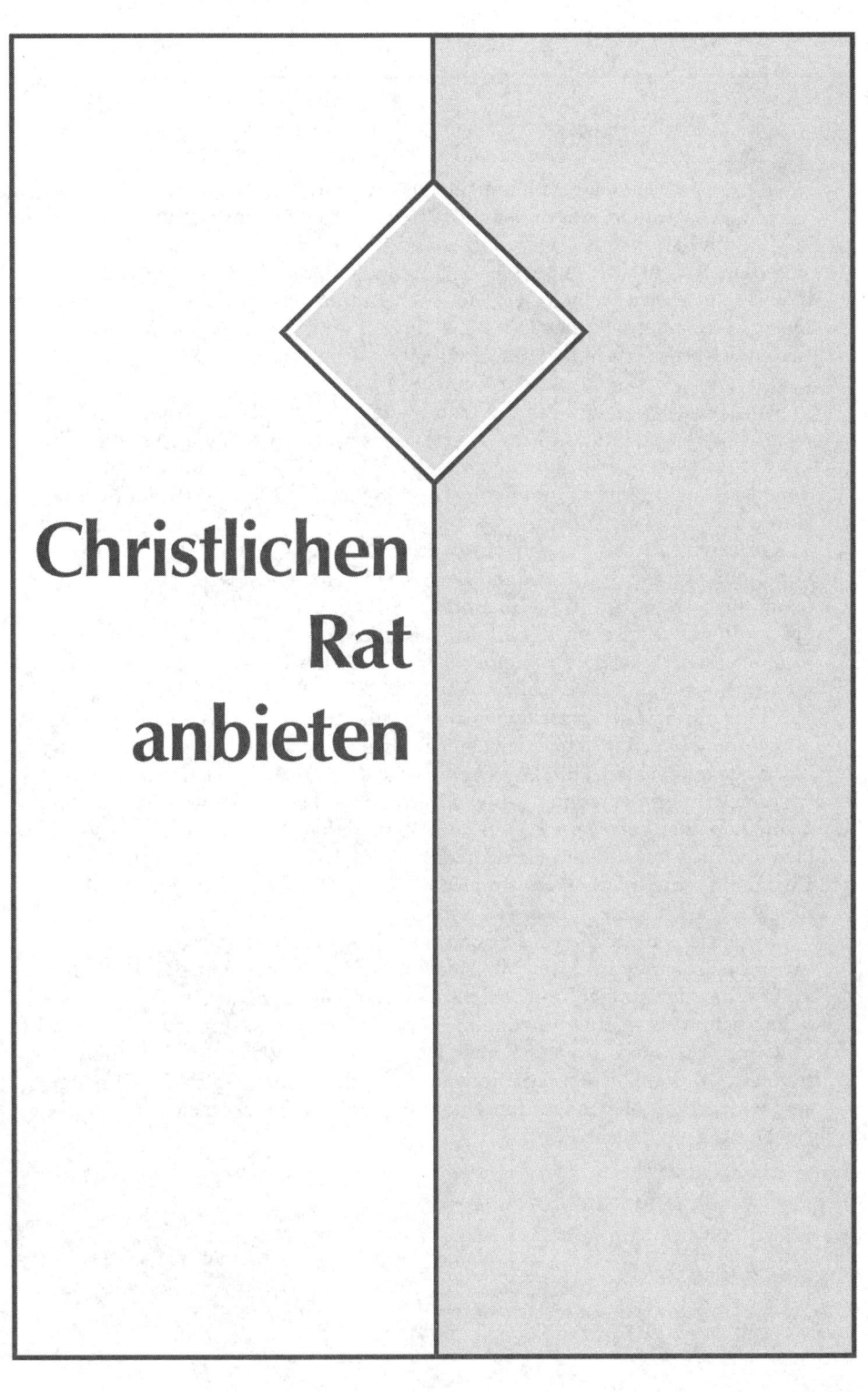

Christlichen
Rat
anbieten

Einführung

Vor vielen Jahren nahm ein alternder Jude namens Paulus Interesse an einem jungen Mann namens Timotheus. Im Verlauf von einigen Jahren half Paulus seinem jungen Freund mit Schüchternheit und dem zögerlichen Gebrauch seiner Gaben umzugehen, um die Leitung in der Gemeinde zu übernehmen.[1] Desgleichen nahm ein erfolgreicher christlicher Evangelist namens Barnabas seinen Verwandten, Johannes Markus, unter seinen Schutz und leitete den manchmal unsicheren jungen Mann, bis Markus ein angesehener Diener der Gemeinde war.[2]

Mordechai beriet seine junge Nichte Hadassah, auch Esther genannt, selbst nachdem sie Königin von Persien und Medien[3] geworden war. Noomi half ihrer verwitweten Schwiegertochter, Ruth, einen liebenden Ehemann zu finden.[4] Moses lehrte den jüngeren Josua, den Sohn des Nun, die Leitung von Gottes Volk zu übernehmen.[5]

Keiner von diesen Leuten war in Psychotherapie ausgebildet. Niemand von ihnen hatte in Seelsorge graduiert. Sie waren keine ausgebildeten Theologen, aber sie waren in den Schriften unterwiesen und von Gott geführt, einem jungen Menschen zu helfen – mancher von ihnen war vielleicht sehr jung – Schwierigkeiten zu überwinden und Gottes liebenden Plan mit ihm auszuführen.

Viele Lehrer, Jugendarbeiter, Pastoren und Eltern sind heute in ähnlichen Situationen. Eltern trösten einen Siebzehnjährigen, der nicht zum Studentenball eingeladen wurde. Ein Lehrer entdeckt, dass ein Siebtklässler wegen der bevorstehenden Scheidung seiner Eltern verwirrt und beunruhigt ist. Ein Gemeindeleiter betet leise neben dem Krankenhausbett eines jungen Mädchens, dass versucht hat, sich umzubringen. Der Jugendmitarbeiter einer Gemeinde redet bei Pommes und Cola mit einem älteren Oberschüler über dessen Möglichkeiten, zur Uni zu gehen.

Erwachsene in solchen Positionen fühlen sich leicht in ihrem Wissen und in ihrer geistlichen Erfahrung überfordert. Sie fürchten, etwas zu sagen oder zu tun, das den jungen Menschen schließlich verletzen könnte. Viele üben jedoch schon einen entscheidenden Dienst aus, indem sie jungen Menschen in Krisensituationen Trost und Hilfe bieten. Sie sind vielleicht nicht speziell trainiert, um mit solchen Situationen umzugehen, aber zahlreiche Christen sind wiederholt gebeten worden, einem Jugendlichen oder einem Kind göttliche Leitung anzubieten.

Die Qualifikationen zum Dienst an der Jugend

William Backus, ein Diener in Christo und Psychologe, sagt:

> Wer kann trösten? Zweifellos jeder, der eine herzliche Beziehung zu jemandem hat, findet sich gelegentlich beim Trösten, denn Menschen haben ein natürliches Bedürfnis, sich gegenseitig zu helfen, zuzuhören, zu fragen und Ratschläge zu erteilen.[6]

Egal, wie uninformiert, schlecht ausgerüstet und unqualifiziert wir sind, es werden viele von uns mit Fragen und Situationen konfrontiert, denen unsere Jugend heute gegenüber steht.

Wir sind vielleicht unsicher, worin die Qualifikationen für solch einen Dienst bestehen, jedoch sind viele von uns überzeugt, dass sie nicht das haben, was sie eigentlich nötig hätten.

Was sind nun die Qualifikationen, um der Jugend zu dienen? Was braucht man, um Vierzehnjährige zu trösten und zu leiten und um Achtzehnjährige zu erreichen? Welche Ausbildung und Charakteristiken sollten wir anstreben, um Jugendlichen in einer Krise effizienter helfen zu können? Dr. G. Keith Olson schreibt:

> Nachforschungen zeigen, dass Seelsorge am effektivsten ist, wenn der Seelsorger drei persönliche Eigenschaften besitzt: gutes Einfühlungsvermögen, nicht-besitzergreifende Wärme und Wahrhaftigkeit.[7]

Einfühlungsvermögen. Eltern, Jugendleiter oder andere Erwachsene, die hoffen, jungen Menschen effektiv Rat zu erteilen, müssen »gutes Einfühlungsvermögen« entwickeln und kultivieren, wie Olson es nennt. Er schreibt:

Die fünfzehnjährige Anne zögert, dem Seelsorger ihre Geschichte zu erzählen. Vor drei Tagen hat sie ihre ersten sexuellen Erfahrungen gemacht. Sie wurde vergewaltigt. Stockend erzählt sie ihre Geschichte, erfüllt von starken widersprüchlichen Gefühlen, unkontrollierte Übelkeit unterdrückend und stark verstört. Wie hilft der Seelsorger? Phrasen werden nicht greifen. Zusicherungen wie »alles wird wieder gut werden« fallen bedeutungslos zu Boden. Ihr aus der Schrift vorzulesen, würde ihr Gefühl der Wertlosigkeit vermutlich noch verstärken. Und mit ihr zu früh zu beten, würde wahrscheinlich das Gefühl der Isolation hervorrufen.

Was kann der Seelsorger ihr dann sagen? Meistens sind die hilfreichsten einleitenden Antworten deutliche Ausdrücke des Verständnisses: »Es ist fürchterlich schwer, solche starken Gefühle in Worte zu fassen.« »Es verursacht dir Übelkeit sooft du daran denkst.« »Alles sieht jetzt so verwirrend aus.« »Du wurdest so erschreckt.« »Du fühltest dich so allein, machtlos und hilflos« ...

Das Einfühlungsvermögen des Seelsorgers hat heilende Wirkung auf den Ratsuchenden ... (und zeigt) ein tiefes Verständnis für das gestörte Privatleben des Ratsuchenden, (das wiederum) erzeugt ein Gefühl dafür, dass jemand vielleicht wirklich versteht. Dass jemand vielleicht wirklich interessiert ist.[8]

Wärme. »Der effektive Seelsorger«, sagt Olson, »kümmert sich echt um die Gelassenheit und das Wohlergehen des Ratsuchenden. Da ist ein Gefühl der Zuneigung, wodurch das Vertrauen des Teenagers gewonnen wird. Noch wichtiger als dass er oder sie die Erfahrung macht, geachtet und gemocht zu sein, ist es, dass der Ratsuchende beginnt, eine innere Basis für Selbstwert und Selbstliebe zu entwickeln. ›Wenn mein Seelsorger sich um mich kümmert, dann bin ich vielleicht doch etwas wert.‹«[9]

Jesus gab uns ein Beispiel für diese Art der Akzeptanz, fürsorgende, liebende Wärme. Er zeigte ein ernstes Interesse an den Leuten, denen Er begegnete und echte Betroffenheit[10] und Mitleid mit ihnen.[11] Menschen vertrauten Ihm, wandten sich an Ihn und waren überzeugt von Ihm, denn die Wärme seiner Sorge und seine Betroffenheit lud sie ein, so zu handeln.

Wahrhaftigkeit. Dr. Gary R. Collins zitiert die gleichen Untersuchungen und die gleichen Qualifikationen für die Seelsorge wie Olson und sagt: »Der wirkliche Seelsorger ist ein offener und ehrlicher Mensch, der Schauspielerei und Imponiergehabe vermeidet. Wahrhaftigkeit bedeutet Spontaneität ohne Impulsivität und Ehrlichkeit ohne brutale Konfrontation. Es bedeutet, dass der Helfer ganz er selbst ist – nicht etwas denkend oder fühlend und etwas anderes sagend.«[12]

Neben diesen Qualifikationen (die sowohl ein Christ wie ein Nichtchrist besitzen kann) will der Erwachsene, der Jugendlichen effektiv helfen möchte, die folgenden Eigenschaften erwerben:

Eine demütige Gesinnung. Ein Seelsorger, der arrogant und selbstzentriert ist oder der meint, alles zu wissen, kann viel Unheil anrichten. Solch eine stolze und hochmütige Gesinnung kann, wenn sie denn nicht gleich die Jugendlichen abstößt, mehr Probleme verursachen als lösen. Auf der anderen Seite versucht jemand mit demütiger Gesinnung zu ver-

stehen und nicht verstanden zu werden. Olson schreibt: »Eine demütige Gesinnung ist nicht übereifrig, einen Rat zu erteilen. Der Seelsorger unterstützt die Suche des Teenagers nach dessen Antworten und Ausrichtungen. Eine demütige Gesinnung beachtet bei der Beratung die gedanklichen und emotionalen Erfahrungen des Ratsuchenden. Auf die Ausbildung, den Sachverstand und die Weisheit des Seelsorgers wird nur wenig Aufmerksamkeit gerichtet.«[13]

Emotionale Stabilität. Von einem Seelsorger wird keine Perfektion erwartet; wenn das so wäre, dann würden die Gemeinden und Seelsorgezentren wie die Geisterstädte des amerikanischen Westens aussehen. Jedoch sollten Männer oder Frauen, die wirkungsvolle Seelsorge leisten möchten, über emotionale Stabilität verfügen. Heranwachsende, ob sie sich in einer ersichtlichen Krise befinden oder nicht, fahren in einer emotionalen Achterbahn und es ist ihnen nicht geholfen, wenn der Seelsorger mühsam um Selbstkontrolle kämpft.

Eine Beziehung zu Jesus Christus. Aus vielen Gründen ist eine persönliche Beziehung zu dem Herrn Jesus Christus und die Abhängigkeit von Ihm entscheidend für jeden, der andere seelsorgerlich begleiten will. Es wird Zeiten geben, wo nur der Geist Gottes Einsicht in ein Problem ermöglichen kann, so dass es gelöst wird. Es wird Momente geben, wo übernatürliche Reserven von Geduld oder Ausdauer benötigt werden. Es wird Situationen geben, in denen das einzige Rezept Gebet und das Vertrauen auf die Vergebung und die Gnade Gottes ist. Aus diesen und aus vielen anderen Gründen ist eine enge Beziehung zu Jesus Christus entscheidend für einen effektiven Dienst des Trostes und der Kommunikation.

Vertrauen in den Heiligen Geist. Jeder Erwachsene, der mit Jugendlichen arbeitet, wird sich Fragen und Situationen gegenübersehen, die sein Wissen und seine Geduld prüfen werden. Jemand, der auf seine eigenen Ressourcen vertraut, wird der Aufgabe niemals gewachsen sein. Derjenige jedoch, der seine eigene Unfähigkeit erkennt, der zu Gott kommt im Gebet, der bei jedem Schritt mit der Hilfe, Gnade und Kraft des Heiligen Geistes rechnet, wird ein »Tunnel des Segens« für den jungen Menschen werden, der seine Hilfe benötigt.

Kenntnis der fundamentalen biblischen Lehren. Ein Jugendseelsorger braucht keinen Doktortitel zu haben (obwohl ihm ein solcher sicher nicht schaden wird), aber Kenntnis der Bibel und ihrer zentralen Gebote und Prinzipien sind von entscheidender Wichtigkeit. Backus erklärt: »Wenn du nicht weißt, dass in Gottes Reich zu dienen höher angesehen ist als bedient zu werden, wirst du anderen, ohne den Unterschied zu kennen, weltliche Werte vermitteln. Wenn du noch nicht entdeckt hast, dass Züchtigung eine vorrangige Stellung im Leben eines Christen einnimmt, wirst du nicht in der Lage sein, anderen zu helfen, die gerade solche Verhaltensweisen Gottes erleben. Gut in biblischen Wahrheiten unterwiesen zu sein ist die wichtigste Voraussetzung für die Seelsorge.«[14] Außerdem ist es wichtig, dass man die Notwendigkeit des Lesens und Studierens von Gottes Wort für ein sinnerfülltes und vertrauendes Leben erkennt. Es ist eine Sache, Gottes Wort zu kennen und eine andere Sache, ganz danach zu leben und das Wort täglich im Leben anzuwenden.

Die oben genannten sind nicht die einzigen Befähigungen oder Merkmale, die einen Erwachsenen bei der Hilfe Jugendlicher unterstützen. Collins hebt hervor, »der gute Seelsorger ist zum Beispiel in der Lage, effizient vorzugehen, hat normalerweise keine lähmenden Konflikte, Durchhänger, Unsicherheiten oder persönliche Probleme. Der effektive Seelsorger ist außerdem mitleidig, an Menschen interessiert, wachsam gegenüber seinen eigenen Gefühlen und Motiven, mehr offen als verschlossen und auf dem Gebiet der Seelsorge bewandert.«[15] Die oben genannten Merkmale (Einfühlungsvermögen, Wärme, Wahrhaftigkeit, eine demütige Gesinnung, Stabilität, eine Beziehung zu Jesus Christus, Vertrauen in den Heiligen Geist, Kenntnisse der biblischen Lehren), verbunden mit den Informationen und Empfehlungen in diesem Buch, können einem betroffenen Gemeindeleiter, Eltern, Jugendleiter oder Lehrer helfen, die Jugendlichen zu erreichen und so Krisen, denen Kinder von heute gegenüberstehen, vorbeugen oder erkennen.

Der Dienst an der Jugend

Larry Crabb sagt: »Dadurch, dass ich vielen Patienten zugehört und auch meine eigenen Zielsetzungen überprüft habe, wenn ich mit persönlichen Problemen zu kämpfen hatte, bin ich zu der Ansicht gelangt, dass meistens fundamental selbstzentrierte Wunschvorstellungen leidenschaftlich eingefordert werden wie: ›Ich will mich gut fühlen‹ oder ›Ich möchte glücklich sein‹.

Nun, es ist nicht falsch, wenn man glücklich sein will. Eine zwanghafte Beschäftigung mit ›meinem Glück‹ verdunkelt jedoch oft unser Verständnis für den biblischen Weg zu tiefer, bleibender Freude.«[16]

Viele sorgende Eltern meinen, Trost und Seelsorge bei einem jungen Menschen sei dazu da, ihn oder sie glücklich zu machen. Der wichtigste Beweggrund bei diesem Dienst an den Jugendlichen sollte jedoch nicht deren Glücklichsein sondern deren Ganzheitlichkeit sein.

Geistliche Ganzheit. Das oberste Ziel in der Jugendarbeit muss Ganzheitlichkeit sein. Das zentrale Thema einer wirklichen, persönlichen und wachsenden Beziehung zu Jesus Christus kann nicht überbetont werden. Crabb schreibt weiter: »Paulus schreibt in Kolosser 1,28, dass seine verbale Seelsorge immer darauf ausgerichtet war, jeden Menschen vollkommen in Christus darzustellen. Nur der reife Gläubige dringt tiefer in den ultimativen Sinn seines Daseins ein, nämlich Anbetung und Hingabe. Die wichtigste Strategie der biblischen Seelsorge ist daher das Einbringen von geistlicher Reife. Wenn wir mit anderen Gläubigen reden, müssen wir immer als Ziel im Hinterkopf haben, ihnen zu helfen, geistliche Reife zu erlangen, damit sie Gott mehr erfreuen können.«[17]

Emotionale Ganzheit. Ein weiterer Grund zum Dienst an der Jugend, der eigentlich in Beziehung zu geistlicher Ganzheit steht, ist die Förderung emotionaler Ganzheit. Dr. Henry Cloud hebt hervor, dass emotionale Probleme wie Depressionen, Angstattacken und Schuldgefühle zurückzuführen sind auf »das unterentwickelte Bild von Gott in der Seele«. Emotionale Ganzheit, so glaubt Cloud, »liegt in der Herausarbeitung des Bildes Gottes in uns«.[18]

Jugendlichen oder Kindern, die zu geistlicher Reife in Christus geführt werden, kann ebenfalls geholfen werden hinsichtlich emotionaler Ganzheit, hinsichtlich Verständnis und Heilung emotionaler Probleme, die sie plagen.

Ganzheitliche Beziehungen. Ein weiteres Ziel des Dienstes an der Jugend ist das Erlangen ganzheitlicher Beziehungen. Viel Schmerz und Not der heutigen Jugend ist das Resultat von ungesunden oder zerbrochenen Beziehungen. Ein Schlüssel dabei ist die Beziehung zu den Eltern. Ein Hauptziel von Erwachsenen, die sich um die Jugendlichen sorgen, ist die Erlangung und Wiederherstellung der Beziehungen junger Menschen – an erster Stelle mit Gott, dann mit den Eltern, dann mit anderen.

Die Methoden des Dienstes an der Jugend

Das englische Wort technique ist abgeleitet von dem griechischen Wort techne, was so viel wie »Ausbildung« bedeutet. Jeder Erwachsene, der schon mal mit Jugendlichen gearbeitet hat, wird festgestellt haben, dass bestimmte Fähigkeiten dazu notwendig sind. Und jeder, der versucht hat, jemandem Hilfestellung anzubieten, wird erkannt haben, dass die Art, wie dieses geschah, in großem Maße Einfluss auf die Annahme und Befolgung seines Rates hatte.

Gary Collins, ein bekannter christlicher Seelsorger, nennt fünf Grundvoraussetzungen, die für jeden von Nutzen sind, der Trost und Hilfestellung geben möchte:

Aufmerksamkeit. Der Seelsorger sollte dem Ratsuchenden ungeteilte Aufmerksamkeit schenken. Das wird erreicht durch a) Blickkontakt; sich ansehen, ohne zu starren als eine Möglichkeit Mitgefühl und Verständnis auszudrücken, b) Körperhaltung; entspannt und dem Ratsuchenden zugewandt und c) Gestik, die natürlich und nicht übertrieben oder störend sein sollte.

Zuhören. Das beinhaltet mehr als passive oder halbherzige Aufnahme der Worte des Gegenübers. Effektives Hören ist ein aktiver Prozess. Es bedeutet:

• In der Lage zu sein, die eigenen Konflikte, Vorurteile und Befangenheiten beiseite zu legen, um sich auf das zu konzentrieren, was der Ratsuchende einbringt;

• Vermeidung von subtiler verbaler oder non-verbaler Missbilligung oder Verurteilung des Gesagten, selbst wenn es verletzend ist;

• Augen und Ohren benutzen, um Signale zu deuten, die aus Tonfall, Haltung, Gestik, Gesichtsausdruck usw. kommen;

• auf das »unausgesprochene Hören« (d.h. zwischen den Zeilen lesen).

• Perioden des Schweigens oder der Tränen geduldig abzuwarten, damit der Ratsuchende genug Mut sammeln kann, um etwas schmerzvolles auszudrücken oder innehält, um sich gedanklich zu sammeln und seine Fassung wieder zu erlangen;

• den Ratsuchenden anzusehen während er spricht, ohne ihn dabei anzustarren oder mit dem Blick umher zu schweifen …

• Erkennen, dass man den Ratsuchenden annehmen kann, auch wenn man seine Handlungen, Ansichten und Werte nicht gutheißt …

Erwiderung. Es sollte nicht unterstellt werden, dass der Seelsorger »nur« zuhört und ansonsten nichts unternimmt. Mit Hilfe geschickter Gespächsführung kann der Seelsorger ein Gespräch sanft in eine bestimmte Richtung lenken. »Was geschah als Nächstes?« – »Sag mir, was du mit … meinst« sind kurze Fragen, die wichtige Informationen liefern können.

Überlegung ist eine Möglichkeit, den Ratsuchenden erkennen zu lassen, dass man »mit ihm« ist und verstehen kann, wie er fühlt oder denkt.

Einwürfe wie: »Du musst dich … fühlen« oder »Ich bin sicher, dass es enttäuschend für dich war« oder »Das muss Spaß gemacht haben« verdeutlichen, was in dem Gespräch abläuft. Sie sollten jedoch nicht auf jede Bemerkung folgen, sondern nur gelegentlich gemacht werden …

Der Seelsorger mag Gefühle zusammenfassen (»Das muss verletzend gewesen sein«) und/oder Generalthemen des Gesagten (»Zusammengefasst klingt das, als wenn du ein ganzes Bündel Fehlschläge erlitten hast«). Sooft man einen Kommentar abgibt, sollte man dem Ratsuchenden Zeit und Gelegenheit zur Antwort darauf geben.

Nachfragen, wenn sie geschickt gestellt werden, können wichtige Informationen hervorbringen. Die besten Fragen sind die, welche nicht mit einem Wort beantwortet werden können (z.B. »Bist du unglücklich?«), sondern mindestens einen oder mehrere Sätze erfordern (z.B. »Welche Dinge machen dich unglücklich?«).

Konfrontation ist nicht gleichzusetzen mit einem Angriff auf die betreffende Person oder einer groben Verurteilung. Bei einer Konfrontation zeigt man dem Ratsuchenden eine Möglichkeit auf, die er oder sie sonst eventuell nicht zu erkennen vermag. Hilfesuchende können mit Sünde in ihrem Leben, Versagen, Widersprüchen, Entschuldigungen, verletzenden Gewohnheiten oder Selbstablehnung konfrontiert werden. Am besten geschieht Konfrontation in liebender, freundlicher und nicht-richtender Weise ...

Information beinhaltet die Weitergabe von Fakten an Personen, die diese benötigen. Man sollte möglichst nicht zu viel Information auf einmal geben und sich zudem bewusst sein, dass verletzte Menschen am besten auf die Information ansprechen, die in ihrer momentanen Verfassung von Bedeutung ist ...

Unterstützung und Ermutigung sind ein wichtiger Teil jeder seelsorgerlichen Beratung, besonders am Anfang ... Unterstützung beinhaltet, den Ratsuchenden dahin zu führen, dass er sich seiner geistlichen und emotionalen Ressourcen bewusst wird, sowie ihm bei jeglichen daraus resultierenden Problemen zu helfen.

Lehren. Der Seelsorger ist ein Lehrer, der durch Anweisung, mit Beispielen und durch Anleitung den Ratsuchenden lehrt, in dem Maße, wie dieser es durch Erfahrung lernt, mit den Problemen des Lebens umzugehen ...

Sondieren. Gute Seelsorger sind keine Skeptiker, die allem, was ein Ratsuchender sagt, misstrauen. Aber es ist klug, sich dessen bewusst zu sein, dass Ratsuchende nicht immer die ganze Geschichte erzählen. Sie sagen nicht immer, was sie wirklich möchten oder brauchen. Deshalb sollte man in der Seelsorge immer auch »zwischen den Zeilen lesen«! Was fragt der Hilfesuchende wirklich? Was will dieser Mensch wirklich? Gibt es außer den genannten noch andere Probleme? ...

All diese Punkte verdeutlichen dem Seelsorger sein Bedürfnis nach Weisheit und Einsicht. Manches davon

kommt mit der Erfahrung. Christen wissen jedoch, dass Sensibilität oftmals durch Gebet entsteht, indem für Einsicht, Führung und Erkenntnis durch Hilfe des Heiligen Geistes gerungen wird.[19]

Die Grenzen beim Dienst an der Jugend

Der Erwachsene, der Jugendliche trösten, ermutigen und ihnen behilflich sein will, sollte sich seiner Grenzen und Verantwortung bewusst sein.

Bei jeder Bemühung, einem jungen Menschen bei der Bewältigung einer Krise oder beim Treffen einer wichtigen Entscheidung zu helfen, ist die Einbeziehung seiner Eltern von entscheidender Bedeutung! Ein kluger Gemeindeleiter, Lehrer oder Jugendarbeiter wird besonders feinfühlig mit der elterlichen, biblischen und rechtlichen Autorität bezüglich des Jugendlichen umgehen. Jegliche Bemühung, einen Teenager anzuleiten oder zu führen ohne Wissen, Erlaubnis und/oder Einbeziehung seiner Eltern ist zum Scheitern verurteilt (zumindest werden heikle ethische und praktische Probleme sowohl für den Jugendlichen als auch für den Seelsorger provoziert).

Konsequenterweise, außer in Fällen, in denen eine Einbeziehung wirklich unmöglich oder nicht ratsam wäre (z.B. bei Missbrauch durch die Eltern), sollte es das Ziel des Helfers sein, so bald wie möglich eine Brücke zwischen Eltern und Kind zu bauen.

In vielen der in diesem Buch genannten Beispielen mag sich die Frage der Vertraulichkeit stellen. In den meisten Staaten und Ländern fallen Gespräche mit Geistlichen/Kirchenmännern unter den Schutz der Schweigepflicht – selbst vor Gericht!

Für alle anderen kann das Thema »Vertraulichkeit« Probleme verursachen. Ein Teenager, der sich an einen Lehrer oder Jugendarbeiter wendet, wird das normalerweise nur tun, wenn er oder sie sich sicher sein kann, dass man dem jeweiligen Erwachsenen persönliche Informationen vorbehaltlos anvertrauen kann – und fürsorgliche Erwachsene werden sicherlich wünschen, dieses Vertrauens würdig zu sein. Während ein Erwachsener in solchen Situationen die größtmögliche Rechtschaffenheit zeigen sollte, darf jedoch nie versprochen werden, gegebenenfalls einer dritten Person die ganze Geschichte nicht doch zu berichten: in manchen Staaten und Ländern ist man z.B. gesetzlich dazu verpflichtet, Missbrauch oder andere Vergehen anzuzeigen.

Zudem gibt es auch abweichende Regeln bezüglich der Schweigepflicht bestimmter Berufsgruppen (z.B. Seelsorger, Pastoren, Lehrer usw.) und der Pflicht, die Eltern zu informieren bevor dem Jugendlichen irgendeine Beratung zuteil wird. Collins schreibt: »Gesetze, die verschiedene Beratungsbereiche abdecken, variieren von Ort zu Ort. Beratungen, die unregelmäßig, unformell oder innerhalb der Beschränkungen einer Kirche oder einer Bildungseinrichtung stattfinden, sind möglicherweise von vielen Regelungen ausgenommen, die nur für professionelle Berater gelten. Sobald Beratungen regelmäßig stattfinden, wäre es jedoch empfehlenswert, mit Hilfe eines Rechtsanwaltes die örtlichen gesetzlichen Regelungen hierzu zu determinieren, die solche Beratungen beeinflussen oder sogar einschränken.«[20]

Darüber hinaus sollte jeder, der Jugendlichen helfen möchte, sich der Risiken dieses Dienstes des Tröstens und der Kommunikation bewusst sein und daher Schritte unternehmen, die folgenden Risiken zu minimieren:

Manipulation. Aufgebrachte Jugendliche können einen Erwachsenen geschickt manipulieren. Manche Jugendarbeiter, Lehrer, Eltern und Gemeindeleiter ertappen sich gelegentlich dabei, wie sie alle möglichen Dinge mit und für einen jungen Menschen tun – Dinge, die weit über ihre Aufgabe hinausgehen. Collins rät, sich persönlich zu fragen: »Werde ich manipuliert?« – »Gehe ich über meine Verantwortung hinaus?« und »Was will dieser Mensch wirklich?« Das sollte nicht nur zum Schutz des Erwachsenen geschehen, sondern auch um das Beste für den Jugendlichen zu erreichen. Denn durch Manipulation werden selten gute Ergebnisse erzielt.

Abhängigkeit. Oft entsteht durch die persönliche Hilfe eine Abhängigkeit des Jugendlichen von seinem Helfer, die sich in dem wachsenden Wunsch nach mehr Zeit des Erwachsenen für den Jugendlichen äußert. Solch eine Abhängigkeit ist nicht mit geistlicher und emotionaler Ganzheitlichkeit zu vereinbaren.

Wechselseitige Übertragung. Collins sagt: »Es kommt zu einer wechselseitigen Übertragung, wenn sich die Bedürfnisse des Seelsorgers mit der therapeutischen Beziehung überschneiden. Ratsuchenden wird nicht geholfen, wenn das Beratungsgespräch zur Problemlösung des Beraters dient.«[21] Das kann besonders zur Gefahr werden, wenn das Gegenüber andersgeschlechtlich ist. Aus diesem Grund ist es dringend zu empfehlen, dass ein Gemeindeleiter, Jugendseelsorger, Lehrer oder Jugendarbeiter seine Gespräche mit Jugendlichen anderen Geschlechts auf das unbedingt Notwendigste reduziert. Für einen männlichen Jugendleiter wäre es zum Beispiel ratsam, Mädchen so frühzeitig wie möglich an eine gläubige Frau in der Gemeinde zu verweisen, umso eventuelle Gefahren nicht nur zu vermeiden,[22] sondern ihnen auch vorzubeugen.[23]

Einige weise Ratschläge werden helfen, unnötige Risiken im Dienst an der Jugend zu vermeiden:

Keine Beratungsgespräche hinter verschlossenen Türen! Treffen sollten an öffentlichen Orten stattfinden, die dennoch ein »Privatgespräch« ermöglichen, wie etwa die Schulcafeteria, ein Park oder ein Restaurant.

Klare Grenzen setzen! Das ist besonders wichtig, wenn sich eine Abhängigkeit zu entwickeln scheint. Z.B. wie oft trifft man sich mit dem Jugendlichen? Darf er oder sie beim Seelsorger zu Hause anrufen? Jederzeit? Unter welchen Umständen? Aus welchem Grund? Solche Grenzen sollen keine Trennung zwischen dem Erwachsenen und dem Jugendlichen hervorrufen; sie sollen dem Erwachsenen jedoch helfen, so objektiv – und dem Jugendlichen damit so hilfreich – wie möglich zu sein.

Beratungsgespräche mit Personen des anderen Geschlechts sollten auf das Nötigste beschränkt sein – zu Gunsten von Gruppengesprächen. Ist es jedoch unvermeidlich, so sollte eine dritte Vertrauensperson hinzugezogen werden.

Aufmerksam sein gegenüber Signalen, die auf Manipulation oder Ausnutzung hindeuten! Macht man z.B. Dinge für den Jugendlichen, die er oder sie selbst erledigen könnte und sollte? – evtl. müssen gesunde Grenzen in der Beziehung neu definiert werden!

Pflichten und Grenzen sollten dem Jugendlichen klar umschrieben sein!

Man könnte z.B. sagen: »Nein, ich kann nicht versprechen, gegenüber deinen Eltern nichts zu sagen; aber ich bin bereit, dich zu begleiten, wenn du es ihnen selber sagen wirst.« Man sollte keine Versprechungen machen, die man nicht einhalten kann und keine Erwartungen nähren, die man nicht erfüllen kann.

Collins sagt: »Der Seelsorger muss sehr umsichtig sein, wenn er Gefahren vermeiden will ... Als christliche Helfer ehren wir Gott, wenn wir unsere Aufgaben so gut wie möglich erledigen, uns bei Fehlern entschuldigen, aus diesen Fehlern lernen und sie als Stufen zur Verbesserung nehmen.«[24]

Der letzte Schritt beim Erkennen und im Umgang mit Verpflichtungen und Einschränkungen ist die Weiterleitung an professionelle Helfer. Beim Umgang mit Jugendlichen wird es möglicherweise Krisen geben, die so komplex oder dringend sind, dass Hilfe von einem Fachmann gesucht werden muss. Zu anderen Zeiten mögen die Probleme des Jugendlichen wohl groß, aber nicht lebensbedrohlich sein. Wann weiß ein betroffener Erwachsener, ob und wann die Hilfe eines professionellen Beraters angezeigt ist? Gary D. Bennett gibt generelle Anleitung:

Wann sollte man Hilfe anfordern ...? Sobald der Teenager in irgendeiner Art anzeigt, dass er Hilfe braucht, sobald man merkt, dass man mit der Situation nicht mehr zurecht kommt oder sobald das Verhalten des Teenagers schlimme Langzeitfolgen haben würde. Als da wären: chronische Traurigkeit, Verhaltensauffälligkeiten (z.B. Lügen, Stehlen, Abhauen), Gefühle der Sinnlosigkeit, ständige Depressionen und Einsamkeit. Oftmals reichen ein paar Sitzungen mit einem Experten bereits aus.[25]

Der Seelsorger Sandi Black, zuständig für »local and middle school« in Texas, rät dann zu einer Weiterleitung an einen Fachmann, wenn einige der folgenden Merkmale (oder ein immer wiederkehrendes Verhaltensmuster einiger Merkmale) vorhanden sind:

Verhaltensmerkmale

* plötzliche Gefühlsausbrüche;

* wiederholtes Stehlen, Betrügereien, Lügen;

* exzessive Kämpfe, Machtkämpfe anzetteln;

* Hyperaktivität – Nervosität;

* maßlose Tagträumereien – intensive Phantastereien;

* exzessive Beschuldigung anderer – eigene Unverantwortlichkeit;

* zwanghaftes Gehabe;

* ständige Missachtung von Regeln.

Emotionale Merkmale

* Verschlechterung der Schulnoten, vermehrte Probleme in der Schule;

* Verdächtigungen und Misstrauen gegenüber anderen;

* Gespräche über das Thema »Abhauen«;

* zwanghafte Beschäftigung mit physischen – sexuellen Themen;

* Konzentrationsschwierigkeiten;

* sprunghaftes, unvorhersehbares Verhalten;

* neue »fragwürdige« Freunde;

* extreme Eifersucht gegenüber Geschwistern und Angehörigen;

* Wut, Beschädigung von Gegenständen oder Personen;

* auffällige Wechsel der Motivation;

* Interessenverlust gegenüber vormals interessanten Beschäftigungen.

Körperliche Anzeichen

* mangelnde Hygiene;

* auffällige Veränderungen des Gewichts oder der Erscheinung;

* häufige Verletzungen;

* Appetitlosigkeit oder Fressattacken;

* Schlafstörungen, Alpträume;

* ständige Übelkeit, Kopfschmerzen, Bauchschmerzen.[26]

Die vorgenannten Merkmale, selbst wenn mehrere zutreffend sind, müssen jedoch nicht zwingend auf ein tiefes psychologisches Problem hindeuten! Sollten mehrere Punkte jedoch ständig wiederkehren, so könnte die Hinzuziehung eines Fachmannes angezeigt sein. Joan Sturkie und Valerie Gibson geben hilfreiche Anregungen für den Fall, dass ein Fachmann hinzugezogen werden muss:

* Man sollte herausfinden, welche Möglichkeiten es innerhalb der Gemeinde gibt umso die geeignetste Person oder Organisation anrufen zu können.

* Vor einer Weiterleitung sollten die Möglichkeiten innerhalb der Gemeinde überprüft werden, da sich dort eine Gelegenheit für den Hilfesuchenden bieten könnte.

* Der Ratsuchende sollte erfahren, warum man es für besser hält, ihn oder sie an jemand anderen zu verweisen, wobei man ihm oder ihr gleichzeitig so

viel Unterstützung wie möglich geben sollte.

• Erklären Sie dem Ratsuchenden den Grund für jede Maßnahme.

• Der Ratsuchende sollte soweit wie möglich in die Entscheidung der Weiterleitung mit einbezogen werden. Sollte der Ratsuchende auf »Selbstbestimmung« bei der Entscheidung pochen, wird er oder sie wahrscheinlich mehr Vertrauen in feste Termine haben.

• Ermutigen Sie den Ratsuchenden, seine oder ihre eigenen Beratungsgespräche selbst fest zu machen.

• Helfen Sie dem Ratsuchenden zu dem Treffen zu gelangen. Ist es erforderlich, dass jemand ihn oder sie begleitet?

• Zeigen Sie weiterhin Ihr aufrichtiges Interesse, auch wenn jemand anderes die Beratung übernommen hat und seien Sie bereit, den Ratsuchenden während und nach dieser Zeit zu unterstützen.[27]

Weise Eltern, Lehrer, Gemeindeleiter oder Jugendleiter werden sorgsam und im Gebet mögliche Seelsorger auswählen. Doch selbst hochqualifizierte Fachleute können die Bedürfnisse des sich sträubenden Teenagers oder die Anforderungen eines überzeugten Christen, der den Teen überweist, nicht immer erfüllen. Die folgenden Vorschläge können einem besorgten Erwachsenen helfen, eine weise Entscheidung bei der Überweisung zu treffen:

Referenzen. Verlangen sie Empfehlungen von einem Gemeindeleiter oder guten Freund, jemand, der unvoreingenommen ist und Ihr Vertrauen nicht missbraucht.

Telefonbücher. Suchen Sie in Telefonbüchern oder »Gelben Seiten« nach christli-chen Seelsorgern oder einer »Hotline«. Viele christliche Beratungsstellen verfügen über einen 24-Stunden-Service, bei dem Adressen und Telefonnummern christlicher Seelsorger in der jeweiligen Gemeinde oder in der näheren Umgebung erfragt werden können.

Wenn Sie einen Termin vereinbaren, stellen Sie Fragen zu den folgenden Punkten:

• *Geistliche Qualifikation* – was meint ein möglicher Seelsorger, wenn er sich als »christlicher Seelsorger« bezeichnet?

• *Ausbildung und berufliche Qualifizierung.* Besitzt der Seelsorger ein Diplom von einer anerkannten Universität oder Schule? In welchem Studienfach? Ist die Person staatlich geprüft?

• *Erfahrung.* Seit wann bietet er seine Beratungen an? Nach welchen Methoden arbeitet er? Hat er oder sie ein Spezialgebiet oder besondere Ausrichtungen?

• *Bezahlung.* Gibt es einen festen Satz? Wird die Krankenkasse akzeptiert? Wann muss gezahlt werden?

Der erste Eindruck. Ist es augenscheinlich, dass das Büro oder Beratungszentrum mit Christen besetzt ist? Werden Klienten mit Höflichkeit, Wärme und Respekt vom Vorzimmer des Seelsorgers behandelt? Wird Vertraulichkeit garantiert?

Zusätzliche Fragen. Hat der Seelsorger z.B. Erfahrung in der Behandlung eines spezifischen Problems?

Über allem sollte das Gebet um Weisheit bei der Wahl eines christlichen Seelsorgers stehen, der die Last der hilfsbedürftigen Person mitträgt und bei der Lösung ihres Problems hilft.[28]

Emotionen

Einsamkeit

Einführung

Marie ist typisch für viele Studenten und Studentinnen im ersten Jahr. Sie wuchs als Einzelkind unter großen familiären Belastungen auf. Ihr Vater war ständigen Gefühlsschwankungen unterworfen. Marie versuchte, verständnisvoll zu sein; sie meinte, dass ihr Vater genug mit seinen eigenen Schwierigkeiten zu kämpfen habe, wobei sie sich jedoch oft nach jemandem sehnte, der sie selbst als besondere Person ansah. Als Teenager fragte sie sich oft, ob sich wohl jemals ein Mann für sie interessieren würde, geschweige denn sie lieben würde. Als sie auf die Highschool wechselte, ließen sich ihre Eltern scheiden. Sie musste mit ihrer Mutter in eine andere Stadt ziehen, weil diese dort eine gute Anstellung fand.

»Es war schwer, Freunde an der neuen Schule zu finden«, erklärte Marie später. »Ich hatte nie eine echte Freundin. Zu Hause war es nicht viel besser. Mutter war die meiste Zeit außer Haus. Ich dachte, dass ich vor Einsamkeit sterben würde.

Darum war ich so überrascht, wirklich überglücklich, als Mark mit mir ausgehen wollte. Wenn ich Mark verlieren würde, wäre ich noch einsamer als zuvor«, sagte sie.

Mark füllte eine Lücke in Maries Leben aus. Um ihn nicht zu verlieren, entschied sie sich, mit ihm zu schlafen. Marie brauchte Anerkennung. Durch ihre Beziehung zu Mark fühlte sie sich begehrenswert. Sie und Mark treffen sich noch immer und schlafen auch zusammen – obwohl Marie weiß, dass er sich auch mit anderen Mädchen trifft. Und sie ist immer noch einsam.

● Das Problem

»Einsamkeit«, schreibt Charles Durham, »ist ein schmerzhafter Zustand, ein dumpfes Gefühl tief in einem. Es kann etwas störend aber auch absolut unerträglich sein.«[1] Dr. Gary R. Collins merkt noch folgendes an:

> Einsamkeit ist die schmerzliche Erkenntnis, dass uns echter Kontakt zu anderen fehlt. Sie schließt ein Gefühl der inneren Leere ein, welches von Traurigkeit, Entmutigung, einem Gefühl der Isolation, Ruhelosigkeit, Beklemmung und dem Wunsch, von jemandem begehrt zu werden, begleitet ist.[2]

Einsamkeit ist ein »ungewöhnlich gewöhnliches« Problem. Es kommt überall vor, bei allen Arten von Menschen. Wie Durham anmerkt:

> Eine Umfrage brachte zu Tage, dass einer von vier Befragten sich innerhalb der letzten Wochen einsam fühlte. Einer von neun gab an, sich während der letzten Woche sehr einsam gefühlt zu haben.[3]

Eine Studie des Psychoanalytikers Michael Whitenburgh, der Stress-Kliniken in Liverpool und London betreibt, brachte zu Tage, dass, abgesehen von Klaustrophobie, Angst vor Insekten und Angst vorm Fliegen, die Angst vor Einsamkeit bei den Briten an erster Stelle steht.[4] Ein Psychologe beantwortete die Frage, ob Einsamkeit und Krankheit in Beziehung zueinander stehen: »Das ist als wenn man fragt, ob Luft mit Krankheit in Beziehung zu setzen ist.«

So vorherrschend (und destruktiv) wie Einsamkeit unter der erwachsenen Bevölkerung vorkommt, so ist sie unter der Jugend noch weitaus mehr verbreitet. Und Einsamkeit – besonders bei jungen Menschen – kann überwältigend, verzehrend und vernichtend sein!

Es wird davon ausgegangen, dass von allen Menschen unseres Landes die Heranwachsenden diejenigen sind, die die meisten Probleme mit Einsamkeit haben. Die Teenagerjahre sind die Zeit im Leben eines jeden, in der das Bedürfnis nach sozialer Anerkennung am größten ist. Heranwachsende betrachten sich nicht länger als Kinder und versuchen meistenteils sich von ihrer Familie zu lösen. Verbindungen mit Gleichgesinnten sind enorm wichtig. Der daraus resultierende Druck kann jedoch extrem stark sein. Selbst wenn in der Familie eines Teens eine gute Atmosphäre herrscht, kann Einsamkeit ein großes Problem sein, sobald es zu schlechten Verbindungen mit anderen Teens kommt.[5]

Die Arbeit des Psychologen Gary Collins über die Ansichten anderer christlicher Psychologen bringt wichtige Einblicke in die Problematik der Einsamkeit.

Der christliche Psychologe Craig Ellison differenziert dabei emotionale, soziale und existentielle Einsamkeit.

Emotionale Einsamkeit beinhaltet den Mangel oder Verlust einer geistig tiefen Beziehung mit einer oder mehreren Personen. Die emotional einsame Person fühlt sich ausgesprochen allein. Dieser Zustand kann erst durch den Aufbau neuer tiefer Beziehungen mit anderen geheilt werden.

Soziale Einsamkeit ist ein Gefühl von Ziellosigkeit, Unruhe und Leere. Der oder die Betroffene meint, dass das Leben außerhalb seines bzw. ihres Umfeldes »stattfindet«. An Stelle einer Beziehung zu einer bestimmten Person benötigt ein sozial einsamer Mensch die Unterstützung durch eine

Gruppe von Freunden, die ihn akzeptiert, sowie Hilfe beim Aufbau von Beziehungen.

Existentielle Einsamkeit bezieht sich auf das Gefühl der Isolation, welches einen Menschen überkommt, der getrennt von Gott lebt: Das Leben scheint keinen Sinn und kein Ziel zu haben. So ein Mensch braucht eine lebendige und wachsende Beziehung zu Gott, am besten in der Gemeinschaft mit überzeugten Christen.[6]

◀ Die Ursachen

Einsamkeit kann viele verschiedene Ursachen haben. Um diese Ursachen in einer speziellen Situation herauszufinden braucht man oftmals die Hilfe eines gut ausgebildeten Fachmannes. Die folgenden Ausführungen über die möglichen Einflüsse, die einen jungen Menschen akute Einsamkeit verspüren lassen, können jedoch trotzdem für einen Jugendleiter oder Helfer von Nutzen sein.

Geringes Selbstwertgefühl

Untersuchungen von Levin und Stokes (1986) sowie Peplau und Perlman (1982) lassen erkennen, dass wenig Selbstbewusstsein und geringes Selbstwertgefühl – einschließlich »negativer Beurteilung des Körpers, der Sexualität, der Gesundheit, des äußeren Erscheinungsbildes, des Verhaltens und der Tätigkeit«[7] – die Anfälligkeit eines Jugendlichen bezüglich Gefühlen der Einsamkeit begünstigen (vgl. Kapitel 6, »Geringe Selbstachtung«). Collins schreibt dazu: »Wenn jemand kaum von sich selbst überzeugt ist, ist es schwer, Freundschaften aufzubauen. Solch ein Mensch ist unfähig, Liebe zu geben ohne sich zu entschuldigen. Desgleichen ist er oder sie auch nicht in

der Lage, Liebe zu empfangen ohne sich selbst schlecht zu machen.«[8]

Schlechte familiäre Beziehungen

Zahlreiche Untersuchungen belegen, dass der familiäre Hintergrund in Bezug zur Anfälligkeit in puncto Einsamkeit bei Jugendlichen von entscheidender Bedeutung ist. James J. Ponzetti Jr. schreibt:

Einsame Studenten können sich oft entsinnen, dass sie nur eine geringe Beziehung zu ihren Eltern und den Freunden ihrer Kindheit hatten. Des weiteren entsinnen sie sich, dass es kaum gemeinsame familiäre Unternehmungen gab (Paloutzian & Ellison, 1982). Mahon (1982) und Hecht und Baum (1984) stellten signifikante Beziehungen zwischen Einsamkeit und gestörten Beziehungsmustern fest, so dass der Mangel an Bindungen in jungen Jahren die Erfahrung der Einsamkeit begünstigen kann.[9]

Soziale Faktoren

In ihrem Buch »Why Be Lonely?« (Warum einsam sein?) schreiben Carter, Meier und Minirth:

Wir leben in einer Gesellschaft, die dahin tendiert, Einsamkeit zu unterstützen. Unsere Gesellschaft ist schnell, mobil und in ständigem Wechsel. Pro Jahr ziehen 20% der amerikanischen Familien um. In Manhattan kann man innerhalb kürzester Zeit mit Hunderttausende Menschen in Kontakt kommen. Obwohl wir mit so vielen in Kontakt kommen, ist die Zeit zu knapp um Beziehungen aufzubauen. Das ist der Grund für Einsamkeit.

Durch das Fernsehen bleibt ebenfalls immer weniger Zeit zu persönlicher Kommunikation. Die wenige Zeit, die Menschen in unserer mobilen Gesellschaft für einander haben, wird oftmals allein vor dem Fernseher verbracht. Untersuchungen belegen, dass exzessiver Fernsehkonsum dazu verführt, anderen weniger zu vertrauen, was wiederum noch mehr Einsamkeit verursacht. Unsere veränderte Gesellschaft hat ebenfalls neue Werte hervorgebracht, als da wären exzessiver Individualismus und Unabhängigkeit, die zur Einsamkeit ermutigen.[10]

Vorübergehende oder veränderte Umstände

Manchmal sind Jugendliche aufgrund ihrer Lebensumstände einsam: ein Mädchen, dessen Freund »Schluss gemacht« hat, ein unsportlicher Junge, dessen Freunde ihre Zeit mit Football-Training und Fitnessübungen verbringen, ein Student im ersten Jahr, der noch keine neuen Freunde gefunden hat, ein Jugendlicher, dessen Familie umgezogen ist und der deshalb seine Freunde zurücklassen musste. Solch eine situationsbedingte Einsamkeit ist jedoch oft vorübergehend (besonders in der Jugend).

Einstellungen

Der Schweizer Psychologe Dr. Paul Tournier betont in seinem Buch »Escape from Loneliness« (Flucht aus der Einsamkeit), dass Einsamkeit oft aus folgenden Einstellungen herrührt:

- man sieht das Leben als ein großes Wettrennen an, wobei Erfolg der Lohn des Gewinners und Konkurrenzkampf eine Lebensart ist.

- man fühlt sich unabhängig und sieht sich als harten Individualisten, vollkommen autonom, unabhängig von

Gott und von anderen.

- besitzergreifend, indem man versucht, so viel wie möglich für sich selber zu bekommen.

- eine fordernde Haltung, wobei man für seine Rechte kämpft und auf »Gerechtigkeit« pocht.[11]

Angst

Dr. Gary Collins schreibt:

In meinem Büro hängt ein Plakat mit der Aufschrift »Menschen sind einsam, weil sie um sich herum Mauern anstelle von Brücken bauen«. Natürlich, das ist nicht der einzige Grund für Einsamkeit. Aber manchmal errichten Leute Barrieren, um andere fern zu halten. Das geschieht aus Furcht um ihre Intimsphäre, aus Angst, durchschaut zu werden, aus Furcht vor Zurückweisung oder Verletzung – denn man ist ja früher schon mal verletzt worden. Die Einsamkeit ist schmerzhaft, für solche Menschen jedoch weniger schmerzhaft als die Angst und Unsicherheit vor der Begegnung mit Anderen[12] (vgl. Kapitel 2, »Angst«).

Feindschaft

Manche Menschen sind einsam, weil sie Wut und Bitterkeit beherbergen und dadurch andere abstoßen. Diese Ablehnung verursacht natürlich wiederum Frustration und Wut, was die Einsamkeit dieser Person noch weiter verschärft.

Unfähigkeit zur Kommunikation

Collins hebt hervor, dass Unfähigkeit oder mangelnder Wille zur Kommunikation manchmal die Wurzel der Einsamkeit ist: Zusammengebrochene Kommunikation ist die Wurzel von vielen, wenn nicht sogar von den meisten zwischenmenschlichen Problemen. Wenn Menschen Kommunikation ablehnen oder wenn sie nicht wissen, wie echte Kommunikation funktioniert, besteht eine fortdauernde Isolation, obwohl solche Menschen von anderen umgeben sind.[13]

Geistliche Ursachen

Augustinus betete:»Du hast uns für Dich erschaffen und das Herz des Menschen ist ruhelos bis es ruht in Dir.« Manche Einsamkeit resultiert auch aus der Entfremdung von Gott. Jemand, der in offener Rebellion gegen Gott lebt, wird oftmals eine tiefe existentielle Einsamkeit verspüren (nach Ellison), die erst verschwinden wird, wenn dieser Mensch das gottgeschaffene Sehnen, das in jedem menschlichen Herzen vorhanden ist, in Ihm gestillt hat. Dieselbe Einsamkeit resultiert oftmals auch durch unvergebene Sünde oder sogar durch gelegentliche Ablehnung der Fürsorge Gottes oder Seiner Ansprüche auf völlige Lebensübergabe.

Andere Ursachen für Einsamkeit

Ellison listet in seinem Buch »Loneliness: The Search for Intimacy« mögliche Gründe für Einsamkeit auf, die nachfolgend genannt werden:

- Schüchternheit;
- man fühlt sich unverstanden;
- unbereinigte Konflikte;
- man fühlt sich überflüssig;
- Trennung von geliebten Personen;
- man fühlt sich nicht dazugehörig;
- Zurückweisung;

- Krankheit;
- Kritik von Seiten einer einflussreichen Person;
- Geschäftigkeit;
- Tod eines Freundes oder eines geliebten Menschen;
- Wunsch nach einer Beziehung, die nicht besteht;
- Abbruch einer Beziehung.

▼ Die Folgen

Einsamkeit betrifft Jugendliche auf viele und unterschiedliche Weise. Die folgende Abhandlung der Auswirkungen von Einsamkeit sollte nicht nur als Warnung dienen, sondern Jugendleiter und andere betroffene Personen befähigen, das Problem zur Sprache zu bringen und es somit zu lösen.

Physische Auswirkungen

Ira J. Tanners Buch »Loneliness – The Fear of Love« veranschaulicht einige physische Auswirkungen von Einsamkeit:

Einsamkeit betrifft jede einzelne Faser unseres Seins: unsere Hoffnungen, Ambitionen, Träume, Vitalität, Sehnsüchte, Wünsche, wie auch unseren Körper. Essen und Schlaf sind oftmals betroffen. Fettleibigkeit und Gefräßigkeit können ebenso wie Gewichtsverlust und ein Gefühl von Verzweiflung, Unwichtigkeit und Wertlosigkeit mögliche Hinweise auf Einsamkeit sein. Die Not der Einsamkeit kann sich in körperlichem Schmerz (eingebildet oder echt) manifestieren. Wackelige Beine sind nicht ungewöhnlich, ausgelöst durch die schier erdrückende Last der Angst, die man auf den Schultern trägt. Hängende Schultern, herabgezogene Mundwinkel, ein langsamer und sorgenvoller Gang, Schweigsamkeit und Rückzug – all das sind Zeichen des Leidens.[14]

Geistliche Auswirkungen

Menschen, die unter extremer Einsamkeit leiden, fühlen sich oftmals aus der Gemeinschaft mit Gott ausgegrenzt, wie Fremde, vielleicht sogar von Ihm verlassen. Carter, Meier und Minirth schreiben darüber in ihrem Buch »Why Be Lonely?«

Aufgrund unserer menschlichen Unvollkommenheit verlassen wir gelegentlich die enge Gemeinschaft mit Gott. Trotzdem ist es jedoch möglich, ein Gefühl der Sicherheit zu haben, wenn man durch Jesus Christus fest in Gott ist. Unglücklicherweise verbietet sich jemand, der unter Einsamkeit leidet, den inneren Frieden zu ergreifen, den er in der Beziehung zu Gott gefunden hatte ... Er fühlt sich weit entfernt von Gott ... Ein Mensch, der ständig unter geistlicher Einsamkeit leidet, ist entweder kein wiedergeborener Christ oder er ist ein Christ, der nicht erfüllt ist mit der rettenden Gnade Gottes, die in Jesus Christus ist.[15]

Geringes Selbstwertgefühl

In dem durch Einsamkeit verursachten Teufelskreis können ein geringes Selbstwertgefühl und mangelndes Selbstbewusstsein nicht nur ein Grund, sondern auch eine Ursache der Einsamkeit sein. Einsame Jugendliche berichten von Gefühlen der Leere, Hoffnungslosigkeit und Wertlosigkeit. Verstärkt sich ihre Einsamkeit, tendieren sie dazu, sich ungeliebt und nicht liebenswert vorzukommen. Sie sehen ihren Mangel an Freundschaften als persönliches Versagen an, als Spiegel ihrer Wertlosigkeit. Solche Menschen verkriechen sich oft im Selbstmitleid, Egozentrik und Selbstbefleckung.

Abhängigkeit

Carter, Meier und Minirth schreiben:

Menschen, die ständig mit Einsamkeit zu kämpfen haben, neigen verstärkt zur Abhängigkeit ... Ein übermäßig Abhängiger ... wird extrem verstört, sobald er von jemandem zurückgewiesen wird. Er hängt sich an Menschen, wobei er all ihre emotionale Energie aufsaugt. Er ist sich seiner potentiellen Stärke, die in ihm liegt, nicht bewusst mit der er das Beste aus seinem Leben machen und Versuchungen widerstehen könnte ... Abhängige Personen tendieren dazu, einer vorgegebenen Richtung in ihrer Beziehung zu folgen. Zuerst setzen sie ihre eigenen Fähigkeiten, die Sorge über ihr Gefühlsleben zu übernehmen, herab. Als zweites erwarten sie von anderen, dass diese ihre Bedürfnisse dahingehend befriedigen. Anschließend beginnen sie Forderungen an die Menschen, von denen sie abhängen, zu stellen. Das verursacht andere natürlich, sich von ihnen zurückzuziehen und Distanz zu halten. Die abhängige Person, findet sich am Ausgangspunkt wieder – der Kreislauf fängt von vorne an.[16]

Depression und Verzweiflung

Einsamkeit verursacht Depressionen, die die Ursache für Verzweiflung bis hin zum

Selbstmord sind. Jugendliche behalten ihre Gefühle oftmals für sich, weil sie sich fürchten oder nicht wissen, wie sie sich ausdrücken sollen, was wiederum ihr Gefühl des Alleinseins und der Verzweiflung verstärkt. Das Selbstmitleid und die Entfremdung, oftmals Zeichen chronischer Einsamkeit, verursachen einen Kreislauf von selbstverteidigender Haltung, die den Leidenden noch tiefer in ein schwarzes Loch der Einsamkeit fallen lassen (vgl. Kapitel 5, »Depression«).

Gewalt

Der Autor W.A. Sadler betrachtet Gewalt als ein gelegentlich erscheinendes Resultat von Einsamkeit:

Weitere Untersuchungen werden dieses vorläufige Ergebnis unterstreichen: Sehr einsame Menschen, die eher wütend als depressiv reagieren, neigen dazu, ihre Frustration auf zerstörerische Art auszudrücken. Ich glaube nicht, dass es ein bloßer Zufall ist, dass wir Zeugen eines überproportionalen Anstiegs der Gewalt sind, wobei gleichzeitig die Einsamkeit in der Bevölkerung derart intensiv ist.[17]

Drogenmissbrauch

Alkohol und Drogen scheinen oft attraktive Möglichkeiten zu sein, der Einsamkeit zu entfliehen. Viele betreiben Drogenmissbrauch mit der Absicht, ihre Sorgen zu ertränken oder um Freunde in der Szene zu finden. Natürlich verursacht dieses Verhalten nicht den gewünschten Effekt – es wird lediglich ein weiteres Problem zur Einsamkeit addiert (vgl. Kapitel 38, »Alkohol: Genuss und Missbrauch« und Kapitel 39, »Drogenkonsum und -missbrauch«).

▲ Die biblische Sicht

»Einsamkeit«, so sagt der blinde Poet John Milton, »ist das Erste, dass Gott nicht gut nannte.« Als Gott Seine Schöpfung am Anfang der menschlichen Geschichte betrachtete, beschloss Er, »es ist nicht gut, dass der Mensch allein sei; ich will ihm eine Gehilfin machen, die um ihn sei« (1. Mose 2,18). Er wusste, dass Seine Krönung der Schöpfung – wie Er selbst – sich nach Gemeinschaft sehnte.

Gott kam diesem Wunsch mit der Erschaffung von Eva nach. Als die ersten Menschen sündigten, wurde jedoch erstmalig eine Kluft zwischen ihnen und Gott, zwischen Mann und Frau geschlagen. Die Sünde – und mit ihr Konflikte, Selbstsucht und Einsamkeit – eroberte die Welt. Collins schreibt:

Einsamkeit wird in der Bibel kaum behandelt, jedoch taucht sie wiederholt auf, sogar bei solchen Glaubensgrößen wie Jakob, Mose, Hiob, Nehemia, Elia und Jeremia. David beklagte, dass er einsam und elend sei (Ps. 25,16). Jesus, der all unsere Schwächen kennt, war in Gethsemane sicher einsam. Johannes starb allein auf Patmos, Paulus sehr wahrscheinlich im Gefängnis. In seinem Brief an Timotheus schreibt der alternde Apostel Paulus, dass er von seinen Freunden verlassen, sogar im Stich gelassen wurde und dass sein junger Freund sich doch beeilen möge, zu ihm zu kommen (2. Tim. 4,9 ff).

Die gesamte Bibel bezieht sich auf unser Bedürfnis der Gemeinschaft mit Gott und mit Menschen, besonders mit Christen, um sie zu lieben, ihnen zu helfen, sie zu unterstützen, zu vergeben und füreinander Sorge zu tragen. Eine wachsende Beziehung zu Gott und zu anderen ist die Basis zur Bekämpfung der Einsamkeit.[18]

▶ Praktische Hilfen anbieten

Menschen, die unter akuter Einsamkeit leiden, rät man oft »die Arbeit zu wechseln, einem Verein beizutreten, positiv zu denken, sich zu wehren, zu heiraten, zu reisen, umzuziehen, Spaß zu haben, nie allein zu bleiben … Musik zu hören, ein gutes Buch zu lesen, ein Hobby zu beginnen, kulturelle Interessen zu entwickeln, den Horizont zu erweitern, zu spielen, zu faulenzen … Ziele zu stecken, ehrenamtlich tätig zu werden – und all diese Vorschläge vermögen es wirklich, die Einsamkeit für eine Weile zu überdecken; sie beheben das Problem aber nicht an der Wurzel und schaffen somit keine dauerhafte und befriedigende Lösung.«[19]

Ein weiser Jugendarbeiter oder Seelsorger wird jedoch nach einem bestimmten Plan vorgehen (wie z.B. dem folgenden), um dem einsamen Jugendlichen zu helfen, das Problem wirkungsvoll in den Griff zu bekommen:

Zuhören. Ermutigen Sie den Jugendlichen, offen über seine Einsamkeit zu reden. Helfen Sie ihm oder ihr dabei mit Fragen wie diesen:

• Kannst du beschreiben, wie du fühlst und denkst?

• Kämpfst du schon länger mit diesem Gefühl der Einsamkeit?

• Wann ist die Einsamkeit für dich am größten?

• Wann ist sie für dich weniger schlimm?

• Gibt es Zeiten, wo dieses Gefühl verschwindet? Beschreibe sie!

• Wie versuchst du mit der Einsamkeit umzugehen?

Versuchen Sie »Warum«-Fragen zu vermeiden (»Warum glaubst du, dass du einsam bist?« – »Warum wirst du von anderen Kindern gemieden?«). Stellen Sie lieber Fragen nach dem »Was« (»Was bewirkt, dass du dich besser fühlst?«) und dem »Wie« (»Wie wirst du das nächste Mal reagieren, wenn dieses Gefühl dich überkommt?«).

Verständnis zeigen. Wenn der Heranwachsende seine Gefühle der Einsamkeit offenbart, zeigen Sie Ihr Verständnis und Interesse dadurch, dass Sie

• sich im Stuhl nach vorn beugen;

• Blickkontakt suchen;

• nicken, um Verständnis zu zeigen;

• bestimmte Schlüsseloffenbarungen aufgreifen (»Du fühlst also …« – »Du sagst, dass …«);

• während Perioden des Weinens oder der Stille geduldig abwarten.

Hüten Sie sich davor zu sagen »Ich weiß, wie du dich fühlst« oder Verbindung zu Erlebnissen in Ihrer Jugend zu knüpfen. Versuchen Sie hingegen, dem Jugendlichen das Gefühl zu vermitteln, dass er oder sie mit den negativen Gefühlen nicht allein ist.

Bestätigen. Nutzen Sie jede Gelegenheit, dem Jugendlichen echte und ehrliche Bestätigung entgegenzubringen, besonders wenn die Einsamkeit aus mangelndem Selbstbewusstsein herrühren sollte.

Collins sagt: »Man muss einsamen Menschen helfen, ihre Stärken, Möglichkeiten und geistigen Gaben zu erkennen – aber auch ihre Schwachstellen. Seelsorger müssen sich dessen bewusst sein, dass in Gottes Augen jeder Mensch wertvoll und geliebt ist, dass jede Sünde vergeben wird, dass jeder Fähigkeiten und Gaben hat, die es zu entwickeln gilt – und das jeder Mensch Schwachstellen hat, mit denen man leben kann und die ausgeglichen werden können.«[20]

Nutzen Sie jede Gelegenheit, dem Jugendlichen echte und ehrliche Bestätigung entgegenzubringen, besonders wenn die Einsamkeit aus mangelndem Selbstbewusstsein herrühren sollte.

Richtung weisen. Führen Sie den Jugendlichen sanft aber bestimmt dahin, über die Ursachen und Auswirkungen seiner Einsamkeit zu erzählen; leiten Sie ihn oder sie vorsichtig dazu, Verantwortung zu übernehmen.

Ellison schreibt: »Letztlich sind wir selber für unsere Einsamkeit verantwortlich ... Wenn wir uns passiv im Sessel zurücklehnen und auf eine erneuerte oder gänzlich neue Beziehung warten, wird sicher gar nichts passieren. Wenn wir andere für unsere Einsamkeit verantwortlich machen, wird sich bald ein Gefühl der Bitterkeit einstellen. Wenn wir alle Schuld auf uns selbst schieben, werden wir bald am Ende sein. Der erste Schritt zur Bewältigung der Einsamkeit ist sie zu akzeptieren und dann zu lernen, mit ihr umzugehen.«[21] Seien Sie besonders bedacht, die folgenden Fragen beantwortet zu bekommen:

• Ist die Einsamkeit abhängig von einer bestimmten Situation? – Jeder hat gelegentlich mit Situationen zu tun, die Einsamkeit nach sich ziehen, wie z.B. der Student, der in den Semesterferien allein im Schlafraum ist, während alle anderen fort sind. Solche Einsamkeitsattacken verschwinden, sobald die Situation vorüber ist.

• Wurde die Einsamkeit durch Veränderung der Lebensumstände hervorgerufen? – Das Leben hält einige Überraschungen für uns bereit – angenehme, aber auch unangenehme. Solche plötzlichen Veränderungen können einen schon mal aus der Balance werfen. Ein guter Freund zieht um – in eine 6 000 Meilen entfernte Stadt. Die Eltern verkünden, dass sie sich scheiden lassen werden. Der Großvater, mit dem der Teenager immer eng verbunden war, stirbt. Die drei besten Freunde haben mit einer Freizeitbeschäftigung begonnen, an der man selbst nicht teilnehmen kann; man wird darum ausgegrenzt.

• Diese Situationen fordern jemanden mehr als vorübergehende Ereignisse. Man muss sich umstellen, was nicht immer leicht ist. Man macht die Erfahrung des Verlustes von geliebten Menschen. Neue Freundschaften und Beziehungen müssen aufgebaut werden und das ist nicht immer einfach!

• Hat die Einsamkeit des Jugendlichen etwas mit dessen innerer Einstellung zu tun? – Vielleicht ist er oder sie von Natur aus schüchtern. Eventuell besteht eine innere Unsicherheit, die es schwer macht, Freundschaften zu schließen. Bestimmte Charakterzüge des Heranwachsenden könnten für andere befremdlich sein. Vielleicht hat jemand aber auch ein schlecht entwickeltes Sozialverhalten. Obwohl diese dritte Art der Einsamkeit am schwierigsten zu beheben ist, läßt sich jedoch mit aufrichtiger und ehrlicher Anstrengung einiges erreichen.

• Am wichtigsten ist es jedoch, dem Jugendlichen die Notwendigkeit einer persönlichen Beziehung mit Jesus Christus deutlich zu machen; denn ohne diese ist es niemals möglich, die

Einsamkeit zu überwinden. Führen Sie den jungen Menschen zu Christus und zu einer örtlichen Gemeinde. Sollte der Jugendliche bereits ein Christ sein, dann lenken Sie seine Aufmerksamkeit auf die Macht des Gebets und der Gemeinschaft mit Gott durch die persönliche und gemeindliche Anbetung. Beten Sie mit ihm oder ihr um Trost und Führung Gottes im Kampf gegen die Einsamkeit.

Ziele setzen. Haben Sie die primären Ursachen für die Einsamkeit erst einmal aufgedeckt, dann lassen Sie den jungen Menschen einen Aktionsplan erstellen, wie er oder sie der Einsamkeit in Zukunft begegnen wird. Der Jugendliche sollte angeleitet werden, spezifische Ziele festzulegen (wie etwa Erwartungen einer bestimmten Art anzupassen oder auf bestimmten Gebieten neue Risiken einzugehen). Ein solcher Aktionsplan sollte kleine und überschaubare Schritte beinhalten, vernünftig und durchführbar sein und möglichst sofort in die Tat umgesetzt werden (»Ich werde für dieses Wochenende einen Freund ins Konzert einladen« anstelle von »Ich werde nicht wieder das ganze Wochenende allein in meinem Zimmer verbringen«).[22]

Hilfe von außen. Leidet der junge Mensch trotzdem weiter unter massiver Einsamkeit oder verschlimmert sich seine Situation noch – besonders wenn dessen Verhalten unberechenbar wird oder er von Selbstmord spricht – dann zögern Sie nicht, ihn an einen ausgebildeten christlichen Seelsorger zu überweisen!

In diesem Kapitel zitierte Bibelstellen

- 1. Mose 2,18

- Psalm 25,16

- 2. Timotheus 4,9-12

Weitere hilfreiche Bibelstellen zum Thema

- 4. Mose 11

- 1. Könige 18-19

- Psalm 37,1-4.23-24

- Psalm 68,5-6

- Psalm 102

- Jesaja 26,3

- Johannes 8,29;14,1-27

- 2. Timotheus 4,16-18

Angst

Einführung

Meghan verließ mit achtzehn Jahren ihr Elternhaus, um in ein christliches College, dreihundert Meilen von ihrem Heimatort, zu gehen. Sie schloss bereits in den ersten Wochen einige Freundschaften und alles sah danach aus, dass sie mit den Anforderungen der neuen Umgebung gut zurecht käme.

Jedoch verließ Meghan die Schule knapp vier Tage vor den ersten Examensarbeiten.

»Ich halte das nicht mehr aus«, beschwerte sie sich bei ihrer Zimmerkollegin. »Die Professoren überhäufen einen mit Arbeit als ob es nur ihre eigene Klasse gäbe. So kann es einfach nicht weitergehen. Ich fürchte, ich werde in allen Fächern durchfallen. Im Mathekurs war ich schon seit fast drei Wochen nicht mehr. Ich weiß, dass der Professor mich hasst.«

Sie schluchzte laut und rieb sich mit dem Handrücken die Nase. »Ich kann ja kaum noch mein Zimmer verlassen aus Angst, einem meiner Profs zu begegnen.«

»Und was gedenkst du nun zu machen?«, fragte ihre Zimmerkollegin.

»Ich weiß es nicht. Nach Hause kann ich jedenfalls nicht. Wenn mein Vater das erfährt, bringt er mich um.« Sie hatte Tränen in den Augen. »Er ist ein erfolgreicher Geschäftsmann; er würde verrückt werden, wenn er wüsste, dass sein einziges Kind gleich im ersten Jahr in allen Fächern durchgefallen ist.« Sie zog eine Schachtel aus dem Wandschrank und fing an, all ihre Bilder und Poster hinein zu stopfen.

»Wohin wirst du gehen?«

Meghan hob den Kopf und sah ihre Freundin an. Tränen rannen aus ihren Augen. Sie wischte sie fort, jedoch konnte sie nicht aufhören zu weinen. Sie zuckte mit den Schultern. »Ich weiß es nicht. Mir bleiben noch ein paar Tage, um mich hier aus dem Staub zu machen. Vielleicht kann ich einen Job und ein Apartment finden. Dann muss ich's meinem Vater nicht sagen.«

»Irgendwann wirst du es ihm sagen müssen, Meghan.«

Meghan schüttelte heftig ihren Kopf: »Nein«, antwortete sie. »Das kann ich nicht. Niemals!« Mit stark zitternden Fingern versuchte sie ein Poster von der Wand zu lösen. Dabei riss es ein. Wütend zerknüllte sie es zu einem Ball und feuerte es in den Papierkorb.

● Das Problem

Dr. Gary R. Collins nennt es »das offizielle Gefühl unserer Zeit«[1]; und Dres. Frank Minirth und Paul Meier betrachten es als »die verdeckte Ursache für die meisten psychiatrischen Probleme«.[2]

Leider ist die Angst eines der vorherrschenden Gefühle der Jugend unserer Zeit. Die Psychologin Mary Pipher charakterisiert Heranwachsende als regelrecht »von der Angst überzeugt«. Sie schreibt: »Die Herausforderungen, denen sie sich zu stellen haben ... sind einfach zu mächtig für sie, als dass sie damit umgehen könnten. Die einzigen Möglichkeiten für Jugendliche, ihr Erwachsensein zu beweisen, scheinen in selbstzerstörerischen Dingen wie Trinken, Drogen, Sex und Rauchen zu bestehen. Kinder, die gerade erst ihre Märchengestalten und Comics zur Seite gelegt haben, werden mit Dingen konfrontiert, die sie entwicklungsmäßig schlicht überfordern.«[3]

Stress und Angst werden zu einem Lebensstil für viele der heutigen Jugendlichen. Dr. G. Keith Olson schreibt:

Zusammen mit Wut und Schuld sind Angst und Furcht das Hauptproblem im Leben vieler Jugendlicher ...

Angst wird hervorgerufen durch die Erfahrung von Unruhe, Befürchtungen, Schrecken oder schlimme Sorgen. Es ist eine Furcht, die einfach da ist, auch ohne dass eine reale Gefahr besteht, eine Furcht vor etwas, dass man nicht greifen kann ... Angst, Furcht und Sorge bilden ein komplexes System von Gefühlen, das ein differenziertes Unterscheiden zwischen den einzelnen Bereichen sehr schwierig macht. Man neigt zu einer Überbetonung negativer oder beängstigender Aspekte einer Situation, während Positives oder Beruhigendes nicht wahr-

genommen wird. Die betreffende Person fühlt sich gequält, sorgenvoll, unruhig, irritiert und nervös.[4]

◄ Die Ursachen

»Die Ursachen der Angst sind vielfältig«, schreiben Minirth und Meier. »Sie kann das Resultat unbewusster psychischer Konflikte sein. Sie kann durch Nachahmung erlernt werden – durch Identifikation mit den ängstlichen Eltern. Sie kann aus frühkindlichen Erfahrungen herrühren. Sie kann durch momentane situationsbedingte Probleme aufkommen. Sie kann aus der Angst, ängstlich zu sein, entstehen. Angst kann ein Ergebnis der Furcht vor Minderwertigkeit, Armut oder Krankheit sein.«[5]

Collins nennt fünf Hauptursachen der Angst: Bedrohungen, Konflikte, Furcht, unerfüllte Bedürfnisse und individuelle Unterschiede.

Bedrohungen

Collins beschreibt angstverursachende Bedrohungen als »solche, die aus spürbaren Gefahren resultieren, eine Bedrohung des Selbstwertgefühls, Scheidung und unbewusster Einflüsse ...«[6] Angst kann z.B. durch Zurückweisung oder ständige Belästigung verursacht werden, die mögliche Scheidung der Eltern, das wahrscheinliche Versagen bei einer Prüfung oder jeder anderen realen oder spürbaren Bedrohung.

Konflikte

Laut Collins existieren drei Arten von Konflikten, die Angst verursachen können:

(a) ... man verfolgt zwei Ziele, die sich

jedoch nicht miteinander vereinbaren lassen (wie etwa die Wahl zwischen einem guten Ferienjob und dem lang erwarteten Familienurlaub). Die richtige Entscheidung zu treffen kann dabei recht schwierig sein; manchmal entstehen daraus Ängste.

(b) ... der Wunsch, etwas zu tun und gleichzeitig zu lassen: jemand ist zum Beispiel zu der Erkenntnis gelangt, dass eine recht romantische Beziehung letztlich zu gar nichts führt. Sie zu beenden würde einerseits mehr Freiraum bringen, andererseits jedoch ein traumatisches Erlebnis für beide Seiten bedeuten. Solche Entscheidungen zu treffen kann beträchtliche Ängste verursachen.

(c) ... zwei Alternativen, die beide unangenehm sind: wie etwa Schmerzen leiden oder eine Operation erdulden, die den Schmerz nach einiger Zeit beendet.[7]

Furcht

»Furcht kann als Antwort auf viele Situationen entstehen«, schreibt Collins. »Menschen fürchten sich davor zu versagen, vor der Zukunft, vor Zurückweisung, vor zu viel Nähe, vor Konflikten, vor Sinnlosigkeit im Leben (was manchmal eine existentielle Angst ist), Krankheit, Tod, Einsamkeit und vielen anderen realen oder imaginären Möglichkeiten. Manchmal türmen sich diese Ängste regelrecht auf und werden zu einem schier unüberwindlichen Berg der Furcht – selbst dann, wenn eigentlich kein wirklicher Grund zur Befürchtung gegeben ist.«[8]

Unbefriedigte Bedürfnisse

»Über viele Jahre hinweg haben Psychologen und Autoren versucht, die Grund-

bedürfnisse der Menschen zu identifizieren«, schreibt Collins. Er zitiert Cecil Osbornes Untersuchung, wonach sechs Bedürfnisse fundamental sind:

- Überleben (das Bedürfnis weiter zu existieren);

- Sicherheit (ökonomisch und emotional);

- Sexualität (als ein Ausdruck der Liebe; als geschlechtliches Wesen);

- Bedeutsamkeit (etwas zählen; etwas wert sein);

- Erfülltes Leben (erfüllende Ziele zu erreichen);

- Persönlichkeit (ein Gefühl der Identität).

»Wenn diese Bedürfnisse nicht erfüllt werden«, so Osborne, »sind wir ängstlich, furchtsam und oftmals frustriert ...«[9]

Individuelle Unterschiede

»Es ist bekannt, dass Menschen unterschiedlich auf beängstigende Situationen reagieren«, schreibt Collins. »Manche Menschen sind fast nie ängstlich, andere ihr ganzes Leben lang, wieder andere liegen dazwischen. Manche werden durch verschiedene Situationen in Angst versetzt, andere nur durch ein oder zwei. Diese Unterschiede können in der Psyche, der Persönlichkeit, der Soziologie, der Physiologie oder dem Glauben eines Menschen begründet liegen.«[10]

Psyche. »Ein Großteil des Verhaltens ist erlernt, teils durch persönliche Erfahrung, teils durch die Eltern und andere wichtige Personen. Wir haben versagt und müssen es noch einmal versuchen, wir wurden in der Vergangenheit verletzt, andere haben mehr von uns verlangt als wir geben konnten, wir haben die Angst bei anderen Menschen gespürt (z.B. das Kind übernimmt die Angst der Mutter, die sich bei Gewittern fürchtet) ... all das sind psychologische Erfahrungen, durch die Ängste entstehen können.«[11]

Persönlichkeit. »Manche Menschen sind einfach ängstlicher veranlagt als andere. Manche sind sensibler, selbstzentrierter, skeptischer oder unsicherer als andere.«[12]

Soziologie. »Ein ehemaliger Präsident der American Psychological Association behauptet, dass die Ursachen der Angst in der Gesellschaft zu suchen sind: politische Instabilität, Mobilität (die unseren Sinn für Verwurzelung zerstört), Wertewandel, Wandel der Moralvorstellungen und der Glaubensinhalte etc.«[13]

Physiologie. »Das Vorliegen einer Krankheit kann Angst verursachen; ebenso aber auch eine Magenverstimmung, neurologische Fehlfunktionen und chemische Faktoren innerhalb des Körpers.«[14]

Glaube. »Dass, was jemand glaubt, hat entscheidenden Einfluss auf dessen Ängste. Wenn Gott als allmächtig, liebend, gut und das ganze Universum in Händen haltend gesehen wird (wie die Bibel es lehrt), so kann man auch im größten Tumult noch sicher und geborgen sein ... Es soll jedoch weder behauptet werden, dass Ungläubige deshalb ängstlicher als Gläubige sind (manche Christen sind z.B. derart besorgt, Gott zu gefallen, dass ihr Glaube Angst verursacht), noch dass Angst immer ein Zeichen für fehlenden Glauben ist. Die Ursachen der Angst sind viel zu komplex für so eine Behauptung. Trotz alledem: Was wir glauben oder nicht glauben hat Einfluss auf das Ausmaß unserer Ängste.«[15]

Falsche Überzeugungen. Nicht nur der Glaube hat Einfluss auf Ängste. Dr. G. Keith Olson nennt spezifische falsche Überzeu-

gungen als wichtige Ursachen für Ängste unter Jugendlichen:

- Viele Erwachsene sind von der Richtigkeit einer oder mehrerer der folgenden (falschen) Aussagen überzeugt:

- Es ist ganz wichtig, dass ich von möglichst allen in meiner Gemeinde geliebt und geachtet werde.

- Ich muss in jeder Hinsicht perfekt sein, um mich wert geachtet zu fühlen.

- Es ist eine schreckliche Katastrophe, wenn die Dinge anders laufen als ich es gerne hätte.

- Ich habe keinen Einfluss darauf, ob ich mich gut fühle – das ist das Resultat äußerer Umstände.

- Gefährliche oder risikoreiche Dinge sind Ursachen für große Besorgnis und ich muss beständig mit ihrem möglichen Eintreten rechnen.

- Es ist einfacher, bestimmte Schwierigkeiten und Verantwortlichkeiten zu umgehen, als sich mit ihnen auseinander zu setzen.

- Ich sollte von anderen abhängig sein und ich muss jemand stärkeren haben, auf den ich mich stützen kann.

- Meine früheren Erfahrungen und Erlebnisse sind die Gründe für mein jetziges Verhalten. Deren Einfluss kann ich im Nachhinein nicht auslöschen.

- Ich muss mich über die Probleme anderer wirklich aufregen.

- Für jedes Problem gibt es die richtige Lösung; die muss ich unbedingt finden, sonst gibt es eine Katastrophe.[16]

Eltern und Jugendarbeiter stellen häufig fest, dass solche falschen Überzeugungen typisch für Heranwachsende sind. Natürlich können diese Fehleinschätzungen beträchtliche Ängste aufkommen lassen.

▼ Die Folgen

Angst kann viele Auswirkungen haben. Sie kann z.B. motivierend sein. Zu viel Angst kann jedoch ernsthafte, sogar lähmende Auswirkungen haben.

Physische Effekte

Es ist bekannt, dass starker Stress und Angst auch schon bei jungen Menschen Magengeschwüre verursachen können. Weniger bekannt sind die weiteren möglichen Auswirkungen der Angst: Kopfschmerzen, Hautausschlag, Rückenschmerzen, Magenbeschwerden, Kurzatmigkeit, Schlafstörungen, Müdigkeit und Appetitlosigkeit. Dazu kommt noch, dass der veränderte Blutdruck, Muskelanspannung so wie veränderte chemische Abläufe (Verdauung!) auf lange Sicht ernsthafte Gesundheitsprobleme verursachen können.

Auswirkungen auf das Verhalten

»Wenn Angst entsteht«, schreibt Collins, »reagieren die meisten Menschen unbewusst mit Verhaltens- und Denkweisen, die sie außer Stande setzen, angemessen mit der Situation umzugehen.«[17] Mögliche Reaktionen sind die Flucht in Schlaf, Drogen, Alkohol oder der Versuch, die Realität bzw. die Tiefe der Angst zu verdrängen. Manche Menschen werden ungewöhnlich ablehnend, machen andere für ihre Probleme verantwortlich oder reagieren mit kindischen Gefühlsausbrüchen auf geringste Provokationen.

Geistliche Auswirkungen

Collins schreibt:

Angst kann uns motivieren, Hilfe bei Gott zu suchen, was wir sonst nicht getan hätten. Angst kann aber auch von Gott wegziehen – und das zu einer Zeit, wo wir Ihn am meisten nötig hätten! Notbeladen und unter großem Druck verspüren selbst religiöse Menschen, dass ihnen die Ruhe zum Gebet und die nötige Konzentration zum Bibellesen fehlt. Sie haben kaum den Wunsch nach Anbetung in der Gemeinde, sind ungeduldig und manchmal verbittert über Gottes vermeintliches Schweigen.[18]

Psychische Auswirkungen

Nicht ohne Grund ist die Angst »das vorherrschende psychologische Phänomen unserer Zeit«.[19] Angst kann eine verwirrende Fülle von Krankheitsbildern entstehen lassen:

Trennungsangst. Dieser psychologische Effekt ist durch exzessive Not oder Furcht vor Trennung gekennzeichnet (z.B. Trennung von einem Elternteil oder einer anderen wichtigen Person).

Kontaktstörung während der Pubertät. Olson beschreibt dieses Verhalten folgendermaßen: »Wenn der Teenager herzliche, enge und hingebungsvolle Beziehungen zu Familienmitgliedern wünscht, jedoch Kontakt mit Fremden – sogar mit Seinesgleichen – strikt vermeidet.«[20]

Phobische Reaktionen. Diese Reaktionen schließen Angst vor Menschenansammlungen und Situationen, in denen Flucht schwierig sein würde (Agoraphobie), Angst vor geschlossenen Räumen (Klaustrophobie), Höhenangst (Acrophobie) und verschiedene soziale Phobien mit ein.

Anorexia Nervosa und Ess-Brech-Sucht (Bulimie). Diese Essstörungen sind gekennzeichnet durch die Sorge um das Gewicht und die äußere Erscheinung (vgl. Kapitel 42, »Pubertäts-Magersucht (Anorexia Nervosa)« und Kapitel 43, »Ess-Brech-Sucht [Bulimie]«).

Bewegungsstörungen. Unkontrolliertes Muskelzittern kann seine Ursache in der Angst haben.

▲ Die biblische Sicht

Collins stellt fest, dass »Angst« in der Bibel zwei verschiedene Bedeutungen hat: zum einen bezeichnet sie unnötige, zum anderen realistische Sorge. Er gibt weiter einen einleuchtenden Überblick über die biblische Sicht der Angst:

In der Bergpredigt lehrt Jesus uns, dass wir uns nicht um unsere Grundbedürfnisse wie Kleidung und Essen, noch um die Zukunft sorgen sollen. Er versichert, dass unser himmlischer Vater um unsere Bedürfnisse weiß und dass Er uns versorgen wird (Mt. 6,25-34). In den Briefen des Neuen Testamentes wiederholen sowohl Petrus als auch Paulus diesen Aufruf. »Sorget euch um nichts«, lesen wir im Philipperbrief. Dafür sollen Christen all ihre Bitten mit Danksagung vor Gott bringen, in der Erwartung des »Friedens von Gott, der über alle Vernunft geht« (Phil. 4,6-7). Wir dürfen unsere Angst auf den Herrn werfen, weil Er für uns sorgt (1. Petr. 5,7) …

Im Gegensatz dazu wird begründete, realistische Angst weder verdammt noch verboten. Obwohl Paulus schreiben konnte, dass er nicht ängstlich (furchtsam) war in der Erwartung von Schlägen, Kälte, Hunger oder in Gefahr, war er doch ängstlich (besorgt) über das Wohlergehen der Gemeinde. Diese ernsthafte Sorge für andere Gemeinden bedeutete für den Apostel eine tägliche Belastung (2. Kor. 11,28), wie auch für Timotheus, der »herzlich besorgt« ist (Phil. 2,20).

Hinsichtlich der Bibel ist es also nicht verkehrt, wenn man Probleme erkennt und angemessen damit umgeht. Gefahren zu ignorieren ist dumm und falsch! Aber es ist ebenfalls falsch (und ungesund) sich durch extreme Sorge lähmen zu lassen. Solche Sorge muss im Gebet vor Gott ausgebreitet werden, der uns davon befreien und uns helfen kann, mit unseren eigenen und den Bedürfnissen anderer realistisch umzugehen.[21]

▶ Praktische Hilfen anbieten

Es ist eine schwierige Aufgabe jemandem zu helfen, der unter akuter Angst leidet. Die folgenden Punkte können eine Hilfe dabei sein:

Zuhören. Man sollte den jungen Menschen dazu ermutigen, über seine Ängste zu reden und sie in Worte zu fassen, soweit dieser dazu in der Lage ist. Dabei sollte er nach Möglichkeit nicht unterbrochen werden. Man sollte die Ängste auch niemals herunterspielen; ein Mensch, der unter akuter Angst leidet, wird kaum davon überzeugt sein, wenn man ihm sagt: »Ach, du hast doch gar keinen Grund dich zu fürchten!«

Um dem Jugendlichen zu helfen, seine Ängste in Worte zu fassen, könnten die folgenden Fragen gestellt werden:

• Wovor fürchtest du dich am meisten?

• Welche deiner Ängste sind möglicherweise unbegründet?

- Welche sind ernstzunehmende, echte Probleme?

- Bist du zu bestimmten Zeiten ängstlicher als sonst? Oder an bestimmten Orten? Oder nur wenn du mit bestimmten Leuten zusammentriffst?

- Gibt es Zeiten, in denen du keine Angst verspürst?

- Hast du schon mal versucht, mit deinen Gefühlen fertig zu werden? Wie?

Verständnis. Eine der größten Gefahren im Umgang mit verängstigten Personen ist, dass man sich von ihrer Angst anstecken lässt. Das hat jedoch auch den Vorteil, dass man (im Bewusstsein der eigenen Angst) besseres Verständnis für die Gefühle des Hilfesuchenden hat. Verständnis für den Betroffenen kann man folgendermaßen zum Ausdruck bringen:

- durch Kopfnicken;

- durch bewussten Blickkontakt;

- durch interessierte Körperhaltung (nach vorne beugen, wenn man auf dem Stuhl sitzt);

- durch beruhigendes Sprechen;

- durch sorgfältige Beachtung der verbalen und non-verbalen Kommunikation.

Bestätigen. Die Bibel sagt klar »... die völlige Liebe treibt die Furcht aus« (1. Joh. 4,18). Dr. Jay Adams schreibt über diesen Text: »Der Feind der Furcht ist die Liebe. Die Furcht auszuschalten bedeutet demnach, die Liebe einzuschalten ... Furcht und Liebe stehen in Wechselwirkung zueinander. Je größer die Furcht ist, desto geringer ist die Liebe – und umgekehrt.«[22] Jugendleiter, Gemeindeleiter, Eltern oder Lehrer, die Jugendlichen beim Umgang mit der Angst helfen wollen, machen oft bedeutende Fortschritte, wenn sie dem jungen Menschen klar machen können, dass er wertvoll und geliebt ist. Collins schreibt: »Die Liebe zu zeigen ... jungen Menschen die Liebe Christi nahe zu bringen (nach Hebr. 13,6) und ihnen zu helfen, die Erfahrung der Nächstenliebe zu machen, lässt sie ihre Furcht und Angst besiegen.«[23]

Richtung weisen. Es sollte nicht das Ziel der Beratung sein, jegliche Angst aus dem Leben des jungen Menschen zu entfernen; das wird nicht möglich sein. Der Jugendliche sollte aber dazu angeleitet werden, selbständig adäquat mit Problemsituationen umzugehen. Das kann wie folgt erreicht werden:

- dem Jugendlichen muss Hilfestellung gegeben werden seine Angst einzugestehen, ihre Ursache zu verstehen und (mit Hilfe von außen) damit umzugehen;

- den jungen Menschen dazu ermutigen seine Ängste Gott darzubringen und darauf zu vertrauen, dass ER ihm hilft (1. Petr. 5,7);

- den Jugendlichen dazu bewegen seine Aufmerksamkeit von sich auf andere zu lenken. Minirth und Meier sagen dazu: »Sowie jemand seine Probleme vergisst, weil er anderen hilft, verschwindet die Angst;«[24]

- dem jungen Menschen Gott nahe bringen. Der Pastor und Autor Barry Applewhite schreibt: »Gebet verschafft echte Erleichterung und sollte zur Gewohnheit werden, wann immer uns die Angst überkommt;«[25]

- den Blick des Jugendlichen auf ewige Dinge, weg von zeitlichen, lenken. Man sollte ihn ermutigen und erkennen lassen, dass unsere Trübsal zeitlich und leicht ist und eine über alle Maßen wichtige Herrlichkeit schafft (2. Kor. 4,16-18).

Ziele setzen. Man sollte mit dem Jugendlichen zusammen einen Plan aufstellen, wie Stress und Angst begegnet werden kann. Hierzu können die zehn Punkte hilfreich sein, die Minirth und Meier in ihrem Buch »Happyness is a Choice« aufführen:

- christliche Lieder hören (1. Sam. 16,23);

- sportliche Aktivitäten treiben – ideal wäre dreimal die Woche;

- auf genügend Schlaf achten (Ps. 127,2) – die meisten Menschen brauchen etwa acht Stunden pro Nacht;

- versuchen mit der Furcht oder dem Problem, das die Angst verursacht, fertigzuwerden; verschiedene Alternativen und Lösungen betrachten und ausprobieren;

- mit einem guten Freund mindestens einmal pro Woche über eigene Frustrationen sprechen;

- für guten Ausgleich sorgen, möglichst zwei- oder dreimal pro Woche;

- im »Heute« leben (Mt. 6,34). Ca. 98% der Dinge, vor denen wir uns fürchten, treffen nie ein. Im »Heute« zu leben ist eine Kunst, die erlernt werden kann;

- sich das Schlimmste vorstellen, das überhaupt eintreffen kann – und überlegen, warum es gerade so schlimm wäre;

- nichts verdrängen – Dinge zu verdrängen, verursacht nur noch größere Nöte;

- den Sorgen ein Zeitlimit setzen.

Hilfe von außen. Man sollte möglichst frühzeitig die Eltern des Jugendlichen informieren und mit einbeziehen. Wie schon früher geschildert, kann das kritisch sein. Wenn der junge Mensch zögert, Mutter und Vater einzubeziehen, sollte man fragen, warum das so ist. Hilfreiche Fragen dazu können sein:

- Möchtest du, dass ich mit deinen Eltern rede?

- Möchtest du es lieber selbst machen?

- Soll ich dich begleiten?

Nimmt die Angst des Jugendlichen trotz aller ernsthaften Bemühungen weiter zu, sollte ein professioneller christlicher Seelsorger eingeschaltet werden – besonders dann, wenn die Angst so weit fortgeschritten ist, dass es zu gesundheitlichen Störungen oder Panikattacken kommt.

In diesem Kapitel zitierte Bibelstellen

- Matthäus 6,25-34
- Philipper 4,6-7
- 1. Petrus 5,7
- 2. Korinther 11,28
- Philipper 2,20
- 1. Johannes 4,18
- Hebräer 13,6
- 1. Samuel 16,23
- Psalm 127,2

Weitere hilfreiche Bibelstellen zum Thema

- Psalm 131,1-3
- Psalm 139,1-23
- Sprüche 12,25
- Lukas 12,22-26

3

Schuld

◆ Einführung

Andrew war sieben als er an einem Wintermorgen das Haus verließ, um den Schulbus zu bekommen ... ohne seine Jacke. Das Rufen seiner Mutter ignorierte er. Sein Vater rief ebenfalls nach ihm, aber er sah bereits den Bus kommen und wollte ihn nicht verpassen. An der Bushaltestelle drehte er sich um und sah, wie sein Vater mit der Jacke in der Hand auf ihn zugelaufen kam. Einen Augenblick später rutschte sein Vater auf dem glatten Gehweg aus. Er schlug hart auf, wobei der Aufprall seines Schädels ein lautes krachendes Geräusch verursachte.

Mit schweren Verletzungen wurde er ins Krankenhaus gebracht. Aufgrund der Verletzungen kam es zu Komplikationen, an denen er elf Tage später starb.

Nach dem schweren Unfall seines Vaters wurde aus Andrew, der vorher immer ein fröhlicher Junge war, ein teilnahmsloses und mürrisches Kind. Als er zehn Jahre alt war, wurde er beinahe von einem Auto überfahren, als er auf die Fahrbahn vor seinem Haus ging. Mit dreizehn begann er unter schweren Depressionen zu leiden. Mit fünfzehn unternahm er einen Selbstmordversuch.

Andrews Mutter litt jahrelang unter dem Unfalltod ihres Mannes – und noch länger über die Veränderung, die sie in ihrem Sohn bemerkte. Sie wusste, dass ihr Junge stark litt, aber sie wusste nicht warum. Es war ein starker Schock für sie zu entdecken, dass Andrew sich die meiste Zeit seines Lebens für den Tod seines Vaters verantwortlich gefühlt hatte.

● Das Problem

»Schuld ist eine unausweichliche Tatsache der menschlichen Existenz«, schreibt Dr. Keith G. Olson in seinem Buch »Counseling Teenagers«. Die Psychologin Jane Marks sagt: »Kinder neigen dazu, sich für Abläufe in ihrer Umgebung verantwortlich zu fühlen.«[1] Diese Tendenz setzt sich manchmal bis ins Erwachsenenalter hinein fort. Wenn ein Freund in ihrer Gegenwart verletzt wird, fühlen sie eine gewisse Mitschuld daran. Wenn sich die Eltern streiten, meinen sie, auch daran Mitschuld zu tragen. Begegnen sie einem Obdachlosen auf der Straße, fühlen sie sich auch für dessen Lage verantwortlich. Zu diesem – oftmals unbegründeten – Schuldgefühl kommt noch die begründete Schuld auf Grund falschen Handelns. Zusammen ergibt das eine gefährliche geistliche und emotionale Mischung. Olson beschreibt Schuld wie folgt:

… eine sehr schmerzliche, zerstörerische Tatsache, die bei vielen unserer psychologischen, emotionalen und physischen Störungen eine Rolle spielt. Der christliche Psychiater Quentin Hyder schildert das komplexe Gefühl der Schuld folgendermaßen: »Es ist gelegentlich das unbequeme Wissen, dass man etwas Verkehrtes getan hat. Es ist manchmal auch die Furcht vor Bestrafung. Es ist Scham, Bedauern oder Reue. Es ist Ablehnung und Feindseligkeit gegenüber demjenigen, den man mit seinem Fehlverhalten trifft. Es ist ein Gefühl des geringen Selbstwertes oder der Unterlegenheit. Es verursacht Entfremdung, nicht nur von anderen, sondern auch von einem selber, denn es zeigt die Diskrepanz auf zwischen dem, was man ist und wie man gerne sein würde. Das wiederum führt zu Einsamkeit und Isolation. Das Gefühl der Schuld resultiert also zum einen aus der Verzweiflung, der Depression und zum anderen aus der Angst.«[2]

Olson hebt weiter hervor, dass Christen oftmals größere Probleme im Umgang mit der Schuld haben als Nichtchristen; besonders diejenigen Christen, die in ihrem Glaubensleben sehr strikt sind. Und Bruce Narramore betont:

Es ist enorm, mit welcher Beharrlichkeit gelehrt wurde, dass Schuldgefühle bei Kindern Gottes von Gott selber kommen. Ich bin überzeugt, dass der Grund für die Gleichsetzung von Schuldgefühlen mit der Stimme Gottes darin liegt, dass nicht unterschieden wurde zwischen den drei verschiedenen Arten der Schuld und Gottes Methode dabei im Umgang mit Christen und Nichtchristen. Eine genaue Überprüfung dieser Unterschiede wird zur Klärung beitragen:

Gesetzliche Schuld. Sie bezeichnet die Übertretung oder Nichtbeachtung staatlicher Vorschriften und Regeln. Es ist eher eine Tatsache als ein Gefühl; kaum jemand wird z.B. bei der Übertretung der Höchstgeschwindigkeit Schuldgefühle bekommen. Wir können also schuldig werden, ohne uns jedoch schuldig zu fühlen.

Theologische Schuld. Sie bezieht sich auf die Übertretung oder Missachtung göttlicher Gebote und Regeln. Die Bibel betont, dass jeder von uns theologisch schuldig ist; wir alle haben »gesündigt und ermangeln des Ruhmes, den wir vor Gott haben sollten« (Röm. 3,23). Theologische Schuld ist jedoch kein Gefühl. Sie ist eine Tatsache, ein Umstand, bei dem wir nicht so sind, wie Gott uns haben möchte; ein Gefühl der Schuld ist dabei nicht unbedingt gegeben. Im biblischen Sinn sind wir alle fortwährend theologisch schuldig, wobei ein deutliches Gefühl der Schuld nicht zwangsläufig vorhanden ist.

Psychologische Schuld. Das ist die schmerzliche emotionale Erfahrung, die wir gewöhnlich als Schuld bezeichnen. Im Gegensatz zu gesetzlichen und theologischen Typen der Schuld ist psychologische Schuld lediglich ein Gefühl.[3]

Offensichtlich ist die psychologische Schuld diejenige, die viele Teenager stark beeinflusst. Psychologische Schuld, möglicherweise begleitet von gesetzlicher und theologischer Schuld, ist sehr subjektiv! Dr. Gary Collins betont, dass diese subjektive Schuld stark oder schwach, gerechtfertigt oder ungerechtfertigt sein kann. Der Nutzen für den Einzelnen besteht jedoch darin, dass »die Schuld uns dazu treibt, unser Verhalten zu ändern und Vergebung bei Gott und bei anderen zu suchen. Schuldgefühle können aber auch zerstörerisch oder hemmend sein, was sich sehr negativ auf das Leben des Einzelnen auswirkt.«[4]

◄ Die Ursachen

Collins befasst sich in seinem Buch »Christian Counseling« ausführlich mit den Ursachen der psychologischen Schuld. Er geht dabei auf folgende Schwerpunkte ein.

Frühere Erfahrungen und unrealistische Erwartungen

»Die Empfindung dafür, ob etwas gut oder schlecht, richtig oder falsch ist, wird in der Kindheit entwickelt«, schreibt Collins und fügt hinzu:

Manche Eltern haben ihre Anforderungen so hoch geschraubt, dass es den Kindern nahezu unmöglich ist, diese zu erreichen. Es wird kaum gelobt oder ermutigt, weil die Eltern nie zufrieden sind. Dafür wird das Kind regelmäßig eingeschüchtert, kritisiert und bestraft, so dass es sich als totaler Versager fühlt. Die Folgen davon sind Selbstanklagen, Minderwertigkeitsgefühle und schwere Schuldgefühle – nur weil ihm ständig zu hohe Anforderungen gestellt wurden. Die meisten Eltern, die diese hohen Anforderungen stellen, kommen aus Gemeinden, deren Ideal es ist, die »absolute Sündlosigkeit« zu erstreben.

Wenn die Kinder älter werden, übernehmen sie diesen theologischen Standard. Sie erwarten von sich Perfektion, stellen Anforderungen an sich, denen sie niemals gerecht werden können – und verstricken sich immer tiefer in Schuldgefühle und Selbstanklagen.[5]

Minderwertigkeitsgefühle und sozialer Druck

»Es ist schwer zu sagen ob Minderwertigkeitsgefühle Schuldgefühle hervorrufen oder ob Schuldgefühle Minderwertigkeitsgefühle …«, schreibt Collins. Jedoch »ist soziales Gruppendenken … die Quelle unzähliger Schuldgefühle«.[6]

Falsche Einstellungen

Collins schreibt weiter: »Kinder machen schon sehr früh Erfahrungen mit der Schuld. Sind die Eltern gute Vorbilder, ist das Zuhause warm, überschaubar und sicher, liegt die Betonung auf Verbesserung und Ermutigung anstatt auf Bestrafung und Kritik – dann weiß das Kind, was es bedeutet, Vergebung zu erfahren.

Sind die Eltern jedoch schlechte Vorbilder und liegt die Betonung der moralischen Erziehung hauptsächlich auf Strafe, Kritik und Einschüchterung, so wird das Kind wütend, stur, kritisch und mit ständigen Schuldgefühlen belastet.«[7]

Übernatürliche Einflüsse

»Vor dem Sündenfall hatten Adam und Eva kein Bewusstsein, kein Wissen von gut und böse«, schreibt Collins.

Aber in dem Moment, wo sie ungehorsam waren, erkannten sie sofort, dass sie verkehrt gehandelt hatten und versteckten sich vor Gott (1. Mo. 3,8).
Wie der Rest der Bibel zeigt, sind Gottes Ansprüche hoch und man wäre dumm zu glauben, ohne Sünde zu sein (1. Joh. 1,8-10). Die Erkenntnis der Schuld kann hingegen nur durch das Wirken des Heiligen Geistes erreicht werden (Joh. 16,8 + 13; 14,26).[8]

Dr. Dwight Carlson unterscheidet zwischen Schuldgefühlen, die stichhaltige Gründe haben (wie die Eingebung durch den Heiligen Geist) und solchen, die aus falscher Selbsteinschätzung kommen (wie »ich bin dumm, unfähig, schlecht, schrecklich und muss immer perfekt sein«[9]). Beide können jedoch gleichermaßen schmerzhaft für den Betroffenen sein – die eingeredete Schuld genauso wie die real vorhandene.

▼ Die Folgen

Zwischen den Auswirkungen der objektiven (Gesetze und Glaube) und der subjektiven Schuld (psychologisch) besteht ein wichtiger Unterschied. Die Übertretung von Gesetzen hat Verurteilung und Strafe zur Folge; Schuld in theologischer Hinsicht verursacht, ohne Vergebung durch Jesus Christus, Tod und Verderben. Bruce Narramore unterscheidet hinsichtlich subjektiver Schuld fünf Hauptauswirkungen: Verdammung – Verurteilung, Auflehnung – Rebellion, Verneinung – Rechtfertigung, Bekenntnis und echte Reue.

Verdammung – Verurteilung

Bruce Narramore schreibt:

Stell dir vor, jemand … beschimpft dich heftig, droht mit Ablehnung und lässt dich wissen, dass jeder dich unmöglich findet. Du wirst dich unweigerlich irgendwie schuldig fühlen. Es könnte dann sein, dass du dich daraufhin aufgibst und die negativen Anklagen annimmst. Du könntest denken: »Sie haben Recht, ich bin wirklich unmöglich.« Doch indem du den Anklagen zustimmst, verurteilst du dich selber.[10]

Ein junger Mensch, der in dieser Weise auf Schuld reagiert, wird typischerweise mürrisch und düster erscheinen. Wenn er mit anderen spricht, lässt er häufig seinen Kopf hängen und ihm fällt es schwer anderen in die Augen zu sehen. Er legt sich unbewusst (oder, im Extremfall, sogar bewusst) Strafe auf, indem er immer wieder in »Unfälle« hineinstolpert oder an Körpergewicht zunimmt. Zu einer solchen Selbstverdammung kann auch Folgendes gehören: »Eine Unfähigkeit sich zu entspannen, die Weigerung Komplimente anzunehmen, eine sexuelle Hemmung, ein Widerstreben ›nein‹ zu den Forderungen anderer zu sagen oder eine Vermeidung von Freizeitaktivitäten.«[11]Sie kann außerdem zu schwerer Depression und sogar Selbstmordversuchen führen.

Auflehnung – Rebellion

Es gibt Menschen, die sofort mit Rebellion reagieren, wenn sie angeklagt werden. Sagt ihnen jemand »Du bist ein Versager!« ist ihre Antwort: »Woher willst du denn das wissen?!« Und sie fangen an, alles noch schlimmer zu machen. Sie sind wie der Sohn eines Kirchendieners, der mir in der Beratung immer wieder sagte, wie ausdauernd er sich gegen seinen Vater und die Kirche aufgelehnt hat. Fröhlich erklärte er mir, wie er bei einem Trinkgelage mit seinen Kumpels die Flasche hob und rief: »Hey, hier seht ihr einen für das Amt des Diakons!«...

Nicht jeder reagiert so offensichtlich. Manch einer ist wie der Ehepartner, der passiven Widerstand leistet. Als Antwort auf Drohungen, Nörgeleien und Anschuldigungen reagiert er mit Passivität. Man ist nicht rechtzeitig fertig, der Haushalt bleibt liegen oder man lässt sich in Aufgaben einspannen, die die Familie vernachlässigen. Unglücklicherweise verursacht solch eine passive Rebellion nur noch mehr Ärger und Schuld, wodurch das eigentliche Problem noch verschärft wird[12] (vgl. Kapitel 23, »Auflehnung«).

Jugendliche, die so auf psychologische Schuld reagieren, zeigen möglicherweise ihre Auflehnung gegen die Eltern, die Gemeinde/Kirche, Lehrer oder Erwachsene im Allgemeinen. Die stärkste Rebellion findet sich manchmal den Autoritäten gegenüber, die bei dem jungen Menschen die größten Schuldgefühle verursachen.

Verneinung – Rechtfertigung

Eine andere Reaktion auf Schuldgefühle ist deren Verneinung durch Weg-rationalisierung unserer Fehler und Sünden. Wir vergleichen uns mit anderen und stellen fest, dass wir ja so schlecht gar nicht sind. Wir entschuldigen uns: »So bin ich nun einmal« oder »Das ist nun mal die menschliche Natur ...« Manchmal verstecken wir unsere Sünden, indem wir sie auf andere projizieren. Bei ihnen sehen wir dann all die Fehler, die wir bei uns verstecken. Dadurch, dass ich nur die Sünden und Fehler bei den anderen sehe, verliere ich den Blick für meine eigenen Schwächen.[13]

Der Jugendliche, der seine Schuld durch Rechtfertigung zu verbergen sucht, ist oftmals äußerst kritisch anderen gegenüber – besonders Eltern und Geschwistern. Der junge Mensch besteht auch dann weiterhin auf seiner Unschuld, wenn seine Schuld schon längst für alle offensichtlich ist.

Bekenntnis

Bekenntnis ist die vierte typische Reaktion auf Schuld. Sooft wir uns schuldig fühlen, fühlen wir uns auch schlecht, irgendwie entfremdet von Gott und fürchten Seine Strafe oder Vergeltung. Sobald wir jedoch unser Fehlverhalten eingestehen, erfahren wir unmittelbar Erleichterung. Wir bitten um Vergebung, um unser psychisches Leiden zu beenden. Auf den ersten Blick scheint das eine gute Lösung zu sein. Das Bekenntnis unserer Schuld wirkt wie ein Zauber: Im selben Augenblick verschwinden unsere Schuldgefühle, wir fühlen uns wieder gut, akzeptiert von Gott und sicher vor Bestrafung.

Aber was sind die Motive für unser Bekenntnis? Tut es uns wirklich leid, wenn wir jemanden verletzt haben?

Sind wir echt betrübt über unser schlechtes Verhalten? Oder versuchen wir nur unsere schlechten Gefühle los zu werden? ... Sollte das der Fall sein, so ist unsere Reue nicht biblisch![14]

Der Teenager, der solchermaßen auf Schuld reagiert, wird sich immer wieder für Dinge entschuldigen, die er oder sie bald darauf wieder macht. Das Bekenntnis »Ich habe doch gesagt, dass es mir leid tut!« wird man oft bei ihm oder ihr vernehmen. Es kann schon sein, dass es dem Teen leid tut, aber nicht, dass er verkehrt gehandelt hat, sondern dass er dabei erwischt wurde!

Echte Reue

Wenn ein Jugendlicher tatsächlich schuldig geworden ist (und keine falschen Schuldgefühle hat), so ist ihm die Vergebung nach aufrichtiger Reue sicher.

Die Auswirkungen der Schuldgefühle sind nicht unbedingt nur negativ. Menschen haben den Umgang mit der Schuld gelernt; sie sind daran gewachsen und gereift und haben es gelernt, sie Gott und Menschen zu bekennen. Ihre Freude liegt in der Zusage Gottes: »So wir aber unsere Sünden bekennen, so ist er treu und gerecht, dass er uns die Sünden vergibt und reinigt uns von aller Untugend« (1. Joh. 1,9).[15]

▲ Die biblische Sicht

»Haben wir erst einmal die negativen Auswirkungen von Schuldgefühlen erkannt, so sind wir frei, nach konstruktiven Alternativen zu suchen«, meinen Bruce Narramore und Bill Counts.[16] Diese »konstruktive Alternative« ist der Schlüssel zur biblischen Sicht der Schuld.

Collins bemerkt dazu:

Wenn Menschen heute von Schuld reden, so ist damit meistens das subjektive Schuldgefühl gemeint; in der Bibel kommt diese Art der Schuld jedoch nicht vor. Die Worte, die gewöhnlich mit »Schuld« übersetzt werden, beziehen sich auf die theologische Schuld wie sie oben beschrieben ist. Nach biblischer Sicht ist jemand schuldig, wenn er Gottes Gebote übertreten hat. Daher wird in der Bibel auch kaum zwischen »Schuld« und Sünde« unterschieden (L. R. Keylock, »Guilt« in »The Zondervan Pictorial Encyclopedia of the Bible« von Merrill C. Tenney, Grand Rapids: Zondervan, 1975, S. 852).

Das ist wichtig ... die Bibel spricht nicht von Schuldgefühlen; an keiner Stelle wird dazu geraten, jemanden durch das Implizieren von Schuldgefühlen zu motivieren ...

Aber wie kann jemand etwas bereuen, wenn er nicht vorher von Schuldgefühlen geplagt wird? Um das zu beantworten, muss man das Konzept der konstruktiven Traurigkeit und der göttlichen Vergebung kennen.[17]

Konstruktive Traurigkeit, wie Narramore und Counts feststellen, steht in starkem Kontrast zu psychologischer Schuld. Sie verweisen auf Paulus, der im 2. Korintherbrief 7,8-10 schreibt:

Denn dass ich euch durch den Brief habe traurig gemacht, reut mich nicht. Und ob's mich reute, dieweil ich sehe, dass der Brief vielleicht eine Weile euch betrübt hat, so freue ich mich doch nun, nicht darüber, dass ihr seid betrübt worden, sondern dass ihr betrübt seid worden zur Reue. Denn ihr seid göttlich betrübt worden, dass ihr von uns ja keinen Schaden irgendworin nehmet. Denn die göttliche Traurigkeit wirkt zur Seligkeit eine Reue, die niemand gereut; die Traurigkeit aber der Welt wirkt den Tod.

Für Narramore und Counts beinhaltet diese Passage eine Illustration des Unterschiedes zwischen psychologischer Schuld und konstruktiver Traurigkeit. Weiter schreiben sie:

Paulus schreibt von der »Traurigkeit der Welt« und der »göttlichen Betrübnis«. Er schreibt, dass die Traurigkeit der Welt nichts Gutes bewirkt. Sie führt letztendlich zum Tod. Im Gegensatz dazu steht die »göttliche Betrübnis«, die zur Reue führt … Psychologische Schuld (»Traurigkeit der Welt«) bewirkt schlussendlich Unglück; konstruktive Traurigkeit (»göttliche Traurigkeit«) hingegen bewirkt eine positive Verhaltensänderung … Grob gesagt stellt (psychologische) Schuld uns und unser Versagen in den Mittelpunkt. Konstruktive Trauer lenkt unseren Blick jedoch auf diejenigen, die wir mit unserem Verhalten verletzt haben.[18]

Narramore und Counts haben zum besseren Verständnis folgende Tabelle entworfen:

	Psychologische Schuld	Konstruktive Traurigkeit
Person im hauptsächlichen Blickfeld	Selbst	Gott oder andere
Haltung oder Handlungen im hauptsächlichen Blickfeld	Vergangene Fehler	Anderen zugefügter Schaden oder zukünftig richtiges Verhalten
Motivation zur Veränderung (sofern eine vorliegt)	Vermeiden, sich schlecht zu fühlen (Schuldgefühle)	Andere zu helfen, das eigene Wachstum voranzutreiben oder Gottes Willen zu tun (Gefühl der Liebe)
Haltung gegenüber uns selbst	Wut und Frustration	Liebe und Achtung kombiniert mit Betroffenheit
Ergebnis	a) Äußere Veränderung für unangebrachte Motivationen b) Stagnation aufgrund des lähmenden Effektes von Schuld c) weitere Rebellion	Reue und Veränderung auf Grundlage einer Haltung der Liebe und gegenseitigen Achtung

aus: Narramore und Counts »Freedom from Guilt« (Santa Ana, Calif.: Vision House, 1974).

▶ Praktische Hilfen anbieten

Dem jungen Menschen, der von Schuldgefühlen geplagt wird, ist nicht geholfen indem man ihm erklärt, dass diese doch völlig unbegründet seien oder dass er nur seine Sünden bekennen müsse und alles ist wieder gut. Manchmal ist es nämlich sinnvoll, den Jugendlichen mit seiner Schuld zu konfrontieren und ihm mit Hilfe eines Jugendarbeiters, den Eltern oder eines Seelsorgers Lösungsmöglichkeiten erkennen zu lassen. Als betroffener Erwachsener sollte man die Eltern des jungen Menschen informieren und eventuell mit einbeziehen. Eltern und andere Erwachsene können einem schuldgeplagten Jugendlichen helfen, wenn sie vorsichtig und sorgsam nach dem folgenden Handlungsschema vorgehen:

Zuhören. Hören Sie dem jungen Menschen aufmerksam zu und achten Sie dabei nicht nur auf seine Worte, sondern auch auf seine Körpersprache. Ermutigen Sie den Jugendlichen, seine Schwierigkeiten beim Namen zu nennen, wobei die folgenden Fragen (nach Collins) zum Einstieg hilfreich sein können:

- Welche Vorstellungen haben die Eltern darüber, ob etwas richtig oder falsch ist?
- Sind die Anforderungen so hoch gesteckt, dass der Jugendliche sie nicht erreichen kann?
- Welche Folgen hatte ein Versagen?
- Welche Erfahrungen hat der Heranwachsende mit Vergebung gemacht?
- Waren Anschuldigungen, Kritik und Strafe an der Tagesordnung?
- Was war die Meinung der Gemeinde hinsichtlich richtig oder falsch?

- War diese Meinung biblisch fundiert?
- Wurden dem Jugendlichen Schuldgefühle »eingeimpft«?
- Was verursacht bei dem Jugendlichen heute Schuldgefühle? Dinge beim Namen nennen lassen!
- Zeigt der junge Mensch einige der oben genannten Verhaltensweisen?[19]

Verständnis zeigen. Jeder, der Jugendlichen im Umgang mit Schuldgefühlen helfen will, sollte sich zuerst einmal fragen, wie er selbst mit diesen Gefühlen umgeht. Wenn man dann die positiven Aspekte der Schuldgefühle vermittelt, sollte man nicht anfangen zu predigen, sondern dem Jugendlichen vielmehr Verständnis für seine Situation entgegenbringen. Das kann dadurch geschehen, dass man:

- aufmerksam und geduldig zuhört (man sollte keine Angst haben, auch mal einen Rat oder eine Lösungsmöglichkeit zu geben);
- Emotionen, Gesten und Körpersprache beobachtet – und darauf achtet, was sie offenbaren;
- Schuldzuweisungen vermeidet;
- erstmal nur spricht, um sich zu vergewissern, dass man alles richtig verstanden hat.

Bestätigen. Olson schreibt:

Teenager, die unter subjektiver Schuld leiden, sind meist sehr empfindlich gegenüber Schuldzuweisungen durch andere. Sie rechnen sogar schon von vornherein damit. Es erfordert großen Mut für sie, sich von ihren falschen Vorstellungen zu lösen. Nichts ist förderlicher für diesen Prozess als ein

Seelsorger, der echtes Verständnis zeigt, den Jugendlichen akzeptiert und keine vorschnellen Urteile spricht. Diese Haltung lässt den jungen Menschen erkennen: »Ich will nicht dein Benehmen verbessern oder über deine Moralvorstellungen urteilen; ich will dir helfen, dass du eigene Ziele entwickelst und auch erreichst.[20]

Richtung weisen. Obwohl es viel Zeit in Anspruch nimmt, tun Jugendleiter oder Eltern gut daran, dem unter Schuldgefühlen leidenden Jugendlichen richtungsweisende Hilfe anzubieten. Dies kann nach Collins so geschehen:

Zuerst sollte dem Jugendlichen bei der Überprüfung seiner Ansichten von richtig und falsch geholfen werden. Oftmals fühlen sich Menschen für etwas schuldig, was die Bibel gar nicht als Sünde ausweist. Als zweites muss der junge Mensch lernen zu fragen: »Was erwartet Gott wirklich von mir?« Er kennt uns von Grund auf; Er weiß um unsere Nichtswürdigkeit und Er weiß, dass wir sündigen solange wir auf Erden sind (1. Sam. 16,7; Ps. 103,14; 139,1-4; 1. Joh. 1,8). Er erwartet keine Perfektion, jedoch den festen Willen nach Seinen Vorstellungen zu leben, so gut es uns eben möglich ist. Gott ist nicht so sehr daran interessiert was wir tun, sondern wer wir sind und was wir werden. Er hat Mitleid mit uns und liebt uns bedingungslos; Er wird unsere Sünden vergeben, ohne nach Strafe und Vergeltung zu verlangen. Strafe und Vergeltung sind ja nicht mehr nötig, denn Christus hat am Kreuz bereits alles für uns gezahlt: »Sintemal auch Christus einmal für unsere Sünden gelitten hat, der Gerechte für die Ungerechten, auf dass

er uns zu Gott führte« (1. Petr. 3,18).

Das ist der Grund des Glaubens, der so wichtig und praktisch ist, dass er das menschliche Denken revolutionieren und befreien kann. Befreiung von Schuld und Schuldgefühlen geschieht allein durch das Bekenntnis derselben an Christus und gegebenenfalls an anderen (an denen man sich versündigt hat) (1. Joh. 1,9) und mit Gottes Hilfe zu glauben, dass uns vergeben wurde und dass wir von Gott angenommen wurden! Er ist es, der uns hilft, uns selbst und andere anzunehmen, zu lieben und zu vergeben.[21]

Sobald der Jugendliche ein Verständnis für den Willen Gottes entwickelt hat, kann der Seelsorger ihn dahingehend leiten, dass er untersucht, ob seine Schuldgefühle konstruktiv oder destruktiv sind. Wenn es sich um echte, theologische Schuld handelt, sollte der Jugendliche ermutigt werden, seine Schuld vor Gott zu bekennen, sie in Zukunft zu unterlassen und somit völlige Vergebung und Reinigung durch Gott zu erfahren (1. Joh. 1,9). Schließlich sollten dem jungen Menschen Möglichkeiten gezeigt werden, mit denen er in Zukunft falsche Schuldgefühle erkennen und wirksam vermeiden kann. Für Eltern, Gemeindeleiter, Lehrer und Jugendarbeiter können die folgenden drei Schritte dabei eine Hilfe sein:

Schnelles erkennen der Schuld. Wenn sie umgangen oder verleugnet wird, ist es wesentlich schwieriger damit umzugehen. Mit Schuld sollte man umgehen wie mit einem Grippevirus: Man sollte ihn schnell erkennen und sofort behandeln.

Umgang mit den Gefühlen.

- Gebet; man sollte sich vertrauensvoll an Gott wenden mit der Bitte um Hilfe im Umgang mit den Gefühlen.

- Bibelstellen zum Thema lesen; man sollte beachten, was Gottes Wort zu Gefühlen sagt (z.B. Ps. 32; Jes. 43,25; Hebr. 8,12; 1. Joh. 1,9).

- Gespräch mit einem guten Freund; Gefühle in Worte fassen und aussprechen.

- Reaktion auf die Gefühle; man sollte zu der Versuchung (oder zu dem Versucher) sprechen wie zu einem ungezogenen Hund.

Vorsorge und Vorbereitung auf den nächsten Angriff.

- Identifizierung der Dinge oder Personen, die Schuldgefühle auslösen.

- Erarbeiten von Präventivmaßnahmen; Meiden der betreffenden Personen oder Aktivitäten oder anderes Verhalten beim nächsten Mal.

- Erfolge aufschreiben; Erkennen der Schwachstellen und Stärken und daraus lernen.

Ziele setzen. Richtungsweisung wie sie oben vorgeschlagen ist, kann nur funktionieren, wenn der junge Mensch darauf eingeht. Eltern oder andere Erwachsene können Vorschläge machen, gut zureden, drängen und befehlen – hat der Jugendliche sich entschieden und einen »Plan« für sich selbst erdacht, dann ist alles Bemühen mehr oder weniger sinnlos.

Betroffene Erwachsene können jungen Menschen sinnvolle Ziele anbieten, das Evangelium weitersagen, geänderte Einstellungen und Verhaltensweisen erwirken und Gewohnheiten dahingehend beeinflussen, dass sie zu Hoffnung und Erfolg ermutigen anstatt zu Verzweiflung und Versagen – wenn der Jugendliche für sich selbst nicht die wichtige Entscheidung trifft wird Befreiung von Schuldgefühlen nicht erreicht.

Hilfe von außen. Sollte der junge Mensch zu irgendeinem Zeitpunkt gewalttätig werden oder scheinbar Selbstmordgefährdet sein oder sollten sich Anzeichen einer schweren Persönlichkeitsstörung zeigen, dann sollten umgehend die Eltern informiert werden! Wo möglich sollte der Jugendliche (mit Erlaubnis der Eltern) einem christlichen Fachmann vorgestellt werden.

In diesem Kapitel zitierte Bibelstellen

- Römer 3,23

- 1. Mose 3,8

- Johannes 16,8.13; 14,26

- 1. Johannes 1,8+9

- 2. Korinther 7,8-10

- 1. Samuel 16,7

- Psalm 103,14; 139,1-4

- 1. Petrus 3,18

- Psalm 32

- Jesaja 43,25

- Hebräer 8,12

Weitere hilfreiche Bibelstellen zum Thema

- Psalm 51; 130

- Jesaja 55,7

- Epheser 4,32

- Lukas 12,22-26

Wut

◆ Einführung

Kevin war der Held seiner Fußballmannschaft. Doch obwohl sie schon in der zweiten Halbzeit spielten und seine Mannschaft, die »Sharks«, mit 0:2 im Rückstand lagen, hatte er noch nicht mitgespielt. Er blickte hinüber zu den Zuschauern, wo seine Mutter und sein Stiefvater waren, die jedes Spiel verfolgten. Seine Augen durchliefen die Ränge, wo er schließlich auch seinen leiblichen Vater ausmachen konnte. Kevin wandte sich an den Trainer.

»Hey, los, lass mich mitspielen. Ich verspreche, dass ich keine Gelegenheit verpassen werde.«

Der Trainer stöhnte über eine weitere veraaste Torchance seines Teams.

»Bitte, Mann, mein echter Vater ist hier! Er hat mich das ganze Jahr noch nicht spielen gesehen.«

Trainer Henson schüttelte den Kopf. »Tut mir leid, Kevin. Du kennst die Regeln. Du bekommst schon noch deine Chance.«

Kevin wandte sich schon um und wollte gehen, da schnellte er herum und schrie dem Trainer aus nächster Nähe ins Gesicht: »Weißt du was? Steck dir deine Regeln an den Hut! Und das ganze Team noch dazu!« Es folgte noch ein ganzer Schwall Schimpfworte und dann schlug er mit den Fäusten auf den überraschten Mann ein. Bevor der Trainer Henson sich noch wehren konnte, traf ihn schon ein Faustschlag auf die Nase. Blut lief ihm über sein Gesicht als er und Kevin in einer Rangelei zu Boden gingen. Henson versuchte den wild boxenden und tretenden Kevin am Boden zu halten.

Kevins Stiefvater zog den sich immer noch wehrenden Jungen schließlich auf seine Füße hoch. Das Spiel wurde unterbrochen, weil alle Augen sich auf den Kampf am Spielfeldrand richteten. Kevin wandte sich immer noch unter dem Griff seines Stiefvaters als sein leiblicher Vater auftauchte und ihm einen Schlag ins Gesicht versetzte.

»Was ist denn los mit dir!«, schrie er. Sein Gesicht war rot vor Wut, seine Hände zu Fäusten geballt. »Ab in mein Auto!«, schrie er und fügte noch weitere Flüche hinzu, um seinen Gefühlen Ausdruck zu verleihen.

Wütend blickte Kevins Vater auf seine Ex-Frau und ihren neuen Ehemann. Dann wandte er sich an den Trainer, der sich mit einem blutbeschmierten Taschentuch die Nase wischte. »Es tut mir leid«, stieß er hervor, sichtlich bemüht um seine Fassung. »Das hätte nicht passieren dürfen.« Er sah wieder zu seiner Ex-Frau hinüber. »Der Junge hätte es besser wissen müssen …«

● Das Problem

»Wut ist ein bei Heranwachsenden weit verbreitetes Gefühl«, schreibt Dr. G. Keith Olson. »Manchmal ist das Auftreten verständlich und vorhersehbar. Gelegentlich kommt die Wut aber auch überraschend und schockiert damit jeden, sogar den Wütenden selber.«[1]

Auch wenn extreme Stimmungsschwankungen und emotionale Instabilität bei Teenagern normal sind, so können Gefühlsausbrüche und aggressives Verhalten Zeichen dafür sein, dass die Wut eines jungen Menschen abnorme Ausmaße angenommen hat und er nicht angemessen damit umgehen kann. Gary R. Collins schreibt dazu:

> Wut tritt in verschiedenen Intensitätsgraden auf – von schlichter Ablehnung bis hin zu gewalttätigen Wutausbrüchen ... Wut kann versteckt auftreten oder aber auch offen zu Tage treten. Sie kann für kurze Momente auftreten oder sich über Jahrzehnte hinziehen: als Verbitterung, Abneigung oder Hass. Wut kann sich negativ auswirken, besonders wenn sie in Form von Aggression, von Unversöhnlichkeit oder Rache erscheint ...
>
> Wut, offen zum Ausdruck gebracht, bewusst vor anderen verborgen oder unbewusst gelebt, ist die Wurzel vieler psychischer, physischer und geistlicher Probleme.[2]

Nach Dr. Les Carter gehen Betroffene auf dreierlei Arten mit ihrer Wut um: sie unterdrücken, leben sie aus oder geben sie auf:

> Unterdrückung ist eine Form der Verdrängung. Wenn jemand seine Wut unterdrückt, so sieht er keine Notwendigkeit, sich weiter mit dem Problem

zu beschäftigen. Fürs erste scheint die Schwierigkeit überwunden. Die unterdrückte Wut kann auf Dauer jedoch zu einer gefährlichen Zeitbombe werden. Sie verfestigt sich, ohne dass es die betroffene Person merkt, im Unterbewusstsein, wo sie auf lange Sicht gesehen ungeahnte negative Kräfte entwickeln kann ...

> Die Auslebung, das Ausdrücken der Wut ist eine weitere Möglichkeit der Betroffenen. Das muss nicht unbedingt verbal geschehen, sondern kann sich auch im Verhalten der Person äußern; mehr als die Hälfte aller Kommunikation geschieht auf der non-verbalen Ebene. Non-verbales Ausdrücken der Wut beinhaltet sowohl einen finstern Blick als auch das Zuknallen von Türen, das Ignorieren von Personen, weinen oder auch einen Blick aus böse funkelnden Augen.

> Aufgegebene Wut bezieht sich auf die Fälle, wo man über die eigene Wut hinweggeht, über sie hinwegsieht, nicht zu verwechseln mit der unterdrückten Wut. Unterdrückte Wut ist ins Unterbewusstsein verdrängte Wut. Aufgegebene Wut meint dagegen die bewusste Entscheidung, dass Wut nicht notwendig oder angemessen erscheint und daher aufgegeben wird. Diese Form der Wutbewältigung kann erst dann angewandt werden, wenn jemand gelernt hat, mit seinen Wutgefühlen adäquat umzugehen und über sie herrschen kann.[3]

Das Problem vieler Teenager ist, dass sie ihre Wut unterdrücken. Sie sind so erzogen worden, dass Wut in ihren Augen etwas Böses und Schlechtes ist. Oder sie haben nie gelernt, angemessen auf Wut zu reagieren, so dass sie ihre Gefühle nur in negativen Verhaltensweisen äußern können. Leider haben es nur sehr wenige Jugendliche (und Erwachsene) gelernt, zu erkennen, wann Wut unangemessen erscheint. Das Resultat ist Verbitterung, Zorn und Wut, die sich anstauen und irgendwann unkontrolliert zum Ausdruck kommen (siehe dazu Eph. 4,31!).

Um Jugendlichen zu helfen mit ihrer Wut umzugehen, sollten kluge Eltern und Jugendarbeiter zuerst die Ursachen und Folgen, sowie auch die biblische Sicht dieses Problems kennen.

◀ Die Ursachen

Wut hat viele Ursachen. Auslöser können zahllose verschiedene Emotionen und Vorkommnisse sein. Einige der häufigsten und bekanntesten sind Frustration, Entfremdung, Strafe oder drohende Bestrafung (Verletzung der Persönlichkeit!), Ungerechtigkeit, Angst oder Wut als »erlerntes« Verhaltensmuster.

Frustration

Es gibt wohl keinen Lebensabschnitt, in dem die Frustrationen derart häufig sind, wie in dem Zeitraum der Pubertät. Die Heranwachsenden befinden sich in einer höchst aktiven, energiegeladenen und expressiven Entwicklungsphase,[4] was das Aufkommen von Frustrationen stark begünstigt.

Frustration entsteht immer dann, wenn versucht wird, ein Ziel zu erreichen und dieser Versuch letztlich misslingt oder behindert wird. Collins meint, dass »die Intensität der Frustration davon abhängt, wie wichtig das Ziel, wie groß die Anstrengung zur Erreichung war und wie lange das Gefühl der Enttäuschung anhält«.[5] Die vielen Interessen und Ziele der Teenagerzeit (einen festen Freund/feste Freundin zu finden, den Führerschein zu bekommen, ein Auto zu kaufen, jemanden für den Studentenball

zu finden oder auch nur lange aufzubleiben) und die Intensität mit der versucht wird, diese Ziele zu erreichen, führt bei vielen jungen Menschen zu Frustrationen und damit auch zu Wut.

Entfremdung

Olson stellt fest:

> In der frühen Phase des Erwachsenwerdens ist die Gruppenzugehörigkeit und Akzeptanz für ein gesundes Selbstwertgefühl des Jugendlichen enorm wichtig ... Teenager reagieren sehr empfindlich auf eine Zurückweisung oder Trennung von der Gruppe oder spezieller Freunde. Diese Isolation verursacht bei ihnen nicht nur Gefühle der Einsamkeit, sondern stellt ihre gesamte Persönlichkeit in Frage ... Daher reagiert der Teenager mit Wutausbrüchen auf eine Trennung von der Gruppe. Das kann recht lautstark und offensichtlich, aber auch leise und im Stillen vor sich gehen: mit selbstzerstörerischen und gefährlichen Handlungen – im Extremfall sogar mit Selbstmord.[6]

Strafe oder Strafandrohung

Wut kann auch das Resultat körperlicher oder emotionaler Strafen sein. Wenn der Ellbogen eines Mannschaftskammeraden einen Spieler – sei es mit oder ohne Absicht – an der Nase trifft, reagiert dieser wahrscheinlich mit Wut. Wird ein junger Mensch von den Eltern mit Schimpfwörtern überschüttet, so wird ebenfalls Wut, wenn auch in unterdrückter Form, entstehen. Wenn der Vater einen lange versprochenen Angelausflug streicht, wird seine Tochter natürlich verletzt sein und mit Wut reagieren. Wird ein Jugendlicher beleidigt, macht man sich über ihn lustig, erniedrigt, ignoriert oder bedroht man ihn, so wird er mit Wut antworten – offensichtlich oder im Stillen.

Ungerechtigkeit

Olson schreibt:

> Heranwachsende sind meist sehr idealistisch und halten streng an ihrem Wertesystem fest, wobei sie dieses gerne auf andere übertragen. Sie reagieren sehr sensibel auf Angriffe gegen ihre Moral- und Wertvorstellungen, denn diese Angriffe symbolisieren eine Verletzung ihrer sich gerade erst entwickelnden Autonomie. Ebenfalls sehr empfindlich reagieren sie auf Ungerechtigkeiten seitens der Eltern, Lehrer, Politiker, Gemeindeleiter und anderer Autoritätspersonen.[7]

Teenager reagieren auf Ungerechtigkeit mit Wut – egal ob die Ungerechtigkeit sie selbst, einen Kameraden oder einen völlig Fremden betrifft. Collins betont, dass »Ungerechtigkeit ein echter Grund für Wut (vielleicht der einzige echte Grund überhaupt) ist, wenn nicht sogar der am häufigsten vorkommende«.[8] Zumindest ist er bei Jugendlichen wegen ihrer erhöhten Sensibilität der am weitesten verbreitete.

Angst

Angst kann ebenfalls ein Grund für Wut bei den Jugendlichen sein. Angst, nicht dazu zu gehören, zu versagen oder von den anderen nicht anerkannt zu werden. Diese Sorgen und Befürchtungen führen zu einer verstärkten Frustration, die Wut zur Folge hat.

Wut als »erlerntes« Verhaltensmuster

Vielfach ist Wut ein erlerntes Verhaltensmuster. Der Jugendliche hat es von seinen Eltern oder anderen Autoritätspersonen nicht gelernt, angemessen auf Wut zu reagieren, da diese selbst nicht dazu in der Lage waren. Der junge Mensch hat gelernt, wie man Feindschaften »pflegt«, wie Verbitterung in Zorn umschlägt und all diejenigen zu verachten oder zu hassen, die anders sind oder eine andere Ansicht vertreten als er selbst.

Olson ist der Auffassung, dass hierbei die attraktive Präsentation von Gewalt in den Medien eine große Rolle spielt.[9] »Indem die Jugendlichen andere sehen oder hören, übernehmen sie deren Verhaltensmuster in ihr Leben.«[10]

▼ Die Folgen

Jemand hat einmal herausgefunden, dass »Wut und Feindseligkeiten ein wesentlicher Faktor für viele schwere Erkrankungen und der Hauptgrund für Not, Depression, Ineffizienz, Krankheit, Unfälle, Vergeudung von Zeit und Geld in der Industrie sind«. Folglich spielt die Eliminierung der Feindseligkeiten eine wichtige Rolle bei der Lösung von Eheproblemen, Alkoholismus, … Trotz bei Kindern, Nervosität oder psychosomatischen Erkrankungen.[11]

Die Auswirkungen der Wut sind weit verbreitet: zerbrochene Beziehungen, physische Schäden, finanzielle Not etc. Zusammenfassend nennt Collins vier Auswirkungen der Wut, die sich überschneiden oder auch abwechseln können: sich zurückziehen, in sich gekehrt sein, stellvertretend jemanden attackieren und die Ursachen der Wut behandeln.

Sich zurückziehen

»Dies ist der einfachste aber auch wirkungsloseste Weg um mit Wut umzugehen«, schreibt Collins. Dazu nennt er folgende Möglichkeiten:

- den Raum verlassen, Urlaub nehmen oder sonstwie der Situation den Rücken kehren;

- Vermeidung des Problems, indem man sich in die Arbeit oder andere Aktivitäten stürzt, an andere Sachen denkt oder sich in eine Scheinwelt zurückzieht (TV oder Bücher);

- Alkohol oder Drogen nehmen, um das Problem zu vergessen – oder um der auslösenden Person entgegentreten zu können;

- die Existenz der Wut leugnen.[12]

Insichgekehrtsein

Gelegentlich wird die Wut auch unterdrückt und nicht zum Ausdruck gebracht. »Nach außen hin gibt man sich ruhig und lächelnd, obwohl man im Innern vor Wut kocht«, schreibt Collins. Diese versteckte Wut kann eine enorme Kraft entwickeln und sich folgendermaßen auswirken:

- Krankheitssymptome wie leichte Kopfschmerzen bis zu Magengeschwüren, zu hoher Blutdruck und Herzinfarkt;

- Auswirkungen auf die Psyche, wie Angst, Furcht, Anspannung und Depressionen;

- unbewusste selbstzerstörerische Tendenzen wie eine Neigung zu Unfällen, verursachen von Fehlern bis hin zu Selbstmordversuchen;

- Selbstmitleid, Rachegedanken, lamentieren über die Ungerechtigkeiten, die einem widerfahren;

- geistliche Kämpfe.[13]

Stellvertretend jemanden attackieren

»In psychologischen Lehrbüchern wird häufig die weitverbreitete Neigung zur Anschuldigung unbeteiligter Personen geschildert«, schreibt Collins. Er stellt fest, dass der Wütende sein unschuldiges Opfer mit Worten oder sogar tätlich angreift. Das kann bisweilen kriminelle Auswirkungen haben![14]

Die Ursachen der Wut behandeln

Nach Collins kann man den Ursachen der Wut sowohl konstruktiv als auch destruktiv begegnen.

Destruktive Reaktionen können verbale und körperliche Gewalt, Rücksichtslosigkeit, Zynismus, fehlende Kooperationsbereitschaft und die Suche nach einem Sündenbock sein. Durch Alkoholkonsum und mangelhafte Schulleistungen können Eltern durchaus getroffen werden ...
Wesentlich hilfreicher ist jedoch, wenn man die Wut anerkennt, ihre Ursache herausfindet und daraus eine Veränderung der Situation erwirkt. Dieser konstruktive Weg, Wut zu vermeiden, kann häufig jedoch nicht ohne fachkundige Hilfe begangen werden.[15]

▲ Die biblische Sicht

William Backus, Autor zahlreicher Bücher zum Thema Wut, bietet dazu eine gute biblisch fundierte Übersicht an:

Um zu lernen, wie wir der Wut mit der Wahrheit begegnen können, nehmen wir die Bibel zu Hilfe. Das Wort der Wahrheit, durch welches Gott uns neues Leben und damit auch eine verlässliche Quelle der Kraft im Umgang mit Ärger gegeben hat.
»Er hat uns gezeugt nach seinem

Willen durch das Wort der Wahrheit, auf dass wir wären Erstlinge seiner Kreaturen. Darum, liebe Brüder, ein jeglicher Mensch sei schnell zu hören, langsam aber zu reden und langsam zum Zorn. Denn des Menschen Zorn tut nicht, was vor Gott recht ist. Darum so leget ab alle Unsauberkeit und alle Bosheit und nehmet das Wort an mit Sanftmut, das in euch gepflanzt ist, welches kann eure Seelen selig machen« (Jak. 1,18-21).

»Darum leget die Lüge ab und redet die Wahrheit, ein jeglicher mit seinem Nächsten, sintemal wir untereinander Glieder sind. Zürnet und sündigt nicht; lasset die Sonne nicht über eurem Zorn untergehen. Gebet auch nicht Raum dem Lästerer« (Eph. 4,25-27).

»Die Frucht aber des Geistes ist Liebe, Freude, Friede, Geduld, Freundlichkeit, Gütigkeit, Glaube, Sanftmut, Keuschheit« (Gal. 5,22).

Aus diesen und anderen Schriftstellen können wir Folgendes lernen, um Jugendlichen im Umgang mit ihrer Wut zu helfen:

- Es ist möglich, wütend zu sein ohne zu sündigen; denn Gott selbst schuf die Wut als eine durchaus sinnvolle Emotion. Auch Jesus wurde gelegentlich wütend – und sündigte dabei nicht!

- Hilfesuchende sollten den Umgang mit wutauslösenden Faktoren erlernen und das Problem »noch vor Sonnenuntergang« bereinigen (siehe Epheserbrief).

- Wut kann auch Sünde sein und damit Gott verunehren.

- Diese sündhafte Form der Wut ist irrational und sinnlos. Sie verursacht lediglich Streit und sollte deshalb sofort durch das Wort der Wahrheit beigelegt werden.

- Selbstkontrolle ist dabei von grundlegender Wichtigkeit. Das christliche Ideal ist es, Selbstkontrolle in allen Lebensbereichen zu erlangen, besonders aber auch in wutauslösenden Situationen.

Backus rät zur Beachtung folgender Faktoren zum Thema Wut, die sich auf die oben genannten Punkte beziehen:

- Gelegentlich ist es angezeigt, die Person, deren Verhalten Wut auslöst, daraufhin in Liebe (!) anzusprechen, umso eine Verhaltensänderung zu bewirken.

- Manchmal sollte die Wut nicht zum Ausdruck gebracht werden, sondern durch die Anwendung von Gottes Geboten auf uns selber, bereinigt werden. Unsere Wutgefühle sollten dabei durch gute, gottgefällige Gefühle und Verhaltensweisen ersetzt werden.

- Oftmals werden wir vom Heiligen Geist dazu geleitet, beides zu tun: Die Wahrheit von Gottes Wort auf uns selber anzuwenden und danach, wenn Ärger, Bitterkeit und Groll verflogen sind, in Liebe auf die Person zuzugehen, deren Verhalten uns Probleme bereitet. So lassen sich wutauslösende Faktoren effektiv bereinigen.[16]

▶ Praktische Hilfen anbieten

Einem Jugendlichen bei der Bewältigung seiner Wut zu helfen, kann eine schwierige und langwierige Aufgabe sein. Trotzdem kann man es schaffen, wenn man die folgenden Hilfslinien im Blickfeld behält:

Zuhören. Man sollte sich vorsehen, durch schlechtes Zuhören noch mehr Frustration (und damit Wut) zu verursachen. Aufmerksames Zuhören auf das, was der Jugendliche mit Worten, aber auch durch seine Körpersprache zum Ausdruck bringt, ist sehr wichtig. »Hilf dem jungen Menschen, seine tiefsten Gefühle in Worte zu fassen«, rät Olson. »Beseitigen Sie nach und nach die Verdrängung und andere Verteidigungssysteme, so dass der Jugendliche seine Wut eingestehen kann. Das ist der erste Schritt.«[17]

Dem fügt Collins hinzu: »Sich die Tatsache einzugestehen kann oftmals bedrohlich wirken, besonders wenn die wutverursachende Person ein geliebter Mensch ist oder Wut immer für Sünde gehalten wurde. Es kann hilfreich sein hervorzuheben, dass Wut eine gottgeschaffene Emotion ist, die jedoch gelegentlich bei manchen Menschen außer Kontrolle gerät ... Wenn der Hilfesuchende trotz Anführung von Beweisen die Existenz seiner Wut vehement leugnet, so kann er vielleicht wenigstens davon überzeugt werden, dass er manchmal wütend ist.«[18]

Verständnis zeigen. Einfühlsame Jugendleiter, Eltern, Gemeindeleiter oder Lehrer werden sich zuerst selbst fragen: »Habe ich jemals Wut unterdrückt oder in negativer Form zum Ausdruck gebracht? Gehe ich mit Wut immer biblisch und christlich um? Wann war ich zuletzt wütend? Wo muss ich noch an mir selbst arbeiten?«

Diese Fragen helfen dem Erwachse-nen, einfühlsam mit den Problemen des Jugendlichen umzugehen.

Man sollte daran denken, dass Einfühlsamkeit auf ganz simple Art zum Ausdruck gebracht werden kann:

- leicht vorgebeugte Haltung im Stuhl;
- Blickkontakt aufnehmen;
- nicken, um Verständnis zu zeigen;
- Sätze wie »Du fühlst ...« oder »Du sagst, dass ...«;
- geduldiges abwarten von Perioden der Stille oder des Weinens.

Bestätigen. Man sollte jederzeit im Kopf behalten, dass es sehr demütigend sein kann, Wut, schlechtes Verhalten oder den Verlust der Selbstbeherrschung einzugestehen, egal wie alt (oder jung) jemand ist. Konsequenterweise sollten daher Bemühungen, einen jungen Menschen mit seiner Wut und dem Umgang damit zu konfrontieren, von tiefem Verständnis begleitet sein (um ihm zu zeigen, dass man ihn selbst und seine Bemühungen zu würdigen weiß).

Richtung weisen. Ein wichtiger Schritt im Umgang mit zu Wut neigenden Menschen ist das forschen nach der Ursache (mögliche Bitterkeit[19], daraus folgende Abneigung, Wut). Über wen wurde sich aufgeregt? Was macht wütend? Welcher der oben genannten Gründe ist gerechtfertigt?

Ein weiterer Schritt, sobald man die Ursache herausgefunden hat, ist, den jungen Menschen dazu ermutigen, dem Schmerz, der die Wut auslöst, gegenüber zu treten und ihn mit Gottes Hilfe durchzustehen.

Des Weiteren gibt Ross Campbell einige Empfehlungen, die eigentlich für betroffene Eltern gedacht sind, aber durchaus auch Jugendarbeitern und anderen nützlich sein können:

Sie wollen dem Heranwachsenden den Weg zeigen, den er gehen sollte. Loben Sie ihn zuerst einmal, wenn er positive Wege zur Wutbewältigung beschritten hat. Dann können Sie hinterher auch über weniger gute Möglichkeiten, die er schon mal benutzt hat (wie Schimpfworte), diskutieren. Dabei sollten Sie eine passende Gelegenheit abwarten …

Manchmal ist es jedoch unmöglich, den Auslöser der Wut zu beheben; dann nämlich, wenn die provozierende Person für gutes Zureden unempfänglich ist. Der Jugendliche muss nun andere Ventile finden, durch die er seine Wut bewältigen kann. Das können sein: mit einem Erwachsenen darüber sprechen, Zerstreuung suchen in schönen Aktivitäten oder sich einfach nur entspannen.

Eine weitere Möglichkeit, den Jugendlichen im Umgang mit seiner Wut zu trainieren, besteht darin, dass er bewusst wutauslösende Faktoren meidet. Das bedeutet, dass er sich deren auch bewusst wird. Dazu sollte er sich folgende Fragen stellen: »Was macht mich wütend?« – »Neige ich dazu, voreilige Schlüsse zu ziehen?« – »Ist mein Ärger gerechtfertigt?« – »Gibt es Möglichkeiten, die Situation zu verändern, so dass ich mich nicht derart ärgern muss?« (Collins nennt das »die Kunst der Beurteilung«.)[20]

Nach Campbell hilft ein geduldiges Training an Hand dieser Punkte dem Jugendlichen, seine Wut angemessen, das heißt im biblischen Sinn, auszudrücken oder aufzugeben.

Ziele setzen. Ein sehr effektiver Weg besteht laut Richard P. Walters in einem persönlichen »Strategieplan«, bei dem die einzelnen Schritte für den jungen Menschen übersichtlich geordnet sind.[21]

Bin ich wütend? Welches passive oder aktive Verhalten ist kennzeichnend für deine Wut?

Was macht mich wütend? Finde heraus, was bei dir Wut, Bitterkeit oder Abneigung verursacht.

Finde ich eine Lösung oder nicht? Überlege, ob du die Wut (angemessen) zum Ausdruck bringen musst. Suche nach Lösungen.

Gibt es »erste Hilfe«? Können die folgenden Punkte helfen, die Wut auszudrücken oder zu mildern?

Bitte Gott um Hilfe!

- Erkenne, dass Gott über Allem steht.
- Bete mit Danksagung und Lob.
- Bitte um Frieden in deinem Herzen.
- Lies oder erinnere dich an Bibelverse.
- Bete für die Person, die die Wut verursacht.
- Bewusste Kontrolle!
- Beurteile die Sache.
- Beherrsche dich.
- Suche Ablenkung.
- Löse dich vom Konflikt.
- Höre gute Musik.
- Lenke deine Energie in andere Bahnen.
- Tu etwas, das dir Spaß macht.

- Sprich mit einem Freund.
- Sprich mit dir selbst.
- Lache!
- Weine!
- Schreib es auf.
- Entspanne dich.

Hilfe von außen. Gelegentlich hat die Wut bei Heranwachsenden derart tiefe Wurzeln, dass es der Hilfe eines professionellen Seelsorgers bedarf. Bei den leisesten Anzeichen, dass Vorgeschichte oder Begleitumstände des Jugendlichen es erfordern, sollte nicht gezögert werden, entsprechend geschulte Personen zu Rate zu ziehen (sollten die Eltern des jungen Menschen noch nicht informiert sein, so sollte das jetzt geschehen; eine Überweisung an einen Fachmann darf nicht ohne ihre Zustimmung erfolgen).

In diesem Kapitel zitierte Bibelstellen

- Epheser 4,31
- Jakobus 1,18-21
- Epheser 4,25-27
- Galater 5,22-23

Weitere hilfreiche Bibelstellen zum Thema

- Psalm 4,4-8; 37,7-8
- Sprüche 12,16; 14,29; 15,1; 16,32; 29,11
- Markus 3,1-5
- Johannes 2,12-25
- Kolosser 3,8
- Jakobus 1,19-20

5

Depression

Einführung

Die siebzehnjährige Melissa ging seit acht Monaten mit Brian, als er mit ihr Schluss machte – am Telefon. Am folgenden Montag saß sie auf dem Platz, wo sie seit September mit Brian immer zu Mittag gegessen hatte. Ihre Freundinnen waren bei ihr. »Wenn du mich fragst, dann bist du ohne ihn besser dran«, sagte Amy. »Ja«, stimmte ihnen Crystal zu. »Ihr habt euch doch nur immerzu gestritten.« »Ich habe gehört, dass Joy und Nathan auch gerade Schluss gemacht haben«, sagte Julie mit einem amüsierten Lächeln auf den Lippen. »Du hattest doch immer was für ihn übrig, nicht wahr?!«

Melissa antwortete nicht. Sie nahm ihre Sachen und ging ohne ein Wort.

»Sie verstehen mich nicht«, dachte sie. »Sie haben doch ständig andere Freunde.« Brian war jedoch ihr erster fester Freund. In ihrer Fantasie hatte sie sich schon ihre Hochzeit mit ihm ausgemalt. Ganz am Anfang ihrer Beziehung hatte Melissa alles getan, umso zu werden, wie Brian sie haben wollte. Sie machte eine Diät für ihn und kleidete sich nach seinem Geschmack. In Allem war sie stets bemüht, ihm Freude zu machen. Wenn er etwas, dass sie gesagt oder getan hatte, gut fand, so versuchte sie in Zukunft ihm darin noch mehr Freude zu bereiten.

Als ihre Beziehung immer fester wurde, entschied sie, Brian alles geben zu wollen. Nach sechs Monaten schliefen sie zum ersten Mal miteinander.

Als Brian Schluss machen wollte, konnte Melissa es nicht glauben. Sie weinte und bat ihn, sie nicht zu verlassen. Sie sagte ihm, dass sie sich bessern wolle. Sie würde alles tun, was er verlangte. Aber er wollte nicht.

Ihre erste Reaktion war Wut. »Was habe ich nicht alles getan, damit er glücklich war!«, dachte sie. Dann fraß sie ihre Wut in sich hinein. »Ich habe mein Bestes gegeben, aber es war nicht gut genug. Ich bin wohl zu nichts zu gebrauchen. Mich wird wohl nie ein Mann lieben. Ich verdiene es auch gar nicht, dass ich geliebt werde.«

In den nächsten Wochen blieb Melissa immer öfter allein in ihrem Zimmer. Immer seltener ging sie mit ihren Freundinnen aus. Meist blieb sie zu Hause und starrte die Wand an. Sie hatte kaum noch Appetit und konnte schlecht schlafen. Dann fing sie am Tage an zu schlafen, in der Schule und auch zu Hause. Sie kam öfter nicht zu Schule, ihre Noten wurden schlechter.

Als ihre Eltern sie auf die Situation ansprachen, entgegnete sie nur: »Na und?«

»Ich verstehe das nicht«, sagte ihre Mutter zum Gemeindeleiter. »Sie ist nicht mehr dasselbe Mädchen, das sie früher einmal war.«

● Das Problem

War es früher nur ein Problem der Erwachsenen, so ist Depression heute oftmals schon bei Kindern und Jugendlichen anzutreffen. »Ärzte und Forscher haben festgestellt, dass Depressionen regelmäßig bei Kindern (Evans, Reinhart & Succop, 1980; French & Berbin, 1979) und Heranwachsenden (Friedrich, Reams & Jacobs, 1982; Seigel & Griffin, 1984; Teri, 1982a, 1982b) auftreten.«[1]

Es ist schwierig, die genaue Zahl der unter Depressionen leidenden Jugendlichen festzustellen. Untersuchungen gehen aber davon aus, dass verhältnismäßig viele junge Menschen unter Gefühlen von großer Trauer und Verzweiflung leiden.[2] Eine Untersuchung belegt, dass »etwa 5% aller Jugendlichen jedes Jahr wegen ihrer Depressionen in ärztlicher Behandlung sind«.[3]

Es handelt sich dabei um einen sehr komplexen und gefährlichen Zustand, der schwer zu definieren ist. Das kommt teilweise daher, weil der Begriff »Depression« oft gebraucht wird, um ganz verschiedenartige Dinge zu beschreiben: Traurigkeit im Allgemeinen, ein sog. »Blues-Feeling«, Niedergeschlagenheit nach einem Versagen oder eine Periode der Anspannung und emotionaler Unbeständigkeit. Selbst Fachleute hatten jahrelang damit zu tun, eine klare Definition zu geben.

Webster's Tenth Collegiate Lexikon definiert Depression als einen »Gemütszustand allgemeiner Traurigkeit«, fügt jedoch gleich eine zweite Definition hinzu: »eine psychoneurotische oder psychotische Störung, die durch Traurigkeit, Passivität, Denk- und Konzentrationsschwäche, vermehrtem oder vermindertem Appetit, vermehrtem Schlaf oder Schlaflosigkeit, Gefühlen von Niedergeschlagenheit und Hoffnungslosigkeit sowie von Selbstmordgedanken gekennzeichnet ist.«[4]

Der Psychiater John White beschreibt in seinem Buch The Masks of Melancholy anhand einer Skizze einige Formen der Depression:

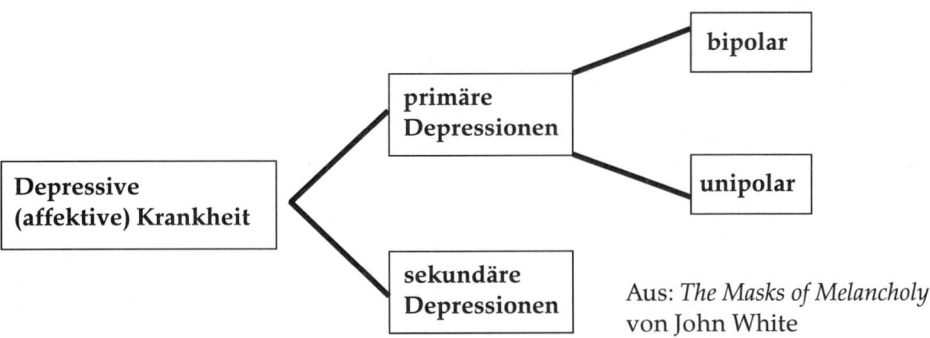

Aus: *The Masks of Melancholy* von John White

Man unterscheidet zwischen primärer und sekundärer Depression. Sekundäre Depression wird durch Krankheiten oder Zustände verursacht (z.B. Alkoholismus). Primäre Depressionen sind »Gemütsstörungen, die nicht mit mentalen oder physischen Krankheiten in Verbindung zu bringen sind« (lt. White).[5]

Primäre Depression kann wiederum in zwei Formen unterteilt werden: in bipolar und unipolar. Bipolare Depression, bekannt auch als manisch-depressive Psychose, ist gekennzeichnet durch wechselnde Zustände von Trauer und Glück. Im Gegensatz dazu ist die unipolare Depression ein Zustand fortwährender emotionaler Finsternis, der, wenn überhaupt, nur durch die Wiederherstellung der normalen Gefühlswelt zu beseitigen ist. Um die Depression als Krankheit einzustufen, muss sie laut White mindestens einen Monat andauern, gewöhnlich jedoch noch länger (evtl. einige Jahre).[6]

Depression bei Heranwachsenden ist im Gegensatz zur Depression bei Erwachsenen wesentlich schwerer zu diagnostizieren. Dr. Rose Campbell schreibt:

Depressionen bei Teenagern sind schwer zu identifizieren, weil ihre Symptome sich von den klassischen Symptomen der Erwachsenen unterscheiden. Ein Teenager mit leichten Depressionen zum Beispiel redet und verhält sich oft völlig normal. Nach Außen hin gibt es keinerlei Anzeichen für Probleme. Ein Teenager mit leichten Depressionen neigt jedoch zu Fantasien, Tagträumen oder nächtlichen Träumen. Diese Form der Depression kann nur von jemandem erkannt werden, der die Verhaltens- und Denkmuster des Kindes genau kennt. Selbst für Fachleute ist die Depression zu diesem frühen Zeitpunkt kaum zu erkennen.

Bei der gemäßigten Depression verhält sich der Jugendliche ebenfalls recht unauffällig. Anhand seiner Gesprächsinhalte, die jetzt häufig um Tod und andere Probleme kreisen, kann man jedoch etwas über seinen Gemütszustand erkennen. Da viele Erwachsene in ihren Gesprächen aber eine negative Einstellung verbreiten, können die Anzeichen einer gemäßigten Depression leicht übersehen werden ...

In den meisten Fällen wird jedoch erst die schwere Depression erkannt, d.h. wenn der Jugendliche bereits depressiv ist ... Eine weitere Schwierigkeit besteht darin, dass Jugendliche sehr geschickt im Verbergen ihrer Probleme sind. Hier spricht man auch von sog. smiling depression. Das Verbergen von Schwierigkeiten hinter einer lächelnden Fassade geschieht meist unbewusst ... meist jedoch wenn andere Menschen dabei sind. Sobald depressive Teenager allein sind, löst sich ihre Maske und ihre wahren Gefühle treten hervor.

Für uns Erwachsene besteht hierin die Chance. Wenn wir unser Kind in so einem Augenblick »erwischen«, können wir seine Probleme erkennen und ihm bei der Lösung helfen.[7]

Depression bei Jugendlichen wird auch leicht verkannt, weil sie mit anderen Symptomen (z.B. PMS – prämenstruelle Symptome bei Mädchen) verwechselt werden.

◄ Die Ursachen

»Da Teenager sich im Übergangsstadium vom Kind zum Erwachsenen befinden, ist es nicht verwunderlich, dass ... viele Depressionen einfach durch die Entwicklung verursacht werden ...« schreibt Dr. G. Keith Olson. »Depressionen während der Adoleszenz sind sogar relativ normal (wie auch Depressionen im Alter).«[8]

Dennoch sind Depressionen sehr komplex, ihre Ursachen zahlreich und unterschiedlich. So können biologische Faktoren, Ambivalenz, elterliche Zurückweisung, Missbrauch, negatives Denken, Stress, Wut und Schuld die Auslöser für Depressionen bei Jugendlichen sein.

Biologische Faktoren

Collins schreibt:

Depressionen haben oftmals physische Ursachen. Vielfach handelt es sich dabei um Schlafmangel, Bewegungsmangel, Drogenmissbrauch, körperliche Krankheiten oder falsche Ernährung, durch die Depressionen entstehen können. Tausende Frauen leiden jeden Monat unter Depressionen, die auf das sog. PMS (prämenstruelles Syndrom) zurückzuführen sind oder Depressionen nach der Geburt eines Kindes. Wesentlich kompliziertere Ursachen sind neurochemische Störungen, Gehirntumore oder Drüsenkrankheiten.

Des weiteren scheinen genetische Anlagen in einigen Familien für den Ausbruch von Depressionen verantwortlich zu sein. Bei Störungen bestimmter chemischer Prozesse im Gehirn hat sich die Einnahme von Antidepressiva hilfreich erwiesen.[9]

Ambivalenz

Tim LaHaye schreibt:

Einige Psychiater, wie auch Dr. Ostow, betrachten Ambivalenz als den am weitesten verbreiteten Grund für Depressionen. Er definiert Ambivalenz als ein Gefühl des Gefangenseins, des Sich-nicht-lösen-Könnens aus einer intolerablen Situation.[10]

Collins nennt dieses Phänomen »erlernte Hilflosigkeit« und sagt: »Wenn wir lernen, dass all unsere Bemühungen nutzlos sind, egal wie wir uns auch anstrengen, jeglicher Versuch, das Leiden zu beenden, fehl schlägt, eine Veränderung der Situation nicht gelingt, kommt es unweigerlich zu Depressionen. Sie treten immer dann auf, wenn wir keine Hoffnung mehr haben und alle weiteren Versuche aufgeben.«[11]

Elterliche Zurückweisung

Die Forscher Joan Robertson und Ronald Simons berichten, dass nach einer Studie »das Verspüren elterlicher Zurückweisung in direkter Verbindung mit späteren Depressionen und einem geringen Selbstwertgefühl steht; ein geringes Selbstwertgefühl steht demnach in engem Zusammenhang mit der Entstehung von Depressionen«.[12]

Ihre Untersuchungen stimmen mit früheren (Brown und Harris, 1978; Brown et al., 1986) überein, die belegen, dass junge Menschen, die sich von ihren Eltern zurückgesetzt fühlen, wesentlich anfälliger für Depressionen sind (siehe auch Kapitel 17, »Nachlässige Eltern«).

Missbrauch

K. Brent Morrow und Gwendolyn T. Sorell zählen zu den Forschern, die einen Zusammenhang zwischen Missbrauch und Depression sehen – besonders körperlichem und sexuellem Missbrauch. Sie konnten belegen, dass »die Härte des Missbrauchs der stärkste Faktor für das Selbstwertgefühl, die Depressionen und negatives Verhalten bei den Opfern ist«[13] (vgl. Kapitel 34, »Sexueller Missbrauch« und Kapitel 35, »Misshandlung«).

Negatives Denken

Die Denkgewohnheiten eines jungen Menschen können ihn ebenfalls empfänglich für Depressionen machen. Collins zitiert den Psychiater Aaron Beck, der sagt, dass depressive Menschen negative Denkmuster in drei Bereichen zeigen:

Erstens sehen sie ihr Leben und ihr Lebensumfeld negativ. Leben wird als eine Anhäufung von Belastungen, Schwierigkeiten und Fehlschlägen in einer »zum Untergang verurteilten Welt« gesehen. Zweitens haben viele Depressive eine negative Selbsteinschätzung. Sie fühlen sich nutzlos, unwert und unfähig. Das verleitet sie zu Selbstanschuldigung und Selbstmitleid. Drittens haben diese Menschen eine negative Zukunftssicht. Für sie bringt das Leben nur weitere Mühen, Frustration und Hoffnungslosigkeit.[14]

Stress

Zahlreiche Forscher und Autoren halten Stress für den zentralen Auslöser von Depressionen. »Wenn jemand viele Stress-Situationen erlebt, die ihn überfordern, so ist eine mögliche Reaktion darauf die Depression«, schreibt Olson.[15] Zu diesen Erfahrungen im Leben eines Teens zählen »das Ende einer engen Freundschaft, Trennung von der Familie, Scheidung der Eltern, Tod eines Elternteils, ungewollte Schwangerschaft, Abtreibung, Verweisung von der Schule, fehlende Gruppenzugehörigkeit, Schulversagen oder wenn man zu einem besonderen sozialen Ereignis nicht eingeladen wird«.[16]

Wut

Ein junger Mensch, der es nicht gelernt hat, mit seiner Wut umzugehen, ist wesentlich anfälliger für Depressionen. Die Ärzte Minirth und Meier schreiben:

Immer wieder wird in der Literatur auf Depressionen hingewiesen, die durch das In-sich-Hineinfressen von Wut entstanden sind. In der Mehrzahl der Fälle läßt sich die Wut am Gesichtsausdruck, den Gesten und der Stimme der Betroffenen erkennen. Sie sind häufig wütend, ohne dass sie es selbst bemerken.[17]

Junge Menschen werden wütend über den Tod eines Freundes oder Lebensgefährten, über missbrauchende Eltern oder über ihre eigene Hilflosigkeit. Wenn der Jugendliche gelernt hat (im Elternhaus, in Schule oder Gemeinde), dass Wut negativ sei, wird er die Wut eher unterdrücken als sie zum Ausdruck bringen (vgl. auch Kapitel 4, »Wut«).

Schuld

Collins schreibt:

Es ist nicht schwer zu verstehen, warum Schuld in die Depression treibt. Wenn ein junger Mensch fühlt, dass er etwas Falsches getan hat, entsteht ein Schuldbewusstsein, woraus wiederum Selbstvorwürfe, Hoffnungslosigkeit und andere Symptome von Depressionen entstehen. Schuld und Depression erscheinen so oft zusammen, dass es schwierig herauszufinden ist, was zuerst da war. Wahrscheinlich kommt in den meisten Fällen Schuld zuerst. Gelegentlich kann aber auch Depression einen Menschen dazu verleiten, sich schuldig zu fühlen (weil sie sich unfähig fühlen, aus der Situation herauszukommen). Dadurch wird ein verhängnisvoller Teufelskreis in Gang gesetzt ...[18] (vgl. auch Kapitel 3, »Schuld«).

▼ Die Folgen

Die Folgen von Depressionen lesen sich wie ein Katalog physischer und psychischer Erkrankungen. Da wären physische und emotionale Folgen wie Unkonzentriertheit und Tagträumereien, versteckte Reaktionen, sich zurückziehen, Selbstmordversuche und depressive Tendenzen im Erwachsenenalter.

Physische Folgen

Minirth und Meier katalogisieren einige der physischen Folgen von Depression:

Behandlungsbedürftige Depressionen beinhalten physische Symptome ... Durch biochemische Veränderungen kann es zu folgenden Störungen kommen: Der Betroffene zieht sich zurück und leidet daher unter Bewegungsmangel. Das hat Auswirkungen auf seinen Schlaf ... Er kann unter vermehrtem Schlafbedürfnis oder Schlafstörungen leiden. Oft ist auch der Appetit in Mitleidenschaft gezogen. Er isst zu viel oder was häufiger vorkommt, zu wenig. Deutliche Gewichtsveränderungen sind die Folge. Er kann unter Durchfall, meist aber unter Verstopfung leiden.

Bei Frauen wird der Menstruationszyklus in Mitleidenschaft gezogen; es kommt zu unregelmäßigen Blutungen. Diese können über Monate ausbleiben oder auch vermehrt auftreten. Betroffene haben u.U. kein Interesse mehr an Sexualität. Sie klagen über Kopfschmerzen oder Druckgefühl im Kopf. Die Bewegungen sind langsam, die Körperhaltung gebeugt. Der Betroffene scheint wie betäubt. Stoffwechsel- und Verdauungsstörungen, Herzrasen, Herzstolpern und ein trockener Mund sind häufige Beschwerden. Die physiologischen Veränderungen bewirken leicht eine hypochondrische Einstellung: Die Betroffenen beobachten ihren Körper in

ständiger Furcht und geraten bei kleinsten Krankheitsanzeichen in Unruhe.[19]

Emotionale Folgen

Teenager zeigen oft nicht die typischen Zeichen der Erwachsenendepression wie sie oben genannt sind. Sie neigen eher zu emotionalen Störungen. Dazu schreiben Minirth und Meier:

Ein Hauptmerkmal der Depression ist der traurige Gesichtsausdruck. Man sieht dem Betroffenen seinen Kummer förmlich an. Er weint häufig oder ihm ist oft zum Weinen zu Mute. Die Augen sind niedergeschlagen, die Mundwinkel herabgezogen, die Stirn in Falten gelegt. Er sieht müde, entmutigt und deprimiert aus. Seine Gesichtszüge sind angespannt. Mit fortschreitender Depression vernachlässigt er seine äußere Erscheinung.[20]

Unkonzentriertheit – Tagträumereien

Campbell meint:

Das erste Anzeichen einer leichten Depression bei jungen Menschen ist eine verminderte Konzentrationsfähigkeit ... Die Aufmerksamkeit des Teens schweift ständig vom Thema ab; insgesamt ist er leicht abzulenken. Immer öfter ertappt er sich bei Tagträumereien. Problematisch wird die mangelnde Konzentrationsfähigkeit, wenn der Jugendliche versucht, seine Hausaufgaben zu machen. Es wird immer schwieriger für ihn, sich auf seine Aufgaben zu konzentrieren. Es scheint, dass dies immer schlimmer wird je mehr er es versucht. Natürlich ist das sehr frustrierend für ihn. Er hält sich bald für dumm.[21]

Versteckte Reaktionen

Die Forscher Marion Ehrenberg, David Cox und Ramond Koopmann betonen, dass Heranwachsende ihre Depressionen oft nur »versteckt« zum Ausdruck bringen.[22] Collins listet folgende »versteckte Reaktionen« auf:

- aggressives Verhalten und Wutausbrüche;

- impulsives Verhalten, Spielsucht, Trinken, Gewalt, Zerstörungswut und exzessiver Sex;

- leichtsinniges Verhalten;

- zwanghaftes Arbeiten;

- sexuelle Probleme.[23]

Weitere versteckte Reaktionen können kriminelle Handlungen, Schulangst oder schlechte Noten sein.

Sich zurückziehen

Campbell schreibt:

In seiner Misere zieht der Teenager sich von seinen Freunden zurück. Und als wenn das nicht schon schlimm genug wäre, tritt er ihnen mit einer solchen Feindseligkeit und Unfreundlichkeit gegenüber, dass diese regelrecht befremdet sind. Infolgedessen gerät der Teenager in eine immer größere Einsamkeit. Da sich seine Freunde von ihm abgewandt haben, sucht er nun Anschluss bei anderen Ausgegrenzten, die evtl. Drogen nehmen und/oder sonst wie in Schwierigkeiten stecken.[24]

Selbstmordversuche

Zahlreiche Studien belegen, dass es einen Zusammenhang zwischen Depressionen und Selbstmord gibt (wie auch Carlson und Cantwell, 1982; Crumley, 1979; Pfeffer, Zuckerman, Plutchik und Mizruchi, 1984; Simons und Murphy, 1985). Collins schreibt:

Nicht jeder Depressive versucht sich das Leben zu nehmen, aber es sind auffallend viele, die durch Selbstmord ihrem Dasein ein Ende setzen wollen. Für andere ist ein Selbstmordversuch ein unbewusster Hilfeschrei, eine Möglichkeit, sich an jemandem zu rächen oder aber auch ein Versuch, emotional nahestehende Personen zu beeinflussen … Während die einen ihren Selbstmord sorgfältig planen, fallen die anderen durch einen riskanten Fahrstil auf, trinken exzessiv oder erfinden andere Möglichkeiten mit dem Tod zu flirten[25] (vgl. Kapitel 9, »Selbstmordgedanken, Tendenzen und Androhungen«).

Depressive Tendenzen im Erwachsenenalter

Eine nachgewiesene Spätfolge von Teenagerdepressionen ist die Tendenz, auch im Erwachsenenalter unter Depressionen zu leiden (Apter et al., 1982; Kandel und Davies, 1986; Poznanski, Krahenbuhl und Zrull, 1976). Jugendliche, denen es nicht gelingt, ihre Depressionen erfolgreich zu überwinden, werden wahrscheinlich auch als Erwachsene unter Depressionen leiden.

▲ Die biblische Sicht

»Die Bibel berichtet von Depressionen«, schreiben William Backus und Marie Chaian, »wie etwa die ›betrübte Seele‹ und in Psalm 42 spürt man förmlich den Schmerz, als der Psalmist sagt: ›Betrübt ist meine Seele in mir‹ und ›Was betrübst du dich, meine Seele …?‹«[26]

Die Bibel spricht das Thema Depression an sich nicht an. Die Psalmen enthalten jedoch zahlreiche Verse, die offensichtlich von Menschen mit starken Emotionen geschrieben wurden. Minirth und Meier stellen fest, dass »die Bibel über viele Persönlichkeiten mit depressiven Symptomen berichtet, wie etwa Hiob, Mose, Elia, David und Jeremia«.[27]

Collins gibt sogar zu denken, dass selbst der Herr Jesus, obwohl Er vollkommen und ohne Sünde war, in den Tagen vor Seiner Kreuzigung mit Depressionen zu kämpfen hatte. Sein großer Schmerz im Garten Gethsemane wird in der Bibel wie folgt beschrieben:

Und nahm zu sich Petrus und die zwei Söhne des Zebedäus und fing an zu trauern und zu zagen. Da sprach Jesus zu ihnen: Meine Seele ist betrübt bis an den Tod; ... (Mt. 26,37.38).[28]

Collins fasst die Sicht der Bibel bezüglich Depressionen folgendermaßen zusammen:

Diese Beispiele ... zeigen die Realität, die die Bibel auszeichnet. Der realistischen Verzweiflung steht jedoch eine feste Zuversicht und Hoffnung gegenüber. Jeder Gläubige, der in Depression verfällt, kann diese überwinden und erfährt danach eine neue und bleibende Freude. Die Betonung in der Bibel liegt weniger auf der Verzweiflung als auf dem Vertrauen zu Gott und die Zusage des ewigen Lebens, wenn nicht auf Erden, dann jedoch im Himmel.[29]

Die Bibel sagt nicht, dass Depression Sünde ist. Sie zeigt jedoch, dass Überwindung möglich ist:

Was betrübst du dich, meine Seele und bist so unruhig in mir? Harre auf Gott; denn ich werde ihm noch danken, dass er mir hilft mit seinem Angesicht (Ps. 42,6).[30]

Gottes Wort ist realistisch und berichtet deutlich über Depressionen, die auch im Leben eines Gläubigen vorkommen können; aber es wird auch deutlich, dass Gott ein Gott der Hoffnung ist: Der Gott aber der Hoffnung erfülle euch mit aller Freude und Frieden im Glauben, dass ihr völlige Hoffnung habet durch die Kraft des heiligen Geistes (Röm. 15,13).[31]

▶ Praktische Hilfen anbieten

»Die meisten Menschen können ihre Depression nicht einfach so abschütteln«, betont Collins. »Der Weg zur Wiederherstellung ist lang und mühsam. Bei Enttäuschung, Versagen oder Trennung kommt es zu intensiven Stimmungsschwankungen.« Dennoch können geduldige Eltern, Jugendarbeiter, Gemeindeleiter und Lehrer dem jungen Menschen bei der Bewältigung seiner Probleme helfen, wenn sie folgende Strategie anwenden:

Zuhören. »Ganz zu Anfang der Behandlung von Teenagerdepressionen muss dem Jugendlichen gezeigt werden, wie er seine aufgestaute Wut, Schuld und Selbstzweifel herauslassen kann«, schreibt Olson. »Diese unterdrückten Gefühle werden sonst alle Bemühungen zur Loslösung von der Depression blockieren ... Aufgabe des Seelsorgers ist es, den Jugendlichen zu ermutigen, seine Gefühle heraus zu lassen und die so freigesetzte Energie in konstruktive Bahnen zu lenken.«[32] Das kann folgendermaßen geschehen:

- Gebet; sowohl bei der Vorbereitung zu solch einem Gespräch, als auch zusammen mit dem jungen Menschen. Dabei sollte er, wenn er dazu bereit ist, seine Depression vor Gott bringen und Ihn um Hilfe bei der Überwindung bitten.

- Geduldige Ermutigung des Jugendlichen zum Gespräch (ohne zu drängen).

- Interessierte Fragen, wie etwa »Wann bist du besonders depressiv?« oder »Bist du oft allein?« und »Was machst du, wenn du depressiv bist?«

- Immer wieder mit Worten Trost und Beruhigung geben.

- Vorhandene Wut, Verletzung und geringes Selbstwertgefühl etc. beachten.

Verständnis zeigen. Eltern, Jugendarbeiter oder Seelsorger werden dem Betroffenen Verständnis zeigen wollen – »mit ihm zu gehen«, wie es die Autoren Don Baker und Emery Nester ausdrücken. Im Falle depressiver Menschen sei jedoch eine Warnung angebracht:

Aufgrund seiner Gefühle der Hilflosigkeit wird der junge Mensch möglicherweise unrealistische Erwartungen an den Seelsorger haben. Aber der Seelsorger ist kein »Wunderheiler«! ... Das vermitteln von Unvermögen, Abhängigkeit und Hilflosigkeit kann bewusst oder unbewusst geschehen und dem Wunsch entspringen, dass der Seelsorger die Verantwortung für den Betroffenen übernehmen soll ... Der depressive Jugendliche verspürt möglicherweise auch eine starke Abhängigkeit von seinem Helfer.[33]

Es ist also besondere Vorsicht geboten, dass der Seelsorger einerseits nötiges Verständnis zeigt, andererseits den Jugendlichen aber nicht in eine Abhängigkeit führt.

Bestätigen. Olson schreibt:

Emotionale Unterstützung und Beruhigung seitens des Seelsorgers sind bei der Betreuung depressiver Jugendlicher lebensnotwendig. Echte Annahme des jungen Menschen ist der beste Weg, ihm Verständnis entgegen zu bringen. Der realistische Optimismus des Seelsorgers, dass »Licht am Ende des Tunnels der Depression« ist, wirkt oft sehr ermutigend für jemanden, der glaubt, keine Hoffnung mehr zu haben. Und wenn der junge Mensch auch nur einen kleinen Fortschritt macht, sollte das Anlass zu Lob und Ermutigung sein.[34]

Richtung weisen. David A. Seamands gibt in seinem Buch Healing for Damaged Emotions folgende Ratschläge:

- Vermeide es, allein zu sein. Zwinge dich, unter Menschen zu gehen. Dies ist ein ganz wichtiger Punkt zur Überwindung von Depressionen!

- Nimm Hilfe von anderen in Anspruch. Sag' jemandem, wie du dich fühlst. Bitte um Hilfe, deine negativen Gefühle zu beseitigen. Suche Menschen und Gelegenheiten, die dir Freude machen.

- Singe. Musik war die einzige Heilung für die Depressionen König Sauls (1. Sam. 16,14-23).

- Sage Lob und Dank. Paulus riet Timotheus nicht, Dank zu sagen, wenn ihm danach zu Mute war, sondern: »Seid dankbar in allen Dingen« (1. Thes. 5,18). Übergib Gott die Herrschaft über deine Gefühle.

- Verlass dich fest auf die Zusagen Gottes. Gott kann durch jeden Vers der Bibel zu dir reden; aber im Laufe der Jahrhunderte haben Seine Kinder oft Trost in den Psalmen gefunden. Von den 150 Psalmen reden 48 genau in deine Situation hinein. Es sind die Psalmen: 6, 13, 18, 23, 25, 27, 31, 32, 34, 37, 38, 39, 40, 42, 43, 46, 51, 55, 57, 62, 63, 69, 71, 73, 77, 84, 86, 90, 91, 94, 95, 103, 104, 107, 110, 116, 118, 121, 123, 124, 130, 138, 139, 141, 142, 143, 146 und 147. Lies sie laut!

- Wandle im Geist Gottes. Der Psalmist weist immer wieder auf das Geheimnis hin, wie man von Depression geheilt wird. Er ermutigt sich selbst: »Harre auf Gott; denn ich werde ihm noch danken, dass er mir hilft mit seinem Angesicht« (Ps. 42,6). Der lebendige Gott ist Grund zur Hoffnung – und Weg zur Befreiung.[35]

Ziele setzen. Wie in vielen anderen Situationen, in denen Erwachsene Einfluss auf Jugendliche nehmen wollen, ist es auch hier wichtig, die Aufgaben und Möglichkeiten, die der junge Mensch bei der Überwindung seiner Probleme hat, aufzulisten. Don Baker und Emery Nester zeigen einige Möglichkeiten auf, die Möglichkeiten des Jugendlichen zur Mithilfe aufzulisten:

Der Depressive sollte ermutigt werden, selbst aktiv zu werden. Sie sollten ihm helfen, Hobbys zu beginnen, zu denen er bisher noch keine Gelegenheit hatte … Sie sollten jedoch im Rahmen des Machbaren liegen (gut zu erreichen und bezahlbar sein). Gärtnern, Malen, Fotografieren und Sport sind z.B. geeignete Möglichkeiten.[36]

Hilfe von außen. Sollte der depressive Jugendliche in irgendeiner Form eine Gefahr für sich selbst sein, so darf nicht gezögert werden, ihn an einen Fachmann zu überweisen. Anzeichen dafür sind:

- von Selbstmord reden;

- ein Plan zum Selbstmord;

- Gefühle der Hoffnungs- und Bedeutungslosigkeit;

- Anzeichen für Schuld und Wertlosigkeit;

- kürzlich vorgefallene schlimme Ereignisse wie Scheidung der Eltern, Tod eines geliebten Menschen etc.;

- Unfähigkeit mit Stress umzugehen;

- extreme Angst vor Krankheiten (Hypochondrie);

- Schlaflosigkeit;

- Anzeichen für psychische Störungen;

- Tendenz zur Abhängigkeit bei gleich

- plötzliche und unerklärliche Fröhlichkeit (was oft bedeutet, dass der Betreffende den Entschluss zum Selbstmord gefasst hat!);

- Wissen bezüglich »sicherer« Tötungsmethoden (Erschießen, Überdosis Drogen nehmen, Autoabgase bewirken einen sicheren Tod, Pulsadern aufschneiden dagegen nicht …);

- frühere Selbstmordversuche (wer es einmal versucht hat, versucht es möglicherweise wieder).

Der Jugendliche sollte direkt nach Selbstmordabsichten gefragt werden; die Antwort sollte sehr ernst genommen werden!

Die Überweisung an einen Fachmann (natürlich nur mit Erlaubnis der Eltern) ist in einigen Fällen sicher angezeigt. Collins betont:

> Seelsorger ohne medizinische Ausbildung sollten einen akut unter Depressionen leidenden Jugendlichen unverzüglich an einen Psychologen oder Arzt mit Kenntnissen in Psychologie weiterleiten, damit ihm zur momentanen Erleichterung antidepressiv wirkende Medikamente verschrieben werden können.[37]

In diesem Kapitel zitierte Bibelstellen

- Matthäus 26,37b-38a

- Römer 15,13

- 1. Samuel 16,14-23

- Psalmen 6, 13, 18, 23, 25, 27, 31, 32, 34, 37, 38, 39, 40, 42, 43, 46, 51, 55, 57, 62, 63, 69, 71, 73, 77, 84, 86, 90, 91, 94, 95, 103, 104, 107, 110, 116, 118, 121, 123, 124, 130, 138, 139, 141, 142, 143, 146, 147

Weitere hilfreiche Bibelstellen zum Thema

- 1. Mose 15

- 1. Könige 19

- Psalm 119,25

- Jona 4

- 2. Korinther 4,1-18

- Philipper 4,4-8

- 1. Petrus 5,7

6

Geringe Selbstachtung

Einführung

O'Neill wuchs in einer kleinen Stadt im Nordosten von Texas auf. Seine Eltern liebten ihn, jedoch konnte sein Vater Liebe nur so ausdrücken, dass er seine Familie mit materiellen Gütern versorgte. Er legte niemals seinen Arm um O'Neill, sagte ihm nie, wie sehr er ihn liebte und dass er stolz auf ihn sei. O'Neills Mutter war dominant, besitzergreifend und alles überwachend. Als ältestes von drei Geschwistern bemühte O'Neill sich sehr, die Zuneigung, Akzeptanz und Bestätigung seiner Eltern zu erlangen. Er entwickelte sich zum Muttersöhnchen; in der Schule war er für alle nur das »Weichei«. Zu allem Unglück lebte er in ständiger Angst, dass jemand herausfinden könnte, dass er ein Bettnässer war. Bis zu seinem fünfzehnten Lebensjahr konnte er daher nie bei Freunden übernachten, was seine Einsamkeit und das Gefühl der Unfähigkeit noch verstärkte. Er fühlte sich ungeliebt, inkompetent und wertlos.

O'Neills Erfahrungen auf dem College zeichneten sich durch schlimme Einsamkeit und Zeiten großer Depression aus. Manchmal dachte er sogar daran, sich das Leben zu nehmen. Er hatte keinen echten Freund. Er hatte Angst, irgendjemandem den »ängstlichen kleinen Jungen« in seinem Inneren einzugestehen. Weil er sich selbst nicht lieben konnte, dachte er, auch niemand anderes könnte ihn lieben.

Im Sommer nach seinem ersten Jahr auf dem College hörte er zum ersten Mal das Evangelium von Jesus Christus. Er nahm Jesus in sein Leben auf in der Hoffnung, dass dadurch alles verändert würde. Aber alles schien so weiter zu laufen wie bisher. Seine Einsamkeit und das Gefühl der Unfähigkeit verschwanden nicht. Am Ende fühlte er sich noch schlimmer als vorher. Er wusste zwar, dass er Jesus in sein Leben aufgenommen hatte, aber das Leben wurde dadurch nicht verändert.

Zu manchen Zeiten hatte er schwer mit seiner geringen Selbstachtung zu kämpfen. In einem christlichen Ferienlager in Kalifornien trat dann die entscheidende Wende in seinem Leben ein. Er traf einen Seelsorger, der ihm Hoffnung machte. Nach einem langen und ernsten Gespräch trat dann die Veränderung in O'Neills Leben ein.

In den Jahren nach dem Ferienlager hat Gott an seinem Schmerz, seiner Einsamkeit, seiner Wut und seinen Gefühlen der Unfähigkeit gewirkt. Er hat viele Stunden damit zugebracht, sich selbst zu verstehen. Er betete, las in der Bibel und suchte den Rat verschiedener Christen. Er hat schon ein gutes Stück Weg zurück gelegt, am Ziel ist er jedoch noch lange nicht angelangt. Aber er hat sich verändert: O'Neill fängt an, O'Neill zu akzeptieren!

● Das Problem

Wenn ein Kind langsam erwachsen wird, steht es vor einer großen Herausforderung. Es gilt, die Weichen für das spätere Leben zu stellen. Die wichtigsten Fragen dieser Herausforderung sind: »Wer bin ich?« – »Wohin gehe ich?« und »Wo gehöre ich hin?«

Drei wichtige Bereiche

»Die wichtigste Aufgabe des Heranwachsenden ist die Neubeurteilung seiner selbst«,[1] schreibt Dorothy Corkille Briggs. Zu dieser Neueinschätzung greift der junge Mensch auf die Erfahrungen und Einflüsse der Vergangenheit sowie auf Informationen seiner Eltern, Lehrer, Freunde und der Gesellschaft zurück. Alles zusammen ergibt eine Selbsteinschätzung des Jugendlichen, die in drei Hauptebenen einzuteilen ist.[2]

Äußere Erscheinung. Viele Eltern haben festgestellt, dass eine häufige Nebenwirkung in der Pubertät die Tatsache ist, dass der Jugendliche an keinem Spiegel mehr vorbeigehen kann, ohne sich ausgiebig zu betrachten. Junge Menschen legen oft sehr großen Wert auf ihr äußeres Erscheinungsbild; sie regen sich über ihre Frisur, ihren Teint, ihr Gewicht und ihre Kleidung auf. Alles, was nicht perfekt ist, zieht die sofortige Aufmerksamkeit des Teens auf sich. Jegliche Kritik an seinem Äußeren scheint sich für immer in sein Gedächtnis einzubrennen.

Innere Werte. Die Selbsteinschätzung eines Jugendlichen wird auch dadurch geformt, wie er – oder andere – seine Fähigkeiten, Begabungen und Intelligenz beurteilen. »Ich bin nicht gut in Mathe; ich bin dämlich.« – »Ich rieche beim Sport; ich bin ekelig.« – »Ich bin bei der Führerscheinprüfung durchgefallen; ich mache alles verkehrt.« Solche Erfahrungen und Gefühle können ein schlechtes Selbstbild bewirken.

Soziales Umfeld. Das soziale Umfeld, in dem ein Jugendlicher heranwächst, ist immens wichtig für ihn. Jugendliche werden oft daran gemessen, wen sie mögen, wer sie mag, welches Auto sie fahren (oder ob sie überhaupt fahren), welchen Beruf ihre Eltern haben, wo sie leben etc. Während diese Dinge einem Erwachsenen trivial erscheinen, sind sie für die Selbsteinschätzung und den Selbstwert eines Jugendlichen oft von größter Bedeutung.

Drei Schlüssel zum Selbstbild

Die oben beschriebenen Einflussbereiche formen das Bild, dass der junge Mensch von sich hat. Maurice E. Wagner betont, dass dieses Bild aus drei essentiellen Elementen besteht:

Zugehörigkeit. Wagner schreibt:

> Zugehörigkeit ist das Bewusstsein, geliebt und gewollt, behütet und angenommen zu sein … Das Gefühl der Zugehörigkeit wird bereits in frühester Kindheit geprägt. Kinder entwickeln es, wenn liebende Eltern für sie sorgen und für ihre Bedürfnisse aufkommen.[3]

Wertschätzung. Wagner schreibt:

> Wertschätzung beinhaltet das Gefühl »Ich bin gut«, »Ich zähle etwas« oder »Ich bin in Ordnung«. Wir fühlen uns wertgeachtet, wenn wir so sind, wie man es von uns erwartet. Dieses Gefühl wird gefestigt, wenn wir die positive Haltung anderer und ihre herzli-

che Unterstützung unserer Handlungsweisen spüren. Wenn diese Unterstützung fehlt, statt dessen aber Kritik erfolgt, fühlen wir uns weniger wert geachtet.[4]

Tauglichkeit. Wagner schreibt:

Das ist ein Gefühl der Fähigkeit, des Mutes, der Hoffnung, stark genug zu sein, um mit den Aufgaben des täglichen Lebens gut zurecht zu kommen … Echte Tauglichkeit akzeptiert die Fähigkeiten, aber auch die Schwächen eines Menschen … Dieses Gefühl beginnt sich bereits im Kindesalter zu entwickeln; es festigt sich jedoch erst nach Ende der Teenagerzeit. Das Tauglichkeitsgefühl wird durch Erfolg gestärkt, Fehlschläge reduzieren es.[5]

Jeder – Kinder, Teenager und Erwachsene – möchte gerne akzeptiert und wertgeachtet sein. Unglücklicherweise werden diesbezüglich aber gerade in der Pubertät viele negative Erfahrungen gemacht. »Jugendliche erleben oft Einschnitte in ihrer Selbstachtung«, schreibt Bruce Bower. »Sozialwissenschaftler haben diesen Trend, der unter Mädchen häufiger verbreitet ist als bei Jungen, in den letzten zwanzig Jahren eingehend untersucht.«[6]

◄ Die Ursachen

Es ist gefährlich, die vielen verschiedenen Faktoren, die das Selbstbild bestimmen, zu verharmlosen. Selbst viele Sozialwissenschaftler streiten sich noch über die Schwere der Folgen, anstatt sich mit den Ursachen zu befassen. Obwohl hier nicht alle prägenden Faktoren betrachtet werden können, sollen doch die Wichtigsten genannt werden.

Missbrauch

Zahlreiche Untersuchungen haben den Zusammenhang zwischen Missbrauch in der Kindheit und späterer geringer Selbstachtung belegt. K. Brent Morrow und Gwendolyn Sorell sagen, dass »Missbrauch sich eigentlich immer negativ auf die Selbstachtung auswirkt«[7] (vgl. Kapitel 34, »Sexueller Missbrauch« und Kapitel 35, »Misshandlung«).

Die Verbindung zwischen Missbrauch und Selbstachtung beschränkt sich nicht nur auf den sexuellen Bereich. Darunter fallen auch körperliche und seelische Misshandlungen. Der Psychologe Irwin Hyman belegt, dass »heute 50 bis 60% aller Kinder Stress-Symptome als Folge psychischer Misshandlung in der Schule zeigen«. Darunter fallen sarkastische Bemerkungen des Lehrers oder auch Disziplinarmaßnahmen, die das Kind vor seinen Mitschülern bloßstellen.[8] Mary Beth Marklein berichtete in USA Today, dass »viele Experten für Psychologie die Überzeugung vertreten, dass Beleidigungen, Sarkasmus und Spott ein Kind seiner Selbstachtung berauben können«.[9]

Elterliche Zurückweisung

Die Forscher Joan Robertson und Ronald Simon berichten, dass eine von ihnen geleitete Untersuchung ergab, dass »ständige elterliche Zurückweisung auffallend oft beim Jugendlichen Depressionen und geringe Selbstachtung zur Folge hatten, wobei geringe Selbstachtung in engem Zusammenhang mit dem Auftreten von Depressionen steht«.[10]

Kinder, die in einem familiären Umfeld aufwachsen, dass von Kritik, Beleidigung und Beschämung – oder dauernder Missachtung – bestimmt wird, haben es als Heranwachsende oft sehr schwer, ihren Platz in der Gesellschaft zu finden (vgl. Kapitel 16, »Überfürsorgliche Eltern« und Kapitel 17, »Nachlässige Eltern«).

Falsches Denken

Die Autoren Bruce Narramore und Robert S. McGee sind, wie viele andere Experten auch, der Meinung, dass Jugendliche mit einer geringen Selbstachtung oft falsche Schlüsse ziehen und zu falschem Denken neigen. Einige dieser falschen Schlüsse und Beurteilungen sind:

Ich muss einem bestimmten Standard entsprechen, um mich gut zu fühlen. Das können die Standards der Eltern, Lehrer oder Freunde sein, aber u.U. auch die Reaktionen darauf: ein Mädchen, dass darauf beharrt, niemals Second-Hand-Kleidung zu tragen, nur weil ihre Eltern es immer machen. McGee stellt fest, dass Menschen, die so denken, in zwei Gruppen einzuteilen sind. Die einen werden zu Perfektionisten, die immer neuen Zielen hinterher eilen und ihre Selbstachtung vom Erreichen dieser Ziele abhängig machen. Die anderen halten sich für unfähig, jemals auch nur etwas Gutes zu erreichen. Sie ziehen aus den negativen Erfahrungen der Vergangenheit den Schluss, dass sie völlig wertlos und zu nichts zu gebrauchen sind. Aus Angst, wieder zu versagen, sind sie mutlos und resignieren.[11]

Ich muss die Zustimmung bestimmter Personen haben, damit ich mich gut fühlen kann. Wer so denkt, beugt sich dem Willen seiner Mitmenschen nur um Anerkennung zu erlangen. Bestimmte Clubs werden besucht, es wird »herumgehangen« und mit Drogen und Alkohol experimentiert, damit man von seinen »Freunden« akzeptiert wird. Manch einer wird alles tun, nur um ein Lächeln von einem bestimmten Mädchen, Gelächter von einer bestimmten Gruppe oder zustimmendes Nicken von einem Lehrer oder Jugendarbeiter zu erlangen. Diese Menschen denken, dass ihr Wert dadurch definiert wird, wie andere über sie denken.

Versager sind es nicht wert, geliebt zu werden und haben es verdient, dass man sie bestraft. Narramore schreibt: »Wir übernehmen die korrigierende Einstellung unserer Eltern. Ebenso ihre Ziele, Ideale und Erwartungen. Um ihre Kinder zu motivieren, wenden Eltern oft verschiedene Druckmittel an (z.B. Furcht, Scham, Schuld). Das kann dazu führen, das der junge Mensch den falschen Schluss daraus zieht: Wenn ich meine Ziele nicht erreiche, geschieht es nur recht, dass Druck ausgeübt wird, ich mich schäme, fürchte oder bestraft werde.«[12] Weil die Zeit des Erwachsenwerdens so viele Versuche und Fehler – oder Versagen – beinhaltet, kann diese Schlussfolgerung verheerende Auswirkungen auf das Selbstwertgefühl eines Jugendlichen haben.

Ich bin wie ich bin. Ich kann mich nicht ändern; ich bin ein hoffnungsloser Fall. McGee schreibt: »Wenn Versagen in der Vergangenheit, Unzufriedenheit mit der persönlichen Erscheinung oder schlechte Gewohnheiten unser Denken bestimmen und die Basis unseres Selbstwertgefühls bilden, festigt sich die vierte falsche Schlussfolgerung in unserem Leben ... Wenn wir unser Versagen zu oft und zu lange entschuldigen, wird es zu einem Teil unserer Persönlichkeit.«[13]

Es muss noch erwähnt werden, dass die Beurteilung der eigenen Person, die die Teenagerzeit charakterisiert, im Laufe der Zeit durch die Entwicklung bestimmter Fähigkeiten, Begabungen und Intelligenz positiv beeinflusst wird. Trotzdem ist die Selbstachtung eines jungen Menschen von entscheidender Wichtigkeit, auch im Bezug auf seine physische, mentale und geistliche Gesundheit, so dass verantwortungsbewusste Eltern,

Lehrer, Gemeindeleiter und Jugendarbeiter keine Gelegenheit versäumen dürfen, dem Jugendlichen bei der Bewältigung von Schwierigkeiten auf diesem Gebiet zu helfen.

▼ Die Folgen

Falsche innere Einstellung

Die stärksten Auswirkungen einer geringen Selbstachtung können an der Haltung eines Menschen gegenüber seinem Umfeld abgelesen werden. Personen mit einer negativen Selbsteinschätzung sind ängstlich und pessimistisch. Sie fühlen sich unfähig, mit den Herausforderungen des täglichen Lebens zurechtzukommen. Unerwartete oder veränderte Situationen sind für sie Angriffe auf ihr persönliches Wohlbefinden und ihre Sicherheit. Sie fühlen sich dauernd von außen bedroht, umher geschubst und gequält. Diese Menschen tendieren dazu, alles was ihnen widerfährt, hinzunehmen, ohne den Versuch es zu ändern. Sie fühlen sich als Opfer, hilflos gefangen in einer feindlichen Umgebung, wie es die Graphik zeigt:[14]

Welt

Im Gegensatz dazu stehen die Menschen mit einem gesunden Selbstbild, die den Herausforderungen des Lebens froh und optimistisch entgegen sehen. Probleme werden von ihnen zur Erprobung der persönlichen Stärke und des Vertrauens

in Jesus Christus gesehen. Solche Menschen wissen, dass sie durch den Glauben an Gott positiven Einfluss auf ihre Umgebung nehmen können. Diese innere Einstellung ist durch die folgende Graphik dargestellt:

Welt

Personen mit einem schwachen und negativen Selbstbild leiden unter den nachfolgenden Faktoren, die ihr Leben bestimmen:

- Pessimistische Grundeinstellung;

- fehlende Sicherheit im Umgang mit anderen;

- extreme Empfindsamkeit bezüglich der Meinung anderer;

- fehlendes Selbstbewusstsein bezüglich äußerer Erscheinung, innerer Werte und sozialer Stellung;

- andere Menschen sind Gegner und Feinde, nicht Freunde;

- ein Gefühl der Männlich- oder Weiblichkeit wird nur durch sexuelle Unterwerfung erlangt;

- sie versuchen ständig, jemand anders zu sein, anstatt sich zu entspannen und so zu akzeptieren, wie sie sind;

- sie versuchen, die Gegenwart zu verdrängen, anstatt sich über Erfolge in der Vergangenheit oder an Zukunftsträumen zu freuen;

- Angst vor Gott oder die Auffassung, dass Er an ihnen nicht interessiert oder böse auf sie sei;

- die Gewohnheit, über Gespräche und Situationen der Vergangenheit nachzugrübeln und sich zu fragen, was dieser oder jener wohl über sie gedacht haben könnte;

- eine kritische und voreingenommene Sicht anderer;

- ständige Verteidigung in Gesprächen und im Verhalten;

- sie sind ständig »geladen« vor Zorn;

- sie nutzen Wut als Schutz und Verteidigung vor Verletzungen;

- die Tendenz, sich an geliebte Personen zu klammern;

- Unfähigkeit Lob anzunehmen;

- sie verteidigen ihre Gewohnheiten und ihr Verhalten;

- die Gewohnheit, sich von anderen »treten« zu lassen;

- Angst vor Einsamkeit;

- Angst vor Vertraulichkeit, weil dies zu Zurückweisung führen könnte;

- Schwierigkeiten an die Liebe Gottes oder eines Menschen zu glauben;

- Abhängigkeit von materiellem Besitz, weil dieser ihnen Sicherheit suggeriert;

- Unfähigkeit Gefühle auszudrücken;

- schlechtes Reden von der eigenen Person;

- ständig mit dem Schlimmsten rechnen;

- die Tendenz, sich der Masse anzugleichen, anstatt individuell zu sein;

- perfektionistisch bezüglich Details;

- rigide, gesetzliche und »rituelle« Haltung im Gottesdienst;

- feindliche Interpretation ihrer Umwelt;

- sie schieben die Verantwortung für ungewollte oder negative Situationen und Gefühle anderen zu;

- Bedürfnis nach Strukturierung und externer Kontrolle ihres Lebens;

- Überempfindlichkeit.

Es muss betont werden, dass eine geringe Selbstachtung nicht die einzige Ursache für die oben genannten Kriterien ist. Viele andere Ursachen können dabei eine Rolle spielen (wie z.B. Verharren in Sünde oder Rebellion). Des Weiteren muss jemand mit geringer Selbstachtung längst nicht alle o.g. Kriterien erfüllen.

Qualität der Beziehungen

Geringe Selbstachtung wirkt sich auch auf die Beziehungen des Betroffenen aus. Psychology Today stellt fest, dass »neben allen anderen Problemen bei geringer Selbstachtung dieses mit das Schlimmste ist: Menschen, die darunter leiden, neigen zu Beziehungen, die ihr Problem noch verstärken …« Laut William B. Swann, Jr., Professor der Psychologie an der Universität von Texas, »suchen Menschen mit geringer Selbstachtung regelrecht nach Personen, die ihre Neigung weiter unterstützen«.[15]

Probleme in der Ehe

Es überrascht nicht, dass geringe Selbstachtung auch in der ehelichen Gemeinschaft zu Schwierigkeiten führt. Wer sich selbst nicht annehmen kann, der kann auch nicht erwarten, dass andere ihn annehmen, auch nicht der Ehepartner. Betroffene Menschen bauen geschickt eine Fassade auf; der Partner heiratet also nicht den- oder diejenige, sondern nur dessen oder deren Fassade. Wenn das geschieht, wird die Fassade immer stärker und stärker, so dass am Ende keine Vertraulichkeit mehr möglich ist.

Begrenzte Leistung, Befriedigung und Erfüllung

Geringe Selbstachtung bewirkt eine Verminderung der Leistungsfähigkeit, Befriedigung, Erfüllung und Freude in Schule, Beruf und Freizeit, sowie in zwischenmenschlichen Beziehungen und in der Ehe.

▲ Die biblische Sicht

Viele Christen lehnen jegliche Selbstachtung ab. Sie bekämpfen jede Form der Selbstliebe und -annahme. Ihre theologische Einstellung bewirkt, dass sie sich als nutzlose »Würmer« sehen, wertlose Sünder, die nur die Hölle verdienen. Ein gutes Selbstbild lässt sich mit ihrem Bibelverständnis nicht vereinbaren. Wird Römer 12,3 zitiert,»… dass niemand weiter von sich halte, als sich's gebührt zu halten; sondern dass er von sich mäßig halte, ein jeglicher, nach dem Gott ausgeteilt hat das Maß des Glaubens«, antworten sie:»Siehst du! Man soll nichts von sich halten.«

Selbst weltliche Psychologen erkennen die Unhaltbarkeit dieser »theologischen« Aussage. Der Autor Rollo May sagte:

In Kreisen, die die Selbstverdammung predigen, wird selbstverständlich nie erklärt, warum jemand, der so böse und schlecht ist anderen seine bedrückende und tödliche Gesellschaft aufbürdet. Des Weiteren wird die widersprüchliche Tatsache nicht erklärt, dass

wir uns selbst hassen, dafür aber alle anderen lieben sollen und von ihnen wiederum erwarten, dass sie uns lieben, obwohl wir so verabscheuungswürdig sind … Oder dass, je mehr wir uns hassen, umso mehr Gott lieben, der in einem unbedachten Augenblick leider ein so nichtswürdiges Geschöpf erschaffen hat.[16]

In Römer 12,3 sagt Paulus, dass wir nicht mehr von uns halten sollen, als uns gebührt. Wir sollen nicht höher von uns denken als wir wirklich sind. Mit anderen Worten: Wir sollen in unserer Selbsteinschätzung realistisch und biblisch sein. Darum fügt Paulus hinzu: »… als sich's gebührt zu halten«.

Das Verb denken bedeutet im Griechischen »in einer bestimmten Weise von jemandem zu denken, ihn einzuschätzen«.[17] In Römer 12,3 bedeutet es, eine Meinung, ein Urteil oder ein Gefühl über sich selbst zu bilden. Paulus möchte, dass jeder eine realistische Meinung oder Selbsteinschätzung bildet.

Christen, die glauben, man sollte sich ablehnen, haben nicht erkannt, dass jeder Mensch für Gott sehr wertvoll ist. Dieser Wert lässt sich nicht an Taten ermessen, sondern an dem, was Er für uns und in uns getan hat. Obwohl wir alle gefallene Sünder sind, sind wir doch nach Seinem Ebenbild erschaffen. Wir sind sogar die Krone der Schöpfung – damit ist jeder Mensch gemeint! Christen sind Mitarbeiter Gottes, Sein Meisterwerk,[18] Sein Geschöpf (griechisch: poeima). Daraus wird deutlich, dass Menschen für Gott wertvoll sind, als Individuum und als Volk.

Selbstwert ist für die Bibel kein Fremdwort. Wie ein »roter Faden« zieht er sich durch Gottes Erlösungswerk. Der, der für unsere Sünden bezahlt hat, kennt unseren Wert! Der Preis war Jesus (siehe 1.

Kor. 6,20; 1. Petr. 1,18+19). Würden wir alle Preisschilder tragen, so würde auf jedem »Jesus« zu lesen sein; denn das ist der Wert, den Gott für uns durch Jesus am Kreuz gezahlt hat. Das ist Gottes Antwort auf unseren Wert.

Es ist jedoch wichtig zu erkennen, dass unser Wert durch das besteht, was Gott für uns getan und was Er aus uns gemacht hat. Es ist kein selbstverdienter Wert durch das, was wir gemacht oder nicht gemacht haben. In Epheser 1,18 schreibt Paulus: »... dass ihr erkennen möget, welche da sei die Hoffnung eurer Berufung und welcher sei der Reichtum seines herrlichen Erbes bei seinen Heiligen ...«

Daraus erkennen wir, wie hoch die Bibel Selbstwert einschätzt, ohne dabei jedoch die Sündhaftigkeit des Menschen außer Acht zu lassen. Seit Tausenden von Jahren ringen Philosophen und Theologen mit diesem scheinbaren Widerspruch.

Auf der einen Seite haben die Menschen, weil sie nach dem Bilde Gottes geschaffen sind, einen hohen Wert. Andererseits sind sie jedoch gefallene Sünder, die im Laufe der Geschichte für zahlreiche Grausamkeiten verantwortlich sind. Der enorme Wert des Menschen, im Kontrast zu Sünde, Egoismus und Stolz, ist der große historische Widerspruch.

Aber hierin zeigt sich Gottes Liebe, denn obwohl die Menschen Sünder sind, achtet Er sie so wertvoll, dass Er sie mit dem kostbaren Blut Seines Sohnes Jesus Christus erkauft hat (siehe Lk. 15). Das ist die einzige Möglichkeit zur Erlösung für die widersprüchliche menschliche Natur; säkulare Psychologen haben dafür jedoch keine Erklärung. Nur durch das Werk eines liebenden Gottes können die beiden menschlichen Naturen vereinigt werden.

▶ Praktische Hilfen anbieten

Geringe Selbstachtung entsteht nicht über Nacht. Ebensowenig lässt sie sich über Nacht beseitigen. Jugendleiter, Gemeindeleiter, Lehrer und Eltern können Jugendlichen, die unter einem schwachen oder geringen Selbstbild leiden, effektiv helfen, wenn sie nach folgendem Schema vorgehen:

Zuhören. Manche Kinder haben noch nie die Erfahrung gemacht, wie es ist, wenn einem Erwachsene wirklich zuhören. Ihre Eltern hören nicht zu, ihre Gemeindeleiter hören nicht zu, ihre Lehrer hören nicht zu ... oder zumindest scheint es den Kindern so. Es ist daher besonders wichtig, einem Menschen mit mangelnder Selbstachtung aufmerksam zuzuhören. Seiner Selbstkritik zuhören, der negativen Beschreibung seiner Person zuhören, zuhören, wie er über seine Familie, seine Eltern, Kindheit, Freunde, Schule und die Behandlung durch andere denkt. Die Erfahrung zu machen, dass ihm endlich einmal jemand wirklich zuhört, kann für den Jugendlichen große Auswirkungen haben.

Die folgenden Fragen können helfen, Auskunft über Einstellung, Haltung und Selbsteinschätzung des Jugendlichen zu geben:

- Wie würdest du dich selbst beschreiben?

- Denkst du, dass du wertvoll bist?

- Redest du abwertend von dir?

- Glaubst du, dass andere dich mögen?

- Magst du dich selber?

- Wie denken deiner Meinung nach deine Eltern, Lehrer, Freunde und Andere über dich?

- Bei welchen Gelegenheiten fühlst du dich gut?

- Bei welchen nicht so gut?

Man sollte sich bemühen, nicht nur die gesprochenen Worte zu hören, sondern auch das Unausgesprochene zu verstehen. Die Körpersprache darf dabei nicht außer Acht gelassen werden.

Dem jungen Menschen sollte verdeutlicht werden, dass Gott ihm immer zuhört, denn der beste Grund für ein gesundes Selbstbild ist, Gott zu kennen und sich Seiner Liebe bewusst zu sein.

Verständnis zeigens. Beim Entgegenbringen von Verständnis muss man sehr vorsichtig sein. Vorher sollte man die eigene Selbsteinschätzung überprüfen. Womit hat man selber zu kämpfen? Hat man selbst Schwierigkeiten mit der Selbstachtung? Was war hilfreich bei der eigenen Selbstannahme?

Beim Ausdruck von Wärme und Verständnis kann folgendes hilfreich sein:

- sich auf dem Stuhl nach vorn beugen, um Interesse zu zeigen;

- nehmen Sie Blickkontakt auf;

- sich nicht schockiert, enttäuscht oder sonstwie ablehnend und beurteilend über das Gesagte äußern;

- Perioden des Schweigens oder Weinens geduldig abwarten;

- das Gespräch durch Fragen wie »Was geschah als nächstes?« oder »Was meinst du mit …?« leiten;

- die Aussagen des Jugendlichen reflektieren (»Du musst dich … fühlen« oder »Das klingt wie …«).

Bestätigen. David Seamands schreibt: »Es gibt Eltern, die davor zurückschrekken ihre Kinder zu ermutigen und zu unterstützen. Sie fürchten, dass ihre Kinder dadurch stolz und überheblich werden könnten … Als Eltern stehen wir jedoch eher in der Gefahr, die Angst unserer Kinder vor Versagen zu unterstützen als sie unverhältnismäßig stolz zu machen.«[19]

Bei der Entwicklung eines gesunden Selbstbildes ist Bestätigung in jedem Fall von größter Bedeutung. Der junge Mensch sollte als Persönlichkeit und seiner Taten wegen Bestätigung erfahren. Man sollte versuchen, den Jugendlichen dabei zu »erwischen«, wie er etwas gut macht und ihn dann ermutigend darauf hinweisen.

Richtung weisen. Erwachsene, die Jugendlichen beim Aufbau einer gesunden Selbstachtung helfen wollen, sollten einen günstigen Zeitpunkt abwarten, um auf die biblische Bedeutung des Menschen in Christo hinzuweisen. Schon so mancher junge Mensch, der zum ersten Mal von seinem enormen Wert in Gottes Augen gehört hat, hat sein Leben im Vertrauen auf Gottes Zusagen grundlegend geändert.

Des Weiteren sollte man versuchen, zu den Wurzeln der Selbsteinschätzung des Jugendlichen zu gelangen. Der christliche Autor Tony Campolo gibt folgende Anstöße, durch die eine gesunde Selbstachtung forciert werden kann:

Man sollte dem Jugendlichen helfen, Fähigkeiten zu entwickeln, die er besser beherrscht als andere, Gebiete, auf denen er anderen etwas voraus hat. Manche Eltern haben dies dadurch erreicht, dass sie ihre Kinder zum Musikunterricht, zu Theatergruppen oder in einem Sportverein angemeldet haben. Es erfordert viel Einfühlungsvermögen die besonderen Talente und Begabungen eines Kindes zu erkennen. Dann sollte man sie aber auch gut fördern. Denn durch das Beherrschen einer besonderen Fähigkeit festigt sich das Selbstvertrauen und bildet so eine Grundlage, auf die man weiter aufbauen kann.[20]

Gemeindeleiter, Jugendleiter und Lehrer können durch aufmerksames Beobachten bald feststellen, welche Neigungen und Fähigkeiten ein junger Mensch hat. Dementsprechend sollte er dann gefördert werden. Könnte er oder sie z.B. den Gebetskreis der Jugendstunde leiten? Oder bestünde die Möglichkeit in der Kinderstunde mitzuhelfen? Gibt es irgendeine auch noch so kleine Möglichkeit, ihm oder ihr Verantwortung zu übertragen, damit er oder sie zeigen kann, dass man sich auf ihn/sie verlassen kann? Campolo fährt fort:

Im besten Fall kann die Jugendgruppe der Gemeinde dem jungen Menschen ein Gefühl der Zugehörigkeit und Akzeptanz vermitteln. Oftmals findet ein Kind, dass in der Schule ein Außenseiter ist, in einer kleinen Gemeinschaft von Gläubigen die Anerkennung und Wertschätzung, die es so nötig braucht. Eltern sollten unter Umständen dazu bereit sein, ihre bisherige Gemeinde zu verlassen, um sich einer anderen Gemeinde anzuschließen, in der es eine gute Jugendarbeit gibt, damit ihr Kind dort die nötige Gemeinschaft und Bestätigung erhält.[21]

Ziele setzen. Der Jugendliche sollte nach Art des »brainstorming« alle Gedanken auflisten, wie er an seinem Selbstbild ar-

beiten kann. Eltern können dies als eine Arbeitsaufgabe betrachten. Jugendleiter können den Aufbau eines guten Selbstbildes durch wöchentliche Bibelarbeiten fördern. Tim Hansel nennt folgende Schritte zur Erlangung einer gesunden Selbstachtung:

- Akzeptiere dich so wie du bist.

- Lerne dich kennen.

- Sei du selbst.

- Sei nicht auf dich selbst fixiert.[22]

Man sollte mit dem Jugendlichen einen Plan aufstellen, wobei man die o.g. Punkte einbezieht:

- Tituliere dich nicht mit schlechten Worten (»Ich bin ein alter Esel!«), denn man neigt dazu, sich schließlich wirklich so zu finden.

- Stell dein Licht nicht unter den Scheffel! Auch nicht in bedrohlichen Situationen, wenn du dich lieber zurückziehen würdest (werde dabei nicht aggressiv).

- Wenn du versagst, dann bringe deine Not vor Gott. Verdamme dich nicht dafür! Denn: »... so gibt es keine Verdammnis für die, die in Christus Jesus sind.«[23]

- Sei zu die selber so gut, wie du es auch zu anderen bist.

- Vergleiche dich nicht mit anderen. Du bist einzigartig! Gott erfreut sich an deiner Einmaligkeit.

- Lenke deine Gedanken auf Gottes Gnade und Liebe und nicht auf die Kritik durch andere.

- Suche dir gute Freunde mit denen du dich freuen kannst.

- Beginne anderen zu helfen, sich selbst so zu sehen, wie Gott sie sieht; habe sie lieb und ermutige sie. Bringe ihnen die nötige Achtung entgegen, die sie als Geschöpfe Gottes verdienen.

- Lerne zu lachen! Halte Ausschau nach fröhlichen Dingen im Leben und erfreue dich an ihnen.

- Habe realistische Erwartungen gegenüber anderen. Beachte ihre besonderen Talente, Begabungen, Möglichkeiten und Fähigkeiten.

- Entspanne dich und nimm das Leben nicht so schwer.

- Tu, was in Gottes Augen gut und richtig ist. Wenn unser Leben Gottes Liebe widerspiegelt, sind wir viel glücklicher; wir fühlen uns gut, wenn wir Gott gehorsam sind.

- Habe eine positive Grundeinstellung (siehe Phil. 4,8). Probiere, wie lange du es schaffst, nicht negativ von anderen Menschen oder Situationen zu sprechen.

- Nimm positiven Einfluss auf andere, ohne sie jedoch zu bedrängen.

- Liebe nach Gottes Vorstellung der Agape-Liebe in den vorgegebenen Grenzen.

Hilfe von außen. In extremen Fällen, wenn das Selbstbild derart zerstört ist, dass ernste Depressionen oder totale Handlungsunfähigkeit vorliegen, sollte man einen christlichen Fachmann zu Rate ziehen. Daher sollten die Eltern des Jugendlichen frühzeitig mit einbezogen werden, denn ihre Hilfe ist von entscheidender Notwendigkeit und ihr Einverständnis zur Hinzuziehung eines Fachmannes unbedingt erforderlich.

In diesem Kapitel zitierte Bibelstellen

- Römer 12,3

- Epheser 2,10

- Epheser 1,18

- Lukas 15

- Philipper 4,8

Weitere hilfreiche Bibelstellen zum Thema

- Psalm 91; 116,15

- Epheser 1,1-14

- 1. Petrus 1,18-19

- 1. Johannes 3,1-2

7

Begegnung mit dem Tod

Einführung

Hannah hat über die Hälfte ihres Lebens in Afrika verbracht, weil ihre Eltern als Missionare in Simbabwe arbeiteten. Zwei Monate vor ihrem dreizehnten Geburtstag kehrte sie mit ihren Eltern und ihrem Bruder Philip für zwei Monate auf Heimaturlaub in die USA zurück.

In ihrer Heimat Oklahoma City angekommen, musste sich die ganze Familie erst einmal einer gründlichen Untersuchung unterziehen. Jeder strotzte nur so vor Gesundheit ... außer Hannah. Der Arzt stellte bei ihr eine Vergrößerung der Milz fest. Nach weiteren Tests stand das Ergebnis fest: Hannah litt unter Leukämie, einer Form von Krebs, die das Blut und die Knochen befällt.

Der Arzt erklärte ihnen, dass sie eine eher seltene Form der Leukämie hatte, die für gewöhnlich jedoch früher entdeckt würde. Er erläuterte den weiteren Behandlungsverlauf und wies darauf hin, dass die Krankheit möglicherweise nicht mehr zu heilen sei.

»Muss ich jetzt sterben?«, fragte Hannah ihre Mutter mit vor Angst geweiteten Augen. Hannahs Mutter, die selbst noch mit der Diagnose ihrer Tochter zu kämpfen hatte, holte tief Luft und räusperte sich, um ihre Gefühle unter Kontrolle zu bekommen.

»Ich weiß es nicht Hannah«, antwortete sie. »Ich weiß es wirklich nicht.« Sie zögerte einen Moment bevor sie weiter redete. »Aber es ist möglich.«

Hannah wurde rot und kniff ihre Augen fest zusammen.

Mutter, Vater, Philip und Hannah saßen weinend im Arztzimmer, die Arme um einander gelegt, als wenn sie so eine schützende Mauer gegen die Krankheit bilden wollten.

● Das Problem

Die meisten Menschen denken bezüglich des Todes an Erwachsene, zumindest aber doch an ältere Menschen. Aber auch Heranwachsende sind vom Tod nicht ausgenommen.

Die Statistik der USA[1] zeigt die Haupttodesursachen junger Menschen in den USA (siehe nachstehende Tabelle).

Aus der Tabelle wird ersichtlich, dass, einmal abgesehen von Unfällen und Mord, viele Kinder und Jugendliche der Realität ihrer eigenen Vergänglichkeit ins Auge sehen müssen. Sie sterben bereits in jungen Jahren an den Folgen von Herzkrankheiten, Krebs oder Aids.

Diese Jugendlichen müssen sich mit einem Problem befassen, dass eigentlich den Erwachsenen »vorbehalten« ist; eine Tatsache, die oftmals viele Schwierigkeiten und Probleme mit sich bringt.

▼ Die Folgen

Ein junger Mensch, der weiß, dass er bald sterben muss, wird viele unterschiedliche Gefühle zu bewältigen haben. Zuerst stellt sich ein übermächtiges Gefühl der Trauer ein, ähnlich dem Gefühl, wenn ein geliebter Mensch stirbt – mit dem Unterschied, dass die Trauer sich auf das Sterben des betroffenen Jugendlichen selbst bezieht.

Die fünf Stadien der Trauer

Die weit verbreitete Arbeit von Elisabeth Kübler-Ross spiegelt die fünf Stadien der Trauer wider, die von Joan Sturkie und Siang-Yang Tan näher erklärt wird:

- Nicht-wahrhaben-Wollen. Der Betroffene weigert sich zu glauben, dass er bald sterben muss. Dieser Zustand dauert je nach Person unterschiedlich lange. Es handelt sich dabei um eine temporäre Erscheinung, die auch zu späterer Zeit immer wieder auftreten kann.

- Wut. Der (junge) Mensch fragt nach dem »Warum«. Wenn es darauf keine Antwort gibt, wird er wütend wegen der anscheinenden Ungerechtigkeit des Ganzen. Gleichzeitig kann sich der Betroffene aber auch aufgrund seiner Wut schuldig fühlen.

- Verhandeln. Dies ist gewöhnlich ein Versuch den Tod hinaus zu schieben … Der Sterbende spricht mit niemandem darüber. Das Verhandeln geschieht im Verborgenen mit Gott.

Haupttodesursachen bei Jugendlichen in den USA

5 – 14 Jahre	15 – 24 Jahre
1. Unfälle	1. Unfälle
2. Krebs (einschließlich Leukämie)	2. Mord und Verbrechen
3. Angeborene Missbildungen	3. Selbstmord
4. Mord und Verbrechen	4. Krebs (einschließlich Leukämie)
5. Herzerkrankungen	5. Herzerkrankungen
6. Lungenentzündung und Grippe	6. Aids[1]

- Depression. Sobald der Sterbende den Ernst seiner Lage erkennt, setzt häufig eine Phase der Depression ein. Das ist meist dann der Fall, wenn die Anzeichen seiner Krankheit nicht länger zu ignorieren sind …

- Annahme. Wenn sich der Sterbende durch seine Gefühle und Konflikte hindurchgearbeitet hat, ist er bereit, seinen baldigen Tod zu akzeptieren.[2]

- Zahlreiche weitere Folgen, physisch, emotional und psychologisch, werden von dem Erkrankten während dieser fünf Stadien der Trauer durchgemacht.

Physische Folgen

Die physischen Symptome der Trauer, wie sie von Erich Lindemann beschrieben wurden, beziehen sich nicht nur auf die Trauer über den Verlust eines geliebten Menschen, sondern auch auf die Trauer über das eigene Sterben. Dr. G. Keith Olson listet folgende Punkte auf:

- schwere Atmung, die durch einen trockenen Mund gekennzeichnet ist;

- körperliche Erschöpfung, mangelndes Durchhaltevermögen und Schwäche;

- Appetitverlust, mangelnde Speichelproduktion, Beeinträchtigung des Geschmacksempfindens, ein dumpfes Gefühl im Magen.[3]

Des Weiteren kann es zu Schlaflosigkeit (oder vermehrtem Schlafbedürfnis), Kopfschmerzen und unkontrolliertem Weinen kommen.

Emotionale Folgen

Die Aussicht des baldigen Todes kann Ursache für ein mentales Durcheinander sein:

Furcht. Das Auftreten von Furcht im Angesicht des nahenden Todes ist sehr wahrscheinlich. Der junge Mensch wird nicht nur den Tod als solches fürchten (obwohl die Angst vorm Sterben zu manchen Zeiten durchaus überwältigend sein kann), sondern die Ungewissheit darüber, wie die Krankheit sich weiter entwickeln wird. Werden die Schmerzen unerträglich sein? Furcht wird aber auch daraus erwachsen, wenn sich der Jugendliche die Frage nach den Folgen seines Todes für andere stellt (vgl. Kapitel 2, »Angst«).

Schuld. Obwohl der junge Mensch vom Kopf her weiß, dass die Krankheit oder die Umstände, die sein Leben befallen haben, nicht seine persönliche Schuld sind, kann die Unfähigkeit zur Erklärung der Situation dazu führen, dass er einen Teil der Schuld darin sucht, zu glauben: »Ich muss etwas getan haben, womit ich diese Krankheit verdient habe. Hätte ich meinen Eltern gehorsamer sein sollen?« Manchmal tritt auch die Frage auf: »Habe ich zu wenig in der Bibel gelesen? Ist die Krankheit eine Strafe Gottes?« »Dieses Schuldgefühl«, sagt Olson, »spiegelt den Versuch wieder, das Leben unter Kontrolle zu bekommen, nachdem es solch eine entscheidende und schlimme Wende genommen hat«[4] (vgl. Kapitel 3, »Schuld«).

Hilflosigkeit. Im Angesicht des Todes fühlt sich jeder, der an einer tödlichen Krankheit leidet, wie auch dessen Freunde und Verwandte, vollkommen hilflos. Olson hebt hervor, dass »eines der unangenehmsten Gefühle eines Erwachsenen das Gefühl absoluter Hilflosigkeit ist. Um diesem bedrohlichen Gefühl zu entfliehen, versucht der Teenager oft die Verantwortung für die Situation oder Krankheit auf sich zu nehmen. Auf diese Weise entsteht aus der Hilflosigkeit oftmals ein Gefühl der Schuld.«[5]

Abneigung. Gelegentlich entwickelt ein junger Mensch im Angesicht seines nahen Todes und/oder aufgrund einer schweren Krankheit eine Abneigung gegen ihm nahestehende Personen und alle, die ihm helfen wollen: die Freunde oder Geschwister, weil sie nicht ins Krankenhaus müssen und nicht einer Therapie unterzogen werden – und weil sie dem Tod nicht ins Auge sehen brauchen. Mit fortschreitender Krankheit wird es dem Betroffenen immer unerträglicher, dass er auf die Hilfe seiner Angehörigen angewiesen ist. Mary Beth Moster, Autorin des Buches When the Doctor Says It's Cancer, schreibt:»Es ist deshalb so schwer für den Kranken, Hilfe anzunehmen, weil er gerne normal sein möchte. Die Situation, in der er völlig auf die Hilfe Anderer angewiesen ist, ist ein schwerer Schlag gegen seine Selbstachtung.«[6]

Zweifel. Eine weit verbreitete Reaktion der Menschen, die an einer tödlichen Krankheit leiden, ist die Frage nach dem »Warum«. Olson schreibt:

> Manchmal stellen wir uns die Frage, weil wir wirklich nach einer Antwort suchen. Wir glauben, dass wir besser mit dem Schmerz umgehen können, wenn wir den Grund dafür verstehen. Manchmal ist es jedoch auch eine rhetorische Frage, ein wütender Protestschrei, der unbedingt gehört werden will. Gemeindeleiter, Laien und auch professionelle Seelsorger fühlen sich gedrängt, auf die notvolle Frage nach dem »Warum« eine Antwort zu geben. Es ist jedoch besser, den Blick auf die Zukunft zu lenken, als nach einer Antwort zu suchen, die es nicht gibt. Eine hilfreiche Frage kann sein: »Was wirst du jetzt machen?«[7]

Die genannten Folgen sind sicher nicht die einzigen, unter denen der betroffene Jugendliche zu leiden hat. Aber es sind die häufigsten und wichtigsten.

▲ Die biblische Sicht

Die Bibel redet deutlich vom Tod. Der Tod wird realistisch dargestellt, manchmal auch mit allen grausamen Details. Gottes Wort beschreibt den Tod als eine unabwendbare Tatsache, gültig für jeden Menschen.[8] Wir lesen von Hiobs Todessehnsucht, Hiskias Gebet, dass der Herr ihn noch leben lassen möge, Jesu Qual im Angesicht Seines grausamen Todes (und der Last der Sünde, die Er für uns auf sich nahm) und Paulus, der kurz vor seinem Tod so getröstet und hoffnungsvoll ist. Der Schlüssel war, für sie und für uns, die biblische Sicht des Todes. Mary Beth Moster beschreibt das so:

> Die Bibel lehrt, dass die menschliche Seele nicht stirbt. »Und Gott der Herr machte den Menschen aus einem Erdenkloß und er blies ihm ein den lebendigen Odem in seine Nase. Und also ward der Mensch eine lebendige Seele« (1. Mo. 2,7).
> Gott schuf den Menschen vollkommen und ewig; und obwohl die Sünde die Vollkommenheit zerstört hat, hat die Seele doch ewiges Leben. Wegen Gottes Heiligkeit kann der sündige Mensch in der Ewigkeit nicht bei Ihm sein. Das zu gestatten würde im völligen Widerspruch zu Gottes Heiligkeit stehen. Deshalb bedeutet jegliche Sünde ewige Trennung von Gott, im körperlich-irdischen wie auch im geistig-seelischen Bereich. Diesen Zustand nennt die Bibel »geistlicher Tod«.
> In diesem Zustand des geistlichen Todes befindet sich jeder von uns, denn niemand kann Gottes Anspruch

auf Vollkommenheit erfüllen.»… sie sind allzumal Sünder und mangeln des Ruhmes, den sie bei Gott haben sollten« (Röm. 3,23).

Die gute Nachricht ist, dass Gott uns so liebt, dass Er Seinen eigenen Sohn gesandt hat, um für uns zu sterben und durch seinen Tod den Preis für unsere Sünden zu zahlen.

Wer Jesus im Glauben als seinen persönlichen Retter angenommen hat, der ist »von neuem geboren«. Diese geistliche Geburt bringt ihn vom geistlichen Tod zum geistlichen Leben.

Gott selbst lebt von da an in der Person des Heiligen Geistes im Gläubigen. Das bedeutet, dass ein Christ wissen kann (nicht bloß hoffen), dass er nach seinem Tod gleich bei Jesus sein darf (2. Kor. 5,8).

Was kommt für einen Gläubigen nach dem Tod? Joseph Bayly, der drei seiner Söhne sterben sah, schrieb über den Himmel in *The Viev from a Hearse:*

Ich kann die Existenz des Himmels nicht beweisen. Ich akzeptiere dessen Realität aufgrund der Autorität Jesu Christi: »In meines Vaters Hause sind viele Wohnungen. Wenn's nicht so wäre, so wollte ich zu euch sagen: Ich gehe hin euch die Stätte zu bereiten.«

Es ist, als wenn ein Zwilling im Mutterleib dem anderen die Existenz einer Welt außerhalb beweisen wollte. Der andere würde die Idee einer Welt außerhalb des Mutterleibes lächerlich finden, da der Mutterleib für ihn die einzige bekannte Welt ist.

Der Versuch, ihm zu erklären, dass die »Erdlinge« in einem großen Raum leben und Luft atmen, würde nur mehr Skepsis verursachen. Ein Fötus lebt im Wasser. Wie

sollte er sich da ein Leben an der freien Luft vorstellen können? Das muss für ihn unmöglich erscheinen!

Um die Existenz der Erde zu beweisen, muss der Fötus erst geboren werden. Etwas Schmerz, ein dunkler Tunnel, schnappen nach Luft – und dann die weite Welt! Grünes Gras, Bäche, Flüsse, Seen, der Ozean, Pferde (Kann sich ein Fötus Pferde vorstellen?), Regenbögen, gehen, rennen, surfen, Schlittschuh laufen. Genug Raum, dass man nirgendwo anstoßen braucht und über einem das Universum.

Wie ein Fötus können wir uns die andere Seite des Tunnels nicht vorstellen – den Himmel. Aber von der Bibel, vom Wort Gottes, können wir soviel wissen:

- der Himmel ist ein Ort der Ruhe (Offb. 14,13);

- im Himmel gibt es keinen Schmerz, keine Tränen, kein Geschrei (Offb. 21,4);

- der Himmel ist ein Ort vollkommener Freude im Angesicht des Herrn (Apg. 2,28);

- obwohl wir verwandelt sein werden, werden wir einander wiedererkennen (Mt. 17,3+4; Petrus erkannte Mose und Elia);

- der Himmel wird schöner sein als alles, was wir uns vorstellen können (Offb. 21-22);

- wir werden uns im Himmel wohl fühlen, denn er ist unsere Heimat (Joh. 14,2).[9]

110

▶ Praktische Hilfen anbieten

Der Jugendliche oder das Kind im Angesicht seines nahen Todes befindet sich in einem fragilen mentalen und emotionalen Zustand. Einfühlsame, sensible Eltern, Jugendarbeiter und andere Helfer können ihm am besten mit einem Aktionsplan wie dem folgenden helfen:

Zuhören. Betroffene Eltern und andere Erwachsene können dem jungen Menschen am besten helfen, wenn sie ihm zuhören. Gary R. Collins sagt:

> Man sollte dem Jugendlichen helfen, seine Gefühle in Worte zu fassen. Dabei sollte er aber nicht gedrängt werden, seine Gefühle zu zeigen, wenn er dies nicht möchte.
> Man sollte auf Tränen, Wut, aber auch Abkapselung vorbereitet sein. Es kommt darauf an, dass man dem jungen Menschen zeigt, dass man immer für ihn da ist.
> Man sollte ein aufmerksamer und sorgfältiger Zuhörer sein ... Schuld, Wut, Verzweiflung und Verwirrung können zum Ausdruck gebracht werden. Es ist wichtig, dass der Helfer sich alles anhört ohne zu verurteilen, zu verdrängen oder »wegzuerklären«.[10]

Verständnis zeigen. Olson schreibt:

> Seelsorge bei Sterbenden bedeutet, dass man mit der eigenen Haltung dem Tod gegenüber konfrontiert wird. Haben wir unsere eigene Sterblichkeit akzeptiert? Wie gehen wir mit der Möglichkeit um, dass wir selbst tödlich erkranken oder einen tödlichen Unfall haben? ... Welches geistliche,

psychologische und physiologische Verständnis haben wir vom Tod? Unbewältigte Gefühle des Seelsorgers dem Tod gegenüber verursachen sicherlich Probleme bei der Seelsorge ...
> Es ist außerordentlich wichtig für einen Seelsorger, dass er Feingefühl besitzt und die Fähigkeit hat, dem sterbenden Jugendlichen Verständnis entgegen zu bringen ... Leben wir als Seelsorger unser Leben so, als ob wir niemals sterben müssten? Zur erfolgreichen Begleitung und Beratung Sterbender braucht es Seelsorger, die sich ihrer eigenen Sterblichkeit bewusst sind![11]

Bestätigen. Olson schreibt:

> Eine wichtige Voraussetzung ist die offene Akzeptanz der Gefühle, Gedanken und Emotionen des Jugendlichen. Vielfach ist man von der enormen Wut und tiefen Seelenqual schockiert, die manchmal zum Ausdruck kommt. Bemerkungen wie: »Jetzt hast du aber genug geheult! Nun reiß dich aber mal zusammen« oder »Mach dir mal keine Sorgen, alles wird schon wieder gut« sind völlig fehl am Platz. Solche Bemerkungen werden dem Betroffenen eher schaden als helfen, besonders wenn der Jugendliche seine Gefühle sonst eher zurück hält. Dagegen sollte die Gesprächsatmosphäre mitfühlend und unterstützend sein ... Teenager wollen nicht von liebender Sorge bedrängt werden; aber sie möchten von ihr umgeben sein.[12]

Richtung weisen. Die größte Hilfe, die Eltern, Gemeindeleiter oder andere Erwachsene sterbenden Jugendlichen entgegenbringen können, ist, ihnen zuzuhören, Verständnis zu zeigen und sie zu bestätigen. Sie können dem jungen Menschen ebenfalls dadurch helfen, dass sie ihn zu folgenden Punkten führen:

- Gebet für den Jugendlichen und Trost aus Gottes Wort, ohne zu predigen oder Phrasen zu benutzen.

- Einfühlsame Anleitung, sich im Gebet auf Gottes Zusagen zu berufen; der Jugendliche sollte zu Gott geführt werden, sich auf Ihn verlassen, Ihm vertrauen und Kraft von Ihm erbitten.

- Den Jugendlichen unterstützen, Entscheidungen zu treffen, besonders bezüglich seiner Situation.

- Praktische Hilfe anbieten: Fahrten zum Arzt, hilfreiche Bücher besorgen etc.

Im Zusammenhang mit der Vermeidung schädlichen grämens gibt Collins folgende Ratschläge, die auch im Umgang mit sterbenden Jugendlichen angewendet werden können:

- Eine positive Einstellung in der Familie schaffen. Wenn Eltern offen und ehrlich mit dem Tod umgehen, lernen die Kinder dieses Thema zu akzeptieren und offen darüber zu reden. Falsches Denken kann korrigiert werden, Fragen können natürlich beantwortet werden. Ein junger Mensch ist wahrscheinlich niemals bereit zu sterben, aber eine offene Haltung zu Hause erleichtert die Kommunikation und macht Gespräche über den Tod wesentlich einfacher und natürlicher.

- Den Tod erwarten und von ihm lernen. Erziehung zum Tod ist ein relativ neues, aber stetig wachsendes Thema. In Schulen, Gemeinden und anderswo lernen Menschen, über den Tod (auch ihren eigenen) zu reden. Themen wie tödliche Krankheiten, Trauer usw. werden diskutiert.

- Vorweggenommene Trauer. Wenn jemand an einer tödlichen Krankheit leidet, geben Familie und Freunde oft vor, dass alles in bester Ordnung sei. Keine Rede von baldigem Abschied. Haben Patienten und Angehörige jedoch die Möglichkeit, offen über den baldigen Tod und die damit verbundene Trauer zu sprechen, wird der spätere Trauerprozess wesentlich leichter zu bewältigen sein.

- Theologisches Verständnis ... Die Bibel berichtet an vielen Stellen vom Tod, dem Sinn des Lebens, der Zusage des ewigen Lebens für alle, die an Christus glauben und dem Schmerz der Trauer. Diese Zusagen sollten vor dem Tod gelehrt und verstanden werden.[13]

All das wird die Probleme des Sterbenden natürlich nicht lösen; das kann nur die Ewigkeit vollbringen. Es kann dem jungen Menschen aber helfen, mit der Aussicht auf seinen nahen Tod besser umzugehen.

Ziele setzen. Es ist wichtig, dass man die Möglichkeiten zur Mitarbeit des betroffenen Teenagers auflistet – auch im Angesicht seines baldigen Todes. Entscheidungen für die Zukunft müssen getroffen werden, auch wenn diese »Zukunft« diffus und verschwommen erscheint. Der Jugendliche sollte angeleitet werden, Entscheidungen zu treffen, sobald er dazu in der Lage ist: Entscheidungen über die weitere medizinische Behandlung, das Gespräch mit Angehörigen und Freunden, Dinge, die noch erledigt werden müssen, selbst die Beerdigung sollte davon nicht ausgeklammert werden. Die wichtigste Entscheidung ist natürlich, auf Jesus Christus zu vertrauen, damit man der Ewigkeit getrost entgegen sehen kann!

Hilfe von außen. Jugendarbeiter, Lehrer und Gemeindeleiter sollten im Umgang mit den Eltern des Jugendlichen sehr sensibel sein. Gelegentlich kann es angezeigt sein, einen erfahrenen christlichen Seelsorger zu Rate zu ziehen, der dem jungen Menschen im Umgang mit dem Tod unterstützend zur Seite stehen kann. Oft ist es auch für die Eltern, Geschwister und Freunde des Sterbenden hilfreich, wenn sie sich an einen Fachmann wenden können. Die Zusammenarbeit ist umso besser, je früher sie begonnen hat.

In diesem Kapitel zitierte Bibelstellen

• 2. Samuel 14,14

• 1. Mose 2,7

• Römer 3,23

• 2. Korinther 5,8

• Offenbarung 14,13; 21,4

• Apostelgeschichte 2,28

• Matthäus 17,3+4

• Offenbarung 21+22

• Johannes 14,2

Weitere hilfreiche Bibelstellen zum Thema

• Psalm 23,4; 116,15

• Sprüche 14,32

• Römer 14,8

• 1. Korinther 15,1-58

• Philipper 1,21

8

Trauer

◆ Einführung

Der 14-jährige Greg und die 15-jährigen Jonathan und Todd zwängten sich auf die Rückbank des winzigen Kleinwagens. Marcus schlüpfte auf den Beifahrersitz und Matt, seit zwei Wochen mit Führerschein ausgestattet, klemmte sich hinter das Steuer.

Das Quintett von Klassen- und Sportkameraden wollte einen Freund mit einer spontanen Geburtstagsparty überraschen. Matt steuerte das Auto aus der kleinen Heimatstadt der fünf Freunde heraus auf eine Landstraße gen Westen. Bald schwenkte die Route in Richtung Nordwest und die Tachonadel des Wagens befand sich jenseits von 100 Stundenkilometern. Plötzlich gerieten die rechten Räder des Pkws von der Straße auf den unbefestigten Randstreifen. Matt riss das Steuer hart nach links. Sofort schleuderte der Wagen quer über die Straße, knallte an einen Begrenzungspfosten und überschlug sich, wobei das Dach zerknautscht wurde.

Irgendwann wurden die Jungen auf den Vordersitzen aus dem Wagen geschleudert und erlitten nur relativ kleine Verletzungen. Jonathan, Todd und Greg, durch das Schleudern das Wagens eng nach hinten gedrückt, wurden vom zusammengestauchten Dach eingequetscht. Bevor Hilfe eintreffen konnte, starben alle drei.

Die Nachricht von diesem Unfall schockierte die Schule und den ganzen Ort. Die drei Todesopfer waren sehr beliebt gewesen und ihre Familien waren in vielen Bereichen engagiert. Am Montagmorgen nach dem Unfall fielen sich in den Gängen der Schule ihre Freunde, Klassenkameraden, Lehrer und Sporttrainer schluchzend in die Arme. Viele gingen wie benommen durch die Korridore. Andere wurden richtig krank.

Die Schulverwaltung sorgte dafür, dass am Montag und Dienstag den ganzen Tag lang Seelsorger bereit standen und die Schüler mussten nicht zum Unterricht gehen, sondern konnten sich so lange sie wollten in der Cafeteria aufhalten und mit Seelsorgern und Freunden reden. Die mitfühlende Reaktion der Schule wurde von den Freunden und Familienangehörigen der Toten dankbar angenommen, dennoch waren viele von tiefer Trauer überwältigt.

»Wir sind eine sehr eng geknüpfte Gemeinschaft«, sagte der Schulleiter zur Lokalzeitung, »und wir werden alle eine lange Zeit brauchen, bis diese Wunden wieder völlig geheilt sind.«

● Das Problem

Der Tod berührt viele Jugendliche und Kinder. Viele erleben den Tod eines Großelternteils. Einige verlieren Vater oder Mutter durch Krebs oder eine andere Krankheit. Manche haben mit dem Verlust eines Bruders oder einer Schwester zu kämpfen. Andere leiden unter dem Tod eines Freundes, Schulkameraden oder Lehrers.

Die Trauer aufgrund des Todes eines Freundes oder einer geliebten Person ist stets ein schwieriges Problem, aber sie kann in der Jugend eine besondere Herausforderung darstellen. Inmitten einer Lebensphase, die von hormonellen, seelischen, emotionalen, geistlichen und beziehungsmäßigen Umwälzungen und Krisen gekennzeichnet ist, sind Jugendliche für die seelischen Auswirkungen von Sterbefällen besonders verwundbar. Gary R. Collins schreibt über Trauer:

Trauer ist eine wichtige, normale Reaktion auf den Verlust eines bedeutenden Gegenstands oder einer wichtigen Person. Sie ist eine Erfahrung der Entbehrung und Sorge, die sich körperlich, emotional, kognitiv, sozial und spirituell zeigen kann. Jeder Verlust kann Trauer mit sich bringen: Ehescheidung, Verlust des Arbeitsplatzes, Amputationen, der Tod eines Haustieres oder einer Pflanze, wenn ein Kind von zu Hause wegzieht oder ein Gemeindeleiter in eine andere Gemeinde versetzt wird, Verlust der netten Nachbarn durch Umzug, der Verkauf des Autos, der Verlust eines Heimes oder eines wertgeschätzten Gegenstandes, das Verlieren eines Wettbewerbs oder sportlichen Wettkampfes, Verlust der Gesundheit und sogar der Verlust der Zuversicht oder der Lebensfreude. Zweifel, der Verlust des Glaubens, das Schwinden der eigenen spirituellen Vitalität oder auch die Unfähigkeit Lebensinn zu finden, können allesamt zu Betrübtheit und innerer Leere führen, die auf Trauer hindeuten. Wenn ein Bestandteil des Lebens verloren geht, ist stets Trauer die Folge.

Die meisten Diskussionen über Trauer betreffen jedoch solche Verluste, wie den Tod einer geliebten oder wichtigen Person. Mit dem Tod wird natürlich jeder konfrontiert und den Hinterbliebenen bleibt nichts anderes übrig als zu trauern. Mit einer derartigen Trauer wird man nicht so leicht fertig … Als Christen finden wir Trost in der Zuversicht der Auferstehung, doch mildert dies nicht die Leere und den Schmerz über die Trennung von einer geliebten Person. Wenn wir einen Verlust durch Tod erleiden, sehen sich die Trauernden einer absoluten, unabänderlichen und irreversiblen Situation gegenüber. Sie können nichts tun, was an dieser Beziehung etwas ändern würde.[1]

Trauer kann verheerend sein. Aber das ist sie manchmal umso mehr für junge Leute, aufgrund sowohl der Reaktionen der anderen als auch ihres eigenen Alters und ihrer relativen Unreife. Die Autoren Joan Sturkie und Siang-Yang Tan stellen das Dilemma heraus, dem sich viele trauernde Jugendliche ausgeliefert sehen:

Erwachsene vergessen oft zu bedenken, dass ein junger Mensch Schmerz empfindet … Manchmal scheinen Erwachsene zu meinen, dass junge Menschen den Schmerz irgendwie nicht so sehr spüren würden. Das ist natürlich nicht wahr. Leider haben Jugendliche oftmals niemanden, der ihnen zuhört, wenn sie über ihre Gefühle reden und das verschlimmert den

Schmerz noch mehr. Wenn ein Familienvater stirbt, wird die Mutter von vielen Erwachsenen getröstet, die ihre Hilfe anbieten, zuhören und für sie da sind. Doch der Sohn oder die Tochter wird häufig übersehen, insbesondere wenn er oder sie nicht erwachsen ist.[2]

Junge Leute, die mit dem Tod eines Freundes oder einer geliebten Person konfrontiert werden, sehen sich der schwierigen Aufgabe ausgeliefert mit etwas fertig zu werden, was ein »Erwachsenenproblem« ist, während sie selbst noch mit dem Erwachsenwerden zu kämpfen haben. Die Erfahrung der Trauer ist zwar ein natürlicher Teil des Lebens, mit dem jeder früher oder später einmal zu tun hat, doch kann es sein, dass das Kind oder der Jugendliche zum ersten Mal in seinem jungen Leben Trauer erlebt – und dabei auf emotionale und geistliche Ressourcen zurückgreift, die noch nicht ausgereift sind und auf Verarbeitungsmechanismen, die äußerst unterentwickelt sind.

Im Allgemeinen sind sich die professionellen Seelsorger einig, dass Trauer zwar natürlich, aber nicht immer gesund ist. Die normale Trauer, die sehr intensiv sein kann, umfasst häufig »tiefe Sorge, Schmerz, Einsamkeit, Wut, Depression, körperliche Symptome und Veränderungen der zwischenmenschlichen Beziehungen, die zusammen eine Entbehrungs- und Übergangszeit ergeben, die bis zu drei Jahre – oder sogar länger – dauern kann«.[3]

Obwohl normale Trauer bisweilen extrem schmerzhaft – sogar explosiv – ist, ist ihr Verlauf relativ vorhersagbar und führt schließlich zu wiederhergestelltem geistigem und emotionalem Wohlergehen. Die weitläufig anerkannte Arbeit von Elisabeth Kübler-Ross führt fünf Phasen der Trauer auf, die Sturkie und Tan wie folgt erklären:

Verdrängung – Die Person weigert sich zu glauben, dass der Betreffende gestorben ist. Diese Phase kann in der Dauer variieren und manche verbleiben länger darin als andere. Es handelt sich um eine zeitweilige Phase, die jedoch zu jeder Zeit wieder auftreten kann.

Wut – Der Jugendliche stellt womöglich in Frage, warum der Tod geschehen ist. Wenn die Antwort nicht offensichtlich ist, kann er oder sie aufgrund der scheinbaren Ungerechtigkeit all dessen, wütend wild um sich schlagen.

Aushandeln – Das ist gewöhnlich ein Versuch einen [nahe bevorstehenden] Tod hinauszuschieben [oder »einen Handel zu machen« der den Schmerz oder die Trauer oder die Realität der Trennung mildert] … Das Aushandeln geschieht gewöhnlich im Geheimen, mit Gott.

Depression – Wenn die … Person die Realität des Todes erkennt … setzt häufig eine Depression ein.

Akzeptanz – Wenn die Person … die entstandenen Gefühle und Konflikte verarbeitet hat, kann er oder sie bereit sein, die Tatsache [des Todes] zu akzeptieren.[4]

Krankhafte Trauer unterscheidet sich jedoch von normaler Trauer in ihrer Tiefe (die Symptome der Trauer sind wesentlich intensiver), in der Dauer (die Trauer hält wesentlich länger an) und im Ziel (sie führt nicht zu mentaler und emotionaler Gesundheit, sondern zu weiteren seelischen Problemen). Die Psychiater V.D. Volkan und D. Josepathal[5] stellen drei Schlüsselprozesse heraus, die krankhafter Trauer zugrunde liegen:

Splittung ist der Prozess, durch den ein »Jugendlicher dem Tod verstandesmäßig zustimmt, emotional und von seinem Verhalten her jedoch so reagiert, als sei nichts geschehen«.[6] Das ist ein Vorgang, der dem Jugendlichen ermöglicht, die Phase des Stöhnens zu umgehen.

Internalisation ist der Prozess, mit dem der Leidtragende versucht, seine »Beziehung zum Verstorbenen aufrecht zu erhalten, indem er die verlorene Person verinnerlicht und sich auf ihre innere Präsenz konzentriert«.[7] Das ist ein Vorgang, der die Realität und Endgültigkeit des Todes leugnet.

Externalisation ist der Prozess, bei dem sich der Trauernde auf einen Gegenstand fixiert, der mit dem Verstorbenen in Verbindung steht wie z.B. ein Foto oder ein Kleidungsstück, was dazu dient, die Notwendigkeit hinauszuschieben, den Verlust einzugestehen und damit fertig zu werden.

Collins zeigt auf, dass mehrere Dinge dazu neigen, zu einer krankhaften Trauer beizutragen:

- Überzeugungen (das Fehlen religiöser Überzeugungen)

- Hintergrund und Persönlichkeitsstruktur (»Menschen, die unsicher, abhängig und nicht imstande sind, Gefühle zu kontrollieren oder auszudrücken und zu Depression neigen, fällt es häufig schwerer, mit ihrer Trauer umzugehen.«[8])

- Soziales Umfeld (Gesellschaftliche Einstellungen zum Tod, die die Verdrängung oder schnelle Abfertigung der Trauer fördern, können die Fähigkeit des Leidtragenden, mit der Trauer fertig zu werden, in hohem Maße beeinflussen – ob diese Einstellungen nun durch die Familie, eine regionale Prägung oder ethnische Tradition oder der Gesellschaft allgemein vermittelt werden.)

- Die Begleitumstände des Todes (Ein vorzeitiger Tod, eine tragische Todesursache, die Nähe des Überlebenden zum Verstorbenen, sowie weitere Umstände können den Trauerprozess intensivieren und eine krankhafte Reaktion hervorrufen.)

◀ Die Ursachen und
▼ die Folgen

Wenn ein junger Mensch (oder irgendeine andere Person) die einzelnen Phasen der Trauer durchlebt, wird er wahrscheinlich ein breites Feld verschiedener Gefühle und anderer Auswirkungen des Prozesses erleben. Die hier erörterten Folgen von Trauer sind nicht auf die Art von Trauer beschränkt, die auf einen Sterbefall zurückgeht. Viele dieser Folgen werden erfahren, wann immer ein Verlust irgendeiner Art geschieht (z.B. der Verlust einer romantischen Beziehung). Diese Auswirkungen können intensiv sein, doch sind sie nichtsdestoweniger normal und im Normalfall gesund.

Körperliche Folgen

Die körperlichen Symptome von Trauer, wie Erich Lindemann sie beschreibt (Autor einer bahnbrechenden Reihe von Interviews, Büchern und Artikeln über Trauer) werden von Dr. G. Keith Olson wie folgt gegliedert:

- Schwerfällige Atmung, gekennzeichnet von Seufzern und Enge in der Kehle;

- Gefühl der körperlichen Erschöpfung und fehlende körperliche Kraft und Ausdauer;

- Verdauungsprobleme, einschließlich eines erhöhten Geschmackssinns, Appetitverlust, unzureichende Speichelproduktion und ein hohles Gefühl im Magen.[9]

Weitere körperliche Symptome umfassen wahrscheinlich Schlaflosigkeit (oder eine wesentlich gesteigerte Schlafzeit), Kopfschmerzen und unkontrolliertes und häufig unerwartetes Weinen.

Emotionale Folgen

Angst. »Angst und Sorge«, schreibt Olson, »sind während des Trauerprozesses gewöhnliche Reaktionen … Sorgen vor der Zukunft ohne den Verstorbenen sind ein Zeichen für die Abhängigkeit und Unsicherheit des Betroffenen. Angst vor der eigenen Sterblichkeit muss während der Trauerperiode ebenfalls durchlebt werden.« Der junge Mensch kann ferner die Veränderungen befürchten, die aus seiner veränderten Rolle hervorgehen: der Jugendliche, der nun »der Mann im Haus« sein muss, die jüngere Schwester, die nun auf einmal die Älteste ist usw. (vgl. Kapitel 2, »Angst«).

Schuld. Olson schreibt: »Viele wegen eines Sterbefalls Trauernde fühlen sich zutiefst schuldig. Manche fühlen sich schuldig aufgrund vergangener Erfahrungen oder mangelnden Kontaktes zum Verstorbenen … Andere fühlen sich schuldig, weil sie den Tod nicht verhindert haben. Manche klagen sich sogar selbst für den Todesfall an.« Derartige Schuldreaktionen, schreibt Olson, »stellen einen Versuch dar, dem Gefühl nach die Kontrolle über das Leben wiedererlangt zu haben, nachdem es einen so schmerzlichen und erschütternden Schlag versetzt hatte«[10] (vgl. Kapitel 3, »Schuld«).

Hilflosigkeit. Der Tod ist nicht mehr rückgängig zu machen. Leidtragende werden sich häufig zutiefst bewusst, wie machtlos sie sind, den Tod zu verhindern oder rückgängig zu machen. Olson zeigt auf, dass »es für einen Heranwachsenden eines der inakzeptabelsten Gefühle ist, sich hilflos zu fühlen. Um gegen dieses bedrohliche Gefühl anzukämpfen, versucht der Jugendliche häufig, sich ein Gefühl der Verantwortlichkeit für das Geschehene anzueignen. Auf diese Weise wird oft Schuld der Hilflosigkeit vorgezogen.«[11]

Wut. Wut ist eine normale und häufige Reaktion auf den Verlust eines Freundes oder einer geliebten Person. Sie kann auf den Verstorbenen für sein Sterben gerichtet sein, weil er den Jugendlichen »einsam gemacht« hat. Sie kann sich auch auf andere – insbesondere Erwachsene – richten, die nicht genug zur Vermeidung des Todes getan haben. Sie kann sich auch auf Gott richten, weil er etwas so Schmerzliches zugelassen hat (vgl. Kapitel 4, »Wut«).

Einsamkeit. »Ein tiefes Gefühl verlassen worden zu sein führt zu einem intensiven Bewusstsein von Einsamkeit«, schreibt Olson. »Aufgrund eigener Entscheidung allein zu sein ist eine Sache. Dazu durch äußere Umstände gezwungen zu sein … eine ganz andere. Letzteres führt wesentlich eher zu Gefühlen der Einsamkeit. Während manche Heranwachsenden auf Trauer mit Wut reagieren, ziehen sich andere in sich selbst zurück. Karl Menninger behauptet, dass Jugendliche, die sich zurückziehen und isolieren, in einem schlimmeren Zustand sind als solche, die ihre Wut aggressiv nach außen austragen«[12] (vgl. Kapitel 1, »Einsamkeit«).

Zweifel. Eine verbreitete Reaktion auf einen Todesfall ist die Frage »Warum?« In solchen Zeiten ist es ganz natürlich, dass man nach Erklärungen sucht und die möglichen Gründe für den Verlust verstehen will. Normalerweise ist eine befriedigende Antwort jedoch nicht greifbar, wenn nicht unmöglich. Solche unbeantworteten Fragen können zu Zweifeln führen, man kann Gottes Liebe, Gottes Weisheit und sogar seine Existenz in Frage stellen. So real die Fragen – und der Zweifel – auch sein mag, wird den meisten Trauernden weniger durch theologische und intellektuelle Erklärungen geholfen, als vielmehr durch mitfühlende Tröstung und Zusprache von anderen.

Erleichterung. Wenn der Tod nach einer Zeit der Behinderung oder Krankheit eintritt, reagiert der Trauernde häufig mit einem Gefühl der Erleichterung; das quälende Warten ist vorbei. Erleichterung kann auch dann erfahren werden, wenn der Verstorbene beleidigend, feindselig oder herrschsüchtig war, dann ist die quälende Beziehung aufgelöst. Derartige Gefühle der Erleichterung sind unter manchen Umständen ganz normal, doch können sie zu Schuldgefühlen führen oder diese steigern.

Diese emotionalen und körperlichen Auswirkungen sind natürlich nicht die einzigen die Trauer begleitenden und charakterisierenden Folgen, aber vielleicht sind es die verbreitetsten und tiefgehendsten.

▲ Die biblische Sicht

In seinem Buch Christian Counseling (»Christliche Seelsorge«) bietet Collins einen Einblick in die biblische Sicht von Trauer:

Die Bibel ist ein realistisches Buch, das den Tod und die nachfolgende Trauer vieler Menschen beschreibt. Im Alten Testament lesen wir von Gottes Gegenwart und Trost, wenn wir »durchs Tal des Todesschattens wandern« (Ps. 23,4); wir lesen Beschreibungen von Menschen, die in Zeiten des Verlustes und der Sorgen trauern (Ps. 6,5-7; 137,1.5; 2. Sam. 12); wir erfahren, dass Gott die Trauernden stärkt (Ps. 119,28) und wir lernen den Messias kennen als den »Mann der Schmerzen, mit Leiden vertraut ... Fürwahr, unsere Leiden, er hat sie getragen und unsere Schmerzen, er hat sie auf sich geladen« (Jes. 53,3-4).

Im Neuen Testament behandeln viele verschiedene Abschnitte Tod und Trauer. Sie lassen sich in zwei Kategorien einteilen, die beide den Einfluss von Jesus Christus behandeln.

Christus hat die Bedeutung der Trauer geändert. Es gibt viele Ungläubige, die ohne jede Hoffnung auf die Zukunft trauern. Für sie ist der Tod das Ende einer Beziehung – für immer.

Doch der Christ glaubt dies nicht. In den beiden eindeutigsten Abschnitten des Neuen Testamentes zu diesem Thema (1. Kor. 15 und 1. Thes. 4) erfahren wir: »Wenn wir glauben, dass Jesus gestorben und auferstanden ist, wird auch Gott ebenso die Entschlafenen durch Jesus mit ihm bringen« (1. Thes. 4,14). Wir können nun »einander mit diesen Wort Mut zusprechen« (1. Thes. 4,18) und überzeugt sein, dass in Zukunft »die Toten werden auferweckt werden, unvergänglich und wir werden verwandelt werden« (1. Kor. 15,52).

Für einen Christen ist der Tod nicht das Ende der Existenz; er ist der Eingang in das ewige Leben. Wer an Jesus Christus glaubt, weiß, dass Christen »stets beim Herrn sein« werden. Noch gibt es den körperlichen Tod, denn der Teufel hat »die Macht des Todes«, doch aufgrund der Kreuzigung und Auferstehung hat Christus den Tod besiegt und verheißen, dass wer an ihn glaubt, »niemals sterben wird« (1. Thes. 4,17; Hebr. 2,14.15; 2. Tim. 1,10; Joh. 11,25-26).

Dieses Wissen ist tröstlich, doch eliminiert es nicht den intensiven Trauerschmerz und den Bedarf an Trost. Als Paulus das Thema Tod erörtert, fordert er seine Leser auf, Mut zu fassen und nicht niedergeschlagen zu sein, da derjenige, der vom Körper getrennt ist, sich in der Gegenwart des Herrn befindet (2. Kor. 4,14 – 5,8). Gläubige werden ermutigt, standfest, unbeweglich und tätig im Werk des Herrn zu sein, da solche Mühen nicht vergeblich sind (1. Kor. 15,58), wenn wir die Zusicherung der Auferstehung haben. *Christus hat die Bedeutung von Trauer vorgeführt.* In der ersten Zeit seines öffentlichen Wirkens hielt Jesus seine Bergpredigt und sagte von der Trauer: »Selig sind die Trauernden, denn sie werden getröstet werden« (Mt. 5,4). Trauer wurde als selbstverständlich vorausgesetzt. Offenbar wurde sie als etwas Positives angesehen, da sie in einer Liste von erstrebenswerten Eigenschaften aufgeführt wird wie z.B. Sanftmut, Freundlichkeit, Barmherzigkeit, Reinheit des Herzens und Friedfertigkeit …

Als Lazarus starb, war Jesus traurig und zutiefst bewegt. Er akzeptierte kommentarlos den offensichtlichen Unmut, der von Lazarus' Schwester Maria ausging und er weinte mit den Trauernden. Jesus wusste, dass Lazarus kurze Zeit später auferweckt werden würde, aber dennoch weinte der Herr (Joh. 11,35). Auch als er erfuhr, dass Johannes der Täufer hingerichtet worden war (Mt. 14,12-21), zog er sich zurück und trauerte. Im Garten Gethsemane war Jesus »sehr betrübt« (Mt.

26,38), vielleicht mit einer vorausschauenden Trauer, intensiver aber vergleichbar mit der Trauer Davids, als er sah, wie sein kleiner Sohn starb (2. Sam. 12,15-23). Von daher ist Trauer selbst für den Christen normal und gesund.[13]

Trauer ist wie der Tod selbst ein natürlicher und unumgänglicher Teil der menschlichen Erfahrung. »Ein tiefes Gefühl der Trauer zu spüren«, sagt Olson, »vom Schmerz überwältigt und infolge eines Verlustes in völliger Verzweiflung zu sein … ist völlig normal, gesund und im Einklang mit Gottes Plan und Schöpfung.«[14] Wie der »Prediger« sagt: »Für alles gibt es eine bestimmte Stunde. Und für jedes Vorhaben unter dem Himmel gibt es eine Zeit: Zeit fürs Gebären und Zeit fürs Sterben … Zeit fürs Weinen und Zeit fürs Lachen, Zeit fürs Klagen und Zeit fürs Tanzen.«[15]

▶ Praktische Hilfen anbieten

Trauer ist für die meisten Erwachsenen unter uns eine schmerzliche und schwierige Erfahrung; für einen Heranwachsenden, Jugendlichen oder ein Kind kann sie noch unvorstellbar schmerzlicher und schwieriger sein. Die folgenden Mittel können einen Elternteil, Lehrer, Gemeindeleiter oder anderen Betroffenen möglicherweise helfen, einem trauernden Jugendlichen ratgebend beizustehen. Andere betroffene Erwachsene sollten natürlich die Eltern informieren und in die Aufgabe, den Jugendlichen in dieser Trauer zu helfen, miteinbeziehen.

Zuhören. Trauernde Jugendliche suchen nicht nach – und ihnen ist nicht geholfen mit – »passenden, glatten Antworten, die ihnen jede Frage von ihrem schmerzendem Herzen nehmen«.[16] Was sie wollen und brauchen, ist jemand, der bereit ist, mit ihnen durch den Prozess der Trauer zu gehen, der immer für sie da ist, wenig redet, immer zuhört. Gary D. Bennett gibt einen weisen Rat:

> Fördern Sie das Weinen als eine legitime Weise … Zeigen Sie Gefühle und tun Sie es nicht als ein Zeichen von Schwäche ab. Aussagen wie »Kopf hoch« oder »sei tapfer« sollten vermieden werden. Es ist besser, nichts zu sagen und Beistand zu bieten als etwas zu sagen, dass sich störend auf den Trauerprozess auswirkt.[17]

Obwohl die Freunde von Hiob vielfach kritisiert wurden und ihm vielleicht eher ein Hindernis als eine Hilfe waren, lohnt es sich zu bedenken, dass sie, als sie vom Tod seiner Kinder und seinem Unglück hörten, »bei ihm auf der Erde saßen sieben Tage und sieben Nächte lang. Und keiner redete ein Wort zu ihm, denn sie sahen, dass der Schmerz sehr groß war.«[18]

Verständnis zeigen. Der Elternteil oder Jugendmitarbeiter, der einen Teenager durch einen Trauerprozess helfen möchte, sollte prüfen, welche Erfahrungen der Jugendliche in der Vergangenheit mit dem Tod gemacht und wie er darauf reagiert hat. Ist der Erwachsene sich seiner eigenen Begrenztheit bewusst? Olson sagt, dass »bei der Seelsorge an einem Trauernden einfühlendes Verständnis als eines der heilsamsten Kräfte in jeder seelsorgerlichen Beziehung ganz besonders wichtig ist … Und einfühlende Ausdrücke des Verständnisses, der Fürsorge und der Unterstützung wirken sich beträchtlich auf den Heilungsprozess aus.«[19]

Gott ruft Christen auf, sich »mit den sich Freuenden zu freuen und mit den Trauernden zu trauern«[20] und andere hinzuweisen auf den »Gott allen Trostes, der uns tröstet in all unserer Bedrängnis, damit wir die trösten können, die in allerlei Bedrängnis sind, durch den Trost, mit dem wir selbst von Gott getröstet werden«[21]. Das Teilen von Sorgen und das feinfühlige Anbieten von Trost gehören zu den simpelsten und effektivsten Hilfeleistungen, die man in Zeiten der Trauer geben kann.

Bestätigen. Olson schreibt:

> Ein unverzichtbarer Bestandteil der erfolgreichen Seelsorge in Trauerzeiten ist ein offenes Akzeptieren der Gefühle, Gedanken und emotionalen Äußerungen, die der Jugendliche von sich gibt. Viele sind schockiert von dem intensiven Zorn und dem abgrundtiefen Leid, die aus der Trauer hervorquellen … Die Atmosphäre der Seelsorge muss herzlich und unterstützend sein … Teenager brauchen nicht von liebevoller Fürsorge überfallen oder erstickt zu werden, aber sie sollten davon umgeben sein.[22]

Der Dienst des Gebetes ist ein Schlüssel, der den Weg zu Bestätigung und Trost für einen trauernden Jugendlichen aufschließt. Beten Sie für ihn, lassen Sie ihn zuhören, wie Sie für ihn beten; lassen Sie Ihr Anliegen und Ihre Wertschätzung den Jugendlichen erreichen, indem Sie ihn zuhören lassen, wenn Sie im Gebet Ihre Herzenslast für diesen jungen Menschen ausschütten.

Richtung weisen. Der größte Teil der Hilfe, den ein Elternteil, Gemeindeleiter oder anderer Erwachsener einem trauernden

Jugendlichen bieten kann, besteht im Zuhören, Einfühlen und Bestätigen. Einige richtungsweisende Hilfen können jedoch folgende sein:

- Helfen Sie dem jungen Menschen, sich mit seinem Verlust auseinanderzusetzen. Das kann geschehen, indem Sie ihn ermutigen, über den Verlust zu reden, möglicherweise durch Fragen wie:
  - Wie ist das passiert?
  - Wo warst du gerade, als du es erfuhrst?
  - Wo geschah es?
  - Wer hat dir davon berichtet?
  - (Wenn der Verlust ein Todesfall war:) Wie war die Beerdigung?

- Helfen Sie dem jungen Menschen, seine Gefühle zu identifizieren und auszudrücken. Die typischen, mit einem Verlust einhergehenden Gefühle sind Wut, Schuld, Angst und Frustration. Bedenken Sie dabei, dass die meisten Menschen ihre Gefühle nicht identifizieren oder ausdrücken, wenn man sie direkt danach fragt. Versuchen Sie statt dessen den Ausdruck von Gefühlen zu erleichtern, indem Sie folgenderweise auf den Jugendlichen eingehen: »Ich merke, wie sehr dich das verärgert« oder »Dir geht das wirklich sehr nahe, nicht wahr?«

- Helfen Sie dem Jugendlichen, sich an den Gott allen Trostes zu wenden. Fördern Sie das völlige Vertrauen auf Ihn und Seine unerschöpflichen Möglichkeiten. Predigen Sie den Jugendlichen nicht an und drängen Sie ihn nicht, sondern erinnern Sie ihn freundlich daran, dass Gott »uns Zuflucht und Stärke ist, als Beistand in Nöten reichlich gefunden«.[23]

- Helfen Sie dem Jugendlichen, mit dem Verlust zu leben. Leiten Sie das Gespräch durch die Schwierigkeiten, denen der junge Mensch sich nun infolge des Verlustes gegenüber sieht und begleiten Sie ihn durch verschiedene problemlösende Methoden (Rollenspiele, »Was-wäre-wenn«-Fragen, Auflistung von Vor- und Nachteilen usw.). Versuchen Sie seine Aufmerksamkeit von der Vergangenheit (dem eigentlichen Verlust) weg und auf die Zukunft (was muss jetzt getan werden?) hinzulenken.

- Geben Sie dem Jugendlichen Zeit zum Trauern. Trauer braucht ihre Zeit. Machen Sie sich gefasst auf die schwierigsten Phasen des Prozesses:
  - die ersten drei Monate nach dem Verlust;
  - die erste Jährung des Verlustes;
  - Ferien- und Feiertage.

- Helfen Sie dem Jugendlichen unangemessene Reaktionen auf den Verlust festzustellen und einzugestehen, wie z.B. Zurückziehen oder Zufluchtnahme zu Alkohol und Drogen als Verarbeitungsmechanismen. Bringen Sie ihn dazu, statt dessen angemessene Hilfen zur Verarbeitung in Erwägung zu ziehen.

- Sorgen Sie für anhaltenden Beistand des jungen Menschen. Helfen Sie bei der Regelung der vielen neuen Dinge, die auf einen Verlust folgen: Veränderungen in Beziehungen, Zeit- und Tagesabläufen usw.

Ziele setzen. Wie oben bereits nahegelegt, besteht eine Möglichkeit, dem trauernden Jugendlichen zu helfen, darin, ihm seine Antwort auf die Frage zu entlocken: »Wie wirst du damit umgehen?« Der betroffene Erwachsene kann eine gesunde Trauer fördern, indem er die Auseinandersetzung des Jugendlichen mit solchen Entscheidungen anbahnt, wie z.B. »Wirst du zur Beerdigung gehen?«, »Wirst du dich aktiv an der Beerdigung beteiligen?« und »Bist du imstande, anderen Trauernden (einem Ehepartner, Familienangehörigen oder Freund des Verstorbenen) zu helfen?« Eine derartige aktive Auseinandersetzung kann bei der Verarbeitung der Trauer ungemein förderlich sein.

Hilfe von außen. Während Eltern und andere bemühte Erwachsene einem Jugendlichen helfen müssen mit der Trauer fertig zu werden, sind oftmals noch weitere Hilfen nötig. Olson gibt folgenden Rat:

Weil die Pubertät in jedem Fall für den Jugendlichen ein so sehr von Aufruhr und Umwälzung gekennzeichneter Lebensabschnitt ist, bei dem er auch noch den Verlust eines geliebten Verwandten oder engen Freundes ertragen muss, ist Seelsorge dringend angeraten. Symptome können oder können auch nicht vorhanden sein. Bedenken Sie jedoch, dass die Schwere der Symptome nicht immer ein zuverlässiges Maß für die Notwendigkeit seelsorgerlichen Eingreifens ist. Mit nur wenigen Gesprächen kann ein Seelsorger trauernden Teenagern durch den Trauerprozess helfen. Der Seelsorger kann eine entscheidende Rolle spielen beim Zuhören, Beiste-

hen und mitfühlenden Umsorgen, wenn der heranwachsende Trauernde sich auf eine Zukunft ohne den Verstorbenen einstellt.[24]

In diesem Kapitel zitierte Bibelstellen

- Psalm 23,4
- Psalm 6,5-7; 137,1.5-6
- 2. Samuel 12
- Psalm 119,28
- Jesaja 53,3-4
- 1. Korinther 15
- 1. Thessalonicher 4
- Hebräer 2,14-15
- 2. Timotheus 1,10
- Johannes 11,25-26
- 2. Korinther 4,14 – 5,8
- Matthäus 5,4
- Johannes 11
- Matthäus 14,12-21; 26,38
- 2. Timotheus 1,10
- Prediger 3,1.4
- Hiob 2,13
- Psalm 46,1

Weitere hilfreiche Bibelstellen zum Thema

- Psalm 116,15
- Johannes 14,1-4
- 2. Korinther 1,3-7

Selbstmord-gedanken, Tendenzen und Drohungen

Einführung

Die 14-jährige Lori wurde gerade erst vor einigen Monaten in der Blue Spring Gemeinde getauft, einer ländlichen Einraum-Kirche, ein paar Meilen von ihrem zu Hause entfernt. An der Zeremonie nahmen ungefähr 60 Menschen teil, beinahe die Hälfte waren Mitglieder ihrer Familie.

Lori ging jedoch kurze Zeit später von der Gemeinde weg. Der Pastor und seine Frau besuchten sie mehrere Male, aber sie scheiterten in ihrem Versuch, Lori zu einer Rückkehr in die kleine Gemeinde zu bewegen. Die ganze Gemeinde war um sie bemüht, aber niemand vermutete die wahren Gründe für ihre Abwesenheit. Lori war schwanger.

Ungefähr einen Monat vor der Geburt ihres Kindes, räumte Lori ihr Zimmer auf, leerte ihr Schließfach in der Schule und schrieb ihrer Mutter eine Nachricht:

> Du hast mich immer wieder gefragt, ob ich o.k. bin und ich habe Dir jedesmal versichert, dass es so wäre. Bei mir war aber nichts in Ordnung, bitte entschuldige mich, Mama. Ich habe zu viele Probleme. Ich wähle den leichtesten Ausweg.

Lori verließ an diesem Tag ihr zu Hause noch bevor ihre Mutter von der Arbeit wiederkam. Sie ging zu den Eisenbahnschienen in der Nähe ihres Hauses, kniete sich zwischen den Gleisen nieder und faltete ihre Hände über ihrem kleinen gerundeten Bauch als eine Zugmaschine über sie hinweg donnerte.

Der Zugführer, der selbst eine 14-jährige Tochter hatte, sagte später, dass es zu spät war, anzuhalten, als er Lori erblickte. Zuletzt sah er sie sich noch bekreuzigen, bevor sie starb.[1]

● Das Problem

Selbstmord ist die zweithäufigste Todesart unter Jugendlichen. Jerry Johnson, Spezialist und Dozent in Jugendfragen, schreibt:

Nach dem nationalen Institut für geistige Gesundheit nehmen sich täglich 18 Teenager in den Vereinigten Staaten das Leben. Alle achtzig Minuten stürzt sich ein Jugendlicher in den Tod. Was für ein Alptraum ist es, wenn man bedenkt, dass in den USA wöchentlich über einhundert junge Menschen Selbstmord begehen. In einem Jahr erreicht die Anzahl der ausgeführten Selbstmorde bei Jugendlichen den nahezu unglaublichen Stand von 650 …

Zuverlässige Quellen behaupten mittlerweile, dass jeden Tag ca. tausend Teenager fehlgeschlagene Selbstmordversuche verüben! Fast jede Minute versucht ein Jugendlicher sich das Leben zunehmen.[2]

Dr. David Elkind berichtet:

Die neueste Umfrage unter 1986 Jugendlichen wurde im Who's Who Among American High School Students herausgegeben und schildert, dass 30% der befragten jungen Leute einen Selbstmord in Betracht ziehen würden, 4% bereits einen Versuch gemacht haben und 60% jemanden kennen, der einen Selbstmordversuch unternahm oder gar sich selbst getötet hat.[3]

Die Statistik zeigt aber nicht im Geringsten die ganze Wahrheit. Viele Selbstmorde konnten aus den verschiedensten Gründen in der oben angeführten Statistik nicht mitgezählt werden. Dr. G. Keith Olson stellt fest:

Jedes Jahr gibt es mehr vollführte Selbsttötungen, die nicht aufgeführt werden, da diese aus Unkenntnis über die tatsächlichen Absichten und Motive der Opfer unter anderen Todesarten registriert werden. Ein bedeutender Prozentsatz von Unfällen, an denen nur ein Auto beteiligt ist, ist im Grunde mit einem Selbstmord verbunden … Einige Leute, die lebenserhaltende Medikamente zu sich nehmen müssen, sterben nur, weil sie diese eigenmächtig absetzen. Und andere »spielen mit dem Tod« indem sie sich an sehr riskante Unternehmungen und Sportarten heranwagen (z.B. Gleitschirmfliegen …) oder lebensgefährliche Gewohnheiten pflegen (z.B. Rauchen, Alkohol- und Drogenmissbrauch). Und schließlich gibt es noch eine weitere Variante, wie Marvin E. Wolfgang in Studien über Selbstmordarten herausgefunden hat, die hauptsächlich Jugendlichen und jungen Erwachsenen eigen ist. Das »Opfer eines Totschlags im Affekt« zu werden ist denkbar, wenn ein Mensch dazu provoziert wird einen anderen zu töten.[4]

Viel wichtiger ist wahrscheinlich die Tatsache, dass Statistiken allein nicht vermitteln können, welche Tragödien und epidemieartigen Ausmaße hinter Selbstmorden von Teenagern stehen. Die menschliche Tragödie des augenblicklichen Verlusts vielversprechender junger Leben und der damit verbundene unaussprechliche Schmerz von Eltern, Geschwistern und Freunden, das Elend, dass Familien und Gemeinschaften auseinanderreißt, kann in keinster Weise ermessen werden.

David Elkind gibt zu bedenken, dass es häufig sehr schwierig zu erkennen ist, ob ein junger Mensch selbstmordgefährdet ist, da Teenager eher widerwillig ihre innersten Gedanken und Gefühle und die Probleme, die sie durchleben, einem Erwachsenen eröffnen. Leider verbergen viele Jugendliche ihre Ängste und Schmerzen, so dass selbst die Eltern und engsten Freunde nichts von ihrem Leiden und ihren Selbstmorderwägungen wissen.

»Nichtsdestoweniger«, sagt Elkind, »während viele junge Leute meist nicht zeigen, dass sie vor einem Selbstmordversuch stehen, gibt es andere Jugendliche, die an ihre Umwelt Signale weitergeben.«[5] Einige dieser Anzeichen mögen Eltern, Lehrer, Pastoren, Jugendleiter oder Freunde vor einem möglichen Selbstmordversuch alarmieren:

- Frühere Selbstmordversuche;

- Selbstmordandrohungen;

- Gespräche über den Tod;

- Vorbereitungen auf den Tod (z.B. Verschenken von liebgewonnenem Eigentum);

- Depressionen;

- Plötzlicher Verhaltenswechsel (z.B. gewalttätiges Verhalten, ein Sichausleben ...);

- Verdrossenheit;

- Rückzugsverhalten;

- Somatische Beschwerden (Schlaflosigkeit, überhöhte Müdigkeit ...);

- Erschöpfungszustände;

- Gesteigerte Risikobereitschaft;

- Entwurf eines Abschiedsbriefes.

Während es nicht immer möglich ist, Anzeichen von Selbstmordgefährdung zu erkennen oder einen Jugendlichen vor der gedanklichen Auseinandersetzung

und der tatsächlichen Ausführung eines Selbstmordes zu schützen, kann die Kenntnis über mögliche Gründe und augenfällige Faktoren für Selbstmordtendenzen von Jugendlichen einen entscheidenden Unterschied machen.

◄ Die Ursachen

Gesellschaftliche Faktoren

»Es gibt eine wachsende Übereinstimmung«, meint Bill Blackburn, Autor des Buches What You Should Know about Suicide, hinsichtlich der umfassenden Gründe für Selbstmordabsichten unter Jugendlichen, »bezüglich der erkannten Einflüsse: (1) die wechselnden Moralvorstellungen, (2) die enorme Beweglichkeit der amerikanischen Gesellschaft, (3) die hohe Scheidungsrate, (4) der starke Missbrauch von Alkohol und Drogen, (5) die Verherrlichung von Gewalt in den Massenmedien, (6) die leichte Beschaffung von Waffen und (7) die bereits hohe Selbstmordrate.« Er führt weiter aus:

Welche festen und verlässlichen Dinge bleiben in den potentiell schwierigen Jahren der Pubertät für junge Menschen? Zwei unterstützende Quellen sind eine Gesellschaft, in der moralische Leitlinien stabil sind und eine Familie, auf die man vertrauen kann, selbst wenn man sich von ihr losreißt. Aber was passiert, wenn die Regeln der Gesellschaft sich ständig ändern und die Moral lieber als ein Gegenstand der Diskussion angesehen wird, statt auf sie zu bauen, wie auf einen zuverlässigen Wegweiser? Und was ist, wenn die Familie hunderte oder gar tausende von Meilen wegzieht oder die Eltern sich scheiden lassen und die Kinder nur einen Elternteil regelmäßig sehen? Dann sind diese unterstützenden Quellen zu wackeligen Fundamenten geworden.

Wenn die Fundamente unsicher geworden sind, trösten sich einige junge Leute durch Alkohol oder Drogen. Wenn diese Ersatzmittel vermischt werden mit romantischen Teenagervorstellungen über den Tod und einer Gesellschaft, die die Gewalt verherrlicht und die Bedeutung von Selbstmord leichtfertig herabsetzt, dann kann dies zu einer kraftvollen und tödlichen Kombination heranwachsen, die den Jugendlichen mehr und mehr in den Bann des Todes zieht. Und schließlich zeugt Selbstmord weiteren Selbstmord. Versuchte oder vollendete Selbsttötung pflanzt den Gedanken von selbst gewähltem Tod in die Köpfe anderer und Selbstmordfälle in der Familie können andere Familienmitglieder näher an diese Möglichkeit heranführen.[6]

Aber hinter den gesellschaftlichen Faktoren stehen persönliche Beweggründe. Warum versuchen Jugendliche sich selbst zu töten? Unter anderem gibt es folgende Gründe:

Störungen in der Familienstruktur

Viele Forscher haben versucht der Wechselwirkung zwischen Störungen in den familiären Abläufen – Scheidung, Umzug etc. – und Depressionen sowie Selbstmorden bei Jugendlichen auf die Spur zu kommen. Obwohl sich die Ergebnisse manchmal widersprechen, insofern als eine unterbrochene Familienstruktur den Druck auf einen jungen Menschen und das Gefühl der Entfremdung vergrößert und vielleicht eine erhöhte Ablehnung von elterlicher Seite erfahren wird, so können diese Faktoren doch zu Depressionen und ebenso zu Selbstmorden bei Jugendlichen beitragen (vgl. Kapitel 19, »Geschiedene Eltern«).

Depressionen

»Ein depressiver Jugendlicher könnte selbstmordgefährdet werden«, schreibt die Autorin Marion Duckworth. Experten stimmen ihrer Ansicht zu (vgl. Kapitel 5, »Depression«). Sie zitiert aus ihren eigenen Erfahrungen:

Ich erinnere mich, an dass was ich in mein eigenes Tagebuch schrieb, als ich ärgerlich auf meine Mutter war: »Ihr wird es leid tun, wenn ich tot bin.« Aber für einen ernstlich depressiven jungen Menschen hält der Gedanke an Selbstmord an und wenn in Kürze keine Hilfe erscheint, ist er womöglich davon überzeugt, dass es der einzige Weg sei.[7]

Flucht vor Schwierigkeiten im Leben

Blackburn schreibt:

Viele selbstmordgefährdete Menschen wollen einer Situation entkommen, die sie für unerträglich halten. Die Art der Situation variiert mit jedem Menschen und viele Personen in gleicher oder ähnlicher Lage würden die Wahl einer Selbsttötung nicht in Betracht ziehen. Zwei bedeutende Voraussetzungen der Menschen, die es erwägen ihr Leben selbst zu nehmen, sind Hoffnungslosigkeit und ein falsches Denken. Diese beiden Komponenten sind miteinander verbunden: Es scheint keine Hoffnung auf eine Lösung des Problems zu geben, aber der wirkliche Grund für das Ausbleiben von Hoffnung ist, dass die betreffende Person nicht sorgfältig und klar genug nachdenkt. Manchmal liegen die Gründe in einem kranken Geisteszustand.[8]

Der selbstmordgefährdete Mensch beabsichtigt vielleicht einer unheilbaren und schmerzhaften Krankheit, einer Bestrafung oder Demütigung oder eben der Schwere seiner geistigen und emotionalen Belastungen zu entkommen.

Verlust eines nahestehenden Menschen

»Für einige«, schreibt Olson, »scheint der Tod eines Elternteils, enger Freunde oder eines anderen geliebten Menschen zu schmerzhaft, um ihn ertragen zu können.« In solchen Zeiten hat der trauernde junge Mensch oft Gedanken an den Tod – manchmal einfach in dem Bemühen den anscheinend unerträglichen Schmerz und Kummer zu beenden (vgl. Kapitel 8, »Trauer«) und ein andermal, wie Blackburn herausstellt, um sich dem Freund oder geliebten Menschen im Tod anzuschließen:

Um mit dem Menschen, den man liebt, wieder vereint zu sein, indem man ihm durch die Tür des Todes folgt, ist eines der ältesten und beständigsten Motive für Selbsttötung ... Das Hinduritual Sati verlangt von der Witwe sich selbst auf dem Scheiterhaufen ihres verstorbenen Ehemannes zu opfern. In der japanischen Kultur ist Junshi eine Form der Selbsttötung für diejenigen, die den Wunsch haben, im Tode mit einem Führer oder Meister verbunden zu sein. Shinju ist eine Art Doppelselbstmord, um zwei liebeskranke Menschen im Tod zu vereinigen und wird in unteren Gesellschaftsschichten ausgeführt.

Obgleich dies in der westlichen Kultur nicht ritualisiert ist, ist es doch für viele Personen ein zwingendes Motiv sich selbst zu töten.[9]

Schuld

Schuldgefühle tragen ebenfalls recht häufig zu Selbstmordneigungen bei (vgl. Kapitel 3, »Schuld«). Olson schreibt:

Selbstmord ist vielfach der eigene Versuch eines Menschen die Bestrafung für Sünden und andere Missetaten, aufgrund derer die Person sich schuldig fühlt, auszuüben. Wenn von seiten der Gesellschaft, der Familie oder Freunden keine Bestrafung erfolgte, wählen es einige Menschen zum Opfer ihrer eigenen Bestrafung zu werden. Sehr häufig wird der Selbstmord zur letzten Bestrafung.[10]

Suche nach Aufmerksamkeit

Blackburn schreibt:

Ein Selbstmordversuch erweckt Aufmerksamkeit wie nur wenige Dinge es tun. Die Menschen sind entsetzt, fühlen sich schuldig und betroffen oder stehen vor einem Rätsel. Wo Menschen vorher eine Person ignorierten, überschütten sie sie nun mit Aufmerksamkeit.[11]

In solch einem Fall ist der Selbstmordversuch meist ein verzweifelter Schrei, nicht nur um Beachtung zu erlangen, sondern auch um Hilfe zu erfahren. Es mag vielleicht das Mittel eines Jugendlichen sein um sich auszudrücken: »Ich bin verletzt; ich bin verzweifelt. Ich weiß nicht, wie ich es schaffen soll und ich brauche Hilfe. Warum kümmert sich niemand um mich?« Natürlich ist es tragisch, dass ein Hilfeschrei manchmal zu weit geht und tödlich endet.

Erpressungsversuche

Blackburn zeigt auch Verständnis für diese Motivation:

Obwohl es Selbstmordversuche gibt, die mehr als nur Aufmerksamkeit verschaffen wollen, sind sie solchen Absichten doch sehr ähnlich. In diesen Fällen versucht die betreffende Person einen bestimmten Gegenstand oder ein Verhalten von anderen zu erlangen. Dahinter steht der Wunsch dem anderen eine Reaktion zu entlocken, die anders nicht zu erhalten wäre. Ein Selbstmordversuch könnte als Trumpfkarte ausgespielt werden, nachdem alle anderen Karten bereits von der Hand sind.

Erpressung durch einen Selbstmordversuch kann von Kindern ihren Eltern gegenüber, unter Eheleuten, zwischen einem Mädchen und ihrem Freund oder unter Arbeitskollegen benutzt werden.[12]

Rache

Olson führt an:

Menschen, insbesondere junge Menschen, fühlen sich manchmal derart überwältigt von der Verletzung, die sie durch andere erfahren haben, dass der Wunsch die betreffende Person ebenfalls zu verletzen, sich über den Wunsch zu leben hinwegsetzt. Selbstmord aus dem Motiv der Rache zu verüben, ist meist an eine/n Geliebte/n, an Eltern oder eine elternähnliche Person gerichtet.[13]

Impulsivität

Die Teenagerjahre sind stark durch Experimentierfreude und Impulsivität gekennzeichnet. Jugendliche zeigen oft eine lässige Missachtung gegenüber ihrem Leben und ihrer Sicherheit und legen manchmal eine Faszination für Unbekanntes, so zum Beispiel auch für den Tod, an den Tag. Die impulsive Mischung aus Neugier, Spontaneität und dem Gefühl von Unbesiegbarkeit im Herzen und Verstand eines Jugendlichen, kann sich von einem gefährlichen Hang zu selbstmordprovozierenden Taten entwickeln.

Ausdruck von Liebe

Sowohl Olson als auch Blackburn gehören, unter vielen anderen, zu denjenigen, die Selbstmorde bei Jugendlichen dem Wunsch, Liebe auszudrücken, zuschreiben. Olson sagt:

In Jugendlichen und jungen Erwachsenen ist das Gefühl der Liebe häufig sehr intensiv und loyal. Der Abbruch einer romantischen Beziehung, eine Ehescheidung und der Tod eines geliebten Menschen, versetzen den abgelehnten oder hinterbliebenen Menschen einen gewaltigen Schlag. Ihre Gefühle sind betäubt, ihre Wahrnehmung verzerrt und ihre Hoffnungen auf die Zukunft zerstört und die völlige Aufmerksamkeit ist auf ihre verlorene Liebe gerichtet. Ihre letzte Selbstdarstellung ist eine entstellte Erklärung ihrer Liebe – das endgültige Opfer ihres Lebens.[14]

▼ Die Folgen

Selbstverständlich ist die wesentlichste Auswirkung eines Teenagerselbstmordes der Verlust eines jungen Lebens, das voller Versprechungen und Möglichkeiten war. Aber wenige junge Menschen, die an Selbstmord denken, sind sich über die traumatischen Wirkungen – vornehmlich

Leid und die Saat eines zerstörerischen Samens – bewusst, die diese Tat auf ihre Umgebung haben kann.

Leid

Der Selbstmord eines Freundes oder Familienmitgliedes verursacht ein beständiges tiefes Leid und Hinterfragen, welches nur wenige andere Erfahrungen im Leben mit sich bringen – wenn es überhaupt vergleichbare gibt. Eltern zermartern sich selbst aufgrund ihrer Unfähigkeit die Tragödie zu verhindern, Freunde fühlen sich im Stich gelassen und manchmal auch verraten, Pastoren fragen sich, ob sie etwas unterlassen haben und Lehrer wünschen inbrünstig, dass sie die Warnzeichen erkannt hätten – falls es tatsächlich welche zu erkennen gab. Don Baker schreibt:

> Hunderte von Malen habe ich verschiedene Abstufungen ehelichen Zerfalls und unzählige Male die Nachwirkungen einer niederschmetternden Selbstmorderfahrung beobachtet. Zwangsläufig beschuldigen die Lebenden niemals die Toten, sondern die Lebenden geben sich selbst die Schuld.[15]

Die emotionale Niedergeschlagenheit der Hinterbliebenen nach einem Selbstmord ist tief und anhaltend – vielleicht vergleichbar mit den emotionalen und psychischen Folgeerscheinungen der Überlebenden von Hiroshima. Es berührt das Leben dieser Menschen über Jahre oder Jahrzehnte hinaus und im Fall eines dem Opfer sehr nahestehenden Menschen sogar ein Leben lang (vgl. Kapitel 8, »Trauer«).

Keim der Zerstörung

Selbstmord vernichtet nicht nur das Leben des Menschen, der es sich selbst nimmt; es wird auch ein zerstörender Same in das Leben derer gesät, die ihm nahestanden – Eltern, Geschwistern, Freunden und Klassenkameraden. Das Journal of the American Medical Association berichtet, dass es eine »erhöhte Selbstmordrate unter Angehörigen ersten Grades von Selbstmordopfern gibt«.[16] Anders ausgedrückt bedeutet dies, dass dem Opfer nahestehende Menschen einem höheren Risiko ausgesetzt sind ebenfalls einen Selbstmordversuch zu unternehmen als andere. Einige Forscher glauben, dass dies von genetischen Faktoren abhängt – und vielleicht stimmt es. Aber es kann auch andeuten, dass eine größere Bereitschaft bei denen besteht, darin ebenfalls eine geeignete Möglichkeit zu sehen, die bereits einen Angehörigen durch Selbstmord verloren haben.

Einige Gemeinden haben erfahren, was Polizeibeamte als »Massenselbstmorde« bezeichnen. Jerry Johnston führt auf:

> Im Jefferson County, Colorado, haben sich 18 Jugendliche in der Zeit von Januar 1985 bis Juni 1986 selbst das Leben genommen – dies waren 18 Tote in 18 Monaten! Die Bryan High School in Omaha, Nebraska, brachte sich den zweifelhaften Spitznamen ›Selbstmord High‹ ein, als sich in einem Zeitraum von fünf Tagen drei Studenten, die sich flüchtig kannten, das Leben nahmen. Vier weitere Studenten der gleichen Oberschule überlebten einen Selbstmordversuch. Die Stadt Plano in Texas war fassungslos, als sich innerhalb von 16 Monaten elf Teenager das Leben nahmen.[17]

Wie Blackburn meint: »Selbstmord hat Nachwirkungen. Manchmal werden diese Wogen zu Flutwellen, welche die Familie und andere Nahestehende überschwemmen.«[18]

▲ Die biblische Sicht

Die Bibel beinhaltet viele Aufzeichnungen von und über Menschen, die große Schwierigkeiten zu bestehen hatten und schweren Belastungen ausgesetzt waren. Der Psalmist erklärt: »... doch ich wurde geplagt den ganzen Tag, meine Züchtigung ist jeden Morgen da.«[19] Und Hiob klagte: »Vergehen soll der Tag, an dem ich geboren wurde ... Warum starb ich nicht von Mutterleib an, verschied ich nicht, als ich aus dem Schoß hervorkam?«[20]

Die Schrift enthält ebenso eine Reihe von Selbstmorden. Simson tötete sich selbst zusammen mit den Philistern in Dagons Tempel.[21] König Saul stürzte sich lieber in sein eigenes Schwert als sich von den Philistern fangen zu lassen.[22] Ahitofel, ein Berater von König David, »bestellte sein Haus und erhängte sich«.[23] Als Simri, der König von Israel, sah, dass seine Stadt in die Hände von Rebellen gefallen war, setzte er den Palast in Flammen und starb.[24] Und natürlich Judas – einer der zwölf Jünger –, er verriet Jesus und erhängte sich später.[25]

In keinem dieser Fälle romantisiert oder spielt die Bibel den Selbstmord herunter und noch weniger werden sie gebilligt. Im Gegenteil, die Schrift bekräftigt wiederholt die Unantastbarkeit des menschlichen Lebens und die Überzeugung, dass es der Herr ist, der Leben gibt und es auch wieder nimmt: »Der Herr tötet und macht lebendig; er fährt in den Scheol hinab und wieder herauf.«[26]

Im Licht solcher Grundsätze ist Selbstmord sicherlich nicht als der Weg des Herrn anzusehen. Er, der sagte, »in der Welt habt ihr Bedrängnis; aber seid guten Mutes, ich habe die Welt überwunden«[27], würde es gewiss lieber sehen, dass Seine Kinder sich zu Ihm hinwenden um Hoffnung, Kraft und Lebensinhalt zu finden, anstatt ihr Leben in Verzweiflung zu beenden.

Ist Selbstmord die unvergebbare Sünde? Es ist nicht die besondere Handlung, die Jesus in Matthäus 12,31 als die unvergebbare Sünde herausstellt. Aber beendet ein Mensch, der Selbstmord begeht, sein Leben mit einer Sünde, die nicht bekannt und vergeben werden kann, da es seine letzte Tat war?

Baker und Nester schlagen eine Antwort auf diese Frage vor:

Viele meinen, dass Selbstmord die letztendliche Sünde ist, für die es keine Vergebung gibt ... Dies ist offensichtlich ein falsches Verständnis vom Evangelium der Gnade Gottes. Die einzige Sünde, die jemanden wirklich von der Gemeinschaft mit Gott fernhält, ist die Sünde des Unglaubens – die nicht persönliche Inanspruchnahme des Werkes Christi. Die Unmöglichkeit Selbstmord als Sünde zu bekennen, ist nicht wirklich entscheidend.

Die Vergebung Gottes macht mich zu Seinem Kind und nimmt sich meiner Sünden der Vergangenheit, Gegenwart und Zukunft an. Würde die Erlösung auf dem Bekenntnis jeder Sünde, die ein Gläubiger getan hat, beruhen, dann könnte niemand diese Bedingung erfüllen. Wir haben alle auf die eine oder andere Weise gesündigt ohne es zu bekennen; entweder waren wir uns der Sünde nicht bewusst oder wir waren zum persönlichen Bekenntnis nicht betroffen genug.

Gott verlangt keine doppelte
    Bezahlung,
Erst von den blutenden Händen
    meines Bürgen
Und dann noch einmal von den
    meinen.

Das unglückselige und traurige Ende eines einzelnen Lebens, vollstreckt durch die eigene Hand, macht nicht die Auswirkungen der Gnade Gottes in seinem Leben zunichte. Selbstmörder, die Kinder Gottes sind, sind erlöste Seelen in der Gegenwart ihres himmlischen Vaters.[28]

▶ Praktische Hilfen anbieten

Wenn ein junger Mensch einen Selbstmord versucht hat (darüber nachdenkt oder einen Versuch ankündigt), ist es dringend nötig, dass Sie ihrer Verantwortung nachkommen: Sorgen Sie dafür, dass er sofort in eine psychiatrische Klinik oder auf eine Unfallstation kommt; eine professionelle Beurteilung ist absolut notwendig. Sollten Sie ihm diese Hilfe nicht gewähren und der Jugendliche versucht es tatsächlich sich das Leben zu nehmen, ist es möglich, dass Sie dafür rechtlich zur Verantwortung gezogen werden.

Die folgenden Erwiderungen sind dazu entworfen Pastoren, Jugendmitarbeitern, Lehrern und Eltern zu helfen einem Jugendlichen, der vorübergehende Selbstmordgedanken hat, Beratung anzubieten (im Gegensatz zu jemandem, der bereits einen Selbstmord versucht oder angedroht hat). Wenn Sie zu irgendeiner Zeit während des Beratungsverlaufes zu dem Schluss kommen oder nur den Verdacht haben, dass der Jugendliche über Selbstmord nachdenkt, lassen Sie ihn nicht allein bis er unter der Aufsicht von professioneller Hilfe steht.

Wenn Sie einen Grund zur Annahme haben sollten, dass der junge Mensch regelmäßig flüchtige Gedanken an einen Selbstmord hegt (aber noch keinen Versuch unternommen hat und es bisher auch keine Androhung gab), müssen Sie ihn mit höchster Sorgfalt und Aufmerksamkeit im Gebet begleiten. Blackburn gibt den Rat, die Person nicht zu schockieren oder zu beschämen, noch sich auf eine Auseinandersetzung oder philosophische Diskussion einzulassen oder den Versuch zu starten, den Menschen »zu psychoanalysieren«.[29]

Statt dessen sollten einsichtige Jugendmitarbeiter und Eltern helfen, indem sie eine Vorgehensweise wie die folgende entwerfen:

Zuhören. »Nehmen Sie jedes Anzeichen ernst, das auf Selbstmordgedanken eines Menschen hindeutet«, schreibt Duckworth. Stellen Sie niemals die Aussagen eines Jugendlichen über Selbstmordgedanken oder -versuche in Frage, noch sollten Sie sich darüber in irgendeiner Form lustig machen. »Je konkreter diese Pläne sind«, fährt Duckworth fort »umso gefährlicher ist die Situation und die Notwendigkeit von sofortiger Hilfe. Hat der Jugendliche irgendwo eine Waffe versteckt? Oder versucht er eine Schlinge nachzubilden? Selbst wenn seine Pläne noch nicht in konkreter Weise herangereift sind, sollten Sie bedenken, dass junge Leute auch spontan handeln.«[30] Hören Sie sorgfältig, geduldig und voller Sensibilität zu – gehen sie kein Risiko ein.

Verständnis zeigen. Blackburn schlägt vor:

Ihr wesentlichstes Kapital, das Sie im Umgang mit einem selbstmordgefährdeten Menschen haben, ist Ihre Beziehung zu ihm und die Art und Weise wie Sie Ihr Interesse und Anliegen beweisen ... Benutzen Sie es vorausschauend, um einen potentiellen Selbstmord zu verhindern.[31]

Möglichkeiten, die Sie haben, um Ihre Beziehung am effektivsten einzubringen:

• Scheuen Sie keinen Aufwand um erreichbar zu sein, besonders in Krisenmomenten.

• Rufen Sie den Betreffenden regelmäßig an, so dass Sie in ständiger Verbindung sind und sich über die Stimmungen und Fortschritte des Jugendlichen informieren können.

• Beten Sie für den jungen Menschen (und lassen Sie ihn ihre Gebete hören).

Bestätigen. Es mag verlockend wirken, einem Jugendlichen in seiner negativen Einschätzung der Dinge und der Sicht, wie scheußlich sein Los ist, zu widersprechen. Während die Hoffnungslosigkeit und seine falschen Argumente angesprochen werden sollten, ist es grundsätzlich wichtig, dass alles, was der Erwachsene sagt oder tut, dem Jugendlichen Bestätigung gibt, in seinem Selbstwert, in seiner Position als Kind Gottes und als geschätztes und geliebtes Familienmitglied oder als Freund. Ebenso wichtig ist es, seine Fähigkeiten, Gaben und seine unermesslichen Möglichkeiten herauszustellen.

Richtung weisen. Die folgenden Richtlinien sind Auszüge der Arbeit von Marion Duckworth, Jay Adams und Bill Blackburn und sie mögen helfen einen Weg zur Führung eines zum Selbstmord tendierenden Teenagers zu finden:

• Arbeiten Sie mit ihrer Beziehung. Das wichtigste Mittel, das Eltern oder andere Erwachsene haben, um einem selbstmordgefährdeten jungen Menschen zu helfen, ist eine gesunde Beziehung. Arbeiten Sie weiter am Aufbau dieser Beziehung und helfen Sie dem Jugendlichen, auch starke und offene Beziehungen zu anderen zu entwickeln.

• Bauen Sie das Selbstwertgefühl des Jugendlichen auf. Duckworth schreibt: »Eltern und andere Menschen können den Kampf des Jugendlichen, sich selbst zu akzeptieren, erleichtern, indem sie konsequent jegliche Methode zur Heranreifung und Erziehung des jungen Menschen anwenden ... Zwei Dinge sind in diesem Zusammenhang von erhöhter Bedeutung: Der Jugendliche sollte herausfinden, wer er wirklich ist, seine Persönlichkeit kennenlernen und zweitens diese Persönlichkeit pflegen und reifen lassen, um mit sich selbst zurecht zu kommen.«[32] Sie schlägt vor dies zu unterstützen, indem man die Erfolge des Jugendlichen verstärkt, liebevoll die Tatsache ins Gedächtnis ruft, dass er geliebt und akzeptiert wird und ein offenes Gespräch über die Dinge sucht, die ihn angehen.

• Geben Sie ihm Hoffnung. »Selbstmordgefährdete Menschen ... brauchen Hoffnung«, schreibt Adams. »Vor allem sind sie Menschen ohne Hoffnung.«[33] Duckworth rät, Hoffnung zu spenden, indem man den jungen Menschen den Gott der Hoffnung zeigt (und auf eine zuversichtliche Art den Blick für die Schöpfung, Naturgesetze usw. öffnet). Es ist ferner hilfreich in ihnen ein Gespür für das Wunder ihrer Gotteskindschaft zu wecken, ihnen aufzuzeigen, dass sie Menschen mit einer einzigartigen Persönlichkeit und ebenso einzigartigen Gaben sind. Arbeiten Sie die Auseinandersetzungen, die der Jugendliche mit den Eltern hat, heraus und zeigen Sie die positiven Einflüsse einer Großfamilie in seinem Leben auf.

- Pflegen Sie eine positive Gesprächs-kultur. Ein beunruhigender Anteil der Jugend – selbst der christlichen Jugend – sagt, dass sie mit ihren Eltern die wirklich wichtigen Dinge im Leben nicht besprechen kann. Duckworth zitiert Cathy Benitezs Rat, die Teenager wissen zu lassen, dass »sie sagen können, was immer sie wollen und sie nicht dafür zu verurteilen. Respektieren Sie ihre Meinungen, wie sie auch immer sein mögen.«[34]

- Lehren Sie den Jugendlichen, Fähigkeiten zu entwickeln. Es ist schwer an sich oder an die Zukunft zu glauben, wenn ihre Welt auseinander bricht, meint Duckworth. Vielen Teenagern fehlt die Fähigkeit mit den unzähligen Problemen und dem ungeheuren Druck, dem sie sich zu Hause, in der Schule und im Freundeskreis ausgesetzt sehen, zurecht zu kommen. So schlägt sie vor: Übernehmen Sie die Führung in der Beziehung, stecken Sie klare Grenzen ab, arbeiten Sie angemessene Problemlösungen heraus, zeigen Sie Einsicht und Taktgefühl im Gespräch, versuchen Sie in die Welt des Teenagers hinein zu kommen und erlauben Sie ihm oder ihr Erfahrungen mit der Realität zu machen – ohne Illusionen.

- Öffnen Sie den Blick für verfügbare Mittel. »Die meisten selbstmordgefährdeten Menschen übersehen die vorhandenen Möglichkeiten, die ihnen helfen würden mit ihrer Situation zurecht zu kommen«, sagt Blackburn. »Nicht aus Streitsucht, sondern in freundlicher Stimmung sollten Sie dem Jugendlichen helfen, die Natur seiner Probleme zu entdecken und klar zu identifizieren, um ihm anschließend Alternativen aufzuzeigen ... Mit etwas Ausdauer ... sind Sie vielleicht dazu fähig, einen Hoffnungsschimmer zu entfachen.«[35]

- Entwickeln Sie einen Plan, der die weitere Vorgehensweise aufzeigt. Denken Sie sich einige praktische, konkrete Schritte aus, die dem Jugendlichen in seinen Umständen helfen können. Die ersten dieser Schritte sollten eine regelmäßige und ehrliche Gewohnheit in der Entfaltung der persönlichen und gemeinschaftlichen Nachfolge Gottes beinhalten. Ein helfender Handlungsplan mag auch Veränderungen im gewohnten Familienablauf beinhalten, eine Abkehr von der bekannten Umgebung und alten Freunden mit sich bringen und ein verstärktes Engagement für neue und beliebte Hobbys oder eine andere Form der Entspannung bedenken. Weiterhin wäre es ratsam den Besuch einer Gemeindejugendgruppe mit einzuplanen und eventuell eine Beziehung zu einem älteren und geistlich reiferen Christen zu beginnen. Dies sind nur einige Möglichkeiten. Der Plan könnte aber gegebenenfalls noch weitere Handlungsschritte beinhalten.

Ziele setzen. Unternehmen Sie alles um die Beteiligung des Jugendlichen an der Verhinderung eines Selbstmordversuches zu erreichen. Der vielleicht beste Weg, dies zu ermöglichen, ist es, den jungen Menschen zu einem Vertrag mit Ihnen zu ermutigen. Es könnte eine mündliche oder schriftliche Vereinbarung sein, die Folgendes aussagt:

- Der Jugendliche ist damit einverstanden Sie oder eine andere Person (der Name wird in der Vereinbarung festgehalten) aufzusuchen, wenn er Selbstmordgedanken hat.

- Er erklärt sich damit einverstanden, den Versuch zu unternehmen, Sie auch unter Schwierigkeiten zu erreichen bis es zu einem Gespräch zwischen ihnen gekommen ist und sie über die Selbstmordgedanken sprechen konnten.

- Der Erwachsene erklärt sich dazu bereit, jeden Anruf oder jegliche Nachricht sofort nach deren Erhalt zu erwidern und sich die Zeit zu einem Gespräch zu nehmen, ohne sich dabei zu ärgern oder ungeduldig zu sein.

- Der Erwachsene erklärt sich dazu bereit, den jungen Menschen nicht allein zu lassen, bis nicht beide sicher sind, dass die Krise überwunden ist.

Hilfe von außen. Olson legt ausdrücklich dar: »Wenn erst einmal die Einschätzung vorliegt, dass der ratsuchende Teenager ein potentielles Selbstmordrisiko mit sich trägt, ist es notwendig, einen entschiedenen Eingriff in Form einer Beratung zu vollziehen.«[36] Mit anderen Worten, ziehen Sie die Eltern des Jugendlichen zu Rate und holen Sie sofort professionelle Hilfe. Der amerikanische Verband zur Selbstmorderforschung rät:

Die Hauptregel bei der Selbstmordverhütung ist dies: TUN SIE ETWAS. Wenn jemand, den Sie kennen, einen Selbstmord versucht und noch keine professionelle Versorgung erhalten hat: HOLEN SIE HILFE. Wenn jemand androht sich das Leben zu nehmen: HOLEN SIE HILFE . Wenn ein Mensch bedrohliche Veränderungen in seinem Leben durchmacht und damit anfängt, letzte Erklärungen seines Willens aufzuzeichnen oder persönlichen Besitz weggibt: HOLEN SIE HILFE. Warten Sie nicht bis sich andere Anzeichen bemerkbar machen. Entscheiden Sie sich auch nicht dafür, es eine Weile in Erwägung zu ziehen, ob Sie Hilfe einschalten sollten, sondern tun Sie es sofort. Morgen könnte es zu spät sein.[37]

Hilfe zu holen mag beinhalten, einen Kontakt zum Hausarzt der Familie aufzunehmen oder den jungen Menschen zu einem örtlichen Krankenhaus zu bringen, ein Krisenzentrum für selbstmordgefährdete Menschen aufzusuchen oder eine telefonische Verbindung zu erreichen, die nächste Klinik zu informieren oder einen christlichen Arzt mit einzubeziehen. Was es auch immer sein mag: HOLEN SIE HILFE.

In diesem Kapitel zitierte Bibelstellen

- Psalm 73,14

- Hiob 3,3.11

- Richter 16,29-30

- 1. Chronika 10,4-5

- 2. Samuel 17,23

- 1. Könige 16,18

- Matthäus 27,45

- 1. Samuel 2,6

- Johannes 16,33b

- Matthäus 12,31

Weitere hilfreiche Bibelstellen zum Thema

- Psalm 6,4-9

- Psalm 13,2-6

- Psalm 34,18

- Psalmen 18;25;27;71;91;130;139

- Psalm 73,28

- Psalm 143,7-11

- 1. Petrus 5,7

Beziehungen

10

Liebe

◆ Einführung

Rick und Gloria fingen an sich zu verabreden, als sie beide sechzehn waren. Sie war ein hübsches brünettes Mädchen; er war blond und spielte gerne Tennis. Von der Zeit an, als sie begannen sich zu treffen, waren beide niemals mit jemand anderem ausgegangen. Sie fingen an träumerisch über eine Heirat zu reden, wenn sie beide erst einmal den Abschluss an der High School geschafft hätten. Aber Rick hatte ein Geheimnis, das er nie mit Gloria teilte.

Rick und Gloria verabredeten sich häufig zusammen mit Ricks bestem Freund Justin und dessen Freundin Amy. Die vier schien ein besonderes Band zu verbinden, eine enge Beziehung, die nicht nur Rick und Justin zusammen schmiedete, sondern alle vier. Rick und Gloria heirateten im Alter von 22 Jahren am Wochenende nach Ricks Abschlussfeier an einem kleinen College der Ostküste; Justin und Amy waren bereits seit dem letzten Sommer verheiratet.

Obwohl die Paare einander nur selten sahen, existierte weiterhin eine Verbindung, von der weder Gloria, Amy, noch Justin wussten – bis zu dem Augenblick als Rick Gloria mitteilte, dass er sie verlassen werde, weniger als acht Monate nach ihrer Heirat. Rick erklärte seiner Ehefrau, dass er sich vor sieben Jahren – ungefähr zu der Zeit, als sie anfingen sich zutreffen – in Amy verliebte, dem Mädchen, das nun die Frau seines besten Freundes ist.

»Ich sorge für dich«, sagte er Gloria. »Aber Amy ist diejenige, die ich liebe … und immer liebte.« Rick hatte sich niemals mit Amy verabredet. Er hatte ihr nie seine Liebe gestanden. »Aber ich werde es jetzt tun«, sagte er. »Ich erwarte nicht, dass sie Justin verlässt. Ich muss ihr nur persönlich sagen, was ich für sie empfinde. Und ich muss in ihrer Nähe sein, weil ich nicht ohne sie leben kann.«

● Das Problem

Jeder Mensch sucht sie. Ohne sie ist das Leben bestenfalls unvollständig – schlimmstenfalls hoffnungslos. Die Sehnsucht Liebe zu geben und zu empfangen, pulsiert im Herzen eines jeden Menschen, ob Mann oder Frau.

Die Menschen versuchen auf viele unterschiedliche Art und Weise wahre Liebe zu finden, wirkliche Liebe, eine Liebe, die stark und tief ist, eine Liebe, die für immer währt. Noch immer bringt das Streben nach Liebe mehr Kummer und Schmerzen, mehr Zerbrochenheit und Bitterkeit hervor, als alle Krankheiten und sämtliche Kriege in der Geschichte.

Viele junge Leute kämpfen mit aller Macht darum, zu verstehen, was Liebe ist und wie sie sie finden können. Sie sind bereit beinahe alles zu geben, um Liebe zu erfahren, besonders von einem Menschen des anderen Geschlechts. Vielen Teenagern erscheint es so, dass die Welt sich nur um die Liebe dreht. Noch zu viele Jugendliche stürzen sich in Kummer, Enttäuschungen und tragische Fehleinschätzungen durch ein mangelndes Verständnis über das, was Liebe ist und was sie nicht ist.

◀ Die Ursachen

Der Autor und Spezialist für Jugendfragen Jerry Johnston schreibt:

Sandy ist 17 und die Farbe ihres Haares ist wie ihr Name, rotblond. Sie ist auf der High School, erzielt dort gute Noten und scheint sich gut angepasst zu haben. Aber Sandys Geschichte ist alles andere als erfreulich … Seit Sandys Sexualität mit 13 erwachte, hat sie mit 7–8 Freunden geschlafen und mehrere Flirts gehabt. Als ihre Geschichte enthüllt wurde, konnte ich leicht ihr Bedauern und die Einsamkeit in ihrer Stimme verspüren. Von ihrem Gesichtspunkt aus war die Zukunft grau, wolkenverhangen durch die Erfahrungen, von denen sie wusste, dass sie nicht hätten passieren dürfen. Der Wunsch, es wäre anders gewesen, frustrierte sie und zerrte an ihrem Herzen. Nun zogen all die Erlebnisse mit den Jungen an ihr vorbei und sie versuchte deren Namen zu vergessen. Jeder von ihnen trug einen Teil ihres Herzens mit weg.

Es ist nun vorbei. Die Sache ist beendet und alles was bleibt, ist ein bitterer Nachgeschmack in ihrem Herzen. Soviel hat sie weggegeben und so schnell.

Dann plötzlich lächelte Sandy und meinte:»All dies hat sich nun geändert. Die Beziehung zu meinem jetzigen Freund ist etwas Besonderes. Wir lieben uns regelmäßig und es ist so wunderbar romantisch. Ich liebe ihn von ganzem Herzen und ich weiß, er liebt mich. Unsere Liebe unterscheidet sich von all den anderen.«

Nach einem Moment des aufmerksamen Schweigens fragte ich:»Wirklich? Wie lange seit ihr Beiden nun zusammen?«

»Zwei Monate.«

Es erstaunte mich, dass Sandy gar nicht bemerkte, was sie wirklich sagte. Ihr tiefster Wunsch trotz (oder vielleicht gerade wegen) ihrer anderen Beziehungen, ist es echte Liebe zu erfahren. Aber wie schnell sie die anderen Jungen vergessen hat, von denen sie dachte, dass es die einzigsten gewesen wären. Die gegenwärtige Liebe ist immer die wahre Liebe für ein Mädchen wie Sandy![1]

Jugendliche wissen nicht, was Liebe ist

So viele Teenager machen tragische Fehler – einige von ihnen immer und immer wieder, wie Sandy. Häufig ist die Ursache solcher Fehler bei jungen Menschen (ebenso wie bei vielen Erwachsenen), dass sie nicht wissen, was Liebe ist. Sie vermischen echte Liebe mit anderen Erfahrungen und Gefühlen. Konsequenterweise haben sie keine Grundlage, aufgrund der sie eine Beziehung anstreben und bei der Entscheidung, die sie auf der Suche nach wirklicher Liebe treffen.

In vielen öffentlichen Schulen wird im Unterrichtsfach »Sexualerziehung« den Schülern der Vorgang des Geschlechtsverkehrs erklärt, manche halten auch zur Benutzung von Kondomen an. Rockmusiker und Fernsehstars machen öffentliche Aufrufe um die Jugendlichen zu warnen und den sogenannten »safer Sex« anzupreisen. Aber weder Politiker, noch die öffentlichen Schulen oder Popstars sagen den jungen Leuten was sie am meisten brauchen und hören wollen – und was sie am effektivsten vor Enttäuschungen und Krankheiten schützt – und dies ist ein realistisches und biblisches Verständnis von echter Liebe – das was sie ist und nicht ist.

Was Liebe nicht ist

Echte Liebe ist nicht das Gleiche wie Begierde. Rocksänger Jon Bon Jovi machte eine einsichtige Beobachtung als er sagte:»Die heutigen Lieder handeln von der Begierde, nicht von Liebe.«[2] Begierde und Liebe werden in unseren Köpfen häufig miteinander verwechselt, ebenso wie in der Musik, in Filmen und Illustrierten – eigentlich in unserer ganzen Kultur. Aber Liebe unterscheidet sich sehr stark von der Begierde. Liebe bringt Nutzen, Begierde benutzt. Liebe hat Bestand, Begierde ist nur für den Augenblick.

Echte Liebe ist nicht das Gleiche wie Romantik. Einige Paare erleben beim Küssen geradezu emotionale Feuerwerke. Manche Typen sprechen Worte, dass es dem Mädchen innerlich richtig warm wird. Und einige Mädchen lassen die Jungen nur durch einen Blick in die Augen größer und stärker als sonst jemanden werden. Essen bei Kerzenlicht, stimmungsvolle Musik, langsames Tanzen und sternenklare Nächte können ein Beisammensein zu etwas Besonderem machen. Romantik kann wunderbar sein, aber es ist nicht Liebe. Romantik ist ein Gefühl, echte Liebe ist weit mehr.

Echte Liebe ist nicht das Gleiche wie Schwärmerei. In einen Menschen vernarrt zu sein, bedeutet ein besonders intensives Interesse an ihm zu haben, meistens ist es ein Mensch des anderen Geschlechts für den man schwärmt. Es kann einen jungen Mann oder ein Mädchen atemlos und blauäugig machen oder den Kopf verwirren und benebeln! Autorin Joyce Huggett beschreibt Schwärmerei als:

»… normalerweise von Grund auf ›ichzentriert‹ und nicht auf den anderen bezogen.« Man verfällt jemandem, man betört sich selbst in dem Glauben, den anderen, von dem man träumt, von Herzen zu lieben und man glaubt fähig zu sein, sich um des anderen Wohl selbst aufzugeben. Dann eines morgens wacht man auf und stellt fest, dass die Euphorie über Nacht verschwunden ist. Was bleibt ist, dass man sich demnächst wieder durch gleiche Gefühle zu einer anderen Person gefangen gehalten sieht.[3]

Wenn Menschen über »sich verlieben« oder »Liebe auf den ersten Blick« reden, dann sprechen sie normalerweise über

Schwärmerei. Verliebtsein ist ein überwältigendes Gefühl, aber es ist nicht Liebe.

Echte Liebe ist nicht das Gleiche wie Sexualität. Viele Teenager (und auch Erwachsene) bringen die Intensität der Geschlechtlichkeit mit Intimität von Liebe durcheinander. Die beiden Dinge sind jedoch deutlich voneinander getrennt. Liebe ist ein Prozess; Geschlechtsverkehr eine Handlung. Liebe muss gelernt werden; Sexualität ist ein Instinkt. Die Liebe benötigt konstante Aufmerksamkeit; Sexualität erfordert nicht zwangsläufig liebevolle Zuwendung. Die Liebe braucht Zeit, um sich zu entfalten und heran zu reifen; Sexualität benötigt hingegen keine Zeit zur Entwicklung. Liebe erfordert eine seelische und geistige Wechselbeziehung; Sexualität verlangt nur eine körperliche Interaktion. Die Liebe vertieft eine Beziehung, während eigensüchtige Sexualität eine Beziehung abstumpft.[4]

Echte Liebe ist nicht gleichzusetzen mit Begierde, Romantik, Schwärmerei oder Sexualität.

Liebe ist ...

»Wie kann ich feststellen, ob ich jemanden liebe?« Diese Frage ist für einen Teenager lebenswichtig. Sie setzt eine entscheidende und dringende Wichtigkeit im Herzen und Verstand eines jungen Menschen voraus. Die Beantwortung der Frage ist umso schwieriger da nur wenige Menschen – Jugendliche ebenso wie Erwachsene – wissen, was wirkliche Liebe ist.

Genauso wie viele Leute Liebe mit Begierde, Romantik, Schwärmerei oder Sexualität verwechseln, sind sich viele nicht bewusst, dass es drei Arten »Liebe« gibt, drei Arten, die die Menschen gewöhnlich als »Liebe« bezeichnen.

Liebe, wenn ... Der erste Typus Liebe ist die einzige, die viele Menschen je erfahren haben. Es ist das, was ich als »Liebe, wenn« bezeichne. Es ist die Liebe, die gegeben oder empfangen wird, wenn bestimmte Bedingungen erfüllt werden. Man muss etwas tun, um sich diese Art von Liebe zu verdienen:

- »Wenn du ein braves Kind bist, wird Vati dich lieb haben.«

- »Wenn du gute Noten nach Hause bringst, ...«

- »Wenn du dich in einer bestimmten Weise verhältst oder kleidest, ...«

- »Wenn du meine Erwartungen als Liebhaber erfüllst, ...«

- »Wenn du mit mir schläfst, ...«

Die Liebe wird im Austausch gegen etwas, dass der Liebegebende haben möchte, angeboten. Diese Motivation ist von Grund auf selbstsüchtig. Es steckt die Absicht dahinter, etwas für seine Liebe zu bekommen.

Viele junge Frauen kennen keine andere Art der Liebe als die, die sagt: »Ich liebe dich, wenn du dich ausziehst.« Sie merken nicht, dass die Liebe, die sie durch die Erfüllung der sexuellen Forderungen des Mannes zu gewinnen versuchen, eine billige Liebe ist, die nicht zufriedenstellen kann und ihren Preis nicht wert ist.

Liebe, wenn ... bringt immer Bedingungen mit sich. Solange sie erfüllt werden, ist alles in Ordnung. Wenn sich aber Widerwillen gegen Forderungen regt, – beispielsweise nach geschlechtlicher Liebe oder einer Abtreibung – wird die Liebe entzogen.

Nicht wenige Ehen brechen auseinander, weil sie auf dieser Art von Liebe aufgebaut wurden. Wenn die Erwartungen nicht mehr erfüllt werden, verwandelt sich die Liebe, die an Bedingungen geknüpft war, in Enttäuschung und Ärger. Es ist tragisch, dass die betroffene Person meist nie weiß weshalb.

Liebe, weil ... Der zweite Typus Liebe ist die »Liebe, weil ...« Mit dieser Art Liebe wird ein Mensch geliebt, weil er etwas ist, hat oder tut. Diese Liebe spiegelt meist unausgesprochene Einstellungen und Haltungen wider. Einige Beispiele dafür:

- »Ich liebe dich, weil du so wunderschön bist.«

- »Ich liebe dich, weil du reich bist.«

- »Ich liebe dich, weil du mir Sicherheit gibst.«

- »Ich liebe dich, weil du ein so lustiger Mensch bist.«

Diese Art Liebe mag sich vielleicht recht gut anhören. Denn möchten wir etwa nicht für das, was wir sind und tun, geliebt werden? Sicherlich ist diese Liebe, der Liebe, die an Bedingungen geknüpft ist, vorzuziehen. Die Liebe, die Bedingungen fordert, muss ständig neu verdient werden und es benötigt dazu eine Menge Anstrengung. Jemanden zu haben, der uns wegen dem, was wir sind oder tun, liebt, scheint weniger fordernd.

Aber was passiert, wenn wir jemanden treffen, der noch hübscher, lustiger oder wohlhabender erscheint? Was ist, wenn wir älter werden oder unsere angesehene Arbeit verlieren? Sind diese Dinge der Grund, weshalb uns ein Mensch liebt, dann ist die Liebe nur von kurzer Dauer und leicht zerbrechlich.

Es gibt noch ein weiteres Problem mit dieser Art von Liebe. Es ist in der Tatsache gegründet, dass die meisten von uns zwei Gesichter haben. Wir zeigen unser »öffentliches Ich«, die Seite der Persönlichkeit, die jeder kennt und verstecken das »private Ich«, die Ansicht der Persönlichkeit, die nur wenige andere Menschen wirklich kennen, wenn überhaupt jemand. Der Mann oder die Frau, die wegen eines bestimmten Charakterzuges oder spezieller Qualitäten geliebt wird, wird sich wahrscheinlich davor hüten, einem anderen zu zeigen, wer sie in ihrem tiefsten Inneren ist ... aus der Furcht heraus, dass sie weniger akzeptiert, geliebt oder gar abgelehnt wird. Ein Großteil der Liebe, die wir erfahren, ist von dieser Art, schwach und unbeständig.

Liebe: Andauernd und bedingungslose! Die dritte Art Liebe ist genauso ungewöhnlich wie schön. Es ist die Liebe, die keine Bedingungen stellt. Sie sagt: »Ich liebe dich, was du in deinem Innern auch sein magst. Ich liebe dich, egal was sich an dir verändern wird. Du kannst nichts tun, was dich von meiner Liebe trennen könnte, ich liebe dich ANDAUERND!«

»Andauernde, bedingungslose Liebe« ist keine blinde Liebe. Sie kann eine Menge von der anderen Person wissen. Sie kann ruhig den Mangel des anderen kennen. Sie weiß um seine Fehler und akzeptiert ihn doch völlig, ohne etwas zurück zu fordern. Es gibt keine Möglichkeit, diese Liebe zu verdienen. Noch kann sie jemandem verloren gehen. Sie stellt keinerlei Bedingungen.

Die »andauernde, bedingungslose Liebe« unterscheidet sich von der an Bedingungen gebundenen Liebe dadurch, dass sie eben nichts voraussetzt, um sich zu geben. Die »andauernde, bedingungslose Liebe« unterscheidet sich von der Liebe, die etwas Liebenswertes im anderen sieht, darin, dass sie nicht durch anziehende Qualitäten des geliebten Menschen hervorgerufen wird. Die »andauernde, bedingungslose Liebe« steht in einer gebenden Beziehung. Sie handelt nur vom Geben. Die anderen beiden Arten von Liebe ausschließlich vom Empfangen.

▲ Die biblische Sicht

»Andauernde, bedingungslose Liebe« ist die einzige wirkliche Liebe, die einzige echte Liebe, die einzige biblische Art von Liebe. Laut der Bibel wird wahre Liebe offenbar, indem sie das Wohl, die Gesundheit und das geistliche Wachstum einer anderen Person für genauso wichtig hält wie das eigene. Das Wort Gottes zeigt das Gebot, »du sollst deinen Nächsten wie dich selbst«[5] auf; es sagt aber nicht, dass wir unseren Nächsten mehr als uns selbst lieben sollen. Wir haben Gott mehr zu lieben als wir uns lieben, aber unseren Nächsten, unseren Freund oder unsere Freundin und auch den Ehepartner sollen wir lieben wie uns selbst.

Epheser 5,28 hilft uns das Wesen der Liebe noch besser zu verstehen:»So sind auch die Männer schuldig, ihre Frauen zu lieben wie ihre eigenen Leiber. Wer seine Frau liebt, liebt sich selbst.« Was bedeutet es, wie die Schrift sagt, unsere eigenen Leiber zu lieben? Der nächste Vers bringt die Erklärung:»Denn niemand hat jemals sein eigenes Fleisch gehasst, sondern er nährt und pflegt es, wie auch der Christus die Gemeinde.«

Man kann erkennen, dass Gottes Definition von wahrer Liebe ein Nähren und Pflegen des Wohls, der Gesundheit und des geistlichen Wachstums einer anderen Person beinhaltet. Und zwar in gleicher Weise wie man dies bei sich selbst tut. Echte Liebe wird den anderen Menschen hegen und pflegen, indem sie ihn schützt und versorgt.

Echte Liebe wird einen anderen nicht seelisch oder körperlich ausnutzen und missbrauchen, weil es dessen Wohl, Ge-

sundheit und geistliches Wachstum nicht fördert.

Echte Liebe wird den Freund oder die Freundin nicht zu vorehelichem Geschlechtsverkehr zwingen, da dies keinen Schutz für den anderen bedeutet.

Echte Liebe wird nicht den Abbruch einer anderen gesunden Freundschaft verlangen, da auch dies nicht dem Wohl des anderen dient.

Die Autoren Stacy und Paula Rinehart definieren echte Liebe mit dem biblischen Begriff agape. Sie schreiben:

Die selbstlose, göttliche Liebe, agape genannt, ist eine bedingungslose Bejahung der ganzen Person: »Ich liebe dich, trotz« (der Schwachheit, die ich in dir sehe). Es ist ihr Anliegen für das Wohlbefinden des anderen Menschen zu sorgen, ohne ihn kontrollieren zu wollen oder von ihm Dank zu erwarten. Diese Liebe reicht weiter und liebt auch, wenn der andere nicht fähig ist, sie zu erwidern, egal ob aus Krankheit, Versagen oder nur aus einer momentanen Schwäche heraus. Es ist eine Liebe, die Verbindungen wieder heil werden lassen kann, die durch Treulosigkeit, Gleichgültigkeit und Eifersucht zerbrochen sind. Das beste Beispiel für diese Liebe ist das Handeln Gottes. »Denn so hat Gott die Welt geliebt, dass er seinen eingeborenen Sohn gab, ...« (Joh. 3,16).[6]

► Praktische Hilfen anbieten

Ein interessierter Jugendmitarbeiter, Pastor, Lehrer oder die Eltern können einem jungen Mann oder einer jungen Frau helfen, die biblische Art der Liebe zu verstehen, indem sie nach folgendem Plan vorgehen:

Zuhören. Ermutigen Sie den jungen Menschen seine Gedanken über Liebe in Worte zu fassen. Stellen Sie beispielsweise folgende Fragen:

- Was ist echte Liebe für dich?

- Warst du je »verliebt«?

- Wie kann ein Mann oder eine Frau deiner Meinung nach erkennen, dass er/sie einen anderen Menschen liebt?

- Wie fühlt man sich wohl, wenn man einen Menschen liebt?

Verständnis zeigen. Beachten Sie die Häufigkeit und Dringlichkeit, mit der sich die meisten Jugendlichen Liebesthemen nähern. Das Gespräch über Liebe wird für Teenager wahrscheinlich nicht in erster Linie eine intellektuelle oder erzieherische Übung sein, sondern vielmehr mit einer Intensität und Dringlichkeit angesehen, wie sie bei vielen Erwachsenen in Situationen von Leben und Tod entsteht. Der energische Erwachsene sollte vorsichtig sein, um die Gefühle eines jungen Menschen in diesem Punkt nicht abzuweisen oder zu verletzen. Aber er wird auch darauf bedacht sein, den Jugendlichen ernst zu nehmen und eine Aussprache zu suchen.

Bestätigen. Die tragischen Fehler, die Jugendliche machen, da sie nicht wissen wie sie echte Liebe geben können, resultieren nicht nur aus dieser Tatsache. Ein tragender Faktor ist, dass sie vor allem von den Eltern diese akzeptierende, bestätigende und bedingungslose Liebe nicht bekommen haben. Eltern und andere Erwachsene, die ein Interesse an der Jugend haben, müssen sich darum bemühen, ihnen zu jeder Gelegenheit Annahme, Bestätigung, Zuneigung und Anerkennung zu vermitteln.

Richtung weisen. Ergreifen Sie jede Möglichkeit um ein biblisches Konzept von Liebe den jungen Menschen durch Ihr Leben zu veranschaulichen. Zeigen Sie ihnen, dass es für Sie Menschen gibt, deren Wohl, Gesundheit und geistliches Wachstum Ihnen ebenso wichtig ist wie das Ihrige. Beten Sie mit den Jugendlichen über deren Lebensbeziehungen und ermutigen Sie sie, den Herrn in die Suche nach echter Liebe miteinzubeziehen. Suchen Sie nach geeigneten Situationen, anhand derer Sie der Jugend das biblische Konzept von Liebe vermitteln können (nehmen Sie auch negative Beispiele, wie Fernsehsendungen, die seichten Freundschaftsbeziehungen in der Schule oder das Verhalten von Paaren in der Öffentlichkeit als Gesprächsstoff). So wird es den Jugendlichen möglich gemacht, zu erkennen, was sie selbst in einer Beziehung suchen. Teilen Sie den Inhalt dieses Kapitels nicht nur einmal mit, sondern immer wieder.

Ziele setzen. Versuchen Sie den Jugendlichen dazu zu bewegen, seine Beziehungen selbst einzuschätzen und benutzen Sie hierfür gegebenenfalls folgende zwölf Fragen, die von Barry St. Clair und Bill Jones vorgeschlagen werden. Dadurch kann erkennbar werden, ob eine Beziehung reife biblische Liebe zeigt:

- Kennen wir beide den Herrn Jesus persönlich? (vgl. Kapitel 11, »Verabredungen mit dem Partner«).

- Ist Jesus Christus vorrangig in unserer Beziehung?

- Können wir ehrlich zueinander sein?

- Akzeptieren wir einander völlig?
- Haben wir das Einverständnis der Eltern?
- Können wir unsere Sexualität kontrollieren?
- Haben wir gemeinsame Wertvorstellungen?
- Können wir mit Unstimmigkeiten umgehen?
- Kommen wir damit zurecht, wenn wir zeitweilig voneinander getrennt sind?
- Sind wir wirkliche Freunde?
- Sind wir »gesunde Menschen«?
- Bin ich bereit mich dem Leben zu stellen?[7]

Hilfe von außen. Eine gesunde Einstellung bezüglich Liebe kann nicht in der Sonntagsschule oder auf einer Jugendfreizeit entwickelt werden. Um dies zu erreichen, benötigt es die ständige Mitwirkung der Eltern und anderer wichtiger Erwachsener im Leben des Jugendlichen. Eine Kooperation zwischen diesen hauptsächlichen Einflüssen ist unerlässlich zur Vermittlung einer fundierten Überzeugung von biblischer Liebe und zur Entwicklung eines starken und gesunden Konzepts.

In diesem Kapitel zitierte Bibelstellen

- Matthäus 19,19
- Markus 12,31
- Lukas 10,27
- Epheser 5,28
- Johannes 3,16

Weitere hilfreiche Bibelstellen zum Thema

- Johannes 15,13
- 1. Korinther 13,1-13
- 1. Timotheus 1,5
- 1. Johannes 3,11-20; 4,7-21

11

Verab-redungen mit dem Partner

Einführung

»Hast du vielleicht ein Glück.« Die 14-jährige Diane saß neben ihrer Freundin Michelle. Beide waren im Kaminraum ihrer Gemeinde und warteten auf den Beginn der Jugendstunde.

»Warum?«, entgegnete Michelle. »Ach, nur weil dich Lyle Witson eingeladen hat.« »Er ist so süß. Meinst du nicht auch?«

»Süß? Damit fängst du nicht einmal an ihn zu beschreiben. Versuch es mal mit perfekt.« Die beiden Mädchen verfielen in ein kurzes und lockeres Kichern. »Du bist ja so glücklich«, wiederholte Diane. Dann verschwand ihr Lächeln. »Meine Eltern würden es mir nicht einmal erlauben mich mit einem Jungen zu verabreden.«

»Ich weiß«, antwortete Michelle. »Eltern können so unmöglich sein.«

»Sie sagen, dass ich warten muss bis ich sechzehn bin.«

»Bis dahin sind es ja noch zwei Jahre!«

»Ich weiß.« Dianes Blicke schossen blitzschnell im Raum herum, um zu sehen, ob jemand ihrer Unterhaltung lauschte. Sie senkte ihre Stimme. »Sie sagen, dass ich dann auch erst zu einem Gruppentreffen gehen darf.«

Michelle verdrehte die Augen. »Wie bitte?«

»Sie verhalten sich so, als wäre ich ein kleines Kind.«

Die Köpfe der Mädchen drehten sich gleichzeitig zur Tür hin als Lyle Witson hereintrat.

»Ach, du hast so ein Glück«, wiederholte Diane ein weiteres Mal. Diane und Michelle warfen bewundernde Blicke auf Lyle.

● Das Problem

Nur wenige Dinge produzieren derart viele Spannungen zwischen Eltern und Kindern – und in den Jugendlichen selber – wie die Entscheidungen und Gefahren, die die ersten Verabredungen mit sich bringen.

Teenager investieren ziemlich viel Zeit, Gedanken und Energie in die Möglichkeiten und den Erwartungsdruck von Verabredungen. Sie sprechen darüber, wer mit wem ausgeht, wer mit wem ausgehen möchte und wer mit wem wohl nie ausgehen würde.

Es ist jedoch eine Ironie, dass viele junge Leute dem »Spiel mit Verabredungen« eine Menge Zeit und Aufwand widmen, aber nur wenige auf die neuentstehenden Stresssituationen und Entscheidungen vorbereitet sind. Jugendliche stehen einem intensiven äußeren Druck gegenüber mit einem Freund oder einer Freundin auszugehen. Verabredungen mit einem Partner werden zu einer Art Abzeichen für Akzeptanz, zum Beweis für den Wert und die Attraktivität einer Person. Die Autorin Ann B. Cannon sagt:

> Viele Teenager verabreden sich, weil es gute Freunde auch tun. Einige suchen in dem Rendezvous Liebe, Sicherheit und Unterstützung. Wenige versuchen ihre Unabhängigkeit zum Ausdruck zu bringen, indem sie sich aussuchen mit wem und wohin sie gehen. Viele … verabreden sich nur, weil es erwartet wird.[1]

◄ Die Ursachen

Eine große Anzahl Jugendlicher setzt sich den Gefahren und Enttäuschungen selbst aus, da sie das »Spiel mit den Verabredungen« blindlings anfangen und die vielen Entscheidungen ignorieren, die getroffen werden müssen. Sie übersehen die Gefahren ebenso leicht, wie den bestimmten Zweck einer Verabredung.

Entscheidungen bei Verabredungen

Der durchschnittliche Teenager würde nicht einmal davon träumen auszugehen, ohne ausreichend Zeit vor dem Spiegel zu verbringen. Noch immer ist es so, dass dies auch der Jugendliche ist, der sich nur wenige oder überhaupt keine Gedanken bezüglich der Verantwortung eines Rendezvous macht, bevor er sich in eines hineinbegibt.

Wann sollte man anfangen Verabredungen zu treffen? Wenige Themen bringen einen solchen Zündstoff in die Familie, wie die Frage, wann ein Teenager alt genug für Verabredungen mit dem anderen Geschlecht ist. Einige Eltern glauben, dass ihre Kinder erst ein bestimmtes Alter dazu erreicht haben sollten. Einige Heranwachsende denken, dass sie bereits seit ihrer Geburt reif genug sind; andere meinen, dass sie fähig sind Verabredungen zu treffen, wenn sie das Jugendalter erreicht haben.

Jedoch ist ein festgesetztes Alter selten ein verlässliches Anzeichen, um festzustellen, ob ein Jugendlicher fähig ist sich zu verabreden. Der entscheidende Faktor hierfür ist eher die Frage, ob ein junger Mensch geistig und emotional reif genug ist mit den Entscheidungen und Gefahren umzugehen, die Rendezvous mit sich führen. Manche Leute mögen schon mit fünfzehn oder sechzehn soweit sein; andere hingegen sollten wahrscheinlich etwas länger warten.

Einige der Hauptmerkmale für die vorhandene Fähigkeit zu einem Treffen mit einem Partner sind:

- Wird er oder sie häufig durch den Druck von Gleichaltrigen beeinflusst?

- Lenkt der Jugendliche oft die Aufmerksamkeit von Gleichaltrigen auf sich?

- Ist es beabsichtigt eine Freundschaft zu schließen oder ist es das Ziel eine romantische Zeit mit dem anderen zu verbringen?

- Hat der junge Mensch die feste Absicht in sexueller Reinheit zu leben und sich festgelegt, keine Kompromisse auf diesem Gebiet einzugehen?

- Hat der Teenager die Erlaubnis der Eltern sich zu verabreden?

- Hängt das Selbstbild eines Teenagers davon ab, ob er bereits Verabredungen eingehen kann oder nicht?

- Ist er oder sie umgehend fähig einer Befriedigung auf anderen Gebieten zu widerstehen? Beweist der Jugendliche eine Neigung um für eine zukünftige Befriedigung und Erfüllung in anderen Bereichen zu leben (anstatt einer sofortigen Genugtuung)?

Antworten mit negativer Aussage zu den obigen Fragen sollten einen Jugendlichen (oder einen besorgten Erwachsenen) aufhorchen lassen, um in bestimmten Gebieten mehr geistige und emotionale Reife zu entwickeln.

Der Altersunterschied. »Mein Freund ist mehrere Jahre älter als ich«, schrieb ein Mädchen dem Autor Barry Wood, »und meine Eltern wollen es nicht, dass ich mich mit ihm treffe. Macht der Altersunterschied etwas aus, wenn man sich verabredet?«[2] Während ein Altersunterschied von fünf Jahren bei Menschen im Alter von 25 und 30 kaum ein Problem darstellen dürfte, kann ein Rendezvous von 14 und 19-jährigen schwierig wer-

den. Der Grund liegt darin, dass die Pubertät eine Zeit von tiefgreifenden körperlichen, emotionalen und geistigen Veränderungen ist, die teilweise derart schnell geschehen, dass der Teenager schlecht vorbereitet ist mit ihnen umzugehen. Noch einmal, das zentrale Problem liegt natürlich nicht im Altersunterschied, sondern vielmehr in der häufig fehlenden geistigen und emotionalen Reife. Trotzdem sollten Altersunterschiede von mehr als ein oder zwei Jahren bei älteren Jugendlichen vermieden werden.

Verabredungen von Partnern unterschiedlicher Rassen. Obwohl die meisten Texte dieses Thema aussparen, ist es ein Thema, das viele Jugendliche angeht. Und während in vielen Bereichen der Gesellschaft (und auch in der Gemeinde) noch die Stirn gerunzelt wird über Verabredungen und Trauungen zwischen Menschen unterschiedlicher Rassen, ist die biblische Antwort deutlich: »Da ist nicht Jude noch Grieche (dies bedeutet keine Rassentrennung) ... denn ihr alle seid einer in Christus Jesus.«[3] Jesus brach die Mauer zwischen den Völkergruppen der Samariter und Juden[4], zwischen den Kanaanitern und Juden[5] und zwischen den Römern und Juden[6] ab. Junge christliche Männer und Frauen sollten sich aber der möglichen gesellschaftlichen Auswirkungen bewusst sein. Jedoch ist die Hautfarbe keine Schranke für eine Gott ehrende Beziehung.

»Missionarische« Verabredungen. Sollte sich ein christlicher junger Mann mit einer Nichtchristin verabreden? Kann ein christlicher Teenager ein Rendezvous zu einem Zeugnis für Christus nutzen? Das Wort Gottes beantwortet diese Fragen geradewegs in 2. Korinther 6,14, indem der Apostel Paulus den Christen befiehlt: »Geht nicht unter fremdartigem Joch mit

Ungläubigen! Denn welche Verbindung haben Gerechtigkeit und Gesetzlosigkeit? Oder welche Gemeinschaft Licht mit Finsternis?«

Die Warnung von Paulus bezieht sich nicht nur auf Rendezvous; sie gilt für jeden Bereich des Lebens, in dem ein Christ versucht ist sich »unter ein Joch« mit einem Ungläubigen zu begeben. Es bezieht sich auf geschäftliche Verknüpfungen, auf ein romantisches Verhältnis und ebenso auf die Ehe. Barry Wood zeigt die Weisheit von Paulus' Gebot auf:

Was teilt ein Gläubiger mit einem Nichtchristen? Es gibt viele Bereiche, in denen gleiche Interessen vorliegen ... Hobbys, Musik, Sport, Politik, intellektuelle Interessen sind Elemente, die die Gemeinschaft zwischen Christen und Nichtchristen umfassen. Kann man sich jedoch ein gemeinsames Interesse oder Ziel vorstellen, das auf die Ewigkeit hin ausgerichtet ist? Nein, dies gibt es nicht. In den wirklich wichtigen Bereichen wie dem Willen Gottes, den Moralvorstellungen Gottes, dem Reich Gottes, den Wert der Familie Gottes und der ehelichen Verbindung von Mann und Frau nach Gottes Willen merkt man, dass der andere ein nahestehender Fremder ist. Bei einer Übereinstimmung in diesen Punkten kann Liebe und Ehe bestehen. Hier findet engste Kommunikation statt.[7]

Dies soll nicht bedeuten, dass ein Christ die Gemeinschaft mit einem Ungläubigen nicht genießen kann, keinen Spaß mit einem Ungläubigen haben darf, mit ihm nichts essen oder trinken soll oder dass das Fußballspielen mit Nichtchristen verboten ist. Jedoch überschreitet der junge Christ eine Grenzsetzung des Schutzes und der Vorbeugung, die Got-

tes Wort gezogen hat, wenn er eine romantische Beziehung mit einem ungläubigen Menschen sucht.

Gefahren von Verabredungen

Teenager, die sich auf Verabredungen mit einem Partner vorbereiten, müssen sich nicht nur der vielen aufkommenden Entscheidungen bewusst werden, sondern auch die Gefahren deutlich vor Augen haben. Einige dieser Gefahren sind von Les John Christie in seinem Buch Dating and Waiting: A Christian View of Love, Sex, and Dating wirkungsvoll erörtert worden:

Es besteht eine Gefahr darin, sich von seinen Freunden zu isolieren. Beziehungen zu Menschen des eigenen Geschlechts zu haben, ist genauso wichtig wie Beziehungen zum anderen Geschlecht zu pflegen. Aber wenn die Zeit der Verabredungen kommt, werden alte Freunde manchmal in den Hintergrund gedrängt. Gerade solche Freundschaften werden aber auch später benötigt, besonders wenn die Beziehung mit dem Rendezvouspartner auseinanderbricht. Weiterhin besteht die Gefahr, dass andere wichtige Beziehungen, wie zum Beispiel die zu Brüdern, Schwestern und Eltern vergessen werden.

Es ist auch gefährlich sich aus den falschen Motiven heraus zu verabreden, zum Beispiel, wenn man bei seinen Freunden Eindruck machen möchte, sich mit jemanden verabredet, um eine andere Person zurück zu gewinnen oder Verabredungen aus Eifersucht trifft. In solchen Fällen benutzt man den Rendezvouspartner lediglich und zeigt keine Besorgnis um seine Person.

Viele Rendezvousbeziehungen

sind ein Spiel mit der Macht und nicht in gegenseitiger Liebe gegründet. Der stärkere Partner übt durch seine Zuneigung Macht auf den Schwächeren aus. Einige Leute ziehen die Machtausübung einer Liebesbeziehung vor und enthalten dem anderen dadurch ihre Liebe vor ... So wird der Schwächere an einem Faden gehalten wie ein Jojo. Die Liebe wird dazu benutzt, Macht und Ansehen zu gewinnen ...

Eine weitere Gefahr liegt darin, dass die Gedanken sich nur noch um Verabredungen und mögliche Partner drehen und man die anderen Mitglieder der Jugendgruppe vernachlässigt. Dies gilt für Jungen und Mädchen gleichermaßen.

Eine besondere Gefahr scheint die Möglichkeit zu sein, andere zu verletzen oder selbst verletzt zu werden. Häufig wird die emotionale und körperliche Anziehung durch den Partner für echte Liebe gehalten (vgl. Kapitel 10, »Liebe«) und man begibt sich in die Gefahr sexuelle Wünsche nicht mehr kontrollieren zu können ...[8]

Viel zu viele Teenager – besonders diejenigen, die mit dem Verabreden frühzeitig beginnen – sind erschreckend unvorbereitet was die Gefahren betrifft, die Rendezvous mit sich bringen. Als ein Ergebnis davon setzen sie sich unnötigerweise dem Schlimmsten aus, was Verabredungen an möglichen Erfahrungen beinhalten.

Strukturen der Verabredungen

Die meisten Verabredungen sind alles andere als harmlos, da in ihnen häufig sexuelle Ablenkungsmanöver und wollüstige Tricks stecken. Manchmal wird dies auch durch die Auswahl der Sprache bei Verabredungen deutlich. Um Erfahrungen in Verabredungen zu sammeln, die Freude bringen und lohnend sind, ist es nötig Fallen und Tricks zu vermeiden. Ein Jugendlicher kann diese beiden Punkte umgehen, wenn er sorgfältig über drei Dinge nachdenkt: Absichten, Maßstäbe und Pläne.

Absichten. Überraschenderweise denken nur wenige Jugendliche über ihre Absichten nach, wenn sie Rendezvous eingehen. Natürlich ist die Attraktivität eines Menschen des anderen Geschlechts ein elementarer Grund für das Zustandekommen von Verabredungen – dies erzeugt auf beiden Seiten einen intensiven Druck. Aber außer dem Eingehen auf diese Einflüsse, können die meisten Teenager ihre Absichten bei Verabredungen nicht formulieren oder beurteilen.

Eine Absicht ist der Aspekt der Sozialisation – Spaß mit anderen Leuten haben, andere Menschen kennenlernen, die Gemeinschaft von Menschen genießen, das Teilen von gemeinsamen Interessen und das Entwickeln von Kommunikations- und Beziehungsfähigkeit. Verabredungen beinhalten die Möglichkeit mehr über sich selber zu erfahren, ein Gespür für die Bedürfnisse und Gefühle anderer zu bekommen und das neugewonnene Verständnis in die Tat umzusetzen.

Eine weitere grundlegende Absicht ist die Suche nach einem Ehepartner. Offensichtlich ist die Person, die man später einmal heiratet, jemand mit dem man sich vorher bereits verabredet hat. Die übliche Entwicklung fängt bei zufälligen Treffen an und geht mit freundschaftlichen Verabredungen weiter, danach folgen regelmäßige Verabredungen, Verlobung und Heirat. Verabredungen dienen dem Entwickeln und Vertiefen der Vorstellungen eines Ehepartners und erhöhen die Fähigkeit zu erkennen, welcher

Charakter und welche Persönlichkeit eines anderen Menschen sich am besten mit der eigenen vereinen lässt.

Ein klares Verständnis der eigenen Absichten ist beim Verabreden äußerst wichtig. Eindeutig ist, dass sexuelle Absichten und das Ausprobieren von geschlechtlichen Handlungen keine akzeptablen Gründe für Rendezvous sind, jedoch können der Aspekt der Sozialisation – und eben die Suche nach einem Ehepartner – wohl berechtigte Absichten darstellen.

Maßstäbe. Ein junger Mensch, der reif genug ist sich zu verabreden, wird auch reif dazu sein, seine Maßstäbe und Grenzen bei Verabredungen zu setzen – und diese auch mit dem Partner zu diskutieren. Eltern und andere liebevolle Erwachsene sollten den jungen Menschen anleiten, folgende Fragen zu beantworten:

• Sollte ich meine Verabredungen auf ein Beisammensein mit einem weiteren Paar erweitern?

• Sollte ich mich mit meinem Rendezvouspartner nur in der Öffentlichkeit treffen?

• Welche Formen der Berührung und Interaktionen sind annehmbar?

• Welche Aktivitäten werde ich vermeiden oder ablehnen?

Wenn solche Fragen beantwortet werden, noch bevor die Versuchung an die Tür klopft, können später viele Probleme, Missverständnisse und Fehler erspart bleiben.

Maßstäbe in Verabredungen sollten sicherlich eine klare Festsetzung der Grenzlinien in der folgenden Auflistung von körperlichen Äußerungen und Ver-

wicklungen beinhalten:

Schmusen	Hände halten
	Umarmen
	Flüchtige Küsse
	(Küsschen geben)
	Intensives Küssen
Petting	Zungenküsse
	bei verhüllter Brust
	bei entblößter Brust
Schweres	bei verhüllten
Petting	Genitalien;
	bei entblößten
	Genitalien;
	Oraler Sexualverkehr;
	Berührungen der
	Genitalien durch die
	Genitalien des
	anderen;
	Geschlechtsverkehr

Am vernünftigsten ist es, die Grenzlinie bereits nach dem Küsschen geben zu ziehen. Die überwiegende Mehrheit der Paare, egal welchen Alters, können diesen Punkt nicht überschreiten, ohne echte Schwierigkeiten zu bekommen. Der junge Mann oder die junge Frau, die es sich wünschen hilfreiche Verabredungsmaßstäbe zu setzen, werden gut daran tun, hiermit anzufangen.

Pläne. Der letzte Schritt, um einen soliden Rahmen bei Rendezvous zu bilden, ist das Entwerfen von Plänen. Eine ansprechende Möglichkeit ist das Treffen in der Gruppe. Ann B. Cannon schreibt:

Gruppentreffen waren ein populärer Trend für mehrere Jahre. Jungen und Mädchen verabreden sich zu den verschiedensten Aktivitäten ohne sich dabei in Paare aufzuteilen. Die Gruppe entscheidet, wohin man geht und was man tut und jeder macht mit. Jeder trägt für sich die Verantwortung. Viele Teenager mögen das Treffen in der Gruppe, weil es von dem sexuellen Erwartungsdruck befreit, der durch Verabredungen mit einer Person aufkommt.[9]

Eine weitere Überlegung wäre es, eine Atmosphäre zu schaffen, in der zwei junge Menschen zu Freunden werden können. Sich einen Kinofilm bei der ersten Verabredung anzusehen wäre wenig sinnvoll, da dies Unterhaltung statt Interaktion bringen würde. Es ist eine bessere Entscheidung Minigolf zu spielen, einen Zoo zu besuchen oder einen Schaufensterbummel in einem ruhigen Teil der Stadt zu unternehmen. Solche Aktivitäten liefern eine Menge Gesprächsstoff und bieten den Beteiligten die Möglichkeit Vorlieben, Abneigungen und die bisherigen Lebenserfahrungen des anderen kennen zu lernen. Weitere sinnvolle Aktivitäten bei einem Rendezvous könnten sein:

- Gesellschaftsspiele – Puzzle;

- einfache sportliche Aktionen wie Tischtennis, Korbball usw.;

- Wassersportarten wie Segeln oder Surfen;

- ein Spaziergang durch die Nachbarschaft oder durch ein Einkaufsviertel;

- das Beobachten von Menschen in der Innenstadt;

- ein gemeinsames Abendessen;

- Rollschuh oder Schlittschuh fahren;

- ein gemeinsames Projekt in Angriff nehmen;

- eine Wanderung durch den nahegelegenen Wald;

- einen Drachen bauen und steigen lassen;

- einen Regenspaziergang unternehmen;

- eine Party für Freunde organisieren;

- das Ansehen von Photoalben der beiden Familien;

- eine »Bustour« durch die Stadt unternehmen;

- der Besuch einer Versteigerung.[10]

Um Verabredungen planbar zu machen, besteht eine weitere Lösung darin, mögliche Antworten auf Situationen zu finden, die auftreten könnten, wie zum Beispiel:

- Wieviel Geld werde ich für die Unternehmung brauchen? Werde ich genug haben?

- Wie werde ich mich verhalten, wenn mein Partner Körperkontakt wünscht?

- Was werde ich tun, wenn mein Partner mich an einen Ort führen möchte, an den ich nicht gehen will?

- Welche Umstände könnten eintreffen, aufgrund derer ich die Verabredung, die Beziehung abbrechen muss?

- Wie werde ich reagieren, wenn sich andere um mich herum unangemessen verhalten (z.B. Alkohol trinken oder Drogen nehmen)?

- Wie kann ich es beurteilen, ob das Rendezvous ein Erfolg war?

Einige Eltern helfen den Teenagern bei dieser Art von Planung mit ihrem Angebot, dass der Teenager zu jeder Zeit anrufen und sagen kann: »Ich möchte jetzt von euch abgeholt werden.« Die Eltern sollten dann ohne zögern darauf reagieren und es vermeiden ihm weitere Details zu entlocken. Andere Eltern vermitteln ihren Kindern den Eindruck, dass es ihnen wichtig ist zu wissen, (1) mit wem ihr Sohn oder ihre Tochter sich trifft, (2) wo sie sich treffen und (3) wo sie beabsichtigen hinzugehen.

▶ Praktische Hilfen anbieten

Ist ein junger Mann oder eine junge Frau bereits fähig Verabredungen zu treffen? Tun sie dies mit klugen Vorüberlegungen? Ist er oder sie unnötigerweise ohne Schutz gegenüber den Fallen und Tricks von Rendezvous? Sensible Eltern oder Jugendleiter können einem jungen Menschen helfen, solche Fragen zu beantworten, indem sie folgende Strategie anwenden:

Zuhören. Nehmen Sie sich Zeit, um über Verabredungen mit dem Jugendlichen zu sprechen und Zeit, um wirklich zuhören zu können, was er zu sagen hat. Versuchen Sie herauszufinden, ob der Jugendliche die nötige emotionale und geistliche Reife besitzt, um Verabredungen in einsichtiger und gottgemäßer Weise zu treffen und durchzuführen. Entlocken Sie ihm Antworten auf die Fragen, die unter dem Punkt »Wann sollte man anfangen Verabredungen zu treffen?« aufgeführt sind – möglichst ohne diese Fragen zu direkt zu stellen. Ihre Absicht sollte es sein, die Reife und Fähigkeit des Jugendlichen Verabredungen zu treffen, einordnen zu können.

Verständnis zeigen. Erinnern Sie sich an Ihre Jugendzeit und wie wichtig es damals für Sie war, eine Beziehung zu einem Jungen oder einem Mädchen aufzubauen. Erkennen Sie behutsam die Dringlichkeit und den Stellenwert, den die Verabredungsthematik in den Herzen und Köpfen von Teenagern beansprucht. Bringen Sie Verständnis für die emotionalen und geistigen Bedürfnisse auf, die der Teenager hofft durch Verabredungen befriedigen zu können. Egal ob diese Hoffnungen realistisch sind oder nicht, sie werden äußerst wichtig sein, um den Eltern oder dem Jugendleiter zu helfen, die Sichtweise des Teenagers zu bekommen.

Bestätigen. Zu häufig versuchen junge Leute ihre Bedürfnisse durch Rendezvous zu erfüllen, die andere Beziehungen, wie z.B. die zu den Eltern, nicht erfüllen konnten. Wenn die Eltern dem Bedürfnis der jungen Menschen nach Liebe und Annahme nicht in entsprechender Weise entgegenkommen, stehen die Jugendlichen dem Druck, den Gefahren und der ausschließlich auf Vergnügen ausgerichteten Verlockung eines Rendezvous ungeschützt gegenüber. Andersherum kann man sagen, dass junge Menschen eine Verabredung viel leichter und verantwortungsbewusster angehen können, wenn sie Bestätigung, Zuneigung und Anerkennung durch die Eltern oder andere Menschen bekommen haben.

Richtung weisen. Eltern, Pastoren, Jugendmitarbeiter und Lehrer können einem jungen Menschen helfen, der sich der Erfahrung eines Rendezvous nähert, indem sie:

• für den Jugendlichen beten;

• mit dem Jugendlichen für eine gelungene Verabredung beten;

- mit ihm Entscheidungen durchsprechen, denen er sich in der Verabredung ausgesetzt sehen könnte;

- ihn über die Gefahren eines Rendezvous informieren;

- ihm helfen einen entschlossenen Entwurf über Inhalt und Verlauf einer Verabredung zu formulieren. Hierzu können Sie in sensibler und systematischer Weise den Inhalt dieses Kapitels benutzen.

Ziele setzen. Besorgte Eltern oder andere Erwachsene, die vielleicht den Wunsch haben, die Mitarbeit des jungen Menschen bei der Erstellung eines Plans und bei der Beurteilung seines Verhaltens während der Verabredung zu gewinnen, sollten einen »Verabredungsvertrag« mit dem Jugendlichen aushandeln. Der Entwurf aus dem Buch Sexuality: God's Gift[11] von Ann Cannon könnte dazu als Muster dienen.

Hilfe von außen. Der Jugendmitarbeiter, Lehrer oder Pastor wird es sicher für wünschenswert ansehen, die Eltern des Jugendlichen in den Prozess des Umgangs mit dem Druck von Verabredungen einzubeziehen. Gleichermaßen dürften Eltern die Unterstützung durch Jugendleiter, Lehrer oder andere Erwachsene willkommen heißen. In manchen Fällen – besonders in denen, wo ein junger Mensch bereits gefährliche Gewohnheiten bei Verabredungen gezeigt hat – könnte es hilfreich sein, wenn die Eltern einen professionellen christlichen Seelsorger einschalten würden, der eine gesunde biblische Ausrichtung geben kann.

In diesem Kapitel zitierte Bibelstellen

- Galater 3,28

- Johannes 4,1-10

- Matthäus 15,21-28

- Lukas 7,1-10

- 2. Korinther 6,14

Weitere hilfreiche Bibelstellen zum Thema

- Psalm 119,9-11

- 1. Korinther 15,33

- Kolosser 3,17

- 2. Timotheus 2,22

- 1. Petrus 5,8-10

12

Die Wahl des richtigen Ehepartners

Einführung

Sie war neunzehn und im ersten Semester auf dem College. Niemals zuvor in ihrem Leben war sie derart verwirrt.

Kim saß in einem Beratungszimmer und faltete den Brief ihres Freundes zusammen, um ihn sofort wieder zu öffnen. Ihr Freund besuchte eine Universität hunderte von Kilometern entfernt.

Als sie den Brief zuerst aus dem Briefkasten nahm und die Adresse las, war sie sicher, dass er ihr mitteilen wollte, dass er eine andere Freundin gefunden habe und er ihre Beziehung nun für beendet ansah. Dies war jedoch nicht der Grund für seinen Brief. Er hatte geschrieben, um ihr einen Heiratsantrag zu machen.

»Ich weiß, ich sollte es dir persönlich sagen«, hatte er geschrieben, »und ich wünschte, dass ich es auch wirklich tun könnte. Aber ich weiß nicht, wann wir uns wiedersehen werden.«

Der Brief fuhr damit fort, dass er ihr nahelegen wollte, sie am Ende des Schuljahres zu heiraten damit sie dann ab dem zweiten Semester an seiner Universität studieren könnte.

»Was wirst du ihm antworten?«, fragte der Seelsorger.

»Ich weiß es nicht«, meinte Kim.

»Liebst du ihn?«

»Ja«, erwiderte sie sofort und blickte wieder auf den gefalteten Brief herab. »Aber …«

Ihr Berater wartete einen Augenblick während Kim mit dem Briefpapier raschelte.

»Ich weiß bloß nicht, ob er der Richtige ist«, sagte sie schließlich.

»Du musst ihm nicht unbedingt sofort antworten«, schlug er vor. »Du kannst ihn anrufen und ihm sagen, dass du im Moment noch nicht in der Lage bist, ihm eine Antwort zu geben.«

»Oh, das kann ich ihm nicht antun«, sagte Kim. »Gerade das kann ich nicht tun.«

»Nun gut«, sagte ihr Ratgeber langsam. »Und was gedenkst du zu tun?«

Kim schaute wieder auf und sah ihm mit einem leidenden Blick in die Augen. Ihre Augen schwollen an und sie begann zu weinen. »Ich weiß es nicht«, sagte sie.

● Das Problem

Die beiden wichtigsten Entscheidungen im Leben eines Mannes oder einer Frau, vor denen sie sich für gewöhnlich in der Jugendzeit gegenüber gestellt sehen, sind – zum Guten oder Schlechten – die Frage nach einem Leben mit Jesus Christus und die Wahl eines Ehepartners.

Das Problem der Wahl »des richtigen Ehepartners« kann ein Anlass zu enormen Kämpfen sein und nicht gerade zu wenig Verwirrung in den Herzen eines Mannes oder einer Frau führen. Der Autor Tim Stafford formuliert es mit diesen Worten:

Die Frage nach »dem richtigen Ehepartner« stellt sich besonders stark den Menschen, für die die Möglichkeit einer Scheidung nicht in Betracht kommt – denen, die eine Ehe lebenslang führen wollen. Wenn sie Zweifel haben, kommt die Frage auf, wie diese zerstreut werden können? Wie können sie mit Sicherheit wissen, dass sie den richtigen Lebenspartner gefunden haben? Selbst wenn eine Person gar nicht an eine Heirat denkt, könnte es sein, dass sie einem anderen Menschen zum ersten Mal begegnet und sich die Frage stellt: Ist dies vielleicht der oder die Richtige für mich?

Wie soll man den richtigen Partner unter all den hunderten von Menschen des anderen Geschlechts, die man in seinem Leben trifft, finden? Wird es einem der »sechste Sinn« mitteilen? Wirst du es »einfach wissen«, wie manche es behaupten? Ist es ein innerer Schauer, der es einem Menschen klarmacht? Oder werden rationelle Gesichtspunkte, Computeranalysen und die Werteinschätzung einer Person den richtigen Partner hervorbringen?[1]

Viele junge Leute schauen auf die Scheidungen und unglücklichen Ehen, die um sie herum wahrzunehmen sind und fragen sich, ob sie etwas Besseres erwarten können. Sie beobachten Paare, die scheinbar nicht zusammen passen und machen sich Sorgen, selbst die falsche Wahl treffen zu können. Sie denken an Beziehungen, in denen die Partner ausfallend und beleidigend miteinander umgehen und fürchten ebenfalls das Opfer einer schlechten Entscheidung zu werden.

In der Tat ist es so, wie Forschungsergebnisse zeigen, dass 90% der christlichen Jugendlichen zwar glauben, dass Gott eine Ehe für ein Leben lang gedacht hat, aber weniger als die Hälfte (48%) sagen, sie »möchten eine Ehe, wie die ihrer Eltern führen«. Und 43% glauben, dass es heutzutage »sehr schwer ist eine glückliche und erfolgreiche Ehe zu führen«.[2]

Unter solchen Bedingungen sind viele junge Menschen ernstlich damit befasst, den richtigen Lebenspartner zu finden. Viele sind mit Entschlossenheit dazu motiviert nicht die »Fehler« der Eltern zu wiederholen. Sie wollen nicht zu einer weiteren statistischen Zahl der Ehescheidungen hinzugefügt werden. Sie nehmen sich vor die Chancen zu nutzen, obwohl sie denken, dass diese nicht groß sind. Sie wünschen sich eine echte und dauerhafte Liebe in der Ehe. Aber sie haben Angst, Fehler zu machen.

◀ Die Ursachen

Viele Jugendliche machen Fehler bei ihren Verabredungen und bei der Wahl des Ehepartners und einige dieser Fehler sind geradezu tragisch. Jedoch sind diese Fehler sehr häufig nicht das Ergebnis der falschen Partnerwahl, sondern anderweitig begründet.

Man ist selbst nicht die richtige Person

Teenager und junge Erwachsene machen fortwährend den Fehler, fast ausschließlich nach dem richtigen Ehepartner Ausschau zu halten und für ihn zu beten, während sie nur wenig oder gar keine Aufmerksamkeit darauf lenken, selbst ein passender und befähigter Partner zu werden. Der junge Mensch, der sich selbst Gott nicht übergeben hat, der nicht in diesem Bereich versucht nach Gottes Willen zu leben, den Er offenbart hat (vgl. Kapitel 48, »Gottes Willen erkennen«), der noch nicht der Mensch geworden ist, der sich liebevoll und selbstlos um »Mr. Right« oder »Miss Perfect« sorgt, vergeudet seine Zeit, wenn er darauf wartet, dass Gott ihm den idealen Lebenspartner vorstellt.

Gerade in diesem Punkt zögern so viele junge Menschen. Anstatt dafür zu beten und daran zu arbeiten ein Mann oder eine Frau zu werden, die bereit sind einen lebenslangen Ehebund vor Gott einzugehen, schauen viele verzweifelt nach einem Partner in jeder Verabredung – und steuern somit für sich selbst und ebenso für den Partner auf eine Enttäuschung hin.

Nach der falschen Person Ausschau halten

Ähnlich verhält es sich, wenn junge Männer und Frauen »den Richtigen« suchen und dabei nicht merken, dass sie eigentlich nach der falschen Person schauen. Sie malen sich aus, wie die ideale Person für ihr Leben beschaffen sein müsste. Solch eine Liste der wichtigsten Merkmale fängt oft mit atemberaubender Schönheit, selbstsicherem Charme und einem tadellosen Verhalten an und enthält eventuell auch geistige und soziale Vorzüge.

Manchmal (meist ohne sich selbst darüber bewusst zu sein) stellen sich Mädchen »den Richtigen« geradeso wie ihren Vater vor. Jungen erstellen sich vielleicht eine Liste von Qualifikationsmerkmalen, die einer früheren Freundin oder einer jugendlichen Schwärmerei ähneln.

Insofern ist es nur verständlich, dass sich viele junge Leute ein Bild von Mr. Right oder Miss Perfect schaffen, das so sehr idealisiert und romantisch ist, dass es sie für all die Möglichkeiten um sie herum blind macht. Das soll aber nicht bedeuten, dass ein junger Mensch nicht nach bestimmten Qualitäten eines potentiellen Lebensgefährten suchen darf, aber diese Eigenschaften sollten realistisch und in gottgemäßer Weise reflektiert werden.

Falsche Motive

Fehlentscheidungen bei Verabredungen und in der Wahl des Ehepartners sind recht häufig das Ergebnis von unklugen und sogar nicht gottgewollten Motiven. Gerade christliche Jugendliche und junge Erwachsene suchen einen Partner oftmals aus den falschen Motiven heraus. Die Autoren Barry St. Clair und Bill Jones haben verschiedene dieser falschen Gründe für eine Heirat herausgestellt:

Angst vor dem Zukurzkommen. »Jeder andere heiratet direkt nach dem Abschluss an der High School oder dem College und ich sollte es besser auch tun.« Einige junge Männer und Frauen fühlen sich außen vor, wenn sie sehen, dass ihre Freunde und Klassenkameraden heiraten.

Das »Alte Jungfern«-Syndrom. »Immer nur die Brautjungfer, nie die Braut.« Einige fühlen sich so, als wären sie die einzigen unverheirateten Menschen. Besonders Frauen scheinen die Angst zu haben, dass sie allein bleiben müssen, nachdem all die »guten Männer« in festen Händen sind.

Die große Flucht. Einige heiraten, da sie ein schlechtes zu Hause haben …

Heirat aus Zurückweisung. Häufig heiraten Menschen kurz nach einer schmerzlichen Trennung. Sie versuchen dadurch die emotionale Leere zu füllen oder Rache zu nehmen.

Heirat durch äußerem Druck. Wenn die Eltern eines Paares sie zur Heirat drängen, passiert es oft, dass das Paar auch tatsächlich heiratet. Eine weitere Variante ist es, dass ein Partner den anderen zur Heirat drängt … Man heiratet dann aus einem Pflichtgefühl heraus und nicht aus Liebe.

Heirat zur Erfüllung der eigenen Bedürfnisse. Viele Menschen heiraten hauptsächlich, um ihre eigenen Bedürfnisse erfüllt zu bekommen, statt den Wunsch zu haben, denen des Partners entgegenzukommen. Diese Bedürfnisse können sich auf die Steigerung des Selbstwertgefühls, auf sexuelle und emotionale Wünsche, Finanzen oder weitere Bereiche beziehen. Manchmal sind es viel tiefer verwurzelte Bedürfnisse, wie zum Beispiel der Wunsch, jemandem wertvoll zu sein.

Heirat wegen Schwangerschaft. Unzählige Paare heiraten jedes Jahr wegen einer Schwangerschaft. In einigen seltenen Fällen ist es das Beste, aber leider nicht in den meisten.[3]

▲ Die biblische Sicht

»Erfolg im Leben besteht nicht so sehr darin, dass man den Menschen heiratet, der dich glücklich macht«, meint der angesehene Autor und Bibellehrer Charles Swindoll, »als vielmehr darin, den vielen Menschen zu entfliehen, die dich unglücklich machen würden.«[4]

Drei Grundfragen

Swindolls Worte enthalten eine ironische Weisheit. Viele junge Menschen zermartern sich den Kopf bei der Frage nach dem »richtigen« Ehepartner und natürlich ist es auch eine sehr wichtige Entscheidung. Hierbei kann aber eine sorgfältige und biblische Analyse von drei Grundfragen helfen.

Gibt es nur einen Menschen, der der richtige Ehepartner sein kann? Tim Stafford schreibt dazu:

> Es ist meine Überzeugung, dass wenn Gott dich zur Ehe berufen hat, er dir nur einen speziellen Menschen geben möchte. Ich glaube, dass du absolut sicher sein kannst ihn zu finden, wenn du dein Leben in der Abhängigkeit Gottes führst. Und du wirst fähig sein zu sagen:»Diese Frau, dieser Mann ist der einzig richtige Lebenspartner für mich.«
>
> Nicht alle Christen haben diese Sichtweise. Einige würden sagen, dass Gott nicht eine bestimmte Person für dich ausgesucht hat. Sie würden sagen, dass du jede Person aus einer gewissen Anzahl von Menschen heiraten könntest. Und vielleicht haben sie auch recht.[5]

Stacy und Paula Rinehart, die Autoren von *Choice: Finding God's Way in Dating, Sex, Singleness, and Marriage*, regen an, dass es realistischer wäre zu sagen,»dass man eine richtige Person heiraten sollte, statt die richtige«. Sie schreiben:

Es ist offensichtlich, dass wir uns in einem Spannungsfeld der Wahrheit befinden. Gott hat die Herrschaft, wie Hiob sagt: »Ich habe erkannt, dass du alles vermagst und kein Plan für dich unausführbar ist« (Hi. 42,2). Noch ist es aber ebenso wahr, dass Gott uns die Freiheit gegeben hat, weise Entscheidungen innerhalb seiner vorgeschriebenen moralischen Grenzen zu treffen. Die Bibel sagt, dass ein Christ nur einen anderen Gläubigen heiraten soll (2. Kor. 6,14), was in gewisser Weise sehr begrenzt ist (dies schließt den größten Teil der Weltbevölkerung aus), in anderer Hinsicht ist die Auswahl groß (denn es gibt doch recht viele Christen auf der Welt). Innerhalb des Leibes der wiedergeborenen Christen müssen wir eine geistliche und weise Entscheidung treffen. Wir können weder Gottes Souveränität noch unsere Verantwortung ignorieren.[6]

Wie kann ich es wissen, das ich die richtige Person gefunden habe? Wie viele andere Entscheidungen auch, berührt die Wahl des Ehepartners das ganze Leben eines Menschen – eigentlich das Leben zweier Menschen. Und wie jede Bestrebung den Willen Gottes zu erkennen, sollte es in biblischer Weise und unter Gebet erwogen werden. Der junge Mensch, der eine Verlobung und eine Ehe in Betracht zieht, sollte mit Sicherheit den biblischen Prozess zum Verständnis und zur Befolgung des Willen Gottes mit einbeziehen (vgl. Kapitel 48, »Gottes Willen erkennen«).

Es bleibt jedoch die Frage: Wenn ein junger Mensch ernsthaft Gottesführung in Bezug auf einen Ehepartner gesucht hat, wie kann er oder sie erkennen die richtige Entscheidung getroffen zu haben? Tim Stafford bietet eine hilfreiche Sicht an:

Selbst wenn du glaubst, dass es den passenden Lebenspartner für dich gibt, bleibt die Frage, was es dir bringt. Wie kannst du dir sicher sein wer es ist?

Die Antwort, die ich geben möchte – und ich glaube es ist die Antwort der Bibel – mag dich wahrscheinlich frustrieren. Wie es so oft mit der Bibel der Fall ist, sie löst das Problem nicht in der Weise, in der man es gelöst haben möchte. Hier ist die Antwort: Du wirst den richtigen Ehepartner mit Sicherheit an dem Tag wissen, an dem du im Standesamt bist und sagst »Ich will«. Bis zu diesem Tag wirst du es wahrscheinlich nicht mit Bestimmtheit wissen. Aber nach diesem Tag ist das Thema für immer abgehandelt.

Es scheint wie ein Trick zu sein. Du möchtest die richtige Person kennen, um deine Entscheidung zu vereinfachen. Statt dessen wird die Wahl schwieriger. Du triffst die Wahl selbst und anschließend hörst du wie die Tür sich hinter dir schließt. Deine Entscheidung ist plötzlich Gottes Entscheidung geworden.

Ich glaube, wir finden dies frustrierend, weil wir uns mit den Schwierigkeiten der Partnersuche und mit uns selbst nicht auseinandersetzen wollen. Statt dessen versuchen wir die Wahl des Ehepartners hauptsächlich auf die Frage nach der richtigen Kombination zweier Persönlichkeiten zu reduzieren, ebenso wie man den passenden Schlüssel für die entsprechende Tür sucht. Wir vergleichen mögliche Ehepartner mit unserer Liste von wünschenswerten Qualitäten und schätzen sie anschließend danach ab.

Sicherlich glaube ich, dass das Zusammenpassen wichtig ist, sie ist jedoch nicht das wichtigste Kriterium für eine erfolgreiche und glückliche

Ehe. Gottes grundlegendstes Augenmerk ist nicht das Zusammenpassen zweier Charaktere, sondern die Frage, die bis in das Herz einer Ehe dringt: Kannst du »Ich will« sagen und dabei bis zum Tod auch bleiben? Wenn du dies kannst, dann hast du den »richtigen« Menschen gefunden und bist selbst dazu geworden.[7]

Wie bereite ich mich vor? Wenn es einem jungen Menschen klar geworden ist, dass er einen Partner gefunden hat, mit dem er sein Leben teilen möchte, sind die nächsten Schritte natürlich Verlobung und Heirat.

Die meisten Paare sprechen schon eine Zeitlang über Heirat, bevor überhaupt ein Heiratsantrag gemacht wurde. Jedoch sollte nichts für selbstverständlich erachtet werden. Beide Partner sollten sicher sein, dass jeder die Absicht zur Heirat versteht und damit einverstanden ist. Vorher sollten sie darüber einstimmen sich zu verloben, da es beiden vor einer Eheschließung entgegenkommen wird. Barry St. Clair bietet auf diesem Gebiet eine kluge Beratung an:

Wie lange sollte eine Verlobung dauern? Jedes Paar hat da seine eigenen Bedürfnisse, aber zwei Richtlinien könnten womöglich allgemeine Gültigkeit haben:

Die Verlobung sollte lang genug sein, um zur Vorbereitung dienen zu können. Zwei große Ereignisse benötigen eine Zeit der Vorbereitung – die Hochzeitsfeier und das darauffolgende gemeinsame Leben. Die Planung der Hochzeitsfeier dauert normalerweise drei bis sechs Monate, was natürlich von der Größe der Feierlichkeiten abhängt.

Die Verlobungszeit sollte so kurz wie möglich gehalten werden, um Probleme zu vermeiden. Während der Verlobungszeit erhöht sich die sexuelle Versuchung. Je länger die Verlobung dauert, umso größer wird der Druck ... Die Dauer von drei bis zwölf Monaten stellt eine angemessene Zeitspanne zur Verfügung.[8]

▶ Praktische Hilfen anbieten

Einsichtige Eltern, Pastoren oder Jugendleiter können einem jungen Mann oder einer jungen Frau bei der Vorbereitung von Verlobung und Heirat mit einer Vorgehensweise wie der folgenden helfen:

Zuhören. Geben Sie ihm/ihr genügend Zeit über seine/ihre Beziehungen zu reden und hören Sie aufmerksam zu. Versuchen Sie dem jungen Menschen eine hilfreiche Sichtweise zu vermitteln, was seine Ideen bezüglich Verabredungen, Ehe und den Willen Gottes betrifft.

Verständnis zeigen. Versuchen Sie die Angelegenheit mit den Augen des jungen Menschen zu sehen. Erinnern Sie sich an Ihre Jugend: In welchen Punkten gibt es vielleicht Ähnlichkeiten zwischen Ihnen? Hatten Sie die gleichen Kämpfe durchzustehen? Ergreifen Sie jede Möglichkeit um zu zeigen, dass Sie versuchen sich in die Lage ihres Gegenübers einzufühlen und um Verständnis bemüht sind.

Bestätigen. Bei vielen jungen Menschen, die aufgrund falscher Motive versucht sind zu heiraten, besteht zumindest teilweise eine große Unsicherheit. Deshalb kann es sehr hilfreich sein, sie vorsichtig und ernstlich darin zu bekräftigen, sich als ein geliebtes Kind Gottes zu erkennen, dass unendlich wertvoll ist. Lassen Sie den jungen Menschen wissen, dass Sie sich freuen mit ihm Gemeinschaft zu haben und teilen Sie ihm Dinge mit, die Sie an ihm reizend und lohnend finden. Sie sollten dabei ruhig sehr persönlich werden.

Richtung weisen. Bieten Sie dem jungen Menschen Anleitung, indem Sie eventuell den Inhalt dieses Kapitels vermitteln und bei der Beurteilung seiner Motive und seiner Ehefähigkeit unterstützend mitwirken. Folgende Fragen könnten hierzu hilfreich sein:

• Seid ihr beide Christen? (siehe 2. Kor. 6,14).

• Hast du versucht, den Willen Gottes auf biblische Weise zuerkennen? (vgl. Kapitel 48, »Gottes Willen erkennen«).

• Liebt ihr euch mit der Liebe, von der in der Bibel die Rede ist? (siehe 1Kor. 13; vgl. Kapitel 10, »Liebe«).

• Sind eure Eltern damit einverstanden? (siehe 2. Mo. 20,12).[9]

Diese Fragen bilden den minimalen biblischen Anspruch für einen Christen, der einen gottgemäßen Weg in Richtung Ehe begehen möchte. Weitere Fragen, wie solche, die in dem Buch Worth the Wait von Tim Stafford aufgeführt sind, können dazu beitragen, die Tiefe einer Beziehung zu erfahren:

• Helft ihr euch gegenseitig in der Beziehung zu Gott zu wachsen?

• Könnt ihr euch gegenseitig aussprechen?

• Könnt ihr miteinander spielen?

• Könnt ihr miteinander arbeiten?

• Habt ihr gemeinsame Freunde?

• Seid ihr stolz aufeinander?

• Seid ihr intellektuell ebenbürtig?

• Habt ihr gemeinsame Interessen?

• Teilt ihr die gleichen Wertvorstellungen?

• Habt ihr ein gutes Gefühl bei eurer gemeinsamen Entscheidung?

• Könnt ihr euch gegenseitig seelisch aufbauen?

• Habt ihr völliges Vertrauen ineinander?

• Seid ihr kreativer und dynamischer zu zweit?

• Könnt ihr die Familie des anderen akzeptieren und schätzen?

• Gibt es unverarbeitete Beziehungen in eurer Vergangenheit?

• Habt ihr eure Sexualität unter Kontrolle?

• Seid ihr schon längere Zeit zusammen? (Tim Stafford schlägt »ein Jahr von wirklich enger Verbundenheit als Minimum« vor.)

• Habt ihr euch schon einmal gestritten und einander vergeben?

• Habt ihr über jedes Gebiet eurer gemeinsamen Zukunft gesprochen?

• Hattet ihr eine Partnerschaftsberatung?

Ziele setzen. Es bringt einem betroffenen Erwachsenen – selbst wenn er eine Person des Vertrauens ist – nicht viel, vielleicht auch gar nichts, wenn er einem jungen Menschen nur davon erzählt, wie man den richtigen Ehepartner auswählt.

Statt dessen oder auch zusätzlich sollte er daran arbeiten, dass die Richtlinien der Partnerwahl zum Eigentum des jungen Menschen werden. Veranlassen Sie ihn eigene Überzeugungen zu entwickeln und zu einer selbständigen Umsetzung zu gelangen, die auf biblischen Richtlinien der Wahl eines Ehepartners gegründet ist.

Hilfe von außen. Voreheliche Beratung durch einen Pastor oder einen professionellen christlichen Ratgeber ist für jedes Paar, das sich einer Eheschließung nähert, empfehlenswert. Eine solche Beratung sollte aus mehreren Sitzungen bestehen, die über einen längeren Zeitraum laufen.

In diesem Kapitel zitierte Bibelstellen

- Hiob 42,2
- 2. Korinther 6,14
- 1. Korinther 13
- 1. Thessalonicher 4,3
- 2. Mose 20,12

Weitere hilfreiche Bibelstellen zum Thema

- 1. Mose 2,18-24
- Sprüche 5,18-19; 18,22
- Prediger 9,9
- Epheser 5,21-28
- Hebräer 13,4

13

Leben als Single

Einführung

Es war nicht so, dass sie niemals Angebote bekommen hätte. Susan war beliebt und hatte ein hübsches Äußeres. Sie hatte mehr Verabredungen als andere gehabt. Sie war in ihrem letzten Jahr an der High School und es war angenehm in ihrer Nähe zu sein. Über ihrem Fotojahrbuch stand die Überschrift: »Sehr wahrscheinlich wird sie einmal zwölf Kinder haben.«

Aber Susan bestand die Abschlussprüfung am College im Alter von 22 Jahren ohne, dass man einen Ehe- oder Verlobungsring an ihrem Finger wahrnehmen konnte; sie hatte nicht einmal einen festen Freund.

Dies war der Zeitpunkt, an dem sich die Kommentare mehrten:

»Warum wartest du so lange um zu heiraten?«

»Warum hat dich noch niemand bekommen?«

»Meinst du nicht, dass es Zeit ist erwachsen zu werden und ein häusliches Leben anzufangen?«

»Du weißt, dass du nicht jünger wirst?«

»Vielleicht ist es langsam Zeit aufzuhören, nach dem perfekten Mann zu suchen und du solltest dich mit jemandem zufrieden geben, der gut genug ist.«

Susan wusste, dass sich einige Leute fragten, ob etwas mit ihr nicht stimmte. Sie wusste, dass ihre Freunde und ihre Familie es gut meinten, aber recht schnell ermüdete sie von ihren Fragen und Bemerkungen über ihr Singleleben. Einige junge Männer hatten ihr sogar einen Heiratsantrag unterbreitet, aber sie wies jeden ab.

»Ich weiß, dass einige Leute denken, ich wäre eine Art Freak, da ich noch ledig bin. Aber ich möchte nicht heiraten, weil ein anderer denkt, dass ich es tun sollte. Ich möchte heiraten, wenn ich jemanden gefunden habe, den ich mein Leben lang lieben kann. Ich werde warten, bis ich diese Liebe gefunden habe.«

● Das Problem

Viele junge Menschen verbringen ihre Jugend mit Gedanken, Träumen und Plänen an eine Heirat. Sie stellen sich vor, wen sie wohl heiraten werden, wie das Eheleben sein wird und wieviel Kinder sie einmal haben werden. Doch für die überwältigende Mehrheit der jungen Menschen liegt eine Heirat in weiter Zukunft. Nach der amerikanischen Behörde für Volkszählung möchten 68% der amerikanischen Frauen im Alter von 29 Jahren verheiratet sein. 81% möchten mit 34 und 88% mit 39 Jahren einmal verheiratet sein.[1]

Die Anzahl der Männer und Frauen, die niemals verheiratet waren, ist im Begriff zu steigen. »In den letzten 20 Jahren«, schreibt Stephanie Brush, »hat sich der Prozentsatz der Frauen im Alter von 20 bis 44 Jahren, die noch nie verheiratet waren, mehr als verdoppelt. Er ist von 6% auf 13% der weiblichen Bevölkerung angestiegen.«[2] Clifford und Joyce Penner stellen ein Portrait dieser wachsenden demographischen Personengruppe dar:

Es gibt solche, die sich selbst als Singles auf Zeit ansehen. Zu ihnen zählen die unter 25-jährigen, die die High School abgeschlossen haben, mittlerweile im Berufsleben stehen oder am College studieren und die Erwartung haben, später eine eigene Familie zu gründen. Viele Menschen in der Altersgruppe von 25 bis 35 haben sich berufliche Ziele gesteckt und legen keinen größeren Wert auf eine Heirat. Dann gibt es noch die Singles, die zwar einmal beabsichtigten zu heiraten, es aber nie taten … Die Gruppe der Menschen, die niemals verheiratet waren, beinhaltet solche, die sich entschieden haben, nicht zu heiraten

(selbst wenn sie die Möglichkeit dazu hatten) oder einige, die es vorzogen ihr Leben in Ehelosigkeit zu verbringen, um ihre Energien allein Gott zur Verfügung zu stellen.[3]

Die wachsende Anzahl der niemals verheirateten Menschen in Addition mit den Erwachsenen, die durch den Tod ihres Ehepartners oder aufgrund von Scheidung zum Single wurden, nähert sich der 65 Millionengrenze und ist weiterhin steigend.[4]

Während es eine langsam zunehmende Akzeptanz für Singles und deren Lebensweise in der westlichen Gesellschaft gibt, geraten noch viele junge Männer und Frauen bei der Aussicht auf ein Leben als Single in Panik. Der unverheiratete Pastor Allen Hadidian schreibt von einer Frau, die sich über ihr Unverheiratetsein beklagte. »Ich werde langsam älter! Ich komme nicht damit zurecht! Was kann ich bloß tun?« Als er sie fragte, wie alt sie sei, antwortete sie: »Achtzehn.«[5]

Solch eine Panik ist unter unverheirateten Männern und Frauen nicht ungewöhnlich, sogar bei denen, die noch im jugendlichen Alter oder Anfang zwanzig sind. Jugendliche und junge Erwachsene sehnen sich danach Intimität zu erfahren, zu jemandem zu gehören und viele fürchten sich davor, diese Dinge niemals zu erfahren. Einige werden ungeduldig, besonders wenn sie sehen, dass sich Freunde verloben oder heiraten. Einige wenige werden missmutig bei der Überzeugung, dass sie nie wirklich tief geliebt werden würden. Andere Menschen, die es williger annehmen können ledig zu sein, sowohl augenblicklich als auch zeitlebens, gelangen zu der Einschätzung, dass sie das zweitbeste Leben führen und sehen sich selbst ebenfalls als zweitklassig an.

◄ Die Ursachen

Lebensumstände

Viele junge Männer und Frauen sind aufgrund der Lebensumstände unverheiratet. Sie mögen sich in der Ausbildung befinden oder eine Karriere anstreben, die ihnen nur wenig Zeit zur Entwicklung von Beziehungen läßt. Vielleicht sind sie auch sehr schüchtern und es wird ihnen aufgrund von Verantwortung innerhalb der Familie schwer gemacht, neue Menschen zu treffen. Manchmal ist es auch so, dass sie »den richtigen Partner« noch nicht gefunden haben. Eine unverheiratete Frau schrieb: »Ich lebe schon so lange als Single, weil die Einrichtung der Ehe meiner Meinung nach als sehr wertvoll anzusehen ist. Und ich habe derart viele Menschen gesehen, die sie als eine Art Kleideranprobe betrachteten.«[6]

Die Sorgen und Unsicherheiten, die oftmals einen unverheirateten Menschen begleiten, kommen laut Carolyn Koons manchmal aufgrund »eines Mangels an Informationen über das Leben als Single, ihrer Lebensstiele und -ziele, sowie ihrer Bedürfnisse und Identität« zustande. Koons fährt fort:

> Einige Singles befürchten, dass sie ihr Leben lang unverheiratet bleiben würden; geneigt dem Irrtum zu glauben, dass das, was man nicht hat, immer besser und erstrebenswerter ist als die eigene augenblickliche Situation. Das Singleleben sollte mehr als ein Zeitabschnitt angesehen werden, dessen Dauer nicht berechenbar ist und verschiedenste Möglichkeiten mit sich bringt. Und in der Tat scheint es für einige so, als würde dieser Lebensabschnitt ihr ganzes Leben umfassen.[7]

Die eigene Entscheidung

Eine weitere Gruppe von Menschen hat die Wahl der momentanen Ehelosigkeit getroffen. Sie haben sich bewusst dazu entschlossen mit einer Heirat bis zum Abschluss ihrer Studienzeit zu warten. Sie fühlen sich völlig wohl allein zu leben und genießen die Freiheit, jederzeit einen möglichen Trip nach Thailand oder Frankreich starten zu können. Die Psychologin Dr. Angela Neal meint, »Bei Menschen, die eine realistische Selbstsicht haben, die selbstsicher sind und für gewöhnlich wissen, was ihnen wichtig ist … ist es wahrscheinlicher, dass sie Singles bleiben.«[8]

Auf der anderen Seite ist es so, regt Sozialarbeiter Don Clarkson an, dass Menschen es aus Angst vor Verpflichtungen, Abhängigkeit oder Selbstaufgabe vorziehen, ledig zu bleiben. »Dies soll nicht bedeuten, dass Singles nicht glücklich sind«, meint Clarkson, aber »eines der größeren Probleme in Beziehungen, ist die Furcht sich ganz hinzugeben und abhängig vom anderen zu werden.« Es könnte für einige Menschen angenehmer sein, diese Ängste auch weiterhin zu verstecken und allein zu bleiben, anstatt das Risiko einzugehen, dass alte Wunden wieder aufbrechen und man sich mit tiefsitzenden Befürchtungen auseinandersetzen muss.[9]

▼ Die Folgen

An dieser Stelle muss betont werden, dass das Leben ohne Ehepartner nicht unbedingt ein Problem darstellen muss, außer natürlich für diejenigen Singles, die den Wunsch haben zu heiraten und für die, die sich aufgrund der Reaktionen anderer minderwertig fühlen. Es gibt sowohl deutliche Vorteile als auch Nachteile im Leben eines Single.

Vorteile

Festigung des Charakters und der Persönlichkeit. Autor Gien Karssen zitiert Nel, einen holländischen Sozialarbeiter, der sagt:

> Die Leute denken häufig recht negativ über das Leben als Single, dabei gibt es auch Vorteile. Man hat die Möglichkeit seine eigene Persönlichkeit zu entwickeln. Wenn man verheiratet ist und Kinder hat, ist dafür keine Zeit mehr übrig.[10]

Die Möglichkeit tiefe Freundschaften zu entwickeln. Hadidian sagt: »Nur wenige realisieren das Ausmaß, bis zu welchem eine Freundschaft in angemessener Weise den tiefen Bedürfnissen beider Seiten entgegenkommen kann. So wie man es früher wohl nur in Verbindung mit einer Ehe sehen konnte.«[11] Unverheiratete Personen können oftmals tiefe dauerhafte Freundschaften mit Menschen beiderlei Geschlechts in einer Art und Weise und Häufigkeit entwickeln, wie sie bei verheirateten Menschen nur schwer zu finden ist.

Mehr Privatleben. Alleinstehende Männer und Frauen sind normalerweise in der Lage, ein viel höheres Maß an Privatsphäre zu genießen als verheiratete Personen. Sie haben die Möglichkeit zu denken, zu arbeiten, zu schlafen und in einer von ihnen selbst gewählten Atmosphäre kreativ zu sein, ohne dabei gestört zu werden.

Größere Freiheiten. Singles können in einer höchst mobilen Gesellschaft selbst enorm mobil sein. Sie sind in ihren Möglichkeiten neuen Arbeitsangeboten nachzukommen, wesentlich ungebundener, sie können Entscheidungen treffen, ohne sich mit jemand anderem absprechen zu müssen und sie können den verschiedenartigsten Interessen nachgehen. Sie müssen ihren Zeitplan und ihre Gewohnheiten nicht den Wünschen und Forderungen des Ehepartners oder eines Kindes anpassen.

Vereinfachung des Lebens. Reginald K. Brown behauptet, dass »es die Vereinfachung ist, die das Leben als Single wirklich gut macht. Dein Leben ist dann nicht so kompliziert.«[12] Und die Autoren Stacy und Paula Rinehart stellen heraus, dass »wenn ein Single ein Auto kaufen will, er normalerweise nur seine Wünsche und Bedürfnisse berücksichtigen muss. Eine Familie würde jedoch stundenlange Diskussionen bei der gleichen Anschaffung führen. Es sind mehr Personen und verschiedene Faktoren, die in die Überlegung mit eingreifen oder miteinbezogen werden müssen. Auch eine Heirat führt einen Menschen in ein Netz von Beziehungen (die Großfamilie eines jeden Partners), was ein enormer Segen, aber in einigen Punkten auch recht zeit- und nervenaufreibend sein kann.«[13]

Nachteile

Das Leben als Single ist allerdings nicht nur von Glück und Sonnenschein geprägt. Es gibt ebenso Nachteile und zwar sowohl eines kurzfristigen als auch eines fortdauernden Lebens in Ehelosigkeit.

Einsamkeit. Obwohl sich nicht alle Singles einsam fühlen, führen viele Einsamkeit als ihr größtes Problem an. »Als wir mit unverheirateten Menschen sprachen«, schreiben Clifford und Joyce Penner »besonders mit denen, die es bereits seit vielen Jahren sind, konnten wir bemerken, dass sie deutlich von einem Hunger nach einer lebendigen Beziehung sprachen«, in erster Linie von einer Beziehung zu einem Menschen des anderen Geschlechts[14] (vgl. Kapitel 1, »Einsamkeit«).

Gefühle von Entfremdung und Ablehnung. »Unsere Gesellschaft ist«, schreiben Clifford und Joyce Penner »mit Ausnahme einer Ansammlung kosmopolitischer Singles in unseren Hauptstädten, auf Familien und verheiratete Paare ausgerichtet.«[15] Singles fühlen sich häufig wegen ihrer Ehelosigkeit von Paaren, Gemeinschaften und Gemeinden ausgeschlossen.

Sexuelle Spannungen und Frustration. Natürlich schließt eine Ehe nicht unbedingt sexuelle Frustrationen aus, aber »der Mangel an körperlich-sexueller Erfüllung … ist ein fortwährender Kampf für viele unverheiratete Menschen. Einige kämpfen täglich oder vielleicht stündlich mit ihren sexuellen Frustrationen, andere ringen nur gelegentlich damit.«[16]

Weitere Kämpfe des Singledaseins. Viele Singles kämpfen »sich durch eine Suche nach Identität in einer Gesellschaft von verheirateten Menschen oder mit der Tendenz sich selbst zum Hauptanliegen zu machen oder mit der Entwicklung einer Struktur, um ihr Leben allein leben zu können oder gegen den äußeren Druck der Kritik und der Verständnislosigkeit bei Freunden oder der eigenen Familie«.[17]

▲ Die biblische Sicht

»Jesus war nie verheiratet«, schreibt Fred Hartley, »und Er war normal. Paulus war nicht verheiratet und er war normal. Johannes der Täufer war ein Single und auch er war normal. Die Geschichte ist voll von normalen Männern und Frauen, die niemals geheiratet haben. Wir müssen es verstehen, dass eine Person ein kompletter Mensch ist.«[18]

In der Tat ist es eine häufig übersehene Passage im Worte Gottes, die uns deutlich macht, dass in der Ehelosigkeit viele Vorteile für Männer und Frauen Gottes liegen:

> Über die Jungfrauen aber habe ich kein Gebot des Herrn; ich gebe aber eine Meinung als einer, der vom Herrn die Barmherzigkeit empfangen hat, vertrauenswürdig zu sein. Ich meine nun, dass dies um der gegenwärtigen Not willen gut ist, dass es für einen Menschen gut ist, so zu sein. Bist du an eine Frau gebunden, so suche nicht los zu werden; bist du frei von einer Frau, so suche keine Frau! Wenn du aber doch heiratest, so sündigst du nicht; und wenn die Jungfrau heiratet, so sündigt sie nicht; aber solche werden Bedrängnis für das Fleisch haben; ich aber schonte euch gern.
>
> Dies aber sage ich, Brüder: Die Zeit ist begrenzt: dass künftig die, die Frauen haben, seien, als hätten sie keine und die Weinenden, als weinten sie nicht und die Freuenden, als freuten sie sich nicht und die Kaufenden, als behielten sie es nicht und die die Welt Nutzenden, als benutzten sie sie nicht; denn die Gestalt dieser Welt vergeht. Ich will aber, dass ihr ohne Sorge seid. Der Unverheiratete ist um die Sache des Herrn besorgt, wie er dem Herrn gefallen möge; der Verheiratete aber ist um die Dinge der Welt besorgt, wie er der Frau gefallen möge und so ist er geteilt. Die unverheiratete Frau und die Jungfrau ist für die Sache des Herrn besorgt, damit sie heilig sei an Leib und Geist; die Verheiratete aber ist für die Sache der Welt besorgt, wie sie dem Mann gefallen möge. Dies aber sage ich zu eurem eigenen Nutzen, nicht, um euch eine Schlinge überzuwerfen, sondern damit ihr ehrbar und beständig ohne Ablenkung beim Herrn bleibt.[19]

Barry St. Clair und Bill Jones bieten eine hilfreiche und präzise Perspektive dieser Passage an:

Schwierigkeiten vermeiden

Es geht nicht darum die Ehe schlecht zu machen, aber sie bringt doch eine Menge Schwierigkeiten mit sich. Der Apostel Paulus sagt:»… aber solche werden Bedrängnis für das Fleisch haben; ich aber schonte euch gern« (1. Kor. 7,28). Die Sorge für eine Person zu tragen ist leichter als für eine ganze Familie zu sorgen …

Zum Dienst befreit

Unverheiratete Menschen haben viel mehr Zeit, um sich dem Werk Gottes zu widmen. Paulus stellt heraus, dass der Herr bald kommt und die Möglichkeit Menschen für Ihn zu gewinnen immer geringer wird:»Die Zeit ist begrenzt: … die Gestalt dieser Welt vergeht« (1. Kor. 7,29-31). Wenn du verheiratet bist, wird sich die Zeit, die du zum Dienst für andere verwenden kannst, drastisch verringern.

Befreit von den Angelegenheiten einer Familie

Wenn du verheiratet bist, dann wirst du das haben was Paulus als »Sorgen« bezeichnet (1. Kor. 7,32-34). Das Hauptanliegen eines verheirateten Mannes ist die Sorge um das Wohlergehen seiner Familie.

Gibt es körperliche Bedürfnisse, die erfüllt werden müssen? Sich um die körperlichen Bedürfnisse seiner Frau und der Kinder zu kümmern ist komplizierter (vom erhöhten Geldaufwand mal abgesehen), als dies nur für eine Person zu tun.

Wie sieht es mit dem geistlichen Wohlergehen der Familie aus? Viele Stunden müssen investiert werden um Frau und Kinder geistlich zu unterweisen. Sie benötigen eine konstante Zuwendung, damit sie in der Liebe zum Herrn und in Seiner Nachfolge wachsen können.

Das emotionelle Wohlbefinden deiner Familie verdient es ebenfalls, bedacht zu werden. Die Ehepartner müssen gegenseitig an ihren emotionellen Bedürfnissen arbeiten. Es ist die Verantwortung der Eltern, ihre Kinder mit Liebe zu sättigen, ihnen Aufmerksamkeit und viel Zeit zu schenken. Und die Zeit, die Väter dazu aufbringen müssen, ist praktisch nichts im Vergleich zu der Zeitaufwendung der Mütter.

Paulus fasst die Vorteile des unverheirateten Menschen in 1. Korinther 7,35 zusammen. Er sagt, dass das Leben in Ehelosigkeit es ermöglicht »beständig ohne Ablenkung beim Herrn« zu bleiben. Leider sehen viele Singles dies nicht als eine hohe Berufung an … Aber laut 1. Korinther 7,7 ist die Ehelosigkeit genauso eine Gabe Gottes wie es die Ehe ist. Die Ehe ist etwas Großartiges, so wie es auch die Ehelosigkeit ist. Da es für dich als unverheiratetem Menschen möglich ist, sich Christus mit ungeteilter Aufmerksamkeit zu widmen, ist es weise zu bedenken, ob Gott es überhaupt möchte, dass du heiratest, bevor du dir die Frage stellst, wen Er dir zu deinem Lebenspartner geben will.[20]

▶ Praktische Hilfen anbieten

Ein junger Mann oder eine junge Frau, die mit ihrem Leben als Single zurechtkommen, könnten Anweisungen in einigen praktischen Bereichen benötigen, so zum Beispiel, wie sie sich dem Dienst von unverheirateten Christen anschließen oder einen solchen gründen können. Jedoch braucht der junge Mensch, der mit seiner Ehelosigkeit kämpft und durch sie entmutigt wird, am ehesten die Hilfe eines umsorgenden Erwachsenen. Einsichtige Eltern, Pastoren oder Jugendleiter können einen jungen Menschen ermutigen, sein Singleleben zu akzeptieren, indem sie nach einem Plan wie dem folgenden vorgehen:

Zuhören. Zeigen Sie Ihr Interesse und hören Sie der jungen Person sorgfältig zu. Helfen Sie ihm oder ihr nicht nur vorhandene Ängste und Sorgen zu äußern, sondern stellen Sie auch Fragen, die die Gedanken und die Diskussion zu den Gründen für solche Gefühle führen. Seien Sie vorsichtig und verurteilen Sie diese Aussagen nicht, andernfalls könnte es dazu führen, dass Sie eine weitere Öffnung des jungen Menschen blockieren. Fragen wie die folgenden könnten ihnen helfen:

- Was stört dich am meisten bzw. am wenigsten am Single-Leben?

- Denkst du, dass es irgendwelche Vorteile deines Ungebundenseins gibt? Welche sind dies?

- Welche Bedürfnisse hoffst du in einer romantischen Beziehung erfüllt zu bekommen?

- Welche Dinge würden sich in deinem Leben ändern, wenn du dich in eine ernsthafte Beziehung begeben würdest?

- Würde dir eine ernsthafte Beziehung ein verändertes Selbstbild vermitteln? Inwiefern?

- Bist du der Ansicht, dass deine Ehelosigkeit ein vorübergehender oder ein permanenter Zustand ist?

- Würdest du irgendetwas anders machen, wenn du wüsstest, dass du nur vorübergehend Single bist? Und wenn du wüsstest, dass es ein dauerhafter Zustand wäre? Was würdest du verändern?

Die obigen Fragen könnten erkennen lassen, dass die Ursache nicht allein die Ehelosigkeit für die Schwierigkeiten eines jungen Menschen ist. Eventuell ist es nur ein Grund, der weitere Schwierigkeiten offenlegt, beispielsweise ein mangelndes Selbstwertgefühl (vgl. Kapitel 6, »Geringe Selbstachtung«) oder Einsamkeit (vgl. Kapitel 1, »Einsamkeit«).

Verständnis zeigen. Holen Sie den jungen Menschen dort ab, wo er ist, nicht dort wo Sie glauben, dass er sein sollte oder wo sie hoffen, dass er sein würde. Versuchen Sie die Dinge mit seinen Augen zu sehen. Einige Befürchtungen und Sorgen mögen völlig irrational erscheinen bis sich der mitfühlende Erwachsene in die junge Person hineindenken und die Situation aus seinem Blickwinkel betrachten kann. Versuchen Sie ebenso die emotionalen und geistlichen Bedürfnisse des jungen Mannes oder der jungen Frau herauszufinden, die ihn oder sie bei der Aussicht auf Ehelosigkeit beunruhigen. Vermitteln Sie ihm, dass Sie sich in seine Situation einzufühlen versuchen, indem Sie:

- vorsichtig und nicht wertend zuhören;

- eine Haltung einnehmen, die Ihr Interesse und Anliegen ausdrückt;

- nehmen Sie Blickkontakt auf;

- versuchen durch Gesten zu ermutigen (z.B. durch ein Nicken des Kopfes, so als wollten Sie sagen: »Erzähle ruhig weiter«);

- einen beruhigenden Ton in Ihre Stimme legen;

- Grundaussagen widerspiegeln (»Du meinst also ...« und »Das war für dich bestimmt ...«);

- in Phasen von Gefühlsäußerungen oder Augenblicken des Schweigens Geduld aufbringen.

Bestätigen. »Erkennen Sie den Wert Ihres Gegenübers für Gott und für sie selbst an«, rät Dan Lundblad, Pastor und Leiter des Beratungszentrums für ledige Erwachsene. Nehmen Sie jede Gelegenheit wahr, um Ihre Achtung ernsthaft zu bestätigen. Sie sollten dem jungen Menschen auch zu verstehen geben, dass er für Sie »unabhängig von seinen Fehlern und Enttäuschungen wertvoll ist«.[21] Seien Sie mit leeren Komplimenten vorsichtig, aber bemühen Sie sich durch Ihre Worte und Ihr Verhalten dem jungen Mann oder der jungen Frau Respekt und Wertschätzung entgegenzubringen.

Richtung weisen. Eltern, Pastoren, Jugendmitarbeiter und Lehrer können einem jungen Menschen helfen, der sich als Single nicht wohl fühlt und dadurch entmutigt worden ist, indem sie seine Energien in angemessener Weise in die Richtung leiten, die Dick Purnell in einem fünf Punkte umfassenden Programm vorschlägt:

Ich hatte auch meine Höhen und Tiefen als Single, aber ich bemerkte, dass es gewisse Dinge gab, die mich auf dem richtigen Weg hielten.

Das erste war das Wort Gottes. Es gab mir eine starke Grundlage für mein Leben. Ich lernte an der Wahrheit festzuhalten, unabhängig von meinen Gefühlen und den Umständen, mit denen ich konfrontiert war ... Die Schrift wurde zu meinem Reiseführer durch das Leben.

Das zweite war Gott selbst. Die Verbindung zum Herrn war eine Quelle der Freude und des Trostes. Das Gebet wurde zum wichtigen Mittel um mit dem Gott, den ich liebte im Gespräch zu bleiben ... Ich lernte es, Ihm meine Gedanken und Gefühle offen und ehrlich zu sagen. Er war derjenige, dem meine ganze Liebe galt und ich schüttete Ihm meine Seele aus ...

Der dritte Punkt waren Freunde. In ihnen hatte ich warmherzige Weggefährten. Sie wurden zu meiner »Familie«. Jedesmal wenn ich verreiste, lernte ich neue Freundschaften zu schließen und meine freie Zeit mit ihnen zu verbringen. Als ich wieder nach Hause kam, ermutigten mich meine Zimmergenossen und die Leute im Bibelstudierkreis außerordentlich.

Das vierte war der Dienst. Es gibt nichts Erfüllenderes als den Bedürfnissen anderer Menschen entgegenzukommen. Es war nicht das Ziel meines Lebens zu heiraten und eine Familie zu gründen, sondern Gott durch den Einsatz meiner Gaben zu verherrlichen ... Indem ich am Leben anderer teilnahm, wurde meine Sichtweise von mir selbst weggelenkt und auf meine Mitmenschen gerichtet.

Der fünfte und letzte Punkt waren meine Hobbys. Dies erweitert den Horizont eines Menschen und bringt Spaß ins Leben. Da ich Single war, stand mir genügend Zeit zur Verfügung, um die verschiedensten Sportarten und Hobbys zu praktizieren.[22]

Ziele setzen. Unternehmen Sie jegliche Anstrengung, um den jungen Menschen bei der Erstellung eines Plans miteinzubeziehen, der eine Vorgehensweise in den Punkten enthält, die ihm oder ihr im Leben als Single am meisten Schwierigkeiten bereiten. Sicherlich wollen Sie der Person helfen das Problem zu lösen, aber entgehen Sie der Versuchung, alles Denken und Handeln an sich zu reißen – dies ist die Aufgabe des Hilfesuchenden. Fragen Sie nach der Meinung und dem Rat des jungen Menschen. Erkennen Sie seine oder ihre Lösungsversuche an. Sie leisten Hilfe, wenn Sie die Aufmerksamkeit auf die Fortschritte lenken und keine Perfektion anvisieren. Fördern sie einen Geist der Unterstützung und Zusammenarbeit im Dienst von jungen Leuten und anderen Singles.[23]

Hilfe von außen. »Lernen Sie ihre Grenzen zu erkennen«, schreibt Lundblad, »und leiten Sie den jungen Menschen an einen qualifizierteren Seelsorger oder Arzt weiter, wenn Ihnen dies nötig erscheint. Sollte sich eine Langzeitberatung abzeichnen, ist es wichtig, dass eine möglichst frühe Übergabe erfolgt, damit der Ratsuchende die Chance bekommt, eine Beziehung zu dem Berater aufzubauen, mit dem er längere Zeit zusammenarbeiten wird.«[24] Hierzu sollten die Eltern informiert und beteiligt werden und es sollte deren kontinuierliche Unterstützung und die Hilfe von anderen einfühlsamen Erwachsenen ermöglicht werden.

In diesem Kapitel zitierte Bibelstellen

• 1. Korinther 7,7

• 1. Korinther 7,25-35

Weitere hilfreiche Bibelstellen zum Thema

• Psalm 38,9; 62,7-8; 142,4-5; 145,17-20

• Sprüche 3,5-6

• Hebräer 4,15

14

Umgang mit Gruppen- druck

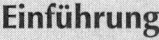

Einführung

Das dreizehnte Lebensjahr war für Randy sein schwerstes.

Seine Familie zog im Sommer in eine fremde Stadt und Randy musste das 8. Schuljahr in einer neuen Schule beginnen.

Er hätte die Zigarette abgelehnt, die man ihm auf dem Heimweg von der Schule anbot, wenn er noch seine alte Schule besucht hätte. Aber es war wichtig für ihn, schnell neue Freunde zu finden und so nahm er die Zigarette von den drei neuen Freunden, die ihn begleiteten. Noch versuchte er die Zigarette zwischen seinen Fingern verglimmen zulassen, nur wenn er sich von den anderen beobachtet fühlte, zog er daran.

Als Randys neue Freunde merkten, dass seine beiden Eltern arbeiteten und ihn nach der Schule für einige Stunden allein ließen, gingen sie mit ihm nach Hause oder schauten kurz nach Schulschluss bei ihm herein. Randy wusste, dass seine Eltern ihm nicht erlauben würden, Freunde einzuladen, während sie unterwegs waren. Aber er sorgte jedesmal dafür, dass auch alle rechtzeitig gingen; so hatte er noch genügend Zeit, um das Haus vor der Rückkehr der Eltern in Ordnung zubringen.

Eines Nachmittags brachte Darren, der Junge, der Randy anfangs eine Zigarette anbot, eine Sechserpackung Bier mit. Randy war mittlerweile über den Verlauf der Dinge verärgert, wollte Darren aber nichts davon sagen. Und so kam es, dass Randy und seine Freunde im Haus seiner Eltern rauchten und Bier tranken, bis Randy sie bat zu gehen, da seine Eltern bald zurückkommen würden.

Randy warf die Bierdosen in den Abfall, bevor seine Eltern nach Hause kamen, aber der Zigarettenrauch war im ganzen Haus noch wahrzunehmen. Seine Eltern beschuldigten ihn geraucht zu haben, was er jedoch abstritt. Es folgte eine hitzige Diskussion, in dessen Verlauf sein Vater ihn auf den Boden der Tatsache zurückbrachte.

Zwei Tage später, Randy war noch immer recht niedergedrückt, wurde er beim Ladendiebstahl ertappt und festgenommen. Seine Freunde, die ihn dazu drängten ein teures Paar Schuhe zu stehlen, waren verschwunden als der Kaufhausdetektiv seine Hand auf Randys Schulter legte.

● Das Problem

Ein beunruhigender Anteil der Gemeindejugend – Kinder aus christlichen Elternhäusern, die in Gemeindeaktivitäten einbezogen sind – zeigen ein unangemessenes, unmoralisches und sogar gesetzwidriges Verhalten. Eine Umfrage unter 3795 Jugendlichen aus evangelikalen Gemeinden in den USA und Kanada[1] deckte auf, dass allein in den letzten drei Monaten:

- zwei von drei Jugendlichen (66%) ihre Eltern, Lehrer oder andere Erwachsene angelogen haben;

- sechs von zehn Jugendlichen (59%) Gleichaltrige belogen haben;

- beinahe die Hälfte der Befragten (45%) wenigstens einmal pro Woche den Musiksender MTV einschalteten;

- jeder Dritte (36%) bei einer Prüfung schummelte;

- beinahe jeder Vierte (23%) Zigaretten oder andere Tabakwaren konsumierte;

- jeder fünfte Teenager (20%) den Versuch unternahm, einen anderen körperlich zu verletzen;

- jeder Neunte (12%) betrunken war;

- beinahe jeder Zehnte (8%) illegale, nicht rezeptpflichtige Drogen einnahm.

Und mehr als die Hälfte der Jugendlichen (55%) vor dem Erreichen des 18. Lebensjahres sexuell aktiv wurden. Zu den praktizierten Verhaltensweisen gehörten z.B. das Streicheln der Brüste und Genitalien und/oder Geschlechtsverkehr.[2]

Ein Großteil dieser Verhaltensweisen wird durch einen hohen Erwartungsdruck in einer Gruppe von Gleichaltrigen hervorgerufen. Jugendliche stehen einem enormen Druck gegenüber in bestimmter Weise zu handeln, zu sprechen, sich zu kleiden und gewisse Dinge auszuprobieren. Jegliche Abweichung, von dem was in der Gruppe als »normal« angesehen wird oder von Dingen, die üblicherweise getan werden, kann zu Spott und Ablehnung führen (vgl. Kapitel 15, »Ablehnung und Einschüchterung durch Gleichaltrige«).

Dr. Bruce Narramore schreibt:

Wenige Dinge jagen den Herzen von Eltern mehr Angst ein, als die Möglichkeit von Gruppendruck. Wir schauen uns die Heranwachsenden in unserer Umgebung oder in der Schule an und fangen bei dieser Aussicht an zu zittern. Wir hören quietschende Reifen, wenn sie auf die Hauptstraßen hinausfahren. Wir sehen einen Haufen schludrig gekleideter Teenager vor dem Schnellimbiss herumhängen. Wir bemerken, dass einige Mädchen verführerische Kleidung tragen und ununterbrochen gotteslästerliche Aussprüche auf den Lippen führen. Ebenso hören wir Geschichten von wilden Parties und der leichten Beschaffbarkeit von Drogen in unseren Schulen.

Es sind selbst Jugendliche aus »guten« Familien betroffen. Und wir sind verwundert über ihre moralischen Maßstäbe, ihr geistliches Engagement, ihre Einstellung zu Autoritäten und ihr Verantwortungsbewusstsein – oder über den Mangel an diesen Dingen. Wir sind besorgt über ihren Musik- und Modegeschmack oder andere momentane Maschen. Wir wissen, egal ob wir es für gut befinden oder nicht, dass das was die Freunde unserer Kinder sagen und tun, eine genauso starke oder eventuell eine noch größere Beeinflussung für sie darstellt, als das was wir ihnen sagen oder tun ... Aber

Jugendliche mögen vielleicht über den Druck, den sie von Gleichaltrigen erfahren, geradeso beunruhigt sein, wie ihre Eltern ... Steve, ein sechzehnjähriger High School Absolvent, drückt es so aus: »Meine Freunde wollen Dinge tun, von denen ich weiß, dass sie unchristlich sind und es ist schwer, nicht mitzumachen. Ich schätze, es bedeutet, dass meine Freunde nicht gut für mich sind, aber dies zu wissen, macht die Sache nicht leichter. Keiner mag es, als Spinner angesehen zu werden.« Janet, ein temperamentvolles vierzehnjähriges Mädchen, stimmt zu: »Ich weiß, es ist dumm, aber ich tue schließlich etwas, was ich von mir aus niemals tun würde. Ich werde von der Aufregung gefangen und höre dann auf zu denken.«[3]

◀ Die Ursachen

Der Erwartungsdruck, den eine Gruppe von Gleichaltrigen auf einen Jugendlichen ausübt, kann sowohl negative als auch positive Auswirkungen mitsichbringen. Jugendgruppen in der Gemeinde, christliche Freunde und ältere Geschwister können beispielsweise positiven Druck ausüben. Sie können einen Teenager dazu »drängen«, sich gegenüber jemandem, der verletzt worden ist, in mitfühlender Weise zu verhalten. Sie können einen jungen Menschen dahin führen, einen Bibelstudierkreis zu besuchen. Sie können sogar einen jungen Mann oder eine junge Frau bewegen, die Ansprüche des Herrn in ihrem Leben umzusetzen.

Aber es kann auch negative Folgen nach sich ziehen, die Eltern, Lehrer, Pastoren und Jugendleiter in Besorgnis bringen. Die Ursachen des negativen Erwartungsdrucks sind vielfältig und mögen in einer speziellen Situation schwer zu

erkennen sein. Trotzdem kann man die mitwirkenden Faktoren in äußere und innere Einflüsse einteilen.

Äußere Einflüsse

Heranwachsende sind schon immer von Gruppendruck beeinflusst worden. »Jedoch kann der Druck heutzutage«, meint Sharon Scott, eine frühere Leiterin des Jugendfreizeitprogramms der Polizeiabteilung in Dallas, »stärker als das Kind sein, das es nicht gewöhnt ist, selbst vorbeugend zu handeln oder Schwierigkeiten zu vermeiden.«[4] Sie zitiert: »... moderne Lebensstile, die die Qualität der Wechselbeziehung zwischen Erwachsenen und Kindern verringern, während gleichzeitig die negativen Botschaften und Aufforderungen an das Kind ansteigen.« Sie bringt den Einfluss der Medien, Veränderungen in der Familienstruktur und den gesellschaftlichen Wandel und dessen veränderte Erwartungen damit in Verbindung:

Durch die Medien lernen unsere Kinder bereits in frühen Jahren mehr und ahmen natürlich dem, was sie sehen, nach. Die Medien verstärken den Gruppendruck: Wenn du eine Persönlichkeit und beliebt sein willst, musst du eine bestimmte Hosenmarke tragen oder eine besondere Zahnpasta benutzen ...

Unsere Kinder werden nicht nur mit äußeren Botschaften und Möglichkeiten überschüttet, die außerhalb unserer Kontrolle liegen, sondern werden in vielen Fällen zu Hause nicht ausreichend gestärkt, um dem Gruppendruck standzuhalten. Isolation – unter anderem hervorgerufen durch Fernseher und Telefonanlagen in den Kinderzimmern – sowie ein Mangel an Zeit für Gespräche, Spiele und gemeinsame Arbeiten innerhalb der Familie, sind Faktoren, die immer stärker ausgeprägt sind. Die Technologie vergrößert unsere Mobilität ebenso wie unsere Isolation und dies nicht nur in unserem zu Hause sondern auch in anderen Lebensbereichen.

Das Leben unserer Kinder findet schon in frühen Jahren mehr und mehr außerhalb ihres Heimes statt. Sie machen häufig schon recht früh ihren Führerschein, so dass sich für die Eltern in zunehmendem Maße die Möglichkeit reduziert, das Verhalten und die Umwelteinflüsse ihres noch nicht erwachsenen Sprösslings zu beeinflussen. Eine begünstigende Tatsache ist es außerdem, dass viele Familien mehrere Autos besitzen, was die Menge der individuellen Freizeitmöglichkeiten auf Kosten von Familienaktivitäten erhöht und ein Ungleichgewicht schafft.[6]

Zudem haben psychologische Untersuchungen die Konsequenzen aufgedeckt: Ein Mangel an familiärer Einheit ist ein Schlüsselfaktor für die Beeinflussbarkeit eines jungen Menschen durch Gruppendruck. Teenager, die sich zu Hause nicht verstanden oder anerkannt fühlen, deren Eltern im Streit miteinander liegen, die von ihren Geschwistern schlecht behandelt werden, deren Eltern ständig zu tun haben oder gleichgültig (vgl. Kapitel 17, »Nachlässige Eltern«) oder zu dominant sind (vgl. Kapitel 16, »Überfürsorgliche Eltern«), neigen dazu, ihre Bedürfnisse nach Annahme und Anerkennung bei ihren Freunden zu stillen – egal was die Kosten dafür auch sein mögen.

Innere Einflüsse

Die bereits zitierte Umfrage unter 3795 Gemeindejugendlichen zeigt, dass die Eltern nicht zu den wesentlichen Beratern der Gemeindejugend (im Alter von 11-19 Jahren), denen sie sich anvertraut, zählt. Obwohl die Mehrheit der befragten Jugendlichen (73%) in stabilen Familienverhältnissen lebt und angibt, eine positive Umgebung in ihrem Elternhaus vorzufinden (62%). Nur jeder Vierte (26%) sagt, dass er häufig den Rat des Vaters sucht und zwei von fünf Jugendlichen (40%) geben an, regelmäßig bei der Mutter um Rat zu fragen.[7]

Der Psychologe Bruce Narramore meint, dass im Alter von 12-17 Jahren, die Zeit, die ein durchschnittlicher Teenager mit seinen Eltern verbringt, um die Hälfte abnimmt.[8] Offensichtlich bilden die Teenagerjahre eine Phase, in der die Jugendlichen mehr durch die Meinungen, Einstellungen und Einflüsse Gleichaltriger geprägt werden, als durch die der Eltern.

Dies ist aber eine absolut natürliche und sogar wünschenswerte Entwicklung. Narramore nennt es einen »gottgegebenen Prozess«. Er schreibt:

Die Bibel sagt, dass schließlich jedes Kind einmal seinen Vater und seine Mutter verlässt, um eine Beziehung zu seinem Ehepartner aufzubauen (1. Mo. 2,24). Der Umgang mit Gleichaltrigen ist ein Schritt in diese Richtung. Über Jahre ... haben Kinder ihre Identität in der Beziehung zu den Eltern gefestigt. Was ihre Eltern sagten oder taten, war ziemlich genau das, was sie für richtig, wahr und anständig hielten. Aber die körperlichen und intellektuellen Veränderungen, die in der Pubertät in Gang gesetzt wurden, drängten sie in das Erwachsenenalter. In gewisser Weise kann man den Umgang mit Gleichaltrigen mit einer Zwischenstation im Übergang von der Abhängigkeit des Kindes zur Unabhängigkeit oder zur wechselseitigen Abhängigkeit des Erwachsenen vergleichen.[9]

Eine weitere innere Voraussetzung, die Jugendliche empfänglicher für die Folgen von Gruppendruck macht, ist ein geringes Selbstwertgefühl.[10] Jugendliche, die sich selbst als unintelligent, unbeliebt und für nicht attraktiv halten, sind wesentlich schutzloser dem Erwartungsdruck Gleichaltriger ausgesetzt. Ihr Hunger nach Annahme und Anerkennung veranlasst sie, diese Dinge durch Anpassung zu suchen. Jugendliche mit negativen Vorstellungen über sich selbst, tendieren dazu, sich Freunde oder Bekannte auszuwählen, die ihr eigenes Selbstbild bestätigen oder verstärken. Sie finden sie häufig unter Verlierern und Drogenbenutzern oder in den Menschen, von denen sie beherrscht und schikaniert werden.

▼ Die Folgen

Eltern oder andere Erwachsene, die mit der Jugend arbeiten, sind sich bestimmt der Auswirkungen von Gruppendruck bewusst. Selbst die jungen Menschen neigen dazu, ein ziemlich gutes Gespür für diese Wirkungen zu haben. Jedoch konzentrieren sich viele auf die sichtbaren Konsequenzen, wie beispielsweise Verhaftungen, Autounfälle, Drogensucht … Solche offensichtlichen Folgen von Gruppendruck bilden zusammen gerade mal eine Sparte von fünf wesentlichen Resultaten. Die anderen sind: Ausprobieren von Verhaltensweisen, Angst und Frustration, Depressionen und Verwirrung.

Ausprobieren von Verhaltensweisen

Der Erwartungsdruck unter Gleichaltrigen veranlasst einen Jugendlichen normalerweise dazu, mit seinen Einstellungen und seinem Verhalten zu experimentieren und Dinge zu tun, die er sonst nicht tun würde. Für viele Teenager und Erwachsene war die erste Zigarette, der erste Schluck Alkohol, der erste Kontakt mit pornografischem Material und der erste versuchte Ladendiebstahl, ein Ergebnis des Gruppendrucks seiner Kameraden. Wie die 14-jährige Janet sagte, der Gruppendruck brachte sie dazu, Dinge zu tun, die sie von sich aus niemals tun würde.

Angst und Frustration

Jugendliche mögen es nicht, wenn sie für den Erwartungsdruck von Gleichaltrigen anfällig sind. Sie schätzen es nicht, sich zu riskanten Unternehmungen überreden zu lassen. Sie fürchten es, von Eltern oder anderen Autoritätspersonen entdeckt zu werden und die Unfähigkeit sich selbst und ihre Umgebung zu kontrollieren, frustriert sie. Ebenso wie Randy, dessen Geschichte dieses Kapitel einleitete, wollen sie oft nicht die Dinge tun, zu denen ihre Freunde sie drängen. Doch sie sehen sich in einer Wechselwirkung gefangen – Anerkennung gegen Anpassung. Allerdings endet dieser Handel in einer Enttäuschung, da sie selten die Anerkennung erfahren, die sie sich wünschen.

Depressionen

Wiederholte Versuche, durch Anpassung ihr Ziel zu erreichen (welche dazu neigen nicht in Erfüllung zu gehen und statt dessen Frustration hervorrufen), bringen Teenager häufig in eine Spirale von Depressivität.[11] Sie fühlen sich zunehmend einsamer, hilfloser und hoffnungsloser als zuvor, weil sie erkennen, dass ihr Streben nach Anerkennung keinen Erfolg hat.

Das darauffolgende Gefühl der Ohnmacht schließt sich dem bereits existierenden Gefühl der Wertlosigkeit an und kann zu Depressionen führen, die sich in einem missmutigen Verhalten oder in Ärger und Aufruhr ausdrücken.

Verwirrung

Sharon Scott berichtet die Geschichte eines intelligenten und disziplinierten Studenten, der davon erzählte und träumte, Astronaut werden zu wollen. Unglücklicherweise brachten ihm seine guten Noten und seine Anstrengungen dem Lehrer zu gefallen, den Spott der Klassenkameraden ein. Diese Bedrohung für »sein natürliches Bedürfnis, gemocht zu werden« veranlasste ihn dazu, seine Beteiligung am Unterricht einzuschränken und er ließ in den Klassenarbeiten einige Aufgaben absichtlich unbearbeitet. Scott schreibt:

Dieser Student ... setzte seine Maßstäbe herunter und reduzierte somit die Chance, sein Ziel zu erreichen, welches er einst angestrebt hatte. Dies bedrückte und verwirrte ihn, da er einer unmöglichen Entscheidung ausgesetzt war. Er hatte die Wahl zwischen seinem persönlichen Ziel und der Anerkennung seiner Klassenkameraden.[12]

Jugendliche, die sich den Erwartungen Gleichaltriger beugen, geraten durch das unerreichbare Versprechen, welches Anpassung fordert, in Verwirrung und Entfremdung.

Konsequenzen

Viele Erwachsene und Jugendliche registrieren die sichtbaren Auswirkungen, die Gruppendruck zur Folge hat. Autor und Referent Bill Sanders unterstellt, dass es allerdings wenige sind, die über die deutlichsten und unmittelbarsten Konsequenzen ihrer tatsächlichen Wahl hinausdenken. Er vertritt die Ansicht, dass die Einwilligung, sich dem Gruppendruck zu beugen, zu negativen Auswirkungen führt und unweigerlich mit der Wahl verbunden ist:

- wie man sich zu verhalten hat;
- was aus einer Person wird;
- wie man von dieser Gruppe und anderen Menschen behandelt wird.

Wenn du dich dafür entscheidest, Zigaretten zu rauchen, wählst du: mehr als acht Jahre deines Lebens zu verlieren; einen Raucherhusten und einen schlechten Atem, sowie die größere Chance Krebs zu bekommen.

Wenn du dich dafür entscheidest die Schule abzubrechen, bedeutet deine Wahl normalerweise, dass: du eine harte und schlecht bezahlte Arbeit bekommst, man dich in vielen Lebensbereichen ignoriert und du möglicherweise Freunde findest, die ebenfalls nicht vorankommen.

Wenn du dich dafür entscheidest, illegale Dinge zu tun, dann wählst du: die Verachtung deiner Mitmenschen, einen möglichen Gefängnisaufenthalt und ein Leben auf der Flucht.[13]

Den Erwartungshaltungen anderer zu entsprechen, verspricht einem jungen Menschen angenommen und anerkannt zu werden – aber es ist ein leeres Versprechen.

▲ Die biblische Sicht

Gruppendruck ist ein natürliches und verständliches Phänomen, das positiv oder negativ sein kann. Ebenso ist es auch unumgänglich. Nicht nur Teenager sind ihm täglich ausgesetzt, sondern auch Eltern, Pastoren und Lehrer. Wir können vermuten, dass selbst der Herr sich gegenüber dem Druck von Menschengruppen zu wehren hatte, sich jedoch auch dabei sündlos verhielt. Die Bibel sagt, dass Er »in allem in gleicher Weise wie wir versucht worden ist, doch ohne Sünde«.[14]

Gruppendruck – die Versuchung, sich den Einstellungen und Verhaltensweisen anderer anzupassen – muss bekämpft werden. Dr. James Dobson schreibt:

Die Schrift spricht deutlich über die Gefahren von Konformismus. Gott in Seiner Weisheit ist es bekannt, dass sozialer Druck uns davon abhalten kann, die richtigen Dinge zu tun und so spricht Er ganz energisch dagegen. Römer 12,2 warnt: »Und seid nicht gleichförmig dieser Welt, sondern werdet verwandelt durch die Erneuerung des Sinnes, dass ihr prüfen mögt, was der Wille Gottes ist: das Gute und Wohlgefällige und Vollkommene.«

Eine andere Schriftstelle (1. Joh. 3,13) legt dies sogar noch unverblümter dar. Sie sagt: »Wundert euch nicht, Brüder, wenn die Welt euch hasst.«

Es ist augenfällig; Gott will es nicht, dass wir den Launen der uns umgebenden Welt folgen. Er erwartet von uns, dass wir zu uns selbst sagen: »Ich werde mein Verhalten, meine Gedanken, meinen Körper und mein ganzes Leben kontrollieren. Ich kann mich meinen Freunden in bedeutungslosen Bereichen angleichen, wie z.B. das angemessene Tragen von moderner Kleidung. Aber wenn es um moralische Dinge und den Gehorsam gegenüber Gott und das Lernen in der Schule geht und darum, meinen Körper sauber und gesund zu halten, dann werde ich mir von niemandem sagen las-

sen, was ich zu tun habe. Wenn sie deshalb über mich lachen, sollen sie lachen. Es wird nicht allzu lange witzig für sie sein. Ich lasse es nicht zu, dass irgendetwas mich davon abhält, das Leben eines Christen zu führen. In anderen Worten: »Ich werde mich nicht anpassen!«[15]

▶ Praktische Hilfen anbieten

Wie können Jugendleiter, Lehrer, Pastoren oder die Eltern einem jungen Menschen helfen mit dem Erwartungsdruck von Gleichaltrigen zurechtzukommen? Die Aufgabe mag von Teenager zu Teenager unterschiedlich sein, sollte aber auf jeden Fall mit Gebet und einer demütigen Abhängigkeit von Gott begonnen werden. Gruppendruck ist für jeden eine Herausforderung, so dass der Jugendliche und der engagierte Erwachsene gut daran tun, zu erkennen, dass Willenskraft und kluge Techniken nicht die richtigen Antworten bieten können. Ein demütiges Vertrauen in Gott, Seine Führung und Kraft sind die ersten und wichtigsten Schritte, um mit dem Problem des Gruppendrucks umzugehen. Weitere Schritte werden wahrscheinlich Folgendes beinhalten:

Zuhören. Einige Jugendliche wenden sich etwas widerwillig dem Einfluss ihrer Altersgefährten zu (besonders in einigen Bereichen), da sie meinen, dass weder die Eltern noch andere Erwachsene ihnen jemals wirklich zugehört hätten. Es ist äußerst wichtig, besonders in der frühen und mittleren Pubertätsphase, wenn das Vertrauen in die Freunde ein Höchstmaß erreicht hat, dass wenigstens ein Elternteil oder ein anderer Erwachsener einen positiven Einfluss auf den Jugendlichen hat und ihm aktiv und aufmerksam zuhört.

Sie können einen Teenager unterstützen über das Problem von Gruppendruck zu sprechen, indem Sie Fragen stellen wie:

- Hast du Freunde, die dich in positiver Hinsicht beeinflussen? Oder solche, die dich zu schlechten Dingen verleiten?

- Hast du es jemals in der Schule oder im Sport vermieden, abgestempelt und verlacht zu werden?

- Gibt es Dinge, die du aufgrund von Druck seitens deiner Kameraden tust oder unterlässt? Welche Dinge sind dies?

- Verspürst du einen Zwang, dich über andere Personen lustig zu machen oder jemandem etwas anzutun, wenn deine Freunde dabei sind?

- Verhältst du dich im Kreis der Familie oder deiner Freunde aus der Gemeinde anders als du es in der Schule oder unter anderen Freunden tust?

- Fühlst du dich im Allgemeinen frei mit deinen Eltern über Angelegenheiten zu reden? Kannst du mit ihnen über Dinge sprechen, zu denen du dich gezwungen fühlst sie zu tun?

- Erzählst du Gott von den Dingen, die du unter Druck tust, sagst oder sein möchtest? Wieso redest du mit Gott darüber? Wieso verschweigst du es ihm?

Die oben genannten Fragen mögen Sie anregen, einem jungen Menschen zur Aussprache über den empfundenen Gruppendruck und dessen Folgen für ihn behilflich zu sein. Wenn der Jugendliche

spricht, sollten Sie sorgfältig und genau zuhören. Ihre Aufmerksamkeit ist nicht nur gegenüber dem, was er sagt gefordert, sondern auch für die Gefühle, die zwischen seinen Worten liegen.

Verständnis zeigen. Beurteilen und kritisieren Sie seine Reaktionen auf Gruppendruck nicht zu schnell. Und überhaupt, wie gehen Sie mit Gruppendruck um? Passen Sie sich in bestimmten Dingen an, um auf ihrer Arbeitsstelle akzeptiert zu werden? Oder in der Gemeinde, unter Freunden? Eine ehrliche Einschätzung Ihrer eigenen Antwort auf Gruppendruck, kann Ihnen zu einer sensiblen und mitfühlenden Sichtweise für die Anstrengungen eines Jugendlichen in diesem Bereich verhelfen.

Weiterhin kann einfühlsame Beteiligung auf folgende Weise gezeigt werden:

- Erkennen Sie die Gefühle des jungen Menschen ohne Tadel an.

- Setzen Sie Ihre Körpersprache ein (beugen Sie sich ein wenig nach vorne, verschränken Sie Ihre Arme nicht vor der Brust, nicken Sie zustimmend, suchen Sie Blickkontakt etc.).

- Wiederholen Sie Schlüsselaussagen (zum Beispiel, »Ich möchte sicher gehen, dass ich verstanden habe, was du sagen willst ...«).

- Warten Sie geduldig, wenn Stille einsetzt oder der Jugendliche anfängt zu weinen.

Bestätigen. Wie jeder von uns, haben auch Teenager einen »Hohlraum« in sich, der gefüllt werden muss, um möglichem Gruppendruck erfolgreich zu widerstehen. Eltern oder andere liebevolle Erwachsene können dabei helfen, indem sie diesen »Hohlraum« füllen und dem Jugendlichen Annahme, Anerkennung, Bestätigung und Zuneigung geben. »Ein Kind, dass sich selbst angenommen hat«, meint Scott, »hat mehr innere Stärke und Sicherheit den Schlägen der manchmal rauen Außenwelt zu widerstehen. Ermutigungen für die Anstrengungen des Kindes und Lob für Erfolge zu vergeben, sind die wichtigsten Mittel um sein Selbstwertgefühl aufzubauen.«[16] Bestätigung können Sie vermitteln, indem Sie:

- zu Hause einen »sicheren Hafen« schaffen, in dem Kritik und Spott, die der Jugendliche woanders erfährt, aufgefangen werden kann;

- den Eindruck, den der Teenager von dem Wert, den er in Gottes Augen hat, verstärken (vgl. Kapitel 6, »Geringe Selbstachtung«);

- dem Jugendlichen aufrichtige Komplimente in Bezug auf seine Fähigkeiten und Qualitäten machen;

- es dem jungen Menschen häufig ermöglichen, Vertrauen und Kompetenz zu entwickeln. Wenn er beispielsweise Schwierigkeiten im Sport hat, erwägen Sie es, ihn für Reitstunden zu gewinnen oder lehren Sie ihn an Autos herumzubasteln. Wenn sie wegen der Auswirkung ihrer Zahnklammer auf ihre Erscheinung gehemmt ist, ermutigen Sie sie dazu eine sportliche Aktivität auszuüben oder bringen Sie ihr das Fotografieren bei, damit sie auch in anderen Lebensbereichen besser zurechtkommt;

- den Jugendlichen aktiv ermutigen gleichaltrige Freunde zu treffen, die einen positiven Einfluss ausüben und ihn in seinen Qualitäten und Fähigkeiten bestätigen.

Richtung weisen. Außer dem Zuhören, Einfühlen und Bestätigen kann ein engagierter Erwachsener dem Teenager einige Vorschläge und Anweisungen anbieten, die ihm bei der Entgegnung auf den Erwartungsdruck Gleichaltriger helfen können. Besonders wichtig ist, dass Sie es dem Jugendlichen eindringlich nahelegen sich an Gott zuwenden, die Beziehung zu Ihm weiterzuentwickeln und sich in Seine Abhängigkeit zu begeben. Er ist eine Hilfe, die »in Nöten reichlich gefunden« wird.[17] Zusätzlich bietet Alison Bell 20 Vorschläge an (zu finden im Teen Magazin):

- Stelle 101 Fragen ... Zum Beispiel: Wenn ein Kumpel dich zum Rauchen verleiten möchte, frage ihn, weshalb er raucht, wie lange er schon raucht, ob es ihn nicht stört, einen schlechten Atem zu haben. »Das Fragen bringt den anderen in die Defensive«, erklärt Richard Mills, Psychologe im Schuldienst von Los Angeles.

- Sprich dein »Nein« mit Bestimmtheit aus ... Schaue dem anderen in die Augen und gib ein überzeugendes ›Nein‹ von dir, dass deine Autorität ausdrückt. Je sicherer du ablehnst, desto eher wird man dich in Ruhe lassen.

- Bekräftige dein »Nein« mit einer positiven Aussage ... Zum Beispiel: Wenn du ein Angebot zum Haschisch rauchen abgelehnt hast, sage zusätzlich: »Danke, ich mag meinen Verstand so wie er ist.«

- Wiederhole deinen Standpunkt. Zögere nicht, deine Meinung immer wieder darzustellen.

- Übe dich im »Nein« sagen. Versuche öfters »Nein« zu sagen, wenn du in einer sicheren Umgebung bist, z.B. wenn dein großer Bruder dich fragt, ob du am Samstagabend seine Wäsche übernehmen könntest.

- Vermeide Drucksituationen. Gehe aus der Situation heraus.

- Vermeide in erster Linie gefährliche Situationen. Wenn du weißt, dass auf einer Party Alkohol oder Drogen genommen werden, dann suche dir eine andere Beschäftigung für diesen Abend. Oder, wenn du mit einem Jungen ausgehst, vermeide es mit ihm dort allein zu sein, wo er dir zu nahe kommen könnte.

- Verwende die Freundschaftsmethode. Finde einen Freund, der die gleichen Wertvorstellungen hat wie du und unterstützt euch gegenseitig.

- Konfrontiere den Führer der Gruppe. Der beste Weg mit einem Typen umzugehen, der dich unter Druck setzen möchte, ist es sich ihn zu schnappen, wenn ihr beiden allein seid. Erkläre ihm, was du davon hältst und sage ihm, dass er dich in Ruhe lassen soll.

- Bedenke die Folgen eines Nachgebens … Nimm dir Zeit, um über die Konsequenzen deines Verhaltens nachzudenken.

- Suche dir positive Vorbilder. Hast du schon bemerkt, dass die wirklich beliebten und erfolgreichen Leute an deiner Schule diejenigen sind, die keine Angst davor haben zu sagen, was sie mögen und was nicht?

- Mache dir nicht den Leitspruch »Jeder tut es« zu eigen … Die Wahrheit ist, dass es nicht jeder tut.

- Suche Unterstützung. Sprich dich mit Freunden, die sich ähnlich bedrängt fühlen, über das Problem, das du mit Gruppendruck hast, aus. Es kann dir das Gefühl von Sicherheit geben,

wenn du weißt, dass du nicht allein bist.

- Sei selbst dein bester Freund … Erinnere dich hin und wieder daran, dass deine Person einmalig ist und vertreibe alle negativen Darstellungen …

- Finde Möglichkeiten dich auszuzeichnen … Fordere dich heraus dein Bestes zu geben … und lenke deine Aufmerksamkeit darauf, deine persönlichen Ziele zu erreichen, statt die Ziele einer Gruppe anzupeilen.

- Setze andere nicht unter Druck. Sei vorsichtig, dass du nicht in subtiler Form Druck ausübst.

- Sage deine Meinung! Wende dich gegen Gruppendruck, indem du den Schwächeren unterstützt. Dadurch kannst du gleichzeitig auch deine Ansicht mitteilen.

- Achte auf deine Stimmungen. Sei dir bewusst, dass deine Stimmungen sich auf deine Empfänglichkeit für Drucksituationen auswirken können.

- Schätze deine Freundschaften ein. Wenn deine Freunde dich ständig zu Dingen drängen, die du nicht tun möchtest, dann erinnere dich daran, dass dich echte Freunde mögen, wie du bist und nicht für das, was sie wollen, dass du sein solltest.

- Suche dir neue Freunde. Wenn du gemerkt hast, dass deine Freunde nicht die besten Absichten haben, so versuche neue Freunde zu finden, die deine Wertvorstellungen und Interessen teilen …[18]

Ziele setzen. Versuchen Sie die Beteiligung des jungen Menschen am Kampf gegen den Erwartungsdruck seiner Kameraden zu gewinnen. Vielleicht können Sie dazu die Techniken verwenden, die Scott in ihrem Buch PPR: Peer Pressure Reversal empfiehlt:

- Überprüfe die Lage. (Bemerke und identifiziere Schwierigkeiten.)

- Triff eine gute Entscheidung. (Verstehe und ziehe die Konsequenzen.)

- Handle, um Schwierigkeiten zu vermeiden. (Ergreife eine wirksame Handlungsweise.)[19]

Hilfe von außen. Nutzen Sie die Vorteile aller verfügbaren Hilfsmittel. Genauso, wie in jedem anderen Bereich des Heranwachsens eines Jugendlichen, so ist auch in diesem Punkt eine unterstützende und einfühlsame Beteiligung der Eltern notwendig. Die Eltern der Jugendlichen, die mit dem Gruppendruck von Gleichaltrigen zu kämpfen haben, können sehr durch die Teilnahme an Gesprächsgruppen und durch den persönlichen Austausch mit anderen Eltern profitieren. Die Jugendlichen wiederum können in der positiven Beeinflussung durch die Gemeindejugend und einer stützenden Jugendgruppe einen Nutzen finden. Betroffene Eltern könnten es ebenso in Erwägung ziehen, einen professionellen christlichen Seelsorger zur weiteren Hilfe aufzusuchen.

In diesem Kapitel zitierte Bibelstellen

- 1. Mose 2,24

- Hebräer 4,15

- Römer 12,2

- 1. Johannes 3,13

- Psalm 46,1

Weitere hilfreiche Bibelstellen zum Thema

- Sprüche 2,20; 13,20; 24,1-2

- 1. Korinther 15,33

- Epheser 5,1-7

- 1. Timotheus 4,12

- Hebräer 11,24-26

Einführung

Frau Watkins weinte leise, als sie in das aufgeschlagene Tagebuch ihrer Tochter sah. Sie hatte nicht beabsichtigt es zu lesen, aber das Tagebuch schien ihr einen Wink zu geben, als es unverschlossen auf Kaitlyns Schreibtisch lag. Sie erinnerte sich daran, dass Kaitlyn ihr seit kurzem sehr verändert erschien und hoffte, dass das Tagebuch einige Hinweise über das sonderbare Verhalten ihrer Tochter geben würde.

Sie konnte das Tagebuch nicht zu Ende lesen, da es ihr die Luft abschnürte und ihr schließlich übel dabei wurde. Kaitlyns Tagebuch beschrieb einige Dinge – sexuelle Sachen –, die für eine Mutter nur schwer zu lesen waren.

Kaitlyns Mutter wusste, dass der Umzug der Familie im letzten Jahr, ihrer Tochter nicht leicht viel. Durch den Wechsel wurde sie ihrer Freunde beraubt und in der neuen Schule war sie dem Druck ihrer Klassenkameraden möglicherweise schutzlos ausgesetzt. Dies war Frau Watkins bewusst, aber sie rechnete nicht damit, dass ihre Tochter auf der Suche nach Annahme und Anerkennung soweit gehen würde.

Sie bemühte sich normal zu klingen, als ihre Tochter am Nachmittag von der Schule zurückkehrte.

»Wie war dein Tag?«, fragte sie.

Kaitlyn nuschelte vor sich her, während sie die Küche nach einem Imbiss durchsuchte.

»Wir müssen über etwas sprechen.«

»Ich muss Jani noch anrufen.«

»Entschuldige bitte, Kaitlyn, aber das kann warten. Ich … ich habe heute dein Tagebuch gelesen.«

»Was hast du getan?« Kaitlyn starrte ihre Mutter an und ihre Augen funkelten vor Zorn. Ihr Gesicht rötete sich, während sie für einige Minuten über das schockierende Verhalten ihrer Mutter schimpfte.

Schließlich beruhigte sich Kaitlyn und die Augen ihrer Mutter füllten sich mit Tränen. Während sie sprach, schaute sie ihre Tochter nicht an. »Hast du … hast du wirklich geglaubt, dass deine Mitschüler nicht deine Freunde würden, wenn du nicht das getan hättest, was sie taten?«

»Du weißt gar nicht, was es bedeutet. Du weißt es nicht. Du weißt es nicht.« Kaitlyn fing an zu weinen. Aber zwischen den Schluchzern erzählte sie eine Geschichte von Ablehnung und Grausamkeit, über die hasserfüllten Blicke und herzlosen Witze ihrer Klassenkameraden, darüber wie sie in Schließfächer gesteckt und gegen Türen gestoßen wurde, wie vorübergehende Schüler Essen und Trinken über sie ausschütteten und sie in der Cafeteria alleine sass.

»Ich konnte es nicht aushalten, Mutti«, weinte sie. »Ich wollte nur, dass sie denken, ich wäre cool.«

● Das Problem

Seitdem Eltern Kinder erziehen, wurde den Problemen von zerstörerischen Einflüssen außerhalb der Familie, sowohl mit Besorgnis als auch mit Ärger seitens der Eltern begegnet. Die meisten Eltern wollen ihre Kinder solange beschützen, wie sie es brauchen. Aber viele fühlen sich hilflos, ihrem Kind das zur Verfügung zu stellen, was es benötigt, um den unerbittlichen Angriffen der Versuchung und des Erwartungsdrucks zu widerstehen.

Trotz der besten elterlichen Anstrengungen, werden viele Teenager abgelehnt und verfolgt. Die Ablehnung und Verfolgung durch Gleichaltrige kann aus vielfältigen Gründen auftreten: aufgrund von Glaubensüberzeugungen, wegen der persönlichen Erscheinung, Nichteinhaltung der Gruppennormen, Drogengebrauch oder dessen Ablehnung, aufgrund von akademischer Kompetenz (oder Inkompetenz), sportlichen Defiziten, Gehorsam gegenüber Autoritäten, durch eine Anpassung an die Vorschriften der Erwachsenen, wegen Sprach- oder Körperbehinderungen und nahezu aufgrund jeder vorstellbaren Verhaltensweise, jedes Wortes oder Gedankens und jeder Handlung, die jemanden von der akzeptierten sozialen Norm abweichen lassen. Einige nennen das mit Recht »die Tyrannei der Norm«.

Selbst die Unterschiede zwischen den Schuluniformen kann zu Geringschätzung und Verachtung führen. Dies ist besonders problematisch für Teenager, die in der Mitte des Schuljahres zu einer anderen Schule wechseln, wenn die Garderobe bereits entsprechend der üblichen Norm in der vorherigen Schule ausgesucht worden ist. Was in der einen Schule als stilvoll und akzeptierbar gilt, kann in der anderen als kindisch und banal

verschrieen sein – und dies sogar in der gleichen Stadt.

Der Druck, der jemanden zur Anpassung seines Verhaltens zwingen soll, variiert in seinen Methoden. Er reicht von der körperlichen Gewaltanwendung bis zu Angriffen gegen die Persönlichkeit und der Isolierung und Ächtung des außenstehenden Jugendlichen, um bei ihm das von der Gruppe erwartete Verhalten zu erreichen. Aufgrund der Wechselhaftigkeit der Gefühle eines Teenagers, können diese Angriffe über längere Zeitspannen auftreten oder aus einem nichtersichtlichen Grund wieder aufhören.

Einige von den am wenigsten geschätzten Teenagern sind sowohl die, die den Druck austeilen als auch diejenigen, die ihn einstecken müssen. Die Aggressoren werden häufig wegen ihrer feigen Angriffe gegen kleinere und schwächere Opfer nicht gemocht. Die Opfer werden meist mit Verachtung angesehen, da sie sich selbst nicht verteidigen können. Sie kennzeichnen sich oftmals durch eine deutliche Schwäche aus, die es ihnen nicht erlaubt, aus der Rolle des Opfers zu schlüpfen.

Eltern raten ihren Kindern seit jeher sich gegen negativen Gruppendruck zu wehren, ähnlich wie es die frühere First Lady Nancy Reagan in ihrer Anti-Drogen Kampagne der achtziger Jahre empfahl. Ebenso wie es die Menschen in ihrem Kampf gegen Drogen erkannten, ist das »Nein«-Sagen auch in diesem Fall leider ein zu einfacher Ansatz für ein derart komplexes Problem, das im Selbstbild und im Selbstwertgefühl verwurzelt ist und die normale Entwicklung in der Pubertät erschwert. Die Auswirkungen auf einen Jugendlichen können tiefgreifend und langanhaltend sein. Sie erinnern sich noch lange der Beschämungen und Schmerzen, die durch die Ablehnung ihrer Altersgefährten entstanden sind, ebenso wie der ernsthaften Verwundungen, die aus ihren eigenen Versuchen sich anzupassen resultierten.

Das gemeinschaftliche Auftreten von Teenagern in Cliquen hat seine Ursache im Bedürfnis nach Sicherheit und spiegelt sich in einer gemeinsamen Sprache, Musik und Kleidung wider. Ihr labiles Ego ist durch soziale Misserfolge und schwerwiegende Erinnerungen an die Verachtung ihrer Person entstanden. Oftmals haben die Gründe für Ablehnung und erzwungene Fügsamkeit nichts mit der Persönlichkeit, sondern vielmehr mit der Erscheinung des Jugendlichen zu tun … etwas, dass außerhalb seines Einflussbereiches steht.

Da viele Eltern das Bedürfnis ihrer Kinder nach positivem Selbstwertgefühl kennen, raten sie ihnen, sich unter dem Druck ihrer Altersgefährten zu beweisen. Sie bauen in ihre Erziehungsmaßnahmen ein spezielles Training zur Förderung der Standfestigkeit gegen äußere Einflüsse ein. Diese Eltern bemühen sich, ihre Kinder für den Kampf um deren Verstand, Willen und Gefühl auszurüsten. Während die Untersuchungen auf diesem Gebiet nicht weitreichend sind, sind die Ergebnisse entmutigend. Die Daten unterstützen nicht die Vorstellung, dass wir unseren Kindern trotz vorbeugender Maßnahmen eine Garantie zur erfolgreichen Bewältigung von Gruppendruck geben können. Dem entgegengesetzt haben Forscher herausgefunden, dass:

> zu der Zeit, in der Teenager mit der High School anfangen – egal, wie unversehrt sie mit 11 Jahren sind – einige Mädchen einen Großteil ihrer Vitalität und ihres Selbstwertgefühls, ihrer Unverwüstlichkeit und ihrer Entschlossenheit verloren haben, wenn sie erkennen, dass sie für eine Beziehung

zentrale Wahrheiten über sich selbst aufgeben müssen.[1]

Sogar unsere relativ gesunden Kinder sind einem Risiko ausgesetzt. Der Druck, sich anpassen zu müssen, ist enorm hoch und er kann auch von den gesündesten Jugendlichen einen beachtlichen Zoll fordern. Ein zeitweise unverständliches Verhalten eines Jugendlichen mit ansonsten guten Manieren, kann nur durch dessen Bemühungen einer Gruppe von Gleichaltrigen anzugehören, erklärt und verstanden werden. Der Preis der Zugehörigkeit ist oft höher, als dass man ihn bezahlen könnte. Untersuchungen haben gezeigt, dass soziale Annahme ein kritischer Faktor bei späteren emotionalen Problemen ist. Die Ablehnung durch Gleichaltrige kann einen jungen Menschen in einer derart tiefgehenden Weise verletzen, dass es zu Gefühlen von Unzulänglichkeit, Einsamkeit und zu chronischen Tendenzen von Depressionen führen mag.[2]

◄ Die Ursachen

Viele Faktoren tragen zu dem Problem der Ablehnung und Einschüchterung durch Gleichaltrige bei. Um die Ursachen ganz verstehen zu können, muss man die Jugendlichen in zwei Gruppen einteilen und getrennt voneinander untersuchen: Die erste Gruppe bilden diejenigen, die für das Problem empfänglich sind; in der zweiten befinden sich die Teenager, die an der Entstehung des Problems beteiligt sind.

Der verletzbare Jugendliche

Jugendliche, die eher dazu neigen, für dieses Problem anfällig zu sein, sind sowohl diejenigen, die einen gesunden

Anschein machen als auch jene, die bereits seit mehreren Jahren von Eltern, Jugendleitern und Lehrern als gefährdet eingestuft wurden. In der ersten Gruppe befinden sich Jugendliche, die bei näherem Hinsehen versteckte emotionale Defizite aufweisen. Sie sind bei oberflächlicher Beurteilung nur schwer zu erkennen, werden aber besonders in Stresssituationen deutlich. Verletzbare Teenager haben häufig mehrere verschiedene Merkmale gemeinsam, aufgrund derer sie sich leicht von anderen beeindrucken lassen.

Familiäre Faktoren. Die Familien der Jugendlichen, die Schwierigkeiten durch die Ablehnung und die Schikanen anderer bekommen, haben oftmals selbst interne Probleme. Sie sind meist gekennzeichnet durch Ehescheidungen und -konflikte, Alkoholismus, autoritärem Verhalten und grundsätzlichen Schwierigkeiten beim Aufbau einer sicheren und gepflegten Umgebung für ihre Kinder.[3]

Jugendliche, die unter einer autoritären Disziplin stehen, neigen zu einem konformen gedankenlosem Einverständnis, welches sie anfällig für den blinden Gehorsam gegenüber Führern macht.

Soziale Faktoren. Teenager, die besonders ungeschützt für Druck und Ablehnung sind, können in zwei verschiedenen Kategorien zu finden sein. Sie sind entweder sozial isoliert und allein oder haben Beziehungen zu einer Gruppe von ebenfalls leicht verwundbaren Jugendlichen. Diese Teenager werden von anderen als unfähig und unattraktiv angesehen und sind häufig die Ziele von negativer Aufmerksamkeit. Im Kontakt zu anderen fällt es ihnen schwer, Beziehungen über einen längeren Zeitraum aufrechtzuhalten und Konfliktsituationen durchzustehen. Und aufgrund ihrer vielen sozialen Miss-

erfolge scheint es, dass sie entsprechend weniger bereit sind das Risiko von sozialen Kontakten einzugehen. Jugendliche mit Lernbehinderungen sind besonders ungeschützt den Gefühlen von Fehlschlägen ausgesetzt.

Selbstwertgefühl. Ein positives Selbstwertgefühl gehört zu den besten Schutzfaktoren gegenüber negativem Gruppendruck. Jugendliche mit Selbstbewusstsein, einer intakten Persönlichkeit und einer realistischen Selbsteinschätzung haben natürlicherweise eine bessere Wahrnehmung bezüglich sozialer Anpassung. Sie sind im Allgemeinen eher zu einem unabhängigen Denken fähig als solche, die mit sich selbst nicht klar kommen und ihren Platz im Leben noch nicht gefunden haben.

Stabilität der Persönlichkeit. Teenager, die in den folgenden Bereichen Defizite und ein mangelndes Selbstbewusstsein offenbaren, fügen sich schneller ohne sorgfältige Überlegungen in das Verhaltensmuster einer Gruppe ein. Es sind Jugendliche, die

- sehr impulsiv sind;

- Schwierigkeiten haben ihre Bedürfnisse aufzuschieben;

- eine geringe Frustrationstoleranz zeigen;

- nur wenig Fähigkeiten haben sich auf veränderte Umstände einzustellen und mit ihnen zurechtzukommen;

- geringe Fähigkeiten besitzen, sowohl negative als auch positive Folgen zu akzeptieren;

- nur eine begrenzte Fähigkeit aufweisen über Ursachen und Wirkungen nachzudenken;

- kaum in der Lage sind, echte Beziehungen zu Gleichaltrigen aufrechtzuerhalten;

- in der Wahrnehmung der Realität beeinträchtigt sind.

Der beteiligte Jugendliche

Einige der Teenager, die sich daran beteiligen ihre Altersgefährten abzulehnen und zu schikanieren, zeigen schon früh in ihrem Leben die Bereitschaft, sich der Schulordnung zu widersetzen. Ihre offenen Einschüchterungsversuche und Einflussnahmen auf andere sind charakteristische Merkmale für sie. Andere Jugendliche gehen geschickter vor und üben ihren Einfluss in versteckter Weise aus, um sich dem Eingreifen von Autoritätspersonen nur im begrenzten Maße auszusetzen. Die folgenden Faktoren sind gemeinsame Elemente von Jugendlichen, die ihre Kontrolle über andere sowohl in offener als auch in verdeckter Form ausüben.

Familiäre Faktoren. Die Familien der Teenager, die andere in den beiden erwähnten Weisen kontrollieren, sind normalerweise durch eine autoritäre, kontrollierende und einschüchternde Führungsstruktur gekennzeichnet. Um die Familienmitglieder zu Gehorsam und Konformität zu zwingen, erfolgt eine Einschüchterung mittels körperlicher Bedrohung und durch die Androhung dem Kind Liebe und Fürsorge zu entziehen. Jugendliche, die ähnliche Methoden wie ihre aggressiven Eltern verwenden, scheinen sich mit ihnen gleichzustellen und versuchen andere ebenso ungerecht zu behandeln, wie sie es selbst erfahren haben. Auf diese Weise wird ein Zyklus der Kontrollausübung von der einen Generation auf die nächste übertragen.

Die Jugendlichen, die diese Taktiken direkter anwenden, haben für sich selbst einen vorteilhaften Weg in ihrer Familie gefunden, ohne mit leidvollen Sanktionen rechnen zu müssen. Diese Familien werden darüber hinaus durch begrenzte Leitlinien und eine chaotische Familienstruktur erkennbar. Es kann die Kinder bei der Einübung von Selbstkontrolle und der Verinnerlichung der Werte anderer, hindern, was sie wiederum gleichgültig gegenüber anderen Menschen werden lässt. In einem chaotischen Zuhause lernen die Kinder zuallererst für sich selbst zu sorgen und entwickeln deshalb im Hinblick auf die Bedürfnisse anderer eine ich-zentrierte Sicht.

Soziale Faktoren. Jugendliche, die Einflussnahme und Kontrolle auf andere praktizieren, sind häufig charmant, egoistisch und besitzen eine besondere soziale Geschicklichkeit, die sie befähigt, andere Menschen von ihrer Meinung zu überzeugen. Sie scheinen geradezu unvorstellbare Fähigkeiten in der Abschätzung anderer Personen zu haben und finden immer einen Weg, sie für sich zu gewinnen. In der Regel sind sie bei der Mehrheit der Jugendlichen beliebt und erwünscht.

Teenager, die sich durch die Androhung körperlicher Gewalt hervor tun, sind bezüglich ihrer sozialen Fähigkeiten im Großen und Ganzen recht eingeschränkt, bei anderen schlecht angesehen und haben im Allgemeinen Schwierigkeiten mit Autoritätspersonen.

Selbstwertgefühl. Bei solchen Jugendlichen liegt ein schlechtes Selbstbild zugrunde. Jedoch ist eine sorgfältige Analyse notwendig um dies zu entdecken. Denn sie überspielen es meist recht gut und geben ihren Mangel in diesem Bereich nicht zu. Indem sie andere Teenager benutzen, versuchen sie ihr mangelhaftes Selbstbild aufzubessern, um dadurch nicht die Schmerzen und Leiden von quälenden Selbstzweifeln aushalten zu müssen.

Nach außen erscheinen diese Jugendlichen selbst sicher und glücklich. Jedoch ist ihre Selbsteinschätzung übertrieben; sie ist eine Schutzmaßnahme gegen die Realität. Ebenso bezeichnend ist es, dass sie ständig ihre Freunde wechseln, weil sie das Bedürfnis haben, neue Menschen zu beeindrucken. Dadurch verschaffen sie sich einen neuen emotionellen Aufschwung, wenn alte Freunde in ihren Augen zur Gewohnheit geworden sind. Die Teenager, die eher eine körperliche Einschüchterung praktizieren, haben ein schlechtes Selbstbild, zeigen in Beziehungen ein unreifes und oberflächliches Verhalten und sind im Allgemeinen ängstlich in Bezug auf echte Freundschaften zu Gleichaltrigen. Sie schüchtern andere ein, um das Bewusstsein ihrer eigenen Schwäche abzuwehren.

Stabilität der Persönlichkeit. Die Teenager, die Gleichaltrige einschüchtern und schikanieren, haben die gleiche grundsätzlich schwache Persönlichkeit wie sie bei den verletzbaren Jugendlichen erwähnt wurde.

▼ Die Folgen

Der Jugendleiter oder Ratgeber wird beachten, dass die folgenden Auswirkungen vielschichtig sind und eine sorgfältige Unterstützung nötig ist, um genau einschätzen zu können, wie geholfen werden kann. Einige der Symptome werden zweifelsfrei Konsequenzen anderer Angelegenheiten sein, welche das Problem von Ablehnung und Einschüchterung nur am Rande berühren.

Depressionen

Teenager, die von anderen abgelehnt und schikaniert werden, berichten, dass sie sich einsam, hoffnungslos und hilflos fühlen. Sie mögen Aussagen wie »Ich wünschte, ich wäre tot« von sich geben. In ihrer Hoffnungslosigkeit könnte es zu einer selbstzerstörerischen Wende kommen. Sie rechtfertigen ihre offensichtlich lebensbedrohlichen Handlungen, indem sie sagen: »Welchen Unterschied macht es schon, wenn mir etwas passiert? Es wird mich sowieso niemand vermissen.«

Da Jugendliche handlungsorientiert sind, drücken sie ihre Niedergeschlagenheit lieber durch ihr Verhalten als in Worten aus. Sie zeigen sich lieber zornig und aufgebracht als ihren inneren Aufruhr verbal zum Ausdruck zu bringen. Auf die folgenden Erscheinungsmerkmale von Depressionen sollte besonderes Augenmerk gelegt werden: extreme Stimmungen von Griesgrämigkeit, Zorn, Reizbarkeit oder Traurigkeit; unverständliche Gefühlsäußerungen; heftige Gefühlsausbrüche, die den Verhältnissen nicht angemessen erscheinen; Bemerkungen, die eine Abscheu vor sich selbst verdeutlichen; ansteigende missmutige Gedanken und vereinnahmende Beschäftigungen; Rückgang der schulischen Leistung und negative Stimmungen, die über einen längeren Zeitraum Bestand haben (vgl. Kapitel 5, »Depression«).

Gruppendruck in seiner extremsten Form, führte Jugendliche, obgleich es selten ist, bereits in den Selbstmord. Wenn dies geschieht, wird es normalerweise von einem Führer vorangetrieben, der seine Kraft und seinen Einfluss auf andere anwendet. Die Gruppenmitglieder haben meist die oben erörterten persönlichen Problemzonen gemeinsam. Eine zusätzliche Überlegung, die man berücksichtigen sollte, ist der Selbstmordversuch oder dessen Vollendung eines nahestehenden Freundes. Die engsten Freunde eines solchen Jugendlichen stehen unter einem höheren Risiko, als weniger vertraute Kameraden[4] (vgl. Kapitel 9, »Selbstmordgedanken, Tendenzen und Drohungen«).

Soziale Isolation

Jugendliche, die abgelehnt und schikaniert wurden, schoben es oft auf ihre Bedürfnisse nach Zuneigung, Liebe und Annahme bei Gleichaltrigen. Im Umgang mit dieser Art von Verlust wenden sich Jugendliche manchmal »Objekten« zu, die ihnen sicherer erscheinen. Sie flüchten in eine intensive romantische Zuneigung, die die Probleme des Einzelnen in den Hintergrund drängen soll oder sie suchen sich weniger risikoreiche Gefährten, wie zum Beispiel Tiere.

Die Isolation, die sie fühlen, kann sehr tiefgreifend sein, da es die Jugendlichen der notwendigen »Objekte« (Altersgefährten) beraubt, die sie im Übergang der Abnabelung vom Elternhaus bis hin zum Erwachsenwerden unterstützen. Statt dessen bleiben sie mit emotionellen Narben zurück, welche sie als unzulänglich, ungeliebt und ungewollt erscheinen lassen. Diese Gefühle können sie zu Fehlentscheidungen bei der zukünftigen Wahl von Freundschaften und des Ehepartners führen.

Formierung von Banden

Bandenmitglieder lehnen es häufig ab, den Bedürfnissen entgegenzukommen, welche die Angliederung an die Gruppe wünschenswert erscheinen lassen. Viele, wenn nicht die meisten Jugendlichen, die sich diesen Cliquen anschließen, tun es wegen ihrer persönlichen Sicherheit,

aus materiellen Gründen und einem Gefühl von Familienzugehörigkeit heraus. Sie haben es nicht geschafft, ihren Bedürfnissen in einem normalen gesunden Beziehungsprozess zu Altersgefährten zu entsprechen und dadurch die Entwicklung von echter Unabhängigkeit und eines gesunden Erwachsenwerdens für das zeitlich begrenzte Gefühl von Macht und Zusammengehörigkeit eingetauscht. Sie meinen eine neuartige Macht über ihre Situation und ein klares Verständnis, von dem was gut und böse ist, zu haben.

Es hilft einem verwirrten und zornigen Teenager zur Vereinfachung einer komplexen Welt. Jedoch macht das weithin als kriminell assoziierte Verhalten, die allgemeine Verdrängung von Bedürfnissen und der Widerstand der Gruppe den Einzelnen aus dem Verbund zu entlassen, es dem Bandenmitglied schwer, ein produktives Leben als Erwachsener zu führen.

Drogenkonsum

Viele Jugendliche benutzen Drogen um mit den schmerzvollen Emotionen zurechtzukommen, die sich aus dem Erwartungsdruck von Altersgefährten und aus deren Ablehnung und Schikanen ergeben. Sie betäuben ihren persönlichen Schmerz lieber mit Chemikalien, als dem Risiko erneuter Verletzungen in einer Beziehung zu begegnen oder sich dem realistischen Bewusstsein ihrer Probleme zu stellen. Manchmal schließen sie sich einer Gruppe an, deren Mitglieder ihren Drogengebrauch teilen.

Die Namengebung bei einigen Getränken und Drogen bestätigt den Versuch, Chemikalien zu personifizieren und verdeckt die dahinterstehenden zwischenmenschlichen Bedürfnisse. Junge Menschen brauchen einen liebevollen

Freund, der sie ermahnt, wenn sie sich ungebärdend benehmen, der sie ermutigt, wenn sie verzagt sind, der ihnen hilft, wenn sie schwach sind und der ihnen zu jederzeit Geduld erweist.[5] Statt dessen wählen sie den Betrug, der ihnen den Schmerz schneller und leichter nimmt, wenn auch für einen furchtbaren Preis.

Drogen haben eine verführerische Qualität, die den Jugendlichen suggeriert, dass sie niemanden bräuchten. Dadurch wird ihnen die Furcht vor der Abhängigkeit durch die Bedürfnisse anderer genommen. Das Gefühl dieser Allmacht ist beinahe hypnotisierend und macht Jugendliche kraftlos zum widerstehen. Meist wird eine spezielle Behandlung notwendig, um Jugendliche vom Drogenkonsum zu befreien.

Forschungen haben ergeben, dass der Einfluss von Gleichaltrigen in Zusammenhang mit der benutzten Droge steht. Die gesellschaftlich gängigeren Drogen, wie Alkohol und Marihuana scheinen unter dem Einfluss von Altersgefährten zu einem erhöhten Gebrauch zu gelangen (vgl. Kapitel 38, »Alkohol: Genuss und Missbrauch« und Kapitel 39, »Drogenkonsum und -missbrauch«).

Dieser Einfluss wird jedoch häufig missverstanden. Es kommt weniger vor, dass Teenager andere zur Drogeneinnahme überreden, als vielmehr mittels einer subtilen Beeinflussung, durch die sie deutlich machen, was akzeptabel und populär ist.

Der positive Einfluss auf Jugendliche, die nur einen geringen Schutz vor Drogen haben, ist ebenfalls dokumentiert worden. Forscher haben herausgefunden, dass bei Jugendlichen, die eine Beziehung zu nicht-drogenabhängigen Freunden haben, eine viel geringere Wahrscheinlichkeit des Ausprobierens besteht.[6]

Sexuelle Aktivitäten

In den letzten Jahren tauchten Informationen aus einer High School im südlichen Kalifornien über eine Gruppe untereinander konkurrierender Jugendlicher auf, von denen jeder versuchte, die meisten Mädchen »aufzureißen«. Dies veranschaulicht eine der schlimmsten Auswirkungen von Gruppendruck. Als die Einzelheiten des Wettbewerbs rauskamen, wurde der akute Mangel an Selbstwertgefühl bei Gruppenmitgliedern offensichtlich, die sich ihre Opfer unter ärmlichen und weniger selbstbewussten Mädchen suchten.

In anderen Fällen sind sexuelle Kontakte der Preis für die Beziehungen unter Teenagern. Es scheint ein teurer Preis zu sein und veranschaulicht die Macht, die Teenager untereinander ausüben können. Ganz besonders, wenn starke gewissenlose Jugendliche sich Schwächere als Opfer auswählen und sexuelle Freuden als Ersatz für echte Liebe und Annahme herhalten sollen (vgl. Kapitel 28, »Vorehelicher Geschlechtsverkehr«).

Stress

Stress begegnet vielen Kindern bereits auf dem Weg in den Kindergarten, den sie häufig ohne die Mutter oder den Vater antreten müssen. Wenn die Kinder größer werden, wächst mit ihnen auch das Maß an Stress. Sie fangen an sich über ihre Schulnoten, Testergebnisse, über ihre Sportlichkeit und ihren Weg in der Gesellschaft zu sorgen.

Stress ist das normale Ergebnis von Umständen, die unsere Gesundheit bedrohen (oder sie scheinbar bedrohen). Da der Kontakt zu Gleichaltrigen ein wichtiger Faktor zur Stressreduktion und zum gemeinsamen Umgang mit Stress ist, ist es erheblich, dass ein Freundeskreis von Gleichaltrigen gesund und unterstützend ist und die einzelnen Gruppenmitglieder sich nicht gegenseitig den Vorteil des gemeinsamen Heranwachsens rauben.

Junge Menschen, die dem Druck und der Ablehnung von Gruppen ungeschützt gegenüberstehen, merken es oft, dass die einzigen Gruppen, in die sie sich einfügen können einen enormen Preis fordern, indem sie den Teenager für ihre eigenen Absichten missbrauchen. Statt gegenseitiger Unterstützung, der Möglichkeit des Erwachsenwerdens und der Ermutigung, werden Teenager als Sündenböcke benutzt und auf jede Art und Weise bloßgestellt und vorgeführt.

Dies schafft ein hohes Maß an Stress für Jugendliche, die unter der Ambivalenz zwischen dem Wunsch angenommen zu werden und dem Preis der Aufgabe ihrer Integrität stehen.

▲ Die biblische Sicht

Eine der fundamentalen Wahrheiten der Schrift, in Bezug auf Kinder und deren Familie, findet sich in 1. Mose 2,24:

> Darum wird ein Mann seinen Vater und seine Mutter verlassen und seiner Frau anhängen und sie werden zu einem Fleisch werden.

In dieser Erwähnung befindet sich eine Anspielung der beschützenden und erzieherischen Natur des Elternhauses, dass das Kind auf den Abschied von zu Hause und für einen erfolgreichen Beginn eines eigenen Heimes vorbereitet. Jugendliche, die anfällig für den Druck, die Ablehnung und Einschüchterung einer Gruppe von gleichaltrigen Teenagern sind, kommen fast immer aus einem Elternhaus, in dem es an dieser Vorbereitung mangelte. Dies kann das Ergebnis von vielen Dingen sein, wie z.B. Uneinigkeit in der Familie, eheliche Konflikte, bedeutende Verluste oder das Temperament des Kindes. Die Vorteile einer intakten Familie sind offensichtlich, da es das Kind angemessen ausbildet, um seinen Platz im Leib Christi und im Leben einzunehmen.

Wenn zu Hause eine ausreichende emotionelle und geistliche Festigung stattgefunden hat, können Jugendliche erwarten, die Selbsteinschätzung zu erwerben, von der Paulus in Römer 12,3 schrieb:

> Denn ich sage durch die Gnade, die mir gegeben wurde, jedem, der unter euch ist, nicht höher von sich zu denken, als zu denken sich gebührt, sondern darauf bedacht zu sein, dass er besonnen sei, wie Gott einem jeden das Maß des Glaubens zugeteilt hat.

Jugendliche können eine genaue Einschätzung ihrer Person entwickeln, welche sie vor einer aufgeblasenen Haltung schützt und andere nicht zu ihrem Opfer werden lässt. Ebenso kann es sie selbst vor negativen Beeinträchtigungen bewahren, die sie für die Schikanen ihrer Altersgefährten angreifbar machen würden. Helfer werden jungen Menschen im Kampf gegen Gruppendruck zur Seite stehen, indem sie sie anleiten eine realistische Selbsteinschätzung zu entwickeln … die nicht zu hoch und nicht zu niedrig ist. Jugendliche müssen es wissen, dass sie tatsächlich nach dem Abbild Gottes geschaffen worden sind, so wie es 1. Mose 1,26 beschreibt. In dieser von Gott geschaffenen Verbindung liegt die einzige echte Möglichkeit für sie, zu erkennen wer sie sind. Nur die Beziehung zu Gott kann uns von den Fesseln der Sünde befreien und uns das neue Leben in Christus erfahrbar machen.[7]

Die Bibel zeigt auch einen Weg auf, wie Jugendliche sich gegen eine Anpassung an die Welt wehren und der Verführung von Gleichaltrigen aus dem Weg gehen können:

> Ich ermahne euch nun, Brüder, durch die Erbarmungen Gottes, eure Leiber darzustellen als ein lebendiges, heiliges, Gott wohlgefälliges Opfer, was euer vernünftiger Gottesdienst ist. Und seid nicht gleichförmig dieser Welt, sondern werdet verwandelt durch die Erneuerung des Sinnes, dass ihr prüfen mögt, was der Wille Gottes ist: das Gute und Wohlgefällige und Vollkommene.[8]

Durch den Glauben bringen wir uns selbst als ein heiliges Opfer dar und erneuern unseren Sinn um dadurch der Anpassung an die Welt widerstehen zu können. Aber wenn wir Jugendlichen helfen, müssen wir erkennen, dass sie eine Entwicklungsphase durchlaufen, die eine persönliche Beziehung erfordert. So können sie die Liebe des menschgewordenen Christus durch ihre Eltern, den Jugendleiter oder andere Christen erfahren. Sie sollten sich um die Jugendlichen in einer nicht verurteilenden Weise bemühen und somit den wahren Sinn Christi repräsentieren.

Die Antwort der Bibel auf Ablehnung und Einschüchterung ist in einer persönlichen Verbindung zu Christus zu finden. An dieser Beziehung muss täglich unter Gebet und durch die Gemeinschaft von liebevollen Gläubigen gearbeitet werden. Diese können die Entwicklung der Jugendlichen gemäß des einzigartigen Plans unterstützen, den Gott in den stürmischen Jahren der Pubertät für sie bereit hält. Gerade in dieser Zeit benötigen junge Menschen jemanden der ihnen beisteht, wenn es besonders verlockend

ist, so zu handeln wie andere Menschen es verlangen, statt in der Weise wie Gott es für uns gedacht hat.

▶ Praktische Hilfen anbieten

Eltern und Jugendmitarbeiter werden nicht über die Folgen eines verheerenden Gruppendrucks und der Grausamkeit von Ablehnung hinweg sehen können. Jugendliche, die dies erlebt haben, werden zu tiefst gekränkt und verletzt sein. Denken Sie daran, dass es sehr wichtig ist, den Schmerz des Jugendlichen nicht herunterzusetzen, sondern ihm die Chance einer liebevollen Beziehung zu geben, damit er sich ohne Vorwürfe befürchten zu müssen öffnen kann. Die folgenden Schritte sollten sich hierzu als hilfreich erweisen:

Zuhören. Hören Sie dem jungen Menschen sorgfältig zu. Helfen Sie dem Jugendlichen, seinen Schmerz zuzugeben, ohne allzu viele Fragen zu stellen, da es für ihn eine beschämende und peinliche Angelegenheit sein wird. Halten Sie mit Ihrem Urteil über die Verursacher seiner Not zurück, bis Sie einen Zugang zu dem Jugendlichen, dem Sie helfen wollen, haben. Anstatt die Grausamkeit von Altersgefährten herauszustellen, sollten Sie den Jugendlichen fragen, wie er sich fühlte als er ausgeschlossen, schikaniert und zurückgewiesen wurde. Akzeptieren Sie, dass er die erlebte soziale Ächtung und Beschämung nur sehr widerwillig zugeben kann.

Verständnis zeigen. Junge Menschen müssen es wissen, dass man sich um ihren Schmerz sorgt. Sie sind häufig davon überzeugt, dass niemand weiß, was sie wirklich fühlen. Jedoch werden sie Ihre Bemühungen zu schätzen wissen, wenn Sie erkennen, dass sie sie zu verstehen beginnen – auch wenn sie nur geringe oder überhaupt keine gemeinsamen Erfahrungen haben. Seien Sie vorsichtig mit übereilten Vergleichen aus Ihrer eigenen Lebensgeschichte. Jugendliche sind auf sich selbst konzentriert und eher unsicher in der Beurteilung, dass Erwachsene sich wirklich mit ihrem Erleben vergleichen können. Sie werden mehr durch Ihre Anerkennung berührt, die in Ihrem Verständnis für die Situation zum Ausdruck kommt. Sie benötigen zudem Ihre Hilfe um selbst alles vollständig überblicken zu können. Manchmal kann eine Aussage, die zeigt wie Sie die Lage ihres Gegenübers einschätzen, dem Jugendlichen helfen, eine Verbindung zwischen ihnen beiden zu erkennen. Eine Bemerkung wie:»Ich sehe, wie wichtig es für dich war, dabei zu sein«, kann dem Teenager zeigen, dass Sie ihn verstehen.

Bestätigen. Seien Sie vorsichtig, wenn Sie den Wert des jungen Menschen hervorheben. Sie zeigen keine Erwiderung auf oberflächlich aufmunternde Aussagen, brauchen aber trotzdem Ihre Wertschätzung. Diese werden sie erfahren, wenn Sie aufgrund der Lebensgeschichte des Jugendlichen nicht verlegen oder peinlich berührt werden. Der junge Mensch erhält eine Bestätigung, wenn Sie ihm die Bereitschaft zeigen seinen Wert zu schützen und er macht die Erfahrung einer Beziehung, die nicht an Bedingungen geknüpft ist. Jugendliche werden sich ebenfalls gestärkt fühlen, wenn sie wahrnehmen, dass ihre Meinungen respektiert werden.

Denken Sie daran, dass Jugendliche sehr vorsichtig sind, da sie die Befürchtung haben, verletzt zu werden, wenn sie ihre Bedürfnisse zeigen. Sie wissen, dass sie von Erwachsenen nicht abhängig bleiben dürfen und fürchten deshalb jegliche Erscheinungsform dieser Abhängigkeit. Während ihr Streben nach Unabhängigkeit richtig ist, ist es für sie aber ebenso wichtig zuerkennen, dass wir alle in einer wechselseitigen Abhängigkeit leben.

Richtung weisen. Dieser Teil der Seelsorge wird einer der heikelsten sein. Wenn wir voraussetzen, dass Sie in der Lage waren, eine relativ gute Beziehung zu dem Jugendlichen aufzubauen, dann müssen Sie nun folgendermaßen weiter verfahren:

- Ermutigen Sie den Teenager sich an Gott im Gebet zu wenden und Ihn durch Sein Wort zu sich reden zu lassen; eine sich fortschreitend entwickelnde Beziehung zu Gott ist eine unschätzbare und unersetzliche Quelle in Zeiten der Not.[9]

- Bieten Sie ihre Hilfe in einer Weise an, die nicht als elterlich oder herablassend empfunden wird.

- Führen Sie den Jugendlichen dazu, seine Empfindungen in angemessener Weise zu benennen: die Angst nirgendwo dazuzugehören, Zorn auf diejenigen, die ihn verletzt haben, Gefühle der Unzulänglichkeit und das Problem des Wiedersehens von Menschen und Orten, die ein erhöhtes Risiko einer erneuten Verwundung beinhalten.

- Seien Sie vorsichtig bei Ratschlägen zum Umgang mit Gleichaltrigen, aber zeigen sie dem Jugendlichen hilfreiche Techniken und Strategien auf, die Folgendes beinhalten können:

Vermeide potentielle Unruheherde. (Fragen Sie:»Was kannst du das nächste Mal tun, wenn sich Ärger anbahnt?«)

Denke dir wirksame Antworten aus um Situationen zu entschärfen. (Fragen Sie:»Welche Erwiderung hast du bisher gegeben? Kannst du dir andere/bessere Methoden der Entgegnung in Worten und durch dein Verhalten vorstellen?«)

Entgegne destruktiven Gefühlen aktiv. (Fragen Sie:»Gibt es irgendwelche Beziehungen oder Beschäftigungen, die helfen könnten – wie z.B. das Suchen neuer Freundschaften, neue Interessen, schulische Aktivitäten im Leistungsbereich etc.?«)

Investiere in andere. (Fragen Sie:»Besteht die Möglichkeit, dass du anderen hilfst oder dienst um deinen Kopf von den Problemen zu befreien?«)

Suche nach positiver Unterstützung. (Fragen Sie: »Bei welchen Menschen fühlst du dich wohl? Wie kannst du dich öfters mit ihnen treffen? Welche Situationen geben dir Selbstsicherheit? Kannst du dir Möglichkeiten vorstellen mehr von dieser positiven Unterstützung zu erlangen?«) (vgl. Kapitel 14, »Umgang mit Gruppendruck«).

Ziele setzen. Wirken Sie am Aufbau des Selbstwertgefühls des jungen Menschen mit, indem Sie ihn in die Problemlösungen aktiv miteinbeziehen. Helfen Sie dem Jugendlichen die Gründe zu entdecken, die ihn anfällig für das Problem machen. Aber zeigen Sie ihm auch auf, wie er gute Wege finden kann, seinen Bedürfnissen nach Liebe, Annahme, Zugehörigkeit und Verständnis entgegenzukommen. Er wird wahrscheinlich nicht so einfach in der Lage sein, den proble-

matischen Jugendlichen aus dem Weg zu gehen, aber es ist notwendig für ihn Gleichaltrige zu finden, die ihn schätzen und vor denen er keine Befürchtungen haben muss. Helfen Sie ihm eine Bestandsaufnahme der Personen zu machen, die in Frage kommen. Jugendliche werden ohne Alternativen nicht sofort dazu fähig sein, destruktiven Einflüssen zu widerstehen und die alten Gewohnheiten zu vermeiden.

Hilfe von außen. Jugendliche, die in Verbindung mit Drogen und Banden stehen, brauchen fast immer eine Übernahme ihrer Betreuung durch einen professionellen christlichen Seelsorger (mit Genehmigung der Eltern). Depressive Teenager, die über Selbstmord nachdenken oder ihn androhen, benötigen zusätzlich unmittelbare Aufmerksamkeit. Einige dieser Problembereiche verlangen die Hilfe eines professionellen Seelsorgers. In vielen Gemeinden gibt es jedoch recht wirksame Jugendgruppen, die Unterstützung leisten können. Jugendliche, die durch die Ablehnung und Einschüchterung von Gleichaltrigen verletzt wurden, haben den Kontakt zu einer festen und liebevollen Jugendgruppe nötig. Jugendgruppen in der Gemeinde sind eine exzellente Möglichkeit, um die sozialen Bedürfnisse eines Teenagers sicherzustellen.

Untersuchungen haben bewiesen, dass Jugendliche, die aktiv sind und mit anderen zurechtkommen (was normalerweise das Ergebnis von gemeinsamen Aktionen ist), wahrscheinlich weniger in die oben genannten Probleme verwickelt sind. Ganz gleich ob die Probleme das Ergebnis von Gruppendruck, Ablehnung und Schikanen Gleichaltriger oder aus anderen Gründen zustandegekommen sind.[10]

Die Einbeziehung der Familie in den sozialen Prozess ist beinahe immer notwendig. Beratungen für Eltern sind sehr hilfreich, um ihnen beim Aufbau eines Milieus zur Seite zu stehen, das der Entwicklung und dem Heranreifen der Jugendlichen förderlich ist.

In diesem Kapitel zitierte Bibelstellen

- 1. Thessalonicher 5,14

- 1. Mose 1,26; 2,24

- Römer 12,1; 2,3

- 2. Korinther 5,17

Weitere hilfreiche Bibelstellen zum Thema

- Psalm 9,9-14; 66,16-20; 119,81-88

- Jesaja 53,1-12

- Matthäus 5,10-16.44-48

- Johannes 15,20

- Römer 12,14

- Epheser 5,1-7

- 1. Timotheus 4,12

- Hebräer 11,24-26

- 1. Petrus 2,4-10

Familie

16

Über-fürsorgliche Eltern

Einführung

Lisa hätte als Zwanzig- oder Einundzwanzigjährige durchgehen können, obwohl sie erst dreizehn Jahre alt war. Sie war einssiebzig groß, mit langem dunklem Haar, gut gebauter Figur und blauen Augen, die Persönlichkeit und Zuversicht ausstrahlten. Ihre Eltern betrachteten die Entwicklung ihres Körpers und ihrer Persönlichkeit, die man eher von einer Frau deutlich älter als ihr kleines Mädchen erwarten würde, mit mehr als nur ein wenig Besorgnis. Sie waren krank vor Sorge.

Nicht, dass Lisa ihren Eltern nie Grund zur Sorge gab. Sie interessierte sich viel eher als ihre Kameradinnen für Jungen. Während ihres achten Schuljahrs reagierten ihre Eltern auf Lisas zunehmende Unabhängigkeit und Reife, indem sie die Zügel anzogen. Als Lisas Freundinnen mehr Rechte und Freiheiten von ihren Eltern bekamen, hörte Lisas Mutter auf zu arbeiten, um für sie »dazusein«. Lisa war überzeugt, dass ihre Mutter sie nur besser »im Auge behalten« wollte.

Um ihren dreizehnten Geburtstag herum hatte Lisa sich ein System ausgedacht, um Dinge durchzusetzen und die Regeln ihrer Eltern zu umgehen. Sie entdeckte zum Beispiel, dass wenn sie bat, die Nacht bei einer Freundin aus der Gemeinde zu verbringen, ihre Eltern zustimmten. Dann konnte sie ihre Freundin überreden, mit ihr ins Einkaufszentrum zu gehen, um dort Jungs zu treffen.

Lisas Eltern fühlten sich, als ob sie bei Lisas Willen und ihren Wünschen immer gegen den Strom ankämpften. Lisa hatte das Gefühl, dass, wenn ihre Eltern so einen Aufwand betrieben, um Jungen von ihr fernzuhalten, es irgendetwas unglaublich Tolles geben müsse, was sie vor ihr geheim halten wollten. Dennoch gelang es ihren Eltern allmählich ihr Verhalten so zu beobachten, dass sie aufhörte, nach Möglichkeiten zu suchen, ihre Regeln zu umgehen. Sie hörte auf, einkaufen zu gehen oder sich attraktiv zu kleiden. Sie hörte sogar auf, sich zu baden.

● Das Problem

»Während meiner Zeit als Schulpsychologe«, sagt Dr. Bernice Berk, »bin ich vielen überfürsorglichen Eltern begegnet. Obwohl sie gar nicht so übervorsichtig sein wollen, hindern sie ihre Sorgen um ihr Kind, ihm Dinge zuzutrauen, zu denen es absolut fähig ist.«[1]

Eine der Hauptaufgaben in der Erziehung ist natürlich, das Zutrauen und die Fähigkeiten eines Kindes aufzubauen und es auszurüsten, einmal zu Hause auszuziehen und unabhängig von Mutter und Vater zu leben, wenn es erwachsen wird. Aber Übervorsicht be- oder verhindert dies. Übervorsichtigkeit ist oft schwierig festzustellen, aber sie kann sich in verschiedenen Formen zeigen:

- Eltern lassen einen jungen Menschen nicht aus dem Blick, außer während der Schule und vielleicht auch während Gemeindeveranstaltungen.

- Eltern verhalten sich gegenüber Teenagern ähnlich wie Acht- oder Zehnjährigen.

- Eltern beobachten oder belauschen die Telefonate ihrer Kinder.

- Eltern verweigern strikt die Erlaubnis für Dinge, die von anderen Eltern Gleichaltrigen zugestanden werden.

- Eltern zeigen eine Entschlossenheit, ihre Kinder vor allem Schaden zu schützen.

- Eltern haben Einblick bis in den letzten Winkel des Lebens ihres Kindes.

- Handlungen und Entscheidungen der Eltern scheinen eher die Abhängigkeit als die Unabhängigkeit zu fördern.

- Von den Eltern aufgestellte Regeln sind strikt und indiskutabel.

- Eltern scheinen Schwierigkeiten zu haben, ihrem Kind zu vertrauen.

Diese Aufzählung ist natürlich ein äußerst subjektives Maß für Überfürsorglichkeit. So werden z.B. die meisten Eltern Dinge verbieten, die andere ihren Kindern wiederum erlauben. Dennoch sind dies typische Tendenzen überfürsorglicher Eltern.

◄ Die Ursachen

Es gibt viele Gründe, warum Eltern ihre Aufgabe so übervorsichtig angehen. So ein Verhalten kann durch einem oder mehreren der folgenden Gründe kommen.

Angst

Angst ist ein gemeinsames Element aller überfürsorglicher Eltern. Die Umwelt ist heute ein beängstigender Ort, um hier Kinder aufzuziehen und viele Eltern sehen ihre Kinder den Gefahren ausgesetzt, von denen täglich in den Nachrichten berichtet wird. Aber überfürsorgliche Eltern sorgen sich manchmal in einem irrationalen Maß. »Während eine gewisse Sorge um die Sicherheit der Kinder normal und gesund ist«, sagt Berk, »kann das Zulassen übertriebener Ängste, die Jugendliche abhalten, bei normalen Aktivitäten Gleichaltriger mitzumachen, schädlich sein.«[2]

Rebellisches Verhalten von Geschwistern

Übervorsicht kann auch von dem Gefühl kommen, einen Fehler bei einem (älteren) Kind gemacht zu haben. So hatte zum Beispiel Linda das volle Vertrauen ihrer Eltern, die ihr erlaubten, auf Schlafsackparties mit ihren Mittelschulfreundinnen zu gehen. Aber als ihre ältere Schwester auf einer dieser Parties zu ersten Mal Pott rauchte, verboten die Eltern Linda weiter dorthin zu gehen, da sie fürchteten, sie würde einen Weg wie ihre Schwester gehen. Obwohl Linda ein ganz anderer Typ als ihre Schwester war, musste sie doch für deren Verhalten bezahlen.

Die Vergangenheit der Eltern

Sind die Eltern nachlässig oder uneffektiv erzogen worden, werden sie manchmal selbst übertrieben vorsichtig. Erziehungsstile sind gewöhnlich eine Reflexion des Stils, mit dem wir erzogen wurden – oder auch eine Reaktion darauf. Dementsprechend ist die Reaktion von Eltern, die in ihrer Kindheit oder Jugend rebellisch waren, dass sie alles tun, um ihre Kinder von ähnlichem Handeln abzuhalten.

Fehler oder Fehlverhalten eines Kindes

Wenn Eltern ein Kind durch Behinderungen in der Entwicklung oder im physischen oder mentalen Bereich als unterentwickelt, unfähig oder eingeschränkt sehen, verhalten sie sich manchmal übermäßig beschützend. Natürlich gibt es Bereiche, in denen so ein Kind Schutz braucht. Dennoch greifen übervorsichtige Eltern gewöhnlich eher auf destruktive Kontrolle und Manipulation zurück als auf eine gesunde unterstützende und ermutigende Art, die es versteht, das Potential des Kindes zu entwickeln und zu fördern. Bei manchen Kindern kann tatsächlich eine besondere Vorsicht der Eltern erforderlich sein, aber es muss immer eine Balance gehalten werden, die einerseits die Sicherheit garantiert und andererseits dem Kind ermöglicht, Dinge auszuprobieren und neue Fähigkeiten zu entwickeln.

Fehlende Beziehung

Viele Eltern versuchen Regeln aufzustellen, ohne vorher eine echte Beziehung zu ihren Kindern aufgebaut zu haben. Mutter und Vater sehen sich in ihrer Elternrolle vor allem als Polizisten und Richter. Sie legen den Schwerpunkt auf Regeln und messen möglicherweise ihre erzieherischen Fähigkeiten an deren Anzahl und daran, wie die Kinder sich an sie halten. Solche Eltern, die nicht wissen, wie sie eine echte Beziehung aufbauen und gestalten können, verlassen sich leicht auf das gute Verhalten eines Kindes, um ihre eigenen Bedürfnisse nach Beziehung aufzufangen – was natürlich ein schwacher und nicht ausreichender Ersatz ist.

Einzelkind – Tod eines Kindes – Adoptiertes Kind

Eltern von Einzelkindern tendieren vielleicht etwas mehr zu einem übermäßig behütenden Verhalten als solche mit zwei oder mehr Kindern. Bei nur einem Kind konzentrieren sich die Eltern oft zu stark auf die Bedürfnisse dieses Kindes und machen sich Sorgen (bewusst oder unbewusst), es zu verlieren. Eine ähnliche Reaktion ist oft bei Eltern zu beobachten, die ein Kind durch einen Unfall oder durch Krankheit verloren haben. Sie entwickeln dann manchmal irrationale Sorgen um das überlebende Kind, was zu einem überfürsorglichen Verhalten führt. Ein ähnliches unbewusstes Verhalten ist bei manchen Adoptiveltern zu beobachten, die immer das Gefühl haben, sie verdienten kein Kind und müssten sich deshalb umso mehr darum kümmern.

Beziehungsprobleme der Eltern und emotionale Bedürfnisse

Manche Mütter, die keine Erfüllung in

der Beziehung zu ihren Ehepartnern finden, betäuben ihren Schmerz, indem sie sich stark auf ein Kind konzentrieren. (Das kann auch Vätern passieren, ist aber seltener.) Einige Eltern verhalten sich überfürsorglich, um ihre eigenen emotionalen Bedürfnisse zu stillen. Sie fürchten, bei dem Verlust ihres Kindes wäre niemand da, der ihnen noch genug Liebe schenken würde. Es kommt auch vor, dass einer meint, den jungen Menschen vor der fehlenden Beziehung seitens des Vaters (oder der Mutter) schützen zu müssen.

▼ Die Folgen

»Kann übermäßige Behütung einem Kind Schaden zufügen?«, fragt Dr. Berk. »Sicher kann sie das«, beantwortet sie ihre eigene Frage. »Kinder lernen nicht von unseren Erfahrungen, sondern von ihren eigenen. Sie brauchen Gelegenheiten, kalkulierbare Risiken einzugehen, Fehler zu machen und mit den Konsequenzen ihrer eigenen Handlungen zu leben. Übertriebener Schutz seitens der Eltern stört diesen natürlichen Lernprozess«.[3] Der Psychiater Michael Liebowitz geht so weit zu sagen, dass »Überbehütung das Schlechteste aus den Kindern macht«.[4] Die Folgen von überfürsorglichem Verhalten der Eltern hängt von verschiedenen Faktoren ab: die Persönlichkeit des Kindes, der Grad der Nähe oder Distanz zu den Eltern und die Stärke des überfürsorglichen Verhaltens.

Ärger – Depression – Rebellion

Wenn sich ein Kind von den Eltern kontrolliert fühlt, ist die natürlichste Reaktion Ärger (vgl. Kapitel 4, »Wut«). Manche unterdrücken ihren Ärger aus Angst vor der Antwort der Mutter oder des Vaters,

aber dennoch wird er vorhanden sein. Ärger kann unterdrückt werden und zur Depression führen (vgl. Kapitel 5, »Depression«) oder sich nach außen kehren und sich in Rebellion ausdrücken (vgl. Kapitel 23, »Auflehnung«).

Erhöhte Abhängigkeit

Einige Kinder von überfürsorglichen Eltern werden zwanzig (und älter) und können nicht von zu Hause ausziehen. Das Kind heiratet (das »Anhängen« in 1. Mo. 2,24), aber es löst nie die Verbindung zu Mutter und Vater (das »Verlassen« in 1. Mo. 2,24). Einige wohnen dann direkt neben ihren Eltern oder zumindest ganz in der Nähe. Durch das überfürsorgliche Verhalten der Eltern ist die emotionale Entwicklung des jungen Menschen verkümmert.

Essstörungen

Es gibt viele Faktoren, die zu einer Essstörung, wie Anorexia (zwanghaftes Hungern), Bulimie (Ess- und Brechsucht) oder zwanghaftem Essen, führen. Für viele Kinder, die so unter der Kontrolle ihrer Eltern stehen, werden ihre Essgewohnheiten ein Weg, ihre negativen Gefühle auszudrücken. Bulimie und Anorexia werden von einem jungen Menschen als »Werkzeug« benutzt, um wieder ein Gefühl der Kontrolle über das eigene Leben zu bekommen (vgl. Kapitel 42, »Pubertäts-Magersucht [Anorexia nervosa]« und Kapitel 43, »Ess-Brech-Sucht [Bulimie]«).

Panische Störungen

Dr. Michael Liebowitz, der Leiter der Abteilung für panische Störungen in der Columbia Universität, hat beobachtet, dass »ungewöhnlich viele panische Patienten berichten, sie wären übermäßig behütet erzogen worden«.[5] Weil Sorge die Wurzel überfürsorglichen Verhaltens der Eltern ist, übernehmen Kinder oft diese Sorge und entwickeln daraus eine Angststörung oder eine ausgewachsene panische Störung. Platzangst (die irrationale Furcht, die »Heimatbasis« zu verlassen) ist ebenso bei einigen Kindern überbehütender Eltern möglich.

Geringer Selbstwert

Eltern wollen keine stolzen und arroganten Kinder aufziehen. Aber überfürsorgliche Eltern machen oft den anderen Fehler, indem sie unbeabsichtigt ihren Kindern beibringen, diese seien nicht in der Lage, für sich zu sorgen und eigene Entscheidungen zu treffen. Der Jugendliche bekommt das Gefühl, er sei inkompetent (in seinen Fähigkeiten) und unzulänglich (in seinem Selbst) (vgl. Kapitel 6, »Geringe Selbstachtung«).

Emotionaler Entzug

Die Art, in der wir lernen, mit Gleichaltrigen umzugehen, ist eine wichtige Aufgabe in der Entwicklung während unseres ganzen Lebens. Wenn ein Kind übermäßig behütet wird, ist der Freundeskreis meist auf Leute beschränkt, die die Eltern gut kennen und denen sie vertrauen. Dann gibt es gewöhnlich nur wenige Gelegenheiten, soziale Fähigkeiten in verschiedensten Lagen zu entwickeln, woraus oft eine Unsicherheit entsteht, die dazu führt, dass der Jugendliche sich von Gleichaltrigen zurückzieht und ein »Einzelgänger« wird.

Verspätetes geistliches Wachstum

Überfürsorgliche Eltern bringen ihren Kindern bei, ihnen zu vertrauen. Dies kann dazu führen, dass diese weniger – oder gar nicht – auf Gott vertrauen. Solche Eltern lehren möglicherweise die Wahrheit über Gott und das Kind kann auch eine gute Grundlage im christlichen Glauben gefunden haben, aber die kontrollierenden Eltern behindern die persönliche Beziehung des jungen Menschen zu Gott, indem sie (vielleicht unwissend) versuchen, für ihn ein Gottesersatz zu sein.

▲ Die biblische Sicht

1. Johannes 4,18 zeigt eine Sichtweise von Erziehung:

> Furcht ist nicht in der Liebe, sondern die vollkommene Liebe treibt die Furcht aus, denn die Furcht hat es mit Strafe zu tun. Wer sich aber fürchtet, ist nicht vollendet in der Liebe.

Überfürsorgliche Eltern sind meistens von Sorge motiviert, eine Sorge, die möglicherweise auf ein fehlendes Vertrauen auf Gott, ein fehlendes Vertrauen auf einen jungen Menschen oder beides hinweist. Mit Sicherheit hat Gott, unser himmlischer Vater, weit mehr Gründe, uns nicht zu vertrauen, aber wir haben keinen Grund, Ihm zu misstrauen. Bei Gott ist es absolut gerechtfertigt, wenn Er uns kontrollieren und uns vor jedem Fehler, Fehlurteil und jeder Sünde, die wir begehen könnten, schützen will. Aber Ihm ist unser Wachstum ebenso wichtig wie unsere Sicherheit. Er wünscht sich von Seinen Kindern eine freiwillige und liebevolle Reaktion auf die Freiheit, die Er ihnen gegeben hat, aber Er zwingt sie nicht dazu.

Ebenso müssen Eltern (und andere Erwachsene) daran denken, ihren Kindern, wenn sie wachsen und heranreifen, mehr Eigenständigkeit zuzusichern.

Das bedeutet gleichzeitig, ein Stück Sicherheit für ein gesundes Wachstum in die Unabhängigkeit zu opfern.

Es kann natürlich schwierig sein, diese Balance zu halten. Kinder sind angewiesen, ihre Eltern zu ehren,[6] aber Eltern werden aufgefordert, ihre Kinder nicht zu »reizen«.[7] Folgendes soll nicht bedeuten, einem Kind alles zu geben, was es möchte, aber es kann eine hilfreiche Anleitung sein: Fördern die Handlungen der Eltern eine gesunde Entwicklung und Reifung des Kindes oder reizen sie es nur? Weise Eltern bemühen sich ihrem Kind zwei Dinge zu geben: Wurzeln und Flügel.

▶ Praktische Hilfen anbieten

Ein Seelsorger hat eine doppelte Aufgabe zu erfüllen, wenn er einem jungen Menschen, dessen Eltern ihn möglicherweise übermäßig behüten, helfen will: den Jugendlichen unterstützen und ihm Mut machen und (wenn möglich) auch den Eltern zu helfen.

Zuhören. Der erste Schritt ist natürlich, den jungen Menschen mit seinen Problemen und seinem Frust anzuhören. Sie können Fragen stellen wie:

- Wann hast du dich zum ersten Mal so gefühlt (in Bezug auf deine Eltern)?

- Ist es seit dem besser oder schlechter geworden?

- (Wenn der Jugendliche Geschwister hat) Fühlen sich deine Geschwister genauso?

- Hast du schon mal mit deinen Eltern über diese Dinge gesprochen? Wenn nicht, warum nicht? Wenn doch, was ist dabei herausgekommen?

Achten Sie darauf, die Eltern nicht zu schnell zu verteidigen, aber kritisiere sie auch nicht. Lassen Sie den jungen Menschen entdecken, dass es (wenigstens) einen Erwachsenen gibt, der Interesse an seinen Gedanken und Gefühlen hat. Alleine ein offenes Ohr anzubieten kann schon einen großen Teil der Hilfe und der Heilung sein.

Verständnis zeigen. Wenn der Teenager von seinem Frust über die Eltern berichtet, sollten Sie eine Atmosphäre der Annahme schaffen, indem Sie

- mit dem Kopf nicken;

- Blickkontakt herstellen;

- sich in ihrem Stuhl leicht vorbeugen, um Interesse und Sorge auszudrücken;

- in einem ruhigen Tonfall sprechen;

  sorgfältig die verbale und nonverbale Kommunikation verfolgen;

- Kernaussagen oder Gesten reflektieren (»Du scheinst zu sagen ...« und »Du bist wirklich sehr verärgert darüber, nicht?«).

Bedenken Sie, dass der Teenager sich wegen seines Ärgers über seine Mutter und seinen Vater schuldig fühlen kann. Helfen Sie ihm, die schlechten und guten Gefühle gegenüber seinen Eltern und deren Verhalten zu erkennen.

Bestätigen. Versuchen Sie das Gefühl des Teenagers für seinen Wert und seine Würde zu stärken ohne den gottgegebenen Platz der Eltern in seinem Leben anzugreifen. Der Autor Dick Foth schreibt:

»Wir müssen immer und immer wieder hören, dass wir wertgeschätzt und wertvoll sind. Etwas Fundamentales passiert, wenn dir jemand sagt: ›Einfach in deiner Nähe zu sein ist schön‹ oder ›Wenn du den Raum betrittst, ist das ein aufregender Moment‹ oder ›Du hast ein bezauberndes Lächeln‹.«[8] Drücken Sie ihre Achtung nicht nur mit Worten, sondern auch mit Handlungen aus.

Richtung weisen. Helfen Sie mit den folgenden Punkten dem Jugendlichen seine Möglichkeiten innerhalb des biblischen Rahmens abzuwägen:

- Führen Sie den Teenager in eine Beziehung mit Jesus Christus oder (falls er schon Christ ist) in eine tiefere Beziehung mit Ihm.

- Ermutigen Sie den Jugendlichen, sich im Gebet an Gott zu wenden und auf Ihn als Quelle für das, was ihm fehlt, zu vertrauen.

- Er wird wahrscheinlich wissen, dass er Mutter und Vater ehren soll. Helfen Sie ihm Wege zu finden, sie zu ehren (und sie vielleicht besser zu verstehen), wobei immer seine eigenen Fähigkeiten und Möglichkeiten im Blick bleiben sollten.

- Wenn möglich, leiten Sie den Jugendlichen zu einem offenen, respektvollen und spannungsfreien Gespräch mit Mutter und Vater an. Ein Weg, dies zu erreichen, kann die von Ron Hutchcraft empfohlene Methode sein, bei der der Jugendliche einen Brief (oder auch mehrere) schreibt und darin seine Liebe und Wertschätzung gegenüber seinen Eltern ausdrückt und dann respektvoll seine Sorgen, seinen Frust und auch seine Vorschläge zur Lösung der Differenzen zwischen ihm und ihnen beschreibt[9] (vgl. Kapitel 18, »Ungläubige Eltern«). Wenn diese Methode behutsam und respektvoll angewandt wird, kann sie sehr hilfreich sein, Türen zu öffnen und Mauern niederzureißen.

- Überlegen Sie Wege, wie der Jugendliche seine Vertrauenswürdigkeit und Fähigkeiten seinen Eltern beweisen kann und helfen Sie ihm, auf diese Ziele hinzuarbeiten.

Ziele setzen. Bemühen Sie sich, den Teenager für die Teilnahme in der Jugendgruppe der Gemeinde zu gewinnen, da dies am ehesten ein Ort ist, an dem die Eltern den jungen Menschen verhältnismäßig sicher wissen. Bauen Sie eine Beziehung zu beiden Elternteilen und dem Teenager auf, was die Eltern ermutigen kann, dem Jugendlichen zu erlauben, neue Erfahrungen zu machen und einen neuen Grad an Freiheit unter ihrer Aufsicht auszuprobieren. Helfen Sie dem jungen Menschen, nach einer verbesserten, nicht einer perfekten Beziehung, mit Mutter und Vater zu streben.

Hilfe von außen. Wenn Sie, als besorgter Erwachsener, zu irgendeiner Zeit merken, dass die Gesundheit oder auf lange Sicht das Wohlergehen des jungen Menschen bedroht ist (durch schwere Depression, panische Störung, Essstörung o.ä.), ist der Punkt gekommen, an dem Sie die Familie ermutigen sollten, einen professionellen christlichen Seelsorger aufzusuchen. Dieser sollte qualifiziert sein, diese speziellen Fragen biblisch zu behandeln.

In diesem Kapitel zitierte Bibelstellen

- 1. Mose 2,24
- 1. Johannes 4,18
- 2. Mose 20,12
- Epheser 6,4

Weitere hilfreiche Bibelstellen zum Thema

- Sprüche 17,9
- Philipper 4,5
- Römer 14,13

17

Nachlässige Eltern

● **Das Problem**

◀ **Die Ursachen**

Armut
Eilzuglebensstil
Familienzusammenbruch
Viele Geschwister
Elterlicher Volleinsatz in der
Gesellschaft
Geistige Krankheit
Selbstsucht
Fehlende erzieherische Fähigkeiten

▼ **Die Folgen**

Geringes Selbstwertgefühl
Schlechte schulische Leistungen
Schlechte Freundschaften
Geringe soziale Fähigkeiten
Unfähigkeit zum Aufbau
von Beziehungen
Rebellierendes Verhalten
Drogen- und Alkoholprobleme
Sexuelle Ausschreitungen

▲ **Die biblische Sicht**

▶ **Praktische Hilfen anbieten**

Einführung

Mark und Debbie waren beide bekennende Christen. Sie lernten sich in der Jugendgruppe ihrer Gemeinde kennen. Beide waren sechzehn als sie begannen, sich regelmäßig zu treffen. Sie waren in ihrem zweiten Jahr auf der Highschool, waren im gleichen Ort groß geworden und waren gute Schüler (wobei Debbie meist die besseren Noten bekam). Sie hatten vieles gemeinsam. Aber nicht alles.

Mark war der beste Basketballspieler der Schulmannschaft und wurde in das Team für die Landesmeisterschaft gewählt. Als er dabei den Pokal für den besten Spieler gewann, grinste er breit und ging zielstrebig zur Spielfeldmitte, wo er den Preis mit einer Miene entgegennahm, die durchblicken ließ, dass er damit gerechnet hatte – und mehr wollte. Er suchte auf der Tribüne nicht nach den Gesichtern seiner Eltern, da er wusste, dass sie nicht dort sein würden. Sie waren nie da.

Debbie verstand das nicht. Sie spielte in der Feldhockeymannschaft und ihre Eltern verpassten nie ein Spiel. Sie verpassten sogar kaum ein Training. Sie schienen ein enormes Interesse an allem zu haben, was sie tat.

Aber es waren nicht nur Marks Sportaktivitäten, die seine Eltern nicht besuchten. Sein Vater war Geschäftsmann, der oft unterwegs war und seine Mutter eine Hebamme. Sie waren in der Gemeinde sehr angesehen. Aber fast jeden Morgen ging Mark zur Schule ohne seine Eltern gesehen zu haben und machte sich gewöhnlich auch abends selber etwas zu Essen. Manchmal sagte er zu seinem Jugendleiter, dass er wahrscheinlich sterben könnte und seine Eltern ihn erst finden würden, wenn das ganze Haus stänke.

● Das Problem

Nachlässigkeit kann in vielen Formen und unterschiedlichen Härtegraden auftreten. Viele Leiter bezeichnen Nachlässigkeit als Unaufmerksamkeit gegenüber den Grundbedürfnissen eines Kindes oder jungen Menschen, also Schutz, Nahrung, Kleidung, Gesundheit, Schulbesuch etc.

Die schwerste Form von Nachlässigkeit ist natürlich, wenn ein Kind gesundheitlich leidet oder durch Mangel an Nahrung, Aufsicht oder medizinischer Fürsorge stirbt. Ein Bericht des »U.S. National Committee for the Prevention of Child Abuse« (eine Einrichtung zum Schutz von Kindern vor Missbrauch) zeigte auf, dass 1993 1299 Kinder aufgrund von Vernachlässigung oder Missbrauch starben[1] (vgl. Kapitel 35, »Misshandlung«).

Aber einige Jugendliche leiden unter einer Nachlässigkeit, die nicht so leicht bemerkt wird oder dokumentiert werden kann. Leiter aus Schule und Regierung würden Marks Situation (wie oben beschrieben) nicht als einen Fall von Vernachlässigung oder Missbrauch bezeichnen. Dennoch wird diese Art von Unaufmerksamkeit, unter der er leidet, das fehlende Interesse und die mangelhafte Beziehung zu seinen Eltern langsam, aber sicher ihren Tribut im Leben dieses Jugendlichen fordern.

Viele Pastoren und Jugendleiter betrachten Desinteresse und fehlende Beziehung von Seiten der Eltern als ein großes Problem für junge Menschen. Siebzig Prozent der nationalen Jugendleiter, die bei der Vorbereitung dieses Buchs befragt wurden, werten das Problem nachlässiger Eltern als »sehr wichtig« und dreißig Prozent dieser Leiter bezeichnen die Situation nachlässiger Eltern für Teenies als eine »Krise«.[2]

◀ Die Ursachen

Eltern haben eine schwierige Aufgabe. Es ist schon hart genug mit den vielen Anforderungen des Lebens ohne Kinder fertig zu werden. Eine Menge Leute halten die Aufgabe, einem oder mehr Kindern angemessene Aufmerksamkeit oder Sorge zu widmen – angeführt von der Vorausplanung von deren Heirat und Karriere – für fast unmöglich. Viele bewältigen sie in bewundernswerter Weise, aber viele andere aus verschiedensten Gründen nicht.

Armut

Die meisten Experten halten Armut für den häufigsten Grund der Nachlässigkeit. Sie ist ebenso in den vielen Fällen vorhanden, wenn ein Kind unter Unaufmerksamkeit oder Gleichgültigkeit leidet. Einige Begleiterscheinungen, die mit Armut verbunden sind, erhöhen die Wahrscheinlichkeit von Nachlässigkeit oder Unaufmerksamkeit wie z.B. alleinerziehende Eltern, viele Geschwister, Mangel an Bildung und ein falsches Rollenverständnis bei der Entwicklung von Erziehungsfähigkeiten. Dazu kommt oft das Gefühl allgemeiner Hoffnungslosigkeit bei Eltern mit niedrigem Einkommen. Einigen Eltern fehlt darüber hinaus auch das Wissen oder der Wille, den Kindern eine gute Erziehung zu geben. Dennoch sind Eltern mit geringem Einkommen nicht die Einzigen mit diesem Verhalten.

Eilzuglebensstil

Jugendliche aus der Mittel- und Oberschicht sind gewöhnlich in ihren Grundbedürfnissen, wie Essen, Schutz, Ausbildung und Kleidung, versorgt. Diese Kinder aus Familien mit höherem Einkommen werden dennoch in verschiedenen

Bereichen vernachlässigt. Ihnen kann z.B. Aufmerksamkeit, Zuneigung oder das Interesse der Eltern fehlen. Familien der Mittel- und Oberschicht leiden oft an einem Eilzuglebensstil, in dem sich Eltern wie Hochgeschwindigkeitszüge im Wettrennen gegen die Uhr verhalten, um den Anforderungen der Karriere, Kirche und Gesellschaft nachzukommen, während ihre Kinder sich letztlich wie eine Szenerie vorkommen, die verschwommen und kaum bemerkt vorbeirauscht.

In der heutigen eiligen Welt fühlen sich manchmal beide Eltern unter dem Druck ganztägig zu arbeiten und lassen die jungen Leute nach der Schule und manchmal sogar bis zum Abend für sich selbst sorgen. Solche Zeiten können Jugendlichen ein Gefühl der Einsamkeit und nicht selten auch der Angst bereiten. Darüber hinaus bieten sie Gelegenheiten für ungünstige und ungesunde Interessen.

Familienzusammenbruch

Ehescheidung und die Situation, alleine erziehen zu müssen, bedeutet viel Stress für die Eltern. Der Schmerz und die Wut, die ein Elternteil durch eine Scheidung empfindet, kann den Blick für die Bedürfnisse des Kindes durch den Kummer um den Verlust der Familie behindern. Oft ist ein Elternteil dann damit alleine gelassen, die ganze Verantwortung der Erziehung zu übernehmen. Gleichzeitig können finanzielle Belastungen, der Start einer neuen Karriere, ein neuer Posten und/oder eine neue Beziehung hinzukommen, was den Elternteil ablenkt und sorgfältige Aufmerksamkeit den Kindern gegenüber fast unmöglich macht (vgl. Kapitel 19, »Geschiedene Eltern«).

Kinder alleine zu erziehen ist eine gewaltige Aufgabe. Für Alleinerziehende ist es sehr schwierig, die richtige Balance zwischen den eigenen Bedürfnissen (die im Zusammenhang mit einem Tod oder einer Scheidung auch sehr wichtig sind) und denen der Kinder zu finden. Viele alleinerziehende Eltern sind bewundernswert aufmerksam gegenüber den Bedürfnissen ihrer Kinder. Aber zu oft werden die emotionalen Bedürfnisse nach Aufmerksamkeit, Unterstützung und Zuwendung vernachlässigt (vgl. Kapitel 20, »Leben mit nur einem Elternteil«).

Viele Geschwister

Es ist nicht schwer zu sehen, dass viele Geschwister in einer Familie es erschweren können, Interesse und Aufmerksamkeit für jedes Kind aufzubringen. Als eins von fünf Kindern der Familie Jones erfuhr Tara nie besondere Aufmerksamkeit ihrer Eltern. Beide waren sehr damit beschäftigt, die Rechnungen, die in einer Großfamilie schnell zusammenkommen, unter Kontrolle zu halten. Taras Eltern besuchten nie ihre Schul- und Sportaktivitäten oder zeigten sich wenigstens daran interessiert. Sie versuchten sie sogar von weiteren außerschulischen Interessen abzuhalten, indem sie auf die daraus entstehenden zusätzlichen finanziellen Belastungen hinwiesen. Tara hatte das Gefühl, sie würde umso mehr geliebt, je weniger sie auffiel.

Elterlicher Volleinsatz in der Gesellschaft

Eltern tendieren dazu, ihre Kinder zu vernachlässigen, wenn sie mit etwas sehr beschäftigt sind – wie z.B. mit ihrem Ansehen in der Gesellschaft. Marcies Mutter und Vater waren in einigen Gesellschaftsaktivitäten eingebunden und wetteiferten beide weiterzukommen. Marcie wurde von einer Tante, einer zwanzigjährigen Schwester ihrer Mutter, betreut. Marcies Eltern merkten nichts davon, dass ihre Tochter und ihre Betreuerin jeden Abend Pott rauchten. Da sie nie vor 8 oder 9 Uhr abends zurückkamen, waren die körperlichen Anzeichen gut versteckt, aber die emotionalen Ergebnisse in Marcies Leben waren erkennbar – für jeden, der einmal richtig hinsah.

Geistige Krankheit

Schizophrenie, manische, nachgeburtliche oder klinische Depressionen sind einige der Störungen, die zu Unaufmerksamkeit der Eltern führen können. Wenn Eltern an einer solchen Störung leiden und nicht entsprechend behandelt werden, wird diese die Fähigkeit, sich einem Kind zu widmen, stark behindern.

Selbstsucht

Die Gesellschaft fordert Männer und Frauen heute heraus, alles zu haben und das so individuell wie möglich. Ein Einkommen über dem Standard, Privatunterricht für die Kinder, 7-Tage-Woche, Urlaub auf den Bahamas und ganz nebenbei eine glückliche Familie. Eltern mit dieser Ich-will-alles-Mentalität vernachlässigen gewöhnlich die emotionalen Bedürfnisse ihrer Kinder, indem sie (bewusst oder unbewusst) ihre »Bedürfnisse« über die ihrer Kinder stellen.

Fehlende erzieherische Fähigkeiten

Kinder kommen nicht mit einer Bedienungsanleitung auf die Welt. Fast alle jungen Eltern geben an, dass sie nichts auf die Anforderungen als Eltern hätte vorbereiten können. Einige (besonders die, deren Eltern bereits gute Methoden und Fähigkeiten in der Erziehung vorgelebt haben) kämpfen, arbeiten und entwickeln schließlich selbst Fähigkeiten, die nicht nur die äußeren Bedürfnisse ihrer Kinder befriedigen, sondern auch die emotionalen. Unglücklicherweise glauben viele Eltern, dass ihre Aufgabe lediglich darin besteht, die Familie finanziell zu versorgen.

▼ Die Folgen

Ein junger Mensch, dessen Eltern gleichgültig oder unaufmerksam wirken, wird wahrscheinlich Schmerz, Frustration, Ärger (der manchmal zu Bitterkeit führt), ebenso wie Gefühle von Unsicherheit und Einsamkeit fühlen. Solche Reaktionen führen zu vielen und verschiedenen Effekten.

Geringes Selbstwertgefühl

Wenn Eltern ein Kind vernachlässigen (oder es Gleichgültigkeit empfindet), kann es ein Gefühl der Wertlosigkeit entwickeln. Mark, mit dessen Geschichte dieses Kapitel begann, mag bei der Preisverleihung sehr stolz gewirkt haben, aber sein Verhalten verbirgt möglicherweise ein bedenklich geringes Selbstwertgefühl. Er kompensierte die Gleichgültigkeit seiner Eltern gegenüber seinem Erfolg mit einer Maske von Leistung und Arroganz (vgl. Kapitel 6, »Geringe Selbstachtung«).

Schlechte schulische Leistungen

Es gibt eine enge Verbindung zwischen dem Bezug zu den Eltern und den schulischen Leistungen. Wenn Eltern sich nicht um ihre Kinder kümmern, leiden oft deren Noten darunter (vgl. Kapitel 45, »Über- und Untermotivation«).

Schlechte Freundschaften

Unaufmerksame Eltern sind meist die Letzten, die erfahren, dass ihr Kind sich die »falschen« Freunde gesucht hat. Wenn ein Kind den Eindruck bekommt, seine Eltern seien ihm gegenüber gleichgültig und kümmern sich um nichts, gibt es möglicherweise die Hoffnung auf Annahme völlig auf. Dafür sucht und findet es oft Annahme auf falschen Wegen und mit den falschen Leuten (vgl. Kapitel 14, »Umgang mit Gruppendruck«).

Geringe soziale Fähigkeiten

Kinder machen ihre ersten sozialen Erfahrungen in der Familie und entwickeln Vertrauen und Fähigkeiten, die sie später auf den Rest der Welt anwenden. Wenn Eltern aber nie da sind und kein Interesse am Kind zeigen, wird die soziale Entwicklung möglicherweise dadurch behindert.

Unfähigkeit zum Aufbau von Beziehungen

Enge Beziehungen sind existentiell für die menschliche Entwicklung und das Wachsen. Wenn ein Teenager keine enge Beziehung durch gemeinsam verbrachte Zeit, Unternehmungen und Berührungen mit seinen Eltern hat, verzögert sich die Fähigkeit, mit anderen enge Verbindungen aufzubauen. Dieser Verlust wird in Freundschaften, Verabredungen, Heirat und möglicherweise auch in der Beziehung zu den eigenen Kindern sichtbar.

Rebellierendes Verhalten

Jugendliche, die sich vernachlässigt fühlen, versuchen Aufmerksamkeit zu erregen. Dabei finden sie negatives Auffallen besser als gar keins. Und wenn sie damit Aufmerksamkeit erregen, wird weiteres negatives Verhalten folgen. Ein junger Mensch kann rebellieren, indem er eine Möglichkeit findet, seine Eltern gegen-

über ihren Freunden oder Kollegen in Verlegenheit zu bringen (z.B. durch die Frisur, Ohrringe, Fluchen o.ä.) oder indem er sich in kriminelle Aktivitäten verwickelt (Schulschwänzen, Bandenzugehörigkeit etc.) (vgl. Kapitel 23, »Auflehnung«).

Drogen- und Alkoholprobleme

Vernachlässigte Teenager geraten leichter in Alkohol- und Drogenmissbrauch, da sie öfters unbeaufsichtigt sind. Eine Umfrage berichtet, dass junge Teenager, die alleine zu Hause sind, doppelt so leicht Alkohol, Marihuana und Zigaretten nehmen wie solche, die unter Aufsicht von Erwachsenen sind[3] (vgl. Kapitel 38, »Alkohol: Genuss und Missbrauch« und Kapitel 39, »Drogenkonsum und -missbrauch«).

Sexuelle Ausschreitungen

Teenager, deren Eltern sich nicht um sie kümmern und unaufmerksam sind, haben sowohl die Motivation (Bedürfnis nach Intimität, Aufmerksamkeit u.ä.) als auch die Gelegenheit (längere freie und unbeaufsichtigte Zeiten), um ihrer Frustration nachzugeben und Erfüllung ihrer Bedürfnisse durch sexuelle Betätigung zu befriedigen (vgl. Kapitel 28, »Vorehelicher Geschlechtsverkehr«).

▲ Die biblische Sicht

5. Mose 6,6-7 zeigt ein Muster von gottgewollter Erziehung:

> Und diese Worte, die ich dir heute gebiete, sollen in deinem Herzen sein. Und du sollst sie deinen Kindern einschärfen und du sollst davon reden, wenn du in deinem Hause sitzt und

wenn du auf dem Weg gehst, wenn du dich hinlegst und wenn du aufstehst.

Gottes Modell für Erziehung ist ein Beziehungsmodell. Gott gebietet den Eltern, ihre Kinder zu versorgen[4], aber er gebietet ebenso, sie zu lehren und dies aus einer Beziehung heraus: wenn wir sitzen, gehen, uns hinlegen und wenn wir aufstehen. Diese Betonung der Beziehung ist natürlich genau das Gegenteil von nachlässigen Eltern.

Jesus gab ein Beispiel, indem er sich um Kinder sorgte und ihnen Aufmerksamkeit widmete. Als eine Menge Kinder, von denen viele von ihren Eltern geschickt worden waren, sich um Jesus drängten, wollten die Jünger sie abweisen, weil sie vielleicht meinten, Jesus kümmere sich mehr um die wichtigeren »erwachsenen« Dinge. Aber Jesus sagte: »Lasst die Kinder zu mir kommen! Wehrt ihnen nicht! Denn solchen gehört das Reich Gottes.«[5]

Gott hat offensichtlich nicht die vielen Anforderungen und Konflikte, die aus dem Alltag, der Arbeit und der Erziehung entstehen, vergessen. Deshalb hat er sicher auch die Aufforderungen in sein Wort aufgenommen, dass Kinder ihre Eltern ehren[6] und die Eltern ihre Kinder nicht »reizen« sollen.[7] Aber jeder besorgte Erwachsene – Pastor, Lehrer, Jugendarbeiter oder Elternteil – soll Gott bitten, das Versprechen, das er Israel in Maleachi 3,24 gab, in jeder Familie zu erfüllen, nämlich »das Herz der Väter zu den Söhnen und das Herz der Söhne zu ihren Vätern umkehren (zu) lassen«.

▶ Praktische Hilfen anbieten

Ein Teenager, der unter dem Desinteresse und fehlender Zuwendung seiner Eltern leidet, sehnt sich oft verzweifelt nach einem Erwachsenen, der Interesse zeigt und Unterstützung anbietet. So eine Fürsorge kann nie die Aufmerksamkeit seiner Mutter und seines Vater ersetzen, aber sie kann sicher helfen. Besonders, wenn der Erwachsene dem Jugendlichen in folgender Weise entgegenkommt:

Zuhören. Jugendliche, die sich von ihren Eltern vernachlässigt fühlen, sehnen sich oft nach jemandem, der ihnen einfach zuhört. Sie brauchen das Gefühl, dass ein Erwachsener sich um sie und ihr Wohlergehen kümmert. Vorsichtiges und geduldiges Zuhören kann bei so einem jungen Menschen sehr förderlich sein. Fragen wie die folgenden mögen ihn oder sie zum Reden ermutigen, besonders, wenn sie behutsam und ohne Drängen gefragt werden:

- Wann hast du dich zum ersten Mal so gefühlt?

- Ist es seitdem besser oder schlechter geworden?

- Fühlen sich deine Geschwister genauso?

- Hast du schon mal mit deinen Eltern über diese Dinge gesprochen? Wenn nicht, warum nicht? Wenn ja, was ist dabei herausgekommen?

Beachten Sie die Gefühle des Jugendlichen ebenso wie seine Worte. Hören Sie zu und versuchen Sie (ohne in irgendeiner Weise zu urteilen) zu unterscheiden, ob die Eltern unaufmerksam sind oder dies die Wahrnehmung des Jugendlichen ist (wobei in beiden Fällen der Schmerz real ist). Achten Sie aufmerksam auf jeden Hinweis von körperlicher Nachlässigkeit oder Missbrauch (diese müssen umgehend entsprechenden Leitern mitgeteilt werden).

Verständnis zeigen. Versetzen Sie sich in die Lage des jungen Menschen. Ziehen Sie für einen Moment ihre »Erwachsenenschuhe« aus und versuchen Sie in den Sportschuhen des Teens zu gehen. Versuchen Sie die Angelegenheit aus seiner Sicht zu sehen. Ziehen Sie nicht voreilig Schlüsse und bieten Sie keine schnellen und einfachen »Lösungen« an. Nehmen Sie sich Zeit, die Dinge mit den Augen des Jugendlichen zu sehen und sie mit seinem Herz zu fühlen. Bemühen Sie sich, einfühlsam zu kommunizieren, indem Sie

- dem Jugendlichen Ihre volle Aufmerksamkeit widmen;

- Blickkontakt herstellen;

- sich in Ihrem Stuhl leicht vorbeugen, wenn sie oder er spricht;

- durch Nicken Verständnis andeuten;

- Kernaussagen reflektieren (»Du fühlst dich …« und »Du sagst …«);

- geduldig in Schweigepausen oder bei Tränen warten.

Bestätigen. »Tief im Innersten«, sagt Autor Dick Foth, »möchten wir alle glauben, dass wir annehmbar, liebenswert und wertvoll für einen anderen Menschen sind.« Ein Teen, dessen Eltern ihm gegenüber gleichgültig sind (oder scheinen), wird sich kaum je so gefühlt haben. Eins der tiefsten Bedürfnisse, die er haben wird, ist das Bedürfnis nach Bestätigung. Eine der besten Möglichkeiten, mit der ein besorgter Erwachsener so einem Teenager helfen kann, ist das Angebot von Bestätigung. »Bestätigung«, sagt Foth, »ist für mich dir zu erzählen, wie ich dich qualitativ sehe, nicht für das, was du tust, sondern für das, was du bist und was du mir bedeutest … Wie bestäti-

gen wir eine andere Person am besten? Mit Worten, Handlungen oder mit Zeit? Die Antwort sind alle drei.«[8]

Richtung weisen. Weisen Sie einem jungen Menschen, dessen Eltern ihm gegenüber beziehungslos und gleichgültig sind, behutsam folgende Richtung:

- Bieten Sie Hoffnung an. Zeigen Sie ihnen, wie Gott sie sieht. Zeigen Sie ihnen, dass er an sie ebenso wie an ihre Zukunft glaubt.[9]

- Führen Sie den jungen Menschen in eine Beziehung mit dem Herrn. Leiten Sie ihn sanft in eine tiefere Beziehung mit dem Gott, der immer da ist und der immer Zeit für ihn hat.

- Zeigen Sie ihnen eine gute Gruppe von Gleichgesinnten und eine Gemeinschaft (wie eine lebendige Gemeinde oder eine Gemeindejugendgruppe), die ihre emotionalen Bedürfnisse nicht vernachlässigt. Wenn sie materielle Bedürfnisse haben, zeigen Sie ihnen Stellen, die auch in diesen Bereichen helfen.

- Führen Sie die Jugendlichen dahin, anderen zu helfen. Konstruktive Aufmerksamkeit kann eher durch geben als durch nehmen erreicht werden. Eher durch dienen als durch bedient werden. Ermutigen Sie Jugendliche, ihren Geschwistern oder Freunden, die sich ebenso vernachlässigt und ungeliebt fühlen, zu helfen.

Ziele setzen. Lassen Sie den Teenager von sich aus überlegen und Ziele setzen, um mit der Vernachlässigung oder empfundenen Vernachlässigung umzugehen. Soll er seine Gefühle Mutter und Vater zeigen? Soll er einen Brief schreiben? Kann er sich konkrete Schritte vorstellen, an Mutter und Vater heranzutreten und Wege vorzuschlagen, wie sowohl Kind als auch Eltern etwas ändern können um die Lage zu verbessern?

Hilfe von außen. Bedenken Sie, dass Beziehungsprobleme Zeit zur Bearbeitung brauchen; Geduld und Beharrlichkeit sind gefragt. Sowohl der betreuende Erwachsene als auch der junge Mensch sollen beide im Prozess dieses langen Weges fest eingebunden sein. Der Pastor, Jugendleiter, Lehrer oder Jugendarbeiter sollte eine Priorität darauf setzen, dass die Eltern in dieser Angelegenheit so früh wie möglich einbezogen werden. Er sollte außerdem besonders auf eine mögliche Notwendigkeit und Gelegenheit achten, den Jugendlichen und seine Eltern an einen kompetenten christlichen Seelsorger, der Familienseelsorge anbietet, weiterzuverweisen.

In diesem Kapitel zitierte Bibelstellen

- 5. Mose 6,6-7
- 1. Timotheus 5,8
- Markus 10,14
- 2. Mose 20,12
- Epheser 6,4
- Maleachi 3,24
- Jeremia 29,11

Weitere hilfreiche Bibelstellen zum Thema

- 5. Mose 31,6
- 1. Samuel 2,12-36
- 1. Könige 1,5-6
- Psalm 27,10
- Philipper 4,19

18

Ungläubige Eltern

Einführung

Ihre Freundinnen nannten sie Nicki. Ihre Eltern Nicole.

Nicki wurde Christin, als sie als Dreizehnjährige von einer Freundin zu einem Grillfest einer Jugendgruppe eingeladen war. Sie fühlte sich, als ob ihr ein gewaltiger Berg von Sünden von den Schultern genommen worden war. Zum ersten Mal in ihrem Leben fühlte sie sich rein, als ob alle ihre Probleme weg wären.

Als sie wieder nach Hause kam, entdeckte sie, dass ihre Probleme gerade erst anfingen. Sie berichtete begeistert von der Neuigkeit ihrer Errettung als ihre Eltern sie an der Tür empfingen. Sie hatte erwartet, dass sie ebenso begeistert wären und dass sie ihr gratulieren würden. Sie hatte nicht erwartet, dass sie wütend waren.

»Weißt du eigentlich, wie spät es ist?«, fragte sie ihr Vater und schaute sie finster an, als sie ihre Geschichte beendete. »Es ist schon nach zehn! Was hast du die ganze Nacht bei diesem Grillfest getrieben?«

Nicki verstand das nicht. Sie wurde wegen des Ärgers ihres Vaters selber sauer, rannte in ihr Zimmer und schlug die Tür hinter sich zu.

In den folgenden Wochen und Monaten begann Nicki mit der Unterstützung der Jugendgruppe als Christin zu wachsen. Sie hatte sich nie bei jemandem so »zu Hause« gefühlt, wie bei ihren gläubigen Freunden und noch nie hatte sie sich bei ihren Eltern so wenig »zu Hause« gefühlt.

Nickis Mutter und Vater zeigten keinerlei Interesse an ihrem neuen Leben. Sie schienen sogar ihrem geistlichen Wachstum und ihren Kontakten zur Gemeinde bei jeder Gelegenheit entgegenzuarbeiten. Sie entdeckten, dass es die schwerste Strafe für sie war, wenn sie nicht zur Gemeinde oder zur Jugendgruppe gehen durfte und sie benutzten diese Strafe wie ein Schwert, das ständig über ihrem Kopf schwebte.

Nicki und ihre Eltern schienen immer weiter auseinanderzudriften bis zu dem Punkt, an dem Nicki sie zu einem Eltern-Kinder-Festessen ihrer Jugendgruppe und der Gemeinde einlud. Insgeheim war sie froh, als sie ablehnten. Sie lud Pam Wilson, ihre Sonntagsschullehrerin, ein, am Festessen den Platz ihrer Eltern einzunehmen. Nach dem allen, dachte Nicki, war Pam für sie mehr eine Mutter, als ihre echten Eltern es waren.

● Das Problem

Teenager und Eltern begegnen vielen Hindernissen bei dem Versuch, sich gegenseitig zu verstehen und zusammenzuleben. Es kommt zum Kräftemessen, Zusammenbruch der Kommunikation, Uneinigkeit und Trotz – auf beiden Seiten. Für ein Kind von gläubigen Eltern mag das manchmal schwierig sein. Noch schwieriger kann es für einen gläubigen Teenager sein, wenn seine Eltern keine Christen sind.

Eine 1994 durchgeführte Untersuchung von 3 700 Jugendlichen aus Gemeinden zeigte, dass während drei Viertel (74%) meinten, sie hätten ein gutes Verhältnis zu ihrem Vater (die Ergebnisse schließen sowohl Kinder von gläubigen als auch von ungläubigen Eltern ein), nur die Hälfte (51%) sagte, ihr Vater würde ihnen oft seine Liebe zeigen. Ein größerer Prozentsatz (88%) sprach von einem guten Verhältnis zur Mutter, wogegen zwei Drittel (68%) sagten, ihre Mutter würde ihnen oft ihre Liebe zeigen. Die Studie zeigt ebenfalls, dass Eltern nicht zu den ersten Seelsorgern gehören, denen die Jugendlichen aus Gemeinden Vertrauen schenken und die sie um Unterstützung bitten. Nur einer von vier (26%) sagt, er frage häufig seinen Vater um Rat und zwei von fünf (40%) fragen oft ihre Mutter.

Diese Zahlen spiegeln die Einstellung und Praxis von Kindern gläubiger und ungläubiger Eltern wider. Die Erfahrung vieler Pastoren, Lehrer und Jugendarbeiter zeigt, dass viele Kinder, deren Eltern keine Christen sind, es oft schwerer haben, mit ihnen auszukommen und sich ihnen anzuvertrauen. Diese Uneinigkeit zwischen gläubigen Teenagern und ungläubigen Eltern wird von 96% der nationalen gemeindlich und überkonfessionell arbeitenden Jugendleiter als ein »wichtiges« oder »sehr wichtiges« Thema, mit dem die Jugend konfrontiert ist, eingestuft.[1]

Jason und seine Eltern stritten häufig, wobei es dabei gewöhnlich um seine Teilnahme an Gemeindeveranstaltungen ging. Seine Eltern meinten, er würde zu viel Zeit dort verbringen und sprachen oft von ihren Bedenken über einige Dinge, die ihm dort beigebracht würden.

Lisa wurde bei einem »Young Life«-Treffen für Schüler Christin. Einige ihrer gläubigen Freundinnen luden sie in ihre Gemeinde ein, aber sie war noch nicht alt genug, Auto zu fahren und ihre Eltern wollten sie nicht hinbringen. Es war ihr peinlich, zu erzählen, warum sie nicht mitkam und sie ärgerte sich sehr über ihre Eltern, die ihr die Unterstützung verweigerten.

Steven lebte bei seiner geschiedenen Mutter, die ihn und seine jüngere Schwester durch ihre Arbeit in einer Kneipe finanzierte. Je mehr er sich in der Gemeinde engagierte, desto beschämter und kritischer wurde er ihr gegenüber. Sie dagegen sah die christliche Überzeugung und die Gemeinde ihres Sohnes als Bedrohung. Meistens sprachen Steven und seine Mutter nur miteinander, wenn sie mussten und selbst dann war es gewöhnlich bitter und feindselig.

Solche Kämpfe und Probleme sind nicht ungewöhnlich bei gläubigen Teenagern und ungläubigen Eltern. Selbst in Familien, in denen die Eltern die Überzeugungen und Aktivitäten ihrer Kinder unterstützen, können Spannungen und Schwierigkeiten auftreten und die Dinge für Eltern und den Teenager erschweren.

◀ Die Ursachen

Teenagern und Eltern begegnen oft Schwierigkeiten in ihrer Beziehung, wenn Eltern und Kinder die gleiche geistliche Einstellung haben. Diese Schwierigkeiten können noch ausgeprägter auftreten, wenn ein ungläubiger Teen Christ wird. Die Gründe dafür scheinen offensichtlich, aber sie sollen hier dennoch näher betrachtet werden.

In 2. Korinther 6,14 weist der Apostel Paulus Christen an, »nicht unter fremdartigem Joch mit Ungläubigen« zu gehen. Diese Anweisung scheint sich natürlich auf romantische, soziale und geschäftliche Verbindungen zu beziehen. Sie bedeutet nicht, dass ein gläubiges Kind sich von seinen ungläubigen Eltern fernhalten soll. So ein Verhalten würde 2. Mose 20,12 (»Ehre deinen Vater und deine Mutter«) und Epheser 6,1 (»Ihr Kinder, gehorcht euren Eltern im Herrn! Denn das ist recht«) widersprechen.

Nach der Anweisung in 2. Korinther 6,14 fährt Paulus mit einer Reihe rhetorischer Fragen fort. Diese beleuchten einige Ursachen von Uneinigkeit und Unterschieden zwischen gläubigen Jugendlichen und ihren ungläubigen Eltern. Paulus fragt:

> Denn welche Verbindung haben Gerechtigkeit und Gesetzlosigkeit? Oder welche Gemeinschaft Licht mit Finsternis? Und welche Übereinstimmung Christus mit Belial? Oder welches Teil ein Gläubiger mit einem Ungläubigen? Und welchen Zusammenhang der Tempel Gottes mit Götzenbildern? Denn wir sind der Tempel des lebendigen Gottes.[2]

Totale Gegensätze bei Christen und Nichtchristen

Paulus' Worte werfen ein Licht auf die totalen Gegensätze, die bei Christen und Nichtchristen existieren, selbst wenn sie zu einer Familie gehören. Die Autoren

Stacy und Paula Rinehart behandeln obige Passage im Zusammenhang mit Freundschaften, aber ihre Worte beschreiben ebenso die geistliche Kluft, die zwischen einem gläubigen Kind und einem ungläubigen Elternteil klafft:

- »Welche Verbindung haben Gerechtigkeit und Gesetzlosigkeit?« Diese fundamental entgegengesetzten Mächte können nicht in eine echte passende Einheit gebracht werden.

- »Welche Gemeinschaft hat Licht mit Finsternis?« Es kann keine echte Gemeinschaft zwischen zwei Menschen mit gegensätzlichen geistlichen Haltungen und Zielen geben.

- »Welche Übereinstimmung hat Christus mit Belial (Satan)?« Jeder Mensch … wird von einer anderen Macht geleitet. Eine Übereinstimmung ist unmöglich.

- »Welches Teil hat ein Gläubiger mit einem Ungläubigen?« Die Bürgerschaft, Interesse und das Erbe eines Christen übersteigt diese Welt. Für einen Ungläubigen ist Letztere die einzige Realität, die er versteht. Daher gibt es kaum eine Basis, um die grundlegendsten Dinge des Lebens zu teilen.

- »Welchen Zusammenhang hat der Tempel Gottes mit Götzenbildern?« Gottes Tempel (der Christ selbst) und Götzen sind unvereinbar. Es kann kein gemeinsames Ziel geben. (Die Autoren fassen diesen Vergleich in der folgenden Tabelle zusammen.)[3]

Keine Entschuldigung für Ungehorsam

Trotz dieses Unterschiedes zwischen Christen und Nichtchristen bedeutet das für das Kind nicht, dass es sich von der

	Ungläubiger	Gläubiger
Ziel	Ewige Verdammnis	Ewiges Leben
Kraftquelle	Das Fleisch	Der Heilige Geist
Leitung	Satan	Gott
Status	Finsternis	Licht
Zustand	Tot in Sünde	Lebendig in Gott
Zugehörigkeit	Dient falschen Göttern	Dient dem wahren Gott

Aus *Choices: Finding God's Way in Dating, Sex, Singleness, and Marriage* von Stacy und Paula Rineheart

Autorität seiner Eltern freimachen soll, noch wäre damit ein respektloses oder rebellisches Verhalten zu entschuldigen. Er bedeutet auch nicht, eine liebevolle und harmonische Beziehung zwischen einem gläubigen Kind und ungläubigen Eltern sei damit ausgeschlossen. Dennoch weist er auf Beziehungshindernisse hin, denen Eltern und Kinder in solch einer Situation begegnen. Es macht auch deutlich, was Jesus meinte, als er sagte:

Wer Vater oder Mutter mehr liebt als mich, ist meiner nicht würdig; und wer Sohn oder Tochter mehr liebt als mich, ist meiner nicht würdig; und wer nicht sein Kreuz aufnimmt und mir nachfolgt, ist meiner nicht würdig.[4]

▼ Die Folgen

Uneinigkeit zwischen Christen und Nichtchristen in einer Familie – besonders zwischen ungläubigen Eltern und gläubigen Kindern – kann viele verschiedene Folgen haben. Ein Erwachsener, der einem gläubigen Teenager in so einer Problemsituation mit seinen Eltern helfen möchte, sollte sich nicht nur selbst dieser Folgen bewusst sein, sondern sie auch dem Teenager deutlich machen.

In der Regel reagieren ungläubige Eltern in einer von vier Weisen auf die Entscheidung des Jugendlichen, Christus nachzufolgen: gleichgültig, verunsichert, angegriffen oder eifersüchtig.

Gleichgültigkeit

Manche Eltern hören sich den Bericht über das geistliche Erlebnis ihres Sohnes oder ihrer Tochter mit einem Schulterzucken an. Es ist für sie, wie wenn ihr Sohn leidenschaftlich von dem neuesten Kinohit erzählt oder ihre Tochter von einem TV-Star schwärmt. Sie halten das neue geisterfüllte Leben ihres Teenagers für eine weitere vorübergehende Phase eines Heranwachsenden oder für einen Punkt, den sie als Eltern »mal wieder nicht kapieren«. Solch eine Reaktion kann dem Jugendlichen ein Gefühl vermitteln, nicht geliebt oder unwichtig zu sein, worauf er wiederum mit Ärger, Rückzug oder auf tausend andere Arten reagieren kann.

Verunsicherung

Einige Eltern sind durch die Entscheidung ihres Kindes, Christus nachzufolgen, verunsichert. Manchmal zeigen sie es, manchmal nicht. Sie verstehen nichts

235

von den Berichten über das »neue Leben«. Auch nicht, warum sie »wiedergeboren« werden müssen. Ihr Verständnis von Christentum und Rettung besteht vielleicht im »Gutestun« oder darin, in die Kirche zu gehen, weshalb sie wahrscheinlich durch die Erfahrung ihres Kindes verwirrt sind. Diese Reaktion kann Frustration, Ärger oder Verunsicherung des Jugendlichen hervorrufen. Für ihn scheint die Kommunikation mit Mutter und Vater noch schwieriger als zuvor geworden zu sein.

Angriff

Durch die Veränderung, die sie bei ihrem Kind erleben, fühlen sich manche Eltern bedroht. Dabei fürchten sie vielleicht, die Kontrolle an einen Pastor, eine Gemeinde oder sogar an Gott zu verlieren. Sie haben manchmal das Gefühl, die neue Überzeugung ihres Kindes bewirke indirekt eine Ablehnung ihres Glaubenssystems und/oder eine Verdammung ihrer selbst sowie ihres Lebensstils. Dieses Denken kann die Eltern dazu bringen, ärgerlich zu reagieren oder die Familienregeln zu verschärfen, während sich die junge Person abgelehnt, drangsaliert oder missverstanden fühlt.

Eifersucht

Manche Eltern hören durch ihr Kind von seiner neuentdeckten Vergebung und dem Zeugnis seiner Freude und reagieren eifersüchtig. Das kann wegen der Erfahrung ihres Kindes sein, die sie sich heimlich selbst wünschen, ihm aber nicht den Schritt zur Rettung »folgen« wollen. Oder sie sind auf den Pastor, Jugendleiter, die Gemeinde, Freunde – oder auch Gott selbst – eifersüchtig, weil diese plötzlich einen großen und wichtigen Platz im Leben ihres Kindes einnehmen.

Diese Reaktion kann zu scheinbar irrationalem Verhalten der Eltern führen, was bei dem Teenager wiederum Frustration, Desillusion oder Niedergeschlagenheit hervorrufen kann.

Dies sind natürlich keinesfalls die einzigen Reaktionen, die bei Eltern auftreten, aber zumindest die grundlegendsten, die auf vielfältige Weise Konflikte zwischen gläubigen Teens und ihren Eltern bewirken können.

▲ Die biblische Sicht

Ein gläubiger Teenager ist aus der Dunkelheit ins Licht gekommen. Wenn seine Eltern keine Christen sind, dann befinden sie sich in vielfacher Hinsicht immer noch im Dunkeln. So zum Beispiel bezüglich der Rettung ihres Kindes und seinem neuen Leben im Geist, seinen neuen Prioritäten und Perspektiven. Aber trotz allem sind sie immer noch die Eltern und es ist immer noch ihr Kind.

Jim Craddock zeigt eine einsichtsvolle biblische Sicht für einen Teenager, der mit der Beziehung zu seinen ungläubigen Eltern Probleme hat:

Sowohl im Alten wie im Neuen Testament weist uns die Schrift an, unsere Eltern zu ehren:

Ehre deinen Vater und deine Mutter, damit deine Tage lange währen in dem Land, das der HERR, dein Gott, dir gibt (2. Mo. 20,12).

Ehre deinen Vater und deine Mutter – das ist das erste Gebot mit Verheißung – damit es dir wohlgehe und du lange lebst auf der Erde (Eph. 6,2-3).

Was bedeutet es, seine Eltern zu ehren? Es gibt viele Missverständnisse in Bezug auf dieses Thema.

Menschen, die sich sehr gewissenhaft verhalten und sich für alles verantwortlich fühlen, meinen, wenn ihre Eltern nicht vollständig glücklich sind mit allem was sie sagen und tun, haben sie ihre Eltern nicht geehrt. Aber du bist nicht dafür verantwortlich, deine Eltern glücklich zu machen. Das ist eine Angelegenheit zwischen ihnen und dem Herrn. Die Sorge um ihre Zufriedenheit und ihr Glück braucht nicht auf deinen Schultern zu liegen. Zu ihrer eigenen Sicherheit ist es wichtig, dass sie vom Herrn abhängig sind und nicht von dir.

Aber auch wenn du nicht für das Glück deiner Eltern verantwortlich bist, bist du es aber dafür, deine eigene Identität zu entwickeln und dann deine Liebe zu ihnen zu vermehren. Darauf können sie dann reagieren wie sie wollen. Manchmal begrüßen sie, was du sagst und tust, manchmal nicht. Aber du musst tun, was der Herr von dir möchte, ob sie es nun gut finden oder nicht.

Eine sehr hilfreiche Aussage in »The Search for Significance« (McGee, »Die Suche nach Bedeutung«) gibt einen objektiven Blick dafür, wie Eltern zu ehren sind. Wenn wir unsere eigene Identität entwickeln und sie ehren möchten, sollten wir Folgendes bedenken: Es ist schön, wenn mein Vater und meine Mutter meine Taten anerkennen. Aber wenn sie es nicht tun, bin ich immer noch zutiefst geliebt, vollständig gereinigt und ganz angenommen von Gott und ihm angenehm. Denke daran, dass du nicht für ihr Glück verantwortlich bist, sondern nur auf eine Weise zu handeln, die Gott gefällt. Wenn deine Eltern glücklich über dich sind – gut. Wenn nicht, freue dich, dass du Gott gehorcht und ihm gefallen hast. Letztlich ist er der Herr und er verdient unsere ganze Hingabe und unseren Gehorsam.[5]

Die Entscheidung eines Teenagers für Jesus Christus ist keine Entschuldigung für Ungehorsam. Gott selbst hat diese Eltern in ihre Autoritätsstellung eingesetzt (vgl. Röm. 13,1-2). Die Treue eines Christen zum Herrn sollte alle seine Prioritäten richtig zu ordnen helfen und einen jungen Menschen stärken, im Geist Christi in einer Beziehung zu ihnen zu leben.[6]

▶ Praktische Hilfen anbieten

Ein gläubiger Teenager, der Differenzen mit seinen ungläubigen Eltern austragen muss, ist für seine Umgangsart mit ihnen verantwortlich. Er ist nicht dafür verantwortlich, wie sie ihn behandeln. Jim Craddock, Gründer eines biblischen Seelsorgedienstes, sagt: »Viele Leute erwarten, dass ein veränderter Umgang mit den Eltern diese dazu bewegt, einen selbst anders zu behandeln. Das kann nach einer Weile passieren, aber dann auch wieder mal nicht ... Du kannst für ihre Reaktion beten. Du kannst sie lieben und bedingungslos annehmen. Du kannst versuchen, alles perfekt zu machen (was natürlich keiner schafft) und trotzdem verändern sie ihr Verhalten dir gegenüber nicht ... Vielleicht verändern sie sich nie – aber du kannst dich ändern!«[7] Ein einfühlsamer Jugendleiter, Lehrer oder Pastor sollte dieses Bewusstsein bei einem jungen Christen fördern, indem er die folgenden Schritte anwendet:

Zuhören. Dr. Norm Wakefield weist auf zwei Schlüsselelemente konstruktiven Zuhörens hin. Bei dem einen geht es darum, nicht nur auf das Gesprochene zu achten, sondern auch »auf die ausgedrückten Gefühle und diese dem Sprecher zu reflektieren, um Verständnis auszudrücken«. Weiter fordert er, der Tendenz zu widerstehen, »Anweisungen zu geben – zu moralisieren, kommandieren, kritisieren oder zu spötteln, statt wirklich zuzuhören, was der Sprecher versucht zu sagen«.[8]

Verständnis zeigen. Nehmen Sie jede Mühe auf sich, dem Jugendlichen mit Verständnis, Aufmerksamkeit und Einfühlungsvermögen näherzukommen. »Wenn wir uns in andere einfühlen«, sagt Wakefield, »versuchen wir uns mit ihren Eindrücken, Konflikten und Gefühlen zu identifizieren und auf sorgende Art ein Verhältnis aufzubauen. Wir stimmen vielleicht nicht ihrem Verhalten oder Lebensstil zu, aber wir ›weinen mit den Weinenden‹ (Röm. 12,15). Um uns in andere einzufühlen, müssen wir zunächst herausfinden, was sie empfinden – und dies erfordert ein aufmerksames Zuhören.«[9]

Bestätigen. Allen Teenagern tut ehrliche Annahme und Bestätigung gut, besonders von einem Erwachsenen in einer einflussreichen Stellung. Ein junger Mensch, der Probleme mit seinen ungläubigen Eltern hat, benötigt diese Bestätigung umso mehr. Machen Sie das Beste aus jeder Gelegenheit und zeigen Sie ehrliche Zuneigung und Beachtung, denn er ist ein wertvoller Mensch, für den Christus gestorben ist. Versuchen Sie dem Jugendlichen McGees Aussage, die schon früher zitiert wurde, klarzumachen: Es ist schön, wenn mein Vater und meine Mutter meine Taten anerkennen. Aber wenn sie es nicht tun, bin ich immer noch zutiefst geliebt, vollständig gereinigt und ganz angenommen von Gott und ihm angenehm.

Richtung weisen. Craddock stellt fünf extrem hilfreiche Prinzipien vor, die einem jungen Christen im Verhalten gegenüber seinen ungläubigen Eltern behilflich sein können:

Sieh dich selbst als Sieger, nicht als Opfer. Manche Menschen haben außerordentlich tragische Familiensituationen erlebt … Unabhängig von unserem Hintergrund kann Christus Licht in der Finsternis leuchten lassen und Sinn in Schmerz zeigen. Er kann uns Hoffnung und Zuversicht geben, weil seine Gnade größer ist als unsere Not. Weil wir seine Kinder sind, können wir Sieger sein, statt Opfer (Röm. 8,35.37) … Wenn wir uns selbst als Opfer sehen, werden wir immer defensiv sein und anderen die Schuld für unseren Zustand geben. Wenn wir uns als Sieger sehen, werden wir mehr Sinn und Dankbarkeit spüren, indem wir entdecken, dass Gott Schwierigkeiten nutzt, um Charakterstärken in uns zu bauen …

Sieh deine Eltern als Menschen, nicht als Bösewichte. Die Wahrheit ist: sehr wenige Eltern fügen ihren Kindern absichtlich Schmerzen zu. Die große Mehrheit behandelt ihre Kinder einfach genauso, wie sie von ihren Eltern behandelt wurden. Viele von ihnen sind selbst tief verletzt. Sie brauchen unser Verständnis und unsere Vergebung, nicht unsere Kritik und Verdammung.

Entwickle eine gesunde Unabhängigkeit. Manche Menschen gründen ihre ganze Identität auf die Meinung ihrer Eltern … Wenn Menschen heranwachsen, müssen sie jedoch ihre eigenen Identitäten entwickeln … Das Fehlen dieser Objektivität (die Fähigkeit, sowohl das Gute als auch das Schlechte bei unseren Eltern zu sehen) hindert uns, einen gesunden Abstand zu ihnen zu entwickeln. Statt dessen konzentrieren wir uns auf sie und lassen uns von ihren Wünschen leiten, in der Hoffnung, uns damit ihre Zustimmung und Anerkennung zu sichern. Dies schadet nicht nur unserer menschlichen Entwicklung, sondern blockiert ebenso unser geistliches Wachstum. Wenn wir es zulassen, dass sich unsere Welt nur um unsere Eltern dreht, dienen wir im Endeffekt ihnen statt Gott.

Triff göttliche Entscheidungen. Bis wir beginnen, unsere neue Identität in Christus zu entwickeln, haben wir keine andere Wahl, als einfach zu versuchen, uns so gut wie wir können selbst zu verteidigen und uns von denen, die uns verletzen, zurückzuziehen oder sie unsererseits anzugreifen. Aber wenn wir entdecken, dass Christus unser Beschützer und der Ursprung unserer Sicherheit und Wichtigkeit ist, dann können wir uns entscheiden, so zu handeln, wie es gut für uns und andere ist und wie es Ihn ehrt ... Dieser Übergang mag schwierig sein, aber das Leben besteht aus einer Reihe von Entscheidungen. Wählen wir ein Leben aus Rückzug und Rache oder aus der Wahrheit der Schrift und der Kraft des Geistes Gottes?

Sei vorbereitet. Mach dich mit der Wahrheit vertraut, damit du dich im Gespräch mit deinen Eltern daran erinnern kannst, dass du zutiefst geliebt, vollständig gereinigt, ganz angenommen von Gott und ihm angenehm bist, unabhängig davon, was sie (oder andere) von dir denken. Dann kannst du die schwere, aber richtige Entscheidung treffen, sie zu lieben, zu akzeptieren und ihnen zu vergeben, wie auch immer ihre Reaktion oder deine Gefühle sein mögen.

Den Eltern zu antworten, kann sehr schwierig sein. Gehe dies nicht zu leichtfertig an. Bitte Gott um Weisheit und Kraft und sei vorbereitet.[10]

Ziele setzen. Sagen Sie dem Jugendlichen nicht einfach, was er tun soll. Versuchen Sie ihn mit einzubeziehen. Fördern Sie seine aktive Planung, seinen Teil im Umgang mit den Schwierigkeiten zwischen Eltern und Kind und leiten Sie ihn an, nach Fortschritt, nicht nach Perfektion, zu streben. Eine Möglichkeit, die Eigeninitiative des Jugendlichen zu fördern wird von Ron Hutchcraft empfohlen:

Immer wieder habe ich gesehen, wie Familien durch eine einfache Idee verändert wurden. So funktioniert es: Ein Familienmitglied fällt die bewusste Entscheidung, sich Zeit zu nehmen, sich hinzusetzen und einen Brief an ein anderes Mitglied der Familie zu schreiben. Er kann ihn sogar in den Briefkasten stecken und von der Post ausliefern lassen ...

In dem Brief kannst du deine Liebe, Wertschätzung von Freundlichkeit, deine Hoffnungen, Enttäuschungen und – wenn nötig – dein Vergeben ausdrücken. Bemühe dich immer aufrichtig zu sein, aber in einem Rahmen der Liebe und Wertschätzung der anderen Person.

Normalerweise wird ein Brief besser formuliert, aufgenommen und in Erinnerung gehalten.[11]

Hilfe von außen. Beachten Sie, dass Beziehungsprobleme ihre Zeit brauchen. Geduld und Ausdauer sind nötig. Sowohl der besorgte Erwachsene als auch der Jugendliche sollten in diesen langen Weg einbezogen sein. Der Erwachsene sollte darüber hinaus wachsam sein und jede Gelegenheit nutzen, den Teenager und seine Eltern an einen kompetenten gläubigen Seelsorger weiterzuverweisen, wenn dieser Familienseelsorge anbietet.

In diesem Kapitel zitierte Bibelstellen

- 2. Korinther 6,14-16

- 2. Mose 20,12

- Epheser 6,1-3

- Matthäus 10,37-38

- Römer 13,1-2

- Lukas 2,51

- Römer 12,15

- Römer 8,35.37

Weitere hilfreiche Bibelstellen zum Thema

- 5. Mose 31,6

- Psalm 27,10

- Sprüche 20,11; 23,22; 30,17

- Lukas 12,51-53

- Philipper 4,19

- Kolosser 3,20

19

Geschiedene Eltern

Einführung

Die vierzehnjährige Maggie stürmte in das Büro des Schulseelsorgers, ließ ihre Sachen laut auf den Boden fallen und warf sich in einen Plastiksessel gleich neben der Tür. Sie verschränkte die Arme und blitzte den Seelsorger an.

»Was ist los mit dir, Maggie?«, fragte dieser. Der achtunddreißigjährige ehemalige Physiklehrer hockte sich auf die Kante seines Schreibtisches und verschränkte seine Arme vor der Brust.

Als das Mädchen nicht antwortete, fuhr er fort: »Ich habe bisher nur positive Berichte von deinen Lehrern bekommen«, sagte er. »Bis vor kurzem. Du schreist in der Klasse herum, deine Leistungen lassen seit zwei Wochen stark nach und du scheinst mit niemandem mehr auszukommen.«

Das Mädchen sagte nichts. Sie fixierte mit ihren Augen ein Bild an der Wand links über der Schulter des Seelsorgers und starrte es an.

»Und jetzt kriegst du dich mitten in der Bibliothek mit Valerie Evans in die Wolle? Ich dachte, ihr beide wärt die besten Freunde.«

Maggie biss die Zähne zusammen und starrte hartnäckig auf die Wand. Sie hatte beschlossen, kein Wort zu sagen. Es war schwer genug, selbst damit umzugehen. Sie wollte es nicht jedem erklären müssen, warum ihre Eltern sich trennten. Sie wollte nicht, dass es überhaupt jemand wüsste. Sie wusste nicht, wie lange sie es geheim halten konnte. Aber sie würde es so lange wie möglich versuchen.

● Das Problem

Im Jahr 1900, als die Heiratsrate in den Vereinigten Staaten 9,3 (pro 1000 Einwohner) betrug, lag die Scheidungsrate bei 0,7 (pro 1000 Einwohner). Mit anderen Worten erreichte die Scheidungsrate am Anfang des zwanzigsten Jahrhunderts 8% der Heiratsrate des selben Jahres (vgl. Tabelle 19).

Während die Scheidungsrate langsam aber stetig in der ersten Hälfte des zwanzigsten Jahrhunderts immer höher kletterte (mit einem kleinen zeitlich begrenzten Sprung während des Zweiten Weltkriegs), blieb sie in den fünfziger und bis in die sechziger Jahre stabil. Während dieser zwei Jahrzehnte lag die Scheidungsrate durchschnittlich bei 25% der Heiratsrate (gegenüber unter 10% in den Jahren 1900-1910).[1]

Eine deutliche und dauerhafte Veränderung trat in den späten Sechzigern auf. Die Scheidungsrate begann zu steigen und erreichte (oder überstieg manchmal) 5,0 pro 1000 Einwohner, eine Ausnahme im Vergleich zu den meisten anderen Ländern der Welt (vgl. Tabelle 19b). In einigen Jahren erreichte die Scheidungsrate 50% der Heiratsrate – eine gigantische Verschiebung innerhalb nur eines halben Jahrhunderts.

Während sich die Scheidungsrate gegen Ende des zwanzigsten Jahrhunderts zu stabilisieren scheint, so bleibt sie doch auf einem erschreckend hohem Niveau – besonders, wenn man dabei die Folgen einer Scheidung für Jugendliche bedenkt.

▼ Die Folgen

Zahllose Forscher haben Studien über die Wirkungen einer Scheidung für Kinder erstellt, wobei sie ein breites Feld an kurz- und langfristigen Folgen und Reaktionen gefunden haben. Während manche Wissenschaftler meinen, dass eine Scheidung (und die damit oft verbundene Trennung des Alltags des Kindes von einem Elternteil) in manchen Altersstufen traumatischer ist als in anderen, gibt es mit Sicherheit keine gute Zeit für einen jungen Menschen, die Scheidung seiner Eltern zu erleben.

Jugendliche reagieren sehr unterschiedlich auf die Nachricht über die Scheidung ihrer Eltern. Dies umfasst Verdrängung, Scham oder Verlegenheit, Schuldgefühle, Wut, Angst, Erleichterung, Unsicherheit und geringes Selbstwertgefühl, Trauer, Depression, Entfremdung, Einsamkeit und anderes.

Verdrängung

Eine häufige Reaktion auf Schmerz (besonders geistigen oder emotionalen) ist Verdrängung. Einige Jugendliche verhalten sich bei der Scheidung ihrer Eltern, als ob diese gar nicht stattfindet oder indem sie sich selbst einreden, sie würden es nicht durchführen. Sie sagen vielleicht ihren Freunden kein Wort davon oder dass ihr Vater einfach auf Geschäftsreise ist. Diese Form von Verdrängung wird oft für lange Zeit aufrechterhalten, auch wenn die Scheidung längst vollzogen ist und neue Lebensumstände entstanden sind. Sie nähren die hartnäckige Hoffnung, dass Mutter und Vater bald wieder zusammenkommen.

Eine weitere Form der Verdrängung zeigt sich in der Weigerung des jungen Menschen, sich selbst einzugestehen, dass er wegen der Scheidung in irgendeiner Weise außer sich ist. Charakteristisch für diese Haltung ist der Versuch, die Scheidung mit einem Schulterzucken zu übergehen oder Gespräche darüber abzulehnen, weil es »keine große Sache« sei. Während in seltenen Fällen eine Art

Tabelle 19
Hochzeiten und Scheidungen

Jahr	Anzahl Hochzeiten	Rate[2]	Anzahl Scheidungen[1]	Rate[2]
1900	709,000	9.3	55,751	.7
1905	842,000	10.0	67,976	.8
1910	948,166	10.3	83,045	.9
1915	1,007,595	10.0	104,298	1.0
1920	1,274,476	12.0	170,505	1.6
1925	1,188,334	10.3	175,449	1.5
1930	1,126,856	9.2	195,961	1.6
1935	1,327,000	10.4	218,000	1.7
1940	1,595,879	12.1	264,000	2.0
1945	1,612,992	12.2	485,000	3.5
1950	1,667,231	11.1	385,144	2.6
1955	1,531,000	9.3	377,000	2.3
1957	1,518,000	8.9	381,000	2.2
1958	1,451,000	8.4	368,000	2.1
1959	1,494,000	8.5	395,000	2.2
1960	1,523,000	8.5	393,000	2.2
1961	1,548,000	8.5	414,000	2.3
1962	1,577,000	8.5	413,000	2.2
1963	1,654,000	8.8	428,000	2.3
1964	1,725,000	9.0	450,000	2.4
1965	1,800,000	9.3	479,000	2.5
1966	1,857,000	9.5	499,000	2.5
1967	1,927,000	9.7	523,000	2.6
1968	2,069,258	10.4	584,000	2.9
1969	2,145,438	10.6	639,000	3.2
1970	2,158,802	10.6	708,000	3.5
1971	2,190,481	10.6	773,000	3.7
1972	2,282,154	11.0	845,000	4.1

Jahr	Anzahl Hochzeiten	Rate[2]	Anzahl Scheidungen[1]	Rate[2]
1973	2,284,108	10.9	915,000	4.4
1974	2,229,667	10.5	977,000	4.6
1975	2,152,662	10.1	1,036,000	4.9
1976	2,154,807	10.0	1,083,000	5.0
1977	2,178,367	10.1	1,091,000	5.0
1978	2,282,272	10.5	1,130,000	5.2
1979	2,341,799	10.6	1,181,000	5.4
1980	2,406,708	10.6	1,182,000	5.2
1981	2,438,000	10.6	1,219,000	5.3
1982	2,495,000	10.8	1,180,000	5.1
1983	2,444,000	10.5	1,179,000	5.0
1984	2,487,000	10.5	1,155,000	4.9
1985	2,425,000	10.2	1,187,000	5.0
1986	2,400,000	10.0	1,159,000	4.8
1987	2,421,000	9.9	1,157,000	4.8
1988	2,389,000	9.7	1,183,000	4.8
1989	2,404,000	9.7	1,163,000	4.7
1990	2,448,000	9.8	1,175,000	4.7
1991	2,371,000	9.4	1,187,000	4.7
1992[3]	2,362,000	9.2	1,215,000	4.7

[1] Einschließlich annullierter Hochzeiten
[2] Pro 1000 Einwohner. Die Scheidungsraten für 1941-46 sind bezüglich der Bevölkerung inkl. der bewaffneten Truppen in Übersee, die Hochzeitsraten ohne sie.
[3] Schätzung

Quelle: *Vereinte Nationen, monatlicher Bericht*, Juni 1993.

Tabelle 19b
Unbearbeitete Heirats- und Scheidungsraten ausgewählter Länder
(pro 1000 Einwohner)

Land	Heiratsrate 1991	1990	1989	Scheidungsrate 1991	1990	1989
Australien	6.6	6.8	7.0	k.A.	2.49	2.46
Österreich	5.6	5.8	5.6	k.A.	2.11	2.03
Belgien	6.2	6.6	6.4	k.A.	k.A.	k.A.
Kanada	k.A.	7.1	7.3	k.A.	k.A.	k.A.
Tschechoslowakei	6.7	8.4	7.5	2.39[1]	2.61	2.54
Dänemark	6.0	6.1	6.0	k.A.	k.A.	2.95
Finnland	4.7	4.8	5.1	k.A.	k.A.	2.89
Frankreich	4.9	5.1	5.0	k.A.	1.87	1.87
Deutschland	6.3	6.5	6.7	k.A.	1.94	2.04
Griechenland	6.0	5.8	6.0	k.A.	k.A.	k.A.
Ungarn	5.9	6.4	6.3	k.A.	2.40	2.40
Irland	4.8	5.0	5.1	k.A.	k.A.	k.A.
Israel	6.5	7.0	7.0	k.A.	1.29	1.29
Italien	5.5	5.4	5.4	k.A.	0.48	0.53
Japan	6.0	5.8	5.8	k.A.	1.27	1.28
Luxemburg	6.7	6.2	5.8	k.A.	k.A.	2.27
Niederlande	6.3	6.4	6.1	1.88[1]	1.90	1.90
Neuseeland	6.8	7.0	6.9	2.70[1]	2.70	2.58
Norwegen	k.A.	5.2	4.9	k.A.	2.40	2.18
Polen	6.2	6.7	6.8	0.91[1]	1.11	1.24
Portugal	6.8	7.3	7.4	1.01[1]	0.93	0.98
Spanien	5.6	5.5	5.6	0.59[1]	k.A.	k.A.
Schweden	4.6	4.7	12.8	2.20[1]	2.26	2.22
Schweiz	6.8	6.9	6.8	k.A.	1.96	1.91
Großbritannien	6.5	6.8	6.1	k.A.	2.88	2.86
USA	9.4	9.8	9.7	4.73[1]	4.70	4.70
Jugoslawien	k.A.	6.3	6.7	k.A.	0.81	0.96

[1] Schätzung
k.A. = keine Angabe

Quellen:
Heiratsraten: Vereinte Nationen, monatlicher Bericht, Juni 1993.
Scheidungsraten: Vereinte Nationen, demografisches Jahrbuch 1991.

Erleichterung über die zerbrechende Ehe der Eltern vorkommen kann (dies wird später in diesem Kapitel behandelt), sind solche lässigen Reaktionen ein Zeichen für die Unfähigkeit oder den Unwillen des Jugendlichen, sich dem zu stellen, was in seiner Familie passiert. Verdrängung kann noch andere Formen annehmen, so wie die Idealisierung des abwesenden Elternteils oder auch laute und häufige Prahlerei über die zerstrittenen Eltern, um Sorge zu verbergen.

Ein besorgter Erwachsener muss beachten, dass Verdrängung, auch wenn sie normalerweise ungesund ist, ein Verteidigungsmechanismus ist. Wenn Jugendliche sich in Verdrängung flüchten, tun sie dies (meist unbewusst), um sich selbst zu schützen und um sich etwas Stabilität in ihrem Leben zu sichern.

Scham – Verlegenheit

»Mehr als alles andere schämte ich mich«, berichtet eine junge Frau namens Vera, einer Verwandten von Anne Clair und H.S. Vigeveno, den Autoren von »No One Gets Divorced Alone« (Niemand wird alleine geschieden)[2]. »Ich schämte mich für den miesen Ort, an dem ich wohnte und für meine Eltern, die sich scheiden ließen. Ich erzählte keinem Menschen davon.«

Scham oder Verlegenheit ist bei Teenagern und Jüngeren eine gewöhnliche Reaktion auf die Scheidung der Eltern. Einige sind so verlegen, dass sie nicht einmal ihren engsten Freunden erzählen, was in ihren Familien passiert, selbst wenn die Eltern dieser Freunde auch geschieden sind oder sich gerade scheiden lassen.

Diese Jugendlichen fühlen sich typischerweise beschämt oder verlegen, weil sie eine Scheidung als Hinweis sehen, dass etwas mit ihrer Familie nicht stimmt

(und vermuten, andere würden dasselbe denken). Manche meinen auch, sie wären teilweise mitverantwortlich für das Auseinandergehen der Eltern (dies wird später noch in dem Abschnitt »Selbstanklage – Schuldgefühle« besprochen). Manchmal schämen sie sich für etwas, das sie für unpassendes Verhalten eines Elternteils nach der Scheidung halten (z.B. wenn der Vater sich mit einer jüngeren Frau trifft) oder wegen der abrupten Veränderung ihres Lebensstils (wie der Umzug mit der Mutter in ein Appartement).

Solche Gefühle sind oft bei christlichen Jugendlichen noch intensiver. Sie fühlen vielleicht, dass die biblische Lehre bezüglich Scheidung ihre Eltern und Familie verurteilt. Sie müssen nicht nur ihren Freunden in der Schule oder in der Nachbarschaft begegnen, sondern ihrer ganzen Gemeinde (bei der sie evtl. Verurteilung und Zurechtweisung fürchten müssen). Wenn ihre Eltern Leitungspositionen in der Gemeinde bekleideten, sind sie oft in größerer Verlegenheit, wenn die Eltern ihre Posten weiter beibehalten oder auch ihre Ämter niederlegen.

Selbstanklage – Schuldgefühle

Junge Kinder messen oft in dem Versuch, den Grund der Scheidung ihrer Eltern herauszufinden, einem einzelnen Ereignis während ihres Heranwachsens eine große Bedeutung bei. So erinnern sie sich beispielsweise an eine laute Auseinandersetzung zwischen Mutter und Vater oder an den Abend, als die Mutter beim Abendbrot weinte und meinen, dies sei der Grund für die Trennung ihrer Eltern. Natürlich sind oft die intensivsten Erinnerungen die, die das Kind selbst betreffen: die Diskussion, wer Jennifer zum Klavierunterricht bringt oder als Vater schrie, weil Josh das Grundstück alleine verlassen hatte. Infolgedessen geben sich Kinder oft die Schuld für die Scheidung ihrer Eltern. Ein Kinderarzt fand heraus, dass »fast drei Viertel der untersuchten Sechsjährigen sich die Schuld für die Scheidung geben«.[3]

Dasselbe passiert bei älteren Jugendlichen (nur vielleicht auf einer anderen Ebene). Teenager und Jüngere meinen manchmal, ihre Streitereien mit Geschwistern haben die Entscheidung der Eltern bewirkt oder denken, ihr Bemühen um Unabhängigkeit oder ihre pubertäre Rebellion hat zur Trennung beigetragen. Sie fühlen sich vielleicht auch wegen schlechter Noten, ihres aufbrausenden Temperaments oder des Versagens, den Eltern ihre Liebe zu zeigen, verantwortlich. Einigen Jugendlichen wurde von den Eltern oder anderen Erwachsenen eingeredet, dass ihre Einstellung oder ihr Verhalten der Grund oder ein Beitrag zur Scheidung ihrer Eltern war.

Jugendliche, die sich selbst für die Trennung ihrer Eltern anklagen, haben oft das dringende Bedürfnis, die Wiedervereinigung der Eltern zu arrangieren. Manche ziehen das Tragen dieser Verantwortung gegenüber dem, was sie als Alternative sehen, vor: dem Gefühl völliger Hilflosigkeit (vgl. Kapitel 3, »Schuld«).

Manche tragen aber lieber diese Verantwortung, als dass sie sich völlig hilflos fühlen – sonst sehen sie keine Alternative.

Wut

Wut ist eine der häufigsten Reaktionen auf die Scheidung der Eltern. So reagiert ein junger Mensch beispielsweise zornig, weil die Trennung seine gewohnte Familienumgebung durcheinanderbringt und zerstört. Manche Jugendliche empfinden Zorn, weil sie von einem Elternteil getrennt werden. Auch ein Gefühl des Ab-

geschobenseins kann Wut hervorrufen oder anders zu sein, als Freunde mit intakten Familien.

Kinder können auch Opfer des Zorns ihrer Eltern werden. Meinungen oder Aussagen, wie »Warum musst du bloß deinem Vater so ähnlich sein?« und »Warum lässt du sie das mit dir machen?« können bei einem Heranwachsenden zum Wutausbruch führen. Selbst in den günstigsten Situationen schränkt eine Scheidung die Zeit und die Aufmerksamkeit ein, die Eltern ihrer Familie zukommen lassen können, was wiederum bei den Kindern oft Frust oder Wut hervorruft. Und immer wieder entstehen bei einer Scheidung viele weitere Unstimmigkeiten und Enttäuschungen zwischen den sich trennenden Eltern, was das unruhige Leben der Kinder noch stressvoller macht.

Physische und finanzielle Umstände können ebenfalls zur Wut führen. Wenn wegen der Scheidung ein Umzug aus einer familiären Nachbarschaft, Schule und Gemeinde erfolgt oder ein Wechsel in Lebensbedingungen unter dem allgemeinen Niveau, reagieren manche Jugendliche mit Zorn. Ein anderer Grund kann sein, dass die Mutter angefangen hat, ganz- oder halbtags zu arbeiten, wodurch dann sowohl Vater als auch Mutter für längere Zeitabschnitte nicht da sind.

Jugendliche drücken ihren Zorn auf verschiedene Weise aus. Manche unterdrücken und leugnen ihn. Oder sie fühlen sich wegen ihrer Wut schuldig. Manche machen sich Luft, indem sie sich mit anderen identifizieren (wie Charaktere aus Gewaltfilmen). Andere drücken ihren Zorn symbolisch durch ein passiv-aggressives Verhalten aus, indem sie beispielsweise sich oder anderen »zufällig« Schmerzen zufügen und sich anschließend überschwänglich dafür entschuldigen und alles wieder gutmachen wollen oder sie projizieren ihre Wut auf andere und sehen sie dann in jedem ihrer Worte und Handlungen.

Diese jungen Menschen, die ihre Wut unterdrücken, leiden oft unter hohem Stress. Dies kann zu Angstzuständen mit Schweißausbrüchen, Kurzatmigkeit, Zittern oder Hautveränderungen führen, aber auch zu einem Zustand schwerer, irrationaler Panik. Manche bekommen auch Alpträume und/oder schwere Depressionen und werden launisch (vgl. Kapitel 2, »Angst« und Kapitel 5, »Depression«).

Der Hauptzweck von Wut ist nach Dr. Richard A. Gardner die Beseitigung einer Quelle von Irritation oder Frustration. Wenn sie sich gegen einen körperlichen Angriff richtet, erfüllt sie eine nützliche Schutzfunktion. Wut, die sich gegen die sich trennenden Eltern richtet (oder etwas noch Unkonkreteres wie die Scheidung selbst oder die Umstände), erzeugt mehr Probleme als sie löst. Unbewältigter Zorn kann zu Wutausbrüchen (eine brutalere, wenig gezielte Reaktion) führen oder eventuell auch zu Raserei (eine irrationale Reaktion, die noch brutaler und noch weniger gezielt ist).

Angst

Wie Wut ist auch Angst eine gewöhnliche und grundlegende Reaktion auf eine Scheidung. Bowlby (1969) behauptet, dass der Verlust eines Menschen, zu dem ein kleines Kind eine Beziehung hat, eine instinktive Angst hervorruft. Solch ein Verlust – wie bei einer Scheidung – erzeugt oft Angst.

Zusätzlich zu diesen instinktiven Reaktionen begegnen Heranwachsenden wegen ihres Alters und ihrer relativen geistigen Reife noch greifbarere Ängste. Manche sorgen sich darüber, wo sie leben, zur Schule gehen oder ihren Urlaub verbringen werden. Andere fürchten die Reaktionen ihrer Freunde, Familie oder Gemeinde. Wieder andere haben Angst, von ihren Eltern ganz abgeschoben zu werden oder ihre Großeltern zu »verlieren«.

Jugendliche, die so auf die Trennung ihrer Eltern reagieren, ziehen sich manchmal zurück oder meiden Gespräche mit ihren Eltern und/oder Freunden. Manche unterdrücken oder leugnen ihre Angst. Oder sie werden so frustriert, dass sie wütend reagieren und ihren Eltern oder anderen gegenüber ausfallend werden. Sie bekommen manchmal Alpträume oder haben einen Hang zu Tagträumen. Manche werden sogar von Angst- oder Panikanfällen heimgesucht (vgl. Kapitel 2, »Angst«).

Erleichterung

Manche Heranwachsende fühlen sich tatsächlich erleichtert, wenn ihre Eltern ihre Trennungspläne bekannt geben. Ihre Erleichterung kann durch viele Faktoren entstanden sein, meistens jedoch hängt sie mit Bedingungen, die vor der Scheidung existierten (und sie vielleicht begünstigt haben), zusammen.

»Alles ist besser als diese ständigen Streitereien«, sagen manche.

»Ich kann es kaum erwarten, dass er endlich weg ist«, sagen andere.

»Ich wusste, dass es früher oder später passieren würde«, sagen wieder andere. »Sie kamen einfach nicht miteinander aus.«

Solche Ausdrücke der Erleichterung können eine Form von Verdrängung sein (dies wurde bereits früher in diesem Kapitel behandelt), um den Schmerz des jungen Menschen zu verbergen. Andere Teenager gebrauchen solche Kommentare, um die Schmerzen, die sie ihnen zugefügt haben, »heimzuzahlen«. Bei anderen sind sie wirklich eine ehrliche und klare Formulierung ihrer Gefühle.

Scheidungen kommen selten aus »heiterem Himmel«. Sie sind eher das Ergebnis monate- oder auch jahrelanger Kämpfe und Fehler. Dies entgeht den Kindern in einer Familie nur selten. Sie haben vielleicht die Streitgespräche ihrer Eltern mitbekommen, sind Zeugen oder selbst Opfer von Misshandlungen geworden oder sie wissen von der Untreue eines Elternteils. Als Folge davon wird die drohende Trennung von vielen Jugendlichen als Verheißung relativen Friedens und Harmonie begrüßt.

Unsicherheit – Geringer Selbstwert

Scheidungskinder sind in ihrer Unsicherheit und ihrem geringen Selbstwertgefühl besonders verwundbar. Die Umstände, die zu der Trennung führten, der Scheidungsprozess selbst und die Bedingungen, die einer Trennung folgen, sind oft die drei »Angriffe« auf den Eigenwert eines jungen Menschen.

Kinder nehmen oft an, dass alleine ihre Existenz die Trennung ihrer Eltern herbeigeführt habe. »Wenn ich nie geboren wäre«, denken vielleicht manche, »wären Mutter und Vater immer noch zusammen.« Oder sie glauben, wenn ihre Eltern ein irgendwie anderes – besseres – Kind gehabt hätten, wäre die Ehe noch gerettet worden (vgl. »Selbstanklage – Schuldgefühle« weiter oben). Auch wenn diese Einstellungen für einen objektiven Erwachsenen undenkbar scheinen, so sind sie sehr real – und denkbar – für viele Scheidungskinder und haben einen schädlichen Einfluss auf das Selbstwertgefühl junger Menschen.

Selbst wenn sie sich nicht die Schuld für die Trennung ihrer Eltern geben, fühlen sich manche Heranwachsende anders – und weniger wert – als ihre Freunde, de-

ren Familien noch intakt sind. Weil bei einer Scheidung ein Elternteil weitestgehend aus dem täglichen Leben eines Jugendlichen entfernt wird und es die Umstände den Eltern erschweren, den Kindern Aufmerksamkeit und Zuneigung zu zeigen, fühlen sich die jüngeren Opfer einer Trennung leicht alleine gelassen und viele nehmen an, sie wären wegen dieser »Ablehnung« nicht liebenswert.

Viele fühlen sich auch gegenüber ihrer Gemeinde oder Nachbarschaft wegen ihrer zerbrechenden Familie gebrandmarkt und sehen dies als Kennzeichen ihres geringen Werts. Brandmarkung kann auch durch das Verhalten der Eltern (Alkoholismus, Wahllosigkeit, Missbrauch) auftreten oder so von den Kindern empfunden werden. Dies kann ein zerstörerischer Schlag gegen das Selbstwertgefühl eines jungen Menschen sein. Entstehende finanzielle Veränderungen oder Probleme können ebenfalls zu einem Eindruck geringeren Werts beitragen.

Die Umstände, die einer Scheidung folgen, können auch das Sicherheitsgefühl und Selbstbewusstsein eines Jugendlichen bedrohen (vgl. Kapitel 6, »Geringe Selbstachtung«). Wenn die Eltern sich bemühen, die Versorgung und Aufsicht der Kinder zu planen, ein Elternteil mit den Besuchen und den Unterstützungszahlungen nachlässig ist oder ein Kind den Eindruck vermittelt bekommt, für Mutter und Vater lästig zu sein, mag es denken: »Ich mache nichts als Ärger. Ich bedeute ihnen kaum etwas.«

Da solche Situationen häufig Unsicherheit und einen geringen Selbstwert hervorrufen, begünstigen sie auch das Auftreten anderer psychischer Symptome.

Kummer

Nach einer Scheidung durchleben viele Kinder, Teenager und Erwachsene gleichermaßen Zeiten von Kummer, wie wenn ein geliebter Mensch gestorben wäre. Aus verschiedenen Gründen ist Kummer nach einer Scheidung natürlich nicht so stark wie nach einem Todesfall, denn die Trennung (auch wenn ein Elternteil weit weg zieht) ist nicht unwiderruflich, eine Scheidung kommt selten so plötzlich wie der Tod und sie führt nicht zu einem vergleichbaren Umbruch (auf emotionalen und anderen Ebenen) wie es der Tod tut, auch wenn eine Scheidung sicherlich schwer und einschneidend ist.

Dennoch ist für Scheidungskinder das Kummergefühl real und oft auch intensiv. Es ist ein heilender Prozess, der Zeit für Übergang und Anpassung an den Verlust gibt. Kübler-Ross hat ihn in fünf Stufen eingeteilt, in denen er normalerweise abläuft: Verweigerung, Zorn, Auseinandersetzung, Depression und Annahme (vgl. Kapitel 8, »Trauer«).[4] Bei einer Trennung können diese Phasen weniger ausgeprägt sein, aber sind dennoch vorhanden.

Während relativ wenig Teenager offen trauern werden, erleben sie doch manchmal Zeiten von Traurigkeit, Niedergeschlagenheit und Lustlosigkeit. Ihr Temperament und ihre Gefühle können dann sehr wechselhaft sein. Starke Gefühle überkommen sie in den seltsamsten Situationen und sie können Schwierigkeiten haben, ihre Gefühle auszudrücken oder sie einer Quelle zuzuordnen. So verbinden sie möglicherweise ihren Kummer nicht mit der Scheidung ihrer Eltern und benötigen eventuell Hilfe, die Gründe für die Veränderung in ihren Gefühlen und ihrem Verhalten zu erkennen.

Depression

Wenn das Bekanntwerden der Scheidung keine Gefühle von Erleichterung über vorherige Familienkonflikte und -umbrüche hervorgerufen hat, reagieren die meisten Heranwachsenden mit Traurigkeit, wenn sie begreifen, dass ihre Eltern sich scheiden lassen wollen und sie sich an den neuen Stand der Dinge anpassen müssen.

Depression ist dabei eine längere und oft auch eine intensivere Zeit von Traurigkeit (vgl. Kapitel 5, »Depression«). Sie ist typischerweise gekennzeichnet durch

- Geistesabwesenheit
- Appetitlosigkeit
- Verlust von Interesse und Konzentrationsfähigkeit am Lernen
- keine Freude beim Spielen
- keine Freude an Beziehungen zu Gleichaltrigen
- Hilflosigkeit
- Hoffnungslosigkeit
- Reizbarkeit
- übermäßige Selbstkritik
- Zurückgezogenheit[5]

Weitere Symptome können extreme Zeiten von Langeweile und niedriger Frustrationsgrenze sein. Härtefälle sind durch selbstzerstörerische Phantasien und Selbstmordgedanken gekennzeichnet (vgl. Kapitel 9, »Selbstmordgedanken, Tendenzen und Androhungen«).

Diese Depressionen können ein paar Wochen oder Monate anhalten. Wenn noch andere Umstände als die Scheidung selbst (z.B. aufgestaute Wut, Schuldgefühle oder längere Probleme mit dem sorgeberechtigten Elternteil) Grund für die Depression sind, kann sie noch länger dauern. Während eine leichte Depression bei Scheidungskindern natürlich und verständlich ist, ist eine langfristige keine gesunde Reaktion.

Entfremdung und Einsamkeit

Scheidungskinder – besonders die älteren – erleben oft durch die Entscheidung ihrer Eltern eine Art von Entfremdung. Sie fühlen sich irgendwie distanziert von einem oder beiden der Eltern. Sie können sich auch von ihrer Gemeinde entfremdet fühlen, selbst wenn deren Mitglieder oder Leiter nicht unangenehm oder verurteilend reagiert haben. Manche fühlen sich auch plötzlich von ihren Freunden entfernt.[6] Andere fühlen sich von Gott selbst alleingelassen oder abgelehnt und wundern sich, wie er so etwas in ihrer Familie zulassen konnte.

In der Zeit solch einer Entfremdung empfinden viele Teenager Anfälle von extremer Einsamkeit. Sie haben das Gefühl, ohne Freunde, hilflos und alleine zu sein. Sie denken, keiner würde verstehen, was sie durchmachen und was sie fühlen. Sie ziehen sich vielleicht räumlich in ihre Zimmer, emotional in ihre Phantasie, Melancholie oder auch in beides zurück (vgl. Kapitel 1, »Einsamkeit«).

Weitere Langzeitfolgen

Die vielen turbulenten Gefühle, die ein Kind oder Teenager im Fall einer Scheidung seiner Eltern durchlebt, können weitere Langzeitfolgen hervorrufen, die mehr oder weniger von den oben besprochenen Gefühlen und Reaktionen herrühren. Das umfasst akademische Probleme, Verhaltensprobleme, sexuelle Aktivität, Missbrauch verschiedener Mittel, Suizidgedanken und -versuche.

Akademische Probleme. Thomas Erwin Smith (1990) fand heraus, dass ältere Kinder alleinerziehender Mütter ein geringeres »akademisches Selbstkonzept« zeigen als Kinder mit beiden biologischen Eltern. Shin (1978) sowie Hetherington, Camara und Featherman (1981) schrieben, dass Kinder aus Familien mit zwei Elternteilen bessere Noten und akademische Leistungen erbringen als Kinder mit nur einem Elternteil. Solch eine Ungleichheit kann das Resultat vieler Faktoren sein: bei Störungen in der Familie ist es für Kinder schwieriger, sich auf die Schularbeiten zu konzentrieren; schlechtere Noten können ein Mittel sein, Aufmerksamkeit zu erregen oder Rebellion auszudrücken; für alleinerziehende Eltern ist es oft schwieriger, die Hausaufgaben zu überprüfen etc. Akademische Probleme können aber auch eine Folge eines oder mehrerer der oben behandelten Probleme und Gefühle sein (vgl. Kapitel 44, »Schulabbruch« und Kapitel 45, »Über- und Untermotivation«).

Verhaltensprobleme. Einige Jugendliche entwickeln mit dem Beginn des Auseinandergehens der Eltern Probleme in ihrem Verhalten. Sie fangen an zu rauchen oder zu trinken, schwänzen die Schule, kommen mit anderen nicht mehr aus oder verhalten sich gegenüber Lehrern und Gemeindeleitern respektlos.

So ein Verhalten ist oft ein Ausdruck von Wut oder Verwirrung, eine Reaktion auf ihren inneren gefühlsmäßigen Aufruhr über ihre familiäre Situation, den sie nicht anders artikulieren können.

Sexuelle Aktivität. Forscher nehmen an, dass eine Scheidung auf lange Sicht zu einer höheren sexuellen Aktivität und Wahllosigkeit führt. Oberstufenschüler mit geschiedenen Eltern wurden als sexuell aktiver registriert als Mitschüler aus intakten Familien. Dies trifft besonders für männliche Scheidungskinder zu, die »abwechslungsreichen« Geschlechtsverkehr einer hingegebenen Partnerschaft vorzogen und in der Regel mit mehr als vier Partnern seit dem Beginn ihrer Oberschulzeit intim wurden.[7]

Diese Aktivitäten können das Resultat einer falschen Rollenmodellierung sein. Jungen ohne ein vorgelebtes Vaterbild »suchen möglicherweise bei kulturellen Stereotypen, welches Verhalten von einem Mann erwartet wird, vom Fernsehen und den unterschwelligen Verführungen [wörtl. Kurzzeitverführungen] in Filmen«, sagt der Forscher Robert Billingham der Universität Indiana. Billingham nimmt weiter an, dass solche Muster sexueller Aktivität – wissentlich oder nicht – von alleinerziehenden Müttern mit vielen Kurzbeziehungen vorgelebt werden[8] (vgl. Kapitel 28, »Vorehelicher Geschlechtsverkehr«).

Missbrauch verschiedener Mittel. Forscher fanden eine Verbindung zwischen Scheidungen und Missbrauch von Mitteln. Wilkinson (1980) und Dornbusch und andere (1985) berichten von einer Wechselbeziehung zwischen dem Gebrauch von Alkohol, Marihuana und Tabak und der Abwesenheit des Vaters zu Hause. So eine Reaktion kann die einfache Folge geringerer elterlicher Aufsicht sein oder ein Ausdruck von Zorn oder Rebellion. Es kann auch das Handeln eines jungen Menschen sein, der sich zu Hause abgelehnt fühlt und Annahme und Zuneigung von Freunden und Bekannten sucht (vgl. auch Kapitel 38, »Alkohol: Genuss und Missbrauch« und Kapitel 39, »Drogenkonsum und -missbrauch«).

Suizidgedanken und -versuche. Gelegentlich werden die Niedergeschlagenheit und Verzweiflung eines jungen Menschen über den Zerbruch seiner Familie so schwer, dass er an Selbstmord denkt oder sogar einen Selbstmordversuch unternimmt. Der Jugendliche sieht Suizid möglicherweise als einen Weg, Schmerz und Kummer über die Trennung zu umgehen. Er hat vielleicht auch die Hoffnung, durch einen Selbstmordversuch die Liebe und Aufmerksamkeit von Mutter und Vater »wiederzugewinnen«. Suizid kann auch von dem Jugendlichen als Mittel gesehen werden, zu zeigen, wie sehr seine Eltern ihm weh getan haben. Unabhängig von den Gedanken und Gefühlen hinter diesem allen, sollten solche Aussagen und Handlungen immer ernst genommen werden und zu einem sofortigen Handeln führen (vgl. Kapitel 9, »Selbstmordgedanken, Tendenzen und Androhungen«).

Langzeitfolgen einer Scheidung können auch die Angst vor Betrug, Angst vor Hingabe, die Unfähigkeit, eine enge und haltbare Beziehung aufzubauen oder eine anhaltende Bitterkeit gegenüber einem oder beiden der Eltern sein.

▲ Die biblische Sicht

In den ersten Tagen menschlichen Lebens erdachte Gott sich einen wunderbaren Plan für die Menschheit. »Es ist nicht gut, dass der Mensch allein sei«, stellte er fest. »Ich will ihm eine Hilfe machen, die ihm entspricht.«[9] So schuf Gott das Männliche und das Weibliche, Mann und Frau körperlich, emotional, geistig und geistlich füreinander passend.

Nach dem Bericht über das erste Erscheinen der Menschheit auf der Welt fügt Gottes Wort eine der ersten Beobachtungen in der Schrift hinzu:

»Darum wird ein Mann seinen Vater und seine Mutter verlassen und seiner Frau anhängen und sie werden zu einem Fleisch« (1. Mo. 2,24).

Gott fährt in seinem Wort fort, diese erste Beobachtung bezüglich der Ehe weiter zu erklären und zu betonen. Jesus fügte hinzu, als er gerade von der Hingabe in der Ehe sprach: »Was nun Gott zusammengefügt hat, soll der Mensch nicht scheiden« (Mk. 10,9). Der Apostel Paulus schrieb inspiriert vom Heiligen Geist: »Den Verheirateten aber gebiete nicht ich, sondern der Herr, dass eine Frau sich nicht vom Mann scheiden lassen soll ... und dass ein Mann seine Frau nicht entlasse« (1. Kor. 7,10-11). Offensichtlich ist es Gottes Absicht, dass unsere Beziehungen in Ehe und Familie stark, liebevoll und ausdauernd sind und die Einheit Gottes selbst widerspiegeln (siehe 5. Mo. 6,4).

Einheit ist ein Teil von Gottes Wesen und Charakter. Er ist eins. Und Er wünscht sich, dass wir diese Einheit in unserer Ehe und unseren Familienbeziehungen widerspiegeln. Wenn die Bibel sagt, ein Mann soll einer Frau »anhängen und sie werden ein Fleisch werden« (1. Mo. 2,24), bedeutet das, eine Ehe soll Gottes Wesen zeigen.

Das geschieht natürlich nicht immer so. Und darüber hinaus kann ein Kind oder Teenager nicht die Ehe seiner Eltern zusammenhalten. Kinder verursachen keine Scheidung. Sie können sie auch nicht verhindern, noch erwartet Gott dies von ihnen. Dennoch fordert Er Kinder (jeden Alters) auf: »Ehre deinen Vater und deine Mutter« (2. Mo. 20,12) und »gehorcht euren Eltern im Herrn! Denn das ist recht« (Eph. 6,1). Scheidung und Familienzerbruch erschweren es, Gottes Gebote zu folgen, aber sie setzen sie nicht außer Kraft.

Schließlich macht Gott in Seinem Wort deutlich, dass den Opfern aus zerbrochenen Familien Seine besondere Sorge gilt. Psalm 68,6 sagt: »Ein Vater der Waisen und ein Richter der Witwen ist Gott in seiner heiligen Wohnung« und Psalm 10,14 stellt fest: »Du hast es gesehen, denn du, du schaust auf Mühsal und Gram, um es in deine Hand zu nehmen. Dir überlässt es der Arme, der Vaterlose; du bist ja Helfer.« Gott schaut die von Eltern oder Partnern Verlassenen nicht finster an und stellt sich gegenüber den schmerzvollen Rufen derer, deren Familien durch eine Scheidung zerbrochen sind, nicht taub ... ebensowenig sollten dies Seine Kinder tun.

▶ Praktische Hilfen anbieten

Der Jugendleiter kann einem von so einer Tragödie einer Scheidung betroffenen Heranwachsenden helfen, indem er folgenden Plan umsetzt:

Zuhören. Ermöglichen Sie der jungen Person frei über ihre Probleme, Gefühle, Gedanken und Schmerzen zu reden. Forschen Sie nicht nach Details über die Scheidung der Eltern, sondern nach den Äußerungen der Gedanken und Gefühle des Jugendlichen dazu. In solchen Momenten sind wahrscheinlich die wichtigsten Fragen:

• Was denkst du, geht vor sich?

• Wie fühlst du dich dabei?

Diese Fragen können dem Jugendlichen helfen, sich auf die zur Sache gehörenden Dinge zu konzentrieren: die Fakten (was wirklich geschieht) und seine Gefühle dabei.

Verständnis zeigen. Versuchen Sie, während Sie zuhören, die Dinge mit den Augen des jungen Menschen zu sehen. Schlüpfen Sie in seine Schuhe – wie würden Sie sich in einer ähnlichen Situation fühlen? Dieses Einfühlen kann Ihnen helfen, seine Antworten und Reaktionen in seiner Situation zu verstehen. Denken Sie daran, dass Sie auf folgende Weise einfühlsame Wärme ausdrücken können:

• Aufmerksam der verbalen und nonverbalen Kommunikation zuhören.

• Kopfnicken.

• Blickkontakt.

• Auf dem Stuhl vorbeugen, um Interesse und Aufmerksamkeit zu zeigen.

• Ruhige Sprache.

• Reflektion von Kernaussagen (»Du sagst also ...«) oder Gesten (»Es scheint dich verrückt zu machen«).

Bestätigen. Widerstehen Sie einer Versuchung, dem jungen Menschen zu sagen, seine Gefühle oder Handlungen seien lächerlich und unbegründet. Erlauben Sie ihm, seine Gefühle zu fühlen und auszudrücken. Sie können beispielsweise sagen: »Was du durchmachst, muss ein ziemlicher Alptraum sein. Ich denke, ich hätte Angst, nicht genau zu wissen, was los wäre, wenn meine Eltern sich scheiden ließen. Wie ist das für dich?« Versuchen Sie die Tatsache zu vermitteln, dass seine Gefühle natürlich und verständlich sind und dass Sie ihn akzeptieren, auch wenn er Angst hat oder wütend ist (als Beispiel). Bieten Sie Bestätigung nicht nur durch das Gesagte an, sondern auch durch glaubensvolles Gebet für den jungen Menschen.

Richtung weisen. Ein besorgter Erwachsener sollte, wenn er einem Jugendlichen, dessen Eltern im Scheidungsprozess stehen, Unterstützung und Hilfe anbietet, verschiedene Prioritäten verfolgen. Diese sollten Folgende einschließen:

• Ermutigen Sie zur Abhängigkeit von Gott. Leiten Sie den jungen Menschen in eine Beziehung mit Jesus Christus oder ermutigen Sie zu mehr Gebet und größerer Abhängigkeit von Gott, wenn der Jugendliche bereits Christ ist, weil Gott den Zerschlagenen und Gebeugten Heilung verspricht, sie zu leiten und ihnen »Tröstung [zu] gewähren« (Jes. 57,18).

• Helfen Sie dem Jugendlichen zwischen seinem Gefühl und seinem Verstand zu unterscheiden, damit er für sich selbst die Angemessenheit seiner Gefühle abschätzt. Übergehen Sie seine Gefühle nicht, da sie real und stark sind, aber versuchen Sie ihn dazu zu bewegen, nicht nur sich selbst zu verstehen und auszudrücken, sondern auch seine Gefühle gegenüber Tatsachen zu mäßigen.

• Erforschen Sie mit dem Jugendlichen den Unterschied zwischen Dingen, die man kontrollieren kann und Dingen, die man nicht kontrollieren kann. Zum Beispiel kann man kontrollieren, ob man seinen Bruder oder seine Schwester schlägt, aber man kann nicht kontrollieren, ob man eine Schwester oder einen Bruder hat. Man kann sich etwas für einen Regentag aufheben, aber man kann nicht kontrollieren, an welchen Tagen es regnet. Helfen Sie dem Jugendlichen anzunehmen, dass Scheidungen zu den Dingen gehören, die Kinder in einer Familie – unabhängig von ihrem Alter – nicht kontrollieren können.

Ziele setzen. Fördern Sie die Mitarbeit und Teilnahme des Jugendlichen zum Finden und Erdenken von Dingen, mit denen er zur Linderung seines Schmerzes über die Scheidung seiner Eltern beitragen kann. Lenken Sie seine Aufmerksamkeit auf konstruktive Dinge, die in seiner Macht stehen und ermutigen Sie ihn dazu (indem er beispielsweise den Übergang zu einem neuen Lebensstil für Elternteil und Kind erleichtert oder behutsamer die Beziehung zu dem abwesenden Elternteil durch mehrere Telefonate in der Woche pflegt).

Hilfe von außen. Bemühen Sie sich die Kommunikation und Zusammenarbeit zwischen dem Jugendlichen und seinen Eltern zu erleichtern. Erwägen Sie, Eltern und Kind den Besuch eines professionellen biblischen Seelsorger zu empfehlen, während Sie weiter Unterstützung und Leitung anbieten.

Im diesem Kapitel zitierte Bibelstellen

- 1. Mose 2,18.24

- Markus 10,9

- 1. Korinther 7,10-11

- 5. Mose 6,4

- 2. Mose 20,12

- Epheser 6,1

- Psalm 68,6; 10,14

- Jesaja 57,18

Weitere hilfreiche Bibelstellen zum Thema

- Psalm 27,10; 147,3

- Jesaja 57,15

- Matthäus 5,31-32

- Lukas 16,18

- 1. Korinther 7,1-17

20

Leben mit nur einem Elternteil

Einführung

Dans Eltern hatten sich vor fast sechs Monaten scheiden lassen, aber bereits in dieser kurzen Zeit hatte sich schon viel verändert. Der fünfzehnjährige Dan und seine siebenunddreißigjährige Mutter waren aus dem Haus, in dem sie lebten, solange Dan sich erinnern konnte, in ein kleines Apartment am anderen Ende der Stadt gezogen. Er musste zu Beginn seines achten Schuljahrs die Schule wechseln. Dan, der bisher immer glatt auf 2 stand, fiel jetzt in fast allen seinen Fächern durch. Er rebellierte nicht oder tat Ähnliches. Er hatte nur einfach keine Lust mehr, irgendetwas zu tun.

Als sein erstes Zeugnis nach dem neuen Schuljahr per Post kam, verschlug es Dans Mutter schlichtweg die Sprache.

»Was ist los mit dir? Für solche Noten gibt es doch keine Entschuldigung!«, fragte seine Mutter. Sie war normalerweise nicht so streng, aber sie hatte vor, ihre Aufgabe als Alleinerziehende gut zu meistern.

Dan zuckte die Schultern. »Das ist keine große Sache, Ma«, sagte er, »ich werd' das schon in Ordnung bringen.«

»Oh, sicher wirst du das. Und du kannst heute Abend damit anfangen. Du wirst eine Menge Zeit zum Lernen haben, da du die nächsten zwei Wochen Hausarrest hast.«

»Was? Das kann nicht dein Ernst sein!«

»Das ist er. Und jetzt ab in dein Zimmer, junger Mann und mach' dich an deine Hausarbeiten.«

»Auf keinen Fall! Ich will mit Craig zum Spiel gehen.«

»Du wirst nirgendwo hingehen.« Sie zeigte auf die Stufen.

Dan griff seine Jacke von der Garderobe und wandte sich zur Tür. Seine Mutter verstellte ihm den Weg und verschränkten die Arme vor der Brust.

»Du kannst mich nicht aufhalten, Ma!«, sagte er, schubste sie zur Seite und griff nach der Klinke. Sie stieß ihn zurück, aber er schwang herum und ohrfeigte sie, dass sie auf den Boden fiel.

Dann stürmte er aus der Tür und ließ seine Mutter auf dem Boden ihres kleinen Apartments liegen. Sie weinte und rieb sich ein Auge, das bereits grün und blau zu schwellen begann..

● Das Problem

»In der Nachkriegsgeneration«, so meint die Journalistin Barbara Dafoe Whitehead, »wuchsen mehr als 80 Prozent der Kinder in Familien mit ihren zwei leiblichen und verheirateten Eltern auf. 1980 konnten nur 50 Prozent erwarten, ihre Kindheit in einer intakten Familie zu verbringen. Wenn die aktuellen Trends anhalten, werden weniger als die Hälfte der heute geborenen Kinder ihre ganze Kindheit mit ihrer eigenen Mutter und ihrem eigenen Vater verbringen. Die meisten amerikanischen Kinder werden einige Jahre mit nur einem Elternteil verbringen.«[1]

Einzelelternschaft kann durch Scheidung, Verlassenwerden oder Tod entstehen oder weil eine Frau ein außereheliches Kind bekommt. Unabhängig von den familiären Umständen begegnen alleinerziehenden Eltern »zu viele Entscheidungen, die ohne Beratung mit einem Partner gefällt werden müssen, zu viel Aufgaben, die von nur einer Person bewältigt werden sollen, ... für zu viele Spannungen und Frustrationen gibt es scheinbar nur kurzfristige Lösungen und es gibt zu wenig Zeit, die neben der Kindererziehung als eigene bezeichnet werden kann«.[2] Alleinstehende Eltern – und deren Kinder – stoßen auf enorme Herausforderungen und Hindernisse, von denen manche früh auftauchen und andere, die sich erst im Laufe der Zeit entwickeln. Dazu gehören finanzielle Probleme, schulische Probleme des Kindes, Verhaltensprobleme und sexuelle Aktivitäten.

Finanzielle Probleme

Whitehead schreibt: »Für die große Mehrheit alleinerziehender Mütter ist der Haushaltsetat sehr eng und pendelt zwischen unsicher und hoffnungslos. Die Hälfte dieser Mütter in den Vereinigten Staaten lebt unter dem Existenzminimum«[3] (im Gegensatz zu einem von zehn Ehepaaren).

Akademische Probleme

Thomas Erwin Smith (1990) fand heraus, dass ältere Kinder von alleinerziehenden Müttern ein geringeres »akademisches Selbstkonzept« zeigen als Kinder mit beiden leiblichen Eltern. Andere Untersuchungen zeigen, dass Kinder aus Familien mit zwei Elternteilen bessere Noten und akademische Leistungen erbringen, als Kinder mit nur einem Elternteil (Shin [1978]; Hetherington, Camara und Featherman [1981]). Solch eine Ungleichheit kann das Resultat vieler Faktoren sein: bei Störungen in der Familie ist es für Kinder schwieriger, sich auf die Schularbeiten zu konzentrieren, schlechtere Noten können ein Mittel sein, Aufmerksamkeit zu erregen oder Rebellion auszudrücken, für alleinerziehende Eltern ist es oft schwieriger, die Hausaufgaben zu überprüfen etc. (vgl. Kapitel 44, »Schulabbruch« und Kapitel 45, »Über- und Untermotivation«).

Verhaltensprobleme

Einige Jugendliche entwickeln mit dem Beginn des Auseinandergehens der Eltern Probleme in ihrem Verhalten. Sie fangen an zu rauchen oder zu trinken, schwänzen die Schule, kommen mit anderen nicht mehr aus oder verhalten sich gegenüber Lehrern und Gemeindeleitern respektlos. So ein Verhalten ist oft ein Ausdruck von Wut oder Verwirrung, eine Reaktion auf ihren inneren gefühlsmäßigen Aufruhr über ihre familiäre Situation, den sie nicht anders artikulieren können.

Sexuelle Aktivität

Forscher nehmen an, dass eine Scheidung auf lange Sicht zu einer höheren sexuellen Aktivität und Wahllosigkeit führt. Whitehead stellt fest, dass für »Mädchen aus Familien mit nur einem Elternteil ein größeres Risiko für frühzeitigen Geschlechtsverkehr, Teenagerehen, Teenagerschwangerschaft, außerehelicher Kinder und Scheidungen besteht als bei Mädchen aus Familien mit beiden Eltern«.[4] Weiter wurden Oberstufenschüler mit geschiedenen Eltern als sexuell aktiver registriert, als Mitschüler aus intakten Familien. Dies trifft besonders für männliche Scheidungskinder zu, die »abwechslungsreichen« Geschlechtsverkehr einer hingegebenen Partnerschaft vorzogen und in der Regel mehr als vier Sexpartner seit dem Beginn ihrer Oberschulzeit hatten.[5]

Es muss aber betont werden, dass während das Anpassen an das Leben in einer Familie mit einem Elternteil große Probleme und beträchtliche Herausforderungen aufwerfen kann, dies noch nicht das Schicksal eines jungen Menschen besiegelt. Nicholas Zill sagt dazu: »Während die Herkunft aus einer zerrissenen Familie das Risiko bei jungen Erwachsenen stark ansteigen lässt, soziale, emotionale oder akademische Probleme zu bekommen, sind diese Schwierigkeiten deswegen nicht unausweichlich.«[6] Die vielen Veränderungen und Herausforderungen im Leben mit nur einem Elternteil kann eine Menge an Folgen hervorrufen und eben dies empfiehlt oder erfordert die Aufmerksamkeit eines besorgten Erwachsenen.

▼ Die Folgen

Welche Umstände auch immer zu einer Familie mit nur einem Elternteil geführt haben – ob durch den Tod eines Elternteils, Scheidung oder etwas anderem – einige der hier beschriebenen Folgen

werden wahrscheinlich bei jungen Menschen dabei auftreten: Scham oder Verlegenheit, Schuldgefühle, Ablehnung, Wut, Unsicherheit und geringer Selbstwert oder Zurückgezogenheit.

Scham – Verlegenheit

Scham und Verlegenheit werden gewöhnlich von Teenagern, die mit nur einem Elternteil zusammenleben, empfunden. Sie sind vielleicht wegen der Trennung ihrer Eltern verlegen und halten dies für ein Zeichen, dass etwas mit ihrer Familie nicht stimmt. Einige fühlen sich auch teilweise für den Zerbruch mitverantwortlich. Manchmal schämen sie sich für etwas, das sie für ein unpassendes Verhalten eines Elternteils nach der Scheidung halten (z.B. wenn der Vater sich mit einer jüngeren Frau trifft) oder wegen der abrupten Veränderung ihres Lebensstils (wie der Umzug mit der Mutter in ein Apartment).

Schuldgefühle

Wenn die Familie mit einem Elternteil durch eine Scheidung entstanden ist, werden viele Jugendliche von Schuldgefühlen geplagt. Ronald P. Hutchcraft schreibt:

Untersuchungen zufolge tendieren Scheidungskinder dazu, sich für das Scheitern der Beziehung ihrer Eltern die Schuld oder zumindest eine Teilschuld zu geben. Sie sagen dann: »Vielleicht habe ich zu viel gefordert. Vielleicht mussten sie für mich zuviel Geld bezahlen. Sie haben sich wegen mir oft gestritten.«[7]

Auch wenn die Familie einen Elternteil durch einen Todesfall verloren hat, kann der Teenager »sich für den Tod verantwortlich fühlen«, schreibt der Autor Clyde C. Besson, »und diese Verantwortung kann Schuldgefühle erzeugen«.[8]

Einige Kinder ziehen unbewusst das Tragen dieser Verantwortung gegenüber dem, was sie als Alternative sehen, vor: einem Gefühl völliger Hilflosigkeit (vgl. Kapitel 3, »Schuld«).

Ablehnung

»Eins der tiefsten Gefühle, die ein junger Mensch in der Situation mit nur einem Elternteil empfindet, ist Ablehnung«, schreibt Besson. »Unabhängig, ob der andere Elternteil durch Tod oder Scheidung gegangen ist, hat das Kind immer das Gefühl von Ablehnung.« Teens reagieren darauf sehr sensibel, sowohl auf ausgedrückte als auch empfundene Ablehnung und sie hegen dieses Gefühl, weil ihr übriggebliebener Elternteil mächtig – und alleine – mit den Anforderungen der Erziehung ringt, die meiste Zeit nicht zu Hause ist oder gelegentlich an Ereignissen im Leben des Kindes nicht teilhaben kann. Der junge Mensch weiß vielleicht intellektuell, dass seine Mutter (oder sein Vater) bereits ihr (oder sein) Bestes gibt, aber ein Gefühl von Ablehnung kann sich dennoch halten.

Wut

Besson, Gründer der Christian Growth Ministries (deutsch etwa: Christliche Jugenddienste), schreibt:

Mitten in ihrer Verwirrung, werden Kinder wütend. Im Fall des Todes eines Elternteils, empfindet es Zorn und fühlt sich um Zuwendung und Liebe dieses Elternteils betrogen und beraubt. Im Fall einer Scheidung empfindet es Wut gegen beide Eltern und besonders gegenüber dem Elternteil,

der gegangen ist. Trotzdem drückt der Jugendliche diese Wut oft nicht gegenüber dem fehlenden Elternteil aus, dafür aber gegenüber dem betreuenden. Selbst in Fällen, in denen Vater oder Mutter weggingen und nie zurückkamen wird Wut gegen den zurückgebliebenen Elternteil ausgelassen[9] (vgl. auch Kapitel 4, »Wut«).

Unsicherheit – Geringer Selbstwert

Unabhängig davon, ob eine Familie mit nur einem Elternteil durch Tod oder Scheidung entstanden ist, Jugendliche aus ihnen sind besonders in ihrer Unsicherheit und ihrem geringen Selbstwertgefühl verwundbar (vgl. Kapitel 6, »Geringe Selbstachtung«). Die Umstände, die zu der Trennung führten, der Scheidungsprozess selbst und die Bedingungen, die einer Trennung folgen, sind oft die drei »Angriffe« auf den Eigenwert eines jungen Menschen. Manche Teenager und Jüngere haben das Gefühl, anders – und weniger wert – als ihre Freunde mit intakten Familien zu sein. Sie können sich auch in den Augen ihrer Gemeinde oder Nachbarschaft wegen ihrer zerbrechenden Familie gebrandmarkt fühlen und akzeptieren dies als Kennzeichen ihres geringen Werts. Brandmarkung kann auch durch das Verhalten der Eltern (Alkoholismus, Wahllosigkeit, Missbrauch) auftreten oder so von den Kindern empfunden werden. Dies kann ein zerstörerischer Schlag gegen das Selbstwertgefühl eines jungen Menschen sein. Entstehende finanzielle Veränderungen oder Probleme können ebenfalls zu einem Eindruck geringerem Werts beitragen.

Zurückgezogenheit

»Wenn wir in einer Beziehung verletzt werden, tendieren wir dazu, uns zurückzuziehen und nicht zu reden, zu lieben oder uns um andere zu kümmern«, schreibt Hutchcraft.[10] Junge Menschen in Familien mit einem Elternteil ziehen sich, wie er weiter schreibt, noch eher zurück. Sie fühlen sich irgendwie distanziert von einem oder beiden der Eltern. Sie können sich auch von ihrer Gemeinde entfremdet fühlen, selbst wenn sie von deren Mitgliedern oder Leitern keine unangenehme oder verurteilende Reaktion erfahren haben. Manche fühlen sich auch plötzlich entfernt von ihren Freunden. Andere fühlen sich von Gott selbst alleingelassen und abgelehnt und wundern sich, wie Er so etwas ihrer Familie zustoßen lassen konnte.

In der Zeit solch einer Entfremdung empfinden viele Teenager Anfälle von extremer Einsamkeit. Sie haben das Gefühl, ohne Freunde, hilflos und alleine zu sein. Sie denken, keiner würde verstehen, was sie durchmachen und was sie fühlen. Dabei ziehen sie sich dann vielleicht räumlich in ihre Zimmer, emotional in ihre Phantasie oder Melancholie oder auch in beides zurück.

▲ Die biblische Sicht

Gottes Anweisung für die Gründung und den Erhalt einer Familie steht im Schöpfungsbericht:

> Darum wird ein Mann seinen Vater und seine Mutter verlassen und seiner Frau anhängen und sie werden zu einem Fleisch.[11]

Er ordnete an, dass Kinder aus der Einheit eines Mannes und seiner Frau kommen sollen und auf diese Weise zusammen eine Familie bilden.

Gott schuf aus verschiedenen Gründen die Menschen männlich und weib-

lich. Dazu gehört auch der deutliche Vorteil durch das Vorhandensein eines Vaters und einer Mutter und der Rahmen einer stabilen, liebevollen Familie. Whitehead meint dazu: »Es hat sich gezeigt, dass die familiäre Einheit der leiblichen Eltern das beste Umfeld für die Förderung der physischen und sozialen Entwicklung eines Kindes bietet.«[12]

Aber auch wenn Christen Gottes Plan und Sein Ideal beachten sollen, müssen wir sehen, dass dies nicht immer so geschieht. Ein Kind wird unehelich geboren, ein Elternteil stirbt oder Mutter und Vater trennen sich. Auf diese Weise entsteht eine Familie mit nur einem Elternteil.

Auch wenn eine alleinige Elternschaft keine Idealsituation ist, so ist sie doch nicht ausweglos. Allen Anzeichen nach kam auch Jesus aus so einer Familie! Maria, seine Mutter, war scheinbar irgendwann nach Jesus zwölftem Geburtstag nur noch alleine, da Josef nach diesem Punkt nie mehr in den Evangelien vorkommt.[13] Auch Paulus' junger Nachfolger Timotheus schien aus einer solchen Familie zu kommen. In seinem zweiten Brief an ihn bezieht er sich auf die »Großmutter Lois« und »Mutter Eunike« seines Freundes, erwähnt aber nicht dessen Vater.[14]

Gott sagt, er ist »ein Vater der Waisen und ein Richter der Witwen« (Ps. 68,6). Er liebt auch die, die ohne Eltern oder Ehepartner sind. Das macht er zum Beispiel in den folgenden Abschnitten deutlich:

> Keine Witwe oder Waise dürft ihr bedrücken.[15]

> Wenn du deine Ernte auf deinem Feld einbringst und hast eine Garbe auf dem Feld vergessen, sollst du nicht umkehren, um sie zu holen. Für den Fremden, für die Waise und für die Witwe soll sie sein, damit der HERR,

dein Gott, dich segnet in allem Tun deiner Hände.[16]

Lernt Gutes tun, fragt nach dem Recht, weist den Unterdrücker zurecht! Schafft Recht der Waise, führt den Rechtsstreit der Witwe![17]

Und bedrückt nicht die Witwe und die Waise, den Fremden und den Elenden! Und ersinnt nicht gegeneinander Unglück in euren Herzen![18]

Zusätzlich enthält die Schrift noch ein anderes lebendiges Bild von Einheit – außer der traditionellen Familie – das denen aus zerbrochenen Familien eine Antwort geben kann. Die Schrift gibt Ehemännern diese Anweisungen:

Ihr Männer, liebt eure Frauen! wie auch der Christus die Gemeinde geliebt und sich selbst für sie hingegeben hat ... Wer seine Frau liebt, liebt sich selbst. Denn niemand hat jemals sein eigenes Fleisch gehasst, sondern er nährt und pflegt es, wie auch der Christus die Gemeinde. Denn wir sind Glieder seines Leibes (Eph. 5,25-30).

Gott möchte Seine Einheit in der Familie ausgedrückt sehen. Aber Er hat auch beschlossen, Sein Einssein in der Institution der Gemeinde – Seinem Leib – zu offenbaren. So, wie ein Mann und eine Frau Mutter und Vater verlassen sollen und ein Fleisch werden (vgl. Eph. 5,31), so wurde Christus eins mit der Gemeinde – Seinem Leib.

Der Apostel Paulus sagte: »Dieses Geheimnis ist groß«, als er sich auf das Einssein von Christus und der Gemeinde bezog. Ein Mensch, der Christus als Retter annimmt, wird in eine lebendige Familie adoptiert, eine Familie, die die Einheit Gottes selbst widerspiegeln soll. Jesus

Christus versprach, den Heiligen Geist zu senden, so dass wir Einheit erfahren können und wir »alle eins seien, ... dass [wir] in eins vollendet seien« (Joh. 17,21.23).

Wenn ein alleinstehender Elternteil in den örtlichen Leib Christi, die örtliche Gemeinde, einbezogen wird, kann er eine lebendige und gedeihende Familie erleben und sie seinen Kindern vorstellen, was vielleicht helfen kann, den Verlust von Ehegatten, Vater oder Mutter zu überwinden:

Denn in einem Geist sind wir alle zu einem Leib getauft worden, es seien Juden oder Griechen, es seien Sklaven oder Freie und sind alle mit einem Geist getränkt worden ... Aber Gott hat den Leib zusammengefügt und dabei dem Mangelhafteren größere Ehre gegeben, damit keine Spaltung im Leib sei, sondern die Glieder dieselbe Sorge füreinander hätten. Und wenn ein Glied leidet, so leiden alle Glieder mit; oder wenn ein Glied verherrlicht wird, so freuen sich alle Glieder mit. Ihr aber seid Christi Leib und, einzeln genommen, Glieder (1. Kor. 12,13.24-27).

Gott möchte, dass wir mitleiden, wenn jemand leidet und uns mitfreuen, wenn sich jemand freut. Wir sollen »einer des anderen Lasten tragen«. Unzählige zerbrochene Familien fanden Heilung, emotionalen Halt und ein überwältigendes Zugehörigkeitsgefühl, als sie das Einssein in der Einheit des Leibes erlebten.

▶ Praktische Hilfen anbieten

Ein einfühlsamer Pastor, Lehrer, Jugendleiter oder Elternteil kann einem Kind oder Heranwachsenden helfen, mit der Situation, nur noch einen Elternteil zu haben, umgehen zu lernen, indem er folgenden Plan umsetzt:

Zuhören. Nach Besson brauchen Teenager aus Familien mit einem Elternteil Freiraum, ihre Gefühle auszudrücken, besonders in zwei Bereichen: sie brauchen »die Freiheit, ihre Gefühle zu dem fehlenden Elternteil auszudrücken« und »die Freiheit, negative Gefühle ohne Verdammung auszudrücken«. Wenn der Jugendliche eine unangemessene Sprache benutzt, kann der Erwachsene um Mäßigung bitten, aber es ist weise, genau auf die Gefühle hinter diesen Worten zu hören.

Verständnis zeigen. Seien Sie nicht zu schnell dabei, die Reaktion des jungen Menschen zu verurteilen oder zu korrigieren, noch eine Lösung anzubieten. Nehmen Sie sich zunächst Zeit, sich einfach in ihn einzufühlen. Fühlen Sie mit, weinen Sie mit und trösten Sie. Lassen Sie ihn Ihre Fürsorge und Betroffenheit wissen.

Bestätigen. Signalisieren Sie dem Jugendlichen Akzeptanz und bestätigen Sie ihn. Bedenken Sie, dass er sich vielleicht abgelehnt und fremd fühlt. Der erste Schritt in Richtung Heilung und Fortschritt kann für ihn sein, wenn jemand an ihn glaubt, jemand, der ihn wertvoll findet. Erinnern Sie ihn daran (speziell durch Gebet mit ihm und für ihn), dass sowohl Gott als auch Sie selbst ihn sehr schätzen und anerkennen. Viele Menschen, die mit schwierigen Umständen zu kämpfen haben, brauchen Bestätigung, die Zusicherung ihres eigenen

Werts und ihrer Fähigkeiten, mehr als alles andere.

Richtung weisen. Einige der folgenden Ideen sind vielleicht einem Elternteil oder besorgten Erwachsenen eine Hilfe, einen jungen Menschen im Umgang mit den vielen Veränderungen und seines Lebens mit nur noch einem Elternteil anzuleiten:

• Ermutigen Sie zur Abhängigkeit von Gott. Helfen Sie dem betroffenen Teenager sich um Trost und Gemeinschaft an Gott zu wenden. Er ist wirklich ein liebender »Vater der Waisen«, der dem Jugendlichen Kraft und Ausdauer für die vielen Schwierigkeiten und Herausforderungen des Lebens und Heranwachsens schenken kann.

• Erhalten Sie funktionierende Routine oder Traditionen. Routine kann in Übergangszeiten Sicherheit geben. Ermuntern Sie zum Einhalten von Bett- und Mahlzeiten, Routine für die Schule etc.

• Ermutigen Sie zur Teilnahme in einer christlichen Jugendgruppe. Eine gesunde und lebendige Jugendgruppe ist ein wichtiger Teil im Leben eines jungen Menschen – besonders für ein Kind mit nur einem Elternteil. Jugendarbeiter brauchen alleinstehende Eltern und alleinstehende Eltern brauchen sie.

• Ermutigen Sie zur Suche nach Pateneltern. Bringen Sie einen Jungen, der mit seiner alleinstehenden Mutter zusammenlebt, mit männlichen Erwachsenen, die regelmäßig an ihrem Leben Anteil haben können, in Kontakt. Helfen Sie ebenso einem jungen Mädchen, die bei ihrem Vater lebt, in der Gemeinde Frauen kennenzulernen, die helfen können, Fragen zu beantworten und regelmäßig Hilfestellung geben können. Versuchen Sie ein stabiles Netzwerk aus Familien und angenommen »Onkeln« und »Tanten« aufzubauen, damit diese als Modelle für Beziehungen zu Männern und Frauen dienen können.

- Vermitteln Sie Hoffnung. Scheidungswaisen und Kinder aus Familien mit nur einem Elternteil begegnen mehr Hindernisse als viele andere, wobei die letzteren recht gut klar kommen: Sie bestehen das Abitur, sie zeigen normalerweise keine große emotionelle Not, sie sind nicht in Problemverhalten verwickelt.[19] Helfen Sie dem Jugendlichen zu verstehen, dass es Grund zur Hoffnung gibt, besonders, wenn er Gott vertraut und von einer fürsorglichen und verständnisvollen Gemeinde unterstützt wird.

Ziele setzen. Es gibt vieles in einer Familie mit nur noch einem Elternteil, das niemand mehr ändern kann. Mutter und Vater kommen möglicherweise nie mehr zusammen und es wird nie wieder so sein, wie es vorher war. Der Pastor, Lehrer, Jugendleiter oder ein Elternteil kann helfen, indem er den Jugendlichen zum Suchen und Entdecken von Dingen, die er ändern und verbessern kann, bewegt. Lenken Sie seine Aufmerksamkeit auf konstruktive Dinge, die in seiner Macht stehen und ermutigen Sie ihn dazu. Zum Beispiel mit Folgendem:

- Behutsame Fortsetzung der Beziehung zu dem abwesenden Elternteil (z.B. durch einen Telefonanruf zweimal in der Woche).

- Notieren seiner Gedanken und Gefühle in einem Tagebuch.

- Jüngeren Geschwistern helfen.

- Einer unterstützenden Gruppe in der Gemeinde oder Schule beitreten.

- Suche nach guten, unterstützenden und gleichaltrigen Freundschaften, wie in einer christlichen Jugendgruppe.

Hilfe von außen. Jim Smoke rät: »Wenn sich Entwicklung und Wachstum des Jugendlichen nicht innerhalb eines Jahres nach der Scheidung oder einem anderen bestürzenden Ereignis normalisiert, benötigt er die besondere Zuwendung und Hilfe eines professionellen Seelsorgers ... Suchen Sie auch Hilfe auf, wenn negative Verhaltensmuster mehrere Monaten anhalten. Oft können schon ein paar Worte eines ausgebildeten Spezialisten dem jungen Menschen helfen, die Kurve zu kriegen.«[20] So eine Überweisung sollte natürlich nur mit Zustimmung der Eltern (oder besser ihrer Anteilnahme) geschehen.

In diesem Kapitel zitierte Bibelstellen

- 1. Mose 2,24
- Lukas 2,41-52
- 2. Timotheus 1,5
- 2. Mose 22,22
- 5. Mose 24,19
- Jesaja 1,17
- Sacharja 7,10
- Epheser 5,25-31
- Johannes 17,21.23
- 1. Korinther 12,13.24-27

Stiefeltern

Einführung

Maria war sechzehn, als ihre Eltern auseinander gingen, weil ihr Vater eine Affäre mit Gail, einer fünfundzwanzigjährigen Frau, hatte. Nach der Scheidung lebten Maria und ihre beiden Brüder beim Vater und dessen Freundin, da ihre Mutter meinte, sie könne drei Kinder nicht alleine aufziehen. Nach einem Jahr heiratete ihr Vater Gail, die vorher nie verheiratet war.

Da Marias Vater damals fünfzig war, stand Gail mit ihrem Alter Maria viel näher als deren Vater. Sie sagte, sie würde es vorziehen, lieber Marias »Freundin« zu sein, als ihre Mutter. Es war offensichtlich, dass sie selbst viel zu unreif war und es für sie nahezu unmöglich war, die Mutterrolle zu übernehmen. Bald nachdem Gail eingezogen war, begannen sie und Maria Kleidung zu tauschen, sie vertrauten sich einander an (auch bei persönlichen Dingen zwischen Gail und Marias Vater) und es machte ihnen Spaß, oft für Schwestern gehalten zu werden.

Die Flitterwochen waren für alle drei nur von kurzer Dauer. Maria fing an, sich zu beklagen, ihr Vater würde bei Meinungsverschiedenheiten ihr gegenüber immer zu seiner Frau stehen. Sie ärgerte sich sehr, wenn ihr Vater und Gail samstagabends ohne sie ausgingen, wo sie doch mit Gail so gut befreundet war. Zwei Monate nach der Hochzeit lagen Gail, Maria und ihr Vater fast ständig im Streit miteinander. Es gab kaum ein Thema, aus dem nicht ein heftiger Kleinkrieg entstand. Es war klar, dass Maria auf ihren Vater wütend war, weil er eine ihrer »Gleichaltrigen« zur Frau genommen hatte. Und sie war eifersüchtig auf Gails vertrauten Umgang mit ihrem Vater, was dadurch noch schlimmer wurde, dass diese Maria ihre Beziehung zu ihrem Vater mit dem Vorwand unter die Nase rieb, vertrauliche Dinge mit einer engen Freundin besprechen zu wollen.[1]

● Das Problem

Die Wiederheirat eines Elternteils, die daraus folgenden Veränderungen und die Vielfältigkeit der Beziehungen kann sich verheerend auf Geist und Gefühle eines Teenagers auswirken. Sie können Reaktionen hervorrufen, die vielleicht der Jugendliche selbst nicht ganz versteht.

In den vergangenen Jahren ist die Zahl der wiederverheirateten Menschen und »neu zusammengesetzten Familien« gewachsen. Bei über 40 Prozent aller Eheschließungen in den Vereinigten Staaten heiratet wenigstens einer der Partner erneut. Einer von drei Amerikanern – sechzigmillionen Erwachsene und zwanzigmillionen Kinder[2] – ist Stiefvater, -mutter, -kind, -schwester oder -bruder. Eins von fünf Kindern unter achtzehn Jahren ist ein Stiefkind.[3] Im Jahr 2000 werden Stieffamilien (einschließlich derer, in denen nur ein Partner Kinder hat) und komplexe Familien (in denen beide Partner Kinder mit in die Ehe bringen), voraussichtlich die häufigste Familienform sein.[4]

Eine Stieffamilie ist laut Virginia Rutter, Autorin in Psychology Today, eine bedenkenswerte Herausforderung. »Es gibt Beziehungen, die eine Menge aufgewühlter Gefühle überstehen müssen. Und es gibt Identitätsprobleme, insbesondere in den ersten Jahren.«[5]

Solche Anpassungen sind natürlich am schwierigsten für die Kinder. »Sie empfinden einen Verlust, wenn sie Teil einer Stieffamilie werden«, schreibt Rutter. »Es besiegelt, dass ihre ursprüngliche Familie nicht mehr besteht.«[6] Auch wenn eine Wiederheirat des Vaters oder der Mutter Probleme für Kinder jeden Alters aufwerfen kann, so ist die Gründung einer Stieffamilie »für Kinder zwischen 9 und 15 Jahren am schwersten«.[7] Die Forscherin Mavis Hetherington, Professorin an der Universität Virginia, schreibt dies der Tatsache zu, dass »Kinder der Altersstufe 9-15 mit ihrer eigenen Unabhängigkeit umzugehen lernen und dann mit einem störenden Außenseiter konfrontiert werden. Dazu kommt der Umgang mit ihrer erwachenden Sexualität und die Ablehnung, ihre Mutter als eine geschlechtliche Person zu sehen. Dies ist jedoch schwer zu leugnen, wenn sie erneut heiratet.«[8] Dies gehört zu den Gründen, vor denen Harrington warnt. »Wenn eine Wiederheirat im frühen Jugendalter stattfindet, reagieren Kinder sehr negativ.«

Während Untersuchungen zeigen, dass »Jungen scheinbar leichter mit beiden Stiefeltern zurechtkommen als Mädchen«,[9] begegnen jungen Menschen beiden Geschlechts eine Menge problematischer Veränderungen und wechselnder Gefühle während und nach der Zeit der neuen Familienbildung. Nachforschungen ergeben immer wieder, dass Kinder aus Scheidung und Wiederheirat doppelt so viele Probleme haben, wie solche aus heilen Familien.[10] Trotzdem kommen viele Eltern und Kinder in Stieffamilien sehr gut miteinander aus. Laut Hetheringtons Untersuchungen haben 80 Prozent der Kinder aus Scheidung und Wiederheirat keine Verhaltensprobleme trotz aller Komplikationen und Schwierigkeiten (verglichen mit 90 Prozent der Kinder aus Familien in erster Ehe).[11]

Dennoch ist eine Sache klar: Der Umgang mit den Herausforderungen und Komplexitäten einer Stieffamilie ist etwas, mit dem sich Eltern und Jugendarbeiter auseinandersetzen müssen. Insbesondere im Licht der Tatsache, dass in jeder Woche 7000 neue Stieffamilien entstehen.[12]

▼ Die Folgen

Stieffamilien und -beziehungen können auf verschiedene Weisen entstehen. So zu Beispiel durch eine Wiederheirat, den Tod des Partners, nach einer Scheidung oder durch eine Heirat nach einer unehelichen Geburt. Wie auch die Umstände sein mögen, Stieffamilien haben nur selten Ähnlichkeit mit Fernsehidealen. Viele Familien sind glücklich und gesund, aber viele erfahren die Nachwirkungen einer Wiederheirat und den vielfältigen Familienbeziehungen:

Trauer

Wie bereits oben erwähnt, bedeutet die Gründung einer Stieffamilie für ein Kind oft das »offizielle« Ende der ursprünglichen Familie. Der Familienseelsorger Dr. Kevin Leman hebt hervor, dass so eine »Zerstörung eines der kostbarsten Besitztümer – das ursprüngliche eigene Zuhause und die Familie«[13] – Trauer hervorrufen kann. Dies führt dann oft durch Phasen von Verweigerung, Wut, Auseinandersetzung, Depression und Annahme (vgl. Kapitel 8, »Trauer«).

Wut

Wenn ein junger Mensch um den Verlust seiner Familie (oder zumindest seiner letzten Familie) trauert, kann er in dieser Phase »steckenbleiben«. Dr. Leman weist auf eine häufige Reaktion bei der Gründung einer Stieffamilie hin:

> Wut ist die gefährlichste Phase in der Trauer, weil man hier lange Zeit hängenbleiben kann. Es passiert oft, dass Mitglieder in neu zusammengesetzten Familien ihren Schmerz verdrängen. Aber früher oder später »haben sie genug« und er bricht er hervor.[14]

Harold Bloomfield, der Autor von Making Peace in Your Stepfamily (Schaffe Frieden in deiner Stieffamilie), meint,

»unterdrückter Kummer ist einer der Gründe, warum Stieffamilien so oft von Wutausbrüchen und häufigem Gezänk geschüttelt werden«[15] (vgl. auch Kapitel 4, »Wut«).

Schuldgefühle

Eltern sind nicht die einzigen, die nach einer Scheidung oder ähnlichem bei der Gründung einer Stieffamilie mit Schuldgefühlen zu kämpfen haben. Auch viele Kinder in diesen Familien leiden darunter. Leman vermutet, dass »Kinder sich schuldig fühlen, indem sie meinen: ›Wenn ich mich besser benommen hätte, hätten Mama und Papa sich nicht getrennt‹«.[16] Er fügt hinzu, alle Kinder seien für solche Gefühle empfänglich, aber besonders Erstgeborene und Einzelkinder tendierten zu den Gedanken, sie hätten mehr tun können oder tun sollen, um die Familie zusammenzuhalten (vgl. Kapitel 3, »Schuld«).

Verlust des Gefühls der Kontrolle

Ein wichtiger Faktor in den Schwierigkeiten, die die Gründung und das Zusammenleben einer Stieffamilie betreffen, ist der Verlust des Gefühls der Kontrolle. Dies kann mit dem Tod eines Elternteils oder einer Scheidung beginnen. Ein Teenager hat beispielsweise den Eindruck, seinen Platz in der Familie verloren zu haben. Ein Junge meint, er könne die Aufmerksamkeit seines Vaters nicht mehr bekommen oder ein Mädchen glaubt, ihre Mutter könnte wieder heiraten, ohne sie vorher zu fragen. Es kann der Eindruck entstehen, Stiefgeschwister würden ins eigene »Territorium« eindringen. Oder einer ärgert sich über Vorrechte oder Aufmerksamkeit, die Stiefeltern oder -geschwister beanspruchen. Während dieses Anpassungsvorgang kann ein junger Mensch das Gefühl bekommen, die Kontrolle über sein Leben verloren zu haben, worauf sich manchmal sein Verhalten ändert (z.B. durch Ausrasten oder auch Kriminalität).

Stress

Der Psychologe James Bray des Baylor Medizincollege sagt, Stiefkinder berichteten von starken Stressgefühlen.[17] Nach seinen Untersuchungen ist anzunehmen, dass die unzähligen Anpassungen, die auf ein Stiefkind zukommen, wie ein neuer Elternteil oder neue Geschwister im Haus, »Loyalitätskonflikte zwischen den neuen und den alten Eltern, ein Umzug in neue Häuser und neue Schulen, das Zurücklassen alter Freunde, eine neue (oft bessere) finanzielle Lage und eine neue Struktur im Haushaltsalltag«,[18] zu großem (wenn auch manchmal zeitweisem) Stress führen können.

Einsamkeit und Depression

In der Gründung oder dem Ablauf in einer Stieffamilie fühlen sich manche Teenager und jüngere Kinder einsam und alleingelassen, sogar noch öfters als in einer Familie mit nur einem Elternteil. Eine kalifornische Studie von Scheidungskindern (California Children of Divorce Study) unter der Leitung der klinischen Psychologin Judith Wallenstein entdeckte, dass fast die Hälfte der beobachteten Kinder von Einsamkeitsgefühlen in ihren Stieffamilien berichteten. Und die Nationalkommission für Kinder (National Commission on Children) unter dem Vorsitz von John D. Rockefeller (West Virginia), berichtet, »dass Kinder aus Stieffamilien eher von Einsamkeit oder Traurigkeit sprechen, als Kinder aus heilen Familien oder solche mit nur einem Elternteil«[19] (vgl. Kapitel 1, »Einsamkeit« und Kapitel 5, »Depression«).

Geringere Anteilnahme der Eltern

In Stieffamilien müssen junge Menschen oft mit geringerer Anteilnahme der Eltern an ihrem Leben und weniger Unterstützung umgehen lernen. Barbara Dafoe Whitehead berichtet:

Studien belegen, dass Eltern in Stieffamilien, selbst wenn sie Zeit haben, nicht so viel davon ihren Kindern widmen wie es solche in intakten Familien oder Alleinerziehende tun. Nach einer Untersuchung der ›National Commission on Children‹ von 1991 nahmen Eltern in Stieffamilien weniger Anteil an dem Schulleben und anderer Aktivitäten ihrer Kinder, als solche heiler Familien oder alleinerziehender Eltern. Bei ersteren wurde am seltensten von zeitaufwendigen Aktivitäten, wie dem Training einer Kindermannschaft, der Begleitung einer Klassenfahrt oder Unterstützung von Schulprojekten, berichtet. Laut Untersuchungen der Soziologin Sara McLanahan erfahren Kinder geringeres Interesse der Stiefeltern an schulischen Leistungen und weniger Anteilnahme an ihren Hausaufgaben.[20]

Risiko sexuellen Missbrauchs

Eine der schwersten und zerstörerischsten Folgen einer Wiederheirat und die Gründung einer Stieffamilie ist das Risiko des Missbrauchs (vgl. Kapitel 34, »Sexueller Missbrauch« und Kapitel 35, »Misshandlung«). Lesli Margolin und John L. Craft berichten:

Anhand einer kürzlich erschienenen Studie der Universität Iowa von 2 300 Fällen sexuellen Missbrauchs innerhalb Iowas, fanden Forscher heraus, dass nichtbiologische ›»väterliche Erziehungsberechtigte« (Stiefväter, Pflegeväter und Adoptivväter) etwa viermal häufiger wie leibliche Väter die ihnen anvertraute Kinder sexuell missbrauchten. In ähnlicher Weise sind dreimal so viele nichtbiologische »weibliche Sorgeberechtigte« darin verwickelt, wie leibliche Mütter.[21]

▲ Die biblische Sicht

Jesus war ein Stiefkind. Nur wenige nehmen sich Zeit, über diese Tatsache nachzudenken. Aber der Mann, der Maria half, Jesus Christus aufzuziehen, war aus biologischer Sicht nicht dessen Vater.[22]

Mose war auch ein Stiefkind. Obwohl seine Mutter als seine Amme dabei war, wuchs er als Adoptivkind der Tochter des Pharaos auf.[23]

Gottes Anweisung für eine Familie ist für einen »Mann seinen Vater und seine Mutter zu verlassen und seiner Frau anzuhängen und ... zu einem Fleisch [zu] werden«,[24] Kinder zu zeugen, zusammenzuarbeiten und die Familie gedeihen lassen. Gottes Gebote bezüglich Ehe und Familie sollen ein allumfassendes und ewiges Prinzip widerspiegeln: Einheit. In Gottes Augen ist Einheit das zentrale Element einer ehelichen Beziehung.

Genauso schuf Gott auch die Familie als eine Einheit, als einen festen Rahmen starker, liebevoller und dauernder Beziehungen, die elementarste Einheit der menschlichen Gesellschaft (vgl. 4. Mo. 1), einen Schutz gegen Einsamkeit (Ps. 68,7), eine Verteidigung gegen Armut und Leid (1. Tim. 5,4-8) und eine Umgebung, um Kinder großzuziehen und zu unterweisen (1. Tim. 3,4).

Einheit ist ein Teil der Natur Gottes und Seines Charakters. Er ist der eine Gott (5. Mo. 6,4). Und eben diese Einheit möchte Er in unseren Ehen und Famili-

enbeziehungen widerspiegeln sehen. Wenn die Bibel davon spricht, dass ein Mann seiner Frau »anhängen und sie ... zu einem Fleisch werden« (1. Mo. 2,24), meint sie, die Ehe soll Gottes Natur reflektieren. Wenn Eltern das göttliche Gebot beachten, »fruchtbar zu sein und sich zu vermehren« (1. Mo. 1,28), dann wird diese Familie auch die von Gott wertgeachtete Einheit zeigen.

Aber auch wenn Christen Gottes Plan und Sein Ideal beachten sollen, müssen wir sehen, dass dies nicht immer so geschieht. Ein Kind wird unehelich geboren. Ein Elternteil stirbt. Mutter und Vater trennen sich. Ein Elternteil heiratet wieder. Ein neuer Haushalt wird gegründet, der alte Treue auf die Probe stellt und neue Abläufe schafft.

Auch wenn eine Stieffamilie für Eltern und Kinder eine herausfordernde und schwierige Situation ist, kann sie trotzdem etwas von Gottes Einheit zeigen, selbst wenn sie aus dem Zerbruch entstanden ist, schließlich ist Gott selbst ein Adoptivvater. Er nimmt die, die in Reue und Glauben zu Ihm kommen, nicht nur in Seine Familie auf, sondern adoptiert sie sogar als Seine Kinder:

> ... so viele ihn aber aufnahmen, denen gab er das Recht, Kinder Gottes zu werden, denen, die an seinen Namen glauben; die nicht aus Geblüt, auch nicht aus dem Willen des Fleisches, auch nicht aus dem Willen des Mannes, sondern aus Gott geboren sind (Joh. 1,12-13).

> Denn ihr habt nicht einen Geist der Knechtschaft empfangen, wieder zur Furcht, sondern einen Geist der Sohnschaft habt ihr empfangen, in dem wir rufen: Abba, Vater! (Röm. 8,15).

Ich werde euch Vater sein und ihr werdet mir Söhne und Töchter sein, spricht der Herr, der Allmächtige (2. Kor. 6,18).

Weil ihr aber Söhne seid, sandte Gott den Geist seines Sohnes in unsere Herzen, der da ruft: Abba, Vater! (Gal. 4,6).

Es gibt keine einfachen Antworten für junge Leute, die mit der Vielfältigkeit und den vielen Änderungen einer Stieffamilie zu kämpfen haben. Stieffamilien sind ebenso wie die Menschen, aus denen sie bestehen, ein unvollkommener Ausdruck der Ideale Gottes. Aber unabhängig davon, warum oder wie so eine Familie entstanden ist, will Gott diejenigen mit zerbrochenen Herzen heilen und ihnen helfen, Einheit aus Uneinigkeit zu schaffen.

▶ Praktische Hilfen anbieten

Ein verständiger Pastor, Lehrer, Jugendleiter oder Elternteil kann einem Kind oder Heranwachsenden helfen, mit der Situation einer Stieffamilie umgehen zu lernen, indem er folgenden Plan umsetzt:

Zuhören. In allen Kämpfen und Schwierigkeiten, sich in eine Stieffamilie einzugewöhnen, haben viele Teenager das Gefühl, niemand würde ihnen zuhören. Sie meinen, dass niemand ihre Gefühle beachtet. Sie brauchen oft mehr als alles andere jemanden, der ihnen zuhört und ihnen den Raum gibt, alle Gefühle auszudrücken ohne unterbrochen oder dafür verurteilt zu werden. Der Pastor, Lehrer oder Jugendarbeiter kann zu so einem offenen Gespräch beispielsweise mit folgenden Fragen ermuntern:

- Erzähle mir, was dich stört.
- Wie lange empfindest du das?
- Ist es seit dem besser oder schlechter geworden?
- Wie fühlen sich die anderen in der Familie?
- Hast du das einmal mit deinen Eltern besprochen? Wenn nicht, warum nicht? Und wenn doch, was kam dabei heraus?

Der besorgte Erwachsene ist auch weise, wenn er der nonverbalen Sprache des Jugendlichen ebenso wie dessen Worten genau »zuhört«.

Verständnis zeigen. Nehmen Sie Sich so viel Zeit wie nötig, um sich in den jungen Menschen einzufühlen und ihn entsprechend aufzubauen. Wenn Sie Folgendes beachten, können Sie Einfühlungsvermögen vermitteln:

- Aufmerksames Zuhören;
- Kopfnicken;
- Blickkontakt;
- Im Stuhl vorbeugen;
- Sprechen mit ruhigem Tonfall;
- Reflektieren von Kernaussagen oder Gesten.

Widerstehen Sie der Versuchung, die Sorgen des Jugendlichen zu schmälern (»So schlimm kann das doch nicht sein!«) oder zu vergrößern (»Wie willst du damit bloß zurechtkommen?«). Bemühen Sie sich statt dessen einfach alles mit seinen Augen zu sehen, während Sie zuhören. Empfinden Sie seinen Schmerz und weinen Sie mit ihm.

Bestätigen. Nutzen Sie jede Gelegenheit, eine Atmosphäre der Annahme, und der Wertschätzung zu schaffen. Baden Sie den jungen Menschen regelrecht im Gebet, sowohl wenn Sie bei ihm sind und auch sonst. Begegnen Sie der möglicherweise von ihm empfundenen Ablehnung in seiner Situation mit gut dosierter Ermutigung und lassen Sie in alle Ihre Gespräche Hoffnung einfließen. Es sind immerhin 80 Prozent der Stiefkinder, die in ihren Familien gut zurechtkommen!

Richtung weisen. Das größte Problem eines Kindes, das mit seiner Situation in der Stieffamilie zu kämpfen hat, ist (und das fühlt es ganz genau), dass es relativ machtlos ist, seine Situation zu ändern. So oder ähnlich wird es denken. Doch während die Eltern oder Stiefeltern die besten Möglichkeiten haben, Einfluss auf die Familie zu nehmen, kann ein besorgter Erwachsener einem jungen Menschen in dieser Situation mit einigen der folgenden Ideen helfen:

- Ermutigen Sie zur Abhängigkeit von Gott. Helfen Sie dem Teenager einer Stieffamilie zu lernen, sich um Trost und Gemeinschaft an Gott zu wenden, auch wenn andere Beziehungen fehlen. Er ist ein liebender Vater, der ihn in den vielen Schwierigkeiten und Herausforderungen im Leben und Heranwachsen stärken und stützen kann.

- Identifizieren Sie die Gründe der Schwierigkeiten. Ist der Jugendliche traurig? Wütend? Fühlt er sich schuldig? Meint er die Kontrolle verloren zu haben? Fühlt er sich vernachlässigt? Ist er eifersüchtig? Helfen Sie ihm über seine Empfindungen und Meinungen zu sprechen um die größeren Problemquellen zu identifizieren.

- Helfen Sie dem Jugendlichen realistisch zu sein. Einige Kinder in Stieffamilien hegen Phantasien, dass ihre leiblichen Eltern »wieder zusammenkommen« oder sie wieder »eine echte Familie« werden (womit sie normalerweise eine Familie ohne den Stress einer Stieffamilie meinen). So etwas wird nie geschehen. Je früher der Jugendliche seine aktuelle Situation realistisch sieht und beschließt, das Beste daraus zu machen, desto froher wird er wahrscheinlich dabei sein. Versuchen Sie dies durch den vorsichtigen Gebrauch von Fragen zu erreichen (statt ihm zu sagen, wie es aussieht): »Denkst du, das ist realistisch?«, »Wie kommst du auf den Gedanken?«, »Welche realistischeren Ziele kannst du dir und deiner Familie stecken?«

- Überlegen Sie gemeinsam Wege, mit den Schwierigkeiten umzugehen. In einer Stieffamilie gibt es, wie in jeder Familie, ein Geben und ein Nehmen. Helfen Sie dem Jugendlichen sich Wege auszudenken, mit den Eltern und/oder Geschwistern in den Bereichen umzugehen, die ein Grund seiner Probleme sind. Das können beispielsweise Übereinkünfte sein, vor dem Ausleihen einer Sache um Erlaubnis zu fragen oder die Privatsphäre der Geschwister zu respektieren, indem man bei geschlossenen Türen immer anklopft.

- Beziehen Sie die Eltern oder Stiefeltern mit ein. Ein Pastor, Jugendpastor, Lehrer oder Jugendarbeiter sollte eventuell den jungen Menschen um Erlaubnis zu fragen, für den richtigen Umgang mit der Situation die Eltern oder Stiefeltern mit hinzuzuziehen. Ein fürsorgender Erwachsener kann manchmal das Gespräch und den Umgang zwischen Eltern und Kind erleichtern. Solch ein Prozess kann, wenn er vorsichtig und unter Gebet in Gang gesetzt wird, oft Stieffamilien in die richtige Richtung leiten.

Ziele setzen. Vermeiden Sie die Versuchung, den Jugendlichen seine Stiefeltern oder Stiefgeschwister nur negativ und sich selbst nur positiv darstellen zu lassen. Ermutigen Sie ihn zu einem Prozess von Vergebung, Versöhnung und konstruktiver Planung. Bewegen Sie ihn auch dazu, in seiner Situation nach einer Verbesserung zu streben und darauf hinzuarbeiten, nicht nach Perfektion.

Hilfe von außen. Ein Elternteil, Pastor, Lehrer oder Jugendarbeiter sollte aufmerksam auf den Bedarf weiterer Unterstützung achten. [Weitere Information bezüglich Stieffamilien kann bei ... erfragt werden.] Wenn die Bemühungen eines besorgten Erwachsenen keine Wirkung zu haben scheinen oder die Situation sich verschlechtert oder eskaliert, sollten Eltern und Kind ermutigt werden, einen professionellen christlichen Seelsorger aufzusuchen, während sie weiter von dem Elternteil, Pastor oder Jugendarbeiter unterstützt werden.

In diesem Kapitel zitierte Bibelstellen

- Matthäus 1,18-25
- 2. Mose 2,1-10
- 5. Mose 6,4
- 1. Mose 1,28; 2,24
- 4. Mose 1
- Psalm 68,7
- 1. Timotheus 3,4; 5,4-8
- Johannes 1,12-13
- Römer 8,15
- 2. Korinther 6,18
- Galater 4,6

Weitere hilfreiche Bibelstellen zum Thema

- 2. Mose 20,12
- 3. Mose 19,3
- Psalm 27,10; 68,6-7; 147,3
- Sprüche 23,22
- Jesaja 57,15
- Epheser 6,1-3
- Kolosser 3,20

22

Konkurrenz von Geschwistern

Einführung

Jahrelang waren Sabrina und ihr älterer Bruder Mike die besten Freunde. Sie spielten zusammen Fußball und Baseball oder fuhren zusammen Fahrrad. Sie standen sich einander näher als ihrer älteren Schwester.

Dies änderte sich jedoch um die Zeit als Sabrina vierzehn wurde. Ihre Interessen veränderten sich nach und nach und es machte nicht mehr so viel Spaß, mit Mike loszuziehen. Statt dessen fühlte sie sich zunehmend zu ihrer Schwester hingezogen. Sie schien plötzlich viel mehr mit ihr gemein zu haben als mit Mike.

In dieser Zeit begann Mike auch mit den Angriffen.

»Er nannte mich ›Labertasche‹ oder ›Flohbomber‹«, sagt Sabrina. »Ich hasste das und wusste nicht, warum er sich so verhielt – mit einem Mal war er nicht mehr mein Freund. Wenn er irgendetwas wusste, was mich störte, dann machte er es so lange, bis ich mich noch mehr aufregte oder anfing zu weinen.«

»Es tat richtig weh«, sagt sie. »Ich verstehe nicht, warum er das tut. Ich bin völlig durcheinander.«

● Das Problem

Sabrinas Erfahrungen sind nicht ungewöhnlich. Brüder und Schwestern können die besten Freunde oder die bittersten Feinde sein – oder auch beides, abhängig von den Umständen, der Tageszeit oder ihrer Stimmung. Geschwister können überraschend liebevoll zueinander sein, aber auch erschreckend grausam.

Probleme zwischen Geschwistern können verschiedene Formen, wie Rivalität, Streit oder Missbrauch, annehmen.

Rivalität

Rivalität zwischen Bruder und Schwester ist natürlich, vielleicht sogar unvermeidbar. Es ist eine Art von Eifersucht oder Wettkampf unter Geschwistern (oder Stiefgeschwistern) in einer Familie. So wurde beispielsweise der dreizehnjährige Marc lästig, als er immer wieder versuchte, zum Freundeskreis seiner älteren Schwester Tiffany zu gehören. In erster Linie tat er dies aus Eifersucht auf ihre Freunde, die ihre Aufmerksamkeit, die sonst ihm galt, bekamen.

Rivalisierende Geschwister können ein zerstörerischer Faktor für familiäre Beziehungen sein, aber auch ein positiver. Der sechzehnjährige Josh begann als Quarterback im Footballteam seiner Schule zu spielen, vor allem um seinen Bruder Justin zu überbieten, der schon viele Schulrekorde aufgestellt hatte. »Umgang mit Geschwistern ist ein Weg zu lernen, wie man verhandelt, Kompromisse findet, zielorientiert lebt, Anweisungen gibt und Gleichaltrige schätzt«, sagt Wanda Draper, Psychiatrieprofessorin und Spezialistin am Zentrum für Gesundheitswissenschaft an der Universität Oklahoma.[1]

Streit unter Geschwistern

Geschwisterrivalitäten können aber auch destruktiv statt konstruktiv werden, wenn daraus Streit entsteht. Der fünfzehnjährige Andre schien jede Gelegenheit zu nutzen, seinen zwölfjährigen Bruder Tobi zu ärgern: Er zog den rundlichen Jungen immer wieder in Gegenwart anderer wegen seines Gewichts auf bis diesem die Tränen kamen und machte sich dann über ihn, die »Heulsuse«, lustig oder er fing ohne ersichtlichen Grund an, ihn zu schlagen.

Misshandlung von Geschwistern

Das Verhältnis unter Geschwistern kann manchmal bis zu einem misshandelnden Verhalten oder Verhaltensmuster degenerieren. Dr. Annaclare van Dalen beschreibt Geschwistermisshandlung als »einen emotionalen und/oder physischen Angriff, so dass Opfer sich anschließend selber schlecht fühlen«.[2] Geschwister neigen leichter zu Misshandlungen, wenn sie sich selbst als Opfer fühlen. Wenn sie ihre Gefühle aber an anderen (üblicherweise jüngeren) Geschwistern abreagieren, fühlen sie sich wieder stark. Folgendes erlebte Alex mit ihrem Bruder Ian:

Obwohl sie immer ganz gut miteinander ausgekommen waren, wurde der Sommer, in dem er 16 und sie 14 war, zu einem Alptraum. Alex berichtet: »Er war ein extrem zorniger Typ, kam mit der Schule schlecht klar und hatte nicht viele Freunde.«

Als die beiden im Sommer alleine zu Hause blieben, war Ian wie eine Bombe kurz vor dem Explodieren ... Einmal schlug er Alex mit einem Baseballschläger, ohne vorher provoziert worden zu sein. Alex hatte echte Angst: »Als ich nur noch auf dem Boden kroch, meinte er nur ›Okay, okay‹, beruhigte sich und ging einfach weg.« Ein anderes Mal, so berichtet sie: »… versuchte er herauszufinden, wie weit er gehen konnte, bis ich durchdrehe. Da kam er mit einem großen Küchenmesser auf mich zu. Ich floh vor ihm, bis ich in einer Sackgasse steckte. Er kam lachend weiter auf mich zu und drehte dann aber das Messer weg.«[3]

Van Dalen weist darauf hin, dass »Kämpfen ein Bestreben ist, um Unterschiede herauszufinden. Im Missbrauch versucht ein Geschwisterteil mächtiger zu sein als ein anderes«.[4] Dies kann von dem Gebrauch von Spitznamen und Erschrecken jüngerer Geschwister bis zu Bedrohungen, Zerstören persönlicher Gegenstände oder physischen Angriffen, wie Kratzen, Schlagen oder Treten eines Geschwisterteils reichen.

◄ Die Ursachen

Rivalität unter Geschwistern hängt mit vielen Dingen zusammen. Auf der einen Seite ist es einfach die natürliche Folge, wenn viele Kinder in einer Familie um Aufmerksamkeit und Zuwendung wetteifern. Es kann aber ebenso durch Geburtsreihenfolge hervorgerufen werden,[5] durch eine unterschiedliche Behandlung einzelner Geschwister oder durch viele andere Faktoren, einschließlich der folgenden:

Eifersucht

»Die Ursache hinter jedem dieser Konflikte«, schreibt der Familienanwalt und Autor Dr. James Dobson, »ist die altbekannte Eifersucht und das Konkurrenzdenken.«[6] Eifersucht auf Fähigkeiten eines Geschwisterteils, die Freunde, seine äußere Erscheinung, Noten, besondere Stellung in der Familie, Aufmerksamkeit der Eltern und anderes lassen den anderen leicht als Rivalen erscheinen, was oft zu Streit oder Gewalt unter den Geschwistern führt. Diese Gefühle können von Ereignissen oder Einstellungen stammen, an die sich weder die Geschwister noch die Eltern erinnern oder die ihnen bewusst sind, aber dennoch sind sie real.

Ungesunde oder ungünstige Vergleiche

Dr. James Dobson schreibt:

> Der Dozent Bill Gothard meinte, die Wurzel aller Minderwertigkeitsgefühle läge im Vergleichen. Dem stimme ich zu … Dies betrifft besonders drei Bereiche. Erstens sind Jugendliche sehr empfindsam gegenüber äußerlicher Attraktivität und körperlicher Eigenschaften. Es ist daher sehr gefährlich, ein Kind auf Kosten eines anderen hervorzuheben … Zweitens ist der Bereich der Intelligenz ebenfalls sehr empfindlich … Drittens sind Kinder (und besonders Jungen) sehr wetteifernd in Bezug auf sportliche Fähigkeiten.[7]

Rollenwechsel

Die Pubertät ist bekanntermaßen eine Zeit einschneidender Veränderungen. Der Körper eines jungen Menschen beginnt zu reifen, er entwickelt neue Interessen und oft ändert sich auch seine Rolle in der Familie. So trägt er vielleicht zu Hause mehr Verantwortung, fängt an einer neuen Schule an oder arbeitet nebenbei. Seine Beziehungen zu Freunden können tiefer werden oder sie erweitern sich auch – beispielsweise zu Menschen des anderen Geschlechts.

Solche Veränderungen wirken sich oft auch auf die Familie aus. So fühlt sich vielleicht der kleine Bruder vernachlässigt, die kleine Schwester wird eifersüchtig oder der große Bruder zieht aus und verändert so die Zusammensetzung in der Familie. Solche Wechsel können die Gefühle von Rivalität unter Geschwistern erzeugen oder nähren.

Stress

Auch durch Stress in der Familie kann es zu ernsthaften Rivalitäten unter Geschwistern kommen. Ein Sozialarbeiter beschreibt, wie die geschieht:

> Wenn es etwas gibt, das Spannung oder Konflikte hervorruft – Probleme in der Ehe der Eltern, Misshandlung eines Elternteils oder Kindes, Alkoholismus – und keine Abhilfe geschaffen wird, fangen manche Kinder an, ihren Ärger auf die Eltern an schwächeren oder jüngeren Geschwistern auszulassen.[8]

Rivalität, Streit oder Misshandlung können letztlich gegen jemanden – oder etwas (wie ungewollte Umstände) – anderes gerichtet sein, als der Bruder oder die Schwester. Die Geschwister sind nur oft ein naheliegendes Ziel, um Stress und Frustration abzureagieren.

Selbstsucht / Schwierigkeiten, begrenzte Mittel zu teilen

Viel Rivalität und Streit unter Geschwistern, vom Kleinkind, das seine Spielsachen nicht mit seiner kleinen Schwester teilen will, bis zur Teenagerin, deren hitzigen Diskussionen mit ihrer Schwester sich oft um das ständige »ausleihen« ihrer Lieblingspullis drehen, hängt mit Selbstsucht oder wenigen Mitteln, die geteilt werden müssen (so wie das Familienauto, Zeit der Eltern, Geld für spezielle Wünsche), zusammen. Solche Situationen können sich konstruktiv auswirken, indem Kinder dadurch lernen, »für ihre Rechte einzustehen, anderer Meinung zu sein, ohne aggressiv zu werden und Konflikte im Umgang miteinander und durch Kompromisse zu lösen«.[9] Sie können aber auch destruktiv sein, wenn sie zu Feindseligkeit führen und den Teilnehmern schaden.

Verlangen nach Aufmerksamkeit

Auch bei Teenagern (in diesem Fall sogar bei Erwachsenen) wird Streit unter Geschwistern oft als Mittel eingesetzt, Eltern zu manipulieren. Dr. James Dobson schreibt:

> Quengeln und streiten gibt Geschwistern die Möglichkeit, die Aufmerksamkeit der Eltern zu »bekommen«. Jemand schrieb: »Manche Kinder möchten lieber als Mörder Aufmerksamkeit erregen, als gar keine.« Daher haben manche Geschwister auch ein stillschweigendes Abkommen getroffen, ihre Eltern so lange zu nerven, bis sie eine Reaktion erhalten – selbst wenn diese wütend ausfällt.[10]

▼ Die Folgen

Nicht immer schädlich

Rivalität unter Geschwistern ist für Eltern fast immer sehr störend und für die involvierten jungen Leute ein ständiger Unruheherd. Dennoch ist es nicht immer schädlich. Draper schreibt dazu:

> Die meisten Geschwister zanken sich, wenn sie jung sind, aber sie wachsen auch aus dieser Phase heraus und kommen sich näher. Man sollte bedenken, dass dies ein Teil der normalen Entwicklung ist und Eltern tun gut

daran, sich etwas im Hintergrund zu halten, damit die Kinder die Fähigkeit entwickeln, mit solchen Situationen umzugehen.[11]

Zerstörerisch für den Selbstwert

Wenn die Rivalität und der Streit unter Geschwistern besonders schwer wird, kann dies das Selbstwertgefühl eines jungen Menschen stark schädigen, sogar bis ins Erwachsenenalter hinein. Nancy wurde ständig von ihrer älteren Schwester Nadine angegriffen. Diese bezeichnete sie als »hässlich«, »ungeschickt« und »dumm«. Heute ist Nancy eine gebildete, erfolgreiche und schöne Frau sowie Mutter von drei Kindern. Dennoch kämpft sie immer wieder mit Gefühlen von Unzulänglichkeit und Minderwertigkeit – besonders nach einem Besuch bei ihrer älteren Schwester.

Folgen bei Misshandlung von Geschwistern

Überdies hat Misshandlung von Geschwistern viele ähnliche Folgen wie jeder andere Missbrauch: Schuldgefühle, Misstrauen, Aggression, Defizite in sozialen Fähigkeiten, Unsicherheit und ein geringes Selbstwertgefühl (vgl. Kapitel 35, »Misshandlung«). Die physischen und emotionalen Narben der Misshandlung unter Geschwistern sind nicht unerheblich, weil eben ein Bruder oder eine Schwester Täter war. Im Gegenteil: Sie können einen dauerhaften, tragischen Eindruck bei einem jungen Menschen hinterlassen.

▲ Die biblische Sicht

Die Bibel enthält keinen Abschnitt und keine Anweisung zu dieser Thematik. Aber wie immer bietet Gottes Wort eine ehrliche und einsichtsvolle Darstellung von Familienbeziehungen, einschließlich der unter Geschwistern.

Schon die allererste Familie der Menschheit war, nach dem Bericht in 1. Mose, von Rivalität, Streit und Misshandlung unter Brüdern betroffen: Kain erschlug seinen Bruder Abel in einem Akt eifersüchtigen Zorns (1. Mo. 4,8). Josephs Brüder waren so neidisch, dass sie übereinkamen, ihn als Sklaven nach Ägypten zu verkaufen (1. Mo. 37,12-36), Abimelech, der Sohn Jerub-Baals, brachte siebzig seiner Brüder um, um König von Sichem zu werden (Ri. 9,5), Absalom befahl, seinen Halbbruder Ammon zu erschlagen (2. Sam. 13,29), Salomo ordnete den Tod seines Halbbruders Adonija an (1. Kön. 2,25) und Joram brachte alle seine Brüder um, als er den Thron von Juda bestieg (2. Chr. 21,4).

Die Bibel zeigt klar und direkt die tragischen Folgen von Rivalität, Streit und Gewalt unter Geschwistern auf. Dazu macht Gottes Wort deutlich, dass die Wurzel aller Rivalitäten – die Eifersucht – nicht nur unakzeptierbar, sondern gänzlich abzulehnen ist.

Denn von innen aus dem Herzen der Menschen kommen die bösen Gedanken hervor: Unzucht, Dieberei, Mord, Ehebruch, Bosheit, Arglist, Ausschweifung, Neid, Lästerung, Hochmut, Torheit (Mk 7,21-22).

Lasst uns anständig wandeln wie am Tag; nicht in Schwelgereien und Trinkgelagen, nicht in Unzucht und Ausschweifungen, nicht in Streit und Eifersucht (Röm. 13,13).

Denn ich fürchte, dass ich euch bei meinem Kommen vielleicht nicht als solche finde, wie ich will und dass ich von euch als solcher befunden werde, wie ihr nicht wollt: dass vielleicht Streit, Eifersucht, Zorn, Selbstsüchteleien, Verleumdungen, Ohrenbläsereien, Aufgeblasenheit, Unordnungen das sind (2. Kor. 12,20).

Offenbar aber sind die Werke des Fleisches; es sind: Unzucht, Unreinheit, Ausschweifung, Götzendienst, Zauberei, Feindschaften, Hader, Eifersucht, Zornausbrüche, Selbstsüchteleien, Zwistigkeiten, Parteiungen ... (Gal. 5,19-20).

Die Bibel verbietet Eifersucht und Neid nicht aus einer Laune heraus. Ganz im Gegenteil: Wenn Gott Seine Kinder von solchen Handlungen wegzieht ist Seine Absicht dabei, die möglichen Folgen zu vermeiden:

Denn wo Eifersucht und Eigennutz ist, da ist Zerrüttung und jede schlechte Tat (Jak. 3,16).

Das biblische Gegenstück zur Eifersucht wird von Paulus beschrieben:

Die Liebe ist langmütig, die Liebe ist gütig; sie neidet nicht; die Liebe tut nicht groß, sie bläht sich nicht auf ... (1. Kor. 13,4).

Auch wenn Rivalität unter Geschwistern in familiären Beziehungen recht normal ist, so ist es dennoch kein wünschenswertes und möglicherweise ein gefährliches Element, das aufmerksame Eltern, Lehrer, Jugendleiter oder Pastoren ver<suchen werden, zu lösen.

▶ Praktische Hilfen anbieten

Jemand sagte einmal, der einzig sichere Weg, Streit unter Geschwistern zu verhindern, wäre nur ein Kind pro Familie zu haben. Diese Lösung mag amüsant klingen, ist aber nicht sehr hilfreich. Dennoch gibt es Wege, die Kleinkriege unter Geschwistern, die viele junge Leute plagen und Eltern Sorgen bereiten, zu reduzieren. Folgende Hinweise können einem Elternteil, Lehrer, Pastor oder anderem besorgten Erwachsenen helfen, Geschwisterrivalität bei Kindern und Jugendlichen zu lösen:

Zuhören. Oft ist das größte Bedürfnis einer leidenden Person jemand, der sich Zeit nimmt, zuzuhören und sich um sie zu kümmern. Lassen Sie den jungen Menschen seine Gefühle ehrlich und offen aussprechen. Widerstehen Sie der Versuchung, den Jugendlichen mit Aussagen, wie »Oh, so kannst du doch nicht von deinem Bruder denken« oder »Sie meint das doch nicht so«, zu korrigieren. Lassen Sie den Jugendlichen sich ohne Zensur oder Zurechtweisung ausdrücken.

Weisen Sie den Jugendlichen so früh und kontinuierlich wie möglich auf das Gebet hin und erinnern Sie ihn, dass selbst wenn niemand anders da ist, der zuhört oder sich um ihn kümmert, Gott immer da ist (Ps. 34,16-19). Ermutigen Sie zur Abhängigkeit von Ihm und Seinen Möglichkeiten.

Verständnis zeigen. Faber und Mazlish, Mitautoren von »Siblings Without Rivalry« [dt: Geschwister ohne Streit], empfehlen:

Intellektuell gesehen scheint Rivalität unter Geschwistern nicht schwer zu verstehen zu sein, aber emotional haben viele von uns Probleme, die feindseligen Gefühle eines jungen Menschen gegen einen anderen zu akzeptieren. Vielleicht verstehen wir diese Gefühle besser, wenn wir uns selbst an ihre Stelle setzen.[12]

Möglicherweise können sich einige Eltern oder Jugendarbeiter an ihre eigenen Streitereien aus der Kindheit erinnern und vielleicht können Sie sich einfühlen, wenn Sie an eigene Empfindungen von Eifersucht oder Unsicherheit denken. Eine einfühlsame Herangehensweise an Zänkerei unter Geschwistern kann sehr hilfreich sein.

Bestätigen. Ein weiser Elternteil, Pastor, Lehrer oder Jugendarbeiter wird aufmerksam jede Gelegenheit nutzen, um Ermutigung und Bestätigung zu signalisieren. Drücken Sie gegenüber dem Jugendlichen so oft wie möglich Ihre Wertschätzung aus. Sie können beispielsweise sagen:

- Ich freue mich, hier bei dir zu sein, weil ...

- Ich mag es, wie du ...

- Du hast so ein großartiges Lächeln (Stimme, Sinn für Humor etc.)

- ... machst du gut!

- Ich mag dich.

Bedenken Sie auch folgenden Hinweis:

Beachten Sie, dass Geschwister nicht ständig im Streit miteinander liegen. Sie können die meiste Zeit auch sehr gute Freunde sein. Es ist sehr wichtig, dies zu bemerken und sie zu loben, wenn sie dem anderen gegenüber aufmerksam sind. Bemühen Sie sich, dieses anzuerkennen.[13]

Richtung weisen. Es gibt zwei wichtige Ansatzmöglichkeiten, mit denen ein Jugendleiter, Elternteil, Pastor oder Lehrer einem jungen Menschen helfen kann, mit den Rivalitäten umzugehen.

- Bei dem Teenager selbst. Der junge Mensch sollte ermutigt werden, seine eigenen Gefühle zu untersuchen. Gibt es da einen Hang zur Rivalität? Trägt er selbst mit dazu bei? (Erinnern Sie sich, dass selbst Joseph eine Rolle bei der Eifersucht seiner Brüder spielte. Siehe 1. Mo. 37,1-11.) Was kann er tun, um den Grund (oder die Gründe) der Rivalität zu mäßigen?

  Im Fall von Misshandlung unter den Geschwistern sollte der Teen kein Blatt vor den Mund nehmen und nicht zögern, seine Eltern zu informieren (unabhängig der Drohungen oder Einschüchterungen von dem Geschwisterteil). Dies sollte er so lange – und so offenkundig – tun, bis die Angriffe aufhören und zukünftiger Missbrauch verhindert ist.

- Bei ihm zu Hause. Die folgenden Taktiken können Eltern oder anderen Sorgetragenden helfen, Rivalitäten unter Geschwistern zu verhindern oder zu behandeln:

  - Helfen Sie dem Jugendlichen, sich mitzuteilen. Helfen Sie den Teenagern und Kindern Worte zu gebrauchen, um ihre Gefühle auszudrücken. Beispielsweise »Ich habe das Gefühle, dass du für mich keine Zeit mehr hast«, zu sagen, anstatt die Freundschaften eines älteren Geschwisterteils zu stören.

  - Seien Sie vorsichtig, keine natürliche Eifersucht unter Geschwistern anzufachen. Widerstehen Sie dem Drang, Geschwister zu vergleichen.

Insbesondere nicht in den drei oben genannten Bereichen (äußere Erscheinung, Intelligenz und sportliche Fähigkeiten). Loben und ermutigen Sie jedes Kind ohne den Bezug auf dessen Geschwister. Und sagen Sie nie: »Warum kannst du nicht wie deine Schwester sein?«

- Behandeln Sie jedes Kind für sich und nicht alle gleich. Kinder erwarten eine gleiche Behandlung von ihren Eltern und diese bemühen sich gewöhnlich ihre Fairness zu beweisen. Aber Kinder sind einzigartig, mit individuellen Interessen, Begabungen und Persönlichkeiten. Eltern sollten mit jedem Kind ebenso Zeit alleine verbringen, wie auch in der Familie. Streben Sie danach, Kinder gleichermaßen zu lieben, aber behandeln Sie jedes einzigartig, freuen Sie sich über seine individuellen Stärken und helfen Sie in ihren individuellen Schwächen.

- Stecken Sie klare Grenzen, so wie das Verbot von unliebsamen Spitznamen. Dr. Dobson bietet einige Beispiele aus seiner Familie an:

- Kein Kind darf sich über ein anderes lustig machen. Punkt!

- Jedes Zimmer eines Kindes (oder seine Hälfte, wenn Geschwister sich ein Zimmer teilen) ist dessen privates Gebiet.

- Ein älteres Kind darf ein jüngeres nicht hänseln.

- Ein jüngeres Kind darf ein älteres nicht ständig belästigen.

- Die Kinder müssen nicht mit jedem anderen spielen, wenn sie lieber alleine oder mit ihren Freunden zusammen sein möchten.

- Wir klären jeden echten Konflikt so schnell wie möglich, wobei wir sorgfältig auf Unparteilichkeit und äußerste Fairness achten.[14]

- Schreiten Sie ein, wenn ein Kampf zwischen Geschwistern nicht mehr ignoriert werden kann. Liefern Sie ihnen dabei nicht die Lösung auf einem Silbertablett, sondern gehen Sie so vor, dass sie mit Konflikten umzugehen lernen und sie in Zukunft selber lösen können.

Ziele setzen. Bewegen Sie den jungen Menschen dazu, die Probleme mit seinen Geschwistern möglichst selbst zu lösen. Ermutigen Sie ihn, sich zu entscheiden: »Was will ich beim nächsten Mal tun? Wie kann ich einen Konflikt verhindern, bevor er aufkommt? Wie kann ich Uneinigkeit anders klären? Wie kann ich mit Situationen besser umgehen, Kompromisse finden oder Angelegenheiten besser klären?« Wenn Jugendliche selber einen Plan ausarbeiten, um mit Rivalität umzugehen, werden sie zufriedener damit sein und es fällt ihnen leichter, daran festzuhalten.

Hilfe von außen. Der Pastor, Lehrer oder Jugendleiter muss behutsam mit der Familiensituation des jungen Menschen umgehen und die Notwendigkeit, die Eltern zu informieren oder mit einzubeziehen, bedenken. In schweren Fällen (insbesondere wenn eine Misshandlung von Geschwistern vorgefallen ist) ist ein sofortiges Vermitteln an einen professionellen christlichen Seelsorger (mit Einbezug und Erlaubnis der Eltern) dringend anzuraten.

In diesem Kapitel zitierte Bibelstellen

- 1. Mose 4,8
- 1. Mose 37,12-36
- Richter 9,5
- 2. Samuel 13,29
- 1. Könige 2,25
- 2. Chronika 21,4

- Markus 7,21-22
- Römer 13,13
- 2. Korinther 12,20
- Galater 5,19-20
- Jakobus 3,16
- 1. Korinther 13,4
- Psalm 34,16-19
- 1. Mose 37,1-11

23

Auflehnung

◆ Einführung

Viktor war ein vierzehnjähriger Siebtklässler, der kämpfen musste, um das Schuljahr zu bestehen. Er kam aus einer Familie mit festen, christlichen Werten. Seine Eltern waren bei seinen Kameraden gut bekannt und hatten in der Gesellschaft und Gemeinde Führungspositionen inne.

Trotz allem war seine Pubertät von einem rebellischen Geist gekennzeichnet. Er kam in der Schule nur schlecht zurecht und behauptete, sie würde ihm nichts bringen. Er trank regelmäßig Alkohol und es schien ihm Spass zu machen, gelegentlich betrunken nach Hause zu kommen, um seinen Eltern seinen Mut zu zeigen, gegen ihre Erziehungsprinzipien zu verstoßen. Das ging so weit, dass er die religiöse Ausbildung erklärte und die Existenz Gottes anzweifelte.

Er begann sein frühes Erwachsenenalter mit Gefühlen der Verachtung für seine Eltern. Aber seit er alleine wohnte, entdeckte er, dass sich seine trotzige rebellische Lebenssicht als gar nicht so haltbar erwies, wie er ursprünglich angenommen hatte. Im Alter von 22 begann Viktor erneut die Belehrungen seiner Eltern, die er von Kindesbeinen an gehört hatte, zu untersuchen. Finanziell am Boden, schlecht ausgebildet, geistlich leer und von seinen Freunden als verantwortungslos bekannt, war er bereit, aus seinen Fehlern zu lernen ... nachdem er seinen Eltern fast ein Jahrzehnt lang Unruhe und Kopfschmerzen bereitet hatte.[1]

● Das Problem

Für einige Eltern und Jugendarbeiter scheint die Phase der rebellischen Teenager unerheblich zu sein. Zeitweise erscheint Rebellion als Synonym für Pubertät.

Als Matt von der Schule nach Hause kam und seine Mutter ihn mit »Wie war dein Tag?« begrüßte, drehte er sich um und meinte patzig: »Lass mich doch in Frieden!«

Danielas Art, sich zu kleiden, störte ihre Eltern schon eine ganze Weile, aber sie bemühten sich, sich die Kommentare zu verkneifen. Doch als ihre Tochter eines samstagabends mit drei Ohrringen in dem einen, vier im anderen Ohr und einem Knopf in der Nase zurückkam, schlugen sie die Hände über dem Kopf zusammen.

Julia wollte einfach nicht zur Schule gehen. Ihre Eltern bemühten sich, sie zur Einsicht zu bewegen, aber sie lief einfach weg und blieb einige Nächte bei Freunden. Wegen ihrer Schulschwänzerei musste sie sogar einmal vor Gericht, aber sie erklärte, die Schule würde sie nicht interessieren, sie würde lieber den ganzen Tag auf der Straße oder bei ihren Freunden rumhängen.

Tobi, dessen Vater in der Gemeinde Diakon war, weigerte sich mit seinen Eltern dorthin zu gehen. Statt dessen schaffte er es sogar, eingesperrt zu werden … weil er einen Stein in ein Bleiglasfenster des Gemeindehauses geworfen hatte. Er erklärte der Polizei, dass er und seine Freunde für diesen Samstagabend einfach »etwas zu tun« gesucht hätten.

Diese Vorfälle werden einige Eltern für harmlos halten, da sie selbst verbale und körperliche Angriffe ertragen müssen und zusehen, wie ihre Kinder sich im großen Stil immer mehr in ein gefährliches und destruktives Verhalten hineinsteigern.

Nach Dr. Grace Ketterman, lässt sich ein Verhalten, das Eltern als Rebellion verstehen, in drei Kategorien einteilen:

Wenn Eltern offensichtlich zu streng sind, rebellieren Kinder um Aufmerksamkeit zu bekommen, wenn sie älter werden. Aber dasselbe Fehlverhalten tritt noch häufiger bei Kindern auf, deren Eltern schrecklich inkonsequent sind. Ich bezeichne die Handlungen dieser Teens als Grenztest-Verhalten, weil sie nicht richtig rebellieren. Sie versuchen einfach herauszufinden, ob ihre Eltern sich genug um sie kümmern (und stark genug sind), sie zurückzuhalten. Das schlechte Verhalten ist sehr ähnlich, aber der Grund ist ein anderer. Strenge Eltern müssen etwas mehr locker lassen und flexibler werden, während inkonsequente Eltern die Zügel etwas anziehen und Richtlinien festsetzen müssen. Den dritten Fall nenne ich wildes Verhalten, das einige Kinder zeigen, die versuchen, von ihren gefühlsmäßigen Schmerzen wegzukommen. Viele Kinder haben ihre eigene Art des Schmerzes: zerbrochene Elternhäuser, Verlust eines Elternteils etc. Sie handeln aus diesen Gefühlen heraus, was dann als Rebellion interpretiert wird.[2]

◀ Die Ursachen

Rebellion bei Teenagern hat viele verschiedene Gründe. In manchen Fällen ist es einfach ein ungeschickter Ausdruck eines Jugendlichen, der langsam erwachsen wird. Dennoch haben auch viele Fälle von Rebellion ihre Wurzeln in einer schlechten Beziehung zu den Eltern, einem Versuch von Kommunikation, einem Bedarf an Eigenkontrolle, einem Fehlen von Grenzen und Erwartungen, einem

Ausdruck von Wut und Aggression oder einem Nichtvorhandensein eines ehrlichen und wertvollen Vorbilds.

Schlechte Beziehung zu den Eltern

Regeln ohne Beziehung führen zu Rebellion. Eltern halten sich selbst für streng oder milde, doch unabhängig von der Anzahl der Anweisungen, die der Teenager beachten soll, liegt der Schlüssel in der Beziehung der Eltern zum Kind.

Eltern können einem Kind mit einigen harten und klaren Regeln »richtiges Verhalten« beibringen. Sie können es kontrollieren, indem sie die »Zügel fest in die Hand« nehmen. Aber Heranwachsende sind oft aus einem anderen Holz gemacht. Wenn Eltern versuchen, Regeln aufzustellen, ohne vorher eine echte Beziehung zu ihren Kindern aufzubauen, säen sie die Saat für Rebellion. Manchmal wird diese offen zu Tage treten, aber genau so kann sie auch innerlich stattfinden, wobei der junge Mensch äußerlich gehorsam erscheint, aber andere Kinder mit Missgunst oder Hemmungen nervt oder ein ungesundes Selbstbild und einen geringen Selbstwert hat.

Versuch von Kommunikation

Rebellion ist oft nur der Versuch eines Teenagers, seine Gedanken, Gefühle oder Bedürfnisse mitzuteilen. Dr. William Lee Carter illustriert dies anschaulich:

Vor einigen Jahren unterrichtete ich eine Sonntagsschulklasse von Oberstufenschülern ... Einer der Teenager in der Klasse las Kolosser 3,8 vor, wo steht: »Jetzt aber legt auch ihr das alles ab: Zorn, Wut, Bosheit, Lästerung, schändliches Reden aus eurem Mund.« Als diese Worte laut gelesen worden waren, platzte ein anderer Teenager,

der für sein rebellisches Verhalten bekannt war, heraus: »Wenn ich mit dem allem aufhöre, werde ich nie jemandem etwas rüberbringen. Niemand nimmt mich ernst, wenn ich ihm nicht meine Gefühle aufdrücke.«[3]

Obwohl sich manche Teenager so wie dieser junge Mann dem Ursprung ihrer Rebellion bewusst sind – und obwohl sie selten mitteilen, was sie bewusst oder unbewusst beabsichtigen – rebellieren doch viele in der Hoffnung, jemand würde ihre Gefühle und Bedürfnisse hören und verstehen.

Bedarf an Eigenkontrolle

Jeder, einschließlich der Erwachsenen, braucht das Gefühl, über sein Leben ein gewisses Maß an Kontrolle zu haben. Das ist einer der Gründe, warum wir von Berichten über willkürliche Mordanschläge, Diebstahl im eigenen Haus oder den Tod eines Freundes oder geliebten Menschen so tief betroffen sind. Dies alles bringt unser Gefühl von Kontrolle durcheinander.

Heranwachsende – Erwachsene in der Ausbildung – haben das selbe Bedürfnis nach einem Gefühl der Kontrolle. Manche mögen positiv auf angemessene Richtlinien und Grenzen der Eltern reagieren. Aber ein Teen, der den Eindruck hat, seine Eltern würden alles von dem, was er sagt und tut kontrollieren, versucht manchmal diese Kontrolle zu unterwandern (z.B. indem er immer wieder einen Hausarrest durchbricht) oder selbst in die Hand zu nehmen (z.B. durch Alkohol oder indem er Dinge tut, die seine Eltern verboten haben). Wenn die Eltern versuchen, die Kontrolle durch Drohungen oder körperliche Strafen zurückzubekommen, sehen sich manche Teens zur Entscheidung gezwungen, entweder zu rebellieren oder die Kontrolle über ihr Leben aufzugeben.

Fehlen von Grenzen und Erwartungen

Dr. G. Keith Olson, Autor von Counseling Teenagers, schreibt:

> Teenager aus lockeren Elternhäusern können ebenso rebellisch sein wie solche aus strengen – wenn auch aus anderen Gründen. Jugendliche aus lockeren Familien rebellieren meist gegen fehlende Richtlinien und Erwartungen. In beiden Umgebungen hat es möglicherweise jahrelang entmutigende Verhaltensmuster, fehlende Bestätigung und Korrektur von der Familie, sowie viel Selbstkritik, gegeben. Wenn diese Kinder mit der Zeit zu Jugendlichen werden, haben sie gewöhnlich sehr ernste Fragen zu ihrem Verständnis von Würde, Wert und Zugehörigkeit.[4]

Ausdruck von Wut und Aggression

Einige Psychologen und Forscher verbinden Rebellion und destruktives Verhalten mit »nach innen gerichteten aggressiven Impulsen«.[5] Der Teen kann wütend auf seine Umstände sein (Scheidung der Eltern, Tod eines Elternteils etc.), auf jemand bestimmtes (jemand, der ihn misshandelt hat, einen fehlenden Vater etc.) oder auch auf Gott selbst. Diese Wut wird gewöhnlich unterdrückt und kann zu rebellischen Impulsen oder Handlungen führen (vgl. Kapitel 4, »Wut«).

Fehlen eines ehrlichen und wertvollen Vorbilds

Ronald P. Hutchcraft schreibt:

> Kinder haben nicht viel Ehrfurcht vor Eltern, die »niemals falsch« handeln. Eltern, die nie falsch handeln, nie etwas zugeben oder nie um Vergebung bitten scheinen unnahbar. Ein anderer Grund, warum Teenager Autorität der Eltern ablehnen, ist, dass sie ihre Eltern nicht für gute Vorbilder halten. Sie wissen, wenn die Eltern eine Sache von ihnen erwarten, aber selber nicht tun, was sie predigen. Sie wünschen sich ihre Eltern als gute Vorbilder – damit diese ihnen durch ihr eigenes Leben zeigen, wie sie als Kinder leben und in verschiedenen Situationen reagieren sollen.[6]

▼ Die Folgen

Wie bereits gesagt wurde, rebellieren alle Heranwachsenden auf die eine oder andere Art. Rebellisches Denken und Handeln ist nicht nur üblich, es ist natürlich. Diese rebellischen Tendenzen können auch gut sein um dem Teenager zu helfen, unabhängiger zu werden und den Eltern, ihre Erwartungen und Praktiken dem Jugendlichen anzupassen. Rebellion über längere Zeit kann jedoch gefährlich und schädlich für Eltern und Kind sein.

Gefährliche Bestrebungen

Rebellion, die sich in stärkeren Vergehen äußert (Alkohol- und Drogenmissbrauch, Vandalismus etc.), birgt viele Gefahren für Jugendliche. Wie vielfältig sie sind, stellt die Autorin Linda Peterson dar:

> Sie können sich bestimmt an Ihren eigenen Aufruhr als Teen erinnern: die langen Debatten mit den Eltern über Kleidung, den Zustand Ihres Zimmers, Schularbeiten und Ihrer Zukunft. Eltern und Kinder diskutieren auch heute noch, nur ist der Einsatz höher geworden ... Heute tanzen Teenager zu »I used to love her but I had to kill her«

(deutsch: »Ich liebte sie, aber ich musste sie umbringen«) von Guns'N Roses,
Fünfzehnjährige gehen auf »Trink-was-
du-kannst«-Parties, Marihuana ist fünf
mal stärker als vor 15 Jahren und die
Folgen eines Seitensprungs können
tödlich sein.[7]

Depression

In seinem Buch Teenage Rebellion schreibt
Carter:

> Die typische hochmütige und arrogan-
> te Einstellung der meisten rebellischen
> Teenager lässt alles andere vermuten
> als Depressionen. Dennoch sagt eine
> der grundlegenden Regeln menschli-
> chen Verhaltens, dass übertriebene Äu-
> ßerungen von Emotionen ein deutli-
> cher Indikator für ein ernsthaftes, un-
> terschwelliges Unbehagen der Gefüh-
> le sind. Dies ist auch bei rebellischen
> Teenagern der Fall.
>
> Unzufriedenheit wird oft als Syno-
> nym für Depression gebraucht. Rebel-
> lische Teenager sind häufig mit ver-
> schiedenen Aspekten ihres Lebens un-
> zufrieden. Eine Teenagerin sagte: »Ich
> kann Ihnen gar nicht sagen, wieviele
> Dinge in meinem Leben falsch laufen.
> Ich komme mit meinen Eltern nicht
> klar, in der Schule betrachten mich die
> Lehrer als Snob und behandeln mich
> wie eine Jugendstraftäterin … Ich weiß,
> dass ich so nirgendwo hinkommen
> werde, aber ich weiß nicht, wie ich das
> ändern kann. Ich bin mir auch gar nicht
> sicher, ob ich das überhaupt will.«
>
> Andere Leute charakterisieren sie als
> selbstbezogen, eingebildet, arrogant
> und schwierig im Umgang – und sie
> zeigte sicher diese Anzeichen. Aber
> nicht Arroganz beschreibt ihre echten
> Gefühle, sondern Depression[8] (vgl. Ka-
> pitel 5, »Depression«).

Entfremdung

Rebellische Teens erfahren durch ihre
Einstellungen und Handlungen auch
eine Art Entfremdung von ihrer Eltern,
Lehrern, von Vertretern ihrer Gemeinde,
von der Gesellschaft im Allgemeinen –
und sogar von ihren Freunden. Wegen
ihres Verhaltens und Benehmens werden
rebellische Teens oft gemieden, was diese genau bemerken und spüren. Das von
Carter oben zitierte Mädchen sagte auch
noch: »Die einzigen Teenager, die noch
etwas mit mir zu tun haben wollen, sind
die, die ständig in Problemen stecken –
so wie ich.«[9] Ironischerweise führt das
Empfinden für Entfremdung oft zu mehr,
statt zu weniger Rebellion.

Schuldgefühle

Rebellierende Teenager werden oft von
Schuldgefühlen geplagt. Sie wissen, dass
ihr Verhalten falsch ist und um den
Schmerz, den sie ihren Eltern und den
anderen um sie Besorgten zufügen. Oft
sehen sie auch ihr Verhalten als Ungehorsam gegen Gott. Aber sie ändern ihr
rebellisches Verhalten nicht. Sie wollen
vielleicht nicht gegenüber ihren Eltern
kapitulieren oder haben Angst, Schwäche oder Verwundbarkeit zu zeigen. Einige sind einfach unfähig, den eigentlichen Gründen ihrer Rebellion entgegenzutreten. Daher leugnen sie oft ihre
Schuldgefühle und erzeugen auf diese
Weise noch mehr davon (vgl. Kapitel 3,
»Schuld«).

Sorge und Angst

Carter schreibt:

> Ob rebellische Teenager es merken
> oder nicht, sie machen sich doch Sor-
> gen um viele Dinge … Manche haben

Angst vor den möglichen Folgen ihres rebellischen Handelns. Viele dieser Teenager fürchten, nie ihren hitzigen Gesprächsstil ablegen zu können und für immer in Gefechtsstellung mit anderen bleiben zu müssen. Einige meinen, sie würden nie verstanden werden und seien zu Beziehungen verdammt, die immer durch Konflikte gestört würden ... Sorge kann sich folgendermaßen äußern:

* Häufige Beschwerden über körperliche Krankheit, wie Kopf- und Magenschmerzen oder Schlafstörungen;

* Panikgefühle, die zu ungezähmten emotionalen Ausbrüchen führen;

* Unrealistische Vorurteile oder irrationale Meinungen über andere;

* Unverhältnismäßig starke emotionale Äußerungen;

* Blind werden für die Gefühle anderer vor Sorgen oder weiteren emotionalen Verletzungen;

* Die Erwartung, dass immer nur das Schlimmste passiert;

* Unterdrücken von Gefühlen bis die körperliche Anspannung unerträglich wird.[10]

Diese Liste von Reaktionen erschöpft nicht alle möglichen Folgen von Rebellion. Dennoch zeigt sie deren unangenehmes und destruktives Potential. Dies trifft nicht nur die Eltern, sondern auch den Teenager selbst.

▲ Die biblische Sicht

Die Bibel ist sehr direkt, was die Tatsache und die Folgen von jugendlicher Rebellion betrifft. Das klassische Beispiel ist dabei natürlich die Geschichte von Absaloms Rebellion gegen seinen Vater, den König David, wovon in 2. Samuel 15 berichtet wird.

Bei einem Blick auf Absaloms Jugend zeigt sich die Saat für Rebellion recht deutlich. Er kommt aus einer polygamen Ehe (2. Sam. 3,3) und einer turbulenten Familiensituation. Seine Jugend ist von Tragödien und Mord gezeichnet (2. Sam. 13). Er hatte sich von seinem Vater entfernt (2. Sam. 14,28) und bediente sich einer Brandstiftung, um eine Wiedervereinigung mit ihm zu arrangieren (2. Sam. 14,29-33).

Doch die Versöhnung mit seinem Vater war nur sehr kurzlebig. Er antwortete auf dessen Vergebungsbereitschaft, indem er mit einer Armee gegen David zog, um das Königreich für sich zu erobern. Absaloms Rebellion hatte insofern Erfolg, dass er David aus der Hauptstadt vertrieb, aber sie endete mit seinem Tod (2. Sam. 18,1-18). Das Ergebnis der Rebellion Absaloms gegen seinen Vater war seine eigene Zerstörung.

Das Wort Gottes spricht klar über ein angemessenes Verhalten von Kindern – nicht nur heranwachsenden, sondern auch älteren – gegenüber ihren Eltern. 5. Mose 27,16 stellt fest:»Verflucht sei, wer seinen Vater oder seine Mutter verachtet« und Sprüche 15,20:»Ein weiser Sohn erfreut den Vater, aber ein törichter Mensch verachtet seine Mutter.«

Noch treffender beschreibt 5. Mose 21,18-21 Rebellion gegen die Autorität der Eltern:

Wenn ein Mann einen störrischen und widerspenstigen Sohn hat, der auf die Stimme seines Vaters und auf die Stimme seiner Mutter nicht hört und sie züchtigen ihn, er aber hört weiterhin nicht auf sie, dann sollen sein Vater und seine Mutter ihn ergreifen und ihn hinausführen zu den Ältesten seiner Stadt und zum Tor seines Ortes. Und sie sollen zu den Ältesten seiner Stadt sagen: Dieser unser Sohn ist störrisch und widerspenstig, er hört nicht auf unsere Stimme, er ist ein Schlemmer und Säufer! Dann sollen ihn alle Leute seiner Stadt steinigen, dass er stirbt; so sollst du das Böse aus deiner Mitte wegschaffen. Und ganz Israel soll es hören und sich fürchten.

Solch eine Reaktion mag manchen Eltern hart (und anderen einladend) erscheinen, aber Gottes Wort macht auch deutlich, dass die Eltern-Kind-Beziehung zwei Seiten hat:

> Ihr Kinder, gehorcht euren Eltern im Herrn! Denn das ist recht. »Ehre deinen Vater und deine Mutter« – das ist das erste Gebot mit Verheißung – »damit es dir wohlgehe und du lange lebst auf der Erde.«
> Und ihr Väter, reizt eure Kinder nicht zum Zorn, sondern zieht sie auf in der Zucht und Ermahnung des Herrn![11]

Kinder sollen gehorchen. Aber Eltern sollen ein Verhältnis zu ihnen haben, das Gehorsam fördert, statt Rebellion hervorzurufen.

Ein letztes Vorbild aus der Schrift muss noch zitiert werden. Lukas 2,41-52 bietet den einzigen Einblick in die Jugendzeit von Jesus, den wir haben. Er zeigt uns den Besuch von Jesus und seinen Eltern zum Passah in Jerusalem als er zwölf war.

> ... und als sie die Tage vollendet hatten, blieb bei ihrer Rückkehr der Knabe Jesus in Jerusalem zurück; und seine Eltern wussten es nicht. Da sie aber meinten, er sei unter der Reisegesellschaft, kamen sie eine Tagesreise weit und suchten ihn unter den Verwandten und Bekannten; und als sie ihn nicht fanden, kehrten sie nach Jerusalem zurück und suchten ihn. Und es geschah, dass sie ihn nach drei Tagen im Tempel fanden, wie er inmitten der Lehrer sass und ihnen zuhörte und sie befragte. Alle aber, die ihn hörten, gerieten außer sich über sein Schriftverständnis und seine Antworten. Und als sie ihn sahen, wurden sie bestürzt und seine Mutter sprach zu ihm: Kind, warum hast du uns das getan? Siehe, dein Vater und ich haben dich mit Schmerzen gesucht.
> Und er sprach zu ihnen: Was ist der Grund dafür, dass ihr mich gesucht habt? Wusstet ihr nicht, dass ich in dem sein muss, was meines Vaters ist? Und sie verstanden das Wort nicht, das er zu ihnen redete.
> Und er ging mit ihnen hinab und kam nach Nazareth und er war ihnen untertan. Und seine Mutter bewahrte alle diese Worte in ihrem Herzen. Und Jesus nahm zu an Weisheit und Alter und Gunst bei Gott und Menschen.

Dieser Abschnitt zeigt Jesus im Bar-Mitzwa-Alter, als er den langen und schwierigen Weg von der Kindheit zum unabhängigen Erwachsenen beginnt. Während der ganzen Reise scheint er seinen Eltern nicht den kleinsten Ärger gemacht zu haben. Er schaffte es, seine wachsende Unabhängigkeit durchzusetzen, ohne dabei seinen Eltern ungehorsam zu werden (Lk. 2,51).

Dieser Herausforderung müssen sich Heranwachsende vor und seit dieser Zeit immer wieder stellen.

▶ Praktische Hilfen anbieten

Olson warnt, dass »Seelsorge bei rebellischen und kriminellen Jugendlichen eine schwierige, langwierige und oft frustrierende Aufgabe ist … Erfolge können bestenfalls in Randbereichen erwartet werden. Seelsorger tun gut daran, ein Leben in aktivem Gebet und Nachfolge zu führen. Ständiger Kontakt zu Gott stärkt und leitet Erwachsene in der Arbeit mit diesen speziellen Teenagern.« Auch wenn der Versuch rebellierenden Jugendlichen Hilfe und Leitung zu bieten eine echte Herausforderung darstellt, können die folgenden Hinweise vielleicht einem einfühlsamen und geduldigen Jugendleiter, Lehrer, Pastor oder Elternteil behilflich sein:

Zuhören. Laden Sie zum Gespräch ein. Erlauben Sie der jungen Person ihren Gefühlen Luft zu machen und ohne Unterbrechung und Verurteilung zu reden. Rebellische Teens sind jemanden, der wirklich zuhört, nicht gewohnt. Sie erwarten Kritik, Plattheiten, Bibelverse und Predigten. Überraschen Sie sie, indem Sie wirklich zuhören, sowohl mit den Augen wie mit den Ohren. Achten Sie auf nonverbale Kommunikation, auf die Augen, Gesten und Körperhaltung. Nutzen Sie das, was Sie sehen, um dem jungen Menschen zu helfen, seine Gefühle besser auszudrücken.

Verständnis zeigen. »Ich gehe Verhaltensprobleme üblicherweise so an«, meint Carter, »dass ich die Dinge aus der Sicht des Teenagers betrachte. Obwohl ich nicht in allen Bereichen mit ihm gleicher Meinung bin, so liefert mir das Wissen aus seiner Sichtweise doch wertvolle Informationen, die ich eventuell für hilfreiche Antworten verwenden kann.«[12] Versuchen Sie die Dinge mit den Augen des Teens zu sehen.

Bemühen Sie sich, Ihr Verständnis und Einfühlungsvermögen durch folgende Punkte deutlich zu machen:

- Widmen Sie dem Jugendlichen Ihre volle Aufmerksamkeit.

- Hören Sie zu, um ihn zu verstehen.

- Stellen Sie Blickkontakt her.

- Beugen Sie sich im Stuhl leicht vor.

- Deuten Sie durch Nicken Ihr Verständnis an.

- Reflektieren Sie Kernaussagen (»Du sagst also…«, »Da fühlst du sicher …«).

- Warten Sie geduldig in Schweigepausen oder bei Tränen.

Bestätigen. Viele Eltern und andere Erwachsene fürchten, eine offen gezeigte Liebe und Wertschätzung gegenüber eines rebellischen Teens könnte als Bestätigung für sein Handeln missverstanden werden. Im Gegenteil: ehrliche Bestätigung und Anerkennung sind der Schlüssel, um den jungen Menschen zu erreichen. Sie können vieles bei einem rebellierenden Teenager würdigen: seine Ehrlichkeit, Bereitschaft zum offenen Gespräch, Sinn für Humor, Intelligenz, sein Lächeln, seine Stimme etc. Rechnen Sie trotzdem damit, dass Ihr Bemühen mit Argwohn oder Versuchen von Manipulation aufgefasst wird. Nutzen Sie aber dennoch, unabhängig von dem was passiert, jede Gelegenheit, dem Teen ihre Annahme und Bestätigung deutlich zu machen.

Richtung weisen. Ein rebellischer Jugendlicher wird wahrscheinlich seinen Bedarf an Anleitung nicht eingestehen, noch reagieren, wenn sie angeboten wird.

Dennoch mag ein einfühlsamer und aufmerksamer Erwachsener mit den hier vorgestellten Möglichkeiten Hilfe anbieten können:

• Helfen Sie dem Jugendlichen die Gründe für die Rebellion zu identifizieren und zu beschreiben. Besprechen Sie gemeinsam die tieferliegenden Gründe (was Sie beide überraschen kann). Dies kann lange Zeit dauern – Monate oder sogar Jahre – aber es ist entscheidend.

• Erforschen Sie mit dem Jugendlichen, welche Umstände Rebellion überflüssig machen könnten. Die häufigste Antwort darauf ist: »Wenn meine Eltern mir vertrauen würden« oder »Wenn mich Mama und Papa in Ruhe lassen.« Helfen Sie ihm mehr zu suchen und genauer als dies zu formulieren. Welche Umstände wären denkbar, in denen Rebellion überflüssig werden könnte?

• Beziehen Sie die Eltern mit ein. Marshall Shelley zitiert einen Pastor, der sagte: »Wir entdecken immer mehr, dass wir die ganze Familie in die Seelsorge mit einbeziehen müssen. Es ist normalerweise nicht sehr hilfreich sich ausschließlich mit dem, der an die Bürotür klopfte oder dem, auf den gezeigt wird, zu beschäftigen.«[13]

• Arbeiten Sie auf eine »umsetzbare Übereinkunft« hin. Helfen Sie dem Teen, den Eltern oder anderen wichtigen Erwachsenen folgende Punkte zu besprechen:

   • Unterscheidung in diskutable und indiskutable Punkte. Vorehelicher Geschlechtsverkehr oder Drogenmissbrauch sind indiskutabel. Ein liebender Elternteil kann so ein Verhalten nicht billigen oder erlauben. Ausgehverbot, bestimmte Musik- oder Moderichtungen könnten dagegen diskutiert werden.

• Austausch von Erwartungen. Eltern und Teens müssen ihre Erwartungen ausdrücklich formulieren. Elternteil: »Cathy, ich erwarte dich um elf Uhr zu Hause. Nicht um halb zwölf und auch nicht um zehn nach elf.« Teen: »Papa, ich erwarte nicht, dass du bei jedem Basketballspiel dabei bist, aber ich denke du könntest dir wenigstens meine Heimspiele anschauen.«

• Verbindung festgesetzter Reaktionen auf bestimmtes Verhalten. Eltern behandeln ihre Teenager bei rebellischem Verhalten oft wütend oder nachtragend. Durch festgesetzte Reaktionen auf bestimmtes Verhalten, können Eltern und Kinder manchmal Groll und Bitterkeit vermeiden. Wenn beide Seiten wissen, dass Schulschwänzen zu einer bestimmten Zeit Hausarrest oder Weglaufen zu einem Anruf bei der Polizei führt, dann wird die Strafe nicht durch wütende Eltern bemessen, sondern ist deutlicher eine Wahl (wenn auch eine sehr schlechte), die der Teenager selber treffen kann.

• Entwurf eines Langzeitplans für den Umgang mit den Ursprüngen der Rebellion. Beachten Sie, dass das Bearbeiten von Teenagerrebellion oft ein langwieriger und frustrierender Prozess ist. Eltern oder andere Erwachsene, die sich um den Jugendlichen kümmern, können dafür Langzeitpläne einrichten, so wie beispielsweise die von William Lee Carter vorgeschlagenen:

- Zeigen Sie dem Teen durch Worte und Verhalten, dass Sie seine Position verstehen.

- Reduzieren Sie Kritik auf ein Minimum und benutzen Sie sie nur, wenn Sie zuvor genau zugehört haben.

- Vermeiden Sie Debatten, aber seien Sie sicher in Ihren Entscheidungen.

- Bleiben Sie offen. Nehmen Sie nicht an, immer Recht zu haben.

- Wählen Sie geeignete Zeitpunkte, wenn Sie negative, aber notwendige Aussagen machen.

- Versuchen Sie nicht, Ihren Teen emotional zu überwältigen. Sie werden nicht gewinnen.

- Geben Sie Ihrem Teenager das Recht, in Entscheidungsprozessen mitzureden.

- Halten Sie Ihre Kommentare kurz.

- Erlauben Sie Ihrem Teenager mit den Folgen seines Verhaltens zu leben.

- Zeigen Sie Bereitschaft, auf Ihr Kind zuzugehen, statt darauf zu warten, dass es selbst kommt.[14]

Ziele setzen. Bedenken Sie, dass ein Teenager nicht zur Unterwürfigkeit gegenüber seinen Eltern gezwungen werden kann. Er muss überzeugt werden, dass Rebellion nicht die beste Reaktion auf das Fehlen irgendwelcher Dinge in seinem Leben ist, noch um Bedürfnisse

zu erfüllen. Der junge Mensch soll aktiv daran beteiligt sein, die wichtigsten Gründe seiner Rebellion zu bearbeiten und den Hang zu diesem Verhalten auszuräumen. Dies kann allerdings ein langer – sogar lebenslanger – Prozess sein.

Hilfe von außen. In Fällen von starker Rebellion, besonders wenn Alkohol- und Drogenkonsum (vgl. Kapitel 38, »Alkohol: Genuss und Missbrauch« und 39, »Drogen Ge- und Missbrauch«), Weglaufen (vgl. Kapitel 24, »Fluchttendenzen und -versuche«), vorehelicher Geschlechtsverkehr (vgl. Kapitel 28, »Vorehelicher Geschlechtsverkehr«) und anderes bedenkliches Verhalten eine Rolle spielt, sollte ein qualifizierter christlicher Seelsorger mit Einverständnis der Eltern bei der erstbesten Gelegenheit hinzugezogen werden.

Im diesem Kapitel zitierte Bibelstellen

- Kolosser 3,8

- 2. Samuel 3,3; 13; 14,28-33; 18,1-18

- 5. Mose 27,16; 21,18-21

- Sprüche 15,20

- Epheser 6,1-4

- Lukas 2,41-52

Weitere hilfreiche Bibelstellen zum Thema

- 2. Mose 20,12; 34,6-7

- 3. Mose 19,3; 20,9

- Lukas 15,11-32

- Kolosser 3,20

24

Flucht-
tendenzen
und
-versuche

Einführung

»Sie war ein tüchtiges Mädchen«, sagte Stan Hodges über seine Stieftochter Andrea.

»Sie erbrachte auch gute Noten in der Schule«, fügte Lisa, ihre Mutter hinzu, »bis zur siebten Klasse.«

Andrea wuchs am Südende des Winnebago Sees in Fond du Lac (Wisconsin) auf, einer kleinen Stadt mit 37 000 Einwohnern.

»Zunächst«, sagte Lisa, »fing sie an, die Schule mit einigen Freunden zu schwänzen. Es waren keine schlechten Kinder. Die meisten von ihnen rauchten nicht einmal.« Andrea begann sich jedoch schon bald nachts aus dem Haus zu schleichen, um Freunde zu treffen, mit denen sie die Nächte hindurch reden und Musik hören konnte.

»Wir versuchten alles«, meinte Andreas Mutter, »aber nichts half.« Schließlich akzeptierten ihre Mutter und der Stiefvater, dass sie unfähig seien, Andrea länger Hilfe anzubieten. Sie waren über Andreas Einfluss auf ihren jüngeren Bruder und die beiden Schwestern besorgt und erlaubten es dem Jugendamt, Andrea in einem Heim unterzubringen.

Andrea lief von dort weg, wurde aber bald gefunden und in ein anderes Heim gebracht, wo sie Melissa traf. Recht schnell schlossen beide Freundschaft. Zwei Monate nach Andreas Ankunft im Heim, fassten sie die Absicht, gemeinsam zu flüchten. Als ihre Abwesenheit entdeckt wurde, waren die Mädchen bereits nach Milwaukee getrampt.

Melissa nahm Andrea zu einem Apartmentkomplex mit, in dem sie früher schon einmal lebte. Es war eine Ansammlung von düsteren und schäbigen Apartments, welche von Prostituierten, Fixern und weiteren Ausreißern bevölkert wurden.

Melissa verließ den Ort bald nach ihrer Ankunft wieder, aber Andrea blieb. Ihr hübsches Gesicht und ihr Körper zogen die Aufmerksamkeit der Männer auf sich, einige von ihnen waren zwei- oder gar dreimal so alt wie Andrea.

Was auch geschah, am 12. September 1995, erhielten Andreas Mutter und ihr Stiefvater einen Anruf. Man teilte ihnen mit, dass Andrea tot, auf dem Boden eines Apartments in Milwaukee, gefunden wurde. Ihr wurde von einem 19-jährigen Mann, der während der Tat unter Drogeneinnahme stand, aus kurzer Distanz in den Kopf geschossen. Als sie starb, war Andrea vierzehn Jahre jung![1]

● Das Problem

Es laufen jährlich mehr als eine Million Jugendliche in den USA von zu Hause weg.[2] Einige Schätzungen geben wesentlich höhere Zahlen an, die bei zwei beziehungsweise vier Millionen liegen. In Kanada wurde die Zahl von weggelaufenen Jugendlichen und Straßenkindern auf ungefähr zweihunderttausend geschätzt.[3]

Das durchschnittliche Alter dieser Ausreißer liegt bei vierzehn Jahren. Davon sind 70% weißer Hautfarbe, 16% Schwarze und die übrigen 14% verteilen sich auf Hispano-Amerikaner und auf Teenager aus anderen ethnischen Gruppen.[4]

»Weniger als die Hälfte der Jugendlichen, die von zu Hause weglaufen«, schreibt Gary D. Bennett, »bleibt in der Stadt oder in der Umgebung, aus der sie stammt. Viele wenden sich an Freunde oder suchen andernorts Verwandte auf. Die meisten Ausreißversuche scheinen nur dürftig geplant, spiegeln ein impulsives Verhalten wider und die Rückkehr findet oft innerhalb einer Woche statt. Grundsätzlich ist beobachtbar, dass die Dauer der Abwesenheit von zu Hause mit dem Lebensalter zunimmt.«[5]

Keith Wade, Freizeitgestalter in einer Unterkunft für fortgelaufene Jugendliche in Minneapolis, fügt hinzu:»Es gibt ein Grundmuster im Verhalten von Jugendlichen, die von zu Hause ausreißen … Beim ersten Mal bleiben sie nur für eine Nacht weg, üblicherweise gehen sie zu jemandem, der ihnen vertraut ist, einem Freund oder Verwandten. Aber je häufiger sie weglaufen, desto größer wird die Distanz und umso länger lässt eine Wiederkehr auf sich warten.«[6]

Wade bemerkt ebenso, dass das Problem des Ausreißens nicht nur fortwährend ernster und umfangreicher wird, sondern zunehmend auch bei jüngeren Kindern anfängt. »Das durchschnittliche Alter der Jugendlichen, die momentan bei uns sind, beträgt vierzehneinhalb, es war bei 16 als ich diese Arbeit hier anfing … Dies bedeutet eine Verringerung des Durchschnittsalters um 18 Monate innerhalb von fünf Jahren, was besonders bezeichnend ist … Dreizehnjährige waren hier früher selten anzutreffen, heute sind sie die Regel.«[7]

Wade meint zudem, eine weitere Veränderung im Fluchtverhalten von Jugendlichen und Kindern wahrgenommen zu haben und zwar vor und nach der Flucht.[8]

»Die Jugendlichen haben heute tiefgreifendere Schwierigkeiten. Als ich hier ankam, hatte das typische Mädchen Kommunikationsprobleme in ihrem Elternhaus, gelegentlich war dies verbunden mit einem Fall von Missbrauch. Mittlerweile finden wir Teenager vor, die aufgrund von Depressionen oder wegen Selbstmordversuchen bereits hospitalisiert sind.«

Drei Kategorien

Dr. James Oraker meint:»Aufgrund meiner Erfahrung kann ich wohl sagen, dass sich Jugendliche, die von zu Hause weglaufen, in drei Gruppen einteilen lassen: die Ausreißer, die Verstoßenen und die schlichtweg Gelangweilten.« Weiterhin führt er aus:

Der Ausreißer läuft vor einer Situation weg, die er oder sie nicht länger tolerieren kann. Der Konflikt ist so groß, dass die Familienmitglieder sich gegenseitig schwerlich aushalten können. Der Druck wächst so lange, bis der junge Mensch schließlich sein zu Hause verlässt.

Ein weiterer Typus des Ausreißers ist die Person, die ein Doppelleben führt. Mit der einen Seite seiner Persönlichkeit erfreut er die Eltern, mit der anderen, der verborgenen, lehnt er sich gegen den Willen der Eltern auf. Allmählich werden die Eltern misstrauisch und fangen an, Fragen zu stellen. Nun wird es für den Jugendlichen zunehmend schwieriger, sich an alle gegebenen Entschuldigungen und Ausreden zu erinnern. Die Furcht, dass die Eltern die Wahrheit herausbekommen könnten, bringt ihn dazu, das Elternhaus zu verlassen, noch bevor alles »auffliegt«.

Der Verstoßene wurde gewöhnlich bereits als Kind abgelehnt. Während der Jugendzeit zeigt sich die Ablehnung immer offensichtlicher ... Um dem zu entkommen, fängt er an sich herumzutreiben, verschwindet ohne den Widerstand der Eltern oder wird gebeten die Familie um derentwillen zu verlassen.

Schließlich gibt es als dritten Typus den Jugendlichen, der aus Langeweile seiner Familie den Rücken kehrt. Von jenen höre ich nicht selten die Aussage: »Es gab keine größeren Differenzen zwischen meinen Eltern und mir. Wir stimmten darüber ein, dass die Familie eine Art ›Raum zum Landen und Ankommen‹ für uns alle sein sollte, so wählte ich, dass zu tun was jeder andere auch tat – ich streifte umher. Mich fasziniert es wirklich, Menschen zu beobachten und herauszufinden was in anderen Teilen des Landes so passiert. Das ist alles.« Diesen jungen Leuten zu helfen ist besonders schwer, denn sie wollen keine Hilfe ... Einige von ihnen fühlen sich zu nichts verpflichtet und sind gerade deswegen schwer für verbindliche Liebe zu erreichen oder gar zu gewinnen. Mit dieser Art von davongelaufenen Jugendlichen ist es wahrscheinlich am schwierigsten zu arbeiten.[9]

◄ Die Ursachen

Faktoren, die zum Weglaufverhalten beitragen, können unter anderem sein: Missbrauch, Entfremdung, Auflehnung, Kontrollverlust über das eigene Leben und Angst.

Missbrauch

»Jugendliche laufen nicht aus Spaß oder Abenteuerlust weg«, sagt Wade. »Die meisten laufen nicht irgendwohin, sondern laufen vor etwas davon. Größtenteils ist es ein Weglaufen aufgrund von erfahrenem Missbrauch, entweder durch tiefgehende emotionale Verletzungen, körperliche Gewaltanwendung oder sexuellem Vergehen. Oder einfach durch Vernachlässigung. Die Jugendlichen sind bereits Opfer, wenn sie weglaufen und werden dadurch oft ein zweites Mal zum Opfer.«[10]

Eine Studie über Pubertät und junge Erwachsene vom Toronto Covenant House, einem Zentrum für fortgelaufene Teenager, hat Folgendes herausgestellt: 86 % der befragten Ausreißer gaben an, dass sie zu Hause in irgendeiner Weise unter körperlicher Gewaltanwendung litten, bevor sie von dort wegliefen.[11]

Entfremdung

»Das Weglaufen ist ein Versuch das Problem zu lösen«, sagt Oraker. Seiner Ansicht nach ist das Problem »Entfremdung – starke Empfindungen von Isolation und Ablehnung, welche innere Explosionen verursachen ... Entfremdung ist normalerweise ein Familienproblem, das sich über Jahre hinaus aufbaut«.[12] Er weist darauf hin, dass Jugendliche, die weglaufen, schlicht das tun, was ihre Eltern seit Jahren in anderer Form vorleben. Anstatt wegzulaufen, werden sie beispielsweise zu »Workaholics« oder fliehen vor den Aufgaben und Problemen in den Alkoholismus.

Auflehnung

Regeln im Zusammenleben von Menschen, unter denen keine oder nur eine geringfügige Beziehung besteht, können leicht zur Rebellion führen ... und das Weglaufen ist oft ein Ausdruck dieser Rebellion (vgl. Kapitel 23, »Auflehnung«). Die Mutter eines davongelaufenen Mädchens sagte über ihre Tochter, »sie hasste Regeln. Das muss der Grund gewesen sein, weshalb sie weglief.« Der Stiefvater des Mädchens stimmte zu. »Wir haben Regeln für alle Kinder aufgestellt und keines missachtete sie, nur sie ging ihren eigenen Weg, um uns zu zeigen, das sie nicht wollte. Man konnte sie nicht halten, egal wo sie auch war.«[13]

Eine gesunde Eltern-Kind Beziehung ist keine Garantie dafür, dass ein junger Mensch nicht wegläuft. Sie kann aber eine stabilisierende, ausgleichende Wirkung auf die Neigung von Jugendlichen haben, ein widerstrebendes Verhalten gegenüber Regeln und Anordnungen aufkommen zu lassen und dies auch zu zeigen.

Kontrollverlust über das eigene Leben

Im Herbst 1994 lief Billy Best von seinem vorstädtischen Heim weg, um einer schmerzhaften chemotherapeutischen Behandlung zu entgehen, der er sich zur Bekämpfung der Hodgkinschen Krankheit unterziehen musste. Als die Adoptiveltern von Billy am Abend von der Bibelstunde heimkamen, fanden sie seine Nachricht. »Er fühlte, dass er überhaupt keine Kontrolle über sein Leben hatte«, erläuterte William Best. »Wir haben ihm im Grunde nur erzählt, dass er zur Che-

motherapie muss und das war alles.«[14] Billys landesweit bekannter Fall endete vier Wochen später recht glücklich. Als Billy heimkam, stimmte er zu, weniger schmerzvolle Behandlungsmethoden durchführen zulassen.

Jugendliche, wie auch Erwachsene, benötigen das Gefühl, ein gewisses Maß an Kontrolle über ihr Leben zu haben. Jugendliche mögen positiv auf angemessene elterliche Richtlinien und Grenzsetzungen reagieren, aber der junge Mensch, der den Eindruck hat, das seine Eltern alles was er sagt und tut, kontrollieren wollen, versucht diese Kontrolle abzuschütteln und läuft weg.

Angst

Dr. Oraker beschreibt den Fall eines Mädchens, das aus Angst weglief und meint, dass diese Entscheidung exemplarisch für viele junge Menschen ist, die von ihrem zu Hause wegrennen (vgl. Kapitel 2, »Angst«). Er schreibt:

> Sie war mit ihrer Familie und mit der Gesellschaft unzufrieden. Im Grunde hatte sie tiefe persönliche Befürchtungen zu scheitern und letztlich unfähig zu sein, ihr Leben überhaupt irgendwie in den Griff zu bekommen. So waren Drogen, sexuelle Verwicklungen und ihr Davonlaufen nur die Mittel, mit denen sie versuchte, ihre Ängste zu verbergen.[15]

Weitere Gründe

Laut Gary D. Bennett können auch folgende Gründe ausschlaggebend für den Entschluss eines Teenagers sein, von seinem Elternhaus auszureißen:

- Dem Gefühl von mangelnder Liebe auszuweichen.

- Einer »Situation« entkommen zu wollen.
- Vermeidung von Strafe.
- Um Freunden zu gefallen.
- Um auf sich aufmerksam zu machen.
- Entlastung von emotionalen Problemen.
- Um Gefühle auszureagieren, die ein Jugendlicher seinen Eltern oder anderen »bedeutenden« Personen in seinem Leben gegenüber empfindet.
- Zur Findung einer sinnvollen, intensiven familiären Beziehung (oftmals sind Jugendliche entwurzelt, fühlen sich von ihrer Familie losgelöst).
- Teenager laufen weg, um den Eltern die Enttäuschung über ein Missgeschick zu ersparen.
- Zum Kontrollgewinn über die Eltern, d.h. der Jugendliche missbraucht eine Ausreißandrohung, um seine Eltern unter Druck zu setzen.
- Um seine Unabhängigkeit von den Eltern zu zeigen und zum Beweis, dass er sein Leben auch ohne elterliche Aufsicht führen kann.[16]

▼ Die Folgen

Das Weglaufen von zu Hause beseitigt die ausschlaggebenden Probleme der Jugendlichen nur selten – wenn überhaupt. Im Gegenteil, denn nun fängt die Not der Teenager erst an.

Die Schwierigkeit des Überlebens

Bennett schreibt:

Das Überleben bringt viele Jugendliche in die Klemme, da die meisten Aus-

reißepisoden nur dürftig geplant sind. Lebensmittel werden durch Betteln oder Ladendiebstähle beschafft. Da häufig bei Freunden kein Unterschlupf zu bekommen ist, werden alte Autos, öffentliche Wäschereien, Windfänge, Garagen etc. für die Nacht aufgesucht. Wenn das Geld zu Ende geht, ist es normalerweise unmöglich eine Arbeit zu finden, da die Ausreißer meist minderjährig sind und es ihnen an den nötigen Fähigkeiten, an Reife und der gesetzlichen Genehmigung zu einer Anstellung fehlt.[17]

Die persönlichen Voraussetzungen eines Ausreißers und die Realität der Straße machen ihn zu einem extrem leicht verwundbaren Opfer für Ausnutzung und Missbrauch. Das kanadische Magazin Maclean's berichtet:

Schutzlosigkeit vor Ausnutzung und Missbrauch

Viele Jugendliche, die davongelaufen sind, finden ein tragisches Ende. Ein interner Polizeibericht, veröffentlicht im September 1990, gibt an, dass eine weibliche Anwerberin eines örtlichen Satanskults ihre Opfer unter weggelaufenen Mädchen suchte, um diese anschließend als Prostituierte auf die Straße zu schicken. Im Oktober des Jahres wurde ein weiterer Bericht herausgegeben, diesmal vom Projekt »Jugendliche Opfer« in Zusammenarbeit mit der Sozialbehörde der Stadt Winnipeg und der zuständigen Polizeiabteilung für Sexualstraftaten, welcher als Inhalt den Missbrauch von Straßenkindern durch Asiaten hatte. Mitarbeiter des Projekts identifizierten 183 Mädchen, einige im Alter von zehn Jahren, die teilweise von mehr als 100 Männern sexuell missbraucht wurden!

Üblicherweise werden die Mädchen von den Männern in den Innenstädten aufgegriffen, zu sich nach Hause gebracht und dort unter Drogen oder Alkohol gesetzt. In vielen Fällen werden die Opfer, nachdem sie zu schwach geworden sind, um Widerstand zu leisten, vergewaltigt. Allerdings ist es noch immer so, dass viele Mädchen freiwillig mit einem Mann mitgehen und es ablehnen von diesen Übergriffen zu berichten. »Die Männer bieten den Mädchen die grundlegendsten Dinge an: Obdach, Essen, Kleidung und Gesellschaft«, meldet der Bericht. »Die Opfer sehen die sexuelle Ausnutzung als einen geringfügigen Preis für die Aufmerksamkeit an, die sie dadurch erhalten.«[18]

Kriminalität

Zur erhöhten Schutzlosigkeit vor Ausnutzung und Missbrauch kommt häufig eine verstärkte Bereitschaft zu kriminellem Verhalten hinzu. Bennett schreibt:

Schwierigkeiten mit dem Gesetz sind meist unvermeidlich, da das Weglaufen und die Notwendigkeit zu überleben Umstände schaffen, die zu illegalem Verhalten führen. Ein Ausreißer mag mit solchen Verstößen wie grober Unfug, Trampen, Eigentumsdelikten, Gebrauch von Alkohol, Drogen und Ladendiebstahl konfrontiert werden und man bezeichnet ihn öffentlich als »widerspenstig« und »unkontrollierbar«.[19]

Weitere Folgen

Fortgelaufene Jugendliche haben häufig mit Unterernährung und mangelnder Gesundheit zu kämpfen. Sie werden oft durch starke Gefühle von Schuld, Scham und Minderwertigkeit gequält und sind somit besonders empfänglich für Depressionen. Ihre seelische Entwicklung ist im gesunden Wachstum stark gehindert und da die jungen Menschen oftmals in einer Wechselbeziehung von Abhängigkeit und dem Leben als Opfer stehen, ist ein Durchbrechen des Kreislaufs extrem schwer zu vollziehen.

▲ Die biblische Sicht

Der berühmteste Ausreißer aller Zeiten dürfte wohl »der verlorene Sohn« sein. Seine Geschichte wird von Jesus im 15. Kapitel des Lukasevangeliums erzählt:

Ein Mensch hatte zwei Söhne; und der jüngere von ihnen sprach zu dem Vater: Vater, gib mir den Teil des Vermögens, der mir zufällt! Und er teilte ihnen die Habe.

Und nach vielen Tagen brachte der jüngere Sohn alles zusammen und reiste weg in ein fernes Land und dort vergeudete er sein Vermögen, indem er verschwenderisch lebte. Als er aber alles verzehrt hatte, kam eine gewaltige Hungersnot über jenes Land und er selbst fing an, Mangel zu leiden. Und er ging hin und hängte sich an einen der Bürger jenes Landes, der schickte ihn auf seine Äcker, Schweine zu hüten. Und er begehrte seinen Bauch zu füllen mit den Schoten, die die Schweine fraßen und niemand gab ihm.

Als er aber in sich ging, sprach er: Wie viele Tagelöhner meines Vaters haben Überfluss an Brot, ich aber komme hier um vor Hunger. Ich will mich aufmachen und zu meinem Vater gehen und will zu ihm sagen: Vater, ich habe gesündigt gegen den Himmel und vor dir, ich bin nicht mehr würdig, dein Sohn zu heißen! Mach mich zu einem deiner Tagelöhner! Und er machte sich auf und ging zu seinem Vater.

Als er aber noch fern war, sah ihn sein Vater und wurde innerlich bewegt und lief hin und fiel ihm um seinen Hals und küsste ihn.

Der Sohn aber sprach zu ihm: Vater, ich habe gesündigt gegen den Himmel und vor dir, ich bin nicht mehr würdig, dein Sohn zu heißen.

Der Vater aber sprach zu seinen Sklaven: Bringt schnell das beste Gewand heraus und zieht es ihm an und tut einen Ring an seine Hand und Sandalen an seine Füße; und bringt das gemästete Kalb her und schlachtet es und lasst uns essen und fröhlich sein! Denn dieser mein Sohn war tot und ist wieder lebendig geworden, war verloren und ist gefunden worden. Und sie fingen an, fröhlich zu sein.[20]

Diese Geschichte, die Jesus erzählte, kann auf uns alle angewandt werden, auf Erwachsene wie auf Jugendliche; wir alle »irrten umher wie Schafe, wir wandten uns jeder auf seinen (eigenen) Weg«.[21] Zu der einen oder anderen Zeit liefen wir alle weg vor der Liebe Gottes, vor Seinen Geboten, Seinem Willen. Aber wie der wartende Vater in der bekannten Geschichte, so wartete Er auf uns. Seine Großherzigkeit nahm uns bereits an und ging uns entgegen, als wir noch wegen unserer Schuld zerknirscht waren. Oraker bemerkt:

Anfänglich meinte »der verlorene Sohn«, es wäre besser, sein Leben selbst in die Hand zu nehmen. Für ihn bedeutete Freiheit der Weggang von der Familie. Wie auch immer, bald schon war er an die Notwendigkeit zu überleben und an seinen Chef versklavt.

Ebenso können junge Menschen, die die Freiheit auf der Straße suchen, beinahe über Nacht zu Gefangenen des Überlebens, von Bitterkeit, Drogen, Egoismus und Zukunftsangst werden.

Ähnliches kann den Eltern passieren, wenn sie Kontrollen und Beschränkungen als Methoden einsetzen, um den Frieden in der Familie zu wahren – sie nehmen sich und die Jugendlichen durch selbstauferlegte Zwänge gefangen. Leider geschieht es auch nachdem ihre Kinder wieder zurückgefunden haben, dass sie jeden Fehler an ihnen bemängeln. Sie leugnen ihren Beitrag am Verschwinden der Kinder und wollen es nicht wahrhaben, dass es immer zwei Seiten einer Medaille gibt.[22]

Die Geschichte des verlorenen Sohnes und seines wartenden Vaters, kann uns helfen die liebevolle Annahme und Wiederherstellung Gottes gegenüber uns richtig einzuschätzen und uns gegebenenfalls eine Motivation im Umgang mit widerspenstigen Teenagern und jungen Erwachsenen sein.

▶ Praktische Hilfen anbieten

Es ist nicht immer möglich im Voraus zu erkennen, ob sich ein Jugendlicher mit der Absicht auszureißen beschäftigt. Weise Eltern oder betroffene Erwachsene sollten aufgrund der möglichen Gründe wachsam sein (Missbrauch, Entfremdung, Auflehnung, Kontrollverlust über das eigene Leben, Angst) und nach Wegen suchen, die zur Entlastung der Situation führen können, bevor die Krise den Zenit überschreitet. Zur Vorbeugung von weiteren Ausreißversuchen kann es manchmal ratsam sein, da besonders Verwandte und Freunde die ersten Anlaufstellen sind, den Jugendlichen auf die Gründe seines Verhaltens anzusprechen – und dies sobald wie möglich nach dem ersten Ausreißversuch. Einige der folgenden Anregungen mögen besorgten Eltern, Pfarrern und Jugendleitern, Lehrern und Jugendmitarbeitern helfen, einen Teenager zu erreichen, der Tendenzen zur Flucht zeigt.

Zuhören. William Best, der Adoptivvater von Billy Best, räumt ein, er habe eine wertvolle Lektion durch Billys Verhalten erteilt bekommen: zuzuhören! »Du musst wirklich begreifen lernen, was in ihnen vorgeht«, sagt er.[23] Erlaube dem Jugendlichen über seine Gründe vor oder wegen denen er weglaufen möchte zu reden – spare dabei nicht an Zeit. Vermeide es möglichst, vorschnelle Antworten oder Argumente hervorzubringen; Kritik und Korrekturen werden eine offene Aussprache blockieren oder ersticken. Sie können den interessierten Erwachsenen daran hindern, die wahren Gründe für das Verhalten des Jugendlichen herauszubekommen. Einige der folgenden, kritikfrei gestellten Fragen können jedoch hilfreich sein:

- Wann hast du das erste Mal ans Davonlaufen gedacht?

- Was bringt dich dazu, weglaufen zu wollen?

- Kannst du dich an eine Zeit erinnern, in der du nicht weglaufen wolltest? Was hat sich seitdem verändert?

- Was glaubst du würde dir ein Fortlaufen bringen?

- Was meinst du, müsste sich ändern, damit du dein Vorhaben aufgeben könntest?

Verständnis zeigen. »Meine wichtigste Methode bei der Annäherung an Verhaltensauffälligkeiten«, meint William Lee Carter, »ist es, das Problem aus der Sicht der Teenager zu betrachten, obwohl ich nicht geneigt bin, in jedem Punkt mit ihnen übereinzustimmen. Aber den Standpunkt der jungen Menschen zu kennen, verschafft mir unschätzbare Informationen, die ich eventuell zu einem angemessenen, heilsamen Eingehen auf ihre Bedürfnisse verwenden kann.«[24] Versuche die Lage mit den Augen der Jugendlichen zu sehen und meide es, deinen Standpunkt bei unterschiedlichen Meinungen herauszustellen.

Bestätigen. Bennett schreibt:»Egal zu welchem Zeitpunkt man in die Rückkehr eines Jugendlichen mit einbezogen wird, Bestätigung und das Geben von Sicherheit sollten die Botschaft bilden, die er erhält. Auf keinen Fall darf die Angst vor Bestrafung erzeugt werden.«[25] Sie sollten sich bemühen, dem jungen Menschen ihre uneingeschränkte Liebe, Annahme und Wertschätzung zu vermitteln, wie es der Vater in der Geschichte des verlorenen Sohnes tat.

Richtung weisen. Bei einer erfolgreichen Vermittlung im Fall eines fortgelaufenen Jugendlichen, müssen sowohl die Eltern als auch er selbst mit einbezogen werden. Oraker liefert einen vernünftigen und brauchbaren Entwurf um der Familie und dem Teenager, der Fluchtverhalten an den Tag legt, zu helfen:

- Schritt 1: Suche nach einem für alle Familienmitglieder annehmbaren Vermittler. Da ein Bruch im Vertrauen entstanden oder vertieft worden ist und jede Person sich von der anderen hintergangen fühlt, ist es wichtig einen Menschen zu finden, der von beiden Seiten akzeptiert wird. Der Vermittler kann ein vertrauenswürdiger und einfühlsamer Nachbar, ein Lehrer oder ein Freund sein ...

• Schritt 2: Gegenseitige Aussprache. Ein sensibler Vermittler wird damit anfangen das Problem zu untersuchen und den Anteil jedes Beteiligten aufzuspüren. Wenn dies erreicht wird, ist es möglich, dass beiderseitiges Verständnis erwächst und die Grundlage für eine Annäherung geschaffen ist. Dieser Schritt wird eine Menge Zeit und Energie kosten, aber wenn er gründlich durchgeführt wurde, beinhaltet er eine hinreichende Ausgangsbasis für die Arbeit am dritten Schritt.

• Schritt 3: Der Entwurf eines Planes. Hat das Verständnis füreinander erst einmal begonnen und der Zenit der Krise ist überwunden, müssen Vorgehensweisen entwickelt werden, um sich durch das Problem zu arbeiten. Ein geschickter Vermittler wird (1) versuchen von jedem Familienmitglied Vorschläge zur Lösung des Problems zu erhalten; (2) der Familie helfen, einen konkreten Handlungsablauf auszuwählen – eventuell würde auch ein schriftlich festgehaltener Vertrag, der von jedem Beteiligten unterzeichnet werden muss, eine Hilfe darstellen –; (3) Gewinn aus den Ideen eines jeden Familienmitgliedes zur Erstellung des Plans ziehen; (4) die Werkzeuge, die zur Ausführung des Plans benötigt werden, aufzeigen – wie z.B. die Festlegung wesentlicher Rechte und Pflichten für jeden Einzelnen –; und (5) ein Messinstrument festlegen, das zur Bestimmung von Erfolgen und Fehlschlägen des Arbeitsprozesses dienen soll – wie z.B. wöchentliche Gesprächstreffen, die Verlauf und Fortschritte reflektieren helfen.[26]

Ein letzter, aber kritischer Faktor beim Angehen des Problems ist es, die Familie und den Jugendlichen zu einer Umkehr zu Gott und einer Beziehung zu Jesus Christus zu ermutigen, um in Abhängigkeit von Seiner Gnade und Kraft die Probleme, die zum Auftreten des Verhaltens geführt haben, anzusprechen und zu korrigieren. Heilung und Wiederherstellung kann ohne Seine Mitwirkung an diesem Prozess nicht erreicht werden.

Ziele setzen. Oraker regt außerdem an, die Eltern und den Jugendlichen zur Entschlossenheit an der Teilnahme zur Problemlösung zu gewinnen. »Sie sollten versuchen, eine Familienstrategie ohne die Hilfe eines Vermittlers zu finden. Die Ziele der Vermittlung sind Hilfe bei der Herausstellung der Kriseninhalte, Aufzeigen von Lösungsmöglichkeiten und das Ausstatten der Familie mit Arbeitsmitteln, um ihnen eine eigenständige Entwicklung des Prozesses zu ermöglichen. Auf diese Weise kann die Vermittlerrolle in den Hintergrund treten und der Familie somit dienen, eigene Fähigkeiten der Beziehungsfindung zu entwickeln.«[27]

Hilfe von außen. Man sollte nicht annehmen, dass die Rückkehr eines Teenagers die Beseitigung der Probleme bedeutet. Es wird wahrscheinlich Monate, wenn nicht sogar Jahre dauern, bis die Schwierigkeiten vollständig überwunden sind. Es könnte womöglich auch die Beteiligung eines professionellen christlichen Seelsorgers nötig werden, besonders wenn das Davonlaufen zu einem sich wiederholenden Problem wird. Die Gründe und angemessenen Antworten gegenüber Fluchttendenzen und -versuchen sind häufig derart vielschichtig, dass sie möglicherweise am effektivsten durch die Hilfe eines qualifizierten christlichen Seelsorgers aufgefangen werden können.

In diesem Kapitel zitierte Bibelstellen

- Lukas 15,11-24
- Jesaja 53,6

Weitere hilfreiche Bibelstellen zum Thema

- 2. Mose 20,12; 34,6-7
- 3. Mose 19,3; 20,9
- Hosea 14,1-9
- Jesaja 57,18
- Epheser 6,1-4
- Kolosser 3,20

Sexualität

Begierde

Einführung

»Ich kann es nicht mehr aushalten!« Paul ließ sich in den Klappstuhl im Büro des Jugendpfarrers fallen, in dem Bücher, Kisten und Vorräte der Jugendfreizeit am Whitewater Fluss verstreut waren.

»Was ist los?«, entgegnete Jim, der Jugendpfarrer, unbekümmert. »Oh Mann, es macht mich verrückt.«

»Was denn?«, fragte Jim, während er sich in seinen Stuhl zurücklehnte und die Beine auf dem Wirrwarr seines Schreibtisches niedersinken ließ.

Pauls Blicke streiften verstohlen umher, plötzlich sprang er auf und schloss die Bürotür, bevor er wieder auf seinen Platz zurückkehrte. Mehrere Male schien er über etwas sprechen zu wollen, brach aber jedesmal schnell wieder ab. Schließlich setzte er sich auf die Stuhlkante und nahm Jim das Versprechen ab, nichts von dem, was er nun hören würde, weiterzugeben. Das Lächeln des Jugendpfarrers verschwand augenblicklich und er wurde zunehmend ernster, vorsichtiger.

»In zwei Unterrichtsfächern sitze ich neben Amanda Huggins«, erklärte Paul »und sie ist – na, du weißt schon – wirklich gut gebaut.« Er wagte einen flüchtigen Blick zum Jugendpfarrer, dessen Ausdruck sich nicht verändert hatte. Paul ließ seinen Blick wieder sinken und starrte auf seine Hände, die er fest umschlossen vor sich hielt. »Und die Klamotten, die sie trägt – nun, sie sieht wirklich fantastisch aus.«

»Jedenfalls sprechen wir miteinander und überhaupt, aber wir sind nicht richtig befreundet oder so etwas, trotzdem denke ich jeden Tag an sie.« Paul warf dem Jugendpfarrer einen schnellen Blick zu. »Und ich …«, er hielt inne. »Ich träume am Tag von ihr. Und selbst in der Nacht.« Er fuhr fort zu erklären, dass seine Tag- und Nachtträume eindeutig erotisch wären. »Es ist mittlerweile soweit, dass ich meine ganze Zeit damit verbringe an sie zu denken und sie mir nackt vorstelle und – na, du kannst es dir ja denken.«

Paul hörte auf zu sprechen und fing an, an seinen Fingernägeln zu kauen, gelegentlich blickte er dabei zum Jugendpfarrer hinüber.

»Bin ich«, sagte Paul und hörte so schnell auf, wie er angefangen hatte. Seine Augen schossen durch den ganzen Raum. »Ist da … ist da etwas falsch mit mir?«, fragte er.

● Das Problem

Das Teenageralter ist gekennzeichnet durch den Beginn der Pubertät und durch viele begleitende Kämpfe, insbesondere der Suche nach Verständnis und dem Umgang mit einer erwachenden Sexualität.

Bei jugendlichen Mädchen und Jungen entwickeln sich viele Gedanken und Gefühle, die neu und beunruhigend sind. Sie fangen an die körperliche Entwicklung und die Attraktivität des anderen Geschlechts zu entdecken und es reift eine intensive Faszination mit romantischen und sexuellen Inhalten heran. Zum ersten Mal erfahren sie sexuelle Erregung, die unschuldig oder begehrlich sein kann.

Dr. Collins versucht, das Wesen der Begierde folgendermaßen zu beschreiben:

Es ist schwer, eine genaue Definition von Begierde heraus zu arbeiten. Aber sicherlich entspricht sie nicht dem normalen, von Gott gegebenem, sexuellen Verlangen oder den angemessen anregenden Gefühlen der sexuellen Anziehungskraft des Menschen. Gott gab den Menschen sexuelle Bedürfnisse und Neigungen nicht um sie anschließend als Begierde zu verurteilen. Die sexuelle Lust ist das bestimmte Verlangen nach dem Körper des anderen.[1]

Dr. William Backus definiert Begierde als »die gedankliche Vorstellung eines sündhaften Sexualverhaltens« und schreibt:

Begierde sollte vorsichtig definiert werden. Man wird viele Leute finden, die Schuldgefühle aufgrund ihrer Wünsche haben, welche aber in sich nicht Begierde sind ... Deshalb ist es wichtig ... zu verstehen, dass Begierde nicht einfach mit dem Geschlechtstrieb und sexuellen Wünschen gleichzusetzen ist. Man sollte sich bewusst

machen, dass es möglich ist, sich eine andere Person zu wünschen, sie attraktiv zu finden, ohne die Sünde der Begierde zu begehen. Ebenso wie jemand das Auto oder Haus eines anderen reizvoll und wünschenswert finden kann, ohne ein sündvolles Begehren aufkommen zu lassen. Solche einfachen Wünsche sind keine Begierde.

Begierde reicht über das bloße Bewusstsein von Wünschen hinaus und lässt freiwillig Fantasien oder Tagträume mit sexuellem Inhalt zu. Diese bösen gedanklichen Vorstellungen im Herzen eines Menschen sind wahrscheinlich die Wurzel, aus der das eigentliche offenkundig sündige Sexualverhalten erwächst.[2]

Wie der Apostel Jakobus schrieb: »Ein jeder aber wird versucht, wenn er von seiner eigenen Begierde fortgezogen und gelockt wird. Danach, wenn die Begierde empfangen hat, bringt sie Sünde hervor; die Sünde aber, wenn sie vollendet ist, gebiert den Tod.«[3]

◄ Die Ursachen

Natürlicherweise entspringt die Begierde dem sündigen menschlichen Herzen. Dies ist eine Folge des Sündenfalls. Hinzukommen weitere Faktoren, die die sexuelle Begierde zu einem entscheidenden Problem für Jugendliche machen – und für die heutige Jugend wohl ein größeres Problem darstellen, als für die Jugend einer oder zwei Generationen zuvor.

Physiologische Überlegungen

Jugendliche erfahren nicht nur verschiedene hormonell bedingte Veränderungen in ihrem Körper, viele sind auch weitgehend unvorbereitet, was hormonelle

Spannungen und Überraschungen betrifft, welche ein natürlicher physiologischer Teil des Heranreifens sind. Sie müssen noch lernen, ihre sexuellen Triebe zu kontrollieren und zu kanalisieren, so dass die häufigen und manchmal starken körperlichen Gefühle, die sie erleben, oft verwirrend und erschreckend sind.

Umwelteinflüsse

In der heutigen sexbesessenen Kultur sind Jugendliche unverfrorenen Darstellungen sexueller Reize und sexueller Befriedigung verstärkt ausgesetzt. Fernsehprogramme, Kinofilme, Zeitschriften, Reklametafeln und die Werbung ebenso wie Modestile sind offensichtlich in ihren Versuchen den Betrachter sexuell zu erregen. In einer Zeit, in der sexuelles Verlangen besonders intensiv und das Bedürfnis nach Anerkennung stark ausgeprägt ist, erliegen Teenager häufig dem Druck der Umwelt [4] und erfüllen ihre sexuellen Wünsche durch Begierde oder durch konkrete sexuelle Begegnungen, erregt durch Begierde.

Neugier

Die Pubertät ist eine Zeit der Erkundungen und Entdeckungen und die erwachende Sexualität wird oftmals von einer starken Neugierde begleitet, dem Verlangen den neuentdeckten Trieben entgegenzukommen. Sicherlich ist Neugierde nicht falsch, aber sie facht häufig das Feuer der sexuellen Lust eines Jugendlichen an, der von Natur aus bestrebt ist, neue und andere Dinge auszuprobieren.

Die Suche nach der eigenen Identität

Bezeichnend für die Jugendzeit ist die Suche nach Identität, der Versuch zu entdecken »Wer bin ich und wo gehöre ich hin?«. Die Sexualität ist selbstverständ-

lich ein Teil dieser Mischung, aber leider werden einige Teenager, hervorgerufen durch begierdevolle Fantasien, zu Sklaven ihrer Ängste und Unsicherheiten.

Die Suche nach Nähe

Ebenso wie jeder andere Mensch, möchten Jugendliche geliebt werden. Sie benötigen die Erfahrung von Vertrautheit und Nähe zu anderen. Dieses natürliche Verlangen nach Intimität führt viele Jugendliche zu lustvollen Fantasien, vor allem diejenigen, die sich einsam, ungewollt und zurückgesetzt fühlen.

▼ Die Folgen

Weil es viele erhebliche Einflüsse gibt, die die heutige Jugend angreifbar für sexuelle Lust machen, darf man sie nicht als harmlose Erfahrung abtun. Die Folgen der Begierde sind ernsthaft und sollten verstanden werden, damit sie vermieden werden können.

Schuld

Begierde beinhaltet, wie jede andere Sünde auch, tatsächliche moralische Schuld als ein unumgängliches Resultat des Ungehorsams gegenüber Gott. Allerdings wird Begierde bei der betreffenden Person nicht zwangsläufig ein Schuldgefühl auslösen, es ist durchaus auch möglich, dass der überwältigende Eindruck von Unanständigkeit in einigen wächst oder in anderen ein quälendes moralisches Unbehagen (vgl. Kapitel 3, »Schuld«).

Geistlicher Tod

Collins schreibt:

> Begierde oder andere Formen nichtehelicher Sexualität werden in der Bi-

bel verurteilt und als Sünde beschrieben ... Wenn diese Art der sexuellen Unmoral, gleich so wie jede andere, fortgeführt wird, so stagniert mit Sicherheit das geistliche Leben und der Einfluss einer Person. Die Sünde muss bekannt und aufgegeben werden, wenn die betreffende Person geistliches Wachstum erwartet und den geistlichen Tod vermeiden möchte.[5]

Offene sexuelle Sünde

Wie bereits erwähnt wurde, ist Begierde »wahrscheinlich die Wurzel, aus der das eigentliche offenkundig sündige Sexualverhalten erwächst«.[6] Der Mensch, der an die Begierde in seinem Herzen gewöhnt ist und durch die häufige Ausübung anderer sexueller Sünden, gewährt dem Versucher Einlass. Einige nehmen an, dass die Sünde der Begierde immer den Sünden von Ehebruch, Unzucht und widernatürlichem Sexualverhalten vorausgeht; zumindest macht es einen jungen Menschen verstärkt angreifbar für derartig deutliche sexuelle Sünden.

Sucht nach Sexualität

Der Jugendliche, der es begierdevollen Gedanken und Gefühlen erlaubt, sich in seinem Kopf und seinem Herzen festzusetzen, steht in der Gefahr, Schritt für Schritt in die Abhängigkeit seiner Sexualität zu gleiten. Lustvolle Fantasien verstärken den Wunsch nach sexueller Erregung bis der junge Mensch abhängig von dieser Faszination ist und sich zusätzlich visuelle Reize durch Zeitschriften und Filme besorgt. Dann ist der Punkt erreicht, an dem, auf eine Ausbreitung von Gedanken und Verhaltensweisen mit sexuellem Inhalt, möglicherweise ein Abrutschen in den Gebrauch von Pornografie und in entsprechende Handlungen gefährlich wird (vgl. Kapitel 27, »Pornografie« und weitere Kapitel in diesem Teil des Buches über »Sexualthemen«).

▲ Die biblische Sicht

Jesus brachte Seine eigene »Stellungnahme« zur Begierde in der Bergpredigt heraus, als Er sagte:

> Ihr habt gehört, dass gesagt ist: Du sollst nicht ehebrechen. Ich aber sage euch, dass jeder, der eine Frau ansieht, sie zu begehren, schon Ehebruch mit ihr begangen hat in seinem Herzen.[7]

Jesus sagte nicht, dass Begierde das gleiche wie Ehebruch ist. Er sagte jedoch, dass Begierde – das Begehen von Ehebruch im Herzen, nicht mit dem Körper, eine sexuelle Sünde ist.

Collins überarbeitet in seinem Buch Christliche Sozialberatung einen Entwurf von vier Studenten der Trinity Evangelical Divinity School, der einige hilfreiche Perspektiven aufzeigt, die hier zum Problem der Begierde angewandt werden können:

- Gott machte den Menschen mit seiner Sexualität. Sexuelle Reize und Gefühle sind gut, nicht sündig.

- Da alle Menschen, männlich und weiblich, im Bilde Gottes geschaffen wurden, sollten wir höchste Achtung vor der Persönlichkeit eines jeden einzelnen haben. Menschen sollten geliebt und Dinge gebraucht werden. Einen Menschen zu gebrauchen, bedeutet ihn in seiner Persönlichkeit zu verletzen, da dieser zum Objekt erniedrigt wird.

- Christen müssen ernsthaft die Anwei-

sungen Gottes in Bezug auf das Ausdrücken ihrer Sexualität befolgen. Jedes Verhalten, dass gegen Gottes in
der Bibel geoffenbarten Willen ver-
stößt, ist Sünde. Die Bibel gibt uns viele deutliche und strenge Warnungen
über den Missbrauch von Sexualität:
Sprüche 5,1-20, Epheser 4,19.20, Kolosser 3,5, 1. Korinther 6,9-11. Noch
immer ist die körperliche Liebe im richtigen Zusammenhang gesehen eine
wunderschöne Angelegenheit.

- Gott möchte, dass Christen ein Leben
  in Heiligkeit führen. Es sollte eine Widerspiegelung seines vollkommenen
  Charakters sein. Das Leitmotiv im Leben jedes Christen sollte sein: »Tut alles zur Ehre Gottes!« (1. Kor. 10,31).

- Sexuelle Sünden – ob sie begierdevolle Handlungen oder Fantasien, sexuelle Erregungen, die eine andere Person hintergehen oder jede weitere Art
  außerehelichen Geschlechtsverkehrs
  sind – können vergeben werden, wenn
  derjenige in Reue zu Christus umkehrt. Gott möchte nicht, dass seine
  Kinder mit Schuld beladen sind. Großzügig vergibt er uns wegen unseres
  Glaubens an seinen Sohn und auf
  Grundlage seines Erlösungswerkes am
  Kreuz.

- Durch seinen Heiligen Geist ist Gott
  die Quelle, die die Kraft zur Leitung
  und Kontrolle unserer Sexualität gibt.
  Sexualität ist kein Trieb, der uns
  zwangsläufig versklaven muss. Statt
  dessen ist sie ein Verlangen, dem wir
  entweder verbotenerweise oder aber
  geistlich (in der Ehe) nachgehen können. Die Wahl liegt bei uns und Gott
  hilft uns auf unserem Weg, indem er
  uns immer wieder von falschen Einstellungen und Handlungen reinigt (1.
  Joh. 1,9; 1. Kor. 6,11).[8]

▶ Praktische Hilfen anbieten

Wie können Jugendleiter, Pastoren, Eltern oder Lehrer einem jungen Menschen, der mit der Sünde der Begierde
kämpft, helfen? Der Sieg darüber muss
auf jeden Fall mit Gebet eingeleitet und
fortgesetzt werden und er mag durch einen Plan wie den folgenden unterstützt
werden:

Zuhören. Collins sagt, dass das sensible
Zuhören »ein wesentlicher Ausgangspunkt für jede soziale Beratung ist, welcher manchmal vergessen wird, wenn wir
mit Sexualthemen konfrontiert werden«.
Er fährt fort:

Durch das Zuhören bekunden wir den
Wunsch zu verstehen und unsere Bereitschaft, dem Ratsuchenden mit seinem Problem zu helfen. Es ist völlig
angemessen, klärende Fragen zu stellen (sie sollen dazu beitragen, unser
Verständnis zu vertiefen und nicht unsere Neugierde befriedigen). Versuchen sie es zu vermeiden, Ratschläge
zu geben, ihre Meinung zum Ausdruck zu bringen oder eben ein »Be-
stürmen« ihres Gegenübers mit Bibel-
zitaten bis sie ein klares Bild der Pro-
blemlage haben.[9]

Helfende Fragen könnten sein:

- Wann wurde dies zuerst ein Problem
  für dich?

- War es besser oder schlechter zu bestimmten Zeiten?

- Wann (unter welchen Umständen)
  hast du am meisten damit zu kämpfen?

- Wann wurden diese Umstände zuerst ein Problem für dich?

- Hast du versucht, damit selbst zurechtzukommen? Wie hast du es angefangen und wie waren deine Ergebnisse?

- Wie hast du dich anschließend gefühlt?

Verständnis zeigen. Backus hebt die Notwendigkeit hervor, sich über seine eigenen sündigen Wünsche im Klaren zu sein, bevor wir jenen, die im Kampf mit ihren sexuellen Sünden stehen, hoffen helfen zu können. Er schreibt:

Man muss mit seinen eigenen, Gottes Norm entgegen laufenden Gefühlen, Gedanken, Fantasien und Wünschen in Berührung kommen. Ob sie sexueller Natur sind oder nicht. Aber sie sind auf jeden Fall sündig. Sei offen und ehrlich ihnen gegenüber … Lass dich durch den Heiligen Geist überführen und nimm die Vergebung Gottes an … Beinahe jeder hat in irgendeiner Form bereits Erfahrungen mit der Sünde der Begierde gemacht.[10]

Wenn wir aufrichtig mit unseren eigenen Sünden umgehen, kann es helfen, sich in einen jungen Menschen hineinzudenken und ihm durch Mitgefühl und Verständnis nahezukommen. Weise Eltern und interessierte Erwachsene benötigen es nicht ihre eigenen Kämpfe der Jugend mitzuteilen, werden sich aber darauf konzentrieren, die Belange des Jugendlichen anzugehen.

Bestätigen. Für einen Jugendlichen ist es wahrscheinlich schwierig, sich überhaupt auf eine Unterhaltung über lustvolle Gedanken und Gefühle einzulassen. Er oder sie fühlt sich mit Sicherheit befangen, schuldig, verlegen und vielleicht auch voller Scham. So ist es konsequenterweise für einen Erwachsenen, der den Wunsch hat zu helfen, wichtig, bestimmte Haltungen oder Verhaltensweisen zu vermeiden. Einige Beispiele:

- Vermitteln Sie keine Strafandrohungen, Schuldzuweisungen, Vorwürfe oder Enttäuschungen.

- Halten Sie dem Jugendlichen keine Predigten und seien Sie besonders vorsichtig mit der Formulierung »du solltest«.

- Seien Sie nicht herablassend oder bemitleidend (»Es tut mir so leid für dich«).

- Überreden oder drohen Sie dem Jugendlichen nicht.

Statt dessen sollte sich der interessierte Erwachsene eine Haltung aneignen, die dem Jugendlichen Sicherheit gibt. Nehmen Sie jede Gelegenheit wahr, dem Teenager Ihre Wertschätzung und Achtung zu vermitteln. Helfen Sie dem jungen Menschen zu erkennen, dass sexuelle Wünsche normal sind, dass sie besonders ausgeprägt in den Jugendjahren vorkommen und dass es vorrangig eine Herausforderung für Jugendliche ist, den Umgang mit ihrer Sexualität zu lernen, d.h. sie zu kontrollieren und zu lenken. Der besorgte Erwachsene sollte durch sein Verhalten dem Jugendlichen drei wesentliche Botschaften mitteilen:

- Du bist normal.

- Du bist wertvoll.

- Du bist geliebt.

Richtung weisen. Collins schreibt:

Die soziale Beratung ist immer dann besonders wirksam, wenn wir uns mit Einzelheiten befassen. Manchmal brauchen Ratsuchende Unterstützung durch umsetzbare Vorschläge hinsichtlich ... der Versuchung zu entfliehen ... Dabei ist es nicht hilfreich einen zu schnellen Ratschlag zu geben, ebenso schlecht ist es aber auch, konsequent einen unverbindlichen Ansatz aufrecht zu erhalten, der nur wenig praktische Wegweisung gibt und die klaren Lehren der Bibel ignoriert.[11]

Eltern, Pastoren, Lehrer oder Jugendleiter mögen sich durch einige der folgenden Hinweise zur Begegnung mit dem Problem der Begierde anregen lassen:

- Lenken Sie vorsichtig die Aufmerksamkeit hin zu einem christlichen Leben. »Gemeinschaft mit Gott«, sagt Erwin W. Lutzer, »ist die beste Vorbeugung gegenüber Begierde.«[12]

- Geben Sie Tips, wie man sich vor der Versuchung schützen kann. Vermeidung von eindeutigen Schaufensterauslagen und -werbung, Regale mit anzüglichen Illustrierten, bestimmte Fernsehsendungen und andere Dinge, Orte oder Menschen, die sexuelle Lust wecken. Wie Epheser 4,27 sagt: »... gebt dem Teufel keinen Raum!«

- Erinnern Sie an Bibelworte, um der Versuchung zu widerstehen (zum Beispiel Eph. 4,27; Jak. 1,14.15; Jak. 4,7; 1. Petr. 5,8.9; Hebr. 4,15.16; Hebr. 12,2).

- Stellen Sie Verantwortlichkeit beim Jugendlichen her. Es sollte eine Beziehung zu einer Vertrauensperson aufgebaut werden, die von Verantwortungsbewusstsein geprägt ist, um sich

wöchentlich zu treffen und folgende Fragen zu besprechen (wobei ehrliche Antworten notwendig sind):

- Wie sieht es in deinem christlichen Leben aus?

- Was ist mit deiner Gedankenwelt?

- Gibt es irgendeine Sünde in deinem Leben?

- Geben Sie dem Jugendlichen den Rat, sich das Beten zu einer Angewohnheit zu machen, wenn die Versuchung kommt. Die Versuchung wird kraftlos verschwinden, wenn sie sofort als solche erkannt und mit einem Gebet widerstanden wird.

- Suche Ablenkung. Aktive Ablenkung wie zum Beispiel kalte Duschen, Jogging oder Tennisspielen kann die Gedanken eines Menschen wirksam umleiten.

- Leiten Sie den Ratsuchenden an, Zeiten herauszufinden, in denen er angreifbar ist und entsprechend planen lernt. Wenn jemand zum Beispiel besonders häufig vor dem Zubettgehen mit sexueller Lust zu kämpfen hat, so könnten Kraftübungen oder einfach ein späterer Zeitpunkt für die Nachtruhe gewählt werden, damit die Person schnell einschläft und der Versuchung widerstehen kann.

- Wenn der junge Mensch scheitert, so ist es der richtige Weg, seine Begierde als Sünde zu bekennen, sie vor Gott zu bereuen und Ihn um Vergebung und für einen zukünftigen Sieg zu bitten.

Ziele setzen. »Denken Sie daran, dass Menschen immer am ehrlichsten antworten«, schreibt Collins, »wenn der Wunsch und die Motivation zu einer Veränderung aus ihnen selbst kommt. Statt den Ratsuchenden zu sagen, was sie zu tun haben, ermutigen Sie sie an verschiedene Vorgehensweisen zu denken, die ihnen helfen könnten. Zeigen sie Gefahren oder Probleme auf, die der Ratsuchende vielleicht nicht sieht und ermutigen Sie dann Engagement für eine Alternative zu zeigen, die nicht die biblischen Lehren verletzt. Falls solche Handlungsweisen keinen Erfolg zum Lösen oder Verringern des Problems zeigen, helfen Sie dem Ratsuchenden neue Alternativen zu finden und geben Sie weiterhin Beratung, Unterstützung und Ermutigung bis die Situation sich verbessert.«[13]

Hilfe von außen. Sein Sie aufmerksam, denn es besteht die Möglichkeit, dass dem Jugendlichen am Besten von einem professionellen christlichen Seelsorger geholfen werden könnte. Collins skizziert wieder einige hilfreiche Überlegungen:

Ein Weiterleiten des Ratsuchenden an einen christlichen Seelsorger sollte in Erwägung gezogen werden, wenn die Probleme des jungen Menschen sich als komplizierter erweisen und Sie sie selbst nicht mehr handhaben können – wenn die sexuellen Probleme von erheblichen Depressionen und/oder Ängsten begleitet werden, wenn eine große Schuld oder Selbstverurteilung besteht, wenn extreme Verhaltensstörungen oder Schwierigkeiten im Denken des Ratsuchenden vorhanden sind, wenn der Ratsuchende zu erschüttert oder zu verlegen ist, die Beratung weiter fortzuführen oder er

eine starke und fortdauernde sexuelle Anziehung gegenüber dem Seelsorger verspürt.[14]

Da es der Jugendliche wahrscheinlich nur schwerlich akzeptieren wird mit seinem Problem weitergeleitet zu werden, sollte ihm der Jugendleiter oder der Berater zeigen, dass es nach seiner Ansicht die beste Vorgehensweise für die Interessen des Ratsuchenden ist.

In diesem Kapitel zitierte Bibelstellen

- Jakobus 1,14.15
- Matthäus 5,27.28
- Sprüche 5,1-20
- Epheser 4,19.20
- Kolosser 3,5
- 1. Korinther 6,9-11; 10,31
- 1. Johannes 1,9
- Epheser 4,27
- Jakobus 4,7
- 1. Petrus 5,8.9
- Hebräer 4,15.16; 12,2

Weitere hilfreiche Bibelstellen zum Thema

- 1. Mose 39,1-12
- Sprüche 6,20-32
- 1. Thessalonicher 4,3-7
- 1. Petrus 4,1-7
- 1. Johannes 2,15-17

Selbstbe-
friedigung

◆ Einführung

Craig hat niemals jemandem von seinem Geheimnis erzählt.

Es hatte im Alter von dreizehn oder vierzehn Jahren begonnen und es kam ihm fast wie ein Unfall vor. Craig hatte eine »dreckige Illustrierte« unter seiner Bettdecke versteckt und schaute sich die Bilder mit Hilfe seiner Taschenlampe an, als er sich plötzlich eines neuen Gefühls, einer seltsamen Empfindung bewusst wurde, es fühlte sich gut und beängstigend zugleich an. Einen Augenblick später bemerkte er eine weitere Empfindung.

Zunächst tat es ihm leid, dass das Bett feucht war. Als er merkte, dass es nicht das war, was er dachte, erschrak Craig. Er fürchtete sich, dass etwas falsch gelaufen sei mit ihm; er war sogar ein wenig ängstlich sich Schlafen zu legen, da er dachte, es könnte wieder passieren. Er wusste nicht, was er tun sollte. Aber er war sich im Klaren, dass er seinen Eltern nichts davon erzählen konnte.

In den nächsten Monaten und Jahren wurde Selbstbefriedigung zu einer Gewohnheit für Craig. Es machte ihm Spaß und er plante es geradezu, indem er sich vorsichtig heimlich an einen stillen Ort zurückzog, an dem niemand sein Geheimnis entdecken konnte. Er wusste, dass die Jungen in seiner Klasse sich über ihn lustig machen würden, da sie die ganze Zeit über solche Dinge sprachen. Als Craig in die höheren Klassen kam, wurde sein Verhalten zu einem Zwang. Den ganzen Tag über dachte er daran. Selbst die geringste Erregung brachte ihn dazu, sich selbst zu befriedigen – wie ein Drogensüchtiger, der sich nach dem nächsten Schuss sehnt.

Er versuchte sich einzureden, dass nichts Falsches an seinem Geheimnis sei, fühlte sich aber manchmal sehr dreckig und schuldig, so dass er es kaum aushalten konnte. Und er wusste, dass er vor Scham sterben würde, wenn jemals ein anderer herausfinden sollte, was er tat, wenn er allein war.

● Das Problem

Selbstbefriedigung – was Gary R. Collins »die Erregung der eigenen Geschlechtsorgane bis zum Orgasmus«[1] nennt – ist ein weitverbreitetes Problem bei Jugendlichen. Es werden unter Teenagern Späße darüber gemacht, man flüstert und sorgt sich deswegen.[2] Außerdem wird sie in einem Ausmaß praktiziert über das Viele verblüfft wären.

Studien zeigen, dass die meisten jungen Leute wenigstens während eines Zeitraums ihrer Jugend sich selbst befriedigt haben. Obwohl die Stichhaltigkeit seiner berühmten Studie in Frage gestellt wurde, berichtet Alfred Kinsey, dass 93 % der befragten Männer und 62 % der Frauen einräumten, sich selbst befriedigt zu haben. Eine neuere Studie, die von zwei Soziologen der Universität von Chicago und einem wissenschaftlichen Autor der New York Times durchgeführt wurde, stellte heraus, dass jeder 3,432te Amerikaner im Alter von 18 bis 59 – und davon 60 % Männer und 40 % Frauen – in den vergangenen Jahren Selbstbefriedigung ausübte.[3] Und einer der Autoren dieser Studie (zusammen mit einem Kollegen) berichtete, dass in einer Studie von 1967 90 % der Männer und 48 % der Frauen angaben, sich während ihrer High-School-Zeit selbst befriedigt zu haben.

Während das Problem der Selbstbefriedigung sicherlich nicht nach der Jugendzeit verschwindet, scheint die Ausübung hauptsächlich unter Jugendlichen verbreitet und dies besonders bei männlichen Jugendlichen (Dr. Gary Collins meint »die Häufigkeit der Selbstbefriedigung nimmt nach dem Jugendalter und nach der Heirat ab«[4]). Dr. G. Keith Olson, Autor des Buches Soziale Beratung von Jugendlichen, erklärt:

Mit dem Einsetzen der Pubertät ist der männliche Jugendliche zum Ejakulieren fähig und normalerweise wird von diesem Zeitpunkt an auch die Selbstbefriedigung praktiziert, umso zu einem Orgasmus zu gelangen. Nächtliche Samenergüsse und Masturbation sind zusammen die beiden häufigsten Möglichkeiten, die heranwachsende Jungen haben, um ihre schnell aufgebauten sexuellen Spannungen loszuwerden, da heterosexueller Genitalverkehr keine erlaubte sexuelle Entlastung bringen kann.

Selbstbefriedigung ist eher eine Angelegenheit für männliche Jugendliche als für Mädchen. Dafür gibt es zwei Gründe. Erstens haben Mädchen am Anfang und in der Mitte der Pubertät typischerweise keine starken Bedürfnisse nach genitalem Verkehr. Ihre sexuelle Erregung wird in einer längeren Phase durch Zärtlichkeit und liebevolles Umarmen befriedigt. Stärkere Empfindungen von genitaler Erregung beginnen durch intensives Petting und Vorspiel sowie besonders durch Geschlechtsverkehr heranzureifen. Ein zweiter Grund dafür, dass Selbstbefriedigung weniger von Mädchen ausgeübt wird, besteht in ihren größeren Vorbehalten. Noch bis vor kurzem galt Masturbation bei Frauen als abnorm.[5]

Selbstbefriedigung ist ein Gegenstand, der zu großer Verwirrung und zu Konflikten unter Teenagern beiträgt und ein Anlass, der zu vielen Diskussionen und Meinungsverschiedenheiten zwischen Christen führt. Einige verurteilen sie unmissverständlich als Sünde; andere sagen, dass sie »Gott nicht sehr widersprechen würde«.[6] Einsichtige Eltern, Pastoren, Lehrer und Jugendleiter sollten sich dem Problem vorsichtig nähern und nach einem Verständnis für Gründe und Folgen suchen – ebenso wie nach der biblischen Sichtweise des Problems – bevor sie versuchen, dem jungen Menschen zu helfen, der in diesem Bereich zu kämpfen hat.

◄ Die Ursachen

Die Pubertät ist eine Zeit von enormen physischen und emotionalen Aufbrüchen im Leben eines Menschen. Die Veränderungen, auf die alle Jugendlichen treffen, überraschen und verwirren sie sehr häufig. Zudem sind die meisten jungen Menschen schlecht vorbereitet, diese Umwälzungen zu verstehen und mit ihnen umzugehen. Während dies auf alle Jugendlichen zutrifft, gibt es einige Faktoren, die die Selbstbefriedigung für einige junge Leute zu einem größeren Problem macht.

Körperliche Veränderungen

Manche Jugendliche scheinen die körperlichen Veränderungen in der Pubertät früher und intensiver als andere zu erfahren. Die Autoren Barry St. Clair und Bill Jones beschreiben diese sich verändernden Gefühle »mit dem Kühler eines Autos. Je mehr die Hitze im Motor aufsteigt, desto stärker wächst der Druck im Kühler, bis er schließlich explodiert.«[7] Der Druck und das Verlangen, dass viele Jugendliche dazu führt, sich selbst zu befriedigen, ist ein natürlicher und normaler Teil des Heranwachsens.

Ungesunde und unaufgeklärte Ansichten über Sexualität

Einige Teenager wurden unter dem Gesichtspunkt aufgezogen, ihrem Körper keine Aufmerksamkeit zu schenken – insbesondere was das Bewusstsein der eigenen Sexualität betrifft –, da sie als »böse« abqualifiziert wurde. Ihre Eltern haben ihnen vielleicht einen Klaps auf die Hände gegeben, wenn sie früher als Kleinkind ihre Genitalien erforschten oder sie vermieden jegliche Unterhaltung über pubertäre Inhalte. Eventuell haben Vater und Mutter auch ihre Einstellung, dass Sexualität grundsätzlich etwas »Dreckiges« und »Pervertiertes« ist, auf das Kind übertragen oder die jungen Leute haben diesen Eindruck irgendwo anders eingeprägt bekommen. Aber eine ungesunde und/oder unaufgeklärte Sichtweise von Pubertät und Sexualität führt Teenager unvorbereitet in das Spannungsfeld ihrer sexuellen Bedürfnisse und Triebe, denen sie zwangsläufig ausgesetzt sind.

Gerüchte und Verschwiegenheit

Abschließend müsste man noch erwähnen, dass Gerüchte und Heimlichtuereien, die mit dem Thema Selbstbefriedigung immer verwoben sind, viele junge Menschen dazu führen, ihre sexuellen Bedürfnisse und Spannungen, die sie häufig zur Masturbation veranlassen als etwas »Seltsames«, »Verdorbenes« oder »Erbärmliches« anzusehen. Konsequenterweise vermeiden es Jugendliche, sich den Eltern, Freunden oder Jugendmitarbeitern mit ihren Kämpfen anzuvertrauen – und dies zu einer Zeit, in der man schlecht ausgerüstet ist, solche Dinge selbst zu verarbeiten.

Während viele Christen die Selbstbefriedigung als eine harmlose Methode der sexuellen Entlastung ansehen, erfordern die möglichen Folgen dieser Verhaltensweise trotzdem ernsthafte Überlegungen.

▼ Die Folgen

Lange Zeit flüsterte man unter Jugendlichen, dass Selbstbefriedigung unter anderem auch zu Wahnsinn und Erblindung führen würde. Einige bestehen darauf, dass es die Ursache für Gesichtsakne oder Haarausfall ist. Andere behaupten, dass Geisteskrankheit, Tuberkulose und Epilepsie damit zusammenhängen. Diese Behauptungen sind natürlich falsch. Die wirklichen Folgen von Selbstbefriedigung sind viel weniger dramatisch (doch vielleicht genauso schädlich).

Schuld

Die bereits zitierte Studie der Universität von Chicago und der New York Times berichtet, dass über die Hälfte der Männer und Frauen, die angaben, sich selbst schon einmal befriedigt zu haben, auch ein Schuldgefühl dabei empfanden. Obwohl Olson Masturbation nicht zwangsläufig als Sünde ansieht, meint er: »Die starken Gefühle von Schuld und Angst, die die Selbstbefriedigung begleiten, verursachen vielen Jugendlichen Probleme«[8] (vgl. Kapitel 3, »Schuld« und Kapitel 2, »Angst«).

Zwangsvorstellungen

»Einige junge Leute«, sagt Dr. Jay Adams, »sind derart in dem Problem der Selbstbefriedigung verstrickt, dass sie nur schwerlich an etwas anderes denken können als den ganzen Tag über nur an Sexualität.« Er führt weiter aus:

Und je häufiger sie Selbstbefriedigung ausüben, umso mehr werden sie sich darauf verlassen und je stärker sie es wollen, desto öfters werden sie es auch tun. Und je öfters sie es tun, umso mehr sind sie darin gefangen. Sie haben sich in einem großen Teufelskreis verstrickt. Selbstbefriedigung kann eine solch eiserne Kontrolle über sie gewinnen, dass sie ihnen die Energie

nimmt, ihre Gedanken zum Lernen blockiert und sie statt dessen auf Sexualität lenkt, wo immer sie gerade sind und mit wem sie gerade Kontakt haben.[9]

»Zwanghaftes Verhalten entwickelt sich durch Selbstbefriedigung und sexuelle Phantasien«, schreibt Dr. James Oraker, »es wirkt seelisch zerstörend, weil es einen Menschen weiter und weiter von der Realität entfernt, bis die Wahrheit selbst fremd für ihn wird.«[10]

Ichbezogenheit

St. Clair und Jones schreiben:

Kontrolle ist eine Fähigkeit, mit der man es verhindern kann, sich selbst zu gefallen, um statt dessen einer anderen Person Freude zu bereiten. Masturbation macht nur einem Menschen Freude – dir selbst. Paulus schreibt Timotheus, dass es eine große Belastung mit sich bringt, wenn die Menschen »selbstsüchtig sein« werden und »mehr das Vergnügen liebend als Gott« (2. Tim. 3,2.4). Selbstbefriedigung ist eine völlig auf sich selbst bezogene Handlung und schafft weitere Ichbezogenheit.[11]

Herabsetzung anderer Personen zu Objekten

Da in die Selbstbefriedigung so häufig Vorstellungen und Fantasien mit einbezogen sind, kann es dazu führen, dass Menschen in ihrem Wert zu Dingen herab gestuft werden. Wenn die Selbstbefriedigung aus einem Menschen ein Objekt macht, das benutzt wird, um einen Orgasmus zu erzielen, hat ein gefährlicher und zerstörerischer gedanklicher Prozess begonnen. Randy Alcorn schreibt:

Masturbation kann eine zwanghafte und versklavende Gewohnheit werden, die das Feuer der sexuellen Lust anfacht und dadurch selbst angefacht wird und Menschen auf den Stand eines Objektes der Begierde herabsetzt. Sie kann sich in einer zwanghaften Sucht nach Pornografie verstricken und zu zunehmend perversen Fantasien und Wünschen führen – und eventuell zum Hass gegen das andere Geschlecht auswachsen.[12]

Geringes Selbstwertgefühl

Selbstbefriedigung – und die Kontrolle, die sie auf einen Menschen ausüben kann – ist einer von vielen Faktoren, der auf das Selbstwertgefühl eines Teenagers hemmend wirkt und es geradezu schwinden lässt, wenn er damit beschäftigt ist, seine Identität zu entwickeln. Jugendliche, die von der Selbstbefriedigung gefesselt sind, hassen manchmal nicht nur ihr Handeln, sondern sich selbst; sie sind beschämt über das was sie tun, fühlen sich unfähig, ihre Triebe zu beherrschen und das Selbstbild ist häufig durch ihr geheimes Verhalten beschädigt worden (vgl. Kapitel 6, »Geringe Selbstachtung«).

▲ Die biblische Sicht

Die Bibel stimmt der Ausübung von Selbstbefriedigung weder zu noch verurteilt sie sie. Eigentlich wird sie nicht einmal erwähnt. Einige Passagen wurden in der Vergangenheit als Darstellung und Verdammung interpretiert (wie z.B. 1. Mose 38,4-10, wo Onan für den Ungehorsam gegenüber Gott verurteilt wird und es ablehnt anstatt seines toten Bruders Kinder zu zeugen), aber diese Bibelstellen sprechen in Wirklichkeit Homosexualität und andere Formen von Un-

gehorsam und Unmoral an (siehe z.B. Röm. 1,24, 1. Kor. 6,9 und 1. Thes. 4,3).

St. Clair und Jones bieten hilfreiche Einblicke zum Unterscheiden von natürlicher sexueller Entlastung und Selbstbefriedigung. Sie erklären:

Wenn sich eine Person in der Pubertät befindet, reift ihre Sexualität heran … Daraus resultieren starke sexuelle Gefühle und Spannungen.

Viele Jungen machen die Erfahrung von nächtlichen Samenergüssen, die oft als »feuchte Träume« bezeichnet werden … Samenflüssigkeit kann durch den Penis ausströmen während der Junge schläft … Wird das Sperma nicht durch Selbstbefriedigung oder durch Geschlechtsverkehr ausgeschieden, so sind nächtliche Samenergüsse unvermeidbar.[13]

Die Bibel spricht diese »feuchten Träume« in 3. Mose 15,16 an:

Und wenn einem Mann der Samenerguss entgeht, dann soll er sein ganzes Fleisch im Wasser baden und er wird bis zum Abend unrein sein.

Und in 5. Mose 23,10-12 wird Folgendes berichtet:

Wenn du gegen deine Feinde ins Kriegslager ausziehst, dann sollst du dich vor allem Bösen hüten: Wenn ein Mann unter dir ist, der durch einen Zufall der Nacht nicht rein ist, dann soll er nach draußen vor das Lager hinausgehen. Er darf nicht ins Lager hineinkommen. Und es soll geschehen, beim Anbruch des Abends soll er sich im Wasser baden und beim Untergang der Sonne darf er wieder ins Lager kommen.

Man dachte einst, dass diese Passagen

sich auf die Selbstbefriedigung beziehen würden. Mittlerweile hat man aber erkannt, dass es Anspielungen auf nächtliche Samenergüsse sind, eine unvermeidbare Reaktion einer natürlichen Körperfunktion, die von dem Menschen nicht kontrolliert werden kann. Selbstverständlich ist nichts Sündiges an diesen Absonderungen. Es ist nicht die physische Entlastung, die durch Masturbation hervorgerufen wird. Sexuelle Entlastung ist an sich nicht falsch, denn etwas Ähnliches geschieht unschuldig bei Samenabsonderungen in der Nacht. Es ist die sexuelle Begierde, die oft den Akt der Selbstbefriedigung ermöglicht und es somit zu einem falschen Verhalten werden lässt. Dr. Jay Adams greift heraus, dass »hinter der Masturbation eines jungen Kindes nur die Neugierde des Entdeckens steht, aber über kurz oder lang kann es in eine Faszination von Vorstellungen über sexuelle Beziehungen mit erdachten Partnern hineingezogen werden«.[14]

Wenn sich dies ereignet – und in die Selbstbefriedigung Fantasien von verbotenen Sexualhandlungen entwickelt werden – ist es sündig, da Begierde Sünde ist[15] (vgl. Kapitel 25, »Begierde«).

▶ Praktische Hilfen anbieten

Eltern oder andere Erwachsene mögen glauben, dass es einige Gelegenheiten zum Gespräch mit Jugendlichen über das Thema der Selbstbefriedigung gibt. Wie dem auch sei, manchmal müssen diese Gelegenheiten aber erst geschaffen werden. Ist das Thema nicht schon vor der mittleren Pubertätsphase angeschnitten worden, besteht jegliche Möglichkeit (insbesondere im Fall von männlichen Jugendlichen), dass der junge Mensch bereits mit der Selbstbefriedigung zu kämpfen hat. Die folgenden Umrisse mögen Eltern, Pastoren, Lehrern und Jugendleitern helfen mit dem Thema sensibel und effektiv umzugehen:

Zuhören. Laden Sie den jungen Menschen ein, offen und ehrlich über seine sexuellen Bedürfnisse und Kämpfe zu sprechen. Sichern Sie dem Jugendlichen Vertraulichkeit zu. Anfangs sollten Sie reden, um Ihrem Gegenüber das Sprechen leichter zu machen, aber drücken Sie niemals Bestürzung, Empörung, Verurteilung oder Abscheu aus. Stellen Sie geschickte Fragen, um sich hilfreiche Informationen zu beschaffen (Wie lange kämpfst du schon damit?), nicht aber zur Befriedigung ihrer Neugier.

Verständnis zeigen. Es ist sehr einfach für Eltern und andere Erwachsene, ihre eigene Pubertät zu vergessen und die Kämpfe der Jugendlichen, die diese aushalten müssen, herabzusetzen. Während die Selbstbefriedigung nach der Pubertät meist nachlässt, bleiben sexuelle Wünsche und Leidenschaften. Erinnern Sie sich Ihrer eigenen Schwachheit und Ihrer Kämpfe auf diesem Gebiet und gebrauchen Sie sie, um eine mitfühlende Sicht der Schwierigkeiten von Jugendlichen zu gewinnen. Versuchen Sie zu verstehen, dass Teenager wahrscheinlich verlegen sind, solche Dinge mit einem Erwachsenen zu besprechen und noch stärker, wenn sie sich in ihrer Sexualität und dem eigenen sexuellen Verhalten nicht wohl fühlen. Ein sensibler Erwachsener (des gleichen Geschlechts wie der junge Mensch) kann eine einfühlsame Wärme vermitteln, indem er:

• sich dem Jugendlichen direkt gegenüber befindet (wenn Sie zum Beispiel das Gespräch im Büro führen, kommen Sie ruhig hinter Ihrem Schreibtisch hervor);

- sich in seinem Stuhl nach vorne beugt und somit Interesse mitteilt;

- sein Gegenüber in angemessener Weise berührt (eine tröstende Berührung des Armes zum Beispiel oder das Legen einer Hand auf die Schulter);

- Blickkontakt aufnimmt, ohne den Ratsuchenden anzustarren oder die Augen im Raum umherschweifen zu lassen;

- die Aussagen des jungen Menschen durch seine eigenen Worte widerspiegelt: »Du fühlst dich ...« oder »Es hört sich so an als wolltest du sagen ...«;

- geduldig wartet, wenn ein Schweigen einsetzt oder Tränen fließen.

Bestätigen. Jugendliche, die mit ihrer Sexualität zu kämpfen haben, können wahrscheinlich sich selbst, ihre Erscheinung und ihre Wünsche nicht akzeptieren. Sie hassen vielleicht ihre sexuellen Gefühle oder gar sich selbst. Sie brauchen es, dass man ihnen wiederholt Wertschätzung zuspricht und sie in ihrem Normalsein bestätigt.

- Aussagen, wie die folgenden, können einem mit Problemen kämpfenden Jugendlichen Sicherheit geben:

- Du kämpfst nicht allein, andere haben die gleichen Probleme.

- Deine Gefühle sind ganz normal.

- Schon dass du darüber mit mir sprichst, zeigt beachtlichen Mut.

- Ich mag es wie du ...

- Ich habe dich gern.

Richtung weisen. »Das Ausüben von Selbstbefriedigung kann verringert werden«, schreibt Collins, »und zwar durch das Gebet und einem ernsthaften Willen, dem Heiligen Geist die Kontrolle zu überlassen. Weiterhin ist es hilfreich sich an Aktivitäten, auch mit anderen, zu beteiligen, die von Dingen (z.B. erotische Bilder und Erzählungen) fernhalten, welche die sexuelle Erregung fördern; eine Praxis zu entwickeln, die das Verweilen bei schädlichen sexuellen Phantasien verhindert und es zu erkennen, dass Sünde (einschließlich Begierde) vergeben wird, wenn sie mit Aufrichtigkeit und Bedauern bekannt wird.«[16]

Sie sollten es versuchen, den Jugendlichen geschickt und sensibel zu einer Strategie anzuleiten, die am hilfreichsten für seine oder ihre spezielle Situation erscheint. Die folgenden Ausführungen sind, aufgrund eines vorgeschriebenen Zehnstufen-Plans zum Gespräch über Selbstbefriedigung von St. Clair und Jones, überarbeitet worden:

- Sei ehrlich gegenüber Gott. Erkenne, dass begierdevolle Gedanken, die dich zur Selbstbefriedigung bringen, für Gott Sünde sind. Sei aufrichtig, was deine Sünde betrifft und bitte um Reinigung.

- Setze eine Markierung. Diese »Markierung« soll dir als ein festes Startzeichen auf einem neuen Weg dienen. Entscheide dich dafür, Gott mehr Freude machen zu wollen als dir selber und dafür dem Bibelwort »wandelt im Geist und ihr werdet die Begierde des Fleisches nicht erfüllen« (Gal. 5,16) zu folgen.

- Suche die Kraft Gottes. Du musst erkennen, dass du diesen Kampf nicht mit deiner Kraft gewinnen kannst. Nur der in dir lebende Geist Gottes kann deine Wünsche und Gewohnheiten verändern. Fange an eine regelmäßige und beständige »Stille Zeit« mit Gott an jedem Tag zu haben.

• Verändere deine Gedanken. Bei diesem Problem musst du Gott bitten, deine Gedanken und deinen Sinn zu ändern. Und Gottes Weg dies zu tun, ist es, dich in die Gedanken der Bibel, in Seine Gedanken einzuführen. Er möchte, dass Seine Gedanken zu deinen werden. Lies jeden Tag ein Kapitel in der Bibel und präge dir wöchentlich einen Vers ein.

• Trainiere deine Blicke. Lenke deine Augen von allem weg was dich sexuell anregt. Es ist offensichtlich, dass du nicht in einem Kloster leben kannst, so dass du auf jeden Fall sexuell stimulierende Dinge sehen wirst. Aber halte deinen Blick nicht darauf gerichtet, ganz besonders was pornografische Bilder und Filme betrifft.

• Versuche deinen Körper zu kontrollieren. Fühlt sich dein Körper so an als würde er gleich explodieren, wenn es nicht zu einer Entlastung der sexuellen Spannung kommt, dann versuche ihn durch Kraftübungen zu beherrschen, diene anderen Menschen oder lenke dich durch sportliche Aktivitäten ab (z.B. Mountain-Bike fahren oder Basketball spielen).

• Vertraue dich einem Freund an. Suche dir eine geistlich reife Person deines Geschlechts, die dich in die Verantwortung nimmt. Sie sollte dich regelmäßig fragen, ob du es geschafft hast, die Begierde zu meiden.

• Vermeide es, dich in verfängliche Situationen zu begeben. So solltest du keinen zweiten Blick auf eine aufreizend gekleidete Person werfen und Illustrierten und Fernsehsendungen, die dich sexuell anregen, aus dem Weg gehen. Sei auf der Hut, wenn du alleine bist, ganz besonders dort, wo es leicht ist versucht zu werden.

• Mache trotz Niederlagen weiter. Lass dich nicht entmutigen, wenn du scheiterst. Es hat Zeit gebraucht, um sich diese Angewohnheit anzueignen und du wirst ebenso Zeit benötigen, um von ihr wieder wegzukommen. Wenn du fällst, bleibe nicht am Boden liegen, sondern stehe auf und schüttele den Staub von deinen Kleidern, indem du sofort deine Sünde bekennst und die Vergebung Gottes im Glauben in Anspruch nimmst. Doch nimm Fehlschläge nicht leichtfertig.

• Erwarte den völligen Sieg. Du musst nicht sündigen. Du darfst den »Kühler« sich nicht überhitzen lassen. Wenn du dich Gott zu Verfügung stellst (anstatt der Sünde als einem Instrument der Verderbtheit), werden deine sexuellen Energien verwandelt und du wirst zu einem kraftvollen Mann oder einer kraftvollen Frau für Gott. Vertraue dem Herrn. Gehorche Ihm. Er wird dir den Sieg schenken.[17]

Ziele setzen. Versuchen Sie den Jugendlichen dazu zu bewegen, seinem Problem aktiv entgegenzutreten und helfen Sie ihm einen speziellen Plan zu entwerfen, der durch Handlungsschritte komplettiert wird, die ihm als Programm oder Verhaltensmuster dienen können. Wenn zum Beispiel seine heftigsten Kämpfe mit der Selbstbefriedigung nach dem Zubettgehen, aber noch vor dem Einschlafen auftreten, sollte er sich dazu entschließen, Krafttraining auszuführen oder etwas später ins Bett zu gehen, damit er schneller einschläft. Lassen sie den jungen Menschen eigene Ideen zum Trainingsprogramm beitragen, die sich zu einem Gefühl der Bewältigung, des Vertrauens und der Belohnung zusammenfügen, wenn sich Fortschritte einstellen.

Hilfe von außen. In sexuellen Angelegenheiten ist es besonders entscheidend, dass ein Erwachsener des gleichen Geschlechts dem Ratsuchenden beisteht und ihn berät (wenn zum Beispiel eine Lehrerin sich mit den Problemen eines jungen Mannes beschäftigt, sollte sie einen Kollegen mit ins Vertrauen ziehen, der ihm Beratung anbieten kann). Einem Jugendlichen anderen Geschlechts Beratung anzubieten, ist für beide Seiten eine gefährliche Vorgehensweise. Außerdem werden kluge Eltern sich der Tatsache bewusst sein, dass sexuelle Probleme besonders schwerwiegend sein können und vielleicht später einer möglichen Ehebeziehung schaden, wenn sie nicht frühzeitig und wirkungsvoll angegangen werden. Seien Sie sich der eventuellen Notwendigkeit bewusst, das Problem weiterleiten zu müssen, wie Collins anregt:

> Ein Weiterleiten des Jugendlichen sollte in Erwägung gezogen werden, wenn sich während der Beratung die sexuellen Probleme als komplizierter herausstellen und der Ratgeber nicht mehr mit ihnen umgehen kann. Dies könnte bei erheblichen Depressionen, vehementen Ängsten, großer Schuld, Selbstverdammung oder bei einer extremen Verhaltens- und Denkstörung des Ratsuchenden der Fall sein. Auch wäre es ein Grund, das Problem weiterzugeben, wenn der Ratsuchende zu erschüttert oder zu verlegen ist, die Beratung weiter fortzuführen oder er eine starke und fortdauernde sexuelle Anziehung gegenüber dem Seelsorger verspürt.[18]

In diesem Kapitel zitierte Bibelstellen

- 2. Timotheus 3,2.4

- 1. Mose 38,4-10

- Römer 1,24

- 1. Korinther 6,9

- 1. Thessalonicher 4,3

- 3. Mose 15,16

- 5. Mose 23,10-12

- Matthäus 5,27.28

- Galater 5,16

Weitere hilfreiche Bibelstellen zum Thema

- Hiob 31,1

- Sprüche 6,20-32

- Philipper 4,8

- 1. Thessalonicher 4,3-7

- 1. Johannes 2,15-17

27

Pornografie

Einführung

Der elfjährige Mark war bei seinem Freund Tim zum Übernachten geblieben, als der ihm von dem Stapel Magazine erzählte, den er im Keller entdeckt hatte. An jenem Tag verbrachten sie mehrere Stunden mit dem Durchstöbern von Hochglanzmagazinen, die Bilder von Frauen in verschiedensten Posen zeigten, teils halbnackt, teils nackt. Mark hatte solche Bilder noch nie gesehen und später stellte er fest, wie oft er an Tims Magazine zurückdenken musste. In den folgenden Monaten ergriff er jede Gelegenheit seinen Freund zu besuchen und wieder in dem Stapel mit den Fantasiebildern zu stöbern.

Er und Tim spielten immer noch Basketball zusammen. Sie fuhren immer noch mit dem Fahrrad von ihren Elternhäusern hin und her. Sie lasen immer noch zusammen Comics. Doch kam dies alles wesentlich seltener vor als bisher, denn wann immer es ihnen möglich war, widmeten sie sich den Magazinen in Tims Keller.

Über die nächsten paar Jahre nahm Marks Interesse an einem derartigen Zeitvertreib zu. Er und Tim machten sich über die Videosammlung von Tims Vater her und entdeckten einen Weg, wie sie sich von den besten Bändern Kopien anfertigen konnten, die Mark dann auf dem Speicher versteckte. Dann stieß Mark eines Tages unerwartet auf eine Goldmine.

Marks Eltern hatten einen Computer mit Online-Anschluss und Mark »tratschte« des öfteren mit Freunden in einem sogenannten »chat-Room« – einem virtuellen »Tratsch-Raum« – im Computernetz. Eines Tages wählte er sich in den Online-Dienst ein und entdeckte eine Email an ihn von einem Fremden. Die Botschaft enthielt eine seltsame Datei sowie Anweisungen, wie man diese Datei herunterladen und öffnen könnte. Er folgte diesen Anweisungen und schon bald erschien auf dem Bildschirm eine Ansammlung von zehn Fotos, die Männer und Frauen bei verschiedenen Formen von hetero- und homosexuellem Geschlechtsverkehr zeigte.

Mark speicherte die Bilder und erfuhr von dem Absender der Email, wo er auf dem Internet derartige – und noch perversere – Fotos, Geschichten und Videoclips finden könne. Mit seinem Freund Tim tauschte er das Material aus und damit begannen die beiden, einen anderen »Stapel« von Pornos anzulegen – die Festplatten und Verzeichnisse der Computer ihrer Eltern.

Was bei Mark mit 11 Jahren als »harmloses« Spiel anfing, war an seinem 13. Geburtstag bereits zur Sucht geworden. Und als Mark 14 war, führte seine Leidenschaft zu seinem Verschwinden. Später fand man heraus, dass Mark von einem Online-Freund zu einem Live-Treffen überredet worden war, von dem er niemals zurückkam.

● Das Problem

Pornografie – »die bildliche Darstellung von Geschlechtsverkehr oder Geschlechtsorganen zwecks finanziellem Gewinn oder Bezahlung«[1] – ist eine viele Milliarden Dollar schwere Industrie und umfasst pornografische Magazine und Literatur. Erwachsenenkinos und Videotheken, Nachtbars und Peepshows, »Telefonsex« und »Computersex«. Der Jahresumsatz durch derartige Produkte und Angebote wird auf mehr als acht bis zwölf Milliarden Dollar geschätzt, Tendenz steigend.[2] Pornografie ist so weit verbreitet, das eine Untersuchung durch ein staatliches Komitee in den USA ergab: »In den USA gibt es mindestens drei mal so viel Pornoläden wie McDonald-Restaurants.«[3]

Pornografie beschränkt sich nicht auf die Softsex-Bilder in Zeitschriften wie Playboy oder Penthouse; der Großteil der Pornografie ist wesentlich schärfer, perverser und skurriler als man sich vorstellen kann.

Eine Studie aus dem Jahr 1995 über Online-Pornografie, die von einem Forscherteam an der Universität von Pittsburgh durchgeführt wurde, fand annähernd eine Million sexuell eindeutiger Bilder, Titel, Geschichten und Videoclips.

Die Studie zeigte ein Überwiegen von Beispielen von Pädophilie (Pornografie mit Kindern als Darsteller), Hebephilie (Pornografie mit Jugendlichen) und Paraphilie (andere sexuell-skurrile Darstellungen wie Sadismus, Masochismus, Urinieren, Defäkation, Sodomie und Bestialität).

Derartiges Material wird nicht nur von Erwachsenen erworben, heruntergeladen und angesehen; eine erschreckende Anzahl von Kindern und Jugendlichen sind ebenfalls solchen Darstellungen ausgesetzt:

Bei einer aktuellen Studie von Dr. Jennings Bryant wurden 600 Jungen und Mädchen im Junior-Highschool-Alter [ca. 6. – 8. Klasse] und darüber bezüglicher ihrer … »bisherigen Erfahrung mit Pornografie« befragt. Bryant stellte fest, dass 91 % der Jungen und 82 % der Mädchen angaben, scharfe Hardcore-Pornografie gesehen zu haben.[4]

Und Jugendliche aus christlichen Gemeinden und Elternhäusern haben in einem beunruhigenden Maß mit Pornografie zu tun. Eine Umfrage unter 3 765 Jugendlichen aus christlichen Gemeinden (veröffentlicht in dem Buch »Glauben ohne Werte«) ergab, dass jeder sechste christliche Jugendliche (16 %) innerhalb der letzten drei Monate vor der Umfrage einen pornografischen Film gesehen hat.[5]

Viele Eltern und Gemeindeleiter überrascht es womöglich, wie einfach es für Jugendliche – sogar Kinder – ist, an pornografisches Material zu gelangen. Dies ist heute unter Jugendlichen nicht nur erhältlich, sondern sogar weit verbreitet.

◀ Die Ursachen

Neugier

Pornografie ist nichts Neuartiges. Sie ist seit alters her im Umlauf. Menschen sind von Natur aus neugierige Wesen und ihre Neugierde erstreckt sich auch auf sexuelles Gebiet. Xenophon, der griechische Feldherr und Geschichtsschreiber, berichtet von der Entdeckung eines Volksstammes, deren Angehörige »frei auf den Straßen kopulierten wie die Hunde«. Xenophon wurde von solchem Verhalten abgestoßen, doch »selbst Xenophon«, so schließt die Geschichte, »wandte nicht sogleich seine Augen ab«.

Entmenschlichung der Sexualität

Doch Neugier allein kann man nicht für die aktuelle Explosion von Verbreitung und Angebot pornografischen Materials und dessen Verfügbarkeit für Minderjährige verantwortlich machen. Dazu tragen auch andere Faktoren bei. Die Autoren Alexandra und Vernon H. Mark sind der Meinung:

> Eine Antwort ist, dass Sexualität … entmenschlicht worden ist. Sie wird nicht mehr als liebevolle, verantwortliche Beziehung aufgefasst, sondern als Sport und in diesem Licht überrascht es nicht, dass Geschlechtsverkehr und -organe auch dem Zuschauer geboten werden müssen.[6]

Kulturelle Sucht

Pornografie wird außerdem geschürt von der modernen Sucht der Kultur nach allem Sexuellem und der (wenn nicht aktiven, dann passiven) Zustimmung zu allen Arten von Perversität. In einer Welt, die beständiger Veränderung unterworfen zu sein scheint, gibt es offenbar einen immer größer werdenden Markt für »neue« und »fantasiereiche« Formen der Entartung. Vielen scheint es, der Einstieg in die Pornografie geschehe aus Gründen der Neugier und Erotik; eine fortgeschrittene Verstrickung darin tendiere jedoch dazu, »vielmehr auf Angst, Verlangen und Tabus anzuspielen als auf wirkliche Erotik«.[7]

▼ Die Folgen

Viele Befürworter von Pornografie bestehen darauf (manche im Namen der Redefreiheit), dass Pornografie eine harmlose Spielart, ein »opferloses« Bestreben ist, das

keine Auswirkungen auf ihre Beteiligten habe. Professor Norman Anderson von der Universität von London sagte:

> Wenn das, was Menschen lesen und sehen überhaupt keine Auswirkung auf sie haben soll, weshalb gibt die Industrie und der Handel dann jährlich Millionen … für Werbung aus (und Pornografie, das sollte bis hierher klar geworden sein, hat nicht wenig von dem Wesen der Werbung)?[8]

In Wirklichkeit beeinflusst Pornografie ihre Konsumenten auf vielerlei und schädliche Weise.

Sexuelle Sucht

Pornografie spielt häufig eine Schlüsselrolle bei sexueller Sucht. Jemand – fast immer ein Mann – fängt an, Pornografie anzusehen; mit zunehmendem Konsum steigert sich auch das Verlangen nach derartigem Material, bis er schließlich süchtig ist nach der Befriedigung, die er infolge des optischen Reizes der Pornografie erlangt. Häufig folgt ein Fortschreiten zu schärferem, »abgefahrenerem« Material, bis seine Sucht ihn treibt, nicht nur um ständige Befriedigung durch Pornografie zu erlangen, sondern auch dahingehend, die Verhaltensweisen auszuüben, die ihn jetzt stimulieren.

Ein solcher Zyklus kann sich über Wochen oder Monate erstrecken, aber unter den regelmäßigen Konsumenten von Pornografie ist er gefährlich verbreitet. Die im Folgenden geschilderte Erfahrung aus einem Zeugnis einer Ehefrau vor einer Kommission für Pornografie der Staatsanwaltschaft (1986) ist typisch:

> 1972, als wir uns zum ersten Mal begegneten, führte Tom mich in die Pornografie ein … Er behandelte diese

Informationen als normal und so fing ich an zu lesen.

Wir redeten über einige der in den Magazinen beschriebenen Techniken und schließlich fing Tom an zu experimentieren ... Die nächsten 11 Jahre lang sollte ich mich wundern, was in sexueller Hinsicht bei mir falsch lief.

Im Herbst 1975 fand ich heraus, dass Tom mit vielen unserer Freunde Sex gehabt hatte ... Während dieser Zeit fühlte ich mich abgelehnt ... Tom schwor, er gehe nicht zu Prostituierten, aber er gab zu, dass er ziemlich viel mit Magazinen fantasiere ... In dieser sexuell trockenen Zeit versuchte Tom mich einmal zu Sex mit einer meiner Freundinnen (seiner Geliebten) zu bewegen. Ich war innerlich so tot, dass ich nichts anderes tun konnte, als den beiden zusehen und mich vor mir selbst zu ekeln und mich zu verachten, dafür dass ich meiner Ehe erlaubt hatte, an diesen Punkt zu kommen.

1981 zogen wir zurück nach Houston, nachdem Tom nicht länger an seinem Arbeitsplatz bleiben konnte. Ich dachte damals, dass sein Chef fies zu ihm und er selbst überarbeitet sei. Heute weiß ich, dass er sich nicht mehr länger täglich und stündlich diese Pornomagazine reinziehen und in die Kinos und Läden gehen konnte, weil er über seine Arbeitszeit Rechenschaft ablegen musste.

Die Jahre 1981-82 waren außerdem der Anfang unseres finanziellen Ruins. Über die Jahre hinweg war auf mysteriöse Weise Geld verschwunden. Tom gab mir keinen Zugang zu unseren Finanzen. Ich dachte ... er wollte gern die Rechnungen bezahlen und Buch führen ... aber in Wirklichkeit war ein Großteil unseres gemeinsamen Einkommens für Sex in Pornoläden, für Pornomagazine, die 10 Dollar das

Stück kosteten und für seine Hotelzimmer und Kinobesuche ausgegeben worden.[9]

Toms Ehefrau beschrieb vor der Kommission darüber hinaus, wie seine sexuelle Sucht ihn seinen Arbeitsplatz, sein Zuhause, seine Frau und seine Familie gekostet hat.

Krankhafte Sexualität

Wer Pornografie konsumiert hat, ist empfänglich für krankhafte Sexualität. Die bereits angeführte Studie von Dr. Jennings Bryant ergab:

Zwei Drittel der männlichen und 40% der weiblichen Befragten berichteten davon, dass sie einige der in dem pornografischen Material gesehenen sexuellen Verhaltensweisen ausprobieren wollten. Und 25% der männlichen und 15% der weiblichen Befragten gab zu, dass sie tatsächlich etwas von dem in der Pornografie Gesehenen innerhalb weniger Tage danach selber praktiziert haben. Das ist ein aussagekräftiges Beispiel für die Vorbildwirkung bzw. den Effekt des »nachahmenden Lernens«, den Pornografie auf das menschliche Sexualverhalten hat. Darüber hinaus stellte Bryant fest, dass intensiver Pornografie-Konsum (z.B. über 6 Wochen) die Einstellungen und Gefühle der Konsumenten verändern konnte und zwar dahingehend, dass ihnen sexuelle Unanständigkeiten und Verstöße weniger schlimm vorkamen, ferner meinten sie, die Opfer solcher Verstöße würden weniger leiden und ihnen geschehe ein weniger schlimmes Unrecht als tatsächlich der Fall.[10]

Die obige Studie zeigt ferner einen Zusammenhang zwischen Pornografie und abnormalem und sexuell unmoralischem Verhalten von Teenagern auf:

> In dieser Studie, die mit ihrer peinlich genauen Methodik und ihrem statistischem Verfahren beeindruckt, kamen sie zu folgender Schlussfolgerung: »Unter der jungen Gruppe der Betrachter (junge Teenager) zeigt sich, dass sich bei Betrachten von Pornografie eindeutig anschließendes sexuell abnormales Verhalten voraussagen lässt. In der Untergruppe mit dem niedrigen Alter der Betrachter (von Pornografie) stand die Häufigkeit des Betrachtens in einem beträchtlichen Zusammenhang mit der Bereitschaft, sich auf Gruppensex-Beziehungen einzulassen, sowie mit der Häufigkeit von homosexuellem Verkehr und schwerwiegendem sexuell abnormen Verhalten; und es waren Trends zu verzeichnen, dass die Zahl sowohl von heterosexuellen Partnern von der Highschool als auch von allgemeinen homosexuellen Partnern sich proportional verhält zum Betrachten von Pornografie.[11]

Unerwünschte Erinnerungen

Betrachten von pornografischem Reizmaterial kann zu lebhaften Erinnerungen von Bildern oder Erfahrungen führen, die in unvorhersehbaren und unerwünschten Augenblicken eintreten. Das AFA-Journal schreibt:

> Epinephrin ist eine Substanz, die von der Adrenalindrüse in den Blutkreis ausgeschüttet wird, wenn der Pornosüchtige seiner Gewohnheit nachgeht. Epinephrin gelangt ins Gehirn und hält den visuellen (oder akustischen, z.B. bei Telefonsex) Reiz fest, der in diesem Augenblick geboten wird. Das Denken des Süchtigen wird mit sexu-

ell eindeutigen Bildern verseucht. Darüber hinaus wird er sich ungewollt an diese Bilder erinnern und er wird sie sehen, obwohl er sie am liebsten vergessen würde.[12]

Geringschätzung gegenüber Frauen

Der Psychologe Dolf Zillman von der Universität von Indiana untersuchte die Auswirkungen von nicht gewalttätigen pornografischen Filmen auf den Betrachter. Er kam zu der Schlussfolgerung, dass ...

> Männer begannen, Frauen als unersättliche sexuelle Spielzeuge anzusehen; dass Männer Frauen gegenüber aggressiver werden und dass sie Vergewaltigung als Kavaliersdelikt ansehen – etwas, das alle Frauen insgeheim ersehen.»Es kann kein Zweifel bestehen«, schlussfolgerte er, »das Pornografie als Form von Unterhaltung hauptsächlich für Männer die kriminellen Handlungen an von Frauen fördert.«[13]

Edward Donnerstein von der Universität von Wisconsin, wie Zillman einer der führenden Forscher der USA, führte eine ähnliche Studie durch, bei der er die Auswirkungen von pornografischer Gewalt (Schändung, Vergewaltigung, Sexualmord usw.) auf die Einstellung von Männern gegenüber Frauen untersuchte. Er kam zu der entsprechenden Schlussfolgerung, dass eine beständige Zufuhr derartiger Kost das Empfindungsvermögen der Männer gegenüber Gewalt herabsetzt und dazu führt, dass sie Vergewaltigung verharmlosen.[14]

Unrealistische Erwartungen

Wer Pornografie konsumiert hat, legt häufig unrealistische Erwartungen an den

Tag, was sowohl das Aussehen als auch das Verhalten des Partners betrifft. Wenn die Vorstellungswelt eines Mannes immer wieder mit den herausgeputzten bildlichen Darstellungen weiblicher Schönheit konfrontiert wurde, kann er sich nicht mehr so leicht mit dem natürlichen Äußeren seiner Frau zufrieden geben, so attraktiv sie auch sein mag.

Konsum von Pornografie fördert außerdem unrealistische Erwartungen bezüglich des Geschlechtslebens. Liebevolle und natürliche Augenblicke der Intimität werden nur selten als Szenen in Filmen oder Magazinen dargestellt und die Dauer sowie Art und Weise des Geschlechtsaktes bei legitimen Ehepartnern entspricht nur selten denen von Pornomodellen und -darstellern.

Darüber hinaus kann sich jemand, der sich auf Pornografie einlässt, Frustration erleben, wenn er andere zu überreden versucht, die in der Pornografie dargestellten Szenen und Erfahrungen selber nachzuahmen. Widerwillen, Angst und Unbehagen sind einem optimalen Geschlechts- und Intimleben wohl kaum förderlich.

Angst, Schuld und Schande

Zusätzlich zu den anderen Auswirkungen von Pornografie kommt die Erfahrung der Schuld hinzu, die aus der Beschäftigung mit Pornografie resultiert. Junge Menschen (wie auch viele Erwachsene), die mit Pornografie experimentieren, tun dies im Geheimen und müssen deshalb in ständiger Angst der Entdeckung durch Eltern, Lehrer, Gemeindeangehörige usw. leben. Eine solche Angst verursacht nicht nur Unbehagen in der Gegenwart, sondern kann auch in der Zukunft eine gesunde Freude am Geschlechtsleben verhindern, weil derjenige mit sexueller Freude immer wieder

Angstgefühle in Verbindung bringt, was wiederum zu weiteren sexuellen Krankheiten führen kann wie z.B. Voyeurismus, Exhibitionismus usw. Auch Schuld begleitet die Beschäftigung mit Pornografie.

▲ Die biblische Sicht

Unser heutiger Begriff Pornografie stammt von dem griechischen Wort porne, das verwendet wurde, um eine Prostituierte zu bezeichnen (siehe Lk. 15,30; 1. Kor. 6,15 u.a.). Es ist die Wurzel des griechischen Ausdrucks für sexuelle Unmoral, pornos.

Wenn wir jedoch zu einer biblischen Sicht des Problems gelangen wollen, müssen wir darüber nachdenken, was Pornografie bezweckt – sexuelle Erregung und/oder Befriedigung mithilfe von jemand oder etwas anderem als dem Ehepartner. Das ist genau das, was die Bibel mit ihren Geboten verbietet: »Flieht die Unzucht [porneian]« (1. Kor 6,18) und »dies ist Gottes Wille: eure Heiligung, dass ihr euch von der Unzucht [porneais] fernhaltet« (1. Thes. 4,3).

Der »Sex ohne Partner«, den Pornografie bietet, ist ein Verfehlen von Gottes Plan für Geschlechtlichkeit: »Darum wird ein Mann seinen Vater und seine Mutter verlassen und seiner Frau anhängen und sie werden zu einem Fleisch werden« (1. Mo. 2,24).[15] Gott hat die Sexualität so entworfen, dass sie ihren Platz innerhalb einer ehelichen Beziehung hat und zwar zum Zweck der Vermehrung (um Kinder zu haben und eine Familie zu gründen),[16] zum Zweck der Identifikation (um in drei Bereichen »Einheit« zwischen Mann und Frau herbeizuführen: körperlich, seelisch und geistlich)[17] und zum Zweck der Entspannung (um Freude und Genuss zu erleben).[18] Pornografie erfüllt keinen einzigen dieser Zwecke.

Schlussendlich sind die durch Pornografie geförderten Werte antibiblisch und antichristlich. Dr. Bryant berichtet:

Die Werte, von denen der Inhalt der meisten Hardcore-Pornografie durchdrungen ist, bedeuten eine fast vollständige Auflösung der moralischen Urteils- und Wertmaßstäbe, die sich die meisten zivilisierten Kulturen angeeignet haben. Vergiss Vertrauen. Vergiss Familie. Vergiss Treue. Vergiss Liebe. Vergiss Ehe.[19]

Pornografie fördert das, was die Bibel verbietet und vermeidet das, was die Bibel befiehlt. Kurz gesagt, Beschäftigung mit Pornografie ist Sünde der schädlichsten und ungesundesten Art. Ein Kind oder Jugendlicher, das oder der sich mit Pornografie beschäftigt hat, muss durch liebevolle und behutsame Seelsorge davon weggeführt werden.

▶ Praktische Hilfen anbieten

Der Jugendleiter kann einem jungen Menschen helfen, der (oder – in selteneren Fällen – die) Pornografie konsumiert hat, indem er mit Geduld und Feingefühl einen Plan wie den folgenden verfolgt:

Zuhören. Wenn ein junger Mensch mit Pornografie zu tun hat, wird er wahrscheinlich nicht offen darüber reden können, zumindest nicht zu Beginn. Vermitteln Sie auf behutsame und weise Art eine Haltung des Annehmens, Verständnisses und Bereitschaft zuzuhören. Versichern Sie dem jungen Menschen Ihre Vertraulichkeit.

Ermutigen Sie ihn geduldig zu erzählen, wie alles angefangen hat, wie es weiterging und was seine jüngsten Kämpfe auf diesem Gebiet sind. Versuchen Sie ihn insbesondere dazu zu bewegen, die Gründe zu nennen, weshalb er sich mit Pornografie beschäftigt hat.

Verständnis zeigen. Versuchen Sie sich an Ihre eigenen Erfahrungen als Jugendlicher zu erinnern und an die Kämpfe, die Sie vielleicht durchlebten, als Sie mit den hormonellen Veränderungen und der Entdeckung des Sexualtriebes fertig werden mussten. Der junge Mensch fühlt sich aller Wahrscheinlichkeit nach allein; vielleicht denkt er, dass niemand wirklich verstehen kann, was er durchmacht. Ein Ausdruck des Mitfühlens kann hier ungemein helfen.

Ein betroffener Erwachsener kann eine Atmosphäre der mitfühlenden Wärme durch folgende Hilfsmittel erzeugen:

- Dem Jugendlichen direkt gegenüber setzen (wenn Sie beispielsweise in Ihrem Büro sitzen, kommen Sie hinter dem Schreibtisch hervor).

- Lehnen Sie sich in Ihrer Sitzhaltung nach vorn, um Interesse zu bekunden.

- Wenn es sich um eine gleichgeschlechtliche Person handelt, berühren Sie sie in angemessener Weise (ein tröstender Griff an den Arm oder ein Tätscheln der Hand oder der Schulter).

- Nehmen Sie Blickkontakt auf, jedoch ohne dabei anzustarren.

- Nicken Sie mit dem Kopf.

- Gehen Sie auf die Aussagen des jungen Menschen ein (»Du fühlst dich …« oder »Das hört sich an, als ob du sagst …«)

• Warten Sie Schweige- oder Tränenphasen geduldig ab.

Bestätigen. Seien Sie sich darüber im Klaren, dass der junge Mensch, der seine Beschäftigung mit Pornografie eingestanden hat, womöglich von Beschämung überwältigt ist. Verhelfen Sie ihm zu erkennen, dass sexuelles Verlangen normal ist, besonders im Teenageralter und dass der Lernprozess, dieses Verlangen zu beherrschen und zu kanalisieren, eine wichtige Herausforderung dieses Lebensabschnittes ist. Zu den hilfreichsten Schritten, die Sie unternehmen können, gehören folgende:

• Führen Sie ihn liebevoll zu einem Bekenntnis und zur Umkehr von vergangenen Sünden, haben Sie Acht darauf, dass es der Heilige Geist ist (und nicht Sie selbst), der Sünde überführt.

• Verhelfen Sie dem jungen Menschen, Gottes Liebe und Vergebung anzunehmen und anzuerkennen.

• Bekräftigen Sie immer wieder Ihre Annahme und Liebe, die sie dem Jugendlichen entgegenbringen; drücken Sie diese klar und mündlich aus.

• Bringen Sie den Jugendlichen zu einem Verständnis, dass Gott ihn liebt und Freude an ihm hat (siehe Ps. 18,19).

• Bestätigen Sie die positiven Eigenschaften und Fähigkeiten des Jugendlichen (»Ich finde es gut, dass du …«, »Das hast du gut ausgedrückt …«).

Richtung weisen. Wenn der junge Mensch erst einmal zu verstehen gegeben hat, dass er sein Verhalten ändern muss und möchte, Buße gezeigt und Gottes Vergebung und Wiederherstellung angenommen hat, ist er möglicherweise bereit weitere Anleitung zu erhalten. Machen Sie ihm nachdrücklich klar, dass es nicht einfach ist sich »der Unzucht fernzuhalten« (siehe 1. Thes. 4,3). Erinnern Sie ihn an die von ihm genannten Gründe, weshalb er sich mit Pornografie eingelassen hat und helfen Sie ihm Wege zu erdenken, wie er diese Bedürfnisse oder Nöte auf andere Weise stillen und/oder umgehen kann (z.B. Sport, Geselligkeit usw.). Denkanstöße sind z.B. folgende Möglichkeiten:

• Setze die Gemeinschaft mit Gott an die erste Stelle in deinem Leben. Eine beständige Haltung der Hingabe ist die erste und beste Waffe gegen Sünde (siehe Kol. 2,6-15 und Gal. 5,16).

• Lass dich verwandeln durch die Erneuerung deines Denkens (siehe Röm. 12,1-2). Im Chemieunterricht lernst du, dass Flüssigkeit Gas aus einem Gefäß verdrängt; genauso können reine Gedanken die unreinen Vorstellungen aus deinem Denken vertreiben. Wenn deine Gedanken zu wandern beginnen, ersetze diese unreinen Gedanken unverzüglich mit reinen Gedanken (siehe Phil. 4,8). Dieser Prozess kann durch Bibellesen und christliche Bücher, durch hingegebene christliche Freunde oder durch das Auswendiglernen und Abrufen von Bibelversen gefördert werden.

• Lerne mindestens einen Bibelvers pro Woche auswendig (z.B. Röm 12,1-2; Ps. 51,10; Kol. 3,1-3; Ps. 119,9.11; 1. Kor. 10,13 und Phil. 4,8). Wiederhole diese Verse laut, wenn die Versuchung kommt.

• Fliehe aktiv vor der Versuchung. Trenne dich von allem pornografischem Material, das du besitzt. Identifiziere und vermeide Orte, wo du besonders in Versuchung gerätst. Gehe nicht in Geschäfte, wo Pornografie ausliegt. Höre auf, Fernsehsendungen wie Talkshows, Seifenopern und Kabelkanäle zu sehen. Weigere dich, Videotheken zu betreten, die Pornovideos anbieten. Entschließe dich, mit dem Computer nur dann ins Internet einzuwählen, wenn deine Eltern zu Hause sind. Wenn deine Eltern mit Pornografie zu tun haben, bitte sie, alles derartige Material hinter Verschluss zu bringen, den Zugang zu bestimmten Fernsehkanälen zu unterbinden usw.

• Begegne den Wurzeln der Begierde, indem du Inaktivität mit Sport und sinnvoller Beschäftigung füllst und indem du lange Zeiten des Alleinseins vermeidest.

• Pflege gesunde Freundschaften mit Personen des anderen Geschlechts, damit du sie nicht als Lustobjekte, sondern als würdige und wertvolle Menschen zu achten lernst.

• Strebe nach gegenseitiger Verantwortlichkeit. Jakobus 5,16 sagt: »Bekennt nun einander die Sünden und betet füreinander, damit ihr geheilt werdet!« Übernimm Verantwortung für mindestens eine andere Person und vereinbare mit ihr, dass ihr euch wöchentlich trefft, um euch über eure Fortschritte oder euer Versagen im Kampf gegen die Pornografie austauscht.

• Ziele auf Sieg, aber wenn du fällst, denke daran, dass du Jemanden hast, der beim Vater im Himmel für dich eintritt, der treu ist und gerecht und dir vergibt und dich aufs Neue reinigt (1. Joh. 1,9; 2,1).

Ziele setzen. Bringen Sie den jungen Menschen behutsam dahin, dass er selbst einen Plan aufstellt, wie er mit der Versuchung umgehen kann. Schlagen Sie vor, dass der Jugendliche seine Ziele aufschreibt oder vielleicht sogar mit seinen Eltern oder einem anderen Erwachsenen ein »Abkommen« von Zielen schließt. Sorgen Sie dafür, dass sowohl das Problem als auch die Lösung »in den Griff bekommen« wird.

Hilfe von außen. Insbesondere im sexuellen Bereich ist es entscheidend, dass es ein Erwachsener des selben Geschlechts wie der Jugendliche ist, der den Trost und die Betreuung bietet (wenn z.B. eine Lehrerin sich um einen jungen Mann kümmert, sollte sie einen Mann in die Betreuung des Jugendlichen miteinbeziehen). Die Betreuung eines jungen Menschen des anderen Geschlechts ist ein gefährlicher Kurs, sowohl für den Erwachsenen als auch für den Jugendlichen. Wenn der Jugendliche sich eine Zeitlang mit Pornografie beschäftigt hat, wäre es ratsam ihn zu ermutigen, eine biblische Seelsorge bei einem erfahrenen christlichen Seelsorger aufzusuchen (mit Erlaubnis der Eltern). Die Auswirkungen von Pornografie können hartnäckig sein und können einen langfristigen Schaden auch lange nach Beendigung dieser Sünde nach sich ziehen. Es steht im besten Interesse des Jugendlichen – und auch seines zukünftigen Ehepartners – sich in eine weiterführende Seelsorge zu begeben.

In diesem Kapitel zitierte Bibelstellen

• Lukas 15,30

• 1. Korinther 6,15.18; 10,13

• 1. Thessalonicher 4,3

• 1. Mose 1,18; 2,24

- Sprüche 5,18-19

- Kolosser 2,6-15; 3,1-3

- Galater 5,16

- Römer 12,1-2

- Philipper 4,8

- Psalm 51,10; 119,9-10

- Jakobus 5,16

- 1. Johannes 1,9; 2,1

Weitere hilfreiche Bibelstellen zum Thema

- Hiob 31,1

- Sprüche 6,23-28

- Matthäus 5,27-28

- 1. Thessalonicher 4,3-7

- 2. Timotheus 2,22

- Jakobus 1,14-15

- 1. Petrus 2,11

28

Vorehelicher Geschlechts- verkehr

Einführung

Melinda wollte eigentlich nicht auf die Party gehen. Sie war schließlich Christin und sie wusste, dass man sich von solchen Parties, wie der in Matt Barnes Haus, besser fernhielt. Aber ihr Freund Jason versuchte sie zu überreden und schließlich gab sie nach und ging mit.

Auf der Party fing Jason an, sich »seltsam« zu verhalten und überhörte Melindas wiederholte Bitte, doch endlich zu gehen. Er fing an, Bier zu trinken und bot auch Melinda ein Glas an. Sie weigerte sich, doch dann schien es so, als ob alle auf der Party ihr zuredeten und schließlich nahm sie doch von jemandem ein Glas Bier an, den sie noch nicht einmal kannte.

Jason hatte sie fast sofort, nachdem sie beide das Haus betreten hatten, allein gelassen. Sie fand ihn schließlich in der Küche, wo er Bier trank und sich angeregt mit Jennifer Crandall unterhielt, der Blonden aus der Schule, die jedes Mädchen insgeheim beneidete. Kurz darauf wurde im Wohnzimmer Musik aufgelegt und Melinda erschrak, als sie sah, wie Jennifer Jasons Hand nahm und ihn zur Tanzfläche zog. Melinda sah, wie die beiden tanzten, langsam und ganz eng und Jennifer schien das zu genießen.

Melinda wollte am liebsten fliehen, aber sie konnte nicht, denn sie konnte nur nach Hause, wenn Jason sie im Auto mitnahm. »Gegen Jennifer Crandall komme ich nicht an«, dachte sie.

Der Tanz war zu Ende und Jason kam zu ihr herüber, lehnte sich mit einer Hand neben ihrem Kopf an die Wand und küsste sie auf die Wange.

»Es hat dir doch nichts ausgemacht, dass ich mit Jennifer getanzt habe, nicht wahr? Schließlich hat sie mich aufgefordert«, sagte er.

Melinda schüttelte den Kopf und versuchte zu lächeln. Er nahm sie bei der Hand und forderte sie zum Tanzen auf. Sie stellte ihr Glas irgendwo auf den Boden und ging mit ihm zur Tanzfläche. Die Musik und das Bier ließen ihren Kopf schwirren und sie entschloss sich, Jason festzuhalten. Sie drückte sich eng an ihn und sie tanzten langsam und voller Erotik. Sie fühlte die Wärme seines Körper, roch sein Deo, saugte seine geflüsterten Worte auf und hielt seine Schultern so fest, als ob sie ihn nie wieder loslassen wollte. Jason schlug vor, sich irgendwo ein ungestörtes Plätzchen zu suchen und Melinda zögerte nicht.

Augenblicke später zog sich Melinda in einem fremden Zimmer wieder an und versuchte krampfhaft, ihre Tränen zurückzuhalten. Jason küsste sie auf die Stirn und schlug vor, wieder zu den anderen zurückzukehren.

»Fahr mich bitte nach Hause«, war alles, was sie sagen konnte.

● Das Problem

Nach George Barna von der Barna Forschungsgruppe, behaupten nur 23% der postmodernen Jugendlichen, noch unberührt zu sein. Mehr als dreiviertel geben zu, schon mit einem anderen Single Geschlechtsverkehr gehabt zu haben. Zwei von zehn Singles dieser Generation behaupten, dass sie schon mit jemandem Verkehr gehabt hätten, der verheiratet wäre und von den Verheirateten hatte einer von vierzehn außerehelichen Geschlechtsverkehr. Fast die Hälfte aller Kinder, die diese Generation 1992 zur Welt brachte, hatten ledige Mütter.[1] Und die New York Times berichtet, dass »einige Studien belegen, dass dreiviertel aller Mädchen während ihrer Teenagerzeit schon Geschlechtsverkehr hatten und 15 Prozent mit vier oder mehr verschiedenen Partnern«.[2]

Und Mädchen machen ihre ersten Erfahrungen heute immer früher; das Durchschnittsalter dafür lag 1960 bei 19 Jahren, 1990 dagegen bei 17 Jahren. Dr.

Liana Clark, Ärztin aus Philadelphia, sagt, dass die meisten ihrer Patienten schon mit 13 Jahren sexuelle Erfahrungen sammeln.[3]

Auch unter Jugendlichen, die zu einer Kirche gehören, sind die Zahlen erschreckend. Bis 18 Jahre hatten 27% von ihnen schon Geschlechtsverkehr und 55 Prozent gingen so weit, die Brüste zu berühren/berühren zu lassen.

Die Forschung zeigt, dass die Jugendlichen eher weniger – anstatt mehr – Widerstand zeigen, je reifer sie werden. Von der jüngsten Altersgruppe (elf- bis zwölfjährige) bis zur nächsten (dreizehn- bis vierzehnjährige) verdoppelt sich der Anteil derer, die schon intensiv geküsst haben, Berührung der Brüste verfünffacht sich und Berührung der Genitalien steigt um den Faktor sieben und der Geschlechtsverkehr (den 1% der jüngsten Gruppe schon erfahren haben) verachtfacht sich gar in diesen Jahren.

Die Aktivität in jeder Stufe sexueller Hingabe – Berührung der Brüste, Berührung der Genitalien und Geschlechtsver-

Tabelle 28A. Sexuelle Handlungen mit Personen des anderen Geschlechts, nach Altersgruppen (kirchlich aktive Jugendliche)[4]

Handlung	Gesamt	Alter 11–12	Alter 13–14	Alter 15–16	Alter 17–18
Hände halten	89%	74%	84%	92%	95%
Umarmen und küssen	73%	39%	65%	80%	86%
Intensiv küssen (Zungenkuss)	53%	15%	38%	61%	74%
Berührung der Brust	34%	4%	20%	41%	55%
Berührung der Genitalien	26%	2%	14%	30%	44%
Geschlechtsverkehr	15%	1%	8%	18%	27%

kehr verdoppelt sich verglichen mit der Altersstufe darunter bei den fünfzehn- bis sechzehnjährigen. Bis zum Alter von 16 Jahren haben zwei von fünf (41%) die Brüste berührt oder berühren lassen, fast einer von dreien (30%) hat schon einmal Genitalien berührt und einer von fünf hat schon Geschlechtsverkehr gehabt (vgl. Tabelle 28A).

Die überwiegende Zahl praktiziert bis zum Alter von siebzehn bis achtzehn Jahren intensives Küssen und Berührung der Brust. Etwa zwei Drittel der Jungen haben schon Brüste berührt, ein Anwachsen von 34% gegenüber der Altersgruppe darunter und schon fast die Hälfte aller Jungen und Mädchen zwischen siebzehn und achtzehn Jahren haben schon die Genitalien von wenigstens einer anderen Person berührt, eine Steigerung um 47%. Und eine fünfzigprozentige Steigerung des Geschlechtsverkehrs unter den siebzehn- bis achtzehnjährigen führt dazu, dass schon einer von vier Teenagern dieses Alters aussagen (27%), schon »alles« erlebt zu haben.

◄ Die Ursachen

Jemand hat einmal gesagt, dass ein durchschnittlicher Jugendlicher »heute auf dem Schulweg mehr sexueller Verführung ausgesetzt sei, als noch sein Großvater, wenn der samstags abends danach Ausschau gehalten hat«.[5] Die Jugend scheint sich heute ihrer Sexualität stärker bewusst zu sein, sie wird mit sexuellen Botschaften geradezu bombardiert und ist daher viel anfälliger für die Gefahren vorehelichen Geschlechtsverkehrs als die vorhergehenden Generationen.

Es gibt zahlreiche Gründe für die sexuellen Handlungen Jugendlicher und wer versucht festzustellen, warum ein Jugendlicher beginnt, sexuell aktiv zu wer-

den, merkt bald, dass er gleich versuchen könnte, den gordischen Knoten zu lösen. Obwohl jedoch die Gründe und Einflüsse auf die Jugend zahlreich und sehr unterschiedlich sind, sind doch einige von größerer, andere dagegen von untergeordneter Bedeutung.

Einflüsse aus Gesellschaft und Schule

Jugendliche machen aus verschiedenen Gründen sexuelle Erfahrungen, wobei ein wichtiger Grund die Botschaften sind, die von der Gesellschaft im Allgemeinen und auch von aufklärerischen Jugendprogrammen verbreitet werden. Die Playboy-Philosophie (»Wenn du dich dabei wohl fühlst, dann tu's«) hat in der Kultur der westlichen Welt Wurzeln gefasst und Früchte gebracht. Jugendliche werden ständig Bildern und Botschaften ausgesetzt, die alle Arten von sexueller Aktivität ermutigen, einschließlich Sex mit Minderjährigen und außerehelichem Verkehr.

So gibt es zum Beispiel in San Francisco einen Lehrplan für Jugendliche zum Thema »geplante Elternschaft«, in dem von der »Legende« zu lesen ist, dass »junge Frauen, die mehr als einen sexuellen Partner hätten, Schlampen seien«. Einige Menschen würden von Natur aus vorziehen, mit mehr als einem Partner Verkehr zu haben. Das sei einfach eine persönliche Vorliebe. In einer Zeitung, die von der Regierung gesponsert wurde, schrieb Harvey Caplan: »Wenn wir Verkehr haben, weil wir dazu Lust haben und vorher eingehend über Geburtenkontrolle, Ansteckungsrisiken und andere Folgen nachgedacht haben, dann ist an sexuellem Verkehr nichts auszusetzen.«[6] Solche Aussagen können natürlich die Entscheidung eines Jugendlichen beeinflussen, ob er oder sie sich sexuell betätigen.

Mangelnde religiöse Überzeugung

Thornton und Camburn haben 1989 eine wechselseitige Beziehung zwischen der Stärke der religiösen Überzeugung und sexuellen Auffassungen und Praktiken dokumentiert. Ihre Forschung unterstützte die Schlussfolgerungen früherer Untersuchungen, dass »häufigere Teilnahme an Gottesdiensten zu zurückhaltenderen Auffassungen hinsichtlich vorehelichem Geschlechtsverkehr und zu weniger sexuellen Erfahrungen führt«.

Sie erkannten jedoch auch die Rückseite der Medaille sexuellen Verhaltens. Religiöse Überzeugung beeinflusst nicht nur sexuelles Verhalten, sondern umgekehrt beeinflusst das sexuelle Verhalten auch die religiöse Überzeugung. »Die empirischen Daten zeigen, dass laxe Haltung gegenüber vorehelichem Geschlechtsverkehr dazu führt, dass weniger zum Gottesdienst gegangen wird.«[7]

Familienstruktur

Die Auswirkungen von Scheidungen und anderen Trennungen in der Familie sind durch zahlreiche Studien belegt. Eine Auswirkung ist sexuelle Aktivität.

Flewling und Baumann haben 1990 die Schlussfolgerung gezogen, dass »ein durchgängiges Muster von signifikanten Beziehungen zwischen Familienstruktur und Ausübung von Geschlechtsverkehr der Heranwachsenden zu beobachten ist«.[8] Eheprobleme (Trennung, Scheidung u.ä.) und die Familienstruktur (Ein-Eltern-Familie, Stiefeltern, Patchwork-Familien usw.) spielen eine messbare Rolle in der Bereitschaft eines jungen Menschen, sich sexuell zu betätigen.

Kinder intakter Familien sind im Allgemeinen besser in der Lage, den vielen Einflüssen und Verführungen zu sexueller Aktivität zu widerstehen (vgl. Kapitel 19, »Geschiedene Eltern« und Kapitel 20, »Leben mit nur einem Elternteil«).

Mangelnde Aufklärung in der Familie

Der Soziologe Brent Miller berichtet, dass Kinder umso weniger negative sexuelle Einstellungen oder voreheliche Geschlechtsverkehr haben, je offener Eltern mit ihren Teenagern ihre Ansichten über Sexualität diskutiert haben.[9] Eine andere Veröffentlichung berichtet:

Die meisten Eltern haben von ihren eigenen Eltern nichts über Sexualität gelernt und haben deshalb kein Vorbild dafür, wie sie mit ihren eigenen Kindern reden sollen. Sie sind oft selbst der Meinung, nicht genügend über Sexualität informiert zu sein und sind manchmal sogar nicht sicher, welche sexuellen Werte sie ihren Kindern vermitteln sollen. Eine Befragung von 1400 Eltern von Kindern im Alter zwischen drei und elf Jahren ergab, dass weniger als 15% der Mütter und 8% der Väter jemals mit ihren Kindern über vorehelichen Geschlechtsverkehr oder über sexuellen Verkehr überhaupt geredet hatten.[10]

Ein anderer Forscher fand Folgendes heraus:

In einer Studie hatten 80% der Mütter mit Töchtern zwischen elf und vierzehn Jahren über die Menstruation gesprochen, aber nur 4% hatten ihnen die Beziehung zwischen Menstruation und Schwangerschaft erklärt.[11]

Kinder, die zu Hause keine Antworten erhalten, müssen sie oft durch schmerzliche Erfahrungen bekommen. Mit den Worten eines Teenagers: »Teenager wissen kaum, was sie tun. Sie wissen nur, dass sie bestimmte Körperteile bekommen haben, also möchten sie gerne herausfinden, wozu sie gut sind. Das ist so, als ob man ein Auto Probe fährt, um herauszufinden, was es alles kann.«[12]

Das Bedürfnis nach Zuwendung

Viele junge Menschen sind unsicher, ob ihre Eltern sie lieben. Einige tausend Oberstufenschüler wurden gefragt:»Welche Frage möchtest du von deinen Eltern einmal wahrheitsgemäß beantwortet haben?«Fünfzig Prozent antworteten:»Hast du mich wirklich lieb?« Ein Mädchen schrieb:

> Als ich acht Jahre alt war, hatte ich zum ersten Mal mit einem fünfzehnjährigen Jungen Verkehr. Ich machte mit, weil ich nicht genug Liebe und Aufmerksamkeit von meinen Eltern erhielt. Ich brauche Liebe und meine Eltern zeigen sie mir nicht. Zu Hause änderte sich nichts und mit 15 wurde ich schwanger ... und ließ das Kind abtreiben. Heute habe ich Angst davor, mich überhaupt mit Jungen zu verabreden und ich weine mich jeden Abend in den Schlaf.[13]

Kim Cox, Gesundheitsberaterin an einer Oberschule in San Francisco, sagt, dass »viele Kinder nicht aus für Erwachsene nachvollziehbaren Gründen sexuell aktiv werden (z.B. Mitleid, Liebe), sondern weil in ihren Familien das Bedürfnis nach Intimität nicht erfüllt wird ... Geschlechtsverkehr ist eine einfache Art, dieses Bedürfnis zu befriedigen.«[14]

Ein Teenager bekannte:»Wir alle laufen rum und sehnen uns danach, in den Arm genommen zu werden ... Das Dilemma, in dem sich einige befinden, besteht darin: Wenn ich berührt oder in den Arm genommen werden will, dann

muss ich auch Geschlechtsverkehr haben.«[15]

Frühe Freundschaften

Frühe Freundschaften können zu frühem Geschlechtsverkehr führen, jedenfalls belegen das die Untersuchungen von Bernt C. Miller der Universität von Utah und von Terrence D. Olsen an der Brigham Young Universität. Die Forscher untersuchten 2 400 Teenager mit dem Ergebnis:

> Je jünger ein Mädchen bei ihrer ersten Freundschaft ist, desto wahrscheinlicher ist es, dass sie den ersten Geschlechtsverkehr in der 12. Klasse hinter sich hat. Das gilt auch für Jungen und Mädchen, die schon in der 9. Klasse einen festen Freund haben. Von den Mädchen, die schon mit 12 einen Freund haben, haben 91% vor Ende der 12. Klasse ihren ersten Geschlechtsverkehr hinter sich – verglichen mit 56%, die mit 13 den ersten Freund hatten, 53%, die mit 14 den ersten Freund hatten, 40%, die mit 15 den ersten Freund hatten und 20%, die mit 16 den ersten Freund hatten. Von den Jungen, die schon in der 9. Klasse eine feste Freundin hatten, sagten 70% aus, dass sie schon einmal Geschlechtsverkehr hatten. Dasselbe gilt für 60% der Mädchen in der gleichen Situation. Von den Jungen, die in der 13. Klasse sich ab und zu mit Mädchen verabredeten, hatten 52% schon einmal Geschlechtsverkehr gehabt, im Unterschied zu nur 35% der Mädchen, die sich ab und zu mit Jungs verabredeten.[16]

Gruppenzwang

Eine Studie mit mehreren tausend Teenagern zeigte, dass 76% sexuell sehr weit gehen würden, um sich erfahren zu fühlen und nicht zu meinen, etwas zu verpassen.[17] Während einige Teenager behaupten, dass dem Gruppenzwang von Erwachsenen zu viel Bedeutung beigemessen würde, geben die meisten zu, dass das Bedürfnis der Jugendlichen nach Anerkennung und Bestätigung eine große Rolle bei ihrem Verhalten spielt.

Teenager, die sexuell nicht aktiv sind, erfahren von Freunden, durch die Medien und andere einen ungeheuren Druck »mitzumachen«. Mädchen oder Jungen, die zugeben noch unberührt zu sein, wird oft das Gefühl gegeben, unreif oder seltsam zu sein. Der Gruppenzwang arbeitet oft mit einer Art moralischer Erpressung, die die Macht der Gruppe, jemanden anzunehmen oder abzulehnen, benutzt, um »Wohlverhalten« zu erzeugen. Ein Artikel in einer Zeitschrift hat das Problem so beschrieben:

> Früher war es üblich, dass man seine Unschuld bewahrte – oder aber log, wenn man sie verloren hatte. Heute lügt ein unschuldiger Teenager, um das kleine Geheimnis zu bewahren, dass er oder sie noch jungfräulich ist. Es gibt heute mehr als je den Zwang es »endlich hinter sich« zu bringen.[18]

Ganz gleich, wie irrig die Ansicht sein mag, dass »jeder es tut«, der Gruppenzwang beeinflusst viele Jugendliche dahingehend, sich frühzeitig auf Geschlechtsverkehr einzulassen (vgl. Kapitel 14, »Umgang mit Gruppendruck«).

Alkohol und Drogen

Alkohol- und Drogenkonsum verführt dazu, sich schneller auf Sexualverkehr einzulassen (vgl. Kapitel 38, »Alkohol: Genuss und Missbrauch«). Ein Forscher sagte Folgendes zur Beziehung zwischen Drogen und Sex unter Jugendlichen:

Wohl am eindrücklichsten ist die Verbindung zwischen Trinken und Verlust der Jungfräulichkeit.

Vielleicht weil Alkohol die sozial noch am meisten akzeptierte Droge ist, fanden unsere Interviewer heraus, dass er stark im Zusammenhang mit dem ersten Geschlechtsverkehr der Teenager steht. Das gilt besonders für ungeplanten Geschlechtsverkehr … Manchmal betraf es Jungen, die überrascht wurden (ein dreizehnjähriger, der zwar »damit rechnete, ein bisschen herumzufummeln«, verlor seine Unschuld, nachdem seine Freundin »Alkohol aus der Bar ihrer Eltern holte und sie beide ziemlich betrunken waren«), doch viel häufiger wurden die Mädchen überrumpelt. Ein fünfzehnjähriges Mädchen aus New York, die noch nicht einmal einen festen Freund hatte, sagte uns: »Ich machte in unserem Haus eine Party – meine Mutter ist jedes Wochenende weg, deshalb mache ich viele Parties – und alle waren dort und alle unsere Freunde und so. Und vier oder fünf von uns übernachteten bei mir in dieser Nacht und wir beide waren ziemlich betrunken und schliefen einfach miteinander ein und als die Nacht weiter fortschritt, ging es zur Sache. Ich glaube nicht, dass er den ersten Schritt getan hat, ich bin mir ziemlich sicher, dass ich selbst es war.«[19]

Die Sehnsucht nach einem Kind

Obwohl die meisten Mädchen mit allen Mitteln versuchen, nicht schwanger zu werden, gibt es einige Teenager, die sexuell aktiv werden, weil sie gerne ein Kind haben möchten. Vielleicht fühlen sie sich so schlecht und so ungeliebt, dass sie absichtlich versuchen ein Kind zu bekommen, damit sie jemanden haben, den

sie lieben können und der sie wiederliebt. Vielleicht sehen sie das Kind auch
als »Unabhängigkeitserklärung« ihren
Eltern gegenüber oder aber als Beweis
für ihre »Reife« gegenüber ihren Freundinnen. Es kann auch ein Mittel sein, um
einen Jungen dazu zu bringen, sie zu
heiraten oder sogar als Rache gegenüber
den Eltern oder einem ehemaligen
Freund dienen (vgl. Kapitel 29, »Ungewollte Schwangerschaft«).

▼ Die Folgen

Es gibt viele und gefährliche Folgen des
vorehelichen Geschlechtsverkehrs. Zu
den körperlichen Folgen gehören:

- Verlust der Jungfräulichkeit

- Ungewollte Schwangerschaft

- Uneheliches Kind

- Erzwungene Ehe

- Abtreibung

- Geschlechtskrankheiten

Über diese tragischen körperlichen Folgen hinaus, gibt es die verheerenden
psychologischen Probleme und die Beziehungsprobleme, die vorehelichen Geschlechtsverkehr begleiten oder ihm folgen, wie z.B. Schuld, Verzweiflung, zerbrochene Beziehungen, Selbsthass, sexuelle Sucht und geistliche Gebundenheit.

Schuld

Wie jede Form von Unmoral und Ungehorsam gegenüber Gottes Geboten,
führt außerehelicher Geschlechtsverkehr
zu Schuld. Eine Umfrage unter Studenten
ergab, dass fast 60% von denen, die außerehelichen Geschlechtsverkehr hatten,

aussagten, dass er »enorme Schuld« nach
sich ziehe.[20]

Wie eine Frau bezeugte: »Ich hatte mit
meinem Verlobten Geschlechtsverkehr.
Wir waren überzeugt, dass für uns vorehelicher Geschlechtsverkehr in Ordnung war, weil wir ja verlobt waren, doch
der Heilige Geist überzeugte mich davon, dass ich unrecht hatte. Ich fühlte
mich unglaublich schuldig« (vgl. Kapitel 3, »Schuld«).

Verzweiflung

Die emotionalen Kosten sexueller Unsittlichkeit sind unermesslich. Ein Teenager
erklärte die Folgen ihres sexuellen Umgangs so:

Der voreheliche Geschlechtsverkehr
war für mich das schrecklichste Erlebnis meines Lebens. Es war ganz und
gar nicht das gefühlsmäßig befriedigende Erlebnis, von dem die Welt mir
vorschwärmte. Ich fühlte mich, als ob
mein Innerstes bloß läge und mein
Herz ohne Beachtung blieb ... Ich
weiß, dass Gott mir diese Sünde, die
mich verfolgt, vergeben hat, aber ich
weiß auch, dass ich meine Jungfräulichkeit nicht zurückbekommen kann.
Ich fürchte den Tag, an dem ich dem
Mann, den ich wirklich liebe und
heiraten will, sagen muss, dass er nicht
der einzige ist, obwohl ich mir wünschte, es wäre so ... Ich habe mein Leben
befleckt – ein Fleck, der niemals mehr
abzuwaschen ist.

Ein anderes Mädchen beschreibt ihre
Erfahrung folgendermaßen:

Wenn du es getan hast, dann bist du
wirklich an den Jungen gebunden. Es
ist, als ob er dein ganzes Leben wäre
und du fühlst dich unendlich verletz-

lich. Als die Beziehung zu Ende war, fühlte ich mich wirklich schrecklich. Ich kann es kaum beschreiben. Etwa eine Woche nach unserem Verkehr brach ich die Beziehung ab, weil ich herausgefunden hatte, dass er sich auch mit anderen Mädchen traf. Es hat so weh getan.

Sexuelle Unsittlichkeit (ob vor oder während der Ehe) führt zu Verdächtigungen, Enttäuschungen, Leid, Stress, Leere und vielen anderen zerstörerischen Emotionen.

Zerbrochene Beziehungen

Die oben zitierte Umfrage berichtet auch, dass 50% der männlichen Jugendlichen den Bruch einer Beziehung auf den Sexualverkehr zurückführen, 26% der weiblichen Jugendlichen waren derselben Ansicht.

Mit den Worten eines Teenagers:»Geschlechtsverkehr ... schadet einer Beziehung und es erschwert es einem Paar nur, auseinander zu gehen.« Vorehelicher Verkehr führt oft dazu, dass sich die Beteiligten wie in einer Falle fühlen, er verhindert intime Gespräche und Vertrauen, er kann dazu führen, dass einer oder beide Partner sich ausgenutzt fühlen und er kann, wenn die Beziehung anschließend beendet wird, »zu einem schrecklichen Gefühl der Zerrissenheit« führen.[21]

Selbsthass

Vorehelicher Geschlechtsverkehr hat oft schlimme Auswirkungen auf das Selbstverständnis der Beteiligten. Wie die Sexualtherapeutin Shirley Zussman sagt: »Wenn man zum Fleischmarkt gehört, bekommt das Selbstvertrauen einen empfindlichen Schlag.«

Geringes Selbstvertrauen, das zu den Ursachen des vorehelichen Geschlechtsverkehrs gehört, gehört auch zu seinen Folgen. Sexuelle Kontakte außerhalb der Ehe führen oft dazu, dass der Betroffene Selbstzweifel, Unsicherheit, Demütigung und Selbstvorwürfe erlebt (vgl. Kapitel 6, »Geringe Selbstachtung«).

Sexuelle Sucht

Die schon oben zitierte Umfrage unter Studenten enthüllte auch, dass 44% der männlichen und 26% der weiblichen Studenten aussagten, dass vorehelicher Geschlechtsverkehr »das intensive Verlangen nach mehr« auslöst.

Sexuell aktive Teenager versuchen häufig, ein geistliches Vakuum mit Vergnügen auszufüllen (was unmöglich ist) und merken bald, wie sie von ihren sexuellen Sehnsüchten regelrecht verschlungen werden. Die Sexualität begann als Verlangen, das sich recht schnell zum Meister aufschwingt, immer mehr fordert und doch keine Befriedigung schenkt. Ein Jugendlicher beschrieb seine Erfahrungen so:

Es fing damit an, dass ich bemerkte, dass ich umso mehr wollte, je mehr ich bekam. Ich hatte immer die Ausrede gehört, dass das beste Mittel, um die sexuelle Spannung zu lösen, sei, sie auszuleben. Genau das Gegenteil ist wahr. Hatte ich mit jemandem Verkehr gehabt, wollte ich noch mehr. Es war wie eine Droge. Ich konnte mich nicht mehr beherrschen und gleichzeitig war ich alles andere als befriedigt. Die Menschen, die ich kannte, die von Bett zu Bett gingen, waren noch schlimmer als ich – sie kannten nur ein Gesprächsthema und dachten offensichtlich an nichts anderes. Die Sexualität beherrschte sie, statt dass sie ihre Sexualität beherrscht hätten. Es war wie ein

Feuer, das alles verschlingt und niemals aufhört zu brennen, statt dessen brannte es die Leute aus.[22]

Geistliche Gebundenheit

Die Sexualität ist oftmals das Mittel, mit dem der Widersacher (s. 1. Petr. 5,8) junge Männer und Frauen geistlich fesselt und sie dazu bringt, weitere Risiken und Verhaltensweisen auf sich zu nehmen, die für sie leiblich, seelisch und geistlich gefährlich sind. Unsittlichkeit behindert die Beziehung des jungen Menschen zu Gott, führt manchmal dazu, dass die Hingabe an Jesus leidet (siehe »Mangelnde religiöse Überzeugung« weiter oben in diesem Kapitel) und führt sie in die Falle eines Teufelskreises aus Druck und Hilflosigkeit.

Weiter haben Studien (wie etwa Elliott und Morse, 1989) die Beziehung zwischen vorehelichem Geschlechtsverkehr und anderen Formen der Delinquenz bzw. unsittlichem Verhalten untersucht. Ein Teenager, der ein illegitimes sexuelles Verhältnis hat, fällt leichter auf andere Versuchungen herein.

▲ Die biblische Sicht

Wenn wir die Sexualität aus Gottes Sicht betrachten wollen, dann müssen wir zum Anfang zurückkehren: »Da bildete Gott, der Herr, den Menschen, aus Staub vom Erdboden und hauchte in seine Nase Atem des Lebens; so wurde der Mensch eine lebende Seele« (1. Mo. 2,7). Adam war der Höhepunkt des Schöpfungsplanes Gottes. »Und Gott sah alles, was er gemacht hatte und siehe, es war sehr gut« (1. Mo. 1,31).

Doch nach der Erschaffung des Mannes merkte Gott, dass etwas nicht gut war. »Und Gott, der HERR, sprach: Es ist nicht gut, dass der Mensch allein sei« (1. Mo. 2,18). Die Schöpfung war zwar gut, aber unvollständig. Gott hatte den Menschen »nach seinem Bild« geschaffen (1. Mo. 1,27). Damit war der Mensch ein auf Gemeinschaft angelegtes Wesen, weil Gott ebenfalls auf Gemeinschaft Wert legt. Jeder, der »nach Gottes Bild« geschaffen ist, hat die von Gott gegebene Fähigkeit, mit anderen Wesen Gemeinschaft zu haben – mit Gott und mit Wesen wie er selbst. So gut Gottes Schöpfung war, es war nicht gut, dass der Mensch allein war.

Es ist wichtig festzuhalten, dass Gott die Einsamkeit Adams nicht löste, indem er mehr Männer schuf. Statt dessen schuf er die Frau. »Eva war wie Adam und doch anders. Sie war auch Mensch, aber hatte ein anderes Geschlecht. Mann und Frau waren gleich, aber nicht identisch. Ihre Einheit war keine Uniformität, die sich aus der Gleichheit ergab, sondern eine Einheit, die die Unterschiede transzendiert.«[23] Mit dem zweiten Geschlecht war Gottes Schöpfung erst vollständig.

Es ist wichtig, dass junge Menschen positiv darüber denken, dass sie männlich oder weiblich sind und ihre Sexualität als Gabe Gottes annehmen. Der Psalmist sagte: »Ich preise dich darüber, dass ich auf eine erstaunliche, ausgezeichnete Weise gemacht bin« (Ps. 139,14). Die Erschaffung des menschlichen Leibes mit seinem Sexualtrieb und den Geschlechtsorganen ist etwas, für das wir Gott danken dürfen. Es gibt keinen Grund, sich zu schämen. Von Anfang an wird in der Bibel die Sexualität als Spiegelbild des Charakters Gottes gesehen. Ihr Vorhandensein wird als »sehr gut« beschrieben. Drei Grundsätze zum Thema Sexualität finden sich in der Bibel:

• Gott ist für die Sexualität. Er hat sie erschaffen und er möchte, dass die

Menschen sie in ihrer Fülle genießen können.

- Sexueller Verkehr hat folgende Aufgaben:

  - Fortpflanzung (Kinder haben und eine Familie bilden). [24]

  - Identifikation (Bildung einer »Einheit« zwischen Mann und Frau in drei wichtigen Dimensionen – leiblich, seelisch und geistlich). [25]

  - Entspannung (Vergnügen und Freude). [26]

- Gott hat die Sexualität für die Ehe geschaffen. Geschlechtsverkehr soll nur zwischen Eheleuten stattfinden. Wenn nach Gottes Plan Geschlechtsverkehr in der Ehe genossen wird, dann ist die Freude daran maximiert. In der Verbindlichkeit der Ehe – ohne Schuld, Scham oder Unsicherheit – wird der Akt des Beischlafs unbeschreiblich genussvoll und schön.

▶ Praktische Hilfen anbieten

Ein Jugendleiter kann einem jungen Mann oder einer jungen Frau helfen, mit vorehelichem Geschlechtsverkehr fertig zu werden, wenn er diesem Plan folgt:

Zuhören. Ein junger Mensch, der eine sexuelle Beziehung eingegangen ist, braucht wahrscheinlich sehr nötig jemanden, der zuhört. Es wird sicherlich nicht einfach sein, ungehemmt über das Ereignis zu sprechen, so dass Ihre ersten Schritte darauf gerichtet sein sollten, dass sich der Jugendliche in Ihrer Gegenwart wohl fühlt und Vertrauen fasst. Fangen Sie mit eher oberflächlichen Fragen an, so dass der Jugendliche anfängt, von sich zu sprechen, über seine oder ihre Interessen, ehe Sie die sexuellen Probleme ansprechen.

Verständnis zeigen. Versuchen Sie immer, sich in die Lage des Jugendlichen zu versetzen. Versuchen Sie zu verstehen, wie und warum er oder sie eine sexuelle Beziehung aufgenommen hat. Während der Jugendliche erzählt, sollten Sie versuchen, sich vorzustellen, was Sie in einer ähnlichen Situation denken und fühlen würden. Ergreifen Sie jede Gelegenheit, um Ihr Mitgefühl und Ihr Verständnis zu zeigen. Dazu können gehören:

- Begegnen Sie dem Jugendlichen direkt (kommen Sie hinter ihrem Schreibtisch hervor);

- Lehnen Sie sich in Ihrem Stuhl leicht vor;

- Nehmen Sie Blickkontakt auf;

- Nicken Sie, um Verständnis zu signalisieren;

- Geben Sie Hauptaussagen wider (»Du fühlst dich …«, »Du meinst …«);

- Warten Sie geduldig ab, wenn Ihr Gegenüber schweigt oder weint.

Bestätigen. Erinnern Sie sich daran, dass der junge Mensch von Schuld und Scham überwältigt sein kann. Sie oder er könnte sich schämen und sich schmutzig fühlen. Es ist Ihre wichtigste Aufgabe, dem Betroffenen klar zu machen, dass er ein kostbares Kind Gottes ist, das Ihm unvorstellbar wertvoll ist. Zeigen Sie, dass Sie sich freuen, mit dem Betroffenen zusammen zu sein, dass es Dinge gibt, die Sie erfreulich an ihm oder ihr finden (werden Sie konkret). Bemühen Sie sich, nicht herablassend oder verurteilend zu wirken, etwa indem Sie:

- Sie oder ihn zu vorsichtig und zartfühlend zu einem Bekenntnis und zur Buße über vergangene Sünde führen. Seien Sie dabei auf der Hut, dass nicht Sie, sondern der Heilige Geist von Sünde überführt.

- Helfen Sie dem jungen Menschen, Gottes Liebe und Vergebung zu empfangen und für sich in Anspruch zu nehmen.

- Betonen Sie immer wieder deutlich mit Worten, dass Sie den Jugendlichen annehmen und ihn lieb haben.

- Zeigen Sie dem Jugendlichen, dass Gott ihn liebt und sich sogar über ihn freut (vgl. Ps. 18,19) – selbst wenn er sich nicht über sein Verhalten freut.

- Erwähnen Sie positive Züge und Fähigkeiten des Jugendlichen (»Ich freue mich über deine geistliche Feinfühligkeit« oder »Das hast du aber sehr gut ausgedrückt«).

Richtung weisen. Engagierte Eltern, ein Lehrer, Pastor oder Jugendmitarbeiter können dem Jugendlichen, der sich (in welchem Grad auch immer) sexuell betätigt hat, wertvolle Weisung geben und zwar auf drei Arten:

- Hoffnung bieten. Junge Menschen, die sich sexuell betätigt haben, brauchen einen neuen Anfang. Es kann sein, dass sie jede Hoffnung aufgegeben haben, jemals wieder keusch leben zu können. Doch eine Sünde macht einen Menschen nicht zum Verbrecher, deshalb ermutigen Sie den jungen Menschen, einen neuen Anfang zu

suchen. Gottes Liebe und Macht sind so groß, dass Er auf geistliche Weise die Jungfräulichkeit des jungen Menschen wiederherstellen kann. 1. Johannes 1,9 sagt uns, dass Er uns »die Sünden vergibt und uns ... von jeder Ungerechtigkeit ... reinigt«.

- Bieten Sie liebevolle, aber eindeutige Leitung an, indem Sie den Jugendlichen dazu bringen, Gottes Maßstab für die Sexualität zu verstehen und anzuerkennen. Geben Sie den biblischen Inhalt dieses Kapitels weiter und versichern Sie sich, dass er oder sie versteht, was Gott erwartet.

- Bieten Sie Unterstützung an. Lassen Sie den jungen Menschen wissen, dass Sie bereit sind, ihm zuzuhören, mit ihm oder ihr zu reden, zu weinen, Sorgen zu teilen, zu beten, mitzuleiden, ihm zu helfen und gemeinsam Strategien zu erarbeiten, die ihm helfen, Gott mit ihrem Leib zu ehren (vgl. 1. Kor. 6,20).

Ziele setzen. Helfen Sie dem Jugendlichen, eigene Schritte zu tun, indem Sie gemeinsam konkrete Pläne machen, um in Zukunft einen soweit als möglich keuschen Lebensstil zu erreichen. Solche Pläne könnten sein:

- Sich auf Gott verlassen. Ohne Gott ist kein Sieg möglich (Joh. 15,5). Leiten Sie den jungen Menschen an, ein gesundes geistliches Leben zu entwickeln und beizubehalten, zu dem Gebet (sowohl allein als auch in Gemeinschaft), Gottesdienst und Bibellesen gehört.

- Grenzen vorher ziehen. Fordern Sie den Jugendlichen auf, vor seiner nächsten Verabredung feste und eindeutige Grenzen für sexuelle Kontakte festzulegen. Bitten Sie darum, dass er Ihnen genau darlegt, wie weit er oder sie bei einer Verabredung gehen will und dass er dies auch der Person mitteilt, mit der er oder sie sich treffen will.

• Setzen Sie Ziele für Verabredungen. Helfen Sie dem jungen Menschen durchzudenken, wie sie oder er sich bei einer Verabredung verhalten möchte und was sie oder er sich von einer Verabredung erhofft (mögliche Ziele wären etwa »meinem Freund/Freundin zeigen, dass ich ihn/sie mag« und »herausfinden, worüber mein Freund/Freundin lacht oder weint«).

• Feste Pläne schmieden. Betonen Sie, wie wichtig es ist, wohin man geht und was man beim miteinander Ausgehen macht. Es ist am einfachsten, Schwierigkeiten aus dem Weg zu gehen, wenn man etwas Kreatives macht, Spass hat und das Paar sich von Situationen fern hält, die zu Problemen führen können.

• Sich nur auf eine Freundschaft einlassen, wenn der andere auch Christ ist. Versuchen Sie vorsichtig, den oder die Jugendliche zu der Erkenntnis zu führen, dass es wichtig ist, nur mit solchen Leuten auszugehen, die ähnliche Ansichten haben, mit Leuten, deren Glaube, deren moralische Maßstäbe und Ziele für die Verabredung nicht die Überzeugungen der oder des Jugendlichen behindert, sondern sie positiv beeinflusst.

• Alleinsein vermeiden. Sie sollten den oder die Jugendliche zu der Erkenntnis führen, dass einer der Hauptschlüssel für den Umgang mit Versuchung ist, gefährlichen Situationen aus dem Weg zu gehen. Verabredungen zusammen mit einer Jugendgruppe oder in der Öffentlichkeit, an gut erleuchteten Orten sind eine gute Möglichkeit (unter anderen), Probleme zu verhindern.

• Überlegen, ob man eine Pause einlegt. Manchmal fühlt sich ein Teenager kaum in der Lage, eine Gewohnheit abzulegen, zu der sexuelle Aktivität gehört. Das Beste, das man in dieser Lage tun kann, ist, eine Weile nicht mehr auszugehen. Ermutigen Sie den Jugendlichen, Ferien von dem Druck zu machen, den die Verabredungen bringen, bis sie oder er festere Überzeugungen gewonnen haben und die emotionale Distanz und geistliche Reife bekommen haben, die nötig sind, um diese Überzeugungen dann auch in die Tat umzusetzen.

Hilfe von außen. Insbesondere in sexuellen Fragen ist es wichtig, dass ein Erwachsener des gleichen Geschlechtes wie der Ratsuchende Rat und Hilfe gibt. Will man einem Jugendlichen des anderen Geschlechtes helfen, sind sowohl der Erwachsene wie auch der Jugendliche gefährdet. Aus diesem Grunde ist es weise, wenn Männer jungen Männern beistehen und Frauen jungen Frauen (vgl. Tit. 2,1-8). Wenn zu irgendeinem Zeitpunkt offensichtlich wird, dass der Elternteil, Pastor, Lehrer oder Jugendmitarbeiter nicht genügend Wissen hat, mit der Situation fertig zu werden, dann ist es ratsam, einen christlichen Arzt oder erfahrenen Seelsorger zu Rate zu ziehen (mit elterlichem Einverständnis).

In diesem Kapitel zitierte Bibelstellen

• 1. Petrus 5,8

• 1. Mose 1,18.31; 2,7.18.24

• Psalm 139,14

• Sprüche 5,18-19

- Psalm 18,19
- 1. Johannes 1,9
- 1. Korinther 6,20
- Titus 2,1-8

Weitere hilfreiche Bibelstellen zum Thema

- Psalm 51,11; 119,9-10
- Sprüche 6,23-28

- Römer 12,1-2
- Galater 5,15
- Philipper 4,8
- 1. Thessalonicher 4,3-7
- 2. Timotheus 4,3-7
- Jakobus 1,14-15
- 1. Petrus 2,11

29

Ungewollte Schwangerschaft

Einführung

Die fünfzehnjährige Stefanie hatte ihrem Freund mit leicht zittern-der Stimme am Telefon gesagt, dass sie ihm etwas Wichtiges zu sagen hätte. Sie hatte darauf bestanden, es ihm nur persönlich zu sagen. Als sie jetzt neben Brent im Auto saß, rang sie um Gelassenheit. Ein nervöses Lächeln huschte über ihre Lippen.

»Ich habe eine tolle Nachricht für dich«, sagte sie und ihre großen Augen sahen ihn mit einer Mischung aus Angst und Hoffnung an.

Brent runzelte die Stirn. Er sah ernst vor sich hin. »Ja?«, meinte er und fragte sich, worum es überhaupt ging und warum er so ein seltsames Gefühl in der Magengrube hatte.

»Ich bin –«, sie stockte und verlor beinahe die Beherrschung. Aber schnell rang sie ihre Gefühle nieder und fing wieder an. »Wir bekommen ein Baby!« Sie lächelte wieder so fröhlich sie konnte und beobachtete aufmerksam sein Gesicht.

Brent öffnete den Mund und schaute ihr genau ins Gesicht. Er hatte noch nicht einmal gelächelt. »Du bist schwanger?«, fragte er und seine Stimme klang auf einmal wie die eines Chorknaben im Stimmbruch.

Stefanie nickte eifrig und schluckte, bevor sie weitersprach: »Bist du nicht glücklich?«

Brent zögerte nur ein bisschen, bevor er diesmal antwortete: »Ähm, ja.« Er fuhr mit der Zunge über die Lippen. »Bist du denn glücklich?«

»Ja«, purzelte es aus Stefanie heraus, die Brent – und sich – unbedingt von ihrer Antwort überzeugen wollte. Sie umarmte ihn und kuschelte ihr Gesicht an seinen Nacken. »Du etwa nicht?«, fragte sie und ihre Stimme war kaum noch hörbar.

Brent nahm Stefanie langsam in den Arm und tätschelte sie wie ein kleines Kind. »Ja, natürlich. Wenn du darüber glücklich bist, dann bin ich's auch.«

Stefanie schloss die Augen, um ihre Tränen zurückzuhalten, die wie ein Kloß in ihrem Hals sassen. Sie hatte Angst. Angst vor der Schwangerschaft. Angst davor, was ihre Eltern sagen würden. Und Angst davor, was Brent wirklich dachte.

● Das Problem

Forschungen des Guttmacher Instituts haben ergeben, dass ein Teenager von vieren im Alter bis zu 18 Jahren schwanger wird, die Hälfte wird bis zum Alter von 21 Jahren schwanger. 85% der Teenagerschwangerschaften sind ungewollt, davon wird die Hälfte ausgetragen, ein Drittel durch Abtreibung beendet und die restlichen sind Fehlgeburten.[1]

In Amerika werden jedes Jahr etwa eine Million junge Frauen unter zwanzig schwanger.[2] Weiter werden in Amerika jeden Tag eintausend unverheiratete Mädchen Mutter.[3] Ein Drittel aller Kinder, die von unverheirateten Müttern in den USA zur Welt gebracht werden, werden von Teenagern geboren.[4]

Die steigende Häufigkeit von Teenagerschwangerschaften und Teenagereltern ist in den vergangenen Jahren zu einer nicht mehr zu leugnenden Tatsache in der westlichen Welt geworden, doch ist sie durch ihre Häufigkeit kulturell nicht weniger schädlich und für die Betroffenen persönlich nicht einfacher zu handhaben.

Die Vereinigten Staaten geben mehrere zehn Millionen Dollar jährlich für die Gesundheitsfürsorge und andere Dienste an Familien aus, die von Frauen gegründet wurden, die schon als Teenager schwanger wurden,[5] und über die Hälfte aller Mütter, die von Sozialhilfe leben, haben ihr erstes Kind noch als Minderjährige bekommen.[6]

Weitaus schlimmer jedoch als die sozialen und kulturellen Kosten, die sich aus Teenagerschwangerschaften ergeben, sind die persönlichen Schicksale der Betroffenen: Die Tragödie abgebrochener Ausbildung, zerrütteter Beziehungen, gebrochener Versprechen, emotionaler Verwundung und unerfüllter Wünsche, die oft der Nachricht einer ungewollten Schwangerschaft folgen.

◀ Die Ursachen

Ungewollte Schwangerschaft tritt bei Minderjährigen aus verschiedensten Gründen auf, von denen einige für die Erwachsenen kaum verständlich sind. Die Pubertät ist von neuen und intensiven Gefühlen gekennzeichnet, von Gefühlsschwankungen, überwältigenden Emotionen und Erwartungen, die einander oft diametral entgegenstehen. Deshalb kann der Versuch, herauszufinden, warum ein Teenager schwanger ist (abgesehen von den rein physiologischen Gründen) so schwierig sein, wie den gordischen Knoten zu lösen. Doch gibt es einige Faktoren, die offenbar öfter als andere eine Rolle spielen.

Mangelnde Aufklärung in der Familie

Es gibt keinen Ersatz für eine Familie, in der man offen und feinfühlig über Sexualität sprechen kann, in der Fragen offen beantwortet werden, in der die Schönheit der Sexualität in der Ehe und die Gefahren der außerehelichen Sexualität im biblischen Zusammenhang diskutiert werden und in der ein Heranwachsender vorsichtig auf den Beginn der Pubertät und die ersten Regungen des Sexualtriebes vorbereitet wird.

Viele Kinder jedoch wachsen leider nicht in einer solchen Familie auf. In diesen Familien ist Sexualität ein Tabuthema, entweder ausdrücklich oder sie wird einfach totgeschwiegen. Den Eltern ist es peinlich – manchmal haben sie regelrecht Angst vor dem Thema. Die hormonelle Umstellung des Pubertierenden wird nie oder nur selten angesprochen.

Auch wenn ein Kind über die technischen Aspekte sexuellen Verhaltens aufgeklärt worden ist – die Geschlechtsorgane, den Geschlechtsverkehr und Verhütung – wird ein Kind, dessen Eltern nicht »die zwanglose Unterhaltung, die ruhige Annahme der menschlichen Sexualität und eine liebevolle Haltung gegenüber Teenagerproblemen haben«[7] weitaus weniger gut ausgerüstet sein, um vorehelichen Verkehr und daraus resultierende Schwangerschaften zu vermeiden (vgl. Kapitel 28, »Vorehelicher Geschlechtsverkehr«).

Minderwertigkeitsgefühle

Dr. G. Keith Olsen betont in seinem Buch »Counseling Teenagers«, dass das Schwangerwerden »meist mit recht viel Absicht« geschieht. Er schreibt weiter, dass »Schwangerschaft bei heranwachsenden Mädchen oft den Versuch darstellt, sich vollständig und wertvoll als Frau zu fühlen«.[8]

Junge Frauen, die sich in ihrem Körper unsicher fühlen, denen die äußerlichen Veränderungen unheimlich sind, die sie durchmachen oder sich unsicher fühlen, wer sie sind oder wohin sie gehören, können sich sexuelle Aktivität und sogar Schwangerschaft wünschen und sie herbeiführen, weil sie sich – und andere – davon überzeugen wollen, dass sie gewollt und geliebt sind, dass sie so sehr Frau sind wie jede andere.

Schwangerschaft mag einem unreifen pubertären Geist auch als Weg erscheinen, einen Freund festzuhalten oder ihn zur Ehe zu zwingen. Und natürlich bietet ein Baby, das die junge Frau lieben kann – und sie wiederliebt – die Aussicht auf Liebe und Angenommensein für sie, die vielleicht unter Unsicherheit und mangelndem Selbstvertrauen leidet (vgl. Kapitel 6, »Geringe Selbstachtung«).

Einfluss von Alkohol und Drogen

Ein anderer Faktor, der die Gefahr für Teenager verstärkt, ist für viele die erste Begegnung mit Alkohol und Drogen.

Tabelle 29A. Prozentsatz ungewollter Schwangerschaften im ersten Jahr der Anwendung des Verhütungsmittels

Alter	Pille	Spirale	Zyklus-beob-achtung	Kondom	Dia-phragma	Spermizide (z.B. Gel, Schaum)	Keine
Unter 18	11,0%	10,5%	33,9%	18,4%	31,6%	34,0%	62,9%
18–19	9,6%	9,3%	30,6%	16,3%	28,3%	34,0%	62,9%
20–24	7,2%	6,9%	23,9%	12,3%	21,7%	23,5%	14,2%
25–29	5,0%	4,8%	17,4%	8,6%	15,6%	17,0%	36,3%
30–44	1,9%	1,8%	7,0%	3,3%	6,2%	6,8%	15,7%
Gesamt	5,7%	5,4%	23,0%	10,0%	23,3%	19,4%	44,7%

Quelle: *Family Planning Perspectives*, Bd. 18, Nr. 5, Sept.-Okt. 1986.

Oftmals findet eine junge Frau, die gerade mit der Entdeckung ihrer Sexualität und dem Einfluss ihrer ersten »richtigen Beziehung« ringt, sich auf einer Party oder in einer anderen Umgebung wieder, in der alkoholische Getränke oder Drogen leicht erreichbar sind. Wenn das dritte Glas Bier mit ihren Hormonen und dem verführerischen Flüstern ihres Freundes zusammenwirkt, dann bröckelt ihr Widerstand und schon bald hat sie Grenzen überschritten, die sie eigentlich achten wollte (vgl. Kapitel 38, »Alkohol: Genuss und Missbrauch« und Kapitel 39, »Drogenkonsum und -missbrauch«).

Missglückte Verhütung

Auch heute, nachdem zahllose private und öffentliche Aufklärungskampagnen gestartet wurden, die die Benutzung von Verhütungsmitteln propagieren, um Schwangerschaft und Ansteckung zu verhüten, haben viele Jugendliche noch immer Geschlechtsverkehr, ohne den »Schutz« solcher Vorkehrungen.

Viele der Jugendlichen, die die Verhütungsmittel benutzen, benutzen sie nur zeitweise und dann auch oft noch falsch.

Die Forschung der Gesellschaft »Planned Parenthood« (Geplante Elternschaft) hat laut ihrer eigenen Zeitschrift »Family Planning Perspectives – ernüchternde Tatsachen über Verhütungsmethoden im Jahr 1986 festgestellt. Die auf Seite 362 wiedergegebene Tabelle zeigt einige Prozentsätze für ledige Frauen.[9] Man beachte: Nicht eine Methode, einschließlich des Kondoms, ist völlig zuverlässig.

Mit anderen Worten, nach den oben genannten Forschungen nimmt ein Teenager, der versucht, mit einem Kondom zu verhüten, ein Risiko von 18,4 Prozent auf sich, in den nächsten 12 Monaten von einer Schwangerschaft überrascht zu werden!

Neuere Forschungen zeigen ähnliche Ergebnisse, nämlich dass »bei 150 von 1000 Paaren, die Kondome benutzen, offensichtlich in den ersten 12 Monaten der Benutzung eine ungewollte Schwangerschaft eintritt«.[10]

Auflehnung

Für einige Mädchen ist eine Schwangerschaft der höchste Ausdruck der Rebellion gegen die elterliche Autorität (vgl. Kapitel 23, »Auflehnung«). Die meisten Mädchen mögen ihre eigenen Handlungen oder die Motivation dahinter nicht verstehen, doch (bewusst oder unbewusst) werden ihre sexuelle Aktivität und eine daraus folgende Schwangerschaft zum Mittel, um eine Botschaft zu vermitteln.

Die Heranwachsende will ihren Eltern mit der Schwangerschaft sagen: »Ihr könnt mich nicht kontrollieren« oder »Ich brauche nicht zu tun, was ihr mir sagt«. Schwanger werden kann auch heißen: »Ich bin erwachsen, warum seht ihr das nicht ein?« oder aber es handelt sich ganz einfach um einen Hilferuf: »Beachtet mich endlich!«

Wunsch nach Freiheit

Viele Erwachsene sind darüber erstaunt, dass ein Teenager willentlich neun Monate Schwangerschaft und die riesengroße Verantwortung der Elternschaft auf sich nimmt. »Warum gibst du so deine Freiheit auf«, fragen Sie vielleicht. »Warum bindest du dich so an ein Kind?«

Viele Heranwachsende denken jedoch nicht auf diese Weise. Sie haben die Vorstellung, dass die Schwangerschaft und Elternschaft ihnen die Freiheit bringt. Beides zwingt ihre Eltern, sie als Erwachsene anzuerkennen. Ein Kind erlaubt ihnen ihrer Meinung nach, ein selbstbestimmtes Leben zu führen. Außerdem hilft es ihnen, dem Druck der Schule zu entkommen. Es erlaubt ihnen, selbst Entscheidungen zu treffen.

Solche Argumente sind noch nicht einmal völlig aus der Luft gegriffen. Die Untersuchungen von Stiffmann u.a. (1990) zeigen, dass

> ... sexuell aktive, unglückliche und suchende Jugendliche zu dem Schluss kommen, dass Altersgenossen, die Kinder aufziehen, nicht schlechter dran sind als sie selber. In der Tat – und das haben sowohl andere Forscher schon nahe gelegt und unsere eigenen Daten bestätigt, scheinen ledige Mütter in Beziehung auf erlangte Unabhängigkeit, finanzielle Mittel und den »Besitz« eines Kindes, das sie lieben können und von dem sie wiedergeliebt werden, besser dazustehen als ihre Altersgenossinnen (McAnarny, 1985).[11]

Andere Ursachen

Die oben genannten Ursachen sind natürlich nicht die einzigen für Teenagerschwangerschaften. Es gibt unglaublich viele Gründe, aus denen ein junges Mädchen schwanger wird. Dr. G. Keith Olsen zitiert nur ein paar weitere:

> Einige Mädchen werden schwanger, weil sie intellektuell nicht weit genug sind, weil sie dem Bedürfnis des Freundes kein »Nein« entgegensetzen können, wenn er seine Potenz beweisen will oder aber, weil sie grundlos glauben, dass Gott so etwas nie zulassen würde ... Einige Teenager haben die irrige Vorstellung, dass Ehe und Familiengründung ihnen Glück und Stabilität in einer andernfalls verwirrenden und anstrengenden Welt bieten. Noch andere Mädchen haben die magische

Vorstellung, dass sie nicht schwanger werden könnten, während andere die ganze Verantwortung auf den Jungen schieben, indem sie naiv an die Versicherung des Jungen glauben, dass er die notwendigen Vorsichtsmaßnahmen schon getroffen habe.[12]

Autorin Karen J. Sandvig zeigt eine Schlüsselperspektive zum Verständnis der riesigen Anzahl der Einflüsse und Ursachen von Teenagerschwangerschaften:

> Warum wird ein Teenager schwanger? Oftmals führt eine Folge von Ereignissen dazu (wobei eines zum anderen führt), dass ein Vakuum ihrer Existenz entsteht, in dem sie sich nicht sicher geliebt weiß und sich nicht als Person angenommen fühlt – ganz gleich, wie irrational oder unwahr diese Vorstellung sein mag. Diese Ereignisse können durch die hormonelle Umstellung des Mädchens ausgelöst werden oder auch durch ständige Probleme in einer gestörten Familiensituation oder allen nur denkbaren Nuancen dazwischen. Wenn das Mädchen einmal schwanger ist, kann man dies nicht mehr ungeschehen machen. Es ist nun Zeit, Hilfen, Kraft und Verständnis zu suchen, um aus einer sehr schwierigen Situation das Beste zu machen.[13]

▼ Die Folgen

Zusätzlich zu den sozioökonomischen Folgen von Teenagerschwangerschaften, die von Simkins (1984) und Rutter (1980) aufgelistet wurden (dazu gehören etwa geringere Wahrscheinlichkeit, einen Schulabschluss zu erreichen, größere Wahrscheinlichkeit einer Scheidung, Ein-Eltern-Familie, Arbeitslosigkeit und

Abhängigkeit von Sozialhilfe), haben Stiffman u. a. (1990) berichtet, dass »sexuell aktive Jugendliche ... bedeutende psychische Probleme haben, die Behandlung notwendig machen«.[14] Solche Probleme können sehr vielfältig sein, doch ist es möglich, etwa ein halbes Dutzend typische Probleme auszusondern, denen sich ein schwangerer Teenager ausgesetzt sieht. Dazu gehören das Leugnen der Tatsache, Angst, Schuld, Scham und Reue.

Tatsachen verdrängen

Das Verdrängen der Tatsache findet sich oft bei schwangeren Mädchen, auch wenn die Schwangerschaft nicht ganz ungewollt eingetreten ist. Selbst wenn die Anzeichen einer Schwangerschaft für einen objektiven Beobachter eindeutig sind, zögern viele junge Frauen die Diagnose hinaus, weil sie vielleicht hoffen, dass es vorübergeht, wenn sie die Tatsache ignorieren. Das folgende Mädchen, das sechs Wochen schwanger war, bevor sie sich in medizinische Behandlung begab, ist in vieler Hinsicht typisch:

> Ich wusste, dass irgendetwas nicht stimmte – die Monatsblutung war ausgeblieben und ich wusste, dass es nur daran liegen konnte. Doch ich schob es immer vor mir her, denn natürlich wusste ich, was das bedeutet.[15]

Einige Mädchen brauchen sogar noch länger, um ihre Verdrängung zu überwinden:

> Mir wurde morgens schlecht und ich war viereinhalb Monate schwanger, als ich endliche einen Test durchführen ließ. Nach dreieinhalb Monaten kam ich ins Grübeln. Ich wusste worum es geht, aber ich dachte: »Naja, vielleicht auch nicht.« Ich hatte Angst.[16]

Angst

Eine andere weit verbreitete Reaktion eines schwangeren Teenagers (und bei fast allen Frauen, die erstmalig schwanger sind) ist Angst.

Ein Mädchen, das vermutet oder herausfindet, dass es schwanger ist, fürchtet häufig, wie ihr Freund darauf reagieren mag. Sie fürchtet wohl auch den Zorn ihrer Eltern und Konsequenzen, die sie ziehen könnten. Sie kann sich auch vor den Veränderungen ihres Leibes fürchten oder vor den Wehen. Furcht vor dem Urteil ihrer Lehrer, Nachbarn und der Glieder ihrer Gemeinde ist ebenfalls häufig. Ihre Ängste können ganz konkret sein oder aber namenlos und nebelhaft. In jedem Fall kann ihre Angst zeitweilig so schlimm werden, dass Hysterieanfälle oder Panikattacken auftreten. Auch schlimmere gesundheitliche Folgen können auftreten, wie etwa Asthmaanfälle oder Allergien (vgl. Kapitel 2, »Angst«).

Schuld

Solange das Gewissen nicht erleichtert ist, führt Sünde zu Schuldgefühlen und ein schwangeres Mädchen wird oft von dieser Schuld überwältigt (vgl. Kapitel 3, »Schuld«). In manchen Fällen wird die Schuld so schlimm, dass die junge Frau ihre Gedanken auf nichts anderes mehr richten kann, als auf einen Ausweg aus der Situation zu finden. Das wird über kurz oder lang auch allen deutlich werden.

Solche verzweifelte Suche nach Befreiung von Schuld führt manches Mädchen zu einer Abtreibung, zu dem Versuch, selbst eine Fehlgeburt herbeizuführen, von zu Hause wegzulaufen oder sogar Selbstmord zu begehen. Ein Jugendleiter sollte aufmerksam auf Symptome solcher

Verzweiflung achten, etwa auf:

- Ungewöhnliche oder zwanghafte Beschäftigung mit dem Tod;

- Extreme Niedergeschlagenheit;

- Selbstzerstörerische Kommentare oder Handlungen;

- Ein übertriebenes Zur-Schau-Stellen von Freude über die Schwangerschaft;

- Plötzliche Geldsorgen;

- Verschwinden von Geld aus der Familienkasse.[17]

Scham

Nur wenige Mädchen wollen den Ruf haben, »so eine« zu sein. Obwohl sie sexuell aktiv sind, möchten sie doch, dass ihr Ruf als »ordentliches Mädchen«, als würdiges, geschätztes, geliebtes und respektiertes menschliches Wesen gewahrt bleibt. Für viele bedeutet deshalb eine Schwangerschaft das Ende dieser »Illusion« – Schwangerschaft zeigt unausweichlich, dass ein Mädchen nicht mehr unberührt ist.

Ironischerweise zieht sich dasselbe Mädchen, das einige Monate vorher scheu verschwiegen haben mag, dass sie noch eine Jungfrau ist, sich nun vor Scham zurück, weil sie erkannt hat, dass alle ihre Freundinnen, ihre Lehrer und Nachbarn bald wissen werden (wenn sie es nicht schon wissen), dass sie und ihr Freund »es« gemacht haben.

Die Scham, die sie fühlt, kann dabei so intensiv sein, dass sie entweder zur Verdrängung ihrer Gefühle getrieben wird (in diesem Fall könnte sie etwa Freude über ihre Schwangerschaft vortäuschen und aufgeregt über ihr Kind sprechen) oder aber zur Verzweiflung (in diesem Fall kann sie einige der Vorstellungen

äußern [bzw. das Verhalten zeigen], die wir oben im Abschnitt über »Schuld« besprochen haben).

Bedauern

Kinder und Jugendliche verstehen nur ansatzweise, dass es Handlungen oder Ereignisse gibt, die unwiderrufliche Konsequenzen haben. Kinder verstehen etwa nicht, dass ein Spielzeug endgültig kaputt sein kann oder aber nicht zu ersetzen ist. Sogar Jugendliche verstehen nicht, dass bestimmte Handlungen nicht ungeschehen gemacht werden können, dass einige Konsequenzen unausweichlich sind. Für einige bedeutet Schwangerschaft eine harte Lektion auf diesem Gebiet.

Als Ergebnis davon kann ein schwangeres Mädchen von Bedauern und Reue überwältigt werden. Sie ist der Ansicht, dass sie ihr eigenes Leben und das ihres Freundes ruiniert hat. Sie mag denken, dass sie den Ruf ihrer Eltern in der Gemeinde oder ihrer Umgebung geschädigt hat. Sie mag – zum ersten Mal in ihrem Leben – die Folgen einer Handlung spüren, die nicht mehr rückgängig zu machen ist.

▲ Die biblische Sicht

Fortpflanzung gehört natürlich zu Gottes Plan für die Menschheit (vgl. 1. Mo. 1,28). Schwangerschaft – wie Sexualität überhaupt – war eine Idee Gottes und wir können sogar erkennen, dass Gott diesen Zustand besonders segnet, wenn wir die Worte von Elisabeth (einer Schwangeren) an ihre Kusine Maria (noch eine Schwangere) lesen, die sie zu ihr sprach, als Maria sie besuchte und die Lukas in seinem Evangelium in Kapitel 1,39-45 aufgezeichnet hat. Die Art und

Weise, wie es zu einer Schwangerschaft kommt, ist Gott wichtig. Das hat Er in Seinem Wort wiederholt zum Ausdruck gebracht (s. 1. Mo. 1,24; 5. Mo. 5,18 und Kol. 3,5). Geschlechtsverkehr außerhalb der Ehe ist Sünde und Schwangerschaft ist ein sichtbares Zeichen dieser Sünde.

Vorehelicher Geschlechtsverkehr ist jedoch nicht eine unvergebbare Sünde (s. Mt. 12,31-32). So schlimm und zerstörerisch diese Sünde sein kann und zwar nicht nur für die unmittelbar beteiligten (das Mädchen und ihren Freund), sondern auch für ihr Umfeld (Eltern, Geschwister, Freunde, Verwandte usw.), so ist doch Buße wichtig und Vergebung möglich.

Ganz gleich, auf welche Weise eine Schwangerschaft zustande gekommen ist, das Leben, das dort im Schoß der Frau heranwächst, ist Gott bekannt und für Ihn wertvoll. Gott sagte dem jüdischen Propheten Jeremia:

Ehe ich dich im Mutterschoß bildete, habe ich dich erkannt und ehe du aus dem Mutterleib hervorkamst, habe ich dich geheiligt (Jer. 1,5).

Gottes Wort betont eindeutig den Wert, den der Schöpfer auf jedes menschliche Leben legt und Seine Worte an Jeremia (ebenso wie das Zeugnis Davids in Psalm 139,13-16) zeigen uns, dass Seine Liebe und Fürsorge schon vor unserer Geburt beginnt.

Während vorehelicher Geschlechtsverkehr eine Sünde ist, über die man Buße tun sollte, wird zu einer biblischen Reaktion auch Sorge für die junge Mutter gehören, für den Vater des Kindes und für das Kind selbst natürlich. Alle drei sind in Gottes Augen unendlich wertvoll. Allen dreien sollte in Zukunft der bestmögliche Schutz, die bestmögliche Seelsorge und äußere Fürsorge zukommen.

▶ Praktische Hilfen anbieten

Der Jugendleiter kann einer jungen Frau (oder ihrem Freund) helfen, mit einer ungewollten Schwangerschaft fertigzuwerden, wenn er nach folgendem Plan vorgeht:

Zuhören. Lassen Sie das Mädchen unbeschränkt über ihre Probleme, Gefühle, Ängste, Schuld etc. sprechen. Versuchen Sie ihr sofort klarzumachen, dass Sie sie annehmen und sie verstehen. Helfen Sie ihr, indem Sie durch Ihre Worte und Ihre Haltung Ruhe und Hoffnung vermitteln. Helfen Sie ihr zu erkennen, dass nicht »alles verloren« ist und dass Panik nicht notwendig ist. Vorsichtige Fragen (an passender Stelle) wie die folgenden können dem Mädchen helfen, ihre Probleme darzustellen:

- Woher weißt du, dass du schwanger bist? Ist die Periode ausgeblieben? Ist ein Schwangerschaftstest gemacht worden?

- Wer weiß, dass du schwanger bist? (Wenn die Eltern noch nichts davon wissen, dann bieten Sie an, das Mädchen zu begleiten und notfalls auch die Unterhaltung zu führen. Den Eltern davon zu berichten ist für die Jugendliche sehr kritisch.)

- Wie fühlst du dich jetzt? Was denkst du?

- Wie kann ich dir helfen? Wie können andere dir helfen?

Verständnis zeigen. Versuchen Sie, die Lage aus der Sicht der Jugendlichen zu betrachten. Weinen Sie mit ihr, seien Sie mitfühlend. Zeigen Sie ihr Verständnis indem Sie:

- Ihr direkt gegenüber sitzen (kommen Sie hinter Ihrem Schreibtisch hervor);

- aufmerksam auf verbale und nonverbale Kommunikation achten;

- ab und zu nicken;

- Blickkontakt aufnehmen;

- sich in Ihrem Stuhl vorbeugen, um Interesse und Betroffenheit zu zeigen;

- in beruhigendem Ton sprechen;

- Hauptaussagen wiederholen (»Du meinst also …?«) oder auch Gesten (»Es scheint so, als ob du ganz durcheinander bist«);

- geduldig warten, bis Tränen oder Schweigen aufhören.

- Achten Sie auf Anzeichen von Verzweiflung (vgl. »Schuld«, weiter oben im Kapitel), die darauf hinweisen, dass sofortiges Eingreifen notwendig ist (vgl. den Abschnitt »Hilfe von außen« weiter unten).

Bestätigen. Ein schwangeres Mädchen kann mit ihrem Selbstwertgefühl und ihren Wertvorstellungen kämpfen. Versuchen Sie, Sie auf fünf wichtige Arten zu bestätigen:

- Vermitteln Sie ihr Gottes Liebe. Sagen Sie ihr wiederholt, dass Gott sie ohne Vorbedingung liebt, ob sie nun schwanger ist oder nicht und dass Er sie jetzt genauso wie bisher liebt.

- Überzeugen Sie sie durch Worte und Taten, dass Sie sie lieb haben (im Arm halten, wenn sie weint, Umarmung etc.).

- Bestätigen Sie ihre Fähigkeiten und positiven Eigenschaften. Ergreifen Sie jede Möglichkeit, sowohl ihre positiven Eigenschaften (Sinn für Humor, Ehrlichkeit, Nachdenklichkeit etc.) als auch ihre Fähigkeiten (Intelligenz, Musikalität, Fähigkeit zum Umgang mit Kindern etc.) herauszustellen.

- Helfen Sie ihr zu erkennen, dass Gott aus ihrer Situation noch etwas Gutes machen kann (vgl. 1. Mo. 50,20). Betonen Sie die Tatsache, dass ihr Problem zwar sehr schwerwiegend, aber nicht unlösbar ist.

- Erinnern Sie sie daran, dass sie nicht allein ist und dass Zeit genug ist, um Entscheidungen sorgfältig und überlegt zu treffen. Helfen Sie ihr insbesondere, diejenigen zu erkennen, die bereit sind, ihr praktisch zu helfen (z.B. Eltern, Freunde, Pastor etc.).

Richtung weisen. Wenn sie bereit ist, versuchen Sie, der Jugendlichen auf folgende Weise die Richtung zu weisen:

- Führen Sie die junge Frau zu Bekenntnis, Reue, Vergebung und Wiederherstellung. Führen Sie sie behutsam zum Gebet (vielleicht beten Sie zuerst) und ermutigen Sie sie, ihr geistliches Leben wieder in Ordnung zu bringen.

- Ermutigen Sie sie, sich während ihrer Schwangerschaft ganz auf Gott zu verlassen. Seine Hilfe ist unbegrenzt und er kann ihre Last ungeheuer vermindern (vgl. 1. Petr. 5,7).

- Helfen Sie ihr, ihre emotionalen Bedürfnisse und Anliegen zu erkennen, die zur Schwangerschaft geführt haben. Hat sie etwa gegen ihre Eltern rebelliert? Wollte sie ihren Freund halten? Hat sie – bewusst oder unbewusst –

die Schwangerschaft als Mittel zur Demonstration ihrer Unabhängigkeit angesehen?

- Helfen Sie der jungen Frau, Wege zu finden, mit ihren emotionalen Bedürfnissen konstruktiv umzugehen, die zu der Schwangerschaft geführt haben. Wenn sie z.B. schwanger geworden ist, weil sie ihren Freund halten wollte, welche emotionalen Bedürfnisse wollte sie in ihm ansprechen? Hat sie die Beziehung benutzt, um ihr Selbstbild zu stärken? Wenn das der Fall war, welche Schritte kann sie tun, um dies auf konstruktive Weise zu erreichen? (vgl. Beispiele in Kapitel 6, »Geringe Selbstachtung«).

- Versuchen Sie die wichtigsten Gefahren für geistige Gesundheit und Wohlbefinden der jungen Frau zu entdecken: Streitet sie die Tatsache ab? Schämt sie sich in erster Linie? Ist sie von Ängsten geleitet? Versuchen Sie, ihre Gefühle zu verstehen und helfen Sie ihr dazu, dass sie sich selbst versteht.

- Fordern Sie die Jugendliche auf, ihre praktischen Möglichkeiten zu erwägen, zu denen gehört:

  - Adoption. Adoption ist eine Möglichkeit, die viel zu oft nicht bedacht wird, weil eine Abtreibung heute so einfach geworden ist. Doch sie erlaubt es dem Mädchen, sich verantwortlich gegenüber ihrem Ungeborenen zu verhalten, ohne die Bürde der Elternschaft zu übernehmen, ehe sie reif genug dazu ist. Natürlich kann solch eine Entscheidung emotional sehr traumatisch sein, weil sie »das Ende der wohl engsten aller menschlichen Beziehungen«[18] bedeutet.

  - Heirat. »Die Vorzüge sind bedeutend, wenn die Beteiligten einigermaßen reif sind und sich mehr als nur oberflächlich lieben«, schreibt Dr. G. Keith Olsen. »Verheiratete Jugendliche leben dann manchmal bei einer ihrer Familien, obwohl es besser für sie wäre, wenn sie eine eigene Wohnung hätten, auch wenn das heißt, dass sie zeitweilige finanzielle Unterstützung nötig hätten. Das gibt ihnen die Ruhe, die sie benötigen, um erfolgreich den Übergang vom Teenagerdasein in das eines verheirateten Paares zu wechseln. Die Hauptprobleme dieser Entscheidung sind vor allem die jeweils noch fehlende Reife, dass die Ausbildung abgeschlossen werden muss und dass sich schwierige Auswirkungen auf die Beziehungen zu gleichaltrigen Freunden ergeben. Diese Negativpunkte werden umso schwerwiegender, je jünger die Betroffenen sind.«[19]

  - Alleinerziehende. Einige junge Mütter entscheiden sich, ihre Kinder zu behalten und sie allein aufzuziehen. Die meisten nehmen dazu die Hilfe ihrer Eltern in Anspruch, obwohl einige bei anderen Verwandten leben und wieder andere versuchen, selbst einen Haushalt zu gründen. Einige Beratungsstellen können den Aufenthalt in einer betreuten Wohngemeinschaft vermitteln, wo den Jugendlichen während ihrer Schwangerschaft geholfen wird und sie psychologisch begleitet werden. Alleinerziehung kann natürlich ein sehr schwieriger Weg sein und wird weitere Diskussionen über die Weiterführung der Schulbildung, Versorgung des Säuglings während des Tages, Arbeitsmöglichkeiten etc. (vgl. Kapitel 20, »Leben mit nur einem Elternteil«).

- Abtreibung. Abtreibung ist von der Bibel her nicht nur eine schreckliche Vorstellung, sie kann auch verheerende emotionale, psychische und gesundheitliche Folgen haben. Dr. Olsen schreibt: »Nach einer Abtreibung bei einem Teenager ist es wahrscheinlich, insbesondere, wenn sie schon Kindsbewegungen bemerkt hat, dass sie sich als Mörderin fühlt und Beratung braucht, um diese Gefühle zu verarbeiten. Einige Mädchen erinnern sich jedes Jahr mit wiederkehrenden Schuldgefühlen an das Datum der Abtreibung, die sie bereuen und darüber trauern.« Er rät weiter: »Christliche Berater sollten einem Mädchen helfen, sich effektiv mit den geistlichen Aspekten einer Abtreibung auseinander zu setzen. Sie müssen zartfühlend vorgehen und dabei das Mädchen vollständig annehmen. Das Mädchen sollte sich auf keinen Fall in der Gegenwart des Beraters verurteilt fühlen, auch wenn er ihr deutlich und ohne Abstriche sagt, was eine Abtreibung eigentlich ist.«[20]

Ziele setzen. Sie sollten die Jugendliche soweit es geht zur Mitarbeit bezüglich ihrer Zukunftsplanung bewegen. Ermutigen Sie sie, einen Aktionsplan niederzuschreiben, in dem konkrete Ziele vermerkt sind, die sie erreichen möchte. Fragen Sie sie, welche Schritte sie tun möchte, um vorgeburtliche Gesundheitsvorsorge zu erhalten. Fragen Sie, was sie gerne selbst tun würde und bei welchen Aufgaben sie ihre Eltern lieber dabei hätte.

Fragen Sie sie, wie sie ihre Strategie umstellen will, um ihre Langzeit-Ziele zu erreichen und ihre Vorstellungen vom Leben in die Tat umsetzen will und welche neuen Hoffnungen und Pläne sie für ihr Kind hat.

Hilfe von außen. Helfen Sie denn Eltern des Mädchens, dass sie medizinische Hilfe für ihre Tochter und ihr Enkelkind in Anspruch nehmen und weisen Sie auf Seelsorger hin, die den werdenden Eltern weitere biblische Wegweisung geben können. Wenn die junge Frau zu irgendeinem Zeitpunkt Anzeichen von Verzweiflung zeigt (vgl. Kapitel 3, »Schuld«), dann sollte sofort professionelle Hilfe hinzugezogen werden.

In diesem Kapitel zitierte Bibelstellen

- 1. Mose 1,24.28

- Lukas 1,39-45

- 5. Mose 5,18

- Kolosser 3,5

- Matthäus 12,31-32

- Jeremia 1,5

- Psalm 139,13-16

- 1. Mose 50,20

- 1. Petrus 5,7

Weitere hilfreiche Bibelstellen zum Thema

- Psalm 18,16-19; 51,1-17; 130,1-8

- Römer 12,1.2

- 1. Johannes 1,9

Abtreibung

Einführung

Brenda hatte für das Abschlussjahr der Schule große Pläne. Sie wollte schon sechs Monate früher ihr Abitur machen, damit sie schon im Sommersemester an der Universität in der Nähe ihres Heimatortes mit dem Studium beginnen konnte. Sie hatte einen Teilzeitjob in der Anzeigenabteilung der lokalen Tageszeitung und hatte es sogar geschafft, Geld für ihre Ausbildung zu sparen. Im Juni plante sie, zusammen mit ihren Klassenkameraden die Abi-Feier zu begehen und dann wollten sie und ihr Verlobter den Sommer über in einem christlichen Freizeitlager helfen.

»Und dann ging alles den Bach hinunter«, sagt sie. Am 31. Oktober entdeckte sie, dass sie schwanger war. Und, obwohl sie Christ war, kannte sie nur eine Lösung für ihr Problem: Abtreibung.

»Ich fühlte mich zu jung, um ein Kind zu kriegen«, sagte sie. »Es hätte einfach alles ruiniert. Ich meine, wir waren verlobt und alles, aber keiner von uns war auf diese Art der Verantwortung vorbereitet. Wir mussten an unsere Ausbildung denken. Und ich konnte das einfach nicht meinen Eltern antun.«

Brenda erzählte ihrem Verlobten weder von der Schwangerschaft noch von der Abtreibung. Sie verabredete einen Termin in der Gynäkologie eines Krankenhauses einer Nachbarstadt und hob fast ihr ganzes Geld ab, um die vierhundert Dollar zu bezahlen, die die Abtreibung kosten sollte. Sie fuhr selbst mit dem Auto zu dem Termin.

Als sie an einem Mittwoch morgen in dem Krankenhaus ankam, zitterte sie so stark, dass sie kaum ihr Auto parken konnte. Sie war froh, dass sie sah, dass weder Lebensrechtler vor der Tür standen noch andere, die sie hätten abhalten können.

Brenda erwartete, dass das Ganze eine Stunde dauern würde, etwa wie ein Zahnarztbesuch. Das hatte die beruhigende Frauenstimme am Telefon jedenfalls erklärt, als sie den Termin festmachte. Doch die Beratung dauerte allein schon eine Stunde. »Ich glaube, sie wollten sichergehen, dass es meine eigene Entscheidung sei. Sie erklärten mir auch lauter medizinische Dinge. Ich habe gar nicht richtig zugehört, ich wollte es einfach nur hinter mich bringen.«

»Zu dem Zeitpunkt hat es nicht weh getan«, sagt Brenda heute, zwei Jahre später, »aber ich hatte solche Angst. Irgendwie war es doch traumatisch.«

»Ich versuche, nicht zu viel darüber nachzudenken. Ich schäme mich noch immer und fühle mich schuldig. Ich habe Alpträume. Und ich mache mir Sorgen, etwa: Kann ich überhaupt noch Kinder bekommen? Werde ich jemals nicht mehr an das eine denken müssen, das ich nicht bekommen habe? Ich glaube, ich hatte Glück, weil alles viel schlimmer hätte sein können. Ich fühle mich nur einfach unglücklich.«

● Das Problem

Brendas Denken – und die Entscheidung, die sie getroffen hat – sind typisch für viele heutige Teenager. Nach Forschungsergebnissen des Guttmacher Institutes wird ein junges Mädchen von vieren bis zum Ende des 18. Lebensjahres schwanger und die Hälfte wird bis zum Ende des 21. Lebensjahres schwanger.

Von den mehr als eine Million amerikanischen Teenagern, die jedes Jahr schwanger werden[1] treiben etwa die Hälfte ab.[2] Etwa ein Drittel aller in den USA gemeldeten Abtreibungen – mehr als 1,5 Millionen im Jahr – werden an Teenagern vorgenommen. Die Abtreibungsrate von 18-19jährigen ist doppelt so hoch wie die der amerikanischen Durchschnittsbevölkerung.[3] Dr. M. Balfin sagt:»In den USA treiben mehr Teenager ab als irgendwo sonst auf der Welt.«[4]

Wahrscheinlich bilden diese Statistiken nur die Spitze des Eisberges. Abtreibungszahlen von 1,5 Millionen ergeben etwa 4000 Abtreibungen täglich in den USA. Doch gibt es mindestens 4000 Abtreibungskliniken oder -einrichtungen in den USA.[5] Es ist unwahrscheinlich, dass diese Kliniken nur eine Abtreibung pro Tag vornehmen, deshalb muss die Abtreibungsziffer weitaus höher sein als die oft zitierten 1,5 Millionen und die Zahl der Teenager, die jährlich abtreiben, dürfte bei über einer halben Million liegen. Sogar die Organisation »Planned Parenthood« (entspricht etwa Pro Familia in Deutschland) schätzt, dass fast zwei Drittel der bei Teenagern vorgenommenen Abtreibungen nicht gemeldet werden: »Es wird geschätzt, dass Betroffene im Alter zwischen 15 und 19 Jahren nur 33 Prozent ihrer Abtreibungen melden.«[6]

Wie in Amerika steigen in anderen Staaten die Abtreibungsziffern – etwa auf 70 000 im Jahr in Kanada[7] bis zu 180 000 im Jahr in Großbritannien.[8] Die Zahl der Kinder, die im weltweiten Holocaust der Babys sterben, wird immer größer.

Noch schlimmer, etwa eine von sechs Frauen, die abtreiben, bezeichnet sich selbst als evangelikale Christin.[9]

◀ Die Ursachen

Abtreibung ist in der heutigen westlichen Welt einer der am häufigsten vorgenommenen Eingriffe. Sie ist für Minderjährige heute leider schon fast Normalität – sogar unter christlichen jungen Frauen und zwar aus verschiedenen Gründen.

Teenagersexualität – eine Krise

Die sexuelle Aktivität von Minderjährigen nimmt erschreckende Ausmaße an. Nach einem Artikel in der New York Times »zeigen einige Untersuchungen, dass dreiviertel aller Mädchen schon sexuellen Verkehr hatten, als sie noch minderjährig waren und 15 Prozent hatten schon mehr als vier Partner«.[10] Und Mädchen beginnen heute schon viel früher mit ihrem Sexualleben, das Durchschnittsalter für den Verlust der Jungfernschaft ist von 19 Jahren im Jahr 1960 auf siebzehn im Jahr 1990 gefallen. Dr. Liana Clark, eine Ärztin aus Philadelphia, sagt, dass die meisten ihrer Patientinnen mit 13 Jahren sexuell aktiv werden.[11]

Die leichte Verfügbarkeit der Abtreibung

In der westlichen Welt ist die Abtreibung zu einem Milliardengeschäft geworden und viele Befürworter der Abtreibung arbeiten darauf hin, es jeder Frau zu ermöglichen, eine Abtreibung vornehmen zu lassen – ganz gleich in welchem Alter. Die Planned Parent Organisation hat hauptamtliche Mitarbeiter für Öffentlichkeitsarbeit, die nur dazu da sind, Teenager darüber zu informieren, wo sie eine Abtreibung bekommen können.[12] Viele Lehrkliniken bezahlen für jedes Mädchen, das wegen eines Schwangerschaftstestes zu ihnen kommt, weitere Behandlungstermine (oft drei oder vier), um schwangere Mädchen für die Abtreibung in ihrem Zentrum zu finden.[13] Zusätzlich gibt es in vielen Bundesstaaten der USA kein Gesetz, das die Einwilligung der Eltern für eine Abtreibung vorschreibt. Ein Mädchen kann also schwanger werden und eine Abtreibung vornehmen, ohne dass ihre Eltern zugestimmt haben oder überhaupt davon wissen.

Das kulturelle Klima

Während die Mehrheit der Amerikaner gegen eine Abtreibung auf Verlangen ist, akzeptieren doch immer mehr die Tatsache der Abtreibung. Z.B. zeigte eine Umfrage der Los Angeles Times, dass 57% der Befragten Abtreibung als Mord ansehen, dass aber trotzdem 74% die Abtreibung befürworten, wenn das Kind schwer geschädigt ist. Und sogar von den befragten evangelikalen Studenten, sagten nur 71%, dass sie gegen eine Abtreibung im ersten Drittel der Schwangerschaft sind.[14] Wie der Direktor von Operation Rescue, Randall Terry, schreibt:

Viele Menschen glauben, dass eine Abtreibung einfach ein chirurgischer Eingriff wie viele andere auch ist, bei dem ein unerwünschtes Gewebe aus dem Leib der Frau entfernt wird. Damit wird Abtreibung der Blinddarm- oder Mandeloperation oder dem Ziehen von Weisheitszähnen gleichgestellt.[15]

Terry führt weiter aus, dass es zwei Arten von Fehlgeburten gibt (in Amerika wird – wie auch in der Sprache der Mediziner –

die Abtreibung beschönigend als Fehlgeburt [Abort] bezeichnet. Anm. d. Übers.). Außerdem beschreibt er die zum Abort benutzten Techniken.

Bei einem Abort wird ein Kind aus dem Schutz und der Sicherheit im Mutterleib herausgerissen. Manchmal wird das getan, ehe das Kind selbständig leben könnte. Manchmal wäre das Kind sogar alt genug, außerhalb des Mutterleibes zu überleben, wenn es nicht vergiftet würde oder lebendig verätzt würde. Hunderte Kinder überleben den Abort. Einige überleben auch danach noch, doch die meisten sterben, weil ihnen medizinische Hilfe versagt wird.

Es gibt zweierlei Arten des Aborts: den natürlichen, spontanen und den künstlichen. Natürliche, spontane Aborte heißen im Umgangsdeutsch auch Fehlgeburt, die künstlich herbeigeführten Abtreibung. Abhängig vom Entwicklungsstand des Ungeborenen können sechs verschiedene Techniken angewandt werden, um einen Abort herbeizuführen.

Absaugen. Bei dieser Vorgehensweise wird der Muttermund künstlich mit verschiedenen Instrumenten geweitet, damit man einen starken Saugmechanismus in den Uterus einführen kann. Der Unterdruck beim Absaugen reißt das Ungeborene und die Plazenta aus dem Mutterleib und das zerstückelte Kind wird in einem Behälter aufgefangen ... Neunzig Prozent aller Abtreibungen werden auf diese Weise vorgenommen.

Ausschabung. Der Muttermund wird auf die gleiche Weise wie für das Absaugen erweitert, doch wird in diesem Fall eine schlingenförmige Klinge eingeführt, um die Wände des Uterus auszuschaben. Das Kind und die Plazenta werden in Scheiben geschnitten und durch den Muttermund entfernt. Diese Methode wird am häufigsten zwischen der siebten und zwölften Schwangerschaftswoche angewendet.

Evakuation. Eine aus Algen gewonnene Substanz wird in den Muttermund eingebracht, um die Erweichung auszulösen. Eine Zange wird in die Gebärmutter eingeführt, um das Kind Stück für Stück auseinanderzureißen. Ein besonderes Werkzeug wird benutzt, um die Schädelknochen zu knacken und das Gehirn herauszudrücken, weil der Kopf meist zu groß ist, um in einem Stück entfernt zu werden.

Salzinjektion. Diese Vorgehensweise wird nach dem vierten Monat benutzt, wenn schon viel Fruchtwasser um das Kind herum gebildet worden ist. Eine konzentrierte Salzlösung wird durch die Bauchdecke in die Fruchtblase injiziert. Das Kind schluckt diese tödliche Lösung und reagiert oft heftig. Ein bis zwei Stunden zuckt das Kind noch, dann stirbt es an Salzvergiftung, Wasserentzug und inneren Blutungen. Oftmals wird bei dieser Vorgehensweise die gesamte äußere Hautoberfläche weggeätzt. Die Mutter bekommt innerhalb eines oder zwei Tagen Wehen und bringt ein totes, verätztes und zusammengeschrumpeltes Kind zur Welt. Die Salzvergiftung ist die am zweithäufigsten angewendete Abtreibungsmethode.

Prostaglandine. Prostaglandine sind wehenauslösende Hormone. Chemikalien werden in das Fruchtwasser injiziert, um die Geburt eines Kindes im dritten Drittel der Schwangerschaft auszulösen, welches noch zu klein ist, um außerhalb des Mutterleibes zu überleben. Die Wehen sind so heftig, dass manchen Kindern bei dem Vorgang der Kopf abgetrennt wurde. Einige Kinder überleben diese schlimme Prozedur, deshalb wird oft mit den Prostaglandinen eine Salzlösung oder andere Giftstoffe injiziert, um eine Lebendgeburt zu verhindern.

Kaiserschnitt. Diese Vorgehensweise wird normalerweise im letzten Schwangerschaftsdrittel angewendet oder in dem Fall, dass eine Salzinjektion oder Prostaglandine das Kind nicht töten können. Beim Kaiserschnitt wird die Bauchdecke und die Gebärmutter mit einem Schnitt geöffnet und das Kind wird herausgeholt. Ohne sofortige medizinische Hilfe stirbt das Kind normalerweise, obwohl etliche Kinder dabei lebend zur Welt kommen.[16]

Zusätzlich zu den oben genannten Methoden suchen Pharmakonzerne in Deutschland und anderen Ländern ständig nach neuen Mitteln und neuen Techniken, um an der sowieso schon profitablen Abtreibungsindustrie teilzuhaben.

▼ Die Folgen

Die schlimmste und offensichtlichste Folge der Abtreibung ist natürlich der absichtliche und grausame Verlust eines menschlichen Lebens auf Veranlassung der Mutter. Eine solche Tragödie hat geistliche, gesundheitliche, psychische und soziale Folgen.

Geistliche Folgen

Sünde führt zu Schuld und zwar sowohl zu moralischer (also echter Schuld) als auch zu psychischer Schuld (oder Schuldgefühlen).[17] Zwei Forscher berichteten, dass Patientinnen, die »vor der Abtreibung eindeutig gesund waren« später »Psychosen erlitten, die durch Schuld wegen Abtreibung entstanden sind«.[18]

Die Schuld, die von einer Abtreibung herrührt, kann nicht nur tiefe und langwährende Gefühle des Bedauerns und der Selbstanklage hervorrufen, sie wird auch die Beziehung der jungen Frau zu Gott in Mitleidenschaft ziehen, bis darüber Buße getan und Gottes Vergebung erfahren worden ist.

Psychische Folgen

Das Institute of Medicine innerhalb der National Academy of Sciences der USA berichtet, dass »medizinische Komplikationen nach einer legalen Abtreibung zur Zeit der Abtreibung selbst auftreten können (sofort), innerhalb der ersten 30 Tage nach der Abtreibung (mittelfristig) oder aber noch später (Spätfolgen)«.[19]

Zusätzlich hat das National Institute of Health in den USA Frauen, die ihr erstes Kind abtreiben ließen, verglichen mit solchen, die ihr erstes Kind ausgetragen haben. Dabei fanden sie, dass Frauen, die abgetrieben haben:

- eine 85% höhere Fehlgeburtenrate bei nachfolgenden Schwangerschaften hatten;

- 47% häufiger unter Komplikationen während der Wehen litten;

- 83% häufiger unter Komplikationen bei der Geburt litten;

- es zu 67% mehr Frühgeburten kam;

- es bei gewollten Schwangerschaften doppelt so häufig zu Fehlgeburten kam.[20]

Weiter berichtet das National Center for Health Statistics, dass die Sterilität unter amerikanischen Frauen zwischen zwanzig und vierundzwanzig Jahren von 3,6% auf 10,6% seit 1965 gestiegen ist. Als mögliche Gründe wurden sexuell übertragene Krankheiten genannt, die »Spirale« und durch Abtreibung verursachte Schäden an der Gebärmutter.

Dr. M. Balfin[20] entdeckte folgende Konsequenzen von Abtreibungen bei Teenagern:

- Beschädigung der Geschlechtsorgane: 42,6%

- Riss oder Perforation der Gebärmutter: 5,6%

- Endometriose (Auftreten verschleppten Gebärmuttergewebes außerhalb der Gebärmutter): 13%

- Eileiterentzündung, Eileitervereiterung: 13%

- Risse am Muttermund: 11,1%

- Schwer kontrollierbare Blutungen: 13%

- Schmerzen im Beckenbereich und Schwierigkeiten beim Geschlechtsverkehr: 11,1%

- Unvollständige Operationen mit nachfolgendem Abgang von Teilen des Fötus bzw. von fetalem Gewebe: 74%

- Darmoperation mit Kolostomie: 1,9%[21]

Ein anderer Experte schreibt:

Minderjährige Frauen, die abtreiben wollen, unterscheiden sich von ihren reifen Geschlechtsgenossinen in derselben Situation und diese Unterschiede tragen zu einer hohen Sterbeziffer bei. Minderjährige riskieren eine schwierige, unter Umständen traumatische Öffnung des Muttermundes.[22]

Balfin berichtet, dass »die schlimmsten Komplikationen bei Teenagern auftreten«,[23] und fügt in einem anderen Artikel hinzu, dass schwere Komplikationen – sogar Todesfälle – nach einer Abtreibung oftmals gar nicht gemeldet werden, weil 1. es in den meisten Bundesstaaten der USA keine Meldepflicht für legale Abtreibungen und ihre Folgen gibt, 2. der die Abtreibung durchführende Arzt von den Komplikationen nie erfährt, 3. Tatsachen, die mit einer Abtreibung zusammenhängen, oft im Totenschein nicht erscheinen und 4. der durchschnittliche Arzt die Komplikation nicht meldet, weil er den Aufwand scheut.[24]

Die psychischen Folgen

Das Alan Guttmacher Institut, das für die Planned Parenthood Organisation (entspricht in Deutschland etwa Pro Familia, Anm. d. Übers.) forscht, gab zu (in klassischer Untertreibung): »Schwangerschaften, die durch Abbrüche oder Fehlgeburten enden, lösen oft bestürzende Gefühle aus und sind für die Schwangere manchmal traumatisch.«[25]

Das medizinische Institut der Nationalen Wissenschaftsakademie der USA sagt aus, dass »der gesamte Vorgang der Abtreibung von emotionalem Stress und Schmerz begleitet ist«.[26] Und Kumar und Robson berichten, dass 8 von 21 Frauen, die in der Vergangenheit eine Abtreibung vornehmen ließen, klinisch depressiv und ängstlich waren. Im Gegensatz dazu waren nur 8 von 98 Frauen, die keine Abtreibung haben vornehmen lassen, depressiv.[27]

Dr. Ann Speckard von der Universität von Minnesota veröffentlichte eine Studie über die Langzeiterscheinungen (fünf bis zehn Jahre) von Stress aufgrund einer Abtreibung. Obwohl die Frauen, die sie untersuchte, aus ganz verschiedenen

Hintergründen kamen, waren ihre Reaktionen erstaunlich ähnlich:

- 81% berichteten gedankliche Beschäftigung mit dem abgetriebenen Kind;
- 73% berichteten Flashback-Erinnerungen (blitzartig aufflackernde Erinnerungen) an die Abtreibung;
- 69% berichteten von dem Gefühl, nach der Abtreibung »verrückt« zu werden;
- 54% erinnern sich an Alpträume, die mit der Abtreibung zu tun haben;
- 35% berichteten von Erscheinungen des abgetriebenen Kindes.[28]

Soziale Folgen

Die Abtreibung hat viele Folgen, die die Gesellschaft und Kulturen rund um die Welt sicherlich verändern werden und sie vielleicht sogar unwiderruflich schädigen können. So ist zum Beispiel in einigen Ländern, in denen männlicher Nachwuchs das Wichtigste ist, die Möglichkeit für die Eltern gegeben, weibliche Föten selektiv abzutreiben (nach einer Studie wurden z.B. in Bombay von 8000 Abtreibungen 7999 bei weiblichen Föten vorgenommen).[29] Die Langzeitfolgen solcher Trends sind abzusehen.

Eine weitere tragische Tatsache der Abtreibung in den USA ist, dass »doppelt so viele schwarze Kinder abgetrieben werden als weiße … Schwarze Frauen haben nur einen Anteil von 12% an der gesamten weiblichen Bevölkerung der USA und trotzdem werden an ihnen 30% der Abtreibungen vorgenommen.«[30] Frauen spanischer Herkunft unterziehen sich 60% mehr Abtreibungen als Frauen anderer Herkunft, aber unterziehen sich weniger Abtreibungen als farbige Frauen.[31]

Zusätzlich verändert die Tatsache der Abtreibung die Haltung der Gesellschaft gegenüber Behinderten, unheilbar Kranken und Alten. Eine erst kürzlich durchgeführte Studie kam zu dem Ergebnis, dass 6% der Amerikaner bereit wären, ein Kind abzutreiben, das im Alter wahrscheinlich Alzheimer bekommt, 11% würden ein Kind abtreiben, wenn es eine Neigung zum Übergewicht hätte.[32] Abtreibung auf Verlangen hat zu einer Gesellschaft geführt, die »ihre Jugendlichen dazu erzieht, ihre ungewollten, behinderten, unbequemen und unproduktiven Kinder abzutreiben, damit ihre eigene Lebensqualität nicht eingeschränkt oder beschnitten wird«. Nurses for Life (eine gegen die Abtreibung eingestellte Gruppe, Anm. d. Übers.) stellt die logische Frage: »Wie wird diese Generation auf die ökonomische Herausforderung reagieren, die ihnen 70 Millionen ältere Erwachsene stellen, die unproduktiv, unbequem und medizinisch abhängig sind?«[33]

▲ Die biblische Sicht

Viele hilfreiche Abhandlungen sind schon über die biblische Sicht zur Abtreibung geschrieben worden. Zu den vollständigsten und überzeugendsten gehört das Buch Abortion: Toward an Evangelical Consensus (Abtreibung: Für einen evangelikalen Konsens) von Paul B. Fowler. In diesem Buch bietet er die folgende Perspektive an:

Während Befürworter einer liberalen Abtreibungspolitik die Bedeutung der Empfängnis herunterspielen und sie nicht als den Punkt ansehen wollen, an dem menschliches Leben beginnt, legt die Schrift großes Gewicht auf die Empfängnis ...
Offensichtlich hatten die Menschen in biblischer Zeit nicht die heutigen

biologischen Erkenntnisse. Doch verstanden sie in Grundzügen die Vorgänge von Zeugung, Schwangerschaft und Geburt. Der prophetische Fluch über Ephraim führt den Lebensprozess auf seinen Ausgangspunkt zurück: »Ephraim ist den Vögeln gleich, seine Herrlichkeit verfliegt. Kein Gebären, keine Schwangerschaft, keine Empfängnis« (Hos. 9,11).

Die biblischen Schriftsteller schreiben nirgends ausdrücklich: »Das Leben beginnt mit der Empfängnis.« Doch immer wieder verweisen sie auf die Empfängnis als Anfang des Lebens eines Menschen oder im übertragenen Sinne des Lebens einer Idee. Diese Aussage zieht sich durch die gesamte Schrift, auch wenn die Verfasser in einer Zeitspanne von 1 500 Jahren gelebt haben ...

Gott hat in der Bibel Anteil am Vorgang der Empfängnis. Es gibt dafür viele Bibelstellen, etwa im Fall von Ruth: »Und der HERR schenkte ihr Schwangerschaft und sie gebar einen Sohn« (Rt. 4,13). Dann ist da Hanna, die empfängt und ein Kind bekommt, nachdem sie Gott um ein Kind gebeten hat: »Und sie gab ihm den Namen Samuel: Denn vom HERRN habe ich ihn erbeten« (1. Sam. 1,20) ... Biblische Abschnitte, die das göttliche Handeln bei der Empfängnis beschreiben, dienen als Bestätigung dafür, dass es sich um mehr als nur ein biologisches Phänomen handelt. Der Beginn menschlichen Lebens ist eindeutig ein besonderes Ereignis, an dem Gott teilhat ...

Dass die Bibel zeigt, dass das Leben mit der Empfängnis beginnt, bringt ein weitaus wichtigeres Thema ins Spiel: Welchen Wert legt die Schrift auf ein menschliches Wesen, wenn es denn einmal empfangen worden ist? Sicherlich handelt es sich um ein hohes Gut, aber wie hoch wird es nun bewertet? Der Wert des Ungeborenen nach der Schrift kann auf verschiedene Arten festgestellt werden: Durch ihre Beziehung zum Bild Gottes, durch ihre Beziehung zu Gott, durch Zusammenhang mit dem Leben nach der Geburt und durch die Ansichten über ihren verfrühten Tod.

Ihre Beziehung zum Bild Gottes. Mehrere Verse gehen entweder explizit oder implizit davon aus, dass schon das Ungeborene als Ebenbild Gottes gemacht ist. In 1. Mose 5,3 heißt es: »Und Adam lebte 130 Jahre und zeugte einen Sohn ihm ähnlich, nach seinem Bild und gab ihm den Namen Seth.« Die meisten Kommentatoren sind der Ansicht, dass die Formulierung »ihm ähnlich, nach seinem Bild« nach Gottes Bild bedeutet ...

Wenn diese Übersetzung richtig ist, dann waren Adam und Eva diejenigen, die wortwörtlich nach dem Ebenbild Gottes gemacht worden sind. Seth (und alle anderen Nachkommen Adams und Evas) empfingen die Ebenbildlichkeit durch die Fortpflanzung. Seths grundlegendes Menschsein war schon bei der Empfängnis gegeben ...

Ihre Beziehung zu Gott ... Die Schrift zeigt, wie Gott auf verschiedene, persönliche Weise zu einem Ungeborenen eine Beziehung aufbaut. Zunächst einmal sagen einige Verse aus, dass Gott die Entwicklung des Ungeborenen überwacht (vgl. Ps. 119,73; 139,13-16; Jer. 1,5). Weiter handelt Gott persönlich an Ungeborenen, indem er sie als Individuen für eine bestimmte Berufung vorbereitet (vgl. Röm. 9,11; Ri. 13,3-5; Jer. 1,5 und Gal. 1,15).

Zusammenhang mit dem Leben nach der Geburt. Der Wert des ungeborenen Lebens wird in der Bibel noch auf eine dritte Weise dargestellt, indem nämlich eine bedeutsame Kontinuität zwischen dem vorgeburtlichen und nachgeburtlichen Leben angenommen wird ... Die biblischen Schreiber benutzen keine verschiedenen Worte, wenn sie sich auf Leben vor oder nach der Geburt beziehen. Oft werden dieselben hebräischen oder griechischen Worte benutzt, um sowohl einen ungeborenen wie einen geborenen Menschen zu bezeichnen ... Die Bibel unterstellt den Ungeborenen die Fähigkeit zur persönliche Sprache ...

Ihr vorzeitiger Tod. Eine vierte, wenn auch negative Art, den Wert des Ungeborenen zu bestimmen, besteht darin, wie die Schrift den »vorzeitigen Tod« eines Ungeborenen bewertet. Wir haben gesehen, wie Empfängnis und Geburt als wundervolle Segnungen des Herrn gesehen werden. Auch das Gegenteil gilt: Fehlgeburten und Mord von Ungeborenen (Aufschlitzen des Bauches einer Schwangeren) gelten als schlimmer Fluch für jedes Volk (vgl. 2. Kön. 8,12; Am. 1,13; und Hos. 9,14.16; 13,16).

Wenn wir diese Texte auf unsere heutige Zeit anwenden, dann ist es eindeutig, dass man eine sehr schlimme Entscheidung trifft, wenn man ein Kind abtreibt ... Dagegen steht die Entscheidung, für »die Lieblinge ihres Leibes« zu sorgen, im Einklang mit Gottes Absichten und Zielen.[34]

▶ Praktische Hilfen anbieten

Eine Abtreibung ist ein schwieriges Thema, das mit sehr viel Fingerspitzengefühl behandelt werden muss, weil es ja nicht nur um ein unschuldiges ungeborenes

Kind geht, sondern auch um ein anderes wertvolles Kind Gottes – die Mutter – die oft verwirrt ist, Angst hat und unter ihrer Situation leidet. Einem Jugendleiter werden meist zwei verschiedene Probleme vorgelegt, wie James Oracker herausgestellt hat: Die junge Frau, die schon abgetrieben hat und mit den Folgen zu kämpfen hat oder die junge Frau, die gerade entdeckt hat, dass sie schwanger ist und die überlegt, eine Abtreibung vornehmen zu lassen.

Zuhören. Ermutigen Sie die junge Frau, ohne Hemmungen von ihren Problemen, Gefühlen, Ängsten, ihrer Schuld etc. zu sprechen. Versuchen Sie, Ruhe und Hoffnung zu vermitteln, zeigen Sie ihr, dass nicht »alles verloren« und Panik damit überflüssig ist. Einige hilfreiche Fragen an eine junge Frau, die überlegt, eine Abtreibung vornehmen zu lassen, sind folgende:

- Woher weißt du, dass du schwanger bist?

- Wie und wann hast du zuerst erfahren, dass du schwanger bist?

- Wem hast du von deiner Schwangerschaft schon erzählt? (Wenn die Eltern der Schwangeren noch nichts wissen, dann bieten Sie an, sie bei einem Gespräch zu begleiten – evtl. sogar das Reden zu übernehmen – denn es ist äußerst wichtig, dass die Eltern Bescheid wissen.)

- Was denkst du, welche Schwierigkeiten die Schwangerschaft für dich bedeutet?

- Was glaubst du, welche Probleme die Abtreibung lösen würde?

- Was glaubst du, welche Probleme eine Abtreibung nach sich ziehen würde?

- Zu den Fragen, die man einer jungen Frau stellen sollte, die schon abgetrieben hat, gehören:

- Wie lange ist die Abtreibung her?

- Was hat dich damals veranlasst, eine Abtreibung vorzunehmen?

- Welche psychischen Folgen hatte diese Entscheidung? Welche gesundheitlichen, welche geistlichen Folgen?

Verständnis zeigen. Versuchen Sie, für die junge Frau Verständnis zu haben. Vermeiden Sie, ihr eine »Gardinenpredigt« zu halten oder ihr sonst Vorhaltungen zu machen. Versuchen Sie statt dessen, Verständnis zu signalisieren, jedoch kein Einverständnis. Weinen Sie mit ihr, aber nicht um sie. Erinnern Sie sich daran, dass Sie ihr Verständnis auf viele Arten zeigen können, die an sich unbedeutend erscheinen, aber sehr hilfreich sind:

- Sitzen Sie der jungen Frau direkt gegenüber (kommen Sie hinter ihrem Schreibtisch hervor)

- Hören sie sorgfältig auf verbale wie nonverbale Signale.

- Nicken Sie und benutzen Sie kurze Worte der Ermutigung (ja, … ich verstehe etc.), um Interesse und Verständnis zu signalisieren.

- Nehmen Sie Blickkontakt auf.

- Lehnen Sie sich in Ihrem Stuhl nach vorne.

- Geben Sie Schlüsselaussagen der jungen Frau wieder (»Es hört sich an, als ob …« oder »Du hattest also eine riesige Angst, als du herausgefunden hast, was los war …«)

- Warten Sie geduldig, wenn die junge Frau schweigt oder weint.

Bestätigen. Eine der besten Möglichkeiten eines Jugendleiters, Pastors oder Elternteils, einem Mädchen zu helfen, das über Abtreibung nachdenkt (oder eine durchgemacht hat), ist es, ihr unbedingte Liebe und Annahme zu vermitteln. Wenn die junge Frau schon eine Abtreibung hinter sich hat, helfen Sie ihr zu verstehen, dass Gott sie trotzdem noch liebt und schätzt – eben »trotz dem«. Haben Sie keine Angst, dass das Mädchen, wenn Sie sie voll annehmen und lieben, eher bereit ist, sich auf eine Abtreibung einzulassen – das Gegenteil ist der Fall: Wenn Sie ihr zu diesem Zeitpunkt die Bestätigung versagen, dann stellen Sie die Weichen zu weit größeren Schwierigkeiten.

Richtung weisen. Im Falle einer jungen Frau, die über eine Abtreibung nachdenkt, sollte ein Jugendleiter, Pastor, Lehrer oder Elternteil versuchen, auf folgenden Gebieten Einfluss zu nehmen:

- Beten Sie mit der jungen Frau. Beten Sie laut für die junge Frau und seien Sie darauf bedacht, dass Sie für sie vor den Gnadenthron treten (anstatt das Gebet zu einer Predigt zu missbrauchen). Ermutigen Sie sie, laut in Ihrer Gegenwart zu beten, so dass sie ihre Sorgen auf Gott werfen kann, der für sie sorgt (1. Petr. 5,7).

- Zeigen Sie ihr geduldig und einfühlsam die biblische Auffassung von Abtreibung, wie wir sie weiter vorne im Kapitel dargestellt haben.

- Zeigen Sie ihr sorgfältig und einfühlsam, welche Folgen eine Abtreibung haben kann, wie wir es weiter oben in diesem Kapitel dargestellt haben. Machen Sie ihr klar, dass Gott teilweise

deshalb bestimmte Verhaltensweisen verbietet, weil Er uns vor Schaden bewahren und uns gute Dinge schenken möchte (vgl. 5. Mo. 10,12-13 und Joh. 8,32).

- Versuchen Sie, die junge Frau zu der Erkenntnis zu führen, dass ihr Problem zwar ziemlich schwierig ist, dass es sich jedoch nicht um etwas handelt, mit dem man nicht fertig werden könnte. Helfen Sie ihr zu verstehen, dass Gott auch noch aus den schlimmsten Situationen etwas Gutes machen kann (vgl. 1. Mo. 50,20). Erinnern Sie sie daran, dass sie nicht allein steht und dass genügend Zeit ist, ihre Entscheidung sorgfältig und rational zu treffen. Helfen Sie ihr insbesondere diejenigen Menschen zu erkennen, die von ihrem Schicksal betroffen sind und ihr vielleicht praktisch helfen könnten (fordern Sie sie auf, Namen aufzuschreiben).

- Führen Sie sie sorgfältig zum Nachdenken über Alternativen zur Abtreibung.

  - Adoption. Adoption ist eine Möglichkeit, die viel zu oft nicht bedacht wird, weil eine Abtreibung heute so einfach geworden ist. Doch sie erlaubt es dem Mädchen, sich verantwortlich gegenüber ihrem Ungeborenen zu verhalten, ohne die Bürde der Elternschaft zu übernehmen, ehe sie reif genug dazu ist. Adoptionen können durch den behandelnden Arzt, durch eine Adoptionsvermittlung oder durch Freunde oder Verwandte (mit Hilfe eines Anwaltes) vermittelt werden. Natürlich kann solch eine Entscheidung emotional sehr traumatisch sein, weil sie »das Ende der wohl engsten aller menschlichen Beziehungen«[35] bedeutet.

- Heirat. »Die Vorzüge sind bedeutend, wenn (die künftigen Eltern) einigermaßen reif sind und sich mehr als nur oberflächlich lieben«, schreibt Dr. G. Keith Olsen. »Verheiratete Jugendliche leben dann manchmal bei einer ihrer Familien, obwohl es besser für sie wäre, wenn sie eine eigene Wohnung hätten, auch wenn das heißt, dass sie zeitweilige finanzielle Unterstützung nötig hätten. Das gibt ihnen die Ruhe, die sie benötigen, um erfolgreich von dem Zustand als ledige Teenager in den eines verheirateten Paares zu wechseln.

  Die Hauptprobleme dieser Wahl sind vor allem die jeweils noch fehlende Reife, dass die Ausbildung abgeschlossen werden muss und dass sich schwierige Auswirkungen auf die Beziehungen zu gleichaltrigen Freunden ergeben. Diese Negativpunkte werden umso schwerwiegender, je jünger die Betroffenen sind.«[36]

- Alleinerziehung. »Einige Mütter entscheiden sich, ledig zu bleiben«, schreibt Gary R. Collins, »und das Kind auszutragen. Viele finden in Mütterheimen oder anderen Einrichtungen einen Platz oder leben bei entfernten Verwandten, Stiefeltern oder den eigenen Eltern.«[37] Solch ein Vorgehen ist oftmals natürlich schwierig und man muss darüber diskutieren, ob und wie ein Schulabschluss erreicht werden kann, wie das Kind tagsüber versorgt wird, wo die Mutter Arbeit findet usw.

Im Falle einer jungen Frau, die ihr Kind schon abgetrieben hat, sollte der Betreuer Folgendes versuchen:

- Führen Sie die junge Frau durch die Stationen Buße (Bekenntnis, Abkehr von der Sünde, Annahme der Vergebung Gottes) und Wiederherstellung. Olsen schreibt: »Christliche Betreuer sollten versuchen, dem Mädchen dabei zu helfen, die geistlichen Aspekte einer Abtreibung zu verarbeiten. Sie müssen dabei behutsam vorgehen, sie ganz annehmen und ihr vermitteln, dass sie nicht verurteilt wird, während Sie ihr gleichzeitig deutlich machen müssen, was eine Abtreibung wirklich bedeutet.«[38]

- Ermutigen Sie die junge Frau, vor Gott zu weinen und Ihm ihr zerbrochenes Herz zu bringen. Sie sollte sich ganz auf Gott verlassen, dass Er sie heilt und wiederherstellt, denn »nahe ist der HERR denen, die zerbrochenen Herzens sind und die zerschlagenen Geistes sind, rettet er«.[39]

- Achten Sie besonders darauf, der jungen Frau zu helfen, mit der psychischen Schuld fertig zu werden, die wahrscheinlich wiederkehrt, auch wenn die moralische Schuld getilgt ist (vgl. Kapitel 3, »Schuld«).

  Wenn die Schuldgefühle anhalten, versuchen Sie der jungen Frau zu helfen, ihrer Schuld mit dem Dreipunkte-Programm aus Kapitel 3 zu begegnen: Gefühle schnell beim Namen nennen, sich sofort damit beschäftigen und den nächsten Ausbruch vorhersehen und Vorkehrungen dagegen treffen.

- Versuchen Sie die Erkenntnis zu fördern, dass zwar eine Abtreibung eine Tragödie für das Ungeborene und die Mutter ist, dass Gott aber auch aus den schlimmsten Situationen noch etwas Gutes bewirken kann (vgl. 1. Mo. 50,20).

Ziele setzen. Im Fall eines schwangeren Mädchens versuchen Sie soweit als möglich ihre Mitarbeit bei der Planung ihrer Zukunft zu aktivieren. Fragen Sie sie, welche Schritte sie gehen will, um Vorsorgeuntersuchungen durchführen lassen zu können. Fragen Sie, welche Aufgaben sie lieber selbst erledigen würde und bei welchen sie lieber die Hilfe ihrer Eltern in Anspruch nehmen würde. Fragen Sie sie, wie sie ihre Strategie ihren Langzeit-Zielen und ihren Vorstellungen anpassen möchte und welche neuen Hoffnungen sie für ihr Kind hat.

Im Falle eines Mädchens, das schon eine Abtreibung hinter sich hat, sollten Sie versuchen, Strategien zu entwickeln, die ihr helfen sollen, sich an Gottes Vergebung zu erinnern, die die ständige Beschäftigung mit der Abtreibung mildern sollen (etwa Mitarbeit bei der Beratung Gleichaltriger, um zu verhindern, dass andere Mädchen ihren tragischen Fehler wiederholen) und zur Verhinderung von Verhalten und Denkmustern, die zu ihrer Schwangerschaft geführt haben (setzen neuer Ziele für Verabredungen mit Jungen etc.).

Hilfe von außen. Im Falle einer jungen Frau, die schon abgetrieben hat, ist es wichtig, professionelle ärztliche Beratung in Anspruch zu nehmen (mit dem Einverständnis der Eltern). Führen Sie die junge Frau sanft zu einem Seelsorger, der ihr durch ihr Trauma nach der Abtreibung hindurchhelfen kann. In jedem Falle sollte die junge Frau so bald wie möglich ärztliche Behandlung aufsuchen (wenn das noch nicht der Fall ist), um eventuelle Spätfolgen oder Komplikationen zu diagnostizieren oder zu verhindern, bzw. um Vorsorgeuntersuchungen für das Kind durchführen zu lassen.

In diesem Kapitel zitierte Bibelstellen

- Hosea 9,11
- Ruth 4,13
- 1. Samuel 1,20
- 1. Mose 5,3
- Hiob 31,13-15
- Psalm 119,73; 139,13-16
- Jeremia 1,5
- Römer 9,11
- Richter 13,3-5
- Galater 1,15
- 2. Könige 8,12
- Amos 1,13
- Hosea 9,14.16; 13,16
- 1. Petrus 5,7
- 5. Mose 10,12-13
- Johannes 8,32
- 1. Mose 50,20
- Psalm 34,18

Weitere hilfreiche Bibelstellen zum Thema

- 1. Mose 9,6
- 2. Mose 23,7
- Psalm 18,16-19; 51,1-17; 130,1-8;
- Sprüche 6,16.17
- 1. Johannes 1,9

Homo-
sexualität

◆ Einführung

Michael begann mit Homosexualität zu experimentieren, als er in der siebten Klasse in einem Zeltlager war. Er hatte immer vermutet, dass er anders als andere Jungen war und zwar seit der Zeit, als er sieben war, als ein anderer älterer Junge mit ihm Sachen machte, von denen er genau wusste, dass sie nicht richtig sind, die ihn aber auf geheimnisvolle Weise faszinierten. Diese Woche im Zeltlager bestätigte ihn einfach nur in seiner Auffassung. Während seiner Zeit in der Mittel- und Oberstufe spielte Michael jedoch die Rolle, die andere seiner Meinung nach von ihm erwarteten und nahm seine Freundin, Vanessa Hodges, sogar auf den Abschlussball der Schule mit.

»Manchmal jedoch«, sagt er jetzt, »wurde die sexuelle Spannung unerträglich. Andere Jungs in meinem Alter sahen Mädchen nach, ich fühlte mich von Jungen angezogen. Andere Jungs hatten Poster von Mädchen in ihren Schubladen oder an den Wänden ihrer Zimmer, ich versteckte dagegen kleine Bilder von männlichen Modellen unten in der Schublade meiner Kommode. Ich erinnere mich, wie ich mit einem meiner Freunde draußen herumhing. Ich wollte ihn berühren, aber ich wagte es nicht, mich selbst zu verraten. Ich musste mich zurückhalten und vorspiegeln, dass alles ganz normal war und es war eben alles andere als normal!«

Als er von zu Hause wegging, um eine christliche Hochschule zu besuchen, wollte er alles ganz anders machen. »Doch schon bald«, sagte er, »entdeckte ich die Männer, die im Schatten des Parks ein paar Straßen weiter, herumlungerten. Ich nahm einige ihrer Einladungen an und war erstaunt, herauszufinden, dass das, was mich über die Jahre hinweg ständig frustriert hatte, auf einmal ganz einfach und natürlich wurde.«

Michael führte während seiner vier Jahre auf dem College ein Doppelleben als christlicher Student und als heimlicher Liebhaber. Vielleicht, weil er niemals viele Freunde hatte, erreichte er sein Abschlussjahr, ohne, dass irgendwer sein Geheimnis ahnte – bis die Schulzeitung ein anonymes Interview mit einem »homosexuellen Schüler« der Schule abdruckte.

Der Artikel führte zu einem Flächenbrand. Der Leiter des Colleges berief eine Vollversammlung und betonte eindeutig, dass die Schule homosexuelle Handlungen für Sünde hält.

Als der Leiter zu Ende gesprochen hatte, stand Michael auf.

»Ich glaube, ich muss Ihnen sagen, dass ich der homosexuelle Student bin, von dem Sie alle sprechen«, sagte er. »Sie mögen mit mir oder meinem Lebensstil nicht einverstanden sein, doch ich weiß, dass Gott mich so liebt, wie ich bin. Wenn Sie damit nicht zurechtkommen, dann ist das Ihr Problem.«

Michaels kurze Rede brachte ihm keine Freunde ein, doch er hatte ja schon einige. Vier Monate später machte er seinen Abschluss und schwor sich, nie wieder seinen Fuß über die Schwelle einer Gemeinde zu setzen, die ihn nicht so annehmen konnte, wie er war.

● Das Problem

Der Forscher George Barna nennt die zur Zeit heranwachsende Generation in seinem Buch The Invisible Generation die »Baby Busters« und schreibt:

> Relativ wenige Buster geben zu, an homosexuellen Handlungen teilgehabt zu haben: 3%, wobei es sich meist um Frauen handelt. Doch die Ansichten der Buster zeigen die sich wandelnde nationale Akzeptanz von homosexuellem Lebensstil und Praktiken (in den USA, Anm. d. Übers.).
>
> Nur ein Drittel der Buster (32%) glauben den derzeitigen Forschungsergebnissen, die besagen, dass Homosexualität angeboren sei. Eine leichte Mehrheit (55%) glaubt, dass Homosexualität unsittlich sei. Die Hälfte sagt, dass Widerstand gegen die Bürgerrechtsbewegung der Homosexuellen »engstirnig« sei, die andere Hälfte ist der Meinung, dass dies nicht »engstirnig« sei ... Mehr als vier von zehn (44%) glauben, dass homosexuelle Paare getraut werden sollten. Fast genauso viele (38%) sind der Meinung, dass es solchen Paaren ermöglicht werden sollte, Kinder zu adoptieren und großzuziehen.[1]

Das mag allerdings nur der Anfang sein. Angesichts einer Flut von Bildern in den Medien, vom »Stolz, Homo zu sein« und einem neuen Klima der Akzeptanz – und manchmal offener Unterstützung – in Oberschulen und Universitäten in einer Phase, in der viele Jugendliche noch Mühe haben, mit ihrer Sexualität klar zu kommen, sind etliche junge Leute einfach verwirrt. Andere spielen mit der Homosexualität. Andere dagegen wehren sich.

Die Zeitung Newsweek schrieb:

> Die Offenheit der Jugendlichen für Experimente hat Bisexualität in einigen Schulen fast mit der Wertung »cool« belegt. »In meiner Altersgruppe wird dies immer ›schicker‹«, sagt George Hohagen, 20 Jahre alt, der im Mittleren Westen Marktforschung betreibt und selbst noch nicht allzu lange aus der Oberschule heraus ist ... Bei Treffen der Bostoner Homo- und Lesbenjugend hat Gruppenleiter Troix Bettencourt, 19, Mitarbeiter des Gesundheitsamtes, ein Anwachsen der Gruppe von Teenagern beobachtet, die sich als bisexuell bezeichnen.[2]

Der Newsweek-Artikel zitiert weiter Carrie Miller, die Generation Q leitet, eine informelle Rappergruppe für Homosexuelle und Bisexuelle in Chicago. »Fakt ist«, sagt Miller, »(dass Teenager) offen für alles sind.«

Eine andere Ausgabe von Newsweek bezeichnete das Klima an vielen Colleges, wie z.B. im Oberlin College in Ohio, »für viele Homosexuelle als regelrechtes Mekka«. Der Artikel beschrieb einen »Lesbütanten«-Ball, einen »Homo-coming-out«-Ball und zahlreiche College-Veranstaltungen über »homosexuelle Erfahrungen« als Beispiele für das Klima an vielen Universitäten. Dann schreibt der Artikel weiter:

> In der heutigen politisch korrekten Atmosphäre, sagen viele Studenten, ist es einfach »in« geworden, sexuell zu experimentieren. Für einige bedeutet das homosexuelle Beziehungen.[3]

Viele Jugendliche aller Altersstufen – und zwar nicht zuletzt Jugendliche aus christlichen Familien – stehen in einem schlimmen Kampf, nicht nur gegen Einflüsse von außen, sondern auch gegen Mächte, die in ihrem Inneren kämpfen, von denen einige erklärt werden können und andere nicht.

◄ Die Ursachen

Es sind viele Gründe für Homosexualität genannt worden (von denen einige heftig umstritten sind). Am häufigsten wird Homosexualität auf genetische Faktoren, auf gestörte Familienbeziehungen, frühen sexuellen Missbrauch oder homosexuelle Erlebnisse und/oder die Auflehnung der Jugendlichen zurückgeführt.

Genetische Faktoren

Die neueste und am weitesten verbreitete Ansicht lautet, dass Homosexualität genetisch bedingt ist. Stanton L. Jones, Leiter der psychologischen Abteilung des Wheaton Colleges, schreibt:

> Die Forschung legt nahe, dass genetische Faktoren, unter Umständen durch andere Gehirnstrukturen, einigen eine Orientierung in Richtung homosexueller Vorliebe geben.[4]

Jones sagt hier jedoch nicht aus, dass genetische Faktoren jemanden zum Homosexuellen machen, noch dass solche Faktoren »Gottes moralischen Anspruch an unser Leben« verändern würden.

Gestörte Familienbeziehungen

Ein anderer Faktor, von dem häufig behauptet wurde, dass er zur Homosexualität beiträgt, sind gestörte Familienbeziehungen, wie John White, der Autor des Buches Eros Defiled (der beschmutzte Eros) erklärt:

> Eine dominierende Mutter und ein passiver, schwacher Vater sind nach einigen analytischen Theorien die Schuldigen (I. Berberet et al.: »The Castration Komplex«, J. Nerv. Ment Dis. Bd. 129 [1959], S. 235). Sicherlich beschreiben viele homosexuelle Männer dominierende Mütter und passive Väter (I. Berberet, et. Al.: »Homosexuality« a Psychoanalytic Study, basic Books, New York 1962).
>
> Die Mutter hat das Regiment. Wie ein Schlachtschiff rauscht sie mit vollen Segeln durch den Haushalt und zieht kleinere Schiffe (Ehemann und Kinder) hinter sich her. Sie spricht mit lauter Stimme, entschieden und ist entschlossen, dass ihre Kinder »es zu etwas bringen« ...
>
> Andererseits kann ihre Kontrolle weniger auffällig sein. Sie kann auf subtilere Weise herrschen, aber gleich tyrannisch ... Doch ehe wir ihr zu schnell die Rolle des Bösewichts zuerkennen, müssen wir festhalten, dass sie nur eine von mehreren Personen in dem Spiel ist ... Ihr Ehemann unterstützt ihre Herrschaft ... Auch die Kinder können auf unterschiedliche Weise reagieren. Doch das Vater-Mutter-Modell, auf dem sie ihre Reaktionen aufbauen, ist ungesund. Ihnen ist das tägliche Beispiel gesunden elterlichen Verhaltens vorenthalten worden ...
>
> Von den vielen Familienbindungen mag eine besonders wichtig werden. Wenn die Mutter einen ihrer Söhne besonders ins Vertrauen zieht, kann sie die Grundlage dafür legen, dass er in Zukunft anfällig für sexuelle Verführung wird. Er selbst muss jedoch auch seine Rolle spielen. Er muss in das verwirrende Muster passen, das sie von ihm erwartet.
>
> Normalerweise wird er und zwar nicht auf körperliche oder sexuelle Weise, sondern auf emotionaler Ebe-

ne, der Ehemann, den sie niemals hatte ... Ohne zu erkennen was passiert, lernt er, nach ihrer Pfeife zu tanzen und auf ihre Stimmungen zu reagieren. Hätte er einen starken Vater, der ihn unterstützt und der ihm ein Vorbild ist, könnte sich alles anders entwickeln ...

Solch ein junger Mann ist aber noch kein Homosexueller. Er ist, was Freud einen latenten Homosexuellen nannte (ein schlimmer und grausamer Ausdruck). Wenn irgendeine Bezeichnung dafür richtig ist, dann sollten wir Ovesey's Begriff des Pseudohomosexuellen anwenden (eine Person, die oberflächlich einem Homosexuellen gleicht, aber keine ist).

Dennoch ist er für homosexuelle Verführung verletzlicher als andere junge Männer. Er muss mehr lernen, um zu einer Frau eine gesunde sexuelle Beziehung aufzubauen und er wird es schwerer haben zu lernen, ein guter Vater zu sein.

Sein schlimmstes Problem wird wahrscheinlich die Einsamkeit sein, eine Einsamkeit, die ihn in verschiedene Richtungen führen kann. Er kann zu Hause bleiben, ein alternder Junggeselle, der zwar auf eine Heirat hofft, die ihm jedoch seltsamerweise zu entgleiten scheint und der in seiner Beziehung zu seinen Eltern immer unzufriedener wird. Seinen sexuellen Trost findet er wahrscheinlich in der Selbstbefriedigung oder in sexuellen Beziehungen zu älteren Frauen.[5]

White gibt zu, dass die »analytischen Theorien, die versuchen, Homosexualität durch eine dominierende Mutter und einen passiven Vater zu erklären, längst nicht die einzigen sind. In jedem Fall können sie nicht erklären, warum viele dominierende Mütter heterosexuelle Kinder aufziehen oder warum offensichtlich normale Eltern Kinder aufziehen, die dann den homosexuellen Lebensstil annehmen.« Doch gibt es genügend Hinweise darauf, dass ungesunde Familienbeziehung und der Mangel an gesunden männlichen oder weiblichen Rollenvorbildern oft eine bedeutende Rolle bei homosexuellem Verhalten spielen.

Frühe sexuelle Erlebnisse oder Missbrauch

Ein dritter Faktor, der zur Homosexualität beitragen kann, wird von Jerry Arterburn in seinem Buch How Will I Tell My Mother (Wie sag ich's meiner Mutter) angesprochen:

Frühe (sexuelle) Erfahrungen mit älteren Personen sind ein Schlüssel zur Entwicklung homosexuellen Verhaltens. Ich halte diesen Faktor für die eine Verbindung zwischen normaler und unnormaler Entwicklung. Versteckt hinter Scham und Geheimnistuerei beeinflussen solche Erlebnisse zukünftige Beziehungen und Wünsche ... Die frühe Erfahrung von homosexuellem Verhalten ist weit verbreitet unter den Homosexuellen, die ich kennen gelernt habe.[6]

Eine Form der Auflehnung

Und schließlich kann homosexuelles Verhalten laut Autor Kent Philpott eine Reaktion auf Ablehnung sein, die sich im Geist der Auflehnung zeigt.

Während der Jahre, in denen der Charakter formbar ist, reagiert jemand, der Ablehnung erfährt, ... häufig mit Auflehnung. Homosexualität ist eine Folge dieser Auflehnung. Es ist sogar die extremste Form, die Auflehnung annehmen kann, weil sie in exakter

Opposition gegen die Art und Weise handelt, wie Gott uns geschaffen hat.[7]

Solche Auflehnung mag eine Reaktion auf einen überängstlichen Elternteil sein. Sie kann auch Ergebnis der eingebildeten Ablehnung sein, die oft nach der Trennung der Eltern auftritt. Sie kann sich gegen Gott richten, insbesondere bei Missbrauchsopfern. Oder sie kann ganz allgemein sein. Aber Zorn und ein Geist der Rebellion kann bei einigen die Grundlage für homosexuelles Verhalten legen.

Die Ursachen, die hier beschrieben wurden – genetische Faktoren, gestörte Familienbeziehungen, Missbrauch und/oder frühe homosexuelle Erfahrungen und Auflehnung gegen die Autoritäten – sind vier Schlüsselfaktoren homosexuellen Verhaltens. Sie sind bei weitem nicht die einzigen Faktoren und auch sind sie nicht alle in allen Fällen sichtbar. Es kann sogar sein, dass im Einzelfall keiner dieser Gründe besteht. Die Forschungsergebnisse zeigen jedoch, dass diese Faktoren berücksichtigt werden müssen und dass diesen Gründen nachgegangen werden sollte.

▼ Die Folgen

Die Folgen der Homosexualität – für den oder die Homosexuelle(n) selbst, auf die Familie und die Gesellschaft im Allgemeinen – könnten das Thema eines ausführlichen Buches sein. Für dieses Handbuch muss es reichen, die wichtigsten Folgen für den oder die Homosexuelle(n) selbst zu untersuchen.

Gesundheitliche Folgen

Die offensichtlichste Folge (weil darüber so viel in den Medien gesprochen wurde) der Homosexualität ist die Krankheit

AIDS. Zwar beschränkt sich AIDS nicht auf die homosexuelle Bevölkerung, doch ihre anfängliche Ausbreitung und spätere Verbreitung wird von vielen Forschern direkt im Zusammenhang mit homosexuellem Verhalten gesehen. Doch die gesundheitlichen Folgen homosexuellen Verhaltens sind so unterschiedlich wie verheerend:

(Homosexuelle) bilden nur etwa 1 oder 2 Prozent der amerikanischen Bevölkerung, doch treten bei ihnen 50% der Syphilis- und 60% der Aids-Fälle auf. Etwa die Hälfte bis Dreiviertel aller Homosexuellen haben oder hatten Hepatitis B, eine 20 bis 50 mal höhere Rate als unter heterosexuellen Männern. Hepatitis A, Amöbenbefall, Salmonellenbefall und der Befall mit anderen Mikroorganismen sind unter Homosexuellen so weit verbreitet, dass die Ärzte dafür den Begriff »homosexuelles Darmsyndrom« geprägt haben.[8]

Ständig wechselnde Partner

Sexuell übertragene Krankheiten stellen eine solch große Gefahr für Homosexuelle dar, weil Homosexualität (und zwar insbesondere die männliche Homosexualität) normalerweise mit häufigem Partnerwechsel einhergeht. Stanton Jones schreibt:

Die berühmte Studie von Bell und Weinberg (Homosexualities) ergab, dass etwa ein Drittel der Homosexuellen in ihrem Leben über 1 000 Sexualpartner gehabt haben. Nur sehr wenige leben in verbindlichen Langzeitbeziehungen. Bell und Weinberg fanden heraus, dass weniger als 10% in solchen Beziehungen leben. Von denen, die in stabilen Beziehungen leben, sind die wenigsten wirklich sexuell monogam. McWhirter und Mattison (The Gay Couple, »Das homosexuelle Paar«) fanden heraus, das 0% von den 100 männlichen Langzeitpaaren nach fünf Jahren noch sexuell monogam waren. Die Autoren der Studie, selbst ein homosexuelles Paar, sagten, dass homosexueller Lebensstil gleichbedeutend mit Promiskuität ist.[9]

Abstieg in andere Formen abweichenden Verhaltens

Der homosexuelle Lebensstil bringt oft auch andere Formen sexuell abweichenden Verhaltens mit sich, von denen viele Gewalt gegen sich selbst oder andere beinhalten. Jones erklärt:

Es kann sein, dass die homosexuelle Gemeinschaft deshalb keine Monogamie kennt, weil gleichgeschlechtlicher Sex niemals die Wirkungen haben kann, die Gott bei der Erschaffung der Sexualität im Sinn hatte. Statt dessen wenden sich die Homosexuellen der Promiskuität und sexuellen Perversionen zu, um noch sexuelle Höhepunkte zu erleben ... Viele Menschen heute kennen oralen und analen Sex, aber wesentlich weniger kennen Praktiken, die zwar häufig, wenn auch nicht überall verbreitet sind, wie etwa Sadomasochismus, wobei während des Geschlechtsaktes dem Partner Schmerzen zugefügt werden, Gruppensex aller Spielarten und noch schlimmere Entartungen. Wenn sexueller Verkehr außerhalb des Willens Gottes genossen wird, dann hat das nicht mehr die von Gott gewollten Auswirkungen. Viele, ganz gleich ob homo- oder heterosexuelle Menschen, suchen deshalb nach Möglichkeiten, die eine immer größere Reizwirkung haben, nach dem immer noch besseren Orgasmus, den sie doch nie erreichen, weil sie einfach das eine ersetzen wollen, wozu Sexualität eigentlich geschaffen ist: Die Schaffung einer Einheit.[10]

Einsamkeit und Ablehnung

John White schreibt:

Im Großen und Ganzen sind Homosexuelle unglücklich. Sie sind unglücklich, ganz gleich, wie erfolgreich ihr Kampf gegen Diskriminierung sein mag, denn sie werden in der »normalen« Welt niemals Verständnis oder Annahme finden. Sie sind auch unglücklich, weil sie mehr als der Durchschnitt unter Einsamkeit und Ablehnung leiden – zeitweilig sogar bei ihren homosexuellen Freunden. Wenn ständig wechselnde Beziehungen und Untreue schon die heterosexuelle Welt plagen, dann gilt dies in weit größerem Maße für die homosexuelle Gemeinschaft.[11]

Schuld und Selbsthass

Ganz gleich, wie vehement ein Homosexueller dagegen ankämpft oder es nicht wahrhaben will – er (oder sie) wird oft von einem immer im Hintergrund lauernden Gefühl von Schuld und Scham begleitet. Der Betroffene mag annehmen, dass sein Schuldgefühl durch die »homophobe« Ablehnung seines Lebensstils durch die Gesellschaft verursacht ist. Sie mag der Meinung sein, dass es sich hier um Reste ihrer religiösen Erziehung handelt. Er mag es sogar als Ergebnis der Überführung durch den Heiligen Geist sehen. Oder sie könnte jedes Schuldgefühl leugnen (und sie mag damit sogar recht haben). Aber Schuld ist mit Homosexualität so eng wie mit jeder anderen

Sünde verbunden (vgl. Kapitel 3, »Schuld«). Und sogar dann, wenn das Gewissen des Einzelnen ruhig gestellt oder einfach übergangen wird, wird die Schuld sich manchmal in einem niedrigen Selbstwertgefühl oder sogar Selbsthass äußern (vgl. Kapitel 6, »Geringe Selbstachtung«).

▲ Die biblische Sicht

Für einen Christen hängt die korrekte Ansicht über Homosexualität weder von der öffentlichen Meinung, den Medien, der Regierungspolitik oder von· psychologischen Studien ab. Was zählt, ist allein die biblische Sicht der Homosexualität. Herbert J. Miles schreibt:

1. Mose 1,28 bindet die menschliche Sexualität an die Vermehrung – die Reproduktion der eigenen Art. Gott sagte zu Adam und Eva: »Seid fruchtbar und vermehrt euch und füllt die Erde und macht sie euch untertan; und herrscht über … alle Tiere, die sich auf der Erde regen!« … Die Frucht der Menschen – von Ehemann und Ehefrau – ist ein weiteres menschliches Wesen. Deshalb kann Homosexualität das erste Gebot an die Menschheit nicht erfüllen.

1. Mose 2, 24 bindet die menschliche Sexualität an eine vereinigende Beziehung von Personen verschiedenen Geschlechtes – nämlich Ehemann und Ehefrau. »Darum wird ein Mann seinen Vater und seine Mutter verlassen und seiner Frau anhangen und sie werden zu einem Fleisch werden« (Betonung hinzugefügt). Diese Einheit als »ein Fleisch« bezieht sich auf die geistliche und leibliche Einheit von Ehemann und Ehefrau beim sexuellen Verkehr … Jesus zitierte diesen Abschnitt

aus 1. Mose als Grundlage seiner Lehre über die Ehe (Mt. 19,4-5; Mk. 10,7-8). Es ist offensichtlich, dass der strukturelle Bau der Leiber zweier Männer oder zweier Frauen es unmöglich macht, diese Einheit im Fleisch zu verwirklichen. Deshalb wird die Homosexualität schon durch den schöpferischen und zweckgerichteten Plan des Schöpfergottes abgelehnt.

Im achtzehnten Kapitel des Buches Levitikus finden wir eine Liste göttlicher Anweisungen, die dazu bestimmt waren, die Heiligkeit der Ehe zu bewahren und den moralischen Respekt vor der Familie als göttlicher Institution zu erhalten. Diese levitischen Gesetze hatten ihre Grundlage in der Schöpfungsordnung aus 1. Mose. Inmitten dieser Liste, die Inzest (V. 6ff) und Ehebruch (V. 20) verbietet, wird uns gesagt: »Und bei einem Mann sollst du nicht liegen, wie man bei einer Frau liegt: ein Gräuel ist es« (V. 22) …

Im Römerbrief … beschreibt Paulus den Zorn Gottes über die Gottlosigkeit der Heiden. Teil dieser Gottlosigkeit war die Sünde, den menschlichen Leib zu entehren. Paulus greift die Sünde der Homosexualität heraus, um diese Entehrung zu verurteilen. Er erklärt, dass sie ihre Ursache in der Gottlosigkeit habe:

»Darum hat Gott sie dahingegeben in den Begierden ihrer Herzen in Unreinheit, ihre Leiber untereinander zu schänden … Denn ihre Frauen haben den natürlichen Verkehr in den unnatürlichen verwandelt und ebenso haben auch die Männer den natürlichen Verkehr mit der Frau verlassen, sind in ihrer Wollust zueinander entbrannt, indem sie Männer mit Männern Schande trieben und empfingen den gebührenden Lohn ihrer Verirrung an sich selbst ... (Röm. 1,24-28).

... Als Paulus an die Korinther schreibt, weist er sie an, keine Sittenlosigkeit unter ihren christlichen Brüdern zu dulden: »Darauf könnt ihr euch verlassen: Keiner, der unzüchtig lebt, keiner, dem irgendetwas wichtiger ist als Gott, kein Ehebrecher, kein Mensch, der sich von seinen Begierden treiben lässt und homosexuell verkehrt, wird einen Platz in Gottes Reich haben« (1. Kor. 6,9, Hoffnung für Alle). Als Paulus an Timotheus schreibt, nennt Paulus die Homosexualität im gleichen Atemzug mit Gesetzlosigkeit, Ungehorsam, Gottlosigkeit, Unheiligkeit, Lästerern und Sündern (1. Tim. 1,8-10). Es gibt vier andere Bibelstellen, die indirekt Homosexualität mit sündigem Verhalten verbinden (1. Mo. 19,4-9; Ri. 19,1-30; 2. Petr. 2,1-22; Jud. 3-23).[12]

Homosexuelle Aktivisten und liberale Theologen haben diese Stellen jedoch angegriffen. Jones gibt eine Übersicht über das, »was man von Kritikern der traditionellen Auslegung zu hören bekommt«:

Sie argumentieren, dass 3. Mose 18,22 und 20,13 und in 5. Mose 23,18, die männliches homosexuelles Verhalten verurteilen, irrelevant seien, weil sie nicht den heutigen homosexuellen Lebensstil meinen könnten ... Das einzige den Israeliten bekannte homosexuelle Verhalten, so wird argumentiert, war die homosexuelle Prostitution in heidnischen Tempeln. Das wird angeblich hier abgelehnt und nicht die (sogenannte) liebevolle, Monogamhomosexuelle Lebensgemeinschaft Homosexueller heute.

Die Geschichte aus 1. Mose 19 über Sodom und Gomorrah wird ebenfalls als irrelevant gesehen, weil es in dieser Geschichte um versuchte Gruppenvergewaltigung gehe, was ein Anzeichen für die Verderbtheit der Stadt gewesen sei. Dass es sich hier um eine homosexuelle Absicht gehandelt hat, wird als nebensächlich abgetan.

Römer 1 wird oft so interpretiert, dass hier nur das homosexuelle Verhalten von Heterosexuellen verurteilt werde. Sie würden sich gegen Gott auflehnen, indem sie an etwas teilnehmen, das nicht ihrer Natur entspräche. Man argumentiert, dass dieser Abschnitt heute keine Bedeutung habe, weil die modernen Homosexuellen ein ihnen angeborenes Verhalten zeigten und deshalb nicht gegen Gott rebellieren würden.

In 1. Korinther 6,9 und 1. Timotheus 1,10 sagt man, dass die Wörter, die an dieser Stelle oft als Bezüge auf homosexuelle Praktiken übersetzt würden, unklar seien und wahrscheinlich nur Päderastie (Knabenliebe) beschreiben und verbieten würden, nämlich die homosexuelle Verbindung eines älteren erwachsenen Mannes der höheren Klasse mit einem Heranwachsenden.

Einige dieser Kritikpunkte entbehren nicht völlig der Stichhaltigkeit, doch die meisten evangelikalen Theologen sind einig, dass jeder einzelne Einwand für sich genommen zu weit geht ... 3. Mose, Römer, 1. Korinther und 1. Timotheus sind heute relevant und verbindlich. Archäologische Studien bestätigen, dass in der Antike Homosexualität praktiziert wurde, auch wenn das Konzept einer psychologischen Orientierung noch unbekannt war. Deshalb ist es verblüffend, dass jedes Mal, wenn homosexuelle Praktiken in der Bibel erwähnt werden, diese verurteilt werden. Es gibt nur zwei Arten, wie wir das biblische

Zeugnis gegen homosexuelles Verhalten neutralisieren können: Entweder durch offensichtliche Fehlinterpretation oder indem wir die Bedeutung der Schrift für Lehre und Leben herabsetzen.[13]

Jedoch bietet Miles uns noch ein abschließendes, wichtiges Element, um die biblische Sicht zu verstehen:

> Homosexualität ist die Verletzung eines direkten Gebotes der Bibel ... Doch Homosexualität ist nicht die Sünde, die nicht vergeben werden kann, noch ist sie die größte Sünde. (Die größte Sünde ist es, Gott abzulehnen.) Homosexuelle können ihren sexuellen Lebensstil ändern und von Jesus durch Buße und Glauben geheilt werden. Paulus zählte die Homosexualität unter den Sünden der Ungerechten auf, die das Reich Gottes nicht ererben würden (1. Kor. 6,9-10). Dann sagte er zu den korinthischen Christen: »Und das sind manche von euch gewesen; aber ihr seid abgewaschen, aber ihr seid geheiligt, aber ihr seid gerechtfertigt worden durch den Namen des Herrn Jesus und durch den Geist unseres Gottes« (1. Kor. 6,11).[14]

Christen sehen sich einer doppelten Herausforderung gegenüber, wenn sie mit Homosexuellen und Homosexualität zu tun haben, nämlich dieselbe Balance zwischen Wahrheit (der Wahrheit des Wortes Gottes, das die Homosexualität als Sünde verurteilt) und Liebe (der Liebe zum einzelnen Menschen, der ein unaussprechlich kostbares Kind Gottes ist und der Vergebung und Neuanfang durch die Macht Christi und die Gegenwart des Heiligen Geistes nötig hat und sie auch bekommen kann), wie sie im ersten Brief des Johannes beschrieben wird.

► Praktische Hilfen anbieten

Eltern, Pastoren, Lehrer und Jugendleiter können auf die Probleme eines Jugendlichen, der mit homosexuellen Gefühlen oder Handlungen zu kämpfen hat, reagieren, indem sie die folgenden Schritte beachten:

Zuhören. Der Erwachsene sollte darauf achten, eine Umgebung zu schaffen, in der sexuelle Fragen – einschließlich homosexueller Gefühle oder Praktiken – offen diskutiert und angegangen werden können. Der Erwachsene sollte sich vorher fest vornehmen, weder schockiert, empört, verurteilend oder ablehnend zu reagieren. Hören Sie nicht nur auf die Worte des jungen Menschen, sondern achten Sie auch aufmerksam auf seine Haltung, seine Gefühle und Empfindungen.

Verständnis zeigen. Stanton L. Jones schreibt:

> Der Schlüssel zum Mitgefühl ist, uns selbst im andern zu sehen, das Menschsein, das uns verbindet. Das ist etwas, das viele von uns entweder nicht können oder wollen. Ein bestimmtes Maß an Ekel und Ablehnung gegenüber homosexuellen Handlungen ist für heterosexuell empfindende Menschen natürlich. Wir alle sollten dankbar sein, dass es wenigstens eine Sünde gibt, die uns nicht von Natur aus anziehend erscheint. Doch Ekel vor einer Handlung darf nie gleichbedeutend mit Ekel vor einem Menschen sein. Wenn Sie nicht in der Lage sind, für einen homosexuellen Menschen Verständnis zu zeigen,

weil Sie Angst haben oder sich abgestoßen fühlen, dann versagen Sie auch gegenüber unserem Herrn. Sie sind des Stolzes, der Angst oder der Arroganz schuldig ... Die Homosexuellen, die ich kenne, sind kaum anders als ich. Sie brauchen Liebe, Respekt, Annahme, Gemeinschaft, Lebenssinn und Vergebung. Doch, wie alle Sünder, haben sie die falschen Mittel angewendet, um all das zu bekommen.[15]

Bestätigen. Homosexuelle erleben oft Ablehnung – in der Gesellschaft, in ihrer Familie – von ihren Freunden und zwar sowohl von heterosexuellen wie homosexuellen Freunden – und sie erwarten oft Ablehnung von der Kirche. Für einige ist ihre Homosexualität an sich (zumindest teilweise) eine Reaktion auf Einsamkeit und Ablehnung. Daraus folgt, dass es für sie schwer ist, wenn nicht unmöglich, sich ihrer Sünde zu stellen und sich von ihr abzuwenden, wenn sie nicht gleichzeitig stark das Gefühl vermittelt bekommen, von dem helfenden Erwachsenen angenommen zu sein und von ihm Bestätigung zu erhalten. Er (oder sie) hat jemanden nötig, der bereit ist, mit ihm zu beten und zu essen, ihn in den Arm zu nehmen und zu trösten, ihm Komplimente zu machen, der sich mit ihm sehen lässt und der geduldig mit ihm durch dick und dünn geht. Bestätigung können Sie dem Jugendlichen vermitteln indem Sie:

- dem Jugendlichen helfen, Gottes Liebe und Vergebung anzunehmen;

- ihm unbedingte Annahme und Liebe vermitteln und zwar ausdrücklich und deutlich;

- dem Jugendlichen bewusst machen, dass Gott ihn liebt – ja sogar Freude an ihm hat;[16]

- jeden positiven Zug des Jugendlichen verstärken (sonniges Gemüt, gewinnendes Lächeln, gesunden Sinn für Humor etc.) und jede Fähigkeit herausstellen (Sportlichkeit, Computerkenntnisse, musikalisches Talent etc.).

Richtung weisen. Die folgenden Ratschläge, die aus den Schriften von Jay Adams, Jerry Arterburn und John White gesammelt sind, können dem Betreuer helfen, einem jungen Mensch Rat zu geben, der mit homosexuellen Gefühlen oder Verhalten kämpft:

- Stellen Sie sicher, dass der Jugendliche versteht, was Gott von Homosexualität hält. Nennen Sie die Sünde beim Namen. Führen Sie ihn oder sie dazu, das ebenfalls zu tun.

- Drängen Sie auf Umkehr. Ermahnen Sie den jungen Menschen behutsam, ihre oder seine Sünde zu bekennen, Gottes Vergebung anzunehmen und Jesu Reinigungswerk für sich in Anspruch zu nehmen.

- Führen Sie ihn dazu, sich von seiner Homosexualität abzuwenden. White spricht den Jugendlichen folgendermaßen an: »Deine praktizierte Homosexualität ... muss aufhören. Jetzt! Und wenn du noch nicht damit angefangen hast, dann darfst du dem Verlangen nicht nachgeben ... Was immer Gott für dich tun oder auch nicht tun mag, um deine jetzige sexuelle Orientierung zu verändern – er kann und wird dich aus jeder homosexuellen Verstrickung und allen homosexuellen Praktiken befreien. Du brauchst einfach nur aufzuhören damit.«[17]

• Ermahnen Sie ihn oder sie, vor der Versuchung zu fliehen. Drängen Sie darauf, dass der Jugendliche »jeden Kontakt mit anderen Homosexuellen aufgibt«.[18] Helfen Sie ihm »die Gesellschaft derer zu meiden, die ihn besonders ›anmachen‹ und Orte und Umstände zu meiden, die ihn sexuell stimulieren«.[19] Schlagen Sie ihm vor, dass er seinen homosexuellen Freunden erklärt, warum er die Beziehung aufgibt und klarmacht, dass er nicht sie ablehnt, doch dass er von dem Einfluss der Vergangenheit frei werden muss[20] (vgl. Kapitel 25, »Begierde«).

• Raten Sie ihm oder ihr, in der nächsten Zeit »Verabredungen« mit dem anderen Geschlecht zu vermeiden. Arterburn weist darauf hin, dass Beziehungen zum anderen Geschlecht zu Beginn des neuen Lebensstils zu frustrierend sein können. Er sagt, dass solche Beziehungen schief gehen können und dann dem Betroffenen eine Ausrede geben, zur Homosexualität zurückzukehren, weil er sagt: »Ich hab's ja versucht.«

»Zu Anfang«, rät Arterburn, »ist es am besten, einige Zeit mit neuen Freunden zu verbringen, um zu entdecken, wer du wirklich bist und was aus dir werden kann.«[21]

• Empfehlen Sie Gebet und Nachdenken über das Wort Gottes. Raten Sie dem Jugendlichen, seine oder ihre Energien auf das Gebet, Bibellesen und das Auswendiglernen von Bibelstellen zu konzentrieren – und zwar nicht nur als Ablenkung, sondern als Kraftquelle. Arterburn rät: »Mach die Bibel zu einem Teil deines Lebens. Denke darüber nach, was sie dir sagt. Sie wird dir helfen, dein gesamtes Denken zu ändern. Sie wird dir dabei helfen, die Ziele zu erreichen, die Gott dir vor Augen stellt.«[22]

Ziele setzen. Ergreifen Sie jede Gelegenheit, dem Jugendlichen zu erlauben, seine eigenen Entschlüsse zu fassen, wie er aus seinem homosexuellen Lebensstil herausfindet. Regen Sie seine Mitarbeit an, indem Sie über jeden neuen Schritt mit ihm nachdenken und erinnern Sie ihn oder sie daran, dass sie selbst den Plan fassen und dass nur sie selbst dafür sorgen können, dass der Plan auch durchgeführt wird. Wenn der Betreuer der einzige ist, der Befreiung wünscht, dann geschieht sie nie.

Hilfe von außen. Arterburn schreibt:

Das Thema »sexuelle Orientierung« ist sehr komplex. Der Jugendliche und der Betreuer brauchen Hilfe, um sich durch die Situation hindurchzufinden und zu verstehen, was passiert. Ich kenne niemanden, der in der Lage war, dies allein durchzustehen und nicht dabei schmerzhafte Rückfälle erlitten hat. Es gibt Pastoren und Psychologen, die sich auf dieses Gebiet spezialisieren und hier sehr helfen können. Die Frage ist: »Warum sollte man sich allein damit abmühen, wenn Hilfe verfügbar ist?«[23]

In diesem Kapitel zitierte Bibelstellen

• 1. Mose 1,28; 2,24; 19,4-9

• Matthäus 19,4.5

• Markus 10,7.8

• 3. Mose 18,6-22

• Römer 1,24-28

• 1. Korinther 6,9-11

• 1. Timotheus 1,8-10

• Richter 19,1-30

- 2. Petrus 2,1-22

- Judas 3-23

- Psalm 18,19

Weitere hilfreiche Bibelstellen zum Thema

- Psalm 119,9-10

- Psalm 6; 32; 38; 51; 102; 130; 143

- Römer 12,1-2

- 1. Korinther 6,20

- Galater 5,16

- 1. Johannes 1,9

- Judas 24.25

32

AIDS

◆ Einführung

Als Jackie ihr Studium an einer kleinen Universität in Manitoba in Kanada begann, sprühte sie nur so vor Optimismus und Energie. Sie war gerade 18 Jahre alt geworden und fühlte sich wie die jüngste Studentin der ganzen Uni.

Sie bemerkte Zach gleich am ersten Tag. Er war in einer ihrer Vorlesungen am Morgen und sie meinte festzustellen, dass er sie auch bemerkt hatte. Er schien sehr ruhig zu sein, doch er war groß und sah gut aus. Er stellte sich am zweiten oder dritten Studientag vor und Jackie entdeckte, dass er Christ war. Sie war glücklich, als er mit ihr schon in der zweiten Woche ausgehen wollte.

Sie fingen an, miteinander viel zu unternehmen und gegen Ende des Semesters kamen sie sich sehr nahe. Gegen Weihnachten hatten sie das erste Mal Geschlechtsverkehr.

Als der Sommer kam, trennten sie sich tränenreich und schworen, dass sie sich jeden Tag schreiben würden und sich bis zum Herbst treu sein wollten. Zach wollte den ganzen Sommer über in der Firma seines Vaters arbeiten und Jackie wollte mit einem christlichen Missionsteam 6 Wochen lang die Ukraine besuchen.

Sie hatte sich vor dem Aufwand und der Peinlichkeit einer Gesundheitsuntersuchung gefürchtet, die für die Reise notwendig war, doch hatte sie nie erwartet, dass sich ihr Leben für immer ändern könnte. Der Arzt rief sie ein paar Tage nach ihrer Untersuchung an und fragte, ob sie nicht zu einem kurzen Termin in seine Praxis kommen könne. Als sie ihm klarmachte, dass sie einfach nicht konnte, teilte er ihr die Neuigkeit über Telefon mit: Sie sei HIV-positiv. Er wollte, dass sie zu einer weiteren Untersuchung käme.

Jackie war allein zu Hause, als der Doktor anrief. Als sie aufgelegt hatte, sass sie auf ihrer Bettkante und war wie gelähmt von dem Schock. Sie konnte kaum noch atmen, als ob ihr etwas auf dem Brustkasten säße. Eine halbe Stunde lang sass sie so stumm da und brütete, ohne einen klaren Gedanken fassen zu können. Sie konnte diese Nachricht einfach nicht fassen. Je weiter die Zeiger auf ihrer Uhr vorrückten, desto entfernter und unrealistischer erschienen ihr die Worte des Arztes.

Plötzlich dachte sie an Zach. Zach. Ihr dämmerte nun immer mehr, was die Worte des Arztes für sie beide zu bedeuten hatten.

Zach war der einzige Sexualpartner, den sie je gehabt hatte.

● Das Problem

Bis 1994 sind über eine Million AIDS-Fälle von der Weltgesundheitsorganisation gemeldet worden, seit die globale Epidemie in den späten siebziger und frühen achtziger Jahren ausbrach. Experten schätzen, dass etwa 4 Millionen Menschen sich AIDS zugezogen haben, seit die Krankheit erstmalig diagnostiziert wurde und dass insgesamt über 16 Millionen Menschen (davon 1 Million Kinder) das HIV-Virus, den Verursacher der Krankheit, in sich tragen.[1]

Es ist zwar schwierig, die latenten AIDS-Fälle zu erfassen (durch fehlende Diagnosen, mangelhafte Meldungen und Verzögerungen bei der Meldung), doch die Zahl der diagnostizierten AIDS-Fälle betrug allein für die USA über 100 000.[2]

Außerdem tritt die Krankheit in alarmierenden Zahlen unter Jugendlichen auf. Die Kinderärztin Mary-Ann Schafer von der medizinischen Abteilung der University of California in San Francisco berichtet:

> Teenager haben mehr sexuell übertragene Krankheiten als jede andere Bevölkerungsgruppe in den Vereinigten Staaten.[3]

Über 2,5 Millionen Menschen unter zwanzig haben irgendeine Geschlechtskrankheit, einschließlich AIDS.[4] Eine Expertengruppe berichtete: »Amerikaner unter 25 Jahren und insbesondere Teenager bilden heute die größte Risikogruppe für Geschlechtskrankheiten«[5] (vgl. Kapitel 33, »Andere Geschlechtskrankheiten«).

◄ Die Ursachen

Wahrscheinlich keine andere Krankheit hat in neuerer Zeit soviel Ängste hervor-

gerufen oder hat so sehr die öffentliche Aufmerksamkeit erregt wie AIDS. Diese seltsame und tödliche Krankheit – verursacht durch den HIV-Virus – hat einen recht verworrenen Ursprung. Die Forschungen deuten darauf hin, dass die Krankheit eventuell aus Zentral-Afrika stammt.[6] Im Jahr 1978 wurde der erste bekannte AIDS-Fall dem Gesundheitsamt der Vereinigten Staaten gemeldet.[7] Der erste Fall unter homosexuellen Männern wurde 1979 gemeldet und unter Drogensüchtigen Anfang 1980 und erst 1981 wurde die erste heterosexuelle Übertragung von AIDS gemeldet.[8]

Eventuelle erhöhte Ansteckungsgefahr bei Jugendlichen

Experten sagen aus, dass »das sexuelle Verhalten von Teenagern einschließlich der häufig wechselnden Partner und der eher seltenen Benutzung von Kondomen sie anfälliger für AIDS als andere Bevölkerungsgruppen machen könnte«.[9] Nach Aussagen der amerikanischen Gesundheitsbehörde (und des Federal Center for AIDS in Ottawa) stecken sich Männer wesentlich häufiger mit AIDS an als Frauen und weibliche Jugendliche häufiger als erwachsene Frauen.[10] Ellen Flax schrieb für Education Week:

> Die Daten zeigen, dass die häufigste Ansteckungsursache für weibliche Jugendliche der heterosexuelle Verkehr war, der von fast vier von zehn solcher Patientinnen genannt wurde. Über 72 Prozent der weiblichen Teenager mit AIDS sind entweder Schwarze oder hispanischer Herkunft.[11]

Ein Fünftel aller Menschen mit AIDS sind Twens. Viele von ihnen wurden als Teenager infiziert.[12] Dr. Helene Gail vom amerikanischen Gesundheitsamt entdeckte, dass 1988 7% der AIDS Patienten sich infiziert haben, als sie noch Jugendliche waren.[13]

Das Problem wechselnder Sexualpartner

Wie erwartet hat die Forschung ergeben, dass Menschen mit häufig wechselnden Sexualpartnern sich weit häufiger mit AIDS infizieren als diejenigen, die strikt monogam leben (etwa in einer Ehe, in der keiner der Partner untreu ist). Von vierhundert Heterosexuellen, die in einer monogamen Beziehung lebten, waren nur 0,25% HIV-positiv, während 5% der Männer und 7% der Frauen einer Gruppe von vierhundert Heterosexuellen mit mindestens 6 Partnern jährlich, im Zeitraum von fünf Jahren vor der Studie HIV-positiv waren.[14]

Sexueller Verkehr, mehrfach benutzte Injektionsnadeln, Infusionen

Das Virus wird typischerweise durch sexuelle Kontakte, mehrfach benutzte Injektionsnadeln und weniger häufig durch Bluttransfusionen und ähnliche Vorgänge übertragen. Kinder, deren Mütter AIDS-infiziert sind, haben ein 30- bis 60fach höheres Risiko, ebenfalls HIV-positiv zu sein.[15] Und bei vielen Menschen, die HIV-infiziert sind, ist die Infektion »über Monate und Jahre hinweg«[16] gar nicht mit Tests nachweisbar.

Entgegen der Botschaft, die meist von Regierung, Schule und Medien verbreitet wird, verhindern Kondome die Verbreitung von AIDS nicht. Wie der frühere Chirurg Dr. Everett Kop sagte: »Man kann AIDS nur durch Enthaltsamkeit verhindern.«[17] Und Dr. Thomas Elkins, Leiter der Gynäkologischen Abteilung der Louisiana State Medical School, sagt, dass »Safer Sex für Jugendliche üblicherweise als Enthaltsamkeit bezeichnet wird«.[18]

▼ Die Folgen

Opportunistische Infektionen

Eine Quelle beschreibt die Krankheit und ihre Folgen knapp:

Aids ist ein Versagen der natürlichen Immunität gegen Krankheitserreger. Menschen mit AIDS ziehen sich verschiedene ernsthafte Krankheiten zu, die für Menschen mit funktionierendem Immunsystem keine Bedrohung darstellen. Diese Krankheiten werden als »opportunistische« Infektionen bezeichnet: PCP, eine parasitische Lungeninfektion und eine als Karposi-Tumor bezeichnete Krebsart. Andere opportunistische Infektionen sind etwa starker Befall mit Hefepilzen, CMV, Herpesviren und Parasiten wie TP oder CP. Leichte Infektionen mit solchen Erregern sind kein Symptom für AIDS.[19]

Symptome im Anfangsstadium

Zu den ersten Krankheitsanzeichen für AIDS gehören:

- Chronische Müdigkeit über mehrere Monate hinweg;

- Unerklärlicher, fortschreitender Gewichtsverlust von 7 Kilo und mehr;

- Geschwollene Lymphdrüsen unter den Achseln, am Hals und in der Leistengegend;

- Chronischer Durchfall;

- Chronische Pilzinfektionen, die bei Frauen oft in Form von vaginalen Hefepilzinfektionen auftreten.[20]

Symptome bei fortgeschrittenem AIDS

Symptome bei fortgeschrittenem AIDS sind: »Ständiger Husten, Fieber, Atemnot. Viele blaue Flecken und Knoten auf der Haut deuten auf den Karposi-Tumor hin. Das Virus kann auch das Gehirn schädigen.«[21]

▲ Die biblische Sicht

Als AIDS in der Öffentlichkeit erst kurze Zeit bekannt war waren viele Pastoren und Kirchgänger der Meinung, dass diese Krankheit offensichtlich der Fluch Gottes über die Homosexuellen sei. Einige sind noch immer dieser Ansicht.

Doch AIDS ist nicht das Gericht Gottes über die Homosexuellen. Einmal sind die meisten Menschen, die auf der Welt von AIDS infiziert sind, keine Homosexuellen. Die Krankheit betrifft auch Heterosexuelle. Sie hat Bluter getroffen und andere Menschen, die sie durch Blutkonserven bekommen haben. Auch Neugeborene können schon infiziert sein.

Aber AIDS zeigt – ebenso wie alle anderen Geschlechtskrankheiten – dass Gottes Gebote wie ein Regenschirm sind. Wenn wir ihn aufspannen, dann schützt er vor Regen. Doch wenn man sich entscheidet, während eines Gewitters unter diesem Schirm herauszukommen, dann wird man unweigerlich nass.

Und solange man sich unter dem Schirm der Gebote Gottes befindet, wird man vor vielen schlimmen Folgen bewahrt. Wenn man sich jedoch aus diesem Schutz begibt, dann sollte man sich nicht wundern, wenn man die Konsequenzen zu tragen hat.

Obwohl Geschlechtskrankheiten kein Fluch Gottes sind, gehören sie doch zu den vielen Konsequenzen unsittlichen Verhaltens, die Gott uns gerne ersparen möchte.

D. S. I. McMillen hat es in seinem ausgezeichneten Buch None of These Diseases treffend ausgedrückt:

Die Medizin mit all ihrem Wissen kann das Weltproblem der Geschlechtskrankheiten nicht lösen. Und doch hat Gott schon Tausende von Jahren vor der Erfindung des Mikroskops und bevor der Mensch etwas über die Übertragung solcher Krankheiten wusste, alles darüber gewusst und zeigte den Menschen den einzigen wirksamen Weg, um diese weit verbreiteten und gefährlichen Mörder zu verhindern. Jesus sagte eindeutig aus, dass der Vater von Anfang an bestimmt hat, dass ein Mann und eine Frau eine Familieneinheit bilden sollten. Dieser Plan, dass zwei und zwar ausschließlich, eine Familie gründen, ist so einzigartig, so verschieden von den menschlichen Plänen und doch so effektiv bei der Verhütung schlimmster Komplikationen durch schreckliche … Krankheiten, dass wir wieder einmal erkennen müssen, dass hier ein medizinischer Beweis für die Inspiration der Bibel vorliegt.[22]

Wer auch nur oberflächlich über die Folgen von Geschlechtskrankheiten informiert ist, sollte von der Weisheit des Wortes Gottes überzeugt sein, das uns auffordert: »Flieht die Unzucht! Jede Sünde, die ein Mensch begehen mag, ist außerhalb des Leibes; wer aber Unzucht treibt, sündigt gegen den eigenen Leib.«[23]

Doch die biblische Sicht enthält nicht nur Weisheit, die, wenn man sich danach richtet, einen davor bewahren kann, sich eine Geschlechtskrankheit zuzuziehen, sie enthält auch Weisungen für unseren Umgang mit AIDS-Opfern:

Kein faules Wort komme aus eurem Mund, sondern nur eins, das gut ist zur notwendigen Erbauung, damit es den Hörenden Gnade gebe. Und betrübt nicht den Heiligen Geist Gottes, mit dem ihr versiegelt worden seid auf den Tag der Erlösung hin. Alle Bitterkeit und Wut und Zorn und Geschrei und Lästerung sei von euch weggetan, samt aller Bosheit. Seid aber zueinander gütig, mitleidig und vergebt einander, so wie Gott in Christus euch vergeben hat. Seid nun Nachahmer Gottes als geliebte Kinder! Und wandelt in Liebe, wie auch der Christus euch geliebt und sich selbst für uns hingegeben hat als Gabe und Schlachtopfer, Gott zu einem duftenden Wohlgeruch.[24]

Und weiter:

Zieht nun an als Auserwählte Gottes, als Heilige und Geliebte: herzliches Erbarmen, Güte, Demut, Milde, Langmut. Ertragt einander und vergebt euch gegenseitig, wenn einer Klage gegen den anderen hat; wie auch der Christus euch vergeben hat, so auch ihr. Zu diesem allen aber zieht die Liebe an, die das Band der Vollkommenheit ist.[25]

Der Herr Jesus Christus, der mit der Frau Mitleid hatte, die beim Ehebruch ertappt worden war,[26] der die blutflüssige Frau heilte,[27] der die ausgestoßene samaritanische Frau annahm,[28] würde sicherlich wollen, dass seine Jünger sich dementsprechend verhalten, wenn sie mit Menschen zu tun haben – selbst wenn ihr Zustand Folge ihrer Sünde ist – die Mitgefühl, Heilung und Annahme nötig haben.

▶ Praktische Hilfen anbieten

Der Jugendleiter oder Elternteil kann helfen, eine HIV-Infektion zu verhindern oder aber auf eine bestehende Infektion reagieren, indem er folgenden Plan anwendet:

Zuhören. Nehmen Sie sich Zeit, um herauszufinden, inwieweit der Teenager über die Krankheit informiert ist. Stellen Sie Fragen, die geeignet sind, um festzustellen, welche Informationen er oder sie über das Thema haben, was AIDS ist, wie es übertragen wird und wie es verhütet werden kann. Ein junger Mensch, der gerade erfahren hat, dass er oder sie infiziert ist, braucht die Möglichkeit, seiner Verwirrung, Frustration oder Zorn Ausdruck zu verleihen. (Der Betreuer sollte andere passende Kapitel in diesem Buch hinzuziehen, z.B. über Zorn und Todeserwartung.) Ermutigen Sie solche Gefühlsäußerungen nicht ausdrücklich, aber schaffen Sie eine Atmosphäre, in der ehrliche Äußerungen ohne Verurteilung angenommen werden.

Verständnis zeigen. Versuchen Sie nicht, den Gemütszustand des Jugendlichen zu erraten, sondern versuchen Sie ihre oder seine Reaktionen zu verstehen. Er mag denken, dass er genug über AIDS weiß, die häufige Information in Schule und Fernsehen mag ihn schon überdrüssig gemacht haben. Sie könnte sich zu sehr schämen, über solche Themen zu sprechen oder sich fragen, warum ein Erwachsener dieses Thema anspricht. Wenn der junge Mensch schon infiziert ist, dann ist er wahrscheinlich beschämt, hat Angst oder er will das Problem leugnen. Daran sollte man immer denken. Machen Sie sich bewusst, auf welche Weise Ihre Haltung verständnisvolle Offenheit zeigen kann, was manchmal auf die einfachste Weise geschehen kann, etwa, indem man sich im Sessel vorbeugt oder wichtige Aussagen wiederholt.

Bestätigen. Achten Sie darauf, dass Ihre Äußerungen nicht als Anklage oder sogar verurteilend missverstanden werden können. Ob Sie nun jemanden aufklären und präventiv über das Thema sprechen wollen oder wenn es um Diagnose und Behandlung geht, vermitteln Sie dem Jugendlichen, dass er angenommen ist und dass er in Ihren Augen wertvoll ist – und in den Augen Gottes. Versuchen Sie, dem Jugendlichen drei Wahrheiten zu vermitteln: »Gott liebt dich ohne Vorbedingungen«, »Ich liebe dich ohne Vorbedingungen« und »Du bist eine wertvolle Person«. Dies lässt sich erreichen durch

• das, was man sagt (»Du bist mir sehr wichtig«, »Du bist für Gott wichtig, denn er starb für dich« etc.);

• das, was man nicht sagt (Meiden von verurteilenden oder kritisierenden Aussagen, die Gedanken und Gefühle des Jugendlichen nicht als irrelevant oder lächerlich hinstellen etc.);

• das, was man tut (sorgfältig zuhören, Zeit mit dem Jugendlichen verbringen, ansprechbar sein, über seine oder ihre Gedanken nachdenken etc.);

• das, was man nicht tut (keine Verabredungen absagen, nicht gelangweilt schauen, wenn er oder sie spricht etc.).

Richtung weisen. Geht es um Aufklärung oder Prävention, dann erweist sich die folgende Vorgehensweise meist als hilfreich:[29]

• Beziehen Sie die Eltern ein. Forscher haben herausgefunden, dass Teenager umso weniger Sexualverkehr hatten, je strenger die Eltern Folgendes überwachen:

    • Mit wem sich der Teenager trifft.

    • Wohin er bei Verabredungen geht.

    • Wann er zurückkommt.

• Starke und liebevolle Familienbeziehungen führen zu weniger sexueller Aktivität unter Teenagern und damit auch zu weniger Gefahr einer Infektion mit einer Geschlechtskrankheit.

• Ermahnen Sie den Jugendlichen, Gemeinschaft mit Gott an die erste Stelle in seinem Leben zu setzen. Ein regelmäßiges Gebetsleben ist die beste Verteidigung gegen die Sünde und ihre Konsequenzen (vgl. Kol. 2,6-15; Gal. 5,16).

• Lehren Sie, welche Folgen sexuelle Sünden haben. Stellen Sie sicher, dass der Jugendliche versteht, welche verheerenden, teilweise lebensbedrohlichen Folgen wie z.B. die oben beschriebenen die sexuelle Freizügigkeit haben kann.

• Lehren Sie die Vorteile der Enthaltsamkeit. Betonen Sie, welche positiven Konsequenzen die Enthaltsamkeit hat – und zwar sollten nicht nur Mädchen etwas darüber erfahren, sondern auch Jungen.

• Vermeiden oder eliminieren Sie Vermischung zwischen dem Rat zum »Warten« und zu »Safer Sex«. Nehmen Sie jede Gelegenheit wahr, gefährlichen oder kontraproduktiven Aussagen in der Schule, von Regierungsstellen oder Medien entgegenzuwirken.

• Halten Sie die Kommunikationskanäle offen. Lassen Sie nicht zu, dass Zorn, Ungeduld, Frustration oder Sorge die Kommunikationskanäle zu dem Teenager verstopfen. Bleiben Sie im Gespräch – und ermutigen Sie den Teenager zum Reden.

• Wenn es darum geht, eine HIV-Infektion festzustellen oder Sie mit ei-

405

nem Teenager zu tun haben, der HIV-positiv ist oder sein könnte, dann ist die folgende Vorgehensweise ein hilfreicher Ausgangspunkt:

- Reagieren sie mit Mitgefühl. Menschen, denen es schlecht geht, brauchen keine Predigt, sondern Hilfe. Ihre Haltung sollte Fürsorge und Liebe ausdrücken, nicht Ablehnung.

- Beten. Beten Sie für und mit dem jungen Menschen. Suchen Sie Gottes Fürsorge, bitten Sie Ihn, dass Er Ihr Handeln und das anderer Menschen benützt, um jetzt und für die Ewigkeit Gutes zu erwirken.

- Ermutigen Sie zur Umkehr und Wiederherstellung (wenn dies angebracht ist). Führen Sie den jungen Menschen dazu, seine Bedürfnisse und sein Verlangen, sein Verhalten zu ändern, auszusprechen und versuchen Sie, ihn zur Buße zu bringen, wodurch er Vergebung und Wiederherstellung durch Gott erfährt.

- Erklären Sie die biblische Sicht des Problems. Helfen Sie dem Jugendlichen zu verstehen, dass AIDS kein Fluch Gottes ist, aber dass es auch nicht Gottes Plan entspricht. Achten Sie darauf, jede Gelegenheit zu ergreifen, um zu betonen, dass Gott Seine Gebote aus Liebe gegeben hat. Zeigen Sie dem Jugendlichen auch auf, dass Gott in der Lage ist, aus Schlechtem Gutes zu machen.

- Begleiten Sie den Jugendlichen durch die Trauerphase. Immer, wenn man etwas verliert (in diesem Fall die Gesundheit), ist es normal, zu trauern. Helfen Sie dem Jugendlichen geduldig, durch die Phasen des Nichtwahrhaben-wollens, des Zorns, der Aktivität und der Depression zu finden, die ziemlich wahrscheinlich der Annahme der Diagnose vorausgehen werden (vgl. Kapitel 8, »Trauer«).

- Helfen Sie dem Jugendlichen, jede Hilfe zu finden, um mit der Infektion fertig zu werden. Die erste und wichtigste Quelle der Hilfe ist natürlich Gott selbst. Ermutigen Sie den jungen Menschen, täglich zu beten und in der Bibel zu lesen und sich auf Gottes Gnade und Seine Allmacht zu verlassen. Helfen Sie aber dem Jugendlichen auch, Menschen zu finden (am besten beim Namen nennen), die ihm ganz praktisch helfen können.

Ziele setzen. Führen Sie den jungen Menschen dazu, selbst die Initiative zu ergreifen, um AIDS zu verhindern bzw. zu behandeln. Helfen Sie dem Jugendlichen, Möglichkeiten aufzuschreiben, um der Versuchung zu entkommen und ermutigen Sie einen infizierten Jugendlichen, selbst einen Plan zu entwickeln, wie er mit dem Problem fertig werden kann. Führen Sie ihn oder sie auch dazu, darüber nachzudenken, wie er auf andere positiv einwirken kann.

Hilfe von außen. Wenn der junge Mensch sich mit HIV infiziert hat, dann sind die Information der Eltern und medizinische Hilfe natürlich zunächst am wichtigsten, weil eine frühe Diagnose und eine ständige Behandlung weiterhelfen. Die Leitung durch einen gläubigen Seelsorger oder Therapeuten ist eine weitere Hilfe, die man nicht gering achten sollte.

In diesem Kapitel zitierte Bibelstellen

- 1. Korinther 6, 18

- Epheser 4,29-5,2

- Kolosser 3,12-14
- Johannes 8,1-11
- Markus 5,25-34
- Johannes 4,1-42
- Kolosser 2,6-15
- Galater 5,16

Weitere hilfreiche Bibelstellen zum Thema

- Psalm 34,18
- Psalm 6; 32; 38; 51; 102; 130; 143
- Psalm 103,11-18
- Jesaja 53,4-6
- 1. Johannes 1,9

33

Andere Geschlechts- krankheiten

Einführung

Karla Ross schrieb ihre sexuellen Erfahrungen in ihrem Tagebuch auf, das sie in der Schublade ihres Nachttisches verwahrte.

Sie und ihr Freund hatten samstags morgens zusammen Trickfilme im Fernsehen gesehen, als sie bei ihm zu Hause waren. Die Eltern des Jungen schliefen noch.

»Ich wusste, dass es diesmal passieren würde«, sagt Karla heute. »Wir fingen an uns zu küssen und gingen dann in sein Zimmer. Er holte ein Kondom aus der Schublade. Ich hatte keine Angst, ich war nicht aufgeregt, ich war einfach gar nichts.«

»Hinterher«, sagt Karla, »war ich froh. Wir Mädchen redeten ständig darüber, aber ich hatte es wirklich getan.«

Nach ihrem ersten Mal hat Karla ihre sexuellen Erlebnisse in ihrem Tagebuch aufgeschrieben. Ihre große verschnörkelte Handschrift berichtet von neun Sexualpartnern, ehe sie sechzehn ist. Sie schreibt Namen und Treffen auf und außerdem entwickelte sie ein System zur Beurteilung. Von einem Partner zieht sie sich eine Chlamydieninfektion zu, eine Geschlechtskrankheit, die zu Fehlgeburten, Totgeburten und Unfruchtbarkeit führen kann. Ein Partner verprügelt sie, als er von ihrer Krankheit erfährt.

Karla hat mit drei Jungen ungeschützten Geschlechtsverkehr, ehe sie ihre Geschlechtskrankheit entdeckt. »Der Arzt gab mir Medikamente und sagte mir, ich müsse alle sechs Monate zur Kontrolle kommen und ich sollte jedem, mit dem ich geschlafen habe, sagen, er solle sich untersuchen lassen – klasse – ich weiß noch nicht einmal, wo einige von den Typen jetzt wohnen.«

Karlas Mutter weiß von dem Tagebuch nichts, auch nicht von der Krankheit ihrer Tochter. Wenn man sie fragt, ob ihre Tochter sexuell aktiv sei, antwortet sie: »Ich weiß nicht. Ich hoffe nicht. Sie hat mit mir nie darüber geredet, aber sie weiß, wie ich darüber denke.« Sie seufzt. »Heute ist irgendwie alles anders als zu der Zeit, als ich noch zur Schule ging. Man kann die Kinder heute nicht mehr so zu Hause halten. Man kann sie nicht vor allem da draußen beschützen.«

»Ich kann eigentlich nur dafür beten, dass sie vorsichtig ist. Ich weiß nicht, was ich sonst tun könnte.«[1]

● Das Problem

In den vergangenen Jahren ist die öffentliche Aufmerksamkeit und auch die Forschung über Geschlechtskrankheiten intensiviert worden und zwar aus guten Gründen: Die Verbreitung von Geschlechtskrankheiten hat epidemieartig zugenommen. Die von der Weltgesundheitsorganisation geschätzte Mindestzahl des weltweiten Vorkommens der fünf wichtigsten bakteriellen Geschlechtskrankheiten übersteigt hundert Millionen Fälle und in diesen Zahlen sind nicht die anderen 45 verschiedenen Arten von Geschlechtskrankheiten enthalten, die es sonst noch gibt.[2]

Statistische Untersuchungen ergeben, dass sich jeden Tag 35 616 Amerikaner mit einer Geschlechtskrankheit infizieren. Bei dieser Rate wird sich bald einer von vier Amerikanern zwischen 15 und 55 eine Geschlechtskrankheit zuziehen – und die Zahlen steigen ständig.[3]

Teenager – und auch jüngere Kinder – ziehen sich in alarmierenden Zahlen Geschlechtskrankheiten zu. Die Kinderärztin Mary Ann Schafer von der medizinischen Fakultät der University of California in San Francisco berichtet: »Teenager haben mehr Geschlechtskrankheiten als jede andere Bevölkerungsgruppe der Vereinigten Staaten.«[4] Etwa 2,5 Millionen Menschen unter zwanzig haben irgendeine Geschlechtskrankheit, einschließlich AIDS.[5] Eine Expertengruppe berichtet: »Amerikaner unter 25 Jahren und insbesondere Teenager bilden heute die größte Risikogruppe für Geschlechtskrankheiten.«[6]

Wie schon weiter oben erwähnt, sind über 50 verschiedene Geschlechtskrankheiten bekannt. Wir geben jetzt eine Übersicht über die am weitesten verbreiteten Geschlechtskrankheiten, ihre Ursachen und Folgen:

Herpes

Außer AIDS hat keine Geschlechtskrankheit die Bewegung für sexuelle Freizügigkeit so erschüttert wie Herpes. Noch in den fünfziger Jahren war die Übertragung von Herpes auf sexuellem Weg gering. Zwischen 1966 und 1979 stieg die geschätzte Zahl der Behandlungen wegen Herpes von 30 000 auf über 250 000. Bis 1984 hatten schätzungsweise zwanzig Millionen Amerikaner Herpes an den Geschlechtsorganen. Das national Institute of Allergy and Infectious Diseases schätzt, dass heute etwa 30 Millionen Amerikaner infiziert sind und dass sich jedes Jahr eine weitere halbe Million die Krankheit durch Sexualverkehr zuzieht.[7] Zusätzlich zu dieser großen Zahl von Fällen, bei denen sich Symptome zeigen, gibt es viele Infizierte, bei denen keine Symptome auftreten.

Studien zeigen, dass zwischen 25 und 65% aller Frauen infiziert sind, ohne es zu wissen. Der Schnitt liegt bei etwa 50% aller Frauen über 18 Jahren. USA Today berichtete über eine Studie, die darauf hinweist, dass bis zu ein Drittel aller Erwachsenen die Erreger der sexuell übertragenen Herpes im Blut haben. Eine Studie an Schwangeren in einigen großen Städten Amerikas ergab, dass bis zu 65% unbemerkte (symptomlose) Herpesinfektionen hatten.

Herpes tritt in zwei Formen auf: Typ I und II. In der Vergangenheit wurde Typ I mit Infektionen über der Gürtellinie in Zusammenhang gebracht, wie etwa bei Lippenbläschen. Typ II wurde in Verbindung mit Infektionen der Geschlechtsorgane gebracht. Doch durch den immer beliebter werdenden oralen Verkehr ist diese Unterscheidung heute nicht mehr gültig. Laut einer Gruppe von Studien tritt bei 26 bis 40% der Fälle des genitalen Herpes der Erreger vom Typ I auf.

Es wird geschätzt, dass etwa ein Drittel bis die Hälfte aller Erstinfektionen mit Herpes entweder keine oder so schwache Symptome hervorrufen, dass sie unbemerkt bleiben. Die Infizierten mit Symptomen haben normalerweise schmerzhafte Bläschen, die nach 2 bis 12 Tagen nach dem Verkehr mit einem Infizierten auftreten. Die Bläschen platzen und heilen normalerweise innerhalb von 14 Tagen ab. Erstinfektionen können jedoch auch weitaus heftiger verlaufen, wobei Fieber, Kopfschmerzen, Schwellungen, Vergrößerung der Lymphknoten, Muskelschmerzen und Ausfluss vorkommen. Ist die akute Infektion vorüber, wandert das Herpes Virus über die sensorischen Nervenendungen in die Nervenknoten und geht dort in ein latentes Stadium über.

Später wandert das Virus bei Stress, Aufregung, Sexualverkehr, Menstruation oder aus gar keinem ersichtlichen Grund wieder zu den sensorischen Nervenendigungen, um an der Hautoberfläche neue Blasen zu bilden und dadurch eine Neuinfektion zu verursachen. Die Häufigkeit und Schwere dieser wiederkehrenden Herpesanfälle kann sehr unterschiedlich sein. Während eines akuten Anfalls raten Ärzte, keinen Geschlechtsverkehr zu haben, um die Verbreitung der Infektion zu verhindern. Es sollte jedoch festgehalten werden, dass die Infektion auch dann übertragen werden kann, wenn die infizierte Person keinerlei Symptome zeigt, weil herausgefunden wurde, dass Infizierte etwa während 20% der symptomfreien Zeit trotzdem Viren abgeben. Nach einer medizinischen Studie kann es sogar sein, dass die meisten HerpesÜbertragungen während einer solchen symptomlosen Zeit des Trägers geschehen.

Kondome geben zwar teilweisen Schutz gegen die Verbreitung von Herpes, doch ist dieser Schutz nur unvollständig. Herpes kann auch dann übertragen werden, wenn Kondome verwendet werden. Auch das Medikament, das es gegen das Virus gibt, kann nicht völlig eine Ansteckung anderer verhindern, auch wenn es die Infektion unterdrücken oder sogar bessern kann.

Zusätzlich zu den Schmerzen und Unannehmlichkeiten der Infektion selbst kann Herpes zu weiteren Komplikationen führen. Es wird geschätzt, dass sich zwischen 40 bis 60% der Kinder, die von Frauen mit aktiver Herpesinfektion geboren werden, sich ebenfalls eine Infektion zuziehen. Wegen ihres noch unausgebildeten Immunsystems sterben 40% oder mehr der Kinder, die sich infiziert haben und bei vielen anderen tritt eine Hirnschädigung ein. Um diese tragischen Folgen zu verhüten, werden Mütter mit aktiver Infektion oder solche, die Herpes-Viren abgaben, durch Kaiserschnitt entbunden.

Obwohl es nur selten vorkommt, kann Herpes manchmal das Gehirn infizieren und eine örtliche Gehirnentzündung verursachen, die zu Schädigungen oder sogar zum Tod führen kann. Auch ist es möglich, dass Herpes die Entwicklung von Unterleibskrebs fördert. Bei Gebärmutterhalskrebs ist ein eindeutiger Zusammenhang zwischen Herpes-Viren und Krebszellen festgestellt worden. In neuerer Zeit ist auch ein Zusammenhang zwischen Herpes-Viren und Vulva-Krebs (an den äußeren weiblichen Genitalien) festgestellt worden.

Die Schmerzen und Probleme im Zusammenhang mit Herpes-Infektionen weisen darauf hin, wie wichtig es ist, außereheliche Sexualkontakte zu vermeiden, weil schon ein einziger Verkehr mit einer infizierten, aber symptomfreien Person zu Jahren an Leiden und Schwierigkeiten mit dieser Krankheit führen kann. Unsere Kinder müssen die Wahrheit über Herpes kennen.

Chlamydien

Diese Organismen sind zu klein, um in einem Lichtmikroskop entdeckt zu werden und sie sind auch nur schwer in Kultur zu vermehren. Außerdem kann ein Infizierter jahrelang beschwerde- und symptomfrei sein. Folglich handelt es sich um eine Krankheit, die nur schwer zu entdecken und zu melden ist. Doch die Forscher schätzen, dass jedes Jahr in den USA etwa 4 Millionen Fälle auftreten.[8] Die Mindestschätzung der Weltgesundheitsorganisation liegt bei weltweit etwa 50 Millionen Chlamydienfällen.[9]

Diese Infektionen können so harmlos verlaufen, dass die Frauen die Infektion überhaupt nicht bemerken. Trotzdem kann diese Infektion über einen längeren Zeitraum zu einer völligen Verklebung der Eileiter und daraus resultierender Unfruchtbarkeit führen, weil die Erreger innere Wunden verursachen. Viele Frauen merken deshalb erst etwas, wenn sie versuchen, schwanger zu werden und dies nicht gelingt.

Chlamydia Trachomatis ist nicht nur die wichtigste Ursache für Unterleibsentzündung, sondern führt auch häufig zu Fehlgeburten und verfrühten Wehen. Frauen mit dieser Krankheit haben auch mehr Totgeburten und Infektionen nach Geburten als der Durchschnitt. Beim Neugeborenen können Chlamydien zu Augeninfektionen und Lungenentzündung führen.

Bei Männern können Chlamydien zu chronischen Prostata-Infektionen oder Infektionen an anderen Geschlechtsorganen führen, etwa zu Nebenhodenentzündung, die die Fruchtbarkeit des Mannes stark beeinträchtigen kann. (Der Nebenhoden liegt ganz in der Nähe der Hoden und dient als Vorratsspeicher für Spermien.) Man schätzt, dass etwa eine Viertelmillion Fälle akuter Nebenhodenent-

zündungen jedes Jahr durch diesen Organismus verursacht werden. Während die meisten Frauen mit Chlamydien keine Symptome haben, tritt bei den Männern meist ein milchiger Ausfluss und Schmerzen beim Wasserlassen auf. Man schätzt, dass einer von zwanzig erwachsenen Männern Infektionsträger ist, ohne es zu wissen. Nach Schätzungen gibt es in den USA jedes Jahr einige Millionen Neuinfektionen mit Chlamydien. Die Krankheit ist weiter verbreitet als Syphilis und Gonorrhoe zusammen.

Unterleibsentzündung

Unterleibsentzündung ist eine Entzündung der weiblichen Geschlechtsorgane, die jedes Jahr etwa eine Million Frauen in Amerika betrifft. Eine Anzahl verschiedener Organismen oder Bakterien kann die Ursache dieser Infektion sein, etwa Gonorrhoe oder Chlamydia trachomatis. In einigen Fällen bildet sich eine schwere Infektion in der Gebärmutter und den Eileitern. Wenn diese Infektion nicht richtig oder rechtzeitig behandelt wird, dann kann sich eine Eiterblase bilden, die schließlich platzt und die Infektion im gesamten Bauchraum verbreitet. Wenn das geschieht, dann werden zuerst starke Schmerzen und anschließender medizinischer Schock festgestellt. Wenn nicht sofort eine Operation eingeleitet wird, kann innerhalb von wenigen Stunden der Tod eintreten. Bei einer solchen Operation werden sämtliche inneren Geschlechtsorgane entfernt, weshalb die Frau dann keine Kinder mehr bekommen kann. Weiter muss sie lange Zeit Östrogen nehmen, weil die Eierstöcke mit entfernt werden.

In einigen Fällen entsteht nur eine leichte Infektion, insbesondere, wenn Chlamydien die Verursacher sind. Von den Frauen, die Unterleibsentzündung als Folge einer Chlamydien-, Gonorrhoe-oder anderen bakteriellen Infektionen entwickelt haben, werden etwa 10 bis 15% der Erstinfizierten unfruchtbar. Von denjenigen, die sich ein zweites Mal eine Infektion zuziehen, werden 30 bis 35% unfruchtbar. Und bei einer dritten Infektion schätzt man, dass Unfruchtbarkeit in 60 bis 75% der Fälle die Folge ist.

Unfruchtbarkeit ist jedoch nicht die einzige negative Folge einer Infektion. Eine Studie stellte fest, dass Frauen mit Unterleibsentzündung etwa fünfmal so oft Bauchoperationen haben und drei-mal mehr unter Bauchschmerzen und Schmerzen beim Geschlechtsverkehr leiden, als nicht infizierte Frauen. Unglück-licherweise denken viele Frauen nicht daran, dass schon ein einmaliger Ge-schlechtsverkehr zu chronischen Schmer-zen und Unfruchtbarkeit führen kann. Teenager, die mehrere Sexualpartner ha-ben, haben ein fünffach höheres Risiko, sich diese Krankheit zuzuziehen.

Unterleibsentzündung kann zu ande-ren schwerwiegenden Problemen wie ek-topischen Schwangerschaften führen. Dabei entwickelt sich ein befruchtetes Ei an einem anderen Ort als in der Gebär-mutter, etwa im Eileiter. Doch die Eileiter sind nicht so dehnbar wie die Gebär-mutter, um den ständig wachsenden Fö-tus zu umschließen. Etwa nach sechs bis acht Wochen ist das Kind so weit gewach-sen, dass der Eileiter plötzlich platzt, was zu starken inneren Blutungen und Schock führt. Typischerweise hat die Patientin schwere Schmerzen und wird unter Um-ständen sogar ohnmächtig. Ohne Be-handlung kann dies leicht zum Tod füh-ren. Zwar kann eine Eileiterschwanger-schaft durchaus verschiedene Ursachen haben, etwa Endometriose oder eine Ver-klebung der Eileiter durch vorhergehende Eingriffe, aber etwa 50% der Frauen mit einer Eileiterschwangerschaft haben vor-

her eine Unterleibsentzündung gehabt.

Durch das enorme Anwachsen der Fälle von Eileiterschwangerschaften in den USA ist diese Komplikation eine der wichtigsten Todesursachen von Müttern geworden. Die Zahlen steigen so rasant, dass fast schon von einer Epidemie ge-sprochen werden kann. Die Hälfte der Frauen mit einer Eileiterschwangerschaft kann keine weiteren Kinder bekommen.

Es scheint so, dass Unterleibsentzün-dung Eileiterschwangerschaften durch teilweise Blockierung der Eileiter hervor-ruft. In einem solchen Fall kann zwar das viel kleinere Spermium bis zur Eizelle vordringen und sie befruchten, obwohl der Eileiter verengt und vernarbt ist. Aber es ist anschließend für das befruchtete Ei, das wesentlich größer ist, unmöglich, durch den verengten Eileiter in die Ge-bärmutter zu gelangen, wo sich der Fö-tus normalerweise entwickeln würde.

Es sollte festgehalten werden, dass Chirurgen nur teilweise Erfolg damit ha-ben, verletzte Eileiter wieder herzustel-len. Es sollte auch noch angemerkt wer-den, dass eine künstliche Befruchtung nur begrenzt Erfolge bringt.

Obwohl der Einsatz von Kondomen immer wieder als Mittel gegen die Ver-breitung von Geschlechtskrankheiten empfohlen wird, hat eine neuere Studie der Rutgers-Universität an Studenten mit Geschlechtskrankheiten, die am Institut behandelt wurden, großen Zweifel an der Wirksamkeit gegen eine Chlamydien-Infektion aufkommen lassen. Von denen, die Kondome benutzten, hatten 35,7% Chlamydien, verglichen mit 37% bei de-nen, die oral verhüteten und 44% bei de-nen, die keine Verhütungsmittel ange-wandt haben.

Cytomegalovirus (CMV)

Das Risiko einer Cytomegalovirus-Infektion ist ein weiterer Grund, keinen un- überlegten Sexualverkehr zu haben. Während sich CMV auch im Speichel be- finden kann und offensichtlich auf ver- schiedenen Wegen übertragen werden kann, findet er sich auch in der Samen- flüssigkeit von Männern und im Cervix- schleim von Frauen und kann deshalb beim Geschlechtsverkehr übertragen wer- den. Oftmals gehen CMV-Infektionen symptomfrei ab, doch sie können Krank- heiten ähnlich einem grippalen Infekt oder der Mononukleose hervorrufen.

Eine wesentlich schwierigere Situation liegt vor, wenn sich eine Schwangere infi- ziert und sich die Infektion auf ihr Un- geborenes überträgt. Man schätzt, dass jedes Jahr zwischen vierzig- und acht- zigtausend Kinder mit Cytomegalo- virus-Infektionen geboren werden. Von diesen infizierten Kindern haben 10 bis 20% deutliche und bleibende Behinde- rungen wie Wasserkopf, zu kleiner Kopf, Krämpfe, Gehörschäden, psychomotori- sche Unterentwicklung und Lernbehin- derung.

Andere Kinder, die während der Schwangerschaft infiziert werden, ster- ben vor der Geburt, werden zu früh ge- boren oder aber haben Leber- und Milz- krankheiten. In den USA sind heute CMV-Infektionen eine der häufigsten Ursachen für Gehörschäden bei Kindern. Infizierte Mütter können ihre Infektion auch während der Geburt noch auf ihre Kinder übertragen. Es kann sein, dass CMV auch Lungenentzündung und Atembeschwerden bei Säuglingen her- vorrufen kann.

Gelbsucht (Hepatitis B)

Hepatitis B, eine schwere Form der Gelb- sucht, ist eine weitere Virusinfektion, die durch Geschlechtsverkehr übertragen werden kann. Das Infektionsrisiko steigt dramatisch mit der Zahl der Sexualpart- ner. Eine Studie fand heraus, dass Men- schen mit nur ein bis zwei Sexualpart- nern zu weniger als 1% mit Hepatitis B infiziert wurden, während bei der Grup- pe mit zehn und mehr Sexualpartnern 7% an der Krankheit litten. Etwa 60% der homosexuellen Männer hat schon ein- mal Hepatitis gehabt, während etwa 85% der homosexuellen Männer sich bis zum Alter von vierzig Jahren infiziert haben. Zum Glück gibt es seit 1982 eine Imp- fung gegen Hepatitis B und die Gesund- heitsämter empfehlen, dass Menschen mit hohem Übertragungsrisiko, also etwa Prostituierte, homosexuelle Männer und Heterosexuelle mit vielen Sexualpart- nern, sich impfen lassen.

Einige Opfer haben so schwach aus- geprägte Hepatitis, dass sie die Infektion gar nicht bemerken. Wenn überhaupt Symptome auftreten, dann die eines grip- palen Infekts. Andere dagegen haben schwere, manchmal lebensbedrohliche Leberschäden. Man hat außerdem heraus- gefunden, dass Hepatitis-B-Infektionen in einem signifikanten Prozentsatz zu primä- rem Leberkrebs führen können.

Hepatitis kann auch von der Mutter auf ihr Ungeborenes übertragen werden, was manchmal zum Tod des Kindes führt, zur Totgeburt, einer Frühgeburt oder zur Gelbsucht beim Neugeborenen und weiterer Infektion während der Kindheit. Andere Studien legen nahe, dass 90% der Kinder, deren Mütter ständige Hepa- titis-B-Träger sind, selbst zu chronischen Hepatitis-B-Trägern werden. Wenn die Krankheit unbehandelt bleibt, dann ent- wickelt ein signifikanter Prozentsatz der Infizierten Leberkrebs. Glücklicherweise kann die Impfung von Kindern, die in einer solchen infizierten Umwelt groß werden, kurz nach der Geburt, den ho- hen Prozentsatz an Komplikationen ver- hindern.

Warzen

Im Vergleich zu AIDS und Herpes ist das Problem der Warzenbildung im Genitalbereich (durch den menschlichen Papilloma-Virus verursacht) in der Öffentlichkeit wenig diskutiert worden. Doch in den letzten Jahren ist die Zahl der Fälle sprunghaft angestiegen. Die Daten zeigen, dass Herpesbehandlungen um 300% zugenommen haben, während Behandlungen wegen Warzen um 1 100% gestiegen sind.

Man schätzt etwa eine Million oder mehr jährliche Fälle in den USA. Man schätzt weiter, dass etwa 10% der erwachsenen Männer und 5% der erwachsenen Frauen irgendwann in ihrem Leben einmal unter Warzenbildung im Genitalbereich leiden.

In einer Studie zeigten sich bei 48% der Frauen, die in einer Klinik für Geschlechtskrankheiten behandelt wurden, Anzeichen für die Infektion bei einfachen Abstrichen. In einer anderen Studie hatten 17% einer ganz normalen Gruppe von Individuen Anzeichen für eine Infektion. 60% oder mehr der Sexualpartner von Trägern der Infektion sind ebenfalls befallen.

Während Warzen im Genitalbereich weit verbreitet sind, ist man der Ansicht, dass Infektionen mit dem Papilloma-Virus, die nicht zu Warzen führen, d.h. ohne Symptome bleiben, noch weiter verbreitet sind. Untersuchungen ergaben, dass homosexuelle Männer mehr als durchschnittlich von Warzenbildung im Genitalbereich betroffen sind.

Das Virus wird leicht beim Geschlechtsverkehr übertragen. Warzen erscheinen typischerweise zwei bis drei Monate nach der Infektion. Es ist jedoch auch schon vorgekommen, dass sie schon wenige Wochen nach dem Verkehr auftraten oder aber erst zwei Jahre später.

Die Warzen können an verschiedenen Stellen der männlichen und weiblichen Genitalien auftreten, sogar in der Vagina und im Penis. Diese Warzen wachsen während einer Schwangerschaft sehr schnell und können die Geburt behindern. Obwohl es recht selten ist, können Kinder von Müttern mit Warzen selbst Warzen am Anus oder an den Stimmbändern entwickeln, was zu Heiserkeit und Atembeschwerden führen kann.

Zusätzlich zum menschlichen Papilloma-Virus kann auch ein Pockenvirus der Art Molluscum contagiosum einen anderen Warzentyp verursachen. Diese kleineren Warzen treten meist in Gruppen auf. Sie sind meist kleiner als 4 Millimeter, können jedoch bis zu zwei Zentimeter im Durchmesser groß werden. Diese Warzen können auch an anderen Körperregionen entstehen und durch direkten Hautkontakt übertragen werden. Zwischen 1966 und 1983 ist die Zahl der Infektionen mit Molluscum contagiosum um das Zehnfache gestiegen.

Unterleibskrebs

Ärzte waren bisher der Meinung, dass Warzen zwar lästig, aber harmlos seien, doch neuere Untersuchungen zeigen, dass dies nicht der Fall ist. Dr. Ralph Reichert von der Universität Columbia sagt, dass Frauen, die Warzen als Folge der Infektion mit dem Papilloma-Virus haben, ein tausend- bis zweitausendfach höheres Risiko haben, an Gebärmutterhalskrebs zu erkranken als Frauen ohne Warzen.[10] Eine Ärztin bemerkte beim Zweiten Weltkongress zum Thema Geschlechtskrankheiten, dass bestimmte Typen des menschlichen Papilloma-Virus bei über 90% der untersuchten Muttermund-Krebsfälle gefunden wurde.[11] Bei einer Versammlung von Allgemeinmedizinern sagte ein anderer Forscher voraus, dass »eine epidemieartige Verbreitung von Gebärmutterhalskrebs bei Frauen wahrscheinlich wird, wenn unser liberaler sexueller Lebensstil so weitergeführt wird«.[12]

Die medizinische Forschung geht davon aus, dass eine ganze Zahl von Faktoren das Krebsrisiko für Gebärmutterhalskrebs erhöhen. Dazu gehören wechselnde Sexualpartner, Geschlechtsverkehr mit Menschen, die wechselnde Sexualpartner haben und früher Beginn des Geschlechtsverkehrs (achtzehn bis zwanzig Jahre und früher).

Der Personalleiter der Bostoner Frauenklinik Dr. Robert Kistner, schreibt 1972, dass »häufiger und früher Geschlechtsverkehr, insbesondere mit wechselnden Sexualpartnern, offensichtlich das Auftreten dieser Krebsart begünstigt.« Dr. Kistner fügte hinzu: »Gebärmutterhalskrebs bei Frauen unter 25 machte in den Jahren 1950-51 nur 30% der Fälle aus. Doch bis 1967/68 ist die Zahl auf 92,2% hochgeschnellt.«[13]

Überraschenderweise stellte sich der frühe Sexualverkehr als größerer Risikofaktor für Gebärmutterhalskrebs heraus als wechselnde Partnerschaften. Diese Feststellung scheint damit zu tun zu haben, dass die Zellen der Auskleidung des Muttermundes einer jungen Frau noch recht unreif sind.

Eine andere Studie ergab, dass bei einer Gruppe stark sexuell aktiver Teenager zelluläre Abnormitäten am Muttermund fünfmal so häufig auftraten wie bei Gleichaltrigen, die noch Jungfrauen waren. Die Forscherin I. D. Rathin vom Kaiser Foundation Research Institute berichtet: »Es gibt in der neueren Literatur genügend Material, um junge Frauen vor verfrühtem Sexualverkehr zu warnen. Diese Studien beschäftigen sich mit den Ursachen des Muttermundkrebses und die Ergebnisse weisen alle in die gleiche Richtung ... Alle Studien sind sich einig, dass das Risiko für Gebärmutterhalskrebs wächst, ... wenn der erste Geschlechtsverkehr schon früh stattfindet ... Es gibt ausreichend medizinische Gründe für die sexuelle Enthaltsamkeit junger Mädchen, ohne dass wir hier auf Moral oder Religion zurückgreifen müßten.«[14]

Ein anderer Forscher, Rodkin, berichtete: »Zweimal so viele Patientinnen (d. h. Frauen mit Gebärmutterhalskrebs) als Frauen der Kontrollgruppe hatten ihren ersten Sexualverkehr im Alter zwischen 15 und 17 ... Die Patientinnen unterschieden sich auch stark von der Kontrollgruppe in Hinsicht auf ... die Zahl der Ehemänner und die Gesamtzahl der Sexualpartner ... Weitaus mehr Patienten als Frauen der Kontrollgruppe hatten viele Sexualpartner.«[15]

In Bezug auf Frauen, die Geschlechtsverkehr mit Sexualpartnern hatten, die wiederum mit verschiedenen Partnern Verkehr hatten, zeigte sich, dass Frauen mit Gebärmutterhalskrebs zu einem höheren Prozentsatz Ehemänner hatten, die mit Prostituierten Verkehr bzw. anderen außerehelichen Geschlechtsverkehr hatten. Dr. Irving I. Kessler der Johns Hopkins Universität fand heraus, dass »außerehelicher Geschlechtsverkehr entweder durch die Frau oder ihren Mann mit einem hohen Risiko für Gebärmutterhalskrebs in Zusammenhang gebracht wird«.[16]

Zusätzlich zur Verursachung von Gebärmutterhalskrebs gibt es Hinweise darauf, dass das menschliche Papilloma-Virus auch im Zusammenhang mit Krebs an den äußeren Genitalien der Frau steht. Weniger stark steht das Virus mit Krebs am Penis im Zusammenhang. Weiter scheint es so, dass Krebs der Analgegend mit Warzen in Verbindung stehen und diejenigen, die als Folge von oralem Verkehr Warzen bekommen, haben eine höheres Risiko, an Luftröhren-, Speiseröhren- oder Stimmbandkrebs zu erkranken.

Der Gynäkologe D. Joe McIlhaney erklärt: »Ich haben angefangen, den Patientinnen, die sich für die Ursachen ihrer Krankheit interessieren, zu erklären, dass Gebärmuttersenkung, Gebärmutterhalskrebs oder Warzen an Geschlechtsorganen fast ausschließlich auf sexuellem Weg übertragen werden.«[17]

Syphilis

Syphilis, von der man annahm, dass es sich um eine ausgerottete Krankheit handele, ist auf der ganzen Welt wieder im Vormarsch. Es ist zwar schwer, die genauen Zahlen an Syphilis-Fällen festzustellen, weil zu wenig gemeldet wird, es scheint sich jedoch abzuzeichnen, dass mit der Entdeckung und Anwendung von Penicillin die Zahl der Fälle bis 1957 dramatisch zurückging, es dann aber zwischen 1957 und 1981 eine Vervierfachung der gemeldeten Fälle gab. Heute schätzt die Weltgesundheitsorganisation, dass weltweit mindestens 3,5 Millionen Syphilis-Fälle zu verzeichnen sind.[18]

Die Krankheit ist oft von schweren Krankheitssymptomen begleitet, beginnt jedoch mit eher milden Symptomen. In den ersten drei Stadien (ohne latentes Stadium) kann 90 Tage nach der Übertragung durch Verkehr ein kleiner Knoten entstehen. Dieser platzt auf und bildet ein Geschwür. Während der zweiten Phase, die oft drei Wochen nach der ersten erfolgt, kann der Infizierte eine grippeähnliche Erkrankung mit Fieber, Kopfschmerzen, Laufnase, Gliederschmerzen, Halsschmerzen und manchmal geröteter Haut durchmachen. Nach einer Weile verschwinden die Symptome wieder und der Betroffene kommt in die sogenannte latente Phase, in der er sich vollkommen gesund fühlt.

Einige der Menschen, die eine latente Infektion haben, entwickeln nach einiger Zeit das dritte Stadium. Bei einigen drückt sich das in Knoten aus, Gumma genannt, bei denen es zur Zerstörung von Gewebe, etwa an Haut oder Knochen kommt. Bis zu zehn Jahren nach Beginn der latenten Phase entwickeln andere Infizierte Herzprobleme und Komplikationen in den großen Blutgefäßen. Sowohl die Herzklappen als auch die große Lungenaorta können sich durch Schädigung aufblähen, was man als Aneurisma bezeichnet. In anderen Fällen kann die Blutzirkulation unterbrochen werden.

Bei anderen Patienten kommt es zu schweren Gehirn- und Rückenmarkserkrankungen. Einige dieser Patienten leiden unter massivem Gedächtnisverlust, Verwirrung und geistigem Verfall (Demenz), während wieder andere psychotisch werden. Es scheint, dass Syphilis, wenn sie ins Gehirn übergeht, fast jede andere psychische Störung auslösen kann. Schwere Schäden des Rückenmarks können dazu führen, dass das Gefühl für die Stellung der Beine verloren geht, was zu schwankendem Gang führt. Rückenmarksschädigung führt auch zu Impotenz und Inkontinenz. Alarmierend sind auch Daten, die einen Zusammenhang von Syphilis-Infektionen mit erhöhter AIDS-Rate belegen.

Syphilis bei einer Schwangeren kann zur Übertragung der Krankheit auf das Kind führen, was meist verheerende Folgen hat. Studien zeigen, dass etwa ein Viertel dieser Kinder noch vor der Geburt stirbt, ein weiteres Viertel stirbt kurz nach der Geburt, die restlichen haben meist schwere Komplikationen durch die Krankheit zu erwarten. Zum Glück ist diese Übertragung im Mutterleib relativ selten. Es ist zwar schwierig, die wirkliche Zahl der Kinder, die mit Syphilis geboren werden, zu ermitteln, aber es scheint so, dass die Zahlen in den vergangenen Jahren stetig zugenommen haben. Diese Fälle treten meist bei unverheirateten Frauen auf, die keine oder kaum vorgeburtliche medizinische Betreuung hatten.

Gonorrhoe

Der Forscher Dr. Gordon Muir berichtet, dass die Gonorrhoe (Tripper) »zur verbreitetsten meldepflichtigen Krankheit unter Schulkindern geworden ist, wobei sie häufiger vorkommt als Windpocken, Masern, Mumps und Röteln zusammen«.[19] »Im Jahr 1987«, so erklärt die Zeitschrift Education Week, »wurde sie bei mehr als 1% der jungen Leute zwischen 15 und 19 Jahren festgestellt. Obwohl bei Menschen zwischen 20 und 24 Jahren die Rate bei 1,5% lag, fand die Studie heraus, dass die Zahlen ergeben, wenn man die Häufigkeit des Sexualverkehrs berücksichtigt, die Heranwachsenden zwischen 15 und 19 Jahren die höchste Infektionsrate mit Gonorrhoe aller Altersgruppen haben.«[20]

H. Hunter Handsfield, Direktor eines Programmes zur Eindämmung von Geschlechtskrankheiten in einem örtlichen Gesundheitsamt in den USA nannte die Infektionsraten »wirklich phänomenal« und zwar insbesondere bei Schwarzen aus den ärmeren Bezirken. Handsfield warnte: »Wenn eine Schwarze in unserem Bezirk im Alter zwischen 13 und 14 Jahren sexuell aktiv wird, dann hat sie jedes Jahr zusätzlich ein Infektionsrisiko von 25%. Wenn dasselbe Mädchen ihre sexuelle Aktivität erst mit 15 aufnimmt, dann hat sie ein 50%iges Risiko, diese Krankheit zu bekommen, bis sie 18 Jahre alt ist.«[21]

Anders als Syphilis, die die schlimmsten Komplikationen erst Jahre nach der Infektion verursacht, treten bei Gonorrhoe schon sehr früh schwere Symptome auf. Normalerweise führt sie zu Ausfluss aus Scheide oder Penis, außerdem zu Schmerzen beim Wasserlassen. Bei Frauen kann sich die Gonorrhoe in die Gebärmutter und in den Eileitern ausbreiten. Sie führt dann zu Unterleibsentzündung. Diese Infektionen können zu Unfruchtbarkeit, Bauchschmerzen, Schmerzen beim Verkehr und zu Eileiterschwangerschaften führen. Schwere und unbehandelte Infektionen können Operationen notwendig machen.

Laut Dr. Grumes von der Universität Missouri ist Gonorrhoe die wichtigste Ursache für Arthritis bei jungen Erwachsenen.[22] Sie ist auch die häufigste Ursache für infektiöse Arthritis in der Gesamtbevölkerung. Obwohl selten, können Gonorrhoe-Infektionen auch zu Herzbeschwerden sowie Schädigungen der Gehirnhaut und des Rückenmarks führen.

Zusätzlich zur Gonorrhoe der Geschlechtsorgane gibt es noch die Gonorrhoe in der Mundhöhle oder im Enddarm. Dies ist meist bei Personen der Fall, die oralen oder analen Geschlechtsverkehr hatten.

Etwa 60% der Frauen und 20% der Männer mit einer Gonorrhoe-Infektion bleiben symptomfrei. Das macht es schwierig, die Ausbreitung in den Griff zu bekommen, weil ein Infizierter ohne Symptome die Krankheit unwissentlich überträgt.

In der Vergangenheit war Gonorrhoe relativ einfach durch Penicillin-Spritzen zu heilen, doch viele Stämme sind mittlerweile gegen dieses Medikament resistent geworden. In den letzten Jahren haben sich verschiedene Arten resistenter Stämme gebildet, wodurch die Behandlung heute schwieriger geworden ist.

Es ist schwer, die exakte Zahl der Gonorrhoe-Fälle zu bestimmen, weil die

Krankheit leider oft nicht gemeldet wird. Doch zwischen 1960 und 1980 ist die Zahl der gemeldeten Fälle in den USA von etwa 260 000 auf knapp über eine Million gestiegen. Man geht davon aus, dass noch einmal die gleiche Zahl als Dunkelziffer angenommen werden muss, weil die Krankheit eben nicht immer gemeldet wird. Die Weltgesundheitsorganisation schätzt, dass es weltweit mindestens ca. 25 Millionen Fälle gibt.[23]

Aus diesen Daten geht hervor, dass viele zwar die Gonorrhoe als eine triviale Krankheit abgetan haben, dies allerdings alles andere als vernünftig ist. Viele der »70 % sexuell aktiven Menschen im Alter bis zu 19 Jahren sind einer Infektion durch eine Geschlechtskrankheit ausgesetzt und geben die Infektion weiter, ohne sich krank zu fühlen oder zu wissen, dass sie infiziert sind«.[24]

Weitere Geschlechtskrankheiten

Eine vollständige Beschreibung aller durch Geschlechtsverkehr übertragbaren Krankheiten geht über die Absicht dieses Buches hinaus, doch gibt es noch einige andere, die hier erwähnt werden sollen: Trichomoniasis, T-Mycoplasma-Infektion, Krätze und Befall durch Läuse.

Trichomoniasis. Trichomoniasis ist ein kleiner einzelliger Organismus, der etwa ein Fünftel aller Frauen befällt, die sexuell mit mehreren Partnern aktiv sind. Man schätzt in den USA jährlich 3 Millionen Neuinfektionen. Eine Studie berichtet, dass »schätzungsweise 8 Millionen Amerikaner jährlich an Trichomoniasis leiden«.[25]

Trichomoniasis scheint sich durch Geschlechtsverkehr leicht übertragen zu lassen, weil sie bei 85% der Frauen mit einem infizierten Sexualpartner festgestellt werden und bei 70% der Männer mit einer infizierten Sexualpartnerin. Während Männer häufig symptomfrei bleiben, kann doch bei vielen ein Ausfluss beobachtet werden. Forschungen haben ergeben, dass durch die Infektion die Mobilität der Spermien abnehmen kann, was bis zur Zeugungsunfähigkeit führen kann.

Bei Jungfrauen ist die Infektion sehr selten, obwohl sie auch ohne Geschlechtsverkehr übertragbar ist. Etwa ein Viertel der Frauen bleiben symptomfrei, während andere heftigen gelb-grünen übel riechenden Ausfluss haben. Auch leiden sie häufig unter Juckreiz. Die Infektion kann zu Schmerzen beim Wasserlassen führen und zu Problemen beim Verkehr und bei der Menstruation. Es scheint so, dass Trichomoniasis bei Frauen Unfruchtbarkeit verursachen kann. Trichomoniasis ist mit Medikamenten gut zu behandeln. In neuerer Zeit sind jedoch einige Trichomoniasis-Stämme bekannt geworden, die gegen das üblicherweise verwendete Medikament resistent sind.

T-Mycoplasma. Trotz der Tatsache, dass Mycoplasma-Infektionen in der Öffentlichkeit kaum bekannt sind, sind sie sehr verbreitet. Diese Krankheit findet sich nicht bei unberührten Jugendlichen, aber bei 40% der Männer und 70% der Frauen, die drei bis fünf Sexualpartner hatten. Neuere Forschungen weisen darauf hin, dass zumindest zeitweise die Fruchtbarkeit von Frauen beeinträchtigt sein kann. Mycoplasma-Infektionen spielen möglicherweise auch bei Fehlgeburten eine Rolle.

Bei Männern führt eine Mycoplasma-Infektion zu Problemen mit der Zeugungsfähigkeit. Außerdem werden Ausfluss, Schmerzen beim Wasserlassen und Juckreiz als Symptome angegeben. Es scheint so, dass bei Männern diese Infektion zum Reitersyndrom führen kann, bei dem Augeninfektionen, Harnröhreninfekte und Arthritis auftreten. Die Arthritis kann manchmal über Jahre hinweg bestehen.

Krätze (Scabies). Krätze wird von kleinen 8-beinigen Milben verursacht. Diese Milben werden oft beim Verkehr übertragen, können allerdings auch auf andere Weise übertragen werden. Die weibliche Milbe bohrt sich in die Haut, um ihre Eier zu legen. Die betroffenen Körperstellen sind: männliche Geschlechtsorgane, Brüste, Gesäss, Achselhöhlen, Handgelenke, Ellenbogen und am Nabel. Juckreiz tritt besonders während der Nacht auf und ist wahrscheinlich eine Hautreaktion auf die Eier oder den Kot der Milben, die in der Haut abgelegt werden. Glücklicherweise kann ein solcher Befall erfolgreich mit Medikamenten behandelt werden.

Befall mit Läusen im Genitalbereich. Hier liegt ein ähnlicher Befall wie bei Krätze vor, deren Verursacher allerdings zu den Läusen gehören. Diese Art ist mit bloßem Auge kaum zu sehen. Sie hat an den Enden des zweiten und dritten Beinpaares Zangen, mit denen sie sich an der Schambehaarung festhält. Oft vergeht eine Zeit von einer Woche bis zu einem Monat, bis die Symptome nach einer Übertragung auftreten. Dabei handelt es sich meist um heftigen Juckreiz. Die Läuse trinken oft das Blut des Befallenen, indem sie Gefäße an der Hautoberfläche anstechen. Auch dieser Befall lässt sich mit Medikamenten erfolgreich behandeln.

▲ Die biblische Sicht

Dr. S. I. McMillen hat in seinem Klassiker None of These Diseases das Wüten der Geschlechtskrankheiten dargestellt und schreibt dann:

Gehorsam gegenüber Gottes hilfreichem Handbuch war und ist die beste

Art, die verheerenden Folgen von Geschlechtskrankheiten zu verhindern. Jeder, der starrköpfig versucht, die Anweisungen seines himmlischen Vaters zu umgehen, wird früher oder später Satan den Preis zu bezahlen haben … Schon vor dreitausend Jahren warnte Gott uns vor den Folgen:

Mein Sohn, horche auf meine Weisheit, zu meiner Einsicht neige dein Ohr … Denn Honig träufeln die Lippen der Fremden und glatter als Öl ist ihr Gaumen; aber zuletzt ist sie bitter wie Wermut, scharf wie ein zweischneidiges Schwert … Nun denn, ihr Söhne, hört auf mich und weicht nicht ab von den Worten meines Mundes! … Sonst … stöhnst du zuletzt … und sagst: Ach, wie konnte ich nur hassen die Zucht, wie konnte mein Herz nur die Mahnung verschmähen? (Spr. 5,1-12).

Der Herr spricht nicht nur viele Warnungen aus, um der Menschheit zu helfen, sondern Jesus verändert und stärkt durch den Heiligen Geist die Menschen so sehr, dass niemand eine Ausrede hat, wenn er sexueller Sünde verfällt. Der Apostel Paulus spricht das Thema im ersten Brief an die Thessalonicher an:

Gottes Plan ist es, euch heilig zu machen und dazu gehört in erster Linie ein Brechen mit allen sexuellen Sünden. Jeder von euch sollte lernen, seinen Leib unter Kontrolle zu halten, ihn rein zu halten und mit Respekt zu behandeln. Keiner sollte den Leib als Instrument zur Selbstbefriedigung ansehen, wie es die Heiden tun, die von Gott nichts wissen. Ihr könnt diese Regel nicht verletzen, ohne eure Mitmenschen zu betrügen. Und ihr müsst daran denken, dass Gott alle bestrafen wird, die in dieser Hinsicht sündigen und wir haben euch gewarnt, weil wir gesehen haben, wie sich ein solches falsches Leben auswirkt. Gott beruft uns nicht zur Unreinheit, sondern zur größtmöglichen Reinheit (1. Thes. 4,3-7, freie Übertragung).

Die Medizin mit all ihrem Wissen kann das Problem der Geschlechtskrankheiten nicht lösen. Doch schon Tausende von Jahren ehe das Mikroskop erfunden wurde, ehe der Mensch davon wusste, wie Krankheiten übertragen werden, wusste Gott alles darüber und gab dem Menschen den einzig wirksamen Plan zur Verhütung dieser schlimmen und weit verbreiteten Mörder. Jesus hat eindeutig ausgesagt, dass der Vater von Anfang an bestimmt hat, dass ein Mann und eine Frau eine Familieneinheit bilden sollten. Dieser Plan, dass zwei und zwar ausschließlich diese zwei, eine Familie bilden, ist so außergewöhnlich, so anders als alle menschlichen Pläne und doch so effektiv bei der Prävention schlimmster Krankheiten, dass wir hier wieder gezwungen sind anzuerkennen, dass wir es hier mit einem weiteren medizinischen Beweis für die Inspiration der Bibel zu tun haben.[26]

Doch zur biblischen Sicht gehört nicht nur die Weisheit, die – wenn man sie beachtet – verhindert, dass man sich selbst Geschlechtskrankheiten zuzieht, sie führt uns auch, wenn wir mit Opfern von AIDS, Chlamydien, Herpes oder anderen Geschlechtskrankheiten zu tun haben:

Kein faules Wort komme aus eurem Mund, sondern nur eins, das gut ist zur notwendigen Erbauung, damit es den Hörenden Gnade gebe. Und betrübt nicht den Heiligen Geist Gottes, mit dem ihr versiegelt worden seid auf den Tag der Erlösung hin. Alle Bitterkeit und Wut und Zorn und Geschrei und Lästerung sei von euch weggetan, samt aller Bosheit. Seid aber zueinander gütig, mitleidig und vergebt einander, so wie Gott in Christus euch vergeben hat. Seid nun Nachahmer Gottes als geliebte Kinder! Und wandelt in Liebe, wie auch der Christus euch geliebt und sich selbst für uns hingegeben hat als Gabe und Schlachtopfer, Gott zu einem duftenden Wohlgeruch.[27]

Und wiederum:

Zieht nun an als Auserwählte Gottes, als Heilige und Geliebte: herzliches Erbarmen, Güte, Demut, Milde, Langmut. Ertragt einander und vergebt euch gegenseitig, wenn einer Klage gegen den anderen hat; wie auch der Christus euch vergeben hat, so auch ihr. Zu diesem allen aber zieht die Liebe an, die das Band der Vollkommenheit ist.[28]

Der Herr Jesus Christus, der sogar mit einer Frau Mitleid hatte, die von den Pharisäern im Ehebruch ergriffen wurde,[28] der eine blutflüssige Frau geheilt hat[29] und der die ausgestoßene samaritanische Frau angenommen hat,[30] der möchte doch ganz sicher von seinen Jüngern, dass sie ihm ähnlich sind besonders auch in der Art, wie sie mit Menschen umgehen, die (ob es nun die Folge ihrer eigenen Sünde ist oder die eines anderen) Mitgefühl brauchen, Heilung und Angenommensein.

▶ Praktische Hilfen anbieten

Ein Jugendleiter kann bei der Vermeidung helfen, bzw. Hilfe bei schon Infizierten leisten, indem er folgenden Plan anwendet:

Zuhören. Nehmen Sie sich Zeit herauszufinden, wie weit der Jugendliche über Geschlechtskrankheiten informiert ist. Stellen Sie Fragen, um zu erfahren, was sie oder er über das Thema weiß: was Geschlechtskrankheiten sind, wie sie übertragen werden und wie sie verhindert werden können. Ein junger Mensch, der gerade eben erst erfahren hat, dass er oder sie infiziert ist, braucht einen Schutzraum, in dem er seiner Verwirrung, seiner Frustration oder seinen Zorn Ausdruck geben kann. Drängen Sie den oder die Jugendliche nicht zu solchen Gefühlsäußerungen, aber schaffen Sie eine Atmosphäre des Zuhörens, in der ehrliche Äußerungen ohne Verurteilung willkommen sind.

Verständnis zeigen. Stellen Sie keine Vermutungen über den Gemütszustand des Jugendlichen an, sondern versuchen Sie, seine oder ihre Reaktionen zu verstehen. Er mag denken, dass er genug über Geschlechtskrankheiten weiß, es kann sein, dass ihm die ständigen Informationen in der Schule und den Medien schon über sind. Er könnte sich zu sehr schämen, über solche Themen zu sprechen oder sich fragen, warum ein Erwachsener dieses Thema anspricht. Wenn der junge Mensch schon infiziert ist, dann ist er wahrscheinlich beschämt, hat Angst oder will das Problem verdrängen. Daran sollte man immer denken. Denken Sie auch an eine praktische Möglichkeit, ihm Verständnis zu zeigen. Versuchen sie z.B.:

- dem Jugendlichen direkt zu begegnen (Kommen Sie z.B. hinter Ihrem Schreibtisch hervor);

- hören Sie aufmerksam zu und achten Sie dabei auch auf Gesten und andere Hinweise;

- nicken Sie ab und zu;

- nehmen Sie Blickkontakt auf;

- lehnen Sie sich in Ihrem Stuhl vor;

- wiederholen Sie Hauptaussagen;

- warten Sie geduldig, wenn der Ratsuchende weint oder schweigt.

Bestätigen. Achten Sie darauf, dass Sie nicht den Eindruck erwecken, den Jugendlichen zu richten oder anzuklagen. Ob es um Prävention oder Diagnose und Behandlung geht, vermitteln Sie dem Jugendlichen, dass Sie ihn annehmen und dass er oder sie in Ihren Augen – und denen Gottes – wertvoll ist.

Richtung weisen. Wenn das Ziel darin besteht, einen Teenager aufzuklären und Vorbeugung zu leisten, dann sind folgende Ratschläge fruchtbar:[31]

- Beziehen Sie die Eltern ein. Forscher haben herausgefunden, dass Teenager umso weniger Sexualverkehr hatten, je strenger die Eltern Folgendes überwachen:

  - Mit wem sich der Teenager trifft.

  - Wohin er bei Verabredungen geht.

  - Wann er zurückkommt.

- Starke und liebevolle Familienbeziehungen führen zu weniger sexueller Aktivität unter Teenagern und damit auch zu weniger Gefahr ein Infektion mit einer Geschlechtskrankheit.

- Ermahnen Sie den Jugendlichen, Gemeinschaft mit Gott an die erste Stelle in seinem Leben zu setzen. Ein regelmäßiges Gebetsleben ist die beste Verteidigung gegen die Sünde und ihre Konsequenzen (vgl. Kol. 2,6-15; Gal. 5,16).

- Erklären Sie, welche Folgen sexuelle Sünden haben. Stellen Sie sicher, dass der Jugendliche versteht, welche verheerenden, teilweise lebensbedrohlichen Folgen wie z.B. die oben beschriebenen die sexuelle Freizügigkeit haben kann.

- Weisen Sie auf die Vorteile der Enthaltsamkeit hin. Betonen Sie, welche positiven Konsequenzen die Enthaltsamkeit hat – und zwar sollten nicht nur Mädchen etwas darüber erfahren, sondern auch Jungen.

- Vermeiden oder eliminieren Sie Vermischung zwischen dem Rat zum »Warten« und zu »Safer Sex«. Nehmen Sie jede Gelegenheit wahr, gefährlichen oder kontraproduktiven Aussagen in der Schule, von Regierungsstellen oder Medien entgegenzuwirken.

- Halten Sie die Kommunikationskanäle offen. Lassen Sie nicht zu, dass Zorn, Ungeduld, Frustration oder Sorge die Kommunikationskanäle zu dem Teenager verstopfen. Bleiben Sie im Gespräch – und ermutigen Sie den Teenager zum Reden.

Wenn es darum geht, eine Geschlechtskrankheit zu diagnostizieren oder mit jemandem zu sprechen, der schon infiziert ist, dann wird sich die folgende Vorgehensweise bewähren:

- Reagieren Sie mit Mitgefühl. Menschen, denen es schlecht geht, brauchen keine Predigt, sondern Hilfe. Ihre Haltung sollte Fürsorge und Liebe ausdrücken, nicht Ablehnung.

- Beten. Beten Sie für und mit dem jungen Menschen. Suchen Sie Gottes Fürsorge, bitten Sie ihn, dass Er ihr Handeln und das anderer Menschen benützt, um jetzt und für die Ewigkeit Gutes zu bewirken.

- Ermutigen Sie zur Umkehr und Wiederherstellung (wenn dies angebracht ist). Führen Sie den jungen Menschen dazu, seine Bedürfnisse und sein Verlangen, sein Verhalten zu ändern, auszusprechen und versuchen Sie, ihn zur Buße zu bringen, wodurch er Vergebung und Wiederherstellung durch Gott erfährt. Geben Sie auch Hilfen zur Entwicklung eines gesunden Gebetslebens, zu dem das persönliche Gebet, Bibellesen und Anbetung gehört. Eine intakte Beziehung zu Gott ist die beste Verteidigung gegen Sünde.

- Erklären Sie die biblische Sicht des Problems. Helfen Sie dem Jugendlichen zu verstehen, dass Geschlechtskrankheiten kein Fluch Gottes sind, aber dass sie auch nicht Gottes Plan entsprechen. Achten Sie darauf, jede Gelegenheit zu ergreifen, um zu betonen, dass Gott Seine Gebote aus Liebe gegeben hat. Zeigen Sie dem Jugendlichen auch auf, dass Gott in der Lage ist, aus Bösem Gutes zu machen.

- Begleiten Sie den Jugendlichen durch die Trauerphase. Immer, wenn man etwas verliert (in diesem Fall die Gesundheit), ist es normal, zu trauern.

Ein junger Mensch, der sich eine Geschlechtskrankheit zugezogen hat, braucht wahrscheinlich Hilfe, die Phasen der Trauer zu durchleben (Verdrängung, Zorn, Verhandeln, Depression und Annahme) (vgl. Kapitel 8, »Trauer«).

- Zeigen Sie dem Jugendlichen das Konzept der »sekundären Jungfräulichkeit« auf. Wenn der Jugendliche Geschlechtsverkehr hatte, ist natürlich seine oder ihre Jungfräulichkeit verloren gegangen. Doch mit Gottes Hilfe kann der junge Mensch von vorne anfangen, Gott zu gehorchen, sexuell rein zu leben und sich für den zukünftigen Ehemann oder die zukünftige Ehefrau aufzuheben. Betonen Sie, dass es vielleicht nicht einfach sein wird, sich »von der Unzucht fernzuhalten« und statt dessen Gottes Willen zu tun (1. Thes. 4,3).

Ziele setzen. Führen Sie den jungen Menschen dazu, selbst einen Plan zu entwickeln, um sich vor Geschlechtskrankheiten zu schützen, bzw. sich behandeln zu lassen. Helfen Sie dem Jugendlichen, sich Strategien zu überlegen, um Versuchungen zu entgehen und ermutigen Sie einen infizierten Jugendlichen, einen Plan zu entwickeln, mit dem Problem fertig zu werden. Führen Sie den Betroffenen auch dazu, dass er oder sie sich überlegt, wie er oder sie positiv auf andere einwirken kann.

Hilfe von außen. Wenn der junge Mensch sich schon mit einer Geschlechtskrankheit infiziert hat, dann ist ärztliche Hilfe natürlich am wichtigsten, weil verzögerte Diagnose und Behandlung hier schlimme Folgen haben. Die Hilfe eines professionellen christlichen Beraters ist eine große Hilfe, die schon bald in Anspruch genommen werden sollte.

In diesem Kapitel zitierte Bibelstellen

- Sprüche 5,1-12

- 1. Thessalonicher 4,3-7

- Epheser 4,29 – 5,2

- Kolosser 3,12-14

- Johannes 8,1-11

- Markus 5,25-34

- Johannes 4,1-42

- Kolosser 2,6-15

- Galater 5,16

Weitere hilfreiche Bibelstellen zum Thema

- Psalm 34,18

- Psalm 6; 32; 38; 51; 102; 130; 143

- Psalm 103,11-18; 119,50

- Jesaja 53,4-6

- 1. Johannes 1,9

Missbrauch

34

Sexueller Missbrauch

● **Das Problem**

▼ **Die Folgen**

Gesundheitliche Folgen
Schwangerschaft
Schuldgefühle
Scham
Hilflosigkeit
Mangelndes Selbstbewusstsein
Opferhaltung
Andere Folgen

▲ **Die biblische Sicht**

▶ **Praktische Hilfen anbieten**

Einführung

Es fing an, als Mona sechs Jahre alt war. Ein neunzehnjähriger Onkel, der in der Nähe wohnte, war für sie wie ein großer Bruder und er nahm Mona oft mit, wenn er mit seinem Auto umherfuhr, Freunde besuchte oder ins Kino ging.

Eines Tages, als er Mona nach Hause brachte, stellten sie fest, dass Monas Eltern nicht da waren. Ihr Onkel schlug vor, dass sie in den Schuppen zum Spielen gehen sollten. Hier wollte er ihr ein Geheimnis zeigen. Er entblößte sich vor ihr und trug ihr auf, dieses »kleine Geheimnis« für sich zu behalten. Von dieser Zeit an entwickelte sich die Sache nach und nach. Er fing an, sie zu küssen und zu berühren und schließlich brachte er sie dazu, seine Genitalien zu berühren.

Mona wusste, dass das irgendwie nicht richtig war, was ihr Onkel da tat, aber er hatte versprochen, dass er ihr niemals wehtun würde. Er war nicht gewalttätig und Mona schwieg, doch der Missbrauch hatte Folgen.

Während der nächsten Jahre hatte Mona Angst vor Begegnungen mit ihrem Onkel und fing sogar an, ihn zu hassen. Sie versuchte sogar einmal, ihrer Mutter zu erzählen, was vor sich ging, doch ihre Versuche führten nur zu Verwirrung. Sie wusste nicht, ob ihre Mutter ihr nicht glaubte, sie missverstand oder ihr sogar die Schuld für die Vorgänge geben wollte.

Monas Familie zog von diesem Ort weg, als sie neun Jahre alt war, doch das löste ihre Probleme nicht. Immer häufiger hatte sie Alpträume und zog sich in sich selbst zurück. Als sie in die Pubertät kam, hatte sie weder in der Schule noch in der Gemeinde viele Freunde und litt manchmal unter heftigen Depressionen.

Als sie fünfzehn Jahre alt war, begann sie, sich mit Jungen zu treffen. Zunächst war sie vorsichtig, doch schon bald hatte sie mit mehreren Jungen Verkehr gehabt. Ihre neue »Beliebtheit« war für sie jedoch unbefriedigend.

»Ich glaubte damals, dass niemand mich liebhaben könnte«, sagte sie. »Jedenfalls nicht so, wie ich es wollte. Es war nicht so, dass ich mich um der Liebe willen hingab, ich dachte, ich hätte gar nichts zum Hingeben.«

● Das Problem

Nach einigen Schätzungen wird alle zwei Minuten ein Kind missbraucht.[1] Mehr als eine von drei erwachsenen Frauen und einer von sieben erwachsenen Männern sind sexuell missbraucht worden, ehe sie 18 Jahre alt waren.[2] Ein Verein, der sich misshandelter Kinder annimmt, hat herausgefunden, dass bis zu 85% aller gemeldeten Verbrechen gegen Kinder sexueller Natur sind,[3] und man schätzt, dass auf jedes angezeigte Verbrechen etwa neun kommen, die nicht bekannt werden.[4]

Sexueller Missbrauch wird normalerweise folgendermaßen definiert: »Jegliche Form sexuellen Kontaktes oder Unterhaltungen, in welcher ein Kind sexuell ausgebeutet wird, um das sexuelle Verlangen des Ausbeuters zu befriedigen.«[5] Diese Beschreibung bezeichnet eine Vielzahl von Handlungen, von der Entblößung bis zum eigentlichen Geschlechtsverkehr, z.B.:

- Ein Erwachsener zeigt dem Kind seine Genitalien;

- Ein Erwachsener fordert das Kind auf, dass es sich auszieht, damit er es betrachten oder betasten kann;

- Ein Erwachsener berührt die Geschlechtsorgane eines Kindes;

- Oral-genitaler Kontakt;

- Erzwungene Masturbation;

- Eindringen in Vagina oder After mit Fingern oder anderen Gegenständen;

- Eindringen in den After;

- Sexualverkehr;

- Benutzung der Kinder zur Herstellung von Pornografie.[6]

Sexueller Missbrauch muss nicht zu körperlicher Verletzung oder auch nur zu Körperkontakt führen. »Innerhalb einer Familie können Dinge passieren, die ich als Missbrauch bezeichnen würde, auch wenn sie keinen wirklichen Kontakt beinhalten«, sagt Emily Page, eine Psychologin aus Massachusetts. »Wenn etwa ein Vater ... sich vor seiner Tochter auszieht und masturbiert, dann verursacht er in dem Mädchen einen hohen psychischen Stress.«[7]

Zwei wichtige Studien von David Finkelhor (1978) und Diana Russell (1983) berichteten über den sexuellen Missbrauch von Kindern und Jugendlichen. Finkelhors Studie ergab, dass von 530 Frauen 14% von sexuellem Missbrauch in der Familie berichteten, bevor sie 18 Jahre alt waren. Russels Studie an 930 zufällig ausgewählten Frauen in San Francisco ergab, dass 16% schon in der Familie missbraucht worden waren und 31% außerhalb der Familie.

Solche Statistiken beschreiben unvorstellbare Tragödien, Tragödien, die oft durch die Tatsache noch verstärkt werden, dass sexueller Missbrauch von Kindern wahrscheinlich »das meist verschwiegene Verbrechen«[8] überhaupt ist, wie sich in dem folgenden Bericht erweist:

Jill, die Tochter meiner Schwester, ist vierzehn. Ihr Stiefvater hat sie während der letzten sechs Monate ständig belästigt und betritt nachts ihr Zimmer. Ich weiß, dass sie die Wahrheit sagt, weil er mit mir dasselbe gemacht hat, als ich bei ihnen gelebt habe. Der Lehrer erstattete dem Schulpsychologen Bericht. Dieser sagte jedoch, dass entweder das Kind lügen würde und sehr krank sei oder aber, dass die Familie große Schwierigkeiten bekäme. Der Vater könnte dafür ins Gefängnis kommen.

Als der Stiefvater darauf angesprochen wurde, behauptete er, dass Jill lügen würde. Jill's Mutter glaubte ihrem Mann. Sie rang die Hände und forderte ihre Tochter auf, endlich »die Wahrheit« zu gestehen. Wer solle denn sonst für sie und ihre jüngeren Brüder sorgen? Jill versuchte, bei ihrer Geschichte zu bleiben, doch der ständige Druck und die Schuldgefühle, weil sie angeblich die Familie ihrer Lebensgrundlage berauben würde, brachten sie schließlich dazu, »die Wahrheit« zu sagen, nämlich dass sie gelogen habe. Ihr Antrag, bei mir zu leben, wurde abgelehnt und sie wurde in psychiatrische Behandlung gegeben.[9]

Solche Erfahrungen können für ein Kind oder einen Jugendlichen schlimme Konsequenzen haben, die sehr weit reichen und langanhaltend sind.

▼ Die Folgen

Die Folgen sexuellen Missbrauchs bei Kindern und Jugendlichen sind so tiefgreifend, dass eine angemessene Behandlung Hunderte, vielleicht sogar Tausende Seiten füllen würde. An dieser Stelle können wir nur eine Übersicht der am weitesten verbreiteten und wichtigsten Folgen geben (vgl. Kapitel 35, »Misshandlung«).

Gesundheitliche Folgen

Eine schreckliche Liste der gesundheitlichen Folgen von sexuellem Missbrauch wird von Florence Rush in ihrem Buch The best kept Secrets aufgezählt (das Buch ist aus ausgesprochen anti-christlicher Haltung geschrieben):

Fälle von Analfissuren, Läsionen, mangelnder Schließmuskelkontrolle, vagi-

nalen Verletzungen, durchstoßenen Enddarm- und Scheidenwänden, Tod durch Erstickung bzw. Erstickungsanfälle durch gonorrhoeische Mandelentzündung gehen fast immer auf das Konto von sexuellen Kontakten Erwachsener mit dem Betroffenen. Von zwanzig Fällen von genitaler Gonorrhoe-Infektion von Kindern im Alter zwischen ein und vier Jahren, lag in 19 Fällen Sexualverkehr eines Erwachsenen mit dem Kind vor. Dasselbe galt für alle 25 Fälle bei Kindern zwischen 5 und 9 Jahren und dasselbe galt für alle 116 Fälle bei Kindern zwischen 14 und 15. In einer anderen Studie waren in 160 von 161 Fällen diese Krankheit bei Kindern durch Sexualverkehr mit Erwachsenen verursacht.[10]

Ein Arzt bezeichnete die Folgen von Sexualverkehr mit Kindern folgendermaßen: »Ihre inneren Organe werden regelrecht zerfetzt.«[11] Die gesundheitlichen Folgen solchen Missbrauchs sind schwerwiegend und in vielen Fällen nicht wiedergutzumachen.

Schwangerschaft

»Obwohl es nicht häufig vorkommt«, sagen die Forscherin Janice R. Butler von der Bucknell Universität und Linda M. Burton von der Universität von Pennsylvania, »bekommen einige sehr junge Mädchen Kinder, weil sie sexuell misshandelt worden sind«. DeFrancis (1969) berichtet, »dass von 217 Fällen, die vor Gericht kamen, 11% durch sexuelle Verbrechen schwanger geworden sind«[12] (vgl. Kapitel 29, »Ungewollte Schwangerschaft«).

Schuldgefühle

Opfer von Sexualmissbrauch fallen oft lähmenden Schuldgefühlen zum Opfer (vgl.

Kapitel 3, »Schuld«). »Wenn Menschen, denen wir trauen und die wir brauchen, uns in irgendeiner Weise misshandeln (Eindringen in unsere Person und Verrat an unserem Körper), dann ist es entweder ihr Fehler und wir werden sterben – denn unser Überleben hängt von ihnen ab – oder es ist unsere Schuld«, sagt Judith Weiler, eine klinische Therapeutin. »Deshalb wird es meist dann unsere Schuld.«[13]

Die Forscher Butler und Burton berichteten von einer nicht gerade seltenen Reaktion von Opfern sexuellen Missbrauchs:

Eine junge Frau, die ab dem 7. Lebensjahr von Verwandten missbraucht wurde, gab an: »Ich fühle mich schlecht, weil ich es habe geschehen lassen und so viele Jahre lang nichts unternommen habe.«[14]

Scham

Scham hängt eng mit Schuldgefühlen zusammen, doch während die Schuld sich auf die Handlungen eines Menschen bezieht, bezieht sich Scham auf die eigene Person. Weil Sexualmissbrauch ein Eindringen in die Persönlichkeit eines Menschen darstellt, wird er typischerweise von starken Schamgefühlen begleitet.

Die Opfer bezeichnen sich häufig als »schmutzig«, »unrein«, »ekelerregend« und »schlecht«. »Ich bin als Kind über 11 Jahre hinweg belästigt und vergewaltigt worden«, sagte ein Opfer. »Ich habe mich mein ganzes Leben lang schmutzig, wert- und nutzlos gefühlt.«[15] Paradoxerweise sind solche Gefühle unter den Opfern sexuellen Missbrauchs sehr häufig.

Gefühl der Hilflosigkeit

Es gibt nur wenig Situationen, in der sich ein Kind hilfloser fühlt als im Falle eines sexuellen Missbrauchs, wenn sie ein mit Schuldgefühlen überhäuftes Geheimnis gehütet haben. Oft wurden sie durch ein vertrautes Familienmitglied in einer Art Konspiration eingesperrt – und zum Schweigen überredet, bedroht und vielleicht sogar bestochen. Solche Hilflosigkeit wird natürlich noch verstärkt, wenn die Kinder versucht haben, es einem Erwachsenen zu sagen und ihnen dann nicht geglaubt wird.

Solche Gefühle können für das Opfer regelrecht zum Lebensstil werden wie von Holly Wagner Green in dem Buch »Turning Fear to Hope« dargestellt wird:

Die Psychologin Lenore Walker beschreibt Experimente, in denen Laborratten und freiwillige Menschen eingesperrt und dann willkürlichen, schmerzhaften Erlebnissen ausgesetzt wurden, über die sie keinerlei Kontrolle hatten und denen sie nicht ausweichen konnten. Sobald sie erkannten, dass ihr Verhalten keinen Einfluss auf das Geschehen hatte, starb offensichtlich ihre Motivation sich selbst zu helfen. Sie unternahmen keinen Versuch mehr, der Situation zu entkommen oder Hilfe zu bekommen und ignorierten schließlich sogar offensichtliche Fluchtmöglichkeiten, auch wenn diese ihnen gezeigt wurden. Wenn sie gemerkt hatten, dass sie machtlos waren, dann hörten sie auf zu kämpfen und wurden passiv.[16]

Mangelndes Selbstbewusstsein

Lange nachdem ein Missbrauch aufgehört hat, werden Opfer als Folge noch mit mangelndem Selbstbewusstsein zu kämpfen haben, »ein trauriger und manchmal verkrüppelnder Verlust des Selbstwertgefühls«.[17] Ihre Gefühle von Schuld, Ekel und Hilflosigkeit ergeben zusammen einen Verlust an Selbstwertgefühl und zwar oft in einem solchem Maße, dass man schon von Selbstverachtung und Selbsthass reden muss (vgl. Kapitel 6, »Geringe Selbstachtung«).

Diese Menschen wachsen oft mit dem Gefühl heran, dass sie ungeliebt sind, dass niemand sie lieben kann und dass sie es auch nicht wert sind, geliebt zu werden. Für sie ist es schwer oder sogar unmöglich zu verstehen, dass Gott sie lieben könnte, dass ein Ehemann sie lieben könnte oder sogar, dass ihre eigenen Kinder sie lieben könnten. Ihr mangelndes Selbstvertrauen führt oft zu anderen Behinderungen und Fehlverhalten, etwa zu Essstörungen (vgl. Kapitel 42, »Pubertäts-Magersucht (Anorexia Nervosa)« und Kapitel 43, »Ess-Brech-Sucht [Bulimie]«) und zu Selbstmordtendenzen (vgl. Kapitel 9, »Selbstmordgedanken, Tendenzen und Androhungen«).

Opferhaltung

Einige Forscher berichten, dass Menschen, die als Kinder sexuell missbraucht worden sind, fast doppelt so häufig wie andere vergewaltigt werden oder jemand versucht, sie zu vergewaltigen. Dieses Phänomen nennt die Soziologin Diana Russell »Opferhaltung«.

»Wenn ein Kind missbraucht wird«, sagt die Therapeutin Linda Schiller, »dann kann es sein, dass sie in ihrer Entwicklung in diesem Alter stehenbleibt. Wenn ein Mädchen also mit vier Jahren missbraucht wird, kann sie sich mit vierzehn, vierundzwanzig oder vierunddreißig Jahren nicht besser dagegen schützen als mit vier Jahren. Sie hat nicht gelernt, wie.«[18] Der Autor und Psychotherapeut Jan Frank sagt:

Das Opfer wird von Menschen und/ oder Umständen angezogen, die es seiner Meinung nach verdient hat. Opfer unterscheiden sich nicht von anderen Menschen, wenn es darum geht, das Bekannte dem Unbekannten vorzuziehen …

Das zeigte sich mir recht deutlich, als ich noch am Anfang meiner Karriere stand und in einem Kinderheim gearbeitet habe. Ich habe mit missbrauchten und verwahrlosten Kindern vom Babyalter bis zu 17 Jahre gearbeitet. Viele waren geschlagen, vernachlässigt oder sexuell missbraucht worden … Wenn man sie fragte, ob sie wieder zu denen zurück wollten, die sie misshandelt hatten (das waren meist die Eltern), dann wollten die meisten wieder nach Hause. Dort wussten sie wenigstens, was sie erwartete.[19]

Andere Folgen

Kaum ein kindliches Trauma – wenn überhaupt – kann so viele und schwerwiegende Folgen haben, wie der sexuelle Missbrauch, der manchmal auch mit Misshandlung kombiniert ist. Zu den Folgen gehören:

* Aggression;

* Misstrauen gegen andere;

* Mangelhaftes Sozialverhalten;

* Emotionaler Rückzug;

* Ausreißen (vgl. Kapitel 24, »Fluchttendenzen und -versuche«);

* Kriminalität bis hin zur Prostitution;

* Depression (vgl. Kapitel 5);

* Wut (vgl. Kapitel 4);

* Angst (vgl. Kapitel 2);

* Selbstmordtendenz (vgl. Kapitel 9).

▲ Die biblische Sicht

Man sollte kaum betonen müssen, dass Gott sexuellen Missbrauch verabscheut. Er hat die Sexualität geschaffen, damit sie ein Akt gegenseitiger Liebe zwischen zwei Eheleuten sein soll (s. 1. Mo. 1,24 und Hebr. 13,4). Jeder Sexualverkehr außerhalb dieser Grenzen ist gegen Gottes Willen und überschreitet seine Gebote.

Wieviel schlimmer ist da die Ausbeutung und Quälerei von Kindern und Jugendlichen, um die Lüste eines Erwachsenen zu befriedigen. Sexueller Missbrauch zerstört das gesunde Verhältnis des Kindes zu einem Geschlechtsverkehr, der nach den Anweisungen Gottes geschieht und Gottes positiven Zielen dient. Sexueller Missbrauch stört den empfindlichen kindlichen Reifeprozess. Sexueller Missbrauch »verhindert (bei einem Kind) die Schlussfolgerungen von menschlicher Liebe auf die Liebe Gottes, des Vaters«.[20]

Am wichtigsten ist wohl die Feststellung, dass sexueller Missbrauch ein Verbrechen gegen das Bild Gottes und den Tempel Gottes ist, wie der Autor und Apologet Rabbi Zacharias herausstellt (obwohl er über Gewalt und Sex in den Medien spricht, nicht über sexuellen Missbrauch):

Gott sagt uns, dass wir nach Seinem Bild geschaffen sind. Im ersten Buch Mose setzt Er die Todesstrafe für Mord ein, denn Mord ist ein direkter Angriff auf die Würde des Menschen, der nach dem Bilde Gottes geschaffen ist. Wenn wir weiter in der Schrift forschen, dann sehen wir, dass Jesus Seine Jünger daran erinnerte, dass wahrer Gottesdienst nicht an Gebäude aus Ziegeln oder Steinen gebunden ist. Der Leib des Menschen selbst in ein Tempel.

Diese beiden Wahrheiten – dass die Menschheit nach dem Bilde Gottes geschaffen ist und dass der Leib ein Tempel des Heiligen Gottes ist – sind zwei wichtige Lehren der Bibel. Gewalt beschmutzt das Bild Gottes und Lüsternheit entweiht den Tempel Gottes.[21]

Sexueller Missbrauch aber beinhaltet beides: Das Bild Gottes wird beschmutzt und der Tempel Gottes entweiht. Es handelt sich um verbrecherisches sexuelles Verhalten, das direkt gegen die Person des Kindes gerichtet ist.

Das missbrauchte Kind kann Heilung finden und der Kinderschänder kann Vergebung erlangen, doch das kann nur dann geschehen, wenn Gottes Maßstäbe und Gebote akzeptiert werden.

▶ Praktische Hilfen anbieten

Es ist einem missbrauchten Menschen kaum möglich, dieses Erlebnis zu verarbeiten, geschweige denn Heilung zu erfahren. Der Jugendleiter, der aufgefordert ist, einem Opfer sexuellen Missbrauchs zu helfen, muss diese Aufgabe umsichtig und unter viel Gebet angehen.

Zuhören. Zuhören ist ihre wichtigste Aufgabe. Lassen Sie die Jugendlichen frei über ihre Probleme, Gefühle, Gedanken und Verletzungen berichten. Lassen Sie sie die Geschichte in ihrem eigenen Tempo erzählen und seien Sie sehr vorsichtig, wenn Sie sie auffordern, das Erzählte auf den Punkt zu bringen. Am Anfang sollten Sie nicht versuchen, die oder den Jugendlichen zu führen oder ihn zu belehren, sondern sich ganz auf das Zuhören und das Zeigen von Mitgefühl konzentrieren (vgl. Sie unsere Ratschläge weiter unten). Versuchen Sie, Ihre Äußerungen zumindest am Anfang sehr zu beschränken, etwa auf Fragen wie: »Glaubst du, du kannst darüber reden?« »Kannst du mir sagen, wie alles anfing?« »Was geschah dann?« »Welche Gefühle hat das alles in dir ausgelöst?« »Bist du zornig? Hast du Angst?« usw.

Verständnis zeigen. Halten Sie sich bei jedem Schritt mit den Jugendlichen vor Augen, welche Folgen Missbrauch hat (Schuldgefühle, Scham etc.), unter denen er leiden könnte. Das Letzte, was Menschen brauchen, die so verletzt worden sind, ist eine Predigt. Sie brauchen jemanden, der mit ihnen weint, der sie wirklich lieb hat und echtes Mitgefühl mit ihnen zeigt. Denken Sie daran, dass nicht eine Predigt die Angst austreibt, sondern die Liebe (1. Joh. 4,18). Erinnern Sie sich daran, dass nicht Belehrung den Schmerz nimmt, sondern Trost (2. Kor. 1,1-7). Seien Sie besonders feinfühlig, wenn Sie Ihr Mitgefühl und Verständnis ausdrücken wollen. Achten Sie dabei auf Folgendes:

- Beseitigen Sie Hindernisse für die Unterhaltung (z.B. kommen Sie hinter Ihrem Schreibtisch hervor und stellen Sie störende Musik ab);

- Lehnen Sie sich in Ihrem Stuhl nach vorne;

- Nehmen Sie Blickkontakt auf;

- Nicken Sie, sagen Sie ab und zu »Ja« oder »rede ruhig weiter«;

- Wiederholen Sie Aussagen des jungen Menschen (»du hast dich ... gefühlt« oder »und das hat dich verrückt gemacht« usw.);

- Warten Sie geduldig, wenn der oder die Betroffene schweigt, ihrem Zorn Luft macht oder weint.

Bestätigen. Ein Opfer sexuellen Missbrauchs braucht häufige und echte Bestätigung. Aussagen wie: »Ich glaube, dass deine Gefühle natürlich sind«, »Ich würde mich genauso fühlen« und »Ich bin so froh, dass du das gesagt hast« können einem jungen Menschen Bestätigung verschaffen und die Heilung fördern. Ergreifen Sie jede Gelegenheit, diesem jungen Menschen, der vor Gott unendlichen Wert hat, Ihre echte Zuneigung, Ihre Wertschätzung und Anerkennung zu zeigen. Sagen Sie oft, welche Qualitäten der Betroffene hat und konzentrieren Sie sich dabei mehr auf die inneren Qualitäten als auf die äußeren. Bestätigen Sie seine oder ihre Persönlichkeit mehr als das Erscheinungsbild oder Verhalten.

Richtung weisen. Behalten Sie die Worte von Susan Forward im Gedächtnis, die sagt: »Wenn man ein solch schlimmes Trauma in Worte fasst, ... so ist das nur der Anfang ... Mancher findet das so befreiend, dass er die Behandlung vorzeitig abbricht.«[22] Die Geschichte einem vertrauenswürdigen Menschen zu erzählen ist ein großer Schritt, aber nicht der letzte. Professionelle Hilfe ist bei einem Missbrauchsfall sehr wichtig, doch ein engagierter Lehrer, ein Elternteil, ein Jugendleiter oder Pastor kann vor oder während einer Behandlung folgende Hilfe geben:

- Bringen Sie den Jugendlichen dazu, mit eigenen Worten laut zu sagen, dass sie oder er missbraucht worden ist und helfen Sie dem jungen Menschen dabei zu entdecken, welche Folgen der Missbrauch in ihrem oder seinem Leben hat. Um das zu erreichen, sollten Sie den Jugendlichen ermutigen, jede einzelne Missbrauchshandlung zu besprechen bzw. sie aufzuschreiben, wenn nötig auch mehr als einmal, bis der oder die Betroffene anerkennt, dass es sich um einen Missbrauch gehandelt hat.

- Wenn der Missbrauch noch fortbesteht, helfen Sie dem Jugendlichen, Schritte zu tun, um den Missbrauch sofort zu beenden (indem Sie die Vorgänge der Polizei und dem Jugendamt melden und einen christlichen Seelsorger zu Rate ziehen) (vgl. Sie auch den Abschnitt »Hilfe von außen«, weiter unten). Sie sollten sich klar machen, dass Schweigen in einem solchen Fall sogar gesetzwidrig sein kann.

- Helfen Sie dem jungen Menschen, die Verantwortung für den Missbrauch dem Täter zu geben und anderen, die dazu beigetragen haben – statt sich selbst. Stellen Sie immer wieder vorsichtig klar, wie die Verhältnisse liegen, wenn der Betroffene sich selbst die Schuld geben will. Helfen Sie dem Betroffenen, die wirklich verantwortlichen Personen und Umstände, die zum Missbrauch beigetragen haben, zu erkennen und deutlich zu benennen.

- Weisen Sie den Jugendlichen auf Gott hin, der die Quelle der Heilung ist. Gott ist nicht die Ursache für den Missbrauch, aber nur Er kann die Lösung für das Trauma sein, das durch den Missbrauch entstanden ist (vgl. Ps. 18,3-7.26-31).

- Begleiten Sie den Jugendlichen durch die Trauerphase und andere Emotionen und Reaktionen. Der Verlust (der Unschuld, der Unversehrtheit etc.), der als Folge des Missbrauchs erlebt wird, muss betrauert werden. Ein engagierter Erwachsener kann einem jungen Menschen helfen, die Phasen der Trauer (Verdrängung, Zorn, Verhandlung, Depression und Annahme) zu durch-

leben, indem er ihm oder ihr hilft, sich diesen Gefühlen zu stellen, ihnen Ausdruck zu verleihen und ihre Spannung zu lösen und indem er den Jugendlichen mit Verständnis und Trost annimmt (vgl. Kapitel 8, »Trauer«).

- Gründen Sie eine tägliche Gebetsgemeinschaft mit und für den jungen Menschen. Ermutigen Sie den Jugendlichen, täglich die Gemeinschaft mit Gott zu suchen und dies als Gewohnheit zu übernehmen, damit er Kraft von Ihm erhält, aus Seinem Wort lernt und destruktive Gedanken und Gefühle mit dem Geist Christi bekämpfen lernt (vgl. Phil. 4,4-9).

- Führen sie dem Jugendlichen Hilfen zu, um mit seinem oder ihrem Trauma fertig zu werden. Helfen Sie ihm oder ihr, die Menschen zu erkennen (am besten namentlich benennen), die bereit sein könnten, praktisch zu helfen: ein verständnisvoller Elternteil, eine gute Freundin, Sorgentelefone, Organisationen, Brieffreunde etc.

- Ermutigen Sie den jungen Mann oder die junge Frau, die Tatsache zu akzeptieren, dass Heilung Zeit braucht. Vermitteln Sie dem Jugendlichen Hoffnung. Der Heilungsprozess mag zwar schmerzhaft sein und einige Zeit dauern, aber das Opfer hat den Missbrauch überlebt, er oder sie kann mit Gottes Hilfe auch das Trauma überwinden.

Ziele setzen. Aktivieren Sie die Kooperation und Teilnahme des jungen Menschen bei der Beantwortung der Frage: »Was muss ich als nächsten Schritt tun?« Fragen Sie nach Vorschlägen und Ideen des Jugendlichen, doch helfen Sie ihm oder ihr zu verstehen, dass es auf keinen Fall zugelassen werden kann, dass der

Missbrauch weitergeht und dass auch die Erleichterung, den Missbrauch jemandem anderen gestanden zu haben, nicht als Heilung missverstanden werden darf. Es kann zwar vorkommen, dass die Heilung fast augenblicklich erfolgt, doch in den meisten Fällen handelt es sich um einen langen und schwierigen Prozess.

Hilfe von außen. Genauso wie eine körperliche Verletzung (etwa eine schwere Wunde oder ein Schlaganfall) die Hilfe eines Arztes benötigt, so ist es bei dem schweren Trauma, das durch sexuellen Missbrauch entsteht, notwendig, die Hilfe eines christlichen Seelsorgers in Anspruch zu nehmen, der mit dem Opfer die vielen Stadien der Heilung durchgehen kann. Heilung von sexuellem Missbrauch ist möglich, doch kann man sie am besten mit professioneller Hilfe erfahren.

In diesem Kapitel zitierte Bibelstellen

- 1. Mose 1,24
- Hebräer 13,4
- 1. Johannes 4,18
- 2. Korinther 1,1-7
- Psalm 18,3-7.25-30
- Philipper 4,4-9

Weitere hilfreiche Bibelstellen zum Thema

- Psalm 34,19; 86,15-17; 103,11-18; 107,20; 119,50; 139,1-24
- Jesaja 53,4-6
- Matthäus 5,1-12
- Johannes 14,27
- 1. Johannes 1,9

35

Miss-
handlung

● **Das Problem**

◄ **Die Ursachen**

Sucht
Misshandlung in der Vergangenheit
Wutausbrüche
Armut

▼ **Die Folgen**

Schuldgefühle
Misstrauen gegenüber
anderen Menschen
Aggression
Mangelhaftes Sozialverhalten
Emotionaler Rückzug
Ausreißen
Kriminalität

▲ **Die biblische Sicht**

► **Praktische Hilfen anbieten**

Einführung

Der dreizehnjährige Brian wollte gefasst werden. Er warf einen Ziegelstein in die Windschutzscheibe eines fahrenden Busses und wartete am Rinnstein darauf, dass die Polizei ihn in eine Jugendstrafanstalt mitnehmen würde.

Die Polizei, die Eltern und ein Gerichtspsychologe stellten Brian dieselbe Frage: »Warum hast du den Ziegelstein auf den Bus geworfen?« Seine Antwort war allen gegenüber dieselbe: »Ich weiß nicht.« Aber er wusste es natürlich.

Brian hatte es satt, bei seinen Alkoholiker-Eltern zu wohnen. Er war es leid, am Morgen wach zu werden und sie auf dem Boden oder über dem Küchentisch schlafend zu finden. Er hatte seine Eltern satt, die es nicht kümmerte, ob er zur Schule ging oder nicht. Und am meisten war ihm die Misshandlung durch seinen Vaters über.

Als er noch kleiner war, hatte sein Vater vor seinen Trinkerkumpanen damit geprahlt, dass er seinen Sohn zu sich rief und auf seinem Arm oder Bein eine brennende Zigarette ausdrückte, um zu sehen, ob er zucken würde. Brian zuckte nie. Er ertrug den Schmerz, weil er nach Anerkennung durch seinen Vater hungerte.

Als er jedoch älter wurde, wurde der Missbrauch immer schlechter voraussehbar. Sein Vater hatte einen Wutausbruch – meist, wenn er getrunken hatte, aber manchmal auch im nüchternen Zustand – und fing an, Brian zu schlagen. Brian versuchte, sein Gesicht mit Armen und Händen zu schützen, denn er konnte die blauen Flecken an seinem Körper leichter verstecken, als wenn sein Gesicht angeschwollen war. Es gelang ihm allerdings nicht immer.

Seit einiger Zeit fing Brian an, sich zu wehren, zurückzuschlagen. Doch damit brachte er den Vater nur noch weiter auf und trotz seines Alters und seiner schlechten körperlichen Verfassung fürchtete Brian seinen Vater noch immer. Das Schlimmste an allem war für Brian jedoch, dass seine Mutter nichts dagegen tat. Sie schaute zu, zuckte zusammen und weinte, während Brian die Schläge ertragen musste. Manchmal lief sie einfach aus dem Zimmer. Manchmal bettelte sie ihren Mann an, Brian doch endlich in Ruhe zu lassen. Aber er hörte nie auf sie und Brian gab ihr soviel Schuld wie seinem Vater.

»Ich weiß nicht«, sagte er auch weiterhin den Behörden, als er gefragt wurde, warum er den Ziegelstein auf den Bus geworfen hatte. Aber er wusste es nur zu gut. Als der Richter eine Einweisung in ein Heim verkündete, ging er wortlos und ohne einen Blick auf seine Eltern aus dem Saal.

● Das Problem

Alle zehn Sekunden wird in den Vereinigten Staaten eine Kindesmisshandlung oder -verwahrlosung gemeldet. Viele bleiben jedoch unerkannt.

Die Zahl der Meldungen hat im Jahr 1993 knapp drei Millionen erreicht, d.h. 45 Meldungen auf 1 000 Kinder. Bei über einer Million stellte sich die Meldung als stichhaltig heraus.[1] Man schätzt, dass fast 1 300 Kinder als Folge von Verwahrlosung oder Missbrauch gestorben sind und 43 % dieser Todesfälle in Familien geschahen, die vorher den Jugendämtern gemeldet worden sind.[2] Es ist nicht immer die beste Lösung, die Kinder oder Jugendlichen den Eltern wegzunehmen, denn eine Studie von Trudy Festinger, der Leiterin der Fakultät für Sozialarbeit der Universität New York ergab, dass 28 % der Kinder, die bei Pflegeeltern untergebracht werden, während der außerfamiliären Betreuung weiteren Missbrauch erleiden. Und ein Kinderprojekt einer amerikanischen Bürgerrechtsorganisation schätzt, dass ein Kind, das in staatlicher Obhut ist, eine etwa zehnfach höhere Wahrscheinlichkeit hat, misshandelt zu werden, als Kinder in der Obhut ihrer Eltern.

Missbrauch hat viele Formen. Die Autorin Angela R. Carl definiert Kindesmisshandlung folgendermaßen:

Eine besondere entweder aktive oder passive Handlung durch Eltern oder andere Erwachsene, die zu nicht durch Unfall verursachten Beeinträchtigung führt oder aber den körperlichen, geistigen oder psychischen Entwicklungsstand des Kindes gefährdet.[3]

Körperliche Misshandlung beinhaltet alle Handlungen, die entweder zu Verletzungen oder aber zu einem wesentlichen und unnötigen Verletzungsrisiko führen. Starkes Schütteln oder Schlagen, Schubsen, Treten und Boxen sind alles Formen körperlicher Misshandlung. Ein Kind festzubinden oder es in einem Schrank einzuschließen sind auch Formen der Misshandlung. Einem Kind mit einer Zigarette oder einem Streichholz Verbrennungen zuzufügen ist ebenfalls Kindesmisshandlung. Nicht jeder Körperkontakt oder jede Form des Schlagens stellt eine Misshandlung dar, aber alles, was blaue Flecke, Schnittwunden, Schürfungen oder Quetschungen hinterläßt ist auf jeden Fall Kindesmisshandlung, ebenso, wie Strafen, die dazu dienen, dem Kind zu schaden oder es zu demütigen.

Nicht immer ist Misshandlung jedoch körperlich fassbar. Psychische Misshandlung wird von Carl folgendermaßen definiert:

Ein Muster von Schuldzuweisung, Herabsetzung, verbalen Angriffen oder Ausdruck von Ablehnung gegenüber einem Kind oder aber die Forderung, eine Verantwortung zu übernehmen, der das Kind nicht gewachsen ist.[4]

Psychische Misshandlung ist meist wesentlich schwieriger zu erkennen und zu beweisen, doch handelt es sich dennoch um Misshandlung. Sie ist auch nicht weniger schädlich, nur weil sie nicht so einfach zu diagnostizieren ist. Dazu gehören Worte oder die Vermittlung der Auffassung, die ein Kind provozieren, es herabsetzen oder beschämen wollen. Ebenso gehören verbale Äußerungen wie Schreien, Beleidigen oder Belegen mit Schimpfnamen dazu. Ebenso schlimme Auswirkungen haben Türenknallen und Werfen von Gegenständen. Manchmal gehören sogar Witze oder Bemerkungen dazu, die nicht ganz ernst gemeint sind.

»Die meisten Eltern machen sich hin und wieder schuldig, ihr Kind psychisch zu misshandeln«, schreibt Carl, »und ein bestimmtes Maß an psychischer Misshandlung wird von der Gesellschaft akzeptiert. Doch bei einigen Eltern wird diese Misshandlung zum Lebenskonzept, statt, wie bei den meisten, nur auf einen gelegentlichen Ausbruch von Frustration zurückzugehen, nach dem man sich meist entschuldigt und auch sonst liebevoll auf das Kind eingeht.«[5]

Vernachlässigung ist eine weitere Form der Misshandlung. Die Experten sehen Vernachlässigung als die häufigste Einzelform der Misshandlung an. Fast die Hälfte (47%) der Fälle von Kindesmisshandlung stellen Vernachlässigung dar und 40% der Todesfälle wegen Misshandlung gehen auf Vernachlässigung zurück. (In 55% der Fälle handelt es sich um körperlichen Missbrauch, bei 5% um beides.) Vernachlässigung ist das Versäumnis eines Elternteils oder eines anderen Sorgetragenden, in angemessener Weise für die Bedürfnisse und das Wohlergehen des Kindes zu sorgen. Carl definiert Vernachlässigung als Fehlen des

… selbst geringsten Maßes an Fürsorge in Form von Bereitstellung von Nahrung, Kleidung, Schutz, medizinischer Versorgung, Ausbildung und Betreuung. Bei allen Kindern kommt es hin und wieder vor, dass sie Mahlzeiten auslassen, schmutzige oder abgewetzte Kleidung tragen, mit einer Rotznase in die Schule kommen und Unfällen zum Opfer fallen, die von den Eltern hätten verhindert werden können. Doch zu Vernachlässigung gehört eine chronische Unaufmerksamkeit bezüglich der grundlegenden Bedürfnisse eines Kindes.[6]

Wenn Eltern kleine Kinder unbeaufsichtigt lassen, machen sie sich der Vernachlässigung schuldig. Wenn Eltern nicht darauf achten, dass ihr Kind zur Schule geht oder schwere Krankheiten nicht behandeln lassen, machen sie sich ebenfalls schuldig. Eltern, die wissentlich zulassen, dass ihre Kinder sich Gefahren aussetzen – etwa einem misshandelnden Familienmitglied – machen sich ebenfalls schuldig. Eltern, die ihr Kind ignorieren, die ihm nie ihr Interesse und ihre Liebe zeigen, machen sich schuldig. Welche Form von Misshandlung man auch immer annimmt, man muss sie ernst nehmen und mit Einfühlungsvermögen darauf reagieren.

◄ Die Ursachen

Misshandlungen geschehen aus den verschiedensten Gründen. In den meisten Fällen handelt es sich um mehrere Faktoren, die zu einer Misshandlung führen. Dazu gehören Sucht, eigene Misshandlung in der Vergangenheit, Wutausbrüche und/oder Armut.

Sucht

Eltern oder andere Betreuungspersonen, die alkohol- oder drogensüchtig sind, vernachlässigen oder misshandeln oft ihre Kinder. Manchmal spielt der Alkoholgenuss der Eltern eine direkte Rolle bei der Misshandlung, wenn etwa Eltern ihre Kinder dazu bringen wollen, vom Alkohol zu probieren oder wenn sie ihre Kinder benutzen, um illegale Drogen zu erwerben oder zu verstecken.

Misshandlung in der Vergangenheit

Kinder, die in einer Familie aufgewachsen sind, in der Kinder misshandelt wurden (selbst wenn sie nicht die Opfer waren), misshandeln oft (nicht immer) auf gleiche Weise als Erwachsene ihre eigenen Kinder. Viele haben Gewalt als einziges Mittel kennen gelernt, mit anderen Menschen in Kontakt zu treten. Außerdem haben sie oft gelernt, dass sich durch Gewalt Probleme lösen lassen.

Wutausbrüche

Einige Eltern, die ihre Kinder misshandeln, werden von ihren eigenen Wutgefühlen überrascht und verblüfft, sagt John White, der Autor des Buches Parents in Pain. »Ihre Wutanfälle sind so unkontrolliert, dass sie von ihnen überwältigt werden und sich gedemütigt fühlen. Diese Ausbrüche sind wie eine aufgewühlte See, die über die Deiche spült, die sie dagegen aufgebaut haben. Sie haben so viel Angst vor ihrem Zorn wie ihre Kinder – und schämen sich abgrundtief … Je mehr sie versuchen, ihre Ausbrüche zu kontrollieren, desto schlimmer werden sie manchmal. Je schlimmer die Selbstanklage, desto schlimmer wird oft das anschließende Verhalten.«[7]

Armut

»Vernachlässigung ist häufig mit Armut kombiniert«, berichtet das Magazin USA Today in einem Bericht von 1994. Viele Studien haben eine Wechselwirkung von Armut und anderen Formen der Misshandlung ergeben. Dennoch wird nicht deutlich, ob Armut der Grund für die Misshandlung ist oder ob sowohl Misshandlung als auch Armut beides Auswirkungen sind – die oft gleichzeitig auftauchen – und zwar Auswirkungen von anderen Zuständen oder Verhaltensweisen.

▼ Die Folgen

Der engagierte Jugendleiter oder Seelsorger wird versuchen, die Folgen des Missbrauchs bei den Opfern verstehen zu lernen, damit er effektiver helfen kann.

Neben den offensichtlichen und direkten Folgen der Misshandlung (blaue Flecken, Schürfwunden bei körperlichem Missbrauch etwa) leidet das Opfer von körperlichem oder psychischem Missbrauch wahrscheinlich unter etlichen der anschließend aufgeführten Folgen:

Schuldgefühle

Jeder objektive Beobachter kann ohne Probleme feststellen, dass Kinder und Jugendliche, die misshandelt werden, die Opfer und für ihre Verletzungen nicht verantwortlich sind. Dennoch ist es möglich, dass sogar ältere Kinder und Heranwachsende sich wegen des Missbrauchs schuldig fühlen, den sie zu erleiden haben.

»Ich wünschte mir, ich würde Mutter nicht immer so aufregen«, mag ein Jugendlicher sagen.

»Wenn ich ein liebes Mädchen wäre, dann hätte er mir das nicht angetan«, mag eine Jugendliche denken.

»Warum hassen meine Eltern mich?«, fragen sie sich vielleicht.

Solche Vorstellungen sind eine weitverbreitete Folge von Misshandlung. Manchmal sind sie bewusst, manchmal jedoch existieren sie nur im Unterbewusstsein des jungen Menschen. Immer jedoch beeinflussen sie die Fähigkeit des Opfer, den Missbrauch zu verstehen und damit fertig zu werden (vgl. Kapitel 3, »Schuld«).

Misstrauen gegenüber anderen Menschen

Weil Kinder ihren Eltern ein natürliches Vertrauen entgegenbringen (und auch anderen Erwachsenen, insbesondere anderen Familienmitgliedern), ist es verheerend, wenn dieses Vertrauen im wahrsten

Sinne missbraucht wird. Ein Kind oder ein Teenager, der misshandelt worden ist, schwört sich oft: »Ich vertraue keinem mehr« und wird oft in einer Haltung von Misstrauen und Verdächtigung leben und handeln.

Solch ein junger Mensch steht vor einem grausamen Dilemma: Er hungert regelrecht nach Zuneigung, nach jedem Ausdruck von Liebe oder Interesse, doch gleichzeitig kann er solchen Äußerungen nicht mehr trauen, ganz gleich von wem sie kommen und wie aufrichtig und häufig sie sein mögen. Ohne ein Eingreifen wird der Jugendliche ständig gegenüber den Absichten anderer skeptisch bleiben und an seinem Selbstwert zweifeln.

Aggression

Opfer von häuslicher Misshandlung reagieren mit großer Wahrscheinlichkeit mit aggressivem und gewalttätigem Verhalten »ganz gleich, ob sie aus armen oder gutsituierten Familien kommen, ob sie von einem oder beiden Elternteilen erzogen werden oder ob sie regelmäßig harmonisches oder aber gewalttätiges Verhalten unter den Erwachsenen beobachten«.

Etwa ein Drittel solcher Jugendlichen »hat ständig Wutausbrüche und provoziert (in der Schule) Konflikte. Misshandelte Kinder missverstehen oft frustrierende soziale Begegnungen und unterstellen anderen unweigerlich feindliche Absichten. Sie sehen Aggression als einzige Lösung von Problemen mit Lehrern oder Klassenkameraden.«[8]

Mangelndes Sozialverhalten

Misshandlung kann auch zu mangelndem Sozialverhalten der Opfer führen. Eine Studie an mehreren Universitäten kam zu dem Schluss, dass »mehr als eines von drei misshandelten Kindern ungewöhnlich große Defizite im Sozialverhalten zeigte, verglichen mit einem von acht anderen Kindern«.[9]

Jugendliche, die misshandelt worden sind, haben Schwierigkeiten, Beziehungen zu anderen Menschen aufzubauen. Sie haben wahrscheinlich Schwierigkeiten, die Absichten und Handlungen anderer Menschen zu verstehen. Es fällt ihnen schwer, anderen Menschen zu vertrauen. Sie wissen wahrscheinlich nicht, wie man soziale Situationen adäquat bewältigt und werden unter Umständen aus diesem Grund auch noch von Gleichaltrigen gemieden oder verhöhnt.

Emotionaler Rückzug

Der Psychologe Kenneth A. Dodge von der Vanderbilt Universität in Nashville sagt, dass es typisch für Opfer von Misshandlungen ist, dass bei ihnen häufiger emotionaler Rückzug und soziale Isolation zu beobachten ist als bei Gleichaltrigen. Sie fühlen sich in einer Gruppe wahrscheinlich weniger wohl und haben meist weniger Freundschaften, auch weniger wirklich enge Freunde.

Es ist eine grausame Ironie, dass Jugendliche, die am ehesten enge, vertraute Freunde notwendig haben, solche Beziehungen weit weniger entwickeln als Gleichaltrige. Statt dessen isolieren sie sich selbst und wehren die Gemeinschaft mit anderen ab (manchmal passiv, manchmal jedoch auch aktiv).

Ausreißen

Mehr als eine Million Teenager reißen jedes Jahr von zu Hause aus und Forschungen haben ergeben, dass viele von ihnen dieses wegen Misshandlungen tun (vgl. Kapitel 24, »Fluchttendenzen und -versuche«).

Forschungen von Mark-David Janus und seinen Kollegen von der Universität von Connecticut ergaben, dass »Zuhause« für die große Mehrheit der von ihnen befragten Ausreißer ein gefährlicher Ort war. 68% berichteten von körperlicher Misshandlung irgendwelcher Art. Die Hälfte war (mit der Hand oder einem Gürtel) schlimm genug geschlagen worden, dass blaue Flecken die Folge waren. Und 13% waren so schlimm verprügelt worden, dass sie ins Krankenhaus mussten.

Die Studie von Janus legt nahe, dass Kinder und insbesondere Jugendliche weitaus häufiger ausreißen, wenn sie zu Hause misshandelt werden.[10]

Kriminalität

Es gibt einige Hinweise darauf, wenn auch keine eindeutigen, dass misshandelte oder vernachlässigte Kinder und Jugendliche häufiger kriminelle Handlungen begehen. Eine Studie von Cathy Spatz Widom von der Universität von Indiana zeigt, dass »fast 29% der misshandelten oder vernachlässigten Kinder als Erwachsene straffällig wurden, verglichen mit 21% bei Kindern, die keine Missbrauchsopfer waren«.[11]

Obwohl der Unterschied zwischen den beiden Gruppen, die Widom untersucht hat, statistisch nicht signifikant ist, zeigen andere Studien eine Korrelation und Strafrechtsexperten betonen häufig, dass sie sehr oft von Angeklagten und Verurteilten hören, dass sie als Kinder misshandelt worden sind.

▲ Die biblische Sicht

Einige Stimmen im Kampf gegen die Kindesmisshandlung kritisieren die Bibel und behaupten, dass sie Kindesmisshandlungen legitimieren würden. Dabei wird immer wieder die bekannte Stelle aus den Sprüchen zitiert: »Wer seine Rute schont, hasst seinen Sohn; aber wer ihn liebhat, züchtigt ihn beizeiten« (Spr. 13,24).

Doch dieser Vers (und andere mit ähnlicher Aussage) ist keine Rechtfertigung für Kindesmisshandlung. Er schließt körperliche Strafen nicht aus, doch stellt er alle Erziehungsmaßnahmen in den Kontext der Liebe.

Nirgendwo in der Bibel wird Misshandlung gutgeheißen, sei es körperliche oder seelische Misshandlung. Im Gegenteil, immer wieder wird dargestellt, dass Kinder ein Segen sind, den man hoch schätzen soll:

Siehe, ein Erbe vom HERRN sind Söhne, eine Belohnung die Leibesfrucht (Ps. 127,3).

Die Schrift stellt die Eltern-Kind-Beziehung immer so dar, dass sie von Liebe, Behutsamkeit im Umgang und gegenseitigem Respekt gekennzeichnet sein soll:

Vergisst etwa eine Frau ihren Säugling, dass sie sich nicht erbarmt über den Sohn ihres Leibes? (Jes. 49,15a)

Die Bibel befiehlt den Eltern wiederholt, sich vernünftig und liebevoll um die Kinder zu sorgen:

Und ihr Väter, reizt eure Kinder nicht zum Zorn, sondern zieht sie auf in der Zucht und Ermahnung des Herrn (Eph. 6,4).

… damit sie die jungen Frauen unterweisen, ihre Männer zu lieben, ihre Kinder zu lieben … (Tit. 2,4).

445

Und Gottes Wort hat auch eine ernsthafte Warnung für die, die Kindern Schaden zufügen:

> Es wäre besser für ihn, wenn man einen Mühlstein um seinen Hals hängen würde und ihn ins tiefste Meer werfen, als dass er einen dieser Kleinen zum Straucheln bringen würde (Lk. 17,2).

Wer die Bibel aufmerksam und ehrlich studiert, dem werden diese zwei Wahrheiten nicht entgehen können: Gott liebt Kinder und befiehlt den Eltern, sie zu lieben und ihre Bedürfnisse zu befriedigen und wird diejenigen schwer bestrafen, die ihnen Schaden zufügen.

▶ Praktische Hilfen anbieten

Wenn ein Jugendleiter mit einem Missbrauchs-Opfer konfrontiert wird, so ist es weise, folgendermaßen vorzugehen:

Zuhören. Hören Sie dem jungen Menschen sehr gut zu. Versuchen Sie, die Fakten zu erfahren, ohne jedes Detail herausfinden zu wollen. Helfen Sie dem Jugendlichen, deutlich und vollständig alle Missbrauchsfälle zu beschreiben. Dabei sollten Sie so weit wie möglich sicher gehen, dass er oder sie nicht bei vagen Andeutungen bleibt und dass Sie nicht missverstehen, was der oder die Jugendliche meint. Ganz gleich, wie alarmiert oder aufgeregt Sie sein mögen, versuchen Sie, die ganze Wahrheit zu erfahren. Achten Sie jedoch darauf, den jungen Menschen nicht zu sehr zu drängen oder gar zu Falschaussagen zu provozieren. Stellen Sie Ihre Fragen vorsichtig und hören Sie geduldig zu, bevor Sie die nächste Frage stellen. Folgende Fragen können eine Hilfestellung für den Jugendlichen sein: »Meinst du, du kannst darüber reden?« »Kannst du mir sagen, wie lange das schon geht?« »Was ist dann passiert?« »Welche Gefühle löst das in dir aus? (Bist du wütend? Hast du Angst? usw.)«

Verständnis zeigen. Seien Sie darauf gefasst, dass der Jugendliche eventuell keine Fragen beantwortet haben möchte, sondern Verständnis, Mitgefühl und Freundschaft sucht. Menschen, denen es schlecht geht, brauchen nicht so sehr Belehrung als jemanden, der mit ihnen weint, der sie lieb hat und der mit ihnen leidet. Denken Sie daran, dass nicht eine Predigt die Angst austreibt, sondern die Liebe (1. Joh. 4,18). Erinnern Sie sich daran, dass nicht Belehrung den Schmerz nimmt, sondern Trost (2. Kor. 1,1-7). Seien Sie besonders feinfühlig, um Wege zu finden, ihr Mitgefühl und Verständnis auszudrücken, etwa:

*   Beseitigen Sie Hindernisse für die Unterhaltung (z.B. kommen Sie hinter Ihrem Schreibtisch hervor und stellen Sie störende Musik ab);

*   Lehnen Sie sich in Ihrem Stuhl nach vorne;

*   Nehmen Sie Blickkontakt auf;

*   Nicken Sie, sagen Sie ab und zu »Ja« oder »rede ruhig weiter«;

*   Wiederholen Sie Aussagen des jungen Menschen (»du hast dich … gefühlt« oder »und das hat dich verrückt gemacht« usw.);

*   Warten Sie geduldig, wenn der oder die Betroffene schweigt, ihrem Zorn Luft macht oder weint.

Bestätigen. Ehrlich gemeinte Bestätigung ist eine der wichtigsten therapeutischen Maßnahmen, wenn Sie einem Opfer von Misshandlung gegenüber sitzen. Versuchen Sie, den jungen Mann oder die junge Frau auf folgende Weise zu unterstützen:

- Versuchen Sie, keine Verlegenheit zu zeigen, nicht an den Aussagen des Jugendlichen zu zweifeln und auch keinen Ärger über die Geschichte oder die Erlebnisse des Jugendlichen zu zeigen.

  Es ist wichtig, dass Sie die Berichte des Jugendlichen absolut ernst nehmen, ganz gleich, wie sehr Sie selbst schockiert sein mögen oder zunächst einmal nicht glauben wollen – und den Jugendlichen auch wissen lassen, dass Sie seinen Bericht ernst nehmen.

- Schützen und stärken Sie das Selbstwertgefühl des Jugendlichen. Aussagen wie:»Ich glaube, es ist ganz natürlich, dass du so reagierst« oder»Ich bin froh, dass du mir das gesagt hast« können einem jungen Menschen Bestätigung geben und die Heilung fördern. Nehmen Sie jede Gelegenheit wahr, Ihre ehrliche Liebe und Wertschätzung gegenüber dem Jugendlichen zu zeigen. Machen Sie oft Bemerkungen über seine oder ihre Eigenschaften und Fähigkeiten. Stellen Sie sicher, dass er oder sie weiß, dass er in Ihren Augen einen hohen Stellenwert hat und dass sie auf keinen Fall die Behandlung verdient haben, die sie erfahren oder erfahren haben.

- Bieten Sie eine Beziehung ohne Vorbedingung an. Lassen Sie den Jugendlichen wissen, dass Gott ihn oder sie bedingungslos liebt und dass Sie selbst das auch tun.

Richtung weisen. Professionelle Hilfe ist bei Misshandlung zwar wichtig und sollte baldmöglichst gesucht werden, doch der engagierte Lehrer, Elternteil, Jugendleiter oder Seelsorger kann auf folgende Weise vor oder während einer psychologischen Behandlung weiterhelfen:

- Führen Sie den Jugendlichen dazu, dass er mit eigenen Worten laut formuliert, dass er misshandelt worden ist und helfen Sie ihm zu erkennen, welche Auswirkungen die Misshandlung in seinem Leben gehabt hat. Um das zu erreichen, sollten Sie den Jugendlichen dazu ermutigen, von jeder einzelnen Misshandlung zu reden oder sie aufzuschreiben – wenn nötig sogar wiederholt – bis er erkennt, dass er misshandelt worden ist und welche Auswirkungen das auf ihn gehabt hat.

  Führen Sie den Jugendlichen vorsichtig und feinfühlig dazu, seine Gefühle gegenüber dem Misshandelnden, anderen Erwachsenen, Menschen im Allgemeinen und Gott gegenüber zu äußern und sich damit zu beschäftigen. Lassen sie dem Jugendlichen soviel Zeit wie nötig! Ist er oder sie seiner/ihrer Mutter böse, weil sie nichts unternimmt? Hat er kaum noch Vertrauen zu Menschen? Ist er zornig auf Gott, weil er das zugelassen hat?

- Wenn die Misshandlung noch fortbesteht, helfen Sie dem Jugendlichen, Schritte zu unternehmen, damit sie sofort aufhört (z.B. indem Sie das Jugendamt einschalten und einen christlichen Psychologen hinzuziehen) (vgl. Abschnitt »Hilfe von außen« weiter unten). Machen Sie sich klar, dass Schweigen in einem solchen Fall gesetzwidrig sein kann.

447

- Helfen Sie dem jungen Menschen, die Verantwortung für die Misshandlung dem Misshandelnden und anderen Umständen zuzuschreiben, die zur Misshandlung geführt haben – nicht sich selbst. Verbieten Sie vorsichtig, aber fest jeden Versuch, sich selbst oder den eigenen Handlungen die Schuld zuzuweisen und helfen Sie dem Opfer, die Schuldigen bzw. Umstände zu identifizieren, die zur Misshandlung geführt haben.

- Weisen Sie den Jugendlichen auf Gott hin, der die Quelle der Heilung ist. Helfen Sie ihm oder ihr einzusehen, dass Gott die Misshandlung nicht verursacht hat, sondern dass er allein helfen kann und will, mit dem Trauma der Misshandlung fertig zu werden (vgl. Ps. 18,2-6.25-30).

- Begleiten Sie den Jugendlichen durch die Trauerphase und andere Emotionen und Reaktionen. Der Verlust (der Unschuld, der Unversehrtheit etc.), der als Folge des Missbrauchs erlebt wird, muss betrauert werden. Ein engagierter Erwachsener kann einem jungen Menschen helfen, die Phasen der Trauer (Verdrängung, Zorn, Verhandlung, Depression und Annahme) zu durchleben, indem er ihm oder ihr hilft, sich diesen Gefühlen zu stellen, ihnen Ausdruck zu verleihen und ihre Spannung zu lösen und indem er den Jugendlichen mit Verständnis und Trost annimmt (vgl. Kapitel 8, »Trauer«).

- Gründen Sie eine tägliche Gebetsgemeinschaft mit und für den jungen Menschen. Ermutigen Sie den Jugendlichen, täglich die Gemeinschaft mit Gott zu suchen und dies als Gewohnheit zu übernehmen, damit er Kraft von Ihm erhält, aus Seinem Wort lernt und destruktive Gedanken und Ge-

fühle mit dem Geist Christi bekämpfen lernt (vgl. Phil. 4,4-9).

- Führen Sie dem Jugendlichen Hilfen zu, um mit seinem oder ihrem Trauma fertig zu werden. Helfen Sie ihm oder ihr, die Menschen zu erkennen (am besten namentlich benennen), die bereit sein könnten, praktisch zu helfen: Ein verständnisvoller Elternteil, ein enger Freund, Sorgentelefone, Organisationen, Brieffreunde etc.

- Ermutigen Sie den jungen Mann oder die junge Frau, die Tatsache zu akzeptieren, dass Heilung Zeit braucht. Vermitteln Sie dem Jugendlichen Hoffnung. Der Heilungsprozess mag zwar schmerzhaft sein und einige Zeit dauern, aber das Opfer hat den Missbrauch überlebt, er oder sie kann mit Gottes Hilfe auch das Trauma überwinden.

Ziele setzen. Bestehen Sie auf Kooperation und Teilnahme des jungen Menschen bei der Beantwortung der Frage: »Was muss ich als nächsten Schritt tun?« Fragen Sie nach Vorschlägen und Ideen des Jugendlichen, doch helfen Sie ihm oder ihr zu verstehen, dass es auf keinen Fall zugelassen werden kann, dass der Missbrauch weitergeht.

An dieser Stelle werden Sie sicher merken, dass der Jugendliche zögert. Er oder sie reagiert vielleicht mit Angst auf die Vorstellung, dass hier Eingreifen gefordert ist, aber bringen Sie ihn oder sie dazu, folgende Formen der Hilfe zu überdenken.[12]

Hilfe von außen. Viele Menschen zögern, Misshandlungsfälle bzw. Vernachlässigung von Kindern zu melden. Sie argumentieren (insbesondere, wenn die

Familie zur eigenen Gemeinde gehört), dass eine Meldung vielleicht überzogen ist und der Familie zusätzlich schaden würde. Angela R. Carl rät in einer solchen Situation:

Sicherlich könnte man immer versuchen zu helfen, ehe man den Behörden den Fall meldet. Doch oft leiden Familien, in denen Kinder misshandelt oder vernachlässigt werden, unter so massiven und oft auch verschiedenen Problemen, dass kompetente Hilfe notwendig ist. Die Eltern mögen zu frustriert sein, selbst Hilfe in Anspruch zu nehmen. Eine offizielle Meldung ist ein Hilferuf, sowohl für das Kind als auch für die Familie.[13]

Außerdem kann, wie wir schon weiter oben gesagt haben, es strafbar sein, solche Vorkommnisse nicht zu melden. Sicherlich sollte der Beratende zumindest einen Seelsorger oder einen christlichen Psychologen zu Rate ziehen, der dabei helfen kann zu entscheiden, ob Eingreifen oder psychologische Beratung nötig sind.

In diesem Kapitel zitierte Bibelstellen

- Sprüche 13,24
- Psalm 127,3
- Jesaja 49,15a
- Epheser 6,4
- Titus 2,4
- Lukas 17,2
- 1. Johannes 4,18
- 2. Korinther 1,1-7
- Psalm 18,2-6.25-30
- Philipper 4,4-9

Weitere hilfreiche Bibelstellen zum Thema

- Psalm 34,19; 86,15-17; 103,11-18; 107,20; 119,50; 139,1-24
- Jesaja 53,4-6
- Matthäus 5,1-12
- Johannes 14,27
- 1. Petrus 5,7

Vergewalti- gung

Einführung

Jamie und Todd lernten sich Ende September auf dem Fest zum Semesterbeginn kennen und trafen sich regelmäßig während des ganzen Trimesters. Jamie war neu an der Uni und war fasziniert von Todd's Manieren und Verhalten, das zeigte, dass er zur besseren Gesellschaft gehörte. Sie war sehr erfreut, als sie erfuhr, dass auch er Christ war und sie fingen an, gemeinsam zu den Bibelabenden der christlichen Studentengruppe zu gehen. Kurz bevor Jamie in die Weihnachtsferien nach Hause fuhr, küsste Todd sie zum ersten Mal. Gegen Ende des zweiten Trimesters waren sie beide Hals über Kopf verliebt.

Der Frühlingsball der Uni war das erste Mal, dass sie seit sieben Monaten zusammen »schick« ausgingen. Das hübsche Paar fuhr zu dem Clubhaus auf dem Land und tanzte den ganzen Abend, wobei die Liebe aus ihren Augen strahlte. Sie gingen gegen Mitternacht, doch statt zum College zurückzufahren, fuhr Todd langsam am Ufer entlang zur anderen Seite des Sees und parkte an einer Stelle, wo man eine schöne Aussicht auf eine stille Bucht hatte. Ihre schon gewohnte Schmusestunde wurde unter dem Einfluss der romantischen Umgebung schnell aufregender. Zwischen zwei Küssen schlüpfte Todd aus seiner Jacke, öffnete sein Hemd und stellte die Sitze in Liegeposition. »Ich liebe dich, Jamie«, sagte er weich, »und ich wollte schon sehr lange mit dir so zusammen sein.« Dann küsste und streichelte er Jamie intensiver und aufregender als je zuvor.

Jamie sehnte sich nach Todds Zuneigung und ein Teil von ihr wollte weitermachen. Aber gleichzeitig merkte sie, dass Todd so intim wurde, wie sie es eigentlich nur für eine Ehe richtig hielt. »Ich liebe dich auch, Todd«, flüsterte sie. »Aber ich glaube, für heute haben wir genug.«

Todd schien sie nicht zu hören. Fieberhaft küsste und streichelte er weiter. Er wurde dabei immer grober. Jamie versuchte, ihn wegzudrücken, aber er war stärker. Plötzlich fühlte sie sich verletzlich und merkte, wie Angst in ihr aufstieg. »Das darf doch nicht wahr sein«, dachte sie verzweifelt. Sie versuchte, von Todd wegzukommen, doch er hielt sie auf ihrem Sitz fest. »Hör auf, Todd, das ist nicht richtig«, schrie sie fast. »Ich will nicht!« Aber Todd hörte nicht auf.

Einige Minuten später saß Todd über das Steuerrad gebeugt da. Er war verwirrt und schwieg, weil er sich schämte. Jamie kauerte sich in einer Ecke des Rücksitzes zusammen und weinte. Ihr schönes Kleid war zerrissen und fleckig, ihre Handgelenke und ihr Hals brannten von Todds eisernem Griff. »Warum ich, Gott?«, jammerte sie innerlich. »Ich war immer vorsichtig mit Fremden und hielt mich bei Verabredungen immer an vernünftige Grenzen. Was habe ich nur falsch gemacht? Was soll ich nur machen?«

● Das Problem

Eine neuere Studie an der Universität von South Carolina hat ergeben, dass allein in den USA jährlich etwa 683 000 Frauen vergewaltigt werden. Die Studie ergab auch, dass die meisten Frauen den Mann kannten, der sie vergewaltigt hat und dass etwa die Hälfte der Opfer gefürchtet hat, während oder nach der Vergewaltigung getötet zu werden. Weiter berichtet die Studie, dass Vergewaltigung »größtenteils eine Tragödie der Jugend« ist, wie Dean Kilpatrick, Mitautor der Studie, es ausdrückte, denn 61% der Opfer sind das erste Mal vergewaltigt worden, ehe sie 18 Jahre alt waren.

Es gibt zwei Kategorien der Vergewaltigung. Einmal Vergewaltigung durch Fremde, bei dem das Opfer den Täter nicht kennt. Von dieser Art der Vergewaltigung hört man am ehesten in den Nachrichten oder liest etwas drüber in der Zeitung, insbesondere bei spektakulären Fällen (in Zusammenhang mit Gewalt, Mord etc.). Die Furcht vor Vergewaltigung durch einen Fremden veranlasst viele Frauen dazu, Selbstverteidigungskurse zu belegen, Sicherheitsschlösser einbauen zu lassen, eine Waffe zu erwerben oder Selbstverteidigungsspray in der Handtasche zu haben.

Die zweite Kategorie ist Vergewaltigung durch Bekannte, wobei der Täter dem Opfer auf irgendeine Weise schon bekannt ist. Es kann sich um einen Nachbarn, einen Klassenkameraden, einen Kollegen, einen Lehrer oder einen Verwandten handeln. Es kann sich um den Bruder einer Mitbewohnerin handeln, den besten Freund des eigenen Freundes oder um jemanden, den man auf einer Party kennen gelernt hat. Es kann ein eher entfernter Bekannter sein, ein ständiger Freund oder sogar der eigene Verlobte. Vergewaltigung durch Bekannte kommt wesentlich häufiger vor als durch Fremde, obwohl eine Vergewaltigung durch Fremde wesentlich häufiger gemeldet wird (obwohl immer noch nicht häufig genug).

Es ist schwierig, die Tragödie sexueller Übergriffe in unserer Gesellschaft in Zahlen zu fassen, weil Opfer wie Jamie oft zögern, solche Vorkommnisse zu melden, insbesondere, wenn jemand beteiligt ist, den man kennt. Aber mehrere Studien, die in den letzten dreißig Jahren durchgeführt wurden, zeigen, dass Vergewaltigung bei einem Rendezvous oder ähnlichem in den USA verbreiteter sind, als man zugeben will. Stellen Sie sich etwa eine fiktive Hochschule vor, wie sie in den USA typisch ist – nennen wir sie einfach Campbell-College. Sie hat 2 000 Studenten, davon 1 000 Männer und 1 000 Frauen. Wenn wir die Ergebnisse der bedeutendsten Studien in den USA auf diese Schule anwenden, dann stellen wir fest, dass:

- 800 der Frauen (das heißt 8 von zehn, also 80%) schon einmal die eine oder andere Form sexueller Aggression während des Studiums oder bei einem Rendezvous erlebt haben. (Zur sexuellen Aggression zählen: Ungewollter sexueller Kontakt, sexuelle Nötigung, versuchte Vergewaltigung, Vergewaltigung.) Frauen zwischen 16 und 19 Jahren stellen die am meisten betroffene Gruppe dar, Frauen zwischen 20 und 24 folgen knapp danach. Die Rate ist für diese beiden Gruppen viermal so hoch wie für den Durchschnitt aller Frauen.

- Mehr als 500 der männlichen Studenten (50%) haben sich schon einmal in der Universität oder bei einer Verabredung sexuell aggressiv gegen eine Frau verhalten.

- Etwa 250 Frauen (eine von vier) haben eine versuchte Vergewaltigung hinter sich und 125 (eine von 8) ist wirklich schon vergewaltigt worden.

- Etwa 250 der Männer am Campbell-College haben schon einmal versucht, gegen den Wunsch ihrer Freundin mit ihr Geschlechtsverkehr zu haben. Trotz aller Bitten, Flehen, Schreien, Weinen und Kämpfen sind etwa 150 von ihnen – wie Todd – zum Ziel gekommen.

- Etwa 100 der 125 Opfer am Campbell-College (80%) wurden von einem Bekannten oder ihrem Freund vergewaltigt. Im Schnitt kannten sie den Betreffenden fast ein Jahr, als sie vergewaltigt wurden. Etwa die Hälfte war zum ersten Mal miteinander ausgegangen oder nur flüchtig bekannt.

- Mehr als 100 der 125 Vergewaltigungen bei einer Verabredung geschahen außerhalb der Universität, davon die Hälfte im »Gebiet« des Mannes (sein Zimmer/Wohnung, sein Auto). Etwa 65 der Opfer (über 50%) wurden während oder gegen Ende eines länger geplanten Rendezvous vergewaltigt.

Vergewaltigung – ganz gleich ob durch einen Bekannten oder einen Fremden – ist verheerend. Und vom Gesetz her ist es eindeutig: Ungewollter sexueller Verkehr – auch durch einen Bekannten, einen Freund oder einen Ehemann – ist strafbar. Dennoch ist Vergewaltigung das Verbrechen, das am wenigsten gemeldet wird. Die Behörden schätzen, dass drei bis zehn Vergewaltigungen auf jeden gemeldeten Fall kommen![1] Eine Studie ergab, dass nur 5% der Frauen (Gesamtbefragte 1 500), die Opfer einer Vergewaltigung oder von versuchter Vergewaltigung waren, dies je den zuständigen Behörden gemeldet haben.[2] Andere Exper-

ten schätzen, dass höchstens die Hälfte und wahrscheinlich sogar nur etwa 10% aller Vergewaltigungen der Polizei gemeldet werden.[3]

◄ Die Ursachen

Viele Leute denken, dass Männer wie Todd Mädchen wie Jamie vergewaltigen, weil sie sexbesessen wären und ihre Triebe nicht unter Kontrolle halten könnten. Das stimmt allerdings nicht.

Falsche Einstellungen

Viele bedeutende Studien haben gezeigt, dass die Täter – auch wenn sie mit dem Opfer bekannt sind – meist als Reaktion auf drei Haltungen handeln, die in ihrer Persönlichkeit verankert sind und sie zu wandelnden Zeitbomben sexueller Aggression macht.

Die Haltung: »Ich bin der Größte.« Ein Mann, der an die Überlegenheit der Männer und die Unterwürfigkeit der Frau glaubt, ist ein potentieller Täter. Diese Männer gehen ganz in ihrem männlichen Rollendenken auf. Sie halten die Ansicht für wahr, dass Frauen Männer nur dann respektieren, wenn diese ihnen zeigen »wo es langgeht«. Sie sind der Auffassung, dass der Mann der Frau zeigen muss, wer der Chef ist, wenn er nicht selbst unter den Pantoffel geraten will. Solch ein Mann vergewaltigt nicht, weil er Sex braucht, sondern weil er das Machtgefühl braucht. Sein Ziel ist es, Frauen zu beherrschen und zu erobern, die er als Gegner seiner Überlegenheit sieht. Und wenn ein solcher Mann auf Kraft, Überlegenheit und sogar Gewalt setzt, um diese Dominanz zum Ausdruck zu bringen, dann ist es noch wahrscheinlicher, dass er Frauen in seinem Sexualleben verletzt und demütigt.

Die Haltung: »*Jetzt handeln, später nachdenken.*« Männer, die Frauen vergewaltigen, haben normalerweise kaum Verantwortungsgefühl. Sie schlittern leicht in Situationen, ohne innezuhalten und die Konsequenzen ihres Verhaltens zu überdenken. Sie folgen ihrer Laune und ihren Trieben, statt Selbstdisziplin und Zurückhaltung zu üben. Sie können heute Abend sexuell aggressiv vorgehen, ohne daran zu denken, wie sie morgen ihr Verhalten erklären sollen, bzw. wie sie mit den offensichtlichen rechtlichen und psychischen Konsequenzen zurechtkommen sollen, die sich für die nächsten Monate oder sogar Jahre für sie ergeben können.

Die Haltung: »*Es kümmert sich eh' niemand um dich.*« Männer, die dazu neigen, Frauen zu vergewaltigen, haben häufig kein soziales Gewissen. Sie handeln, ohne sich um die Gefühle und das Wohlergehen anderer zu kümmern. Sie argumentieren: »Wenn du mir in den Weg gerätst und dabei verletzt wirst, dann hast du halt Pech gehabt.« In einer sexuellen Begegnung kann es sein, dass sie die körperlichen und seelischen Schmerzen, die sie dem Opfer verursachen, gar nicht bemerken, weil sie nur damit beschäftigt sind, das zu bekommen, was sie wollen.

Gerüchte über sexuelles Verhalten

Der Mann, der in das dreifache Schema eines möglichen Sexualstraftäters passt, glaubt normalerweise auch einige Gerüchte über sexuelles Verhalten. Er benutzt sie entweder bewusst oder unbewusst, um seine sexuelle Aggression zu rechtfertigen. Hier einige der verbreitetsten Gerüchte:

Frauen wollen letztlich vergewaltigt werden. Dieser Mythos ist eine Erweiterung der männlichen Dominanz, die wir oben angesprochen haben. Die »Unterhaltungsindustrie« lehrt die Männer, Frauen als Dinge zu sehen, die man vergewaltigen kann, als Wesen, deren einziger Zweck darin besteht, die Triebe der Männer zu befriedigen. Männer, die dem Gerücht glauben, glauben auch, dass Frauen einen dominanten Mann wollen, auch in der Sexualität, dass es Frauen aufregend finden, wenn Männer gewalttätig werden, weil sie (bewusst oder unbewusst) erobert werden wollen. Das ist natürlich ein Gerücht. Keine Frau möchte Opfer sexueller Gewalt werden.

Frauen schulden Männern Sex, wenn diese Geld für sie ausgeben. Eine Umfrage unter Oberstufenschülern zeigte, wie sehr dieses Gerücht unter Jugendlichen verbreitet ist. In der Umfrage waren 51% der Jungen und 41% der Mädchen der Meinung, dass ein Junge, der für sein Mädchen Geld ausgegeben hat, das Recht hat, sie gewaltsam zu küssen. 25% der Jungen und 17% der Mädchen fanden es in Ordnung, wenn Geschlechtsverkehr erzwungen wurde, wenn der Mann viel Geld für sie ausgegeben hat.[4]

Frauen können ihre Triebe unter Kontrolle halten, Männer nicht. Viele Männer behaupten, dass sie es nur eine gewisse Zeit »aushalten«, bevor sie die Grenze überschreiten und ihr Sexualtrieb außer Kontrolle gerät. An diesem Punkt, so argumentieren sie, sind sie für ihre Handlungen nicht mehr verantwortlich. Es ist sogar oft so, dass der Mann der Frau die Schuld gibt, wenn er sie bei einem Rendezvous vergewaltigt, indem er argumentiert, dass sie den Fehler gemacht hat, ihn über diese Grenze zu führen.

Frauen sagen mit dem Mund nein, aber ihr Verhalten sagt ja. Eine Menge Männer behaupten, dass Frauen sich verführerisch kleiden und verhalten, um Männer anzumachen. Wenn eine Frau sich seinem sexuellen Angriff widersetzt, mag ein Mann dann sagen: »Du sagst zwar, ich soll aufhören, aber alles andere, was du tust, schreit: Mach weiter. Du ziehst dich sexy an. Du schickst mir diese schmachtvollen Blicke quer durch das Büro. Du schmust mit mir im Auto. Ich weiß zwar, dass du Prinzessin Rühr-mich-nicht-an mit mir spielst, denn das wird von Mädchen schließlich erwartet. Ich gebe dir nur, was du wirklich willst.« In den meisten Fällen ist es jedoch so, dass die Männer in das Verhalten der Frauen etwas hineinlesen. Studien zeigen, dass Männer dazu tendieren, die Freundlichkeit einer Frau als Bereitschaft für sexuelle Abenteuer zu deuten. Aus diesem Grund kommt es dazu, dass Männer das freundschaftliche Verhalten einer Frau überbewerten und ihren mündlichen Protest gegen sein Werben unterbewerten.

Wenn die Frau keine Jungfrau mehr war, dann ist es keine Vergewaltigung. Etwa ein Drittel der Oberstufenschüler in der oben erwähnten Umfrage gaben an, dass sie nichts Schlimmes daran finden, wenn eine Frau vergewaltigt wird, die schon sexuell aktiv war.[5] Diese Reaktion geht auf ein anderes weitverbreitetes Vorurteil zurück, das die Vergewaltigung einer Frau, die nicht mehr Jungfrau ist mit den folgenden Worten abtut: »Es ist ja nichts passiert, die war ja eh schon ein Flittchen.«

Vergewaltigung – ob durch einen Bekannten oder einen Fremden – ist nicht in erster Linie eine sexuelle Handlung, sondern eine Aggression. Und es handelt sich um Gewaltanwendung. Eine Studie fand heraus, dass 87% der Täter entweder eine Waffe dabei haben oder Gewalt bzw. Mord androhen.[6] In einer anderen Studie an Studentinnen, die sexueller Aggression ausgesetzt gewesen sind, wurden verschiedene Stufen der Gewaltanwendung entdeckt. 48% der Täter haben die Proteste und die Bitte, aufzuhören, überhört. 32% versuchten, die Opfer zu dem nicht gewollten Verkehr zu überreden. 15% hielten ihre Opfer irgendwie fest und 6% benutzten verschiedene Drohungen bzw. körperliche Gewalt.

▼ Die Folgen

Gesundheitliche Folgen

Für viele Opfer ist die unmittelbare und am ehesten bemerkte Folge gesundheitlich. Einige werden geschlagen oder verletzt. Es treten lockere Zähne, blaue Flecken und Schürfungen auf, die entweder von dem Angriff oder dem Versuch zu entkommen, herrühren. Sogar diejenigen, die keine sichtbaren Verletzungen haben, sagen aus, dass sie überall Schmerzen fühlen. Andere wieder sagen aus, dass einige Bereiche besonders schmerzen, weil der Täter sein Augenmerk auf diesen Bereich gerichtet hat, etwa auf den Hals, die Rippen, die Brust, die Kehle, Arme und Beine, das Becken oder der Bereich der Geschlechtsorgane. Einige Opfer berichten, dass sie Schlafstörungen haben, insbesondere, wenn die Tat in der Nacht oder im eigenen Bett geschah. Sie können nicht einschlafen, wachen schreiend auf, weil sie Alpträume haben und können anschließend nicht wieder einschlafen. Andere Opfer entwickeln als Folge eine Essstörung. Manche berichten von Selbsthass, weil sie sich vor ihrem eigenen Körper ekeln. Wenn das geschieht, kann verminderter Appetit die Folge sein, der wiederum zu Zwangshandlungen führt wie Esssucht, Bulimie (Ess-Brechsucht) oder Magersucht.

Opfer einer Vergewaltigung werden oft auch in anderer Hinsicht süchtig, etwa indem sie übermäßig Sport treiben, perfektionistisch sind, putzsüchtig, arbeitssüchtig, drogensüchtig und anderes mehr. Einige Frauen kämpfen mit perversen Sexualpraktiken oder neigen dazu. Viele leiden auch unter Migräne oder Verdauungsstörungen.

Psychische Folgen

Die gesundheitlichen Folgen von Vergewaltigung sind schlimm, doch die seelischen Wunden und Folgen eines solchen Gewaltverbrechens sind oft noch schlimmer und meist schwerer zu überwinden. Im Folgenden führen wir nur einige der psychischen Reaktionen von Vergewaltigungsopfern auf – sowohl der Vergewaltigung durch Fremde als auch durch Bekannte – die recht häufig vorkommen.

Trauer. Vergewaltigungsopfer empfinden einen tiefen Verlust und Trauer auf mehreren Gebieten. Vielleicht war der Täter ein vertrauter Freund und jetzt hat das Opfer mit der Tatsache zu kämpfen, dass ihr Vertrauen missbraucht worden ist und es sich fragt, ob sie jemals wieder zu jemandem Vertrauen haben kann. Ein Vergewaltigungsopfer trauert oft nicht nur über den Verlust des Vertrauens in den Täter, sondern sie kann keinem Mann mehr vertrauen. Opfer haben auch mit einem Selbstwertverlust zu kämpfen, weil die tragische Verletzung ihrer Persönlichkeit sie ihren Wert und ihr Ansehen bei anderen in Frage stellen lässt. Und schließlich ist da noch die Tatsache, wenn die Frau vor der Vergewaltigung noch Jungfrau war, dass sie etwas verloren hat, das sie vielleicht für ihren zukünftigen Ehemann hatte aufsparen wollen. Wegen all dieser Verluste, die durch eine Vergewaltigung entstehen, ist zu erwar-

ten, dass es eine längere Trauerzeit gibt (vgl. Kapitel 8, »Trauer«).

Schuldgefühle. Eine der tiefgreifendsten psychischen Folgen von Vergewaltigung – und vielleicht insbesondere, wenn die Vergewaltigung während eines Rendezvous stattfand – sind Schuldgefühle. Opfer geben sich oft selbst einen Teil der Schuld für das, was ihnen widerfahren ist. Sie gehen immer wieder eine Reihe von »Wenns« durch, die Schuldgefühle hervorrufen: Wenn ich nur nicht gestattet hätte, dass wir uns von den anderen absetzen ... wenn ich nur dieses Kleid nicht getragen hätte ... wenn ich nur nicht mitgemacht hätte ... wenn ich nur wenigstens Spaß daran gehabt hätte ... wenn ich ihm nur nicht Vorschub geleistet hätte ... Die Erkenntnis, dass sie an dem Unrecht beteiligt war – ganz gleich, ob sie nun anschließend das Opfer wurde – kann im Opfer Schuldgefühle hervorrufen (vgl. Kapitel 3, »Schuld«).

Verdrängung. Viele Frauen können nicht glauben, dass jemand, den sie kannten, sie vergewaltigen konnte. Allein die Vorstellung ist zu schmerzlich. Und so versuchen sie, den Vorfall in ihr Unterbewusstsein abzuschieben und zu leugnen, dass überhaupt etwas passiert ist. Wenn die Vergewaltigung bei einem Rendezvous passiert ist, sagt sich das Opfer oft selbst: »Es war keine Vergewaltigung. Es kann gar keine Vergewaltigung gewesen sein. Das war kein Fremder, der mich mit vorgehaltener Pistole gezwungen hat, das war mein Freund. Ein Freund vergewaltigt seine Freundin nicht.«

Angst. Angst, insbesondere vor Männern, ist eine natürliche Folge einer Vergewaltigung. Einige Opfer haben plötzlich Angst, mit einem Mann zusammen zu sein, allein zu sein oder allein leben zu müssen. Wenn der Täter groß war, fürchtet das Opfer oft alle großen Männer. Wenn er einen Bart hatte, dann fürchtet sie sich vor jedem Bärtigen. Sogar der Geruch des Rasierwassers, das der Täter verwendet hat, kann Panik auslösen (vgl. Kapitel 2, »Angst«).

Einige Frauen haben Angst, dass der Täter sich wieder an ihnen vergeht. Eine Umfrage stellte fest, dass 41% der Frauen, die vergewaltigt worden sind, erwarten, wieder vergewaltigt zu werden. Als Folge nehmen viele Selbstverteidigungskurse, lassen ihre Telefonnummer ändern, lassen Alarmanlagen und komplizierte Sicherungssysteme einbauen, schlafen nur im Hellen oder ziehen zu einer Freundin. Wenn die Angst, die auf eine Vergewaltigung folgt, nicht verarbeitet wird, dann kann sie zu ernsten Problemen führen, die alle zukünftigen Beziehungen zu Männern, sogar zu ihrem Mann oder ihrem Vater, beeinträchtigt.

Verlust des Selbstwertgefühls. Viele Opfer von Vergewaltigung fühlen sich tief innerlich verletzt und sind so verzweifelt, dass sie sich als »beschädigt« ansehen. Sie fühlen sich schmutzig, als Sache und missbraucht. Ihr Selbstbild ist verletzt und sie fragen sich, ob sie jemals wieder etwas wert sein werden (vgl. Kapitel 6, »Geringe Selbstachtung«). Eine Studie ergab, dass 30% der befragten Opfer nach dem Vorfall Selbstmordgedanken hatten, 31% sich in psychotherapeutische Behandlung begaben und 82% sagten aus, dass das Erlebnis sie dauerhaft verändert habe.[7]

Soziale Folgen

Das Opfer einer Vergewaltigung wird auch einige soziale Folgen des Erlebnisses zu spüren bekommen. Sie wird merken, dass einige Menschen sie meiden.

Ihr soziales Leben – oder besser ihr mangelndes soziales Leben – kann von ihrer Furcht bestimmt sein, dass jeder weiß, dass sie vergewaltigt worden ist. Es kann sein, dass sie nach dem Erlebnis lieber zu Hause bleibt, als mit Freunden auszugehen. Sie würde vielleicht am liebsten alle Schulstunden oder Vorlesungen schwänzen oder nicht arbeiten gehen, weil sie sich angestarrt fühlt oder wegen der Fragen, die man ihr stellen könnte. Sie wird vielleicht alle Verabredungen mit Männern absagen, weil sie jede noch so leicht erotisch getönte Situation fürchtet. Es kann sein, dass sie nicht mehr zur Kirche geht, sich in Gemeinschaft nicht mehr wohl fühlt ... und sich auch Gott nicht »stellen« will.

Geistliche Folgen

Ein Opfer einer Vergewaltigung wird sich sofort den geistlichen Problemen ihres Erlebnisses gegenübersehen. Sie wird schnell anfangen, Fragen wie die folgenden zu stellen: Wo war Gott, als es passierte? Wusste er, was mir geschieht? Interessierte es ihn überhaupt? Ist das passiert, weil Gott mich nicht liebt? Oder weil ich es nicht wert bin, geliebt zu werden?

Solche Fragen sind nicht nur für das Opfer an sich schon ein Problem, sondern können auch noch Schuldgefühle hervorrufen, wenn sich das Opfer sagt: »Ich darf so nicht denken, ich darf doch nicht solche Zweifel haben.«

▲ Die biblische Sicht

Es gibt in der Bibel zahlreiche Themen, über deren Auslegung man sich streiten kann, doch das richtige sexuelle Verhalten gehört eindeutig nicht dazu. Gott hat den Menschen die Sexualität geschenkt, damit sie von Mann und Frau in einer liebevollen, monogamen Beziehung genossen werden kann. Jede Haltung oder Handlung, die von Gottes Maßstäben abweicht, ist sexuelle Sünde, wie die folgenden Verse feststellen:

Du sollst nicht ehebrechen (2. Mo. 20,14).

Ihr habt gehört, dass gesagt ist: Du sollst nicht ehebrechen. Ich aber sage euch, dass jeder, der eine Frau ansieht, sie zu begehren, schon Ehebruch mit ihr begangen hat in seinem Herzen (Mt. 5,27-28).

Oder wisst ihr nicht, dass Ungerechte das Reich Gottes nicht erben werden? Irrt euch nicht! Weder Unzüchtige, noch Götzendiener, noch Ehebrecher, noch Wollüstlinge, noch Knabenschänder, noch Diebe, noch Habsüchtige, noch Trunkenbolde, noch Lästerer, noch Räuber werden das Reich Gottes erben ... Flieht die Unzucht! (1. Kor. 6,9.10.18).

Unzucht aber und alle Unreinheit oder Habsucht sollen nicht einmal unter euch genannt werden, wie es Heiligen geziemt (Eph. 5,3).

Tötet nun eure Glieder, die auf der Erde sind: Unzucht, Unreinheit, Leidenschaft, böse Lust und Habsucht, die Götzendienst ist (Kol. 3,5).

Denn dies ist Gottes Wille: eure Heiligung, dass ihr euch von der Unzucht fernhaltet (1. Thes. 4,3).

Die Ehe sei ehrbar in allem und das Ehebett unbefleckt; denn Unzüchtige und Ehebrecher wird Gott richten (Hebr. 13,4).

Zusätzlich zur Tatsache, dass Vergewaltigung gegen Gottes Richtlinien für sexuelle Reinheit stehen, verletzt Vergewaltigung (letztlich jede Gewaltanwendung) Gottes höchstes Gebot: Das Gebot der Liebe. Das wichtigste Wort im Neuen Testament für Liebe ist das Wort agape, ein Wort für die höchste Form der Liebe. Sie ist selbstlos und großzügig. Sie ist das Gegenteil des Strebens nach Macht und Triebbefriedigung, die hinter einer Vergewaltigung steht. Lust will alles sofort haben, während die Liebe sich ausstreckt, um dem anderen das zu geben, was er braucht.

Man kann die Betonung des Neuen Testaments auf selbstlose Liebe nicht übersehen. Gottes Gesetz der Liebe lässt keinen Raum für die Selbstsucht einer Vergewaltigung:

Jesus lehrte: Ein neues Gebot gebe ich euch, dass ihr einander liebt, damit, wie ich euch geliebt habe, auch ihr einander liebt. Daran werden alle erkennen, dass ihr meine Jünger seid, wenn ihr Liebe untereinander habt ... Größere Liebe hat niemand als die, dass er sein Leben hingibt für seine Freunde (Joh. 13,34.35; 15,13).

Paulus schrieb: In der Bruderliebe seid herzlich zueinander, in Ehrerbietung einer dem anderen vorangehend ... Denn das: Du sollst nicht ehebrechen, du sollst nicht töten, du sollst nicht stehlen, du sollst nicht begehren und wenn es ein anderes Gebot gibt, ist es in diesem Wort zusammengefasst: Du sollst deinen Nächsten lieben wie dich selbst (Röm. 12,10; 13,9).

Petrus schrieb: Da ihr eure Seelen durch den Gehorsam gegen die Wahrheit zur ungeheuchelten Bruderliebe gereinigt habt, so liebt einander anhaltend, von Herzen (1. Petr. 1,22).

Und Johannes schrieb: Geliebte, lasst uns einander lieben, denn die Liebe ist aus Gott; und jeder, der liebt, ist aus Gott geboren und erkennt Gott (1. Joh. 4,7).

Das Wort Gottes stellt klar, dass jemand, der eine Frau vergewaltigt bzw. versucht sie zu vergewaltigen – sich einer schlimmen Sünde schuldig gemacht hat. Und man muss betonen, dass Gott den Täter zur Verantwortung ziehen wird, nicht das Opfer. »Wer den Schuldigen gerecht spricht und wer den Gerechten für schuldig erklärt – ein Gräuel für den HERRN sind sie alle beide« (Spr. 17,15). Die Gemeinde und die Christen müssen sich sehr in acht nehmen, keines von beiden zu tun, wenn sie sich dem Problem einer Vergewaltigung gegenüber sehen.

Die Schrift macht auch eindeutig klar, dass Gott gewillt ist, ja sogar darauf wartet, dem Täter seine Liebe und Vergebung zu schenken, wenn dieser seine Sünde bekennt und die Verantwortung dafür übernimmt.

»Wenn eure Sünden rot wie Karmesin sind«, verheißt die Schrift, »wie Schnee sollen sie weiß werden. Wenn sie rot sind wie Purpur, wie Wolle sollen sie werden. Wenn ihr willig seid und hört, sollt ihr das Gute des Landes essen. Wenn ihr euch aber weigert und widerspenstig seid, sollt ihr vom Schwert gefressen werden« (Jes. 1,18b-20a).

Am wichtigsten ist vielleicht, dass Gottes Wort keinen Zweifel daran läßt, dass er seine Hand der Liebe, der Gnade und des Trostes nach dem Opfer der Vergewaltigung ausstreckt:

Denn retten wird er den Armen, der um Hilfe ruft und den Elenden und den, der keinen Helfer hat (Ps. 72,12).

Er wird Recht schaffen den Elenden des Volkes; er wird retten die Kinder des Armen und den Bedrücker wird er zertreten (Ps. 72,4; Elb).

Du hast es gesehen, denn du, du schaust auf Mühsal und Gram, um es in deine Hand zu nehmen. Dir überlässt es der Arme, der Vaterlose; du bist ja Helfer (Ps. 10,14).

▶ Praktische Hilfen anbieten

Vergewaltigung ist ein unaussprechlich tragisches und traumatisches Erlebnis und einem Vergewaltigungsopfer zu helfen, fordert selbst erfahrene christliche Psychologen heraus. Das Ziel eines Jugendleiters sollte es sein, so schnell wie möglich einen erfahrenen Seelsorger oder christlichen Psychologen hinzuzuziehen, doch die folgenden Schritte können als Vorbereitung auf Hilfe von außen getan werden:

Zuhören. Es ist erstaunlich, wie viele Opfer einer Vergewaltigung niemandem etwas davon erzählen. In einer Untersuchung von Frauen, die schon einmal vergewaltigt worden sind, gaben 42% an, dass sie niemandem von dem Vorkommnis berichtet haben. Wenn eine junge Frau Ihnen anvertraut hat, dass sie vergewaltigt worden ist, dann sollten Sie darauf achten, dass Sie:

- Aufmerksam und mit Mitgefühl zuhören;

- Keinen Zweifel oder Unglauben an den Aussagen zum Ausdruck bringen;

- Vermeiden, die junge Frau zu belehren;

- Versuchen, Ihre eigenen Äußerungen zu Anfang auf vorsichtige Fragen zu beschränken, etwa: »Meinst du, du kannst darüber reden?« oder »Kannst du mir sagen, was dann passiert ist?« Helfen Sie der Jugendlichen, den Vorfall sorgfältig und gründlich zu berichten. Helfen Sie ihr nicht nur auszudrücken, was geschehen ist, sondern auch, was sie darüber fühlt und was es ihr körperlich, seelisch und geistlich angetan hat.

Verständnis zeigen. Bei jedem Schritt sollten sie die Gelegenheit ergreifen, Mitgefühl zu zeigen und gleichzeitig der Jugendlichen zu vermitteln, dass Sie ihre Aussagen nicht werten, indem Sie:

- Nicken;

- Blickkontakt aufnehmen;

- Sich in Ihrem Stuhl vorbeugen, um Interesse und Anteilnahme zu zeigen;

- Beruhigend sprechen;

- Hauptaussagen und auch Gesten wiedergeben (»Du sagst also, dass ...« oder »du hast dich hilflos gefühlt ...«);

- Geduldig warten, wenn das Mädchen schweigt oder weint.

Das Opfer könnte versucht sein, Gefühle wie Zorn, Hilflosigkeit, Hass, Angst, Scham und Verlangen nach Rache zu unterdrücken, weil sie denkt, dass solche Gefühle böse sind. Helfen Sie ihr zu verstehen, dass Gefühle an sich mit Moral nichts zu tun haben, sie sind weder gut noch böse. Sie sind einfach ein Warnsystem, das Gott uns gegeben hat, das darauf hinweist, dass etwas nicht in Ordnung ist. Betonen Sie, dass es darum geht, sich den Gefühlen zu stellen, ihnen Ausdruck zu verleihen und auf sie angemessen zu reagieren.

Bestätigen. Nützen Sie jede Gelegenheit, um dem Opfer klarzumachen, dass ganz gleich, was sie getan oder gesagt hat, wie sie gekleidet war, sie nicht darum gebeten hat, vergewaltigt zu werden. Erinnern Sie sie daran, dass sie das Opfer ist und dass das auf keinen Fall ihre Schuld ist. Vermitteln Sie immer wieder mit Worten und Taten, dass sie von Gott und von Ihnen ohne Vorbedingung geliebt wird und dass sie als Person unendlich wertvoll ist. Wenn es passt, sollten Sie dem Mädchen die folgenden Erkenntnisse aus der Bibel vermitteln: Du bist wertvoll, weil du nach dem Bild Gottes geschaffen bist (1. Mo. 1,27). Du bist Gott so viel wert, dass Gott seinen einzigen Sohn für dich geopfert hat (Joh. 3,16; 1. Petr. 1,18-19). Du bist (wenn du Christ bist) Gottes Werk, sein Meisterstück (Eph. 2,10 Lu84). Du bist so wertvoll, dass Gottes Wort sagt, dass er reich ist, weil du ihm gehörst (Eph. 1,18).

Richtung weisen. Ein Opfer von einem traumatischen Ereignis wie einer Vergewaltigung fühlt sich häufig machtlos, Hilfe zu suchen oder Entscheidungen zu treffen. Der engagierte Erwachsene muss das Opfer geduldig und vorsichtig durch die folgenden Schritte zur Heilung leiten:

- Weisen Sie die Jugendliche auf Gott hin, der die Quelle der Heilung ist. Es kann sein, dass das Opfer einer Vergewaltigung nicht beten kann, zumindest in der ersten Zeit. Vielleicht meint es, dass der Himmel für sie verschlossen ist und Gottes Ohr taub. Eine Möglichkeit zur Hilfe ist, sie auf Schlüsselpsalmen hinzuweisen. Fordern Sie sie

461

auf, sie laut vorzulesen, sie zu benutzen, um ihre Trauer und ihren Zorn zu äußern und sich schließlich von ihnen ins Gebet leiten zu lassen. Hilfreiche Psalmen sind Ps. 6; 27; 28; 31; 57; 70; 91; 130; 142; 143.

- Begleiten Sie das Opfer durch die Phasen der Trauer und durch andere Gefühlsäußerungen und Reaktionen. Der Verlust, der bei einer Vergewaltigung entsteht, muss verarbeitet werden. Der engagierte Erwachsene kann dem jungen Mädchen helfen, die Phasen der Trauer (Verdrängung, Zorn, Verhandlung, Depression und Annahme) durchzugehen, indem er ihr hilft, sich diesen Gefühlen zu stellen, ihnen Ausdruck zu verleihen und zu verarbeiten, um sie anschließend mit Verständnis und Trost anzunehmen (vgl. Kapitel 8, »Trauer«).

- Gründen Sie eine tägliche Gebetsgemeinschaft mit und für die junge Frau. Sichern Sie zu, dass Sie täglich für das Mädchen beten und ermutigen Sie sie, jeden Tag die Gemeinschaft mit Gott zu suchen, damit sie sich auf Seine Kraft stützen kann, aus Seinem Wort lernt und destruktive Gedanken und Gefühle mit dem Geist Christi unter Kontrolle bringen kann (Phil. 4,4-9).

- Machen Sie die junge Frau auf die möglichen (Spät-)Folgen der Vergewaltigung aufmerksam. Fordern Sie sie auf, sich folgende Fragen zu stellen: »Bin ich seltener in Gemeinschaft als normal?«, »Habe ich Angst vor Männern?« und »Bin ich schnell verlegen?« Diese Fragen können helfen, ungelöste, verborgene Haltungen oder Ängste zu diagnostizieren, die von dem Erlebnis herrühren.

- Helfen Sie der Jugendlichen, Hilfe in Anspruch zu nehmen, damit sie ihr Trauma überwinden lernt. Helfen Sie ihr zu überlegen, wer bereit sein könnte, ihr praktisch zu helfen: etwa ein verständnisvoller Elternteil, eine gute Freundin, Organisationen, Brieffreundinnen, Nottelefone (lassen Sie die Menschen namentlich benennen).

- Ermutigen Sie die junge Frau, die Tatsache anzunehmen, dass Heilung Zeit braucht. Vermitteln Sie Hoffnung. Der Heilungsprozess mag zwar schmerzhaft sein und einige Zeit in Anspruch nehmen, aber das Opfer hat die eigentliche Vergewaltigung überstanden und mit Gottes Hilfe kann sie auch ihr Trauma überstehen.

Ziele setzen. Beziehen Sie das Opfer in mehrere wichtige Aktivitäten ein, die zur Heilung führen können:

- Ärztliche Hilfe suchen. Wenn die Vergewaltigung noch nicht lange her ist, kann das Opfer noch unter Schockeinwirkung stehen. Es kann sein, dass sie einige der Verletzungen noch nicht bemerkt hat. Drängen Sie darauf (mit dem Einverständnis und Beteiligung der Eltern), dass die Betroffene zu einem Arzt oder in eine Notfall-Ambulanz geht, um sich untersuchen zu lassen. Die meisten Experten empfehlen, dass sich das Opfer vorher nicht waschen oder duschen soll, weil sonst wertvolle Hinweise auf den Täter verloren gehen könnten. Auch sind Schwangerschaftstests und Untersuchungen auf Geschlechtskrankheiten notwendig, um eine möglicherweise notwendige Behandlung nicht zu verzögern.

- Die Vergewaltigung melden. Stellen Sie sicher, dass das Opfer versteht, dass eine Anzeige zu einer Fahndung gegen den Täter führen kann, zur Festnahme und anschließenden Gerichtsverhandlung. Es könnte sein, dass die Betroffene sich nur schwer entschließen kann, Anzeige zu erstatten. Doch helfen Sie ihr zu verstehen, dass der Täter – auch wenn sie ihn kannte und ihm vertraute – ein Verbrechen begangen hat. Strafverfolgung könnte die einzige Art sein, den Täter von weiteren Verbrechen abzuhalten.

• Einen sicheren Ort finden, um sich zu erholen. Der besorgte Erwachsene sollte vorschlagen, dass eine Verwandte oder Freundin bei dem Mädchen bleibt, bis sie den ersten Schock der Vergewaltigung überwunden hat, insbesondere, wenn auch nur die geringste Chance einer Wiederholung der Tat besteht.

• Weitere Behandlung und Ausbildung sicherstellen. Möchte die Jugendliche eine Selbsthilfegruppe für Vergewaltigungsopfer besuchen? Würde ihr eine christliche Frauengruppe weiterhelfen, die ihr geistliche Unterstützung zur Genesung gibt und ihr eine wohltuende Atmosphäre bietet? Würde es helfen (am besten schriftlich) einen Plan zu Schritten zu ihrer Heilung aufzustellen?

Hilfe von außen. Wie schon oben erwähnt, sollte es für den Betreuer oberste Priorität haben, das Opfer einer Vergewaltigung einem christlichen Psychologen zuzuführen (Absprache mit den Eltern ist wichtig). Das schlimme Trauma einer Vergewaltigung – ob durch einen Fremden oder einen Bekannten – macht die Hilfe eines geschulten Psychologen notwendig, der das Opfer durch die Stufen der Heilung begleiten kann.

Dem Täter helfen

Ein junger Mann, der eine Frau vergewaltigt hat – ganz gleich, ob er sie kannte oder nicht – braucht ganz dringend weisen und gottesfürchtigen Rat. Wenn er ein Mädchen vergewaltigt hat, dann hat er gegen Gott gesündigt und einem Geschöpf Gottes schreckliches Unrecht zugefügt. Er mag selbst leiden, entweder als Ursache für die Vergewaltigung oder aber als ihre Folge. Ein Jugendleiter, der sich in der Situation findet, einem Sexualstraftäter zu helfen, sollte folgendermaßen beginnen:

Zuhören. Lassen Sie den jungen Mann reden. Erlauben Sie ihm zu erzählen, was er getan hat. Versuchen Sie nicht, ihn davon abzuhalten, sein Verhalten zu erklären oder zu entschuldigen, sondern geben Sie ihm Gelegenheit, sein Herz freimütig auszuschütten.

Verständnis zeigen. Der Erwachsene kann von seinem Abscheu und seinem Schrecken über die Tat überwältigt werden, doch es ist wichtig, in dieser Phase dem Täter unter Gebet Hilfe zuzusagen. Der Jugendleiter sollte es vermeiden, dem Täter zu helfen, seine Handlung zu entschuldigen, aber dies ist nicht der geeignete Zeitpunkt, ihm eine Predigt zu halten. Der Täter hat sicherlich Angst, es geht ihm schlecht und er braucht liebevolle, aber konsequente Unterstützung.

Bestätigen. Versuchen Sie, dem Täter die bedingungslose Liebe auf eine Weise zu vermitteln, dass er zwischen der besorgten Annahme seiner Person und der Ablehnung seines Verbrechens unterscheiden kann.

Richtung weisen. Versuchen Sie, den Täter durch die folgenden Schritte zu begleiten. (Es kann sein, dass einige – oder alle – diese Schritte erst getan werden, wenn der Täter an einen geschulten Helfer vermittelt wird, doch sind sie wichtige Schritte, dem Täter zu helfen.)

• Mit Gott ins Reine kommen. Helfen Sie dem Täter verstehen, dass seine Tat eine Sünde gegen Gott darstellt. Deshalb besteht der erste Schritt zur Wiederherstellung darin, Gott die Sünde zu bekennen und Seine Vergebung anzunehmen. Sie können vorschlagen, dass der Täter sich hinsetzt und einen Bekenntnisbrief an Gott schreibt. Sie sollten ihn auf Psalm 51 als einer hilfreichen Vorlage für ein Bußgebet hinweisen.

• Umkehren. Bekenntnis ist wichtig, aber es reicht nicht aus. Es muss auch zu einer Verhaltensänderung kommen, damit die Tat auf keinen Fall wiederholt wird. Der Täter muss Buße tun. Buße tun heißt wörtlich, dass man aufhört in eine bestimmte Richtung zu gehen, umkehrt und in eine neue Richtung geht. Am besten erreicht der Täter dies, indem er einen erfahrenen Gläubigen aufsucht.

• Gründen Sie eine tägliche Gebetsgemeinschaft mit und für den jungen Mann. Bieten Sie dem Täter ihre tägliche Gebetsunterstützung an und ermutigen Sie ihn, regelmäßig die Gemeinschaft mit Gott zu suchen, damit er sich auf Seine Kraft verlassen kann, aus Seinem Wort lernt und zerstörerische Gedanken und Gefühle mit dem Geist Christi unter Kontrolle bringen kann (Phil. 4,4-9).

• Der Täter sollte sich dem Opfer stellen, wenn nötig auch der Polizei. Zu einem gewissen Zeitpunkt sollte der Täter sich entscheiden, wie er sich am besten bei der Frau entschuldigen kann, die er vergewaltigt hat. Er könnte sich etwa für einen Brief entscheiden, in welchem er deutlich zugibt, was er getan hat, seinem Bedauern darüber Ausdruck verleiht, die Schritte beschreibt, die er tun will, damit sich eine solche Tat nicht wiederholt und deutlich sagt, dass es seine Schuld war, nicht ihre. In dem Brief sollte er auch Wiedergutmachung anbieten (z.B. die Krankheitskosten des Opfers zu tragen, eine Therapie für das Opfer zu bezahlen etc.). Wenn das Opfer Anzeige erstattet hat, kann es sein, dass sich der Täter einer Gerichtsverhandlung stellen muss und eventuell verurteilt wird. Führen Sie ihn zu der Erkenntnis, dass er völlig wahrhaftig sein muss und mit der Polizei, den Anwälten, dem Richter und anderen Behörden zusammenarbeiten sollte. Er kann die Behörden darauf hinweisen, dass er sein Problem behandeln läßt, aber er sollte bereit sein, die Strafe für sein Verbrechen auf sich zu nehmen.

• Beten Sie um Versöhnung. Wenn das Bekenntnis, die Buße und Wiederherstellung des Täters mit der Vergebung durch das Opfer zusammenkommen, dann ist eine Versöhnung möglich. Das heißt nicht, dass die Beziehung des Täters zu dem Opfer wieder dieselbe ist wie vorher (wenn überhaupt eine solche bestanden hat). Es kann sein, dass die Frau Jahre braucht, ehe sie überhaupt mit dem Täter wieder sprechen kann, geschweige denn eine Beziehung zu ihm haben kann. Doch wenn der Täter ehrlich nach Vergebung strebt und seinen Teil getan hat, dann kann sein Gewissen rein sein und die Möglichkeit einer Versöhnung ist gegeben.

Ziele setzen. Versuchen Sie, die Mitarbeit des Täters für die oben genannten Schritte zu gewinnen. Lassen Sie ihn soweit wie möglich die Pläne selbst schmieden und einen Zeitplan aufstellen. Der Jugendleiter wird in einem solchen Fall vorsichtigen Druck ausüben und verlangen, dass über die Einhaltung des Plans Rechenschaft abgelegt wird. Letztlich ist jedoch der Täter selbst die Hauptperson, wenn es um seine Wiedereingliederung geht.

Hilfe von außen. Sie sollten versuchen, zum frühstmöglichen Zeitpunkt den Täter zu überzeugen, dass er seine Eltern einschalten sollte. Außerdem sollte er einen christlichen Psychologen aufsuchen, der auf dem Gebiet der Behandlung von Sexualstraftätern Erfahrung hat. Eine solche Behandlung kann dem Täter helfen, die Ursachen seines Problems zu erkennen, ein Vorgang, der mehrere Monate, ein Jahr oder auch länger dauern kann. Der Weg zur Normalität ist zwar lang, doch besteht ohne eine Analyse und Behandlung der zugrunde liegenden Ursachen die Gefahr einer Wiederholung der Tat.

In diesem Kapitel zitierte Bibelstellen

- 2. Mose 20,14
- Matthäus 5,27-28
- 1. Korinther 6,9-10.18
- Epheser 5,3
- Kolosser 3,5
- 1. Thessalonicher 4,3
- Hebräer 13,4
- Johannes 13,34-35; 15,13
- Römer 12,10; 13,9
- 1. Petrus 1,22
- 1. Johannes 4,7
- Sprüche 17,15
- Jesaja 1,18b-20a
- Psalm 10,14; 72,4.12
- 1. Mose 1,27
- Johannes 3,16
- 1. Petrus 1,18.19
- Psalm 6; 27; 28; 31; 57; 70; 91; 130; 142; 143
- Philipper 4,4-9
- Psalm 51

Ritueller Missbrauch und Miss-handlung

Einführung

Mit 18 hatte Jill den Mut, sich an den Alptraum zu erinnern, den sie als Kind erlebt hatte. Sie konnte nur selten ruhig schlafen. Es gab keine Worte, die ihr hätten Trost bringen können. Für Jill gab es nichts, das die Schrecken ihres Alptraums hätten beseitigen können.

Zugegeben, Jills Alptraum war etwas Besonderes. Er war nämlich nicht aus ihrem Unterbewussten entstanden, während sie schlief. Ihr Alptraum war nämlich nicht geträumt, sondern real.

Jill bezeichnet sich als Überlebende von rituellem Missbrauch. Als Kind wurde sie zur Adoption freigegeben, war dann jedoch erst einige Jahre in Pflegefamilien untergebracht, bis sie schließlich von einem Paar adoptiert wurde, die Okkultisten waren. Ihre Rolle in der Familie brachte es mit sich, dass sie die Hauptrolle in etlichen satanistischen Ritualen spielte. Sie wurde psychisch, körperlich und sexuell misshandelt. Ihre Adoptiveltern versuchten sicherzustellen, dass sie den finsteren Mächten treu ergeben war.

Jill wurde vergewaltigt, man führte Gegenstände in ihren Leib ein. Sie musste lange Stunden in einer Kiste liegen, die wie ein Sarg aussah und mit Exkrementen gefüllt war. Blut wurde über ihren Leib gegossen. Schreckliche Gesänge ließen ihre Ohren widerhallen. Häufig wurde gedroht, sie umzubringen. Am schlimmsten war jedoch, dass sie gezwungen wurde, bei Tier- und Menschenopfern dabei zu sein.

Als Jill heranwuchs, hatte der direkte Missbrauch längst aufgehört. Die Erinnerung an die Ereignisse hatte sie sicher verdrängt und im Alltag konnte sie die Erinnerung daran nicht abrufen. Größtenteils war ihr Leben normal. Doch eines Tages kamen einzelne Erinnerungen schlagartig zurück.

Unter dem Deckmantel eines scheinbar normalen Lebens lag eine verletzte Persönlichkeit am Rande des Zusammenbruchs. Als diese Erinnerungen in den nächsten Wochen weitergingen, lebte sie in ständiger Angst und unter wachsendem Stress. Sie glaubte, dass sie umgebracht würde, wenn sie jemandem von diesen Ungeheuerlichkeiten erzählte. Während solcher Zeiten, wenn sie ganz hoffnungslos war, wünschte sie, sie könne sich umbringen.

Jill versuchte, den langen Weg der Genesung zu gehen, um wieder stark zu werden und die Führung ihres Lebens wieder in die eigene Hand zu bekommen. Als Teil ihrer Heilung offenbarte sie Menschen, denen sie vertrauen konnte, ganz genau jede Einzelheit ihrer Erlebnisse. Die meisten Leute konnten ihr nicht glauben. Manchmal zweifelte sie sogar selbst daran.

● Das Problem

Obwohl viele Menschen bezweifeln – weil es das Phänomen der irrtümlichen Erinnerungen gibt – dass es rituellen Missbrauch gibt – und es gibt wirklich viele Hinweise darauf, dass es so etwas wie irrtümliche Erinnerungen gibt – ist der Alptraum des rituellen Missbrauchs dennoch schreckliche Realität. Viele persönliche Erfahrungsberichte, wie die von Lauren Stratford (1988) und Rebecca Brown (1966) veröffentlichten, zeigen, dass es solchen Missbrauch wirklich gibt. Viele Polizeiakten belegen, dass es satanistische Rituale gibt, bei denen Verbrechen geschehen. Medizinische Berichte über misshandelte Kinder und die sehr ähnlichen Berichte von Seelsorgern, Psychologen und Psychiatern überall im Land geben den Behauptungen weitere Glaubwürdigkeit.

Streng genommen ist rituelle Misshandlung nicht unbedingt Teil satanischer Praktiken. Doch das Ziel der rituellen Misshandlung reflektiert die Grundlagen satanischen Glaubens und satanischer Praktiken. Dem Opfer wird mit Indoktrination ein Weltbild vermittelt, in dem Gutes böse und Böses gut ist. Auch kann dazu gehören, dass das Opfer gezwungen wird, eine bestimmte Gottheit anzubeten. Zusätzlich wird der Glaube an übernatürliche Mächte wie Dämonen und Monster benutzt, um Kontrolle über die Opfer auszuüben und sie zu terrorisieren.

Sind die Satanisten darin verwickelt? Ganz sicher. Die Kirche Satans lebt und gedeiht. Diese Tatsache kann nicht geleugnet werden. Sie wurde von Anton Szannzar LeVey im Jahr 1966 gegründet und hat ihren Sitz in San Francisco. Sie repräsentiert die moderne Satanismus-Bewegung. Sie ist gut organisiert und hat allein in den Vereinigten Staaten eine wachsende Mitgliedschaft, die in die Zehntausende geht.

Es gibt eine satanische Bibel, einen Kalender für satanische rituelle Festtage und natürlich bestimmte Rituale, bei denen Satan angebetet wird und die dazu dienen, Macht auszuüben. Zu vielen dieser Ritualen gehören Tieropfer, Blut, Unzucht, Drogenmissbrauch und Mord. Die Kirche Satans gibt natürlich öffentlich nicht zu, dass sie solche Ungeheuerlichkeiten billigt, aber man muss nicht an die neun satanischen Grundsätze glauben oder den Satanismus zu seiner Religion zu machen, um sich des rituellen Missbrauchs schuldig zu machen. Es gibt vier Stufen der Satansanbetung:

- Leute, die aus Neugier mit okkulten Praktiken herumspielen;

- Selbsternannte Gruppen;

- Traditionelle oder organisierte Gruppen;

- Internationale und orthodoxe Gruppen bzw. satanistische Clans.

Beteiligung an rituellem Missbrauch ist in jeder Stufe nur sehr schwer definitiv festzustellen. Um Aussagen/Anklagen auszuschließen, werden meist Opfer unter sechs Jahren benutzt – eine Strategie, die die Wahrheitsfindung und Verfolgung der Verbrechen sehr erschwert, wenn nicht unmöglich macht.[1] Die Kinder haben nur selten den Mut, von dem Missbrauch zu berichten. Einige sind sich zunächst gar nicht bewusst, dass es sich dabei um etwas Verkehrtes handelt. Schließlich wird der Missbrauch meist von jemandem begangen, dem sie vertrauen und viele Kinder haben einfach nicht die Worte, um solchen schrecklichen Missbrauch zu beschreiben.

Kinder, die rituell missbraucht worden

sind, werden meist mit Methoden der Gedankenkontrolle bedroht oder aber direkt manipuliert. Solche Techniken werden verwendet, um die Kinder davon zu überzeugen, dass sie, ihre Eltern oder ihre Haustiere verletzt oder ermordet werden, wenn sie irgendwelche Information weitergeben. Wenn ein Kind einen Missbrauch berichtet, dann werden die Berichte meist sehr sorgfältig überprüft. Geschichten von Sechsjährigen über Opfer und Dämonen sind für die meisten Menschen unglaubhaft. Doch zu oft sind sie nicht nur glaubhaft, sondern entsprechen den Tatsachen.

◄ Die Ursachen

Hier müssen zwei Fragen gestellt werden. Zunächst, warum sollte irgendein Mensch oder eine Gruppe ein Kind systematisch misshandeln? Und zweitens, wie kann solch ein schrecklicher Missbrauch überhaupt geschehen? Das Folgende will helfen, darauf zu antworten.

Warum gibt es rituellen Missbrauch?

Das Böse ist eine Realität unserer schrecklichen Welt. Satan ist real und seine Existenz zusammen mit den Süchten der Welt kann zu viel Grausamkeit und Schaden führen. Insbesondere, wenn ein Mensch selbst misshandelt worden ist, hat er oder sie eine größere Tendenz, auch andere zu misshandeln. Wenn diese Person die Misshandlung als besonders schlimm oder auch als absichtlich erlebt hat, dann ist es sehr wahrscheinlich, dass sie selbst systematisch andere misshandelt. Es kann sogar so sein, dass Missbrauch dieser Art das einzige ist, das der Täter kennt. Mit anderen Worten, der Täter kann nur auf diese Weise mit anderen Menschen kommunizieren oder Beziehungen knüpfen.

Es kann auch sein, dass der Täter, wenn er selbst in extremer Weise missbraucht worden ist, nach Rache oder Anerkennung strebt. Diejenigen, die einmal missbraucht worden sind, wiederholen die Gräuel, die ihnen angetan wurden, dann häufig in ritueller, systematischer und absichtlicher Weise.

Satanistische Rituale erfordern Misshandlung und Opfer. Um das Böse anzubeten und Loyalität ihm gegenüber zu zeigen, muss man an Bösem teilhaben. Zahlreiche Bekenntnisse haben den Glauben offenbart (der typisch für rituelle Misshandlung ist), dass Satan selbst Akte der Brutalität von seinen Jüngern fordert. Zusätzlich wird oft geglaubt, dass solche Handlungen dazu führen, dass der Satanist durch diese Rituale größere dämonische Macht erlangt.

Die Propaganda für den Satanismus wird auf internationaler Ebene geführt und ist wohlorganisiert. Einige in der organisierten Satanskirche sind als Anwerber bestimmt und identifiziert worden. Ihre Aufgabe ist es, neue Mitglieder für den Satanskult zu gewinnen. Sie tun das oft, indem sie den Willen eines Kindes durch rituellen Missbrauch zerstören.

Wie geschieht ritueller Missbrauch?

Der Missbrauch wird stark verschleiert. Einfach gesagt, niemand gibt zu, dass er Kinder missbraucht und niemand redet gerne über dieses schreckliche Thema. Sie können sicher sein, dass in jedem Fall von rituellem Missbrauch dem Kind befohlen wird, das Geheimnis des Missbrauchs zu wahren. Die Kinder glauben, dass sie um jeden Preis alle Missbrauchsereignisse verbergen müssen, um sich zu schützen oder die Menschen, die sie lieben und von denen sie abhängen. Wenn sie das nicht tun, so glauben sie, wird das schlimme Schäden nach sich ziehen.

Satanismus selbst operiert am liebsten verborgen. Der traditionelle Satanismus hat immer im Geheimen agiert. Erst seit der Gründung der Kirche Satans im Jahr 1966 und der Veröffentlichung der satanistischen Bibel zwei Jahre später hat der moderne Satanismus die öffentliche Aufmerksamkeit auf sich gelenkt.

Eltern sind oft zu vertrauensvoll als angemessen wachsam. Nur zu häufig sind sich Eltern der möglichen Gefahren nicht im Klaren, ihre Kinder einem einzelnen Menschen oder einer Gruppe zur Betreuung anzuvertrauen. Eltern müssen versuchen, wachsam zu sein, indem sie einzelne Betreuer oder betreuende Gruppen im vernünftigen Rahmen überprüfen und sie müssen sorgfältig auf mögliche Warnsignale für rituellen Missbrauch achten.

▼ Die Folgen

Ritueller Missbrauch kann zahlreiche Folgen haben. Allgemein gesprochen haben Kinder, die rituell missbraucht worden sind, große Schwierigkeiten, anderen Menschen zu vertrauen und eine Beziehung zu ihnen aufzubauen. Opfer eines solchen Traumas entwickeln psychische und verhaltensmäßige Auffälligkeiten, die meist ein Leben lang bestehen bleiben.

Die direkten Auswirkungen von rituellem Missbrauch können als Warnsignale dienen. Die Kategorien werden im Folgenden aufgelistet, wobei immer Beispiele gegeben werden. Beachten Sie, dass eines dieser Symptome oder Warnsignale allein nicht ausreicht, um auf ein rituell missbrauchtes Kind zu schließen.

Veränderungen im Hygieneverhalten

Es kann sein, dass das Kind Angst vor dem Badezimmer hat. Es ist aufgeregt, wenn es das Bad betritt und hat Angst, wenn es ein Bad nehmen soll. Das Kind könnte sich dagegen wehren, im Genitalbereich gewaschen zu werden. Er oder sie kann sich auch übermäßig mit Sauberkeit oder dem Wechseln der Wäsche beschäftigen oder sich aber über das dem Alter entsprechende Maß hinaus mit Urin und Exkrementen beschäftigen (und damit spielen).

Sexuelle Anzeichen

Das Kind kann sich über ungewöhnliche Schmerzen im Bereich des Afters oder der Vagina beklagen. Vaginale Risse oder Wundsein treten häufig bei rituell missbrauchten Mädchen auf. Das Kind kann sexuelle Begriffe benutzen, die seinem Alter nicht entsprechen und in der Familie normalerweise nicht benutzt werden. Das Kind kann übermäßig oder in der Öffentlichkeit masturbieren, von sexuellen Handlungen zwischen Erwachsenen oder anderen Kindern reden oder aber furchtsam von Dingen in seinem Körper sprechen (etwa von Bomben, Insekten oder Ungeheuern).

Psychische Veränderungen

Das Kind kann extreme Launen und Wutausbrüche entwickeln. Schlimme Alpträume kommen verstärkt vor, so dass das Kind Angst vor dem Zubettgehen oder dem Einschlafen hat. Ein Kind, das rituell missbraucht worden ist, ist normalerweise ängstlich, übermäßig anhänglich, zurückgezogen und deprimiert oder es können sogar Rückfälle in frühkindliche Verhaltensmuster vorkommen (etwa beim Sprechen oder Laufen lernen).

Angst vor Beziehungen, Probleme mit Beziehungen

Das Kind kann fürchten, dass die Eltern es nicht mehr lieben oder es kann fürchten, dass die Eltern es umbringen wollen. Das Kind redet eventuell davon, in Häuser oder an Orte zu gehen, die nichts mit dem Kindergarten, der Schule oder anderer Betreuung zu tun haben. Es kann sein, dass das Kind ungewöhnlich »abwesend« erscheint und Körperkontakt meidet. Es fürchtet anscheinend, dass jemand es aus der Familie nimmt oder ins Haus einbricht und die Eltern ermordet. Es kann sein, dass das Kind von »der anderen Mama« redet (und damit die Beziehung zu den Tätern meint).

Veränderungen der Essgewohnheiten

Manchmal sprechen Kinder, die missbraucht worden sind, davon, dass sie gezwungen wurden, ungewöhnliche Dinge zu essen oder sie haben Angst, dass das Essen vergiftet sein könnte. Es kann sein, dass Abneigung gegen bestimmte Nahrungsmittel besteht, z.B. gegen Fleisch und rotgefärbte Getränke oder Nahrungsmittel, die braun oder schwarz sind.

Diese Symptome sind beileibe nicht vollständig aufgezählt und eines dieser Symptome allein ist noch kein Anzeichen für rituellen Missbrauch. Mit anderen Verhaltensänderungen zusammen können sie jedoch Warnsignal für Eltern oder andere Erwachsene sein, dass ein solcher Missbrauch stattgefunden haben könnte.

▲ Die biblische Sicht

Ganz zweifellos will Gott keinen Missbrauch von Kindern. Kinder gehören Ihm. Er liebt sie auf besondere Weise. Die Schrift zeigt uns, dass sie vor Gott wertvoll sind und dass Er strafen wird, wenn ihnen Unrecht zugefügt wird:

> Es wäre ihm besser, dass man einen Mühlstein an seinen Hals hängte und würfe ihn ins Meer, denn dass er dieser Kleinen einen ärgert.[2]

Dass Gott intolerant gegen rituellen Missbrauch ist und zornig darüber wird, geht aus den folgenden Schriftstellen hervor:

> Und ließ seinen Sohn durchs Feuer gehen und achtete auf Vogelgeschrei und Zeichen und hielt Wahrsager und Zeichendeuter und tat des viel, das dem Herrn übel gefiel, ihn zu erzürnen.[3]

> Dem HERRN, deinem Gott, sollst du so etwas nicht antun. Denn alles, was dem HERRN ein Gräuel ist, was er hasst, haben sie für ihre Götter getan; denn sogar ihre Söhne und ihre Töchter haben sie für ihre Götter im Feuer verbrannt.[4]

Ritueller Missbrauch ist Gott eindeutig ein Gräuel. Christliche Jugendleiter, Pastoren, Lehrer und Eltern müssen sich dagegen wehren, ihn verhindern und seine tiefen und weitgreifenden Folgen mit allen Mitteln zu überwinden suchen.

▶ Praktische Hilfen anbieten

Wer es mit einem Opfer von rituellem Missbrauch zu tun hat oder aber vermutet, es mit einem solchen Fall zu tun zu haben, sollte eine solche Herausforderung unter viel Gebet und Vorsicht angehen. Es ist gut, wenn ein Jugendleiter,

Elternteil, Pastor oder Lehrer, der hofft, einem möglichen Opfer von rituellem Missbrauch zu helfen, den folgenden Plan einhält:

Zuhören. Hören Sie genau zu, wie der junge Mensch sich ausdrückt. Eventuell kann er nur indirekt ausdrücken, was geschehen ist. Es kann sich manchmal auch um non-verbale Kommunikation handeln – der Betroffene könnte versuchen, durch Handlungen zu sprechen. Versuchen Sie aufmerksam, Anzeichen, Symptome und Symbole zu verstehen, die der Jugendliche zeigt. Versuchen Sie die Mithilfe derer zu gewinnen, die mit dem Jugendlichen zu tun haben – so weit Sie ihnen vertrauen – insbesondere sollten die Eltern einbezogen werden. Erlauben Sie den Eltern, Ihr Anliegen zu hinterfragen und seien Sie offen für deren Reaktionen. Stellen Sie Fragen, die weitere Hinweise für Ihren Verdacht ans Licht bringen könnten. Haben andere ähnliche Warnzeichen an dem Jugendlichen wahrgenommen? Es ist oft leicht, die Kommentare oder das Verhalten eines Jugendlichen zu missdeuten. Es könnte notwendig sein, einen Spezialisten für rituellen Missbrauch hinzuzuziehen, damit Sie selbst klärende Informationen bekommen. Trauen Sie Ihren Instinkten. Wenn Sie irgendwelche Verbrechen vermuten, dann müssen Sie aktiv werden. Wenn ein Jugendlicher Ihnen etwas berichtet, dann sollten Sie auf jeden Fall dem Jugendlichen glauben. Achten Sie darauf, keine Suggestivfragen zu stellen. Hören Sie einfach nur zu.

Verständnis zeigen. Sagen Sie deutlich, dass Sie die Ängste, die Verwirrung und andere Gefühle des Jugendlichen nachvollziehen können. Sie dürfen auf keinen Fall seine Gefühle, Erfahrungen oder Erlebnisse herunterspielen. Das Trauma eines rituell missbrauchten Jugendlichen ist abgrundtief. Wenn der Jugendliche merkt, dass Sie Verständnis für ihn aufbringen, hilft dies ihm, Vertrauen zu fassen und es erleichtert die Kommunikation. Beides wäre andernfalls kaum zu erreichen. Verständnis kann man oft auf sehr einfache Weise vermitteln, etwa:

- Auf Tränen oder Wut mit tröstenden Worten und einer Umarmung reagieren;

- Hindernisse für eine intensive Unterhaltung beseitigen (Tisch, Telefon etc.);

- Aufmerksam zuhören und ab und zu nicken;

- Blickkontakt suchen und ermutigende Bemerkungen machen (»Das tut mir leid« und »Sprich weiter«);

- Angemessene körperliche Gesten (Umarmen, Hand auf die Schulter oder die Hand legen etc.);

- Wichtige Aussagen oder Gesten wiederholen (»Du hast dich … gefühlt« und »Das war natürlich schwer für dich« etc.).

Bestätigen. Jedes Missbrauchsopfer braucht echte Bestätigung, Zuwendung und Wertschätzung. Dies kann auf folgende Weise vermittelt werden:

- Versichern Sie dem jungen Menschen, dass Sie ihr oder ihm glauben. Wenn sich der Betroffene ernstgenommen fühlt, so ist das eine große Hilfe für ihn.

- Versichern Sie dem jungen Menschen, dass Sie alles tun werden, um ihm zu helfen, andernfalls gibt es keine Basis für eine hilfreiche Beziehung.

- Vermitteln Sie, dass Sie und Gott selbst den Jugendlichen ohne Vorbedingung lieben.

- Vermitteln Sie dem jungen Menschen verbal (z.B. »Ich bewundere deinen Mut«) und mit Gesten (Umarmen, Schulterklopfen, seine Ansichten respektieren), dass er als Person wertvoll ist.

Richtung weisen. Ein engagierter Erwachsener kann einem Opfer von rituellem Missbrauch helfen, indem er auf besonders wichtigen Gebieten Anleitung gibt, etwa wie folgt:

- Führen Sie den oder die Betroffene dazu, zu akzeptieren, dass er oder sie missbraucht worden ist und helfen Sie dem jungen Menschen, die Folgen des Missbrauchs in ihrem/seinem Leben zu identifizieren. Leiten Sie den Jugendlichen vorsichtig und einfühlsam dazu an, die Vorkommnisse und Gefühle mit Ihnen oder anderen vertrauenswürdigen Erwachsenen durchzusprechen. Versuchen Sie, dem Jugendlichen zu vermitteln, dass allein schon das Erzählen eine Hilfe zur Heilung ist, selbst wenn es zunächst mit Scham und seelischen Schmerzen verbunden sein mag.

- Wenn der Missbrauch noch fortdauert, so sollten Sie dem oder der Jugendlichen helfen, Schritte zu unternehmen, damit der Missbrauch sofort aufhört. Missbrauch oder Misshandlung eines Minderjährigen erfordert in der Regel eine Meldung bei den Behörden (Polizei, Jugendamt). Es kann sein, dass Schweigen in diesem Fall einen Gesetzesverstoß darstellt. Stellen Sie sicher, dass Sie die Gesetze über Missbrauch und dessen Meldung kennen und ihnen auch folgen.

- Helfen Sie dem oder der Jugendlichen, die Verantwortung für den Missbrauch dem Täter oder anderen Umständen zu geben, die dazu beigetragen haben, – nicht jedoch sich selbst. Arbeiten Sie jedem Versuch des Jugendlichen entgegen, sich selbst oder seine/ihre Handlungen als Ursache zu sehen. Helfen Sie dem Opfer, eindeutig die Verantwortlichen und andere Faktoren zu erkennen.

- Weisen Sie den Jugendlichen auf Gott als Quelle der Heilung und der Ganzheit hin. Helfen Sie dem jungen Menschen zu entdecken, dass Gott ein Fels, eine Burg und ein Retter sein kann und dass Er Finsternis in Licht verwandeln kann (vgl. Ps. 18,3-7.26-31).

- Begleiten Sie den Jugendlichen durch die Phasen der Trauer. Der Verlust (der Unschuld, des Friedens, der Ganzheit etc.), der Folge des Missbrauchs ist, muss betrauert werden. Ein engagierter Erwachsener kann dem Jugendlichen helfen, die Phasen der Trauer (Verdrängung, Zorn, Verhandeln, Depression und Annahme) zu durchleben, indem er ihm oder ihr hilft, sich den Gefühlen zu stellen, sie auszudrücken und zu verarbeiten und sie außerdem zu verstehen und getröstet annehmen zu können (vgl. Kapitel 8, »Trauer«).

- Gründen Sie eine tägliche Gebetsgemeinschaft mit und für den jungen Menschen. Ermutigen Sie den Jugendlichen, täglich die Gemeinschaft mit Gott zu suchen und dies als Gewohnheit zu übernehmen, damit er Kraft von Ihm erhält, aus Seinem Wort lernt und destruktive Gedanken und Gefühle mit dem Geist Christi bekämpfen lernt (vgl. Phil. 4,4-9).

- Führen sie dem Jugendlichen Hilfen zu, um mit seinem oder ihrem Trauma fertig zu werden. Helfen Sie ihm oder ihr, die Menschen zu erkennen (am besten namentlich benennen), die bereit sein könnten, praktisch zu helfen: Ein verständnisvoller Elternteil, ein enger Freund, Sorgentelefone, Organisationen, Brieffreunde etc.

- Ermutigen Sie den jungen Mann oder die junge Frau, die Tatsache zu akzeptieren, dass Heilung Zeit braucht. Vermitteln Sie dem Jugendlichen Hoffnung. Der Heilungsprozess mag zwar schmerzhaft sein und einige Zeit dauern, aber das Opfer hat den Missbrauch überlebt, er oder sie kann mit Gottes Hilfe auch das Trauma überwinden.

Ziele setzen. Aktivieren Sie die Kooperation und Teilnahme des jungen Menschen bei der Beantwortung der Frage: »Was muss ich als nächsten Schritt tun?« Fragen Sie nach Vorschlägen und Ideen des Jugendlichen, doch helfen Sie ihm oder ihr zu verstehen, dass es auf keinen Fall zugelassen werden kann, dass der Missbrauch weitergeht. An dieser Stelle werden Sie sicher merken, dass der Jugendliche zögert. Er oder sie reagiert vielleicht mit Angst auf die Vorstellung, dass hier Eingreifen gefordert ist, doch sollten Sie ihn oder sie dazu bringen, einen Plan zur Behandlung und Wiederherstellung zu fassen und zu verfolgen.

Hilfe von außen. In den meisten Staaten [Bundesstaaten der USA, Anm. d. Übers.] ist gesetzlich vorgeschrieben, dass bei Verdacht auf Kindesmisshandlung sofort die entsprechenden Behörden benachrichtigt werden. Wenn nötig, kann dem Melder Anonymität gewährt werden. Im Falle von rituellem Missbrauch ist das für den Bereich zuständige Jugendamt zu informieren, in dessen Gebiet der oder die Jugendliche wohnt. In den meisten Fällen wird sofort eingegriffen.

Es ist oft notwendig, einen christlichen Psychologen zu Rate zu ziehen, der Erfahrung mit rituellem Missbrauch oder aber Kindesmisshandlung hat. Stellen Sie sicher, dass Sie den Ruf des Psychologen kennen, an den Sie den Jugendlichen vermitteln. Zögern Sie nicht, nachzufragen, um mündliche Empfehlungen einzuholen.

Die richtige Betreuung für den Jugendlichen zu finden, ist für die Wiederherstellung des Jugendlichen von größter Bedeutung. Der Psychologe oder Seelsorger ist wahrscheinlich über lange Zeit hinweg der einzige Mensch, zu dem der Jugendliche eine vertrauensvolle Beziehung aufbauen kann. Die Heilung der Wunden, die durch den rituellen Missbrauch geschlagen werden, ist meist eine lebenslange Reise. Am besten ist es, man reist in Begleitung.

In diesem Kapitel zitierte Bibelstellen

- Lukas 17,2
- 2. Könige 21,6
- 5. Mose 12,31
- Psalm 18,3-7.26-31
- Philipper 4,4-9

Weitere hilfreiche Bibelstellen zum Thema

- Psalm 6; 27; 28; 31; 34,19; 57; 70; 86,15-17; 91; 103,11-18; 107,20; 130; 139,1-24; 142; 143
- Jesaja 53,4-6
- Matthäus 5,1-12
- Lukas 10, 19

- Johannes 14,27-31
- Epheser 6,10-18
- Hebräer 2,14-18

- 1. Petrus 5,7
- 1. Johannes 3,8
- Offenbarung 20,1-10

Sucht

38

Alkohol: Genuss und Missbrauch

● **Das Problem**

◀ **Die Ursachen**

Körperliche Veranlagung
Hintergrund
Äußere Einflüsse

▼ **Die Folgen**

Leid
Verwirrung und
Orientierungslosigkeit
Verlust der Selbstbeherrschung
Depression
Geringe Selbstachtung
Persönlichkeitsstörungen
Blockierter Reifungsprozess
Schuld und Schande
Reue
Entfremdung und Isolation
Verzweiflung

▲ **Die biblische Sicht**

▶ **Praktische Hilfen anbieten**

Einführung

Einige Minuten nach 1.00 Uhr in der Nacht schlichen Kevin und Jason auf Zehenspitzen die Treppe herunter. Kevin führte seinen Freund in die hintere Ecke des Raumes, den sie »Studierzimmer« nannten, obwohl niemand dort irgendwelchen Studien nachging.

Ein metallisches Klicken hallte durch den Raum, als der 12-jährige Kevin den Schlüssel zu Vaters Spirituosensammlung umdrehte.

»Er wird ›rauskriegen, dass du hier warst«, warnte Jason. »Ach was«, winkte Kevin ab, »ich nehme nur das, was er sowieso nicht vermissen wird.« Er hantierte an einigen vorn liegenden Flaschen, zog eine Flasche Wodka hervor, schraubte sie auf, setzte sie an seine Lippen und nahm einen Schluck der klaren Flüssigkeit. Dann gab er die Flasche an Jason weiter und die beiden tranken einige weitere Schlücke, bevor sie die Flasche zurück in den Schrank stellten.

Kevins nächtliches Abenteuer mit Jason wurde bald regelmäßig durchgeführt, jedes Mal wenn Jason zu Besuch war und über Nacht blieb. Und nach nicht langer Zeit machte Kevin sich auch, wenn er allein zu Hause war, über Vaters Sammlung her und trank Alkohol. Mit 14 trank er bereits jeden Tag.

Außer Jason hatte Kevin wenig Freunde und die meisten Abende verbrachte er allein zu Hause, während sein Vater lange arbeitete und seine Mutter in die Gemeinde, zum Hauskreis oder sonst irgendwo hin ging. Kevin kam es vor, als lebte er in ständiger Einsamkeit und Langeweile und der Schnaps half ihm irgendwie die Leere zu füllen. Dadurch fühlte er sich auf eine Weise zufrieden und sicher.

Anscheinend bemerkten weder sein Vater – von dem Kevin vermutete, dass er Alkoholiker ist – noch seine Mutter, dass regelmäßig Alkohol aus dem Schrank verschwand. Und sollten sie es doch bemerkt haben, so haben sie nie etwas dazu gesagt.

● Das Problem

90% der »Highschool-Seniors« (entspricht der 12. Klasse) geben an, dass sie schon einmal Alkohol getrunken haben;[1] 67% sagen, dass sie innerhalb der letzten Monate Alkohol zu sich genommen haben und 38% gestehen, dass sie in den letzten zwei Wochen fünf Mal oder öfter hintereinander Spirituosen getrunken haben.[2]

Ein solch hohes Ausmaß an Vertrautheit mit Alkohol ist jedoch nicht auf Highschool-Seniors beschränkt. Eine Umfrage unter fast 11 000 Acht- und Zehntklässlern ergab, dass acht von neun (88%) der Achtklässler bereits Alkohol ausprobiert haben. Jeder Vierte (25%) hatte in den letzten zwei Jahren bei mindestens einer Gelegenheit fünf oder mehr Drinks getrunken und nahezu acht von neun (84%) gaben an, dass ziemlich einfach an Alkohol heranzukommen sei. Und 36% der US-amerikanischen Viertklässler – neun- und zehnjährige Kinder – sagen, dass sie von ihren Eltern zum Trinken von Alkohol genötigt worden seien![3]

Der frühere US-Gesundheitsminister Bowen erklärte, dass fast jeder dritte Jugendliche – beinahe fünf Millionen junge Menschen – ein Alkoholproblem hat,[4] und die US-Behörde für Alkoholmissbrauch und Alkoholismus berichtet, dass es in den USA 3,3 Millionen alkoholsüchtige Teenager gibt.[5]

Thomas Seessel, Leiter des US-Nationalkomitees für Alkoholismus, sagt: »Alkoholmissbrauch unter Jugendlichen ... hat sich zu einer verheerenden Epidemie entwickelt. Nahezu 100 000 Zehn- und Elfjährige sind mindestens einmal pro Woche betrunken.«[6]

Es fängt natürlich mit neugierigen Versuchen an. Ein Kind oder Jugendlicher entdeckt im Kühlschrank eine Flasche Wein oder wird bei einem Freund dazu verleitet, Bier zu probieren. Bei vielen jungen Menschen ist nach einem solchen Versuch die Neugier gestillt und sie haben danach nichts weiter mit Alkohol zu tun. Andere jedoch trinken weiter, besorgen sich vom Freund Dosenbier oder genehmigen sich einige Schlücke Sekt aus dem Kühlschrank. Einige von ihnen werden zu Problemtrinkern, die sich hin und wieder betrinken und womöglich sogar im betrunkenen Zustand Auto fahren. Wieder andere erliegen dem Alkoholismus.

Frank Moran, Leiter einer Einrichtung für Jugendliche am Scripps-Memorial-Krankenhaus in Kalifornien, fasst die vorliegenden Statistiken und Studien mit der Warnung zusammen: »Man bekommt nur schwerlich ein treffendes Bild vom ... Alkoholmissbrauch unter Minderjährigen; Realität ist jedoch, dass Tausende von Kindern unter 12 Jahren auf dem besten Weg in die Katastrophe sind.«[7] Und viele Teenager sind dort bereits gelandet.

◀ Die Ursachen

Komplexe Probleme haben selten einfache Ursachen und Alkoholismus ist ein komplexes Problem. Über die hauptsächlichen Ursachen von Alkoholismus sind sich Psychologen und Mediziner uneinig, doch die folgenden Faktoren sind von ihnen allgemein anerkannt:

Körperliche Veranlagung

Zahlreiche Untersuchungen belegen die Ansicht, dass Alkoholismus auf eine körperliche Veranlagung zurückgeht. Das heißt, manche Menschen haben eine angeborene Prädisposition zum Alkoholismus. Diese Veranlagung kommt bei solchen Menschen, die niemals mit Alkohol experimentieren, niemals zum Vorschein; bei anderen jedoch, die erst einmal mit Alkohol anfangen, folgt darauf aus körperlichen Gründen eine ganz andere Reaktion als bei ihren Freunden.

Hintergrund

Der Psychologe Gary Collins zeigt drei weitere Faktoren auf, die sich auf die Wahrscheinlichkeit von Alkoholismus auswirken:

Vorbild der Eltern. Das Verhalten der Eltern beeinflusst oftmals das spätere Verhalten der Kinder. Wenn die Eltern exzessiv trinken oder drogenabhängig sind, entscheiden sich die Kinder manchmal für einen völligen Verzicht darauf. Häufiger jedoch folgen sie dem elterlichen Vorbild. Schätzungen zufolge »werden 40 bis 60% der Kinder von alkoholabhängigen Eltern ohne weitere Einflüsse selber Alkoholiker.«[8]

Einstellung der Eltern. Sowohl Verbot als auch Erlaubnis durch die Eltern können einen Anreiz zum Drogenkonsum darstellen. Wenn es den Eltern gleichgültig ist, ob ihre Kinder trinken oder nicht, wird sich nicht um die Gefahren von Drogen und Alkohol gekümmert und darauf folgt dann oftmals der Missbrauch ...

Gesellschaftliche Erwartungen. Verfügt eine Gesellschaft oder Gruppe über klare Richtlinien hinsichtlich des Umgangs mit Alkohol und Drogen, ist der Missbrauch wesentlich unwahrscheinlicher. Beispielsweise ist bei Italienern und Juden zwar Trinken an sich erlaubt, Trunkenheit jedoch absolut verpönt und daher gibt es unter ihnen relativ wenig Alkoholismus. Im Gegensatz dazu wird Trunkenheit in Gesellschaftsgruppen wie der unsrigen eher toleriert ... Da es »in« ist, »high« oder »gut drauf« zu sein, begünstigen diese Bedingungen, dass viele in den Alkoholmissbrauch geführt werden.[9]

Äußere Einflüsse

Ein weiterer zum Alkoholismus beitragender Faktor ist der Einfluss von äußeren Kräften wie z.B. ein gestörtes Familienleben, Erwartungsdruck im Freundeskreis oder durch soziale Probleme verursachter Stress. Natürlich sind viele Menschen Erwartungsdruck oder Stressbelastung ausgesetzt, ohne Alkoholiker zu werden, aber diese Faktoren können einen Menschen zum Alkoholmissbrauch verleiten.

▼ Die Folgen

Viele Leute meinen, sie seien sich über die Auswirkungen von Alkoholismus im Klaren: Betrunkenheit und Ausschweifung. Eine solche Annahme ist jedoch nicht nur unvollständig, sondern falsch. Ein Betrunkener ist nicht unbedingt ein Alkoholiker und manche Alkoholiker sind nur selten offensichtlich betrunken. Es gibt jedoch einige Auswirkungen von Alkoholismus, die allgemein gültig sind.

Leid

Alkoholiker durchleben häufig eine Kombination von körperlichem und seelischem Schmerz, die nur als Leid charakterisiert werden kann. Der Alkoholiker fragt sich, ob er vielleicht durchdreht, befürchtet, dass er die Selbstbeherrschung verloren hat – oder bald verlieren wird. Der Alkoholiker wird zunehmend frustriert über sein Leben. Er fängt an zu denken, Gott habe ihn verlassen oder würde ihn gezielt strafen wollen. Steve Arterburn, Autor eines Buches über Erziehung von Süchtigen, schreibt: »Es ist, als schwebe eine große Wolke von allem möglichem Negativem und Unerfreulichem über dem Alkoholiker.«[10]

Verwirrung und Orientierungslosigkeit

Der Alkoholiker wird eine Vielfalt geistiger Auswirkungen erfahren. Für einen begabten Schüler ist es auf einmal schwierig oder unmöglich sich zu konzentrieren. Immer wieder vergisst er Namen, Termine, Einzelheiten und Verabredungen. Womöglich erlebt er gelegentliche Blackouts. (Ein Blackout, der nicht mit einem Ohnmachtsanfall verwechselt werden darf, ist ein Zustand, bei dem jemand nach außen normal und bei normalen Bewusstsein erscheint, später jedoch sich an nichts mehr aus dieser Blackout-Phase erinnern kann.) Viele Experten betrachten Blackouts als wichtigen Indikator für Alkoholismus.

Verlust der Selbstbeherrschung

»Verlust der Selbstbeherrschung ist der klassische Indikator für Alkoholismus«, sagt der Autor Steve Arterburn. Er schreibt:

Verlust der Selbstbeherrschung ist gekennzeichnet von der Unfähigkeit, das Trinkverhalten vorauszusagen, sobald das Trinken erst einmal angefangen hat. Es bedeutet nicht, dass jemand über zwei oder drei Wochen nicht mit dem Trinken aufhören kann. Wenn das Trinken angefangen hat, werden aus den ersehnten zwei Bieren die unkontrollierbaren zwanzig … Verlust der Selbstbeherrschung bezieht sich ferner auf die Unfähigkeit, die Emotionen zu beherrschen … Der Alkoholi-

ker bricht womöglich in unangebrachten Augenblicken unkontrolliert in Tränen oder lauthalses Gelächter aus.[11]

Depression

Ein Alkoholiker ist mit Depressionen wohlvertraut, ein Anfall von schwerer und ausgedehnter Traurigkeit und Hoffnungslosigkeit (vgl. auch Kapitel 5, »Depression«). Er fühlt sich wie gelähmt, pathetisch, kraftlos und nicht imstande, sein Leben wieder in den Griff zu bekommen. Diese Hilflosigkeit zwingt ihn zu weiterem Trinken, was wiederum seine Depression intensiviert. Der Schmerz solcher Emotionen, der von den chemischen Substanzen, die in seinem Körper wirken, noch auf einen Höhepunkt gebracht wird, übersteigt häufig den Schmerz bei anderen Arten von Depressionen.

Geringe Selbstachtung

Ein Alkoholiker wird typischerweise schlimme Niederlagen hinsichtlich seines Selbstwertgefühls erleben. Sein Leben kommt ihm als eine einzige Katastrophe vor, die er zudem selbst verschuldet hat und er hält sich für unfähig, eine Wende herbeizuführen. Er wird oft zu dem Schluss kommen, dass er sich nicht in diesem Zustand befinden würde, wenn er überhaupt etwas wert wäre, wenn er nur den geringsten Hauch von Charakter hätte. Es kommt ihn so vor, als habe er keinerlei Willenskraft, keine Stärke, keinen Wert. Er meint, weil er so wertlos ist, habe er es verdient, dass er seine Freunde verloren hat, dass er durch die Prüfung gefallen ist, dass er Menschen enttäuscht hat. Trauigerweise führen derartige Gefühle der Selbstverachtung nur zu weiterem Trinken, was wiederum die Überzeugung der Wertlosigkeit vertieft (vgl. Kapitel 6, »Geringe Selbstachtung«).

Persönlichkeitsstörungen

Ein Alkoholiker ist typischerweise für Verwandte und Freunde kaum wiederzuerkennen, im Vergleich zu dem »was er früher war« ist er »ein ganz anderer Mensch« geworden. Was einst Vorrang in seinem Leben hatte, bedeutet ihm jetzt nichts mehr. Frühere Werte und Interessen sind verschwunden. Eine junge Frau, die sonst peinlich genau auf ihr Aussehen geachtet hat, bietet nun oftmals das zerzauste Bild einer Vogelscheuche; ein junger Mann, der einst ein hingegebener Klavierspieler war, schert sich nun womöglich einen Dreck ums Musizieren.

Blockierter Reifungsprozess

Ein dem Alkoholismus verfallener Jugendlicher (oder ein solches Kind) wird im Reifungsprozess zurückbleiben. »Alkohol hemmt das emotionale Wachstum«, sagt ein Experte auf diesem Gebiet. »Häufig Alkohol trinkende Kinder entwickeln nicht das Urteilsvermögen und die Verarbeitungsfähigkeit, die sie als Erwachsene brauchen.«[12] Der Alkoholiker ist schnell überfordert, wird schnell wütend und ist schnell beleidigt, oft wie ein viele Jahre jüngeres Kind. Die Entwicklung zu emotionaler und sozialer Reife wird nicht nur gehemmt, sie kann sogar einen rückläufigen Kurs einschlagen.

Schuld und Scham

»Unter den Vorgängen in einem Alkoholiker«, schreibt Arterburn, »scheint Schuld über alle anderen Gefühle vorzuherrschen.«[13] Ein Alkoholiker kann sich wegen seiner (oftmals von den Eltern, der Gemeinde u.a. provozierten) Überzeugung schuldig fühlen, er habe seinen Alkoholismus selbst verschuldet. Sein Alkoholismus hat ihn von Familie, Freunden und sogar von Gott getrennt. Ihm ist bewusst, dass seine regelmäßige Betrunkenheit eine in der Bibel verbotene Sünde ist. Solche Dinge erzeugen wahrscheinlich tiefe Schuldgefühle (vgl. auch Kapitel 3, »Schuld«). Weil er sich selbst mit seinen Handlungen identifiziert und sein Leiden mit seiner Person, wird er sich zutiefst schämen – Scham empfinden dafür, dass er in seinen eigenen Augen und in den Augen anderer ein Alkoholiker ist, ein »Säufer«, ein »Versager«, dass er »nicht normal« ist.

Reue

Ein Alkoholiker wird immer wieder von Reue überwältigt werden. So wie sich Schuld auf die Handlungen einer Person richtet und Scham auf das Selbst der Person, so richtet sich Reue auf den Schaden, den derjenige einer Person oder einer Sache zugefügt hat. Er empfindet Reue über die Tränen, die seine Mutter wegen ihm vergossen hat und über die Lügen, mit denen er seine Freunde verletzt hat. Er bedauert zutiefst die Verlegenheit, in die er seine Familie gebracht und die Sorgen, die er dem Gemeindeleiter bereitet hat. Eine solche Reue kann in Kombination mit Schuld und Scham eine Person zu aufrichtiger Buße – oder aber in völlige Verzweiflung führen.

Entfremdung und Isolation

Viele der hier aufgeführten Auswirkungen – geringe Selbstachtung, Depression, Schuld, Scham, Reue – können in dem Denken und Fühlen des jungen Alkoholikers ein erdrückendes Gefühl der Entfremdung hervorrufen. Er fühlt sich allein, unfähig, irgendjemanden näherzukommen, unfähig, Hilfe bei jemandem zu finden. Arterburn schreibt:

Der von Gott und anderen entfremdete Alkoholiker ist sich mit seinem Leid selbst überlassen ...»Es kümmert sie nicht«. »Er hat das nicht durchgemacht, was ich durchmache.« »Wie sollte man so jemandem wie mir helfen können?« Alles wird zum Schlachtruf fortschreitender Entfremdung. Der Alkoholiker denkt sich eine Ausrede nach der anderen aus, um eine andere Person aus seinem Leben zu verbannen.[14]

Verzweiflung

Ein junger Mensch, der sich im fortgeschrittenen Stadium des Alkoholismus befindet, wird früher oder später seiner Verzweiflung erliegen. Die Situation erscheint hoffnungslos. Effektiv gesehen ist das Leben gelaufen. Es scheint keinen Ausweg zu geben. An diesem Punkt fallen viele Alkoholiker dem Selbstmord zum Opfer. Und wenn nicht, ist die Zukunftsaussicht trostlos – es sei denn, es kommt Hilfe von außen. »Der Verlauf«, schreibt Arterburn, »endet immer mit Tod durch Krankheit, Unfall, Selbstmord oder in völliger geistiger Umnachtung.«[15]

▲ Die biblische Sicht

»Die Bibel betont ohne Umschweife die Bösartigkeit von Trunkenheit«, schreibt Steve Arterburn, »schweigt aber über Alkoholismus und Sucht.«[16]

Viele Christen und Prediger haben jedoch einigen Leuten vor den Kopf gestoßen und womöglich andere verletzt, indem sie etwas verurteilt haben, was die Bibel nicht verurteilt und umgekehrt etwas zugestanden haben, was die Bibel nicht zugesteht. Doch die biblische Sicht von Alkoholismus ist hilfreich, um zu sehen, was sie verbietet und was sie erlaubt.

Die Bibel verbietet nicht ausdrücklich alkoholische Getränke. Zwischen der biblischen Zeit und der heutigen Welt gibt es zwar viele kulturelle Unterschiede, aber es muss eingeräumt werden, dass die Bibel Alkohol nicht generell verurteilt. Im Gegenteil: Psalm 104 zählt »Wein, der des Menschen Herz erfreut«, in einer Liste von Gottes Segnungen auf. Genauso offensichtlich ist es, dass Jesus selbst Wein trank (siehe Joh. 2,9; Mt. 26,27-29; Lk. 7,33-34). Der Apostel Paulus empfahl einem jungen Gemeindeleiter sogar Wein aufgrund seiner medizinischen Wirkung (siehe 1. Tim. 5,23).

Die Bibel verurteilt Alkoholismus aufs Schärfste. »Ein Spötter ist der Wein, ein Lärmer der Rauschtrank; und jeder, der davon taumelt, ist unweise«, sagt Sprüche 20,1. Sprüche 23,20 ermahnt eindringlich: »Sei nicht unter Weinsäufern.« Paulus befahl: »Berauscht euch nicht mit Wein, worin Ausschweifung ist, sondern werdet voller Geist« (Eph. 5,18). Dr. Anderson Spickard von der Uniklinik Vanderbild stellt die biblische Haltung zum Alkoholmissbrauch heraus:

Alkoholmissbrauch wird in der Schrift ganz unverblümt angesprochen, selbst wenn er nicht unbedingt schwerwiegende Konsequenzen nach sich ziehen muss. Sowohl Jesus als auch Paulus warnen uns immer wieder, dass Trunksüchtige nicht das Reich Gottes erben werden (Lk. 21,34; 1. Kor. 6,10; Gal. 5,21). Es ist nicht schwer zu erklären, weshalb sie so deutlich reden: Bei den meisten Morden, Terroranschlägen, Kindesmisshandlungen, Verkehrsunfällen und einer endlosen Liste weiterer Delikte ist Alkoholmissbrauch im Spiel. Wir erweisen uns selbst und unserer Gesellschaft keinen guten Dienst, wenn wir über Betrunkenheit lachen oder sie leichtfertig abtun.[17]

Die Bibel empfiehlt Verzicht. Der verantwortungsbewusste Umgang mit Wein wird in der Bibel zwar keineswegs verboten, doch bevorzugt die Schrift den freiwilligen Verzicht. Zum Gelöbnis des Nasiräers (4. Mo. 6,2-4), mit dem ein Mann oder eine Frau »sich dem HERRN weihen« konnte, gehörte auch der Verzicht auf Wein und starkem Getränk. Die Rechabiter wurden von Gott gelobt, weil sie die Herausforderungen ihrer Vorfahren bewahrt hatten, insbesondere das Gelöbnis, niemals Wein zu trinken (Jer. 35,1-19). Johannes der Täufer (der möglicherweise das Gelöbnis des Nasiräers abgelegt hatte), trank keinen Wein (Lk. 7,33). Gary R. Collins sagt:»Viele heutige Christen würden zu dem Schluss kommen, dass Zurückhaltung gut, aber völliger Verzicht besser ist, insbesondere in Anbetracht der eindeutigen Gefahren des Alkohols.«[18]

Die Bibel spricht den Zustand des Alkoholismus oder das Elend des Alkoholikers nicht direkt an. Die Bibel verbietet Trunkenheit ganz klar und verurteilt den Trunkenbold. Jedoch geht Betrunkenheit nicht immer auf Alkoholismus zurück und nicht alle Alkoholiker sind »Trunkenbolde«. Außerdem behaupten zwar einige Christen, dass ein Alkoholiker nur Buße tun und mit Gott ins Reine kommen müsse, doch viele Experten betonen nachdrücklich, dass die Lösung dieses Problems aufgrund der körperlichen, emotionalen und geistlichen Komponenten des Alkoholismus nicht so einfach ist. Wenn auch die Bibel keinen ausdrücklichen Befehl zu diesem Thema erteilt, bietet Dr. Spickard doch hier eine vernünftige Antwort:

Alkoholmissbrauch – Trunkenheit – ist Sünde. In diesem Punkt ist die Bibel eindeutig. Wenn jemand jedoch erst einmal Alkoholiker ist, wenn er erst einmal zugelassen hat, dass sein Wille vom Alkohol gefangen genommen wird, dann ist er krank. Er kann sich nicht mehr selber helfen. Wenn man einem Alkoholiker sagt, er solle sich zusammennehmen und mit dem Trinken aufhören, ist das so, als wenn man jemanden, der von der neunten Etage gesprungen ist, sagt, er solle nur drei Etagen tief fallen. Es wird einfach so nicht geschehen.

Wenn wir Alkoholismus als körperliche Krankheit ohne geistliche Dimension definiert haben, ist das Humanismus. Doch Alkoholismus wirkt sich auf den Menschen körperlich, geistig und geistlich aus. Er wird nicht gesund werden, wenn er nicht auf allen drei Bereichen behandelt wird.[19]

▶ Praktische Hilfen anbieten

Ein junger Mensch, der mit Alkoholproblemen zu kämpfen hat, braucht dringend sofortige Hilfe. Auch wenn der Jugendliche noch nicht tief in Alkoholismus gefallen ist, auch wenn er die Notwendigkeit der Hilfe selber nicht sieht, muss der Jugendmitarbeiter weise und sorgsam Hilfe und Heilung zu bringen versuchen.

Bevor wir eine detaillierte Liste von Hilfereaktionen aufstellen, ist es hilfreich Collins Liste von den Dingen anzuführen, die keine Hilfe bieten: Kritik, Überredungskunst, das Abringen eines Versprechens, nicht mehr zu trinken, Drohungen, Verstecken oder Vernichten des Alkohols … Nötigung die Willenskraft zu gebrauchen, Anpredigen oder Schuldgefühle wecken.[20]

Folgende Vorschläge können dem Jugendmitarbeiter jedoch eine Hilfe sein:

Zuhören. Hören Sie gut und intensiv zu und achten Sie nicht nur darauf, was der Jugendliche sagt, sondern auch worauf seine Worte und Handlungen hinweisen. Bedenken Sie, dass Alkoholiker (auch sehr junge) oftmals Meister im Leugnen und Manipulieren sind. Widerstehen Sie der Versuchung zu predigen oder zu argumentieren; versuchen Sie statt dessen etwas auf nonverbale Weise zu vermitteln (»Wenn der Süchtige auf dem Wohnzimmerfußboden zusammenbricht«, schreibt Collins, »lassen Sie ihn lieber dort, als dass Sie ihn ins Bett helfen.«) oder durch den Gebrauch von nicht drohenden Fragen (»Kannst du noch mehr erzählen?« oder »Warum bist du ärgerlich?«).

Verständnis zeigen. Versuchen Sie hinter die Worte oder Handlungen des jungen Menschen zu sehen, damit Sie einen Eindruck bekommen, wie er fühlt und denkt. Konzentrieren Sie sich (zumindest anfänglich) nicht auf Korrektur, sondern auf Verständnis. »Eure Milde soll allen Menschen bekannt werden«[21] und achten Sie auf die Art und Weise, wie Sie Ihr Mitgefühl und Ihre Verständnisbereitschaft zum Ausdruck bringen, wie z.B.:

- Seien Sie für den Jugendlichen da;
- Nehmen Sie Blickkontakt auf;
- Beugen Sie sich auf Ihrem Stuhl leicht nach vorn, wenn er spricht;
- Nicken Sie, um Ihr Verständnis anzudeuten;
- Wiederholen Sie Schlüsselaussagen;
- Warten Sie Schweigen, Wut und Tränen geduldig ab.

Bestätigen. Bedenken Sie äußerst vorsichtig, dass die meisten Alkoholiker enorme Ängste und ein geringes Selbstwertgefühl erleben. Seien Sie deshalb äußerst vorsichtig mit Kritik oder mit dem Verurteilen des Jugendlichen; bringen Sie statt dessen Ihre Akzeptanz und Ihre Wertschätzung ihm gegenüber zum Ausdruck (jedoch nicht gegenüber seinem Verhalten). Seien Sie freundlich, weitherzig, mutmachend – aber nicht leichtgläubig.

Richtung weisen. Ein betroffener Erwachsener kann einem mit Alkoholproblemen kämpfenden jungen Menschen am besten helfen, indem er ihm folgende richtungsweisende Orientierung bietet:

- Führen Sie den Jugendlichen freundlich, aber bestimmt dahin, dass er das Problem erkennt und eingesteht. Dabei können die folgenden Fragen helfen:

  - Freust du dich öfters aufs Trinken, wenn du eigentlich etwas anderes tun solltest?

  - Wenn du trinkst, trinkst du dann so schnell und so viel wie möglich?

  - Kommt es vor, dass du letzten Endes mehr trinkst, als du (oder jemand anders) solltest? (Ist die Antwort ein »Ja«, weist das mit einer Wahrscheinlichkeit von 90% auf ein Alkoholproblem hin.)

  - Kommt es vor, dass du trinkst, wenn du alleine bist (nicht unbedingt körperlich allein, es können andere anwesend sein, die aber nichts mit ihm zu tun haben)?

  - Versuchst du, deine Versorgung mit Alkohol zu schützen, um sicher zu stellen, dass du nicht »auf dem Trockenen sitzt«, wenn du Alkohol brauchst?

- Wenn du dich aufregst oder traurig bist, denkst du dann manchmal: »Wenn ich jetzt trinken könnte, dann würde es mir besser gehen«?

- Bist du imstande, mehr zu trinken als gewöhnlich und dennoch auffallend normal zu bleiben?

- Fällt es dir manchmal schwer, dich an etwas zu erinnern, was du beim Trinken getan oder gesagt hast?

Wenn der Jugendliche auf vier oder mehr dieser Fragen mit »Ja« antwortet, hat er mit hoher Wahrscheinlichkeit ein Alkoholproblem. Wenn der Jugendliche eine ehrliche Antwort verweigert oder nur widerwillig antwortet, bringen Sie in ruhiger, aber bestimmter Weise Fakten vor, halten Sie dabei jedoch so gut es geht an einem nicht drohenden Fragestil fest. Nennen Sie konkrete Beispiele (»Hattest du gestern Abend vor, dich so richtig gehen zu lassen?«), anstelle von pauschalen Anklagen (»Du bist ja so gut wie nie nüchtern!«).

- Führen Sie den Jugendlichen zu Gott. Bringen Sie ihn zu einem Bekenntnis und Bereuen der Sünde und verhelfen Sie ihm, Gottes Liebe und Vergebung anzunehmen. Machen Sie ihm nachdrücklich klar, dass in der Beziehung zu Gott durch Jesus Christus Gnade und Stärke liegt. Leiten Sie ihn zum täglichen Gebet und Bibellesen an.

- Informieren Sie die Eltern des Jugendlichen und beziehen Sie sie mit ein. Die Eltern des Jugendlichen müssen so früh wie möglich miteinbezogen werden. Manchmal sind die Eltern zwar nur widerwillig bereit, der Wahrheit über das Problem ihres Kindes ins Gesicht zu sehen, doch ihre Mitarbeit und Unterstützung ist für die effektive Behandlung und Wiederherstellung von zentraler Bedeutung.

- Überdenken Sie die Möglichkeiten der Behandlung. Helfen Sie dem Jugendlichen (und den Eltern), medizinische Hilfe, Selbsthilfegruppen und andere Therapieformen in Erwägung zu ziehen. Eine der effektivsten Möglichkeiten dies zu erreichen sind Entweder-oder-Vorschläge (»Würdest du mit deinem Problem lieber zu deinem Hausarzt gehen oder soll ich dir jemand anderes empfehlen?«).

Ziele setzen. Wenn der Jugendliche sein Problem erst einmal in Angriff genommen hat (was allein erhebliche Zeit und Mühe erfordern kann – für beide Seiten), konzentrieren Sie Ihre Anstrengungen darauf, ihn zu einer gezielten Rehabilitationsmaßnahme zu bewegen. Bieten Sie ihm freundlich Ansporn und Begleitung an, aber erzielen Sie möglichst viel Beteiligung von dem Jugendlichen selbst. Auch wenn er sich anfänglich kraftlos fühlt, lenken Sie ihn zu Lösungen, stellen Sie dabei jedoch sicher, dass der Jugendliche alle Entscheidungen selber trifft.

Hilfe von außen. Alkoholismus bei Jugendlichen ist ein komplexes und schwieriges Problem. Es ist unbedingt erforderlich, dass sich der Jugendliche schnellstmöglich an einen qualifizierten Experten wendet, der biblische Seelsorge und Hilfe bieten kann. Unter keinen Umständen sollten Sie zulassen, dass der Alkoholiker ohne weitere professionelle Hilfe seinen Alkoholismus zu überwinden versucht. Es gibt eine Vielzahl verschiedener hilfreicher Einrichtungen, Hilfsorganisationen und Therapien und ein in Kenntnis gesetzter Arzt oder Psychologe kann den

Kontakt zwischen dem Jugendlichen bzw. dem Jugendmitarbeiter und einer solchen Einrichtung herstellen.

- Jeremia 35,1-19
- Philipper 4,5

In diesem zitierte Bibelstellen

- Psalm 104,15
- Johannes 2,9
- Matthäus 26,27-29
- Lukas 7,33-34
- Sprüche 20,1; 23,20
- Epheser 5,18
- Lukas 21,34
- 1. Korinther 6,10
- Galater 5,21
- 4. Mose 6,2-4

Weitere hilfreiche Bibelstellen zum Thema

- Sprüche 21,17; 23,29-31
- Prediger 10,17
- Jesaja 5,11
- Lukas 21,34
- Römer 6,12; 13,13
- Galater 5,16-25
- Epheser 6,10-18
- 1. Thessalonicher 5,4-11
- Jakobus 3,2
- 2. Petrus 1,5-7

39

Drogen-
konsum
und
-missbrauch

● **Das Problem**

◀ **Die Ursachen**

Gruppenzwang
Sexueller oder
körperlicher Missbrauch
Schlüsselkinder
Elterliches Vorbild
Flucht vor der Realität

▼ **Die Folgen**

Körperliche Nebenwirkungen
Schuld, Scham und Reue
Sexuelle Aktivität
Schulverweis
Problemverhalten
Depression
Selbstmord
Kriminalität

▲ **Die biblische Sicht**

▶ **Praktische Hilfen anbieten**

Einführung

Der 12-jährige Justin Sawyer fuhr auf seinem 10-Gang-Rennrad in Richtung des Einkaufszentrums am anderen Ende der Straße, an der er wohnte. Er und einige Freunde aus der siebten Klasse trafen sich oft auf dem Parkplatz, um auf dem einladenden Asphaltareal Fahrrad oder Skateboard zu fahren. Seinen Eltern hatte er gesagt, dass er dort hin fahren würde und sie hatten es ihm erlaubt. Das Einkaufszentrum war nicht weit von zu Hause entfernt und bisher war Justin stets vor 9.00 Uhr abends zurückgekommen.

Doch an jenem Abend stoppte Justin sein Fahrrad nicht am Einkaufszentrum. Er fuhr an dem großen Parkplatz vorbei auf den Supermarkt zu, der sich an einer belebten Kreuzung einige Blöcke hinter dem Einkaufszentrum befindet.

Justin hatte sein Taschengeld einige Wochen lang aufgespart und hatte sich vorgenommen, 50 Dollar zusammen zu bekommen. Er war fest entschlossen einmal selbst auszuprobieren, worüber die anderen Kinder in der Schule immer redeten. Er wollte dasselbe wissen wie sie auch. Er wollte dasselbe fühlen wie sie auch. Er wollte seine Errungenschaft wie ein Abzeichen tragen. Er wollte Crack probieren.

Mit blockierenden Bremsen schlitterte er vor einen Mann, der vor dem Parkplatz des Supermarktes in einer Telefonzelle telefonierte. Der Mann blickte Justin an und als Justin nickte, hängte er den Hörer ein.

Die Kassiererin des Supermarktes berichtete später der Polizei, dass sie bemerkt habe, wie Justin und der Mann etwas austauschten, bevor Justin mit dem Fahrrad weiterfuhr.

Um 21.30 Uhr, drei Stunden nachdem er von zu Hause weggegangen war, fanden zwei Jugendliche Justins Leiche in einem Trockenbeton-Entwässerungsgraben. Zwei leere Ampullen, ein Glasröhrchen und ein Feuerzeug wurden neben Justin gefunden, die noch vor der Obduktion seine Todesursache klärten.

Justin war bei seiner ersten Erfahrung mit der Droge Crack an einer Überdosis gestorben; die Reinheit des Kokains war zu hochgradig, sodass es eine für Justins Herz zu intensive körperliche Reaktion hervorrief.

Der Mann, der das Rauschgift an Justin verkauft hatte, wurde gefasst, verhört und verurteilt; von einem Urteil von fünf Jahren Haftstrafe saß er zweieinhalb Jahre ab. Das Urteil, das Justin sich zugezogen hat, wird er nie abgesessen haben.[1]

● Das Problem

Jeder zehnte »Highschool-Senior« (12. Klasse) nimmt täglich Marihuana.[2] Fast jeder sechste Highschool-Senior hat bereits Crack oder Kokain probiert.[3] Nahezu jeder zwanzigste Sechst- bis Zwölftklässler hat innerhalb des vergangenen Jahres irgendwann Kokain genommen.[4] Jeden Tag fangen in den USA 500 Jugendliche an, Drogen zu nehmen.[5]

Ein US-Institut für Drogenmissbrauch berichtet, dass 30% aller College-Schüler vor ihrem College-Abschluss mindestens einmal Kokain nehmen und dass 80% der Gesamtbevölkerung vor dem Erreichen des 25. Lebensjahres ein verbotenes Rauschgift probiert hat.[6] Zwei von drei US-amerikanischen Kindern nehmen vor ihrem Highschool-Abschluss illegale Drogen.[7]

Drogenkonsum ist jedoch nicht auf junge Leute im Highschool- und College-Alter beschränkt. Eine Umfrage unter einer halben Million jüngerer Schüler deckte auf, dass 39% der Viertklässler sagen: »Drogenkonsum ist unter den Kindern in unserem Alter ein großes Problem.«[8] Einer Gallup-Umfrage zufolge beträgt »das Durchschnittsalter, mit dem Kinder zum ersten Mal Alkohol oder Marihuana probieren, zwölf Jahre«.[9] Und 12% der Kinder im Alter zwischen 12 und 17 Jahren nehmen regelmäßig (mindestens zwanzig Mal im Monat) Marihuana.[10] Fast jedes zehnte Kind aus evangelikalen Gemeinden oder christlichen Jugendgruppen gibt zu, in den letzten drei Monaten illegale Drogen genommen zu haben.[11]

Drogen sind unter Jugendlichen immer besser erhältlich und leichter zugänglich geworden. Gallup berichtet, dass »über 4 Millionen Jugendliche zwischen 13 und 17 Jahren sagen, ihnen seien in den letzten 30 Tagen illegale Drogen angeboten worden«.[12] Über die Hälfte der befragten Highschool-Seniors gab an, dass »ziemlich einfach« oder »sehr einfach« an Marihuana oder Kokain heranzukommen sei.[13]

Und mehr als jeder Vierte 16- bis 17-jährige berichtet, dass er mit dem Konsum und Verkauf von Drogen zu tun gehabt hat.[14]

Eine illegale Droge ist eine süchtig machende, stimmungshebende Substanz, deren Gebrauch entweder unter Kontrolle (wie z.B. verschreibungspflichtige Drogen) oder unter Verbot (wie z.B. Heroin oder LSD) steht. Illegale Drogen gibt es in vielerlei Form: Inhalantien (Dämpfe von Klebstoff, Tippex, Farbe etc.), Narkotika, Halluzinogene, Stimulanzien und Beruhigungsmittel. Die Tabelle auf der Seite 494 bietet einen Überblick über einige der bekanntesten Drogen.

◀ Die Ursachen

Jugendliche lassen sich aus verschiedenen Gründen mit Drogen ein. Unter Jugendlichen gibt es zwar eine komplexe Bandbreite von Gründen, weshalb sie Drogen nehmen, doch viele Ursachen kommen erstaunlich häufig vor. Dazu gehören:

Gruppenzwang

»Drogen sind ein derart um sich greifender Bestandteil unserer Gesellschaft«, schreibt Dr. Armand N. Nicholi, »dass Schüler heute meinen, jeder würde Drogen nehmen und wenn du selber keine nimmst, gehörst du zu einer Minderheit.«[15] Ein junger Mann erklärte den Einfluss von Gruppenzwang auf seine ersten Erfahrungen mit Drogen: »Ich wollte eigentlich nie auch nur einen Joint rauchen, geschweige denn jeden Tag high

Tabelle 39. Gesetzlicher Kontrolle unterliegende Substanzen, Anwendungsgebiete und Wirkungen[23]

	Droge	CSA	Handels- oder andere Bezeichnung	Medizinische Verwendung	Einnahme
Narkotika	Opium	II, III, V	Taubenpulver Paregorisches Parepectolin	Analgetikum, Antidiarrhoikum	oral, geraucht
	Morphin	II, III	Morphin, MS-Contin, Roxanol, Roxanol-SR	Analgetikum, Antitussivum	oral, geraucht, injiziert
	Kodein	II, III, V	Tylenol w/ Kodein Empirin w/ Kodein Robitussin A-C Fiorinal w/ Kodein	Analgetikum, Antitussivum	oral, injiziert
	Heroin	I	Diacetylmorphin, Horse, Smack	keine	injiziert, geschnupft, geraucht
	Hydromorphon	II	Dilaudid	Analgetikum	oral, injiziert
	Meperidin (Pethidin)	II	Demerol, Mepergan	Analgetikum	oral, injiziert
	Methadon	II	Dolophin, Methadon Methadose	Analgetikum	oral, injiziert
	Andere Narkotika	I-V	Numorphan, Percodan Percocet, Tylox, Tussionex Pentanyl, Darvon, Lomotil Talwin*	Analgetikum, Antidiarrhoikum, Antitussivum	oral, injiziert
Depressiva	Chloralhydrat	IV	Noctec	Hypnotikum	oral
	Barbiturate	II, III, IV	Amytal, Butisol, Fiorinal, Lotusac, Nembutal, Seconal, Tuinal, Phenobarbitol	Anästhetikum, Antikonvulsivum, Sedativum, hypnotisches veterinäres Euthansieagens	oral
	Benzodiazepine	IV	Ativan, Dalmane, Diazepam, Librium, Xanax, Serax, Valium, Tranxexe, Veratran, Versed, Halcion, Paxipam, Restoril	Anxiolytikum, Antikonvulsivum, Sedativum, Hypnotikum	oral
	Methaqualone	I	Quaalude	Sedativum, Hypnotikum	oral
	Glutethimide	III	Doriden	Sedativum, Hypnotikum	oral
	andere Depressiva	III, IV	Equanil, Miltown, Noludar, Placidyl, Valmid	Anxiolytikum, Sedativum, Hypnotikum	oral
Stimulantien	Kokain**	II	Koks, Flake, Snow, Crack,	Lokalanästhetikum	geschnupft, geraucht, injiziert
	Amphetamine	II	Biphetamin, Delcobese, Desoxyn, Dexedrin, Obetrol	Aufmerksamkeitsstörungen, Narkolepsie, Gewichtskontrolle	oral, injiziert
	Phenmetrazine	II	Preludin	Gewichtskontrolle	oral, injiziert
	Methylphenidate	II	Ritalin	Aufmerksamkeitsstörungen	oral, injiziert
	andere Stimulantien	III, IV	Adipex, Cylert, Didrex, Ionamin, Melfiat, Plegin, Sanorex, Tenuate, Tepanil, Prelu-2	Gewichtskontrolle	oral, injiziert
Halluzinogene	LSD	I	Acid, Microdot	keine	oral
	Meskalin und Peyote	I	Mexs, Buttons, Kaktus	keine	oral
	Amphetamin-Derivate	I	2,5-DMA, PMA, STP, MDA, MDMA (Ecstasy), TMA, DOM, DOB	keine	oral, injiziert
	Phencycliding, Phencyclidin	II	PCP, Angel Dust, Hog	keine	geraucht, oral, injiziert
	Analogika	I	PCE, PDPy, TCP	keine	ger., oral, inj.
	andere Halluzinogene	I	Bufotenin, Ibogain, DMT, DET, Psilocybin, Psilocyn	keine	ger., oral, inj., geschnupft
Kannabis	Marihuana	I	Pot, Acapulco Gold, Grass Reefer, Sinsemilla, Thai Sticks	keine	geraucht, oral
	Tetrahydrocannabinol	I, II	THC, Marinol	Krebs-Chemotherapie, Übelkeit	geraucht, oral
	Haschisch	I	Hasch	keine	geraucht, oral
	Haschisch-Öl	I	Haschöl	keine	geraucht, oral

* Im CSA-System (Controlled Substances Act) nicht als Narkotikum bezeichnet   ** Im CSA-System als Narkotikum bezeichnet

Toleranz	Körperliche Abhängigk.	Psychische Abhängigk.	Dauer (Stunden)	Mögliche Wirkungen	Wirkung einer Überdosis	Entzugs-erscheinungen
ja	hoch	hoch	3–6			
ja	hoch	hoch	3–6			
ja	mittel	mittel	3–6	Euphorie, Schläfrigkeit, herabgesetzte Atmung, verengte Pupillen, Übelkeit	Langsame und enge feuchte Haut, Krämpfe, Koma, möglicherweise Tod	Tränende Augen, laufende Nase, Gähnen, Appetitverlust, Irritierbarkeit, Zittern, Panik, Krämpfe, Übelkeit, Frieren und Schwitzen
ja	hoch	hoch	3–6			
ja	hoch	hoch	3–6			
ja	hoch	hoch	3–6			
ja	hoch	hoch-niedr.	12–24			
ja	hoch	hoch-niedr.	variabel			
ja	mittel	mittel	5–8			
ja	hoch-mit.	hoch-mit.	1–16			
ja	niedrig	niedrig	4–8	undeutliche Sprach-desorientierung, betrunkenes Verhalten ohne Einnahme von Alkohol	Flache Atmung, feuchte Haut, erweiterte Pupillen, schwacher und schneller Puls, Koma, möglicherweise Tod	Schmerzen, Schlaflosigkeit, Zittern, Wahnzustände, Krämpfe, möglicherweise Tod
ja	hoch	hoch	4–8			
ja	hoch	mittel	4–8			
ja	mittel	mittel	4–8			
ja	möglich	hoch	1–2			
ja	möglich	hoch	2–4	Gesteigerte Wachheit, Aufregung, Euphorie, gesteigerter Puls und Blutdruck, Schlaflosigkeit, Appetitverlust	Erregung, erhöhte Körpertemperatur, Halluzinationen, Krämpfe, möglicherweise Tod	Apathie, lange Schlafperioden, Irritierbarkeit, Depression, Orientierungsverlust
ja	möglich	hoch	2–4			
ja	möglich	mittel	2–4			
ja	möglich	hoch	2–4			
ja	keine	unbek.	8–12			
ja	keine	unbek.	8–12			
ja	unbek.	unbek.	untersch.	Illusionen und Halluzinationen, eingeschränkte Zeit- und Raumwahrnehmung	Längere, intensivere »Trips«, Psychose, möglicherweise Tod	keine Entzugs-erscheinungen dokumentiert
ja	unbek.	hoch	Tage			
ja	unbek.	hoch	Tage			
mögl.	keine	unbek.	untersch.			
ja	unbek.	mittel	2–4	Euphorie, entspannte Hemmungen, gesteigerter Appetit, orientierungsloses Verhalten	Ermüdung, Verfolgungswahn, möglicherweise Psychose	Schlaflosigkeit, Hyperaktivität, gelegentlich verminderter Appetit
ja	unbek.	mittel	2–4			
ja	unbek.	mittel	2–4			
ja	unbek.	mittel	2–4			

Tabelle aus: *Streetwise Parents, Foolproof Kids*, Dan Korem, Colorado Springs, CO: NavPress, 1992, S. 198-199.

sein, aber auf einer Party bot mir ein hübsches Mädchen einen Joint an und ich konnte nicht nein sagen. Seitdem rauche ich ständig«[16] (vgl. Kapitel 14; »Umgang mit Gruppendruck«).

Sexueller oder körperlicher Missbrauch

Eine bekannte Zeitschrift berichtete, dass »junge Menschen, die körperlich oder sexuell missbraucht worden sind, sich häufig Drogen zuwenden. Bei einer kürzlichen Studie unter 400 Jugendlichen in einer Jugendhaftanstalt in Florida entdeckte ein Forscherteam einen auffälligen Zusammenhang zwischen Kindesmissbrauch und späterer Drogenabhängigkeit«[17] (vgl. Kapitel 34, »Sexueller Missbrauch« und Kapitel 35, »Misshandlung«).

Schlüsselkinder

Der Wissenschaftler Jean Richardson von der Universität von Südkalifornien berichtet, dass »junge Teenager, die in ein leeres Heim nach Hause kommen, mit doppelt so hoher Wahrscheinlichkeit wie von den Eltern behütete Kinder dem Missbrauch von Alkohol, Marihuana und Zigaretten verfallen.«[18]

Elterliches Vorbild

In einem Bericht von einem Institut in San Diego heißt es: »Für Kinder ist es schwierig, zu Drogen und Alkohol nein zu sagen, wenn sie sehen, dass ihre Eltern und Verwandten diese konsumieren.«[19] Der Jugendautor Bill Sanders zitiert die Gefühle eines Jugendlichen, der sagte: »Jedes Mal, wenn meine Eltern Essen gehen oder Freunde zu Besuch haben, trinken sie Alkohol. Deshalb trinke auch ich und nehme Drogen. Was ist da der Unterschied?«[20]

Flucht vor der Realität

Die Komplexität und Turbulenz der Pubertät und der modernen Kultur veranlasst manche Teenager, Drogen als Fluchtmittel heranzuziehen. »Wenn ich high bin«, erklärt ein Teenager, »ist es, als gäbe es keine Schule, keine Pickel und keine Sorgen. Ich denke nur an mich und niemand will etwas von mir. Das ist super.«[21]

Der Psychologe Gary Vollins führt fünf Dinge an, die die Wahrscheinlichkeit des Griffs zu den Drogen erhöhen:

Persönlichkeit, Vererbung und körperliche Veranlagung ... Es gibt einige Merkmale, die zusammen mit der oben angeführten durchschnittlichen Häufigkeit bei denen vorkommen, die drogenabhängig sind. Dazu gehört ein erhöhtes Maß an Sorgen, emotionale Unreife, Probleme mit dem Akzeptieren von Autoritäten, eine geringe Fähigkeit mit Enttäuschungen fertig zu werden, geringe Selbstachtung ... Gefühle der Isolation, Perfektionismus, Schuld und Zwanghaftigkeit ... Trotz dieser Schlussfolgerungen würden nicht alle Experten derselben Meinung sein, was die persönlichen Charaktermerkmale von Drogenabhängigen betrifft. So etwas wie eine typische Alkoholiker- oder Drogenabhängigen-Persönlichkeit gibt es nicht ... Persönlichkeit, Vererbung und körperliche Veranlagung können eine erhöhte Anfälligkeit für Drogenmissbrauch bedeuten, doch für sich genommen, verursachen diese Faktoren noch keine Drogensucht.

Hintergrund der Vergangenheit und Kultur. Die Umgebung der Familie und Gesellschaft, in der wir aufwachsen, kann die Wahrscheinlichkeit einer Sucht ebenfalls erhöhen bzw. herabsetzen.

- Vorbild der Eltern. Das Verhalten der Eltern beeinflusst oftmals das spätere Verhalten der Kinder ...

- Einstellungen der Eltern. Sowohl wie viel die Eltern erlauben, wie auch wie viel sie verbieten, kann Drogenkonsum stimulieren. Wenn es den Eltern egal ist, ob die Kinder trinken oder nicht, kümmert sich niemand um die Gefahr des Drogen- oder Alkoholmissbrauchs, der später häufig daraus folgt.

- Kulturelle Erwartungen. Hat eine Gesellschaft oder kleinere Volksgruppe klare Richtlinien bezüglich des Gebrauchs von Alkohol und Drogen, ist ein Missbrauch weniger wahrscheinlich. Wird jedoch mit dem Trinken unter Teenagern und Schülern als Zeichen des Erwachsenseins geliebäugelt ... und ist es »in«, »high« zu sein, werden damit Bedingungen aufgestellt, die viele in den Drogenmissbrauch führen.

Gegenwärtiger Stress. Die Wurzeln einer Sucht liegen in den meisten Fällen in den Jugendjahren ... Drogen werden als ein zeitweiliger Weg aus den Belastungen und zu einem freudigen Gefühl der Zufriedenheit und Euphorie herangezogen. Später werden [diese Gefühle] zu einer unverzichtbaren Krücke, mit der man Stress ignorieren und den Schmerz des Lebens dämpfen kann.

Andauernde Einflüsse. Zum Verständnis von Sucht ist es wichtig zu bedenken, was manche Menschen verwundbar macht (einschließlich ihrer Persönlichkeit, Kultur und ihres Hintergrundes), was die Menschen motiviert, mit Drogenkonsum anzufangen (in erster Linie Gruppenzwang und Belastun-

gen) und was die Sucht weiter aufrecht erhält.

In bestimmten Phasen des Suchtprozesses treten endokrine und biochemische Veränderungen auf, die eine Umkehr wesentlich erschweren. Noch stärkere Auswirkungen haben die psychologischen Veränderungen, die über die Jahre hin aufgebaut worden sind. Die Droge ist der Nabel geworden, um den sich das ganze Leben dreht ...

Zu weiteren dauerhaften Einflüssen gehört ferner die Familie des Süchtigen. Alkoholismus und – im geringeren Maße – Drogenabhängigkeit wurden als Familienkrankheiten bezeichnet ... Eine Behandlung wird dadurch verzögert, wenn die Familienangehörigen oder Kollegen das Problem in die Länge ziehen, indem sie es verleugnen, es vor anderen verbergen und den Süchtigen vor der direkten Auseinandersetzung mit den Konsequenzen seines verantwortungslosen und egozentrischen Verhaltens schützen.

Geistliche Einflüsse. Ein christlicher Autor stellt heraus, dass die bei weitem wichtigste Ursache für Drogenmissbrauch ... das Vorliegen eines spirituellen, religiösen und existentiellen Vakuums ist ... Genau gesagt, haben Menschen ein inneres Bedürfnis nach einer wirklichen und wachsenden Beziehung zu Gott. Wird dieses Verlangen verdrängt, missachtet und nicht gestillt, bleibt eine Suche nach einem Ersatz, der das Vakuum füllt. Nirgends wird dies klarer ausgesagt als in der Bibel: »Und berauscht euch nicht mit Wein, worin Ausschweifung ist, sondern werdet voller Geist.« Das ist in einem Satz zugleich eine Warnung, eine aufgezeigte Ursache und eine Antwort auf das Problem der Sucht.[22]

▼ Die Folgen

Wenn wir die Auswirkungen von Drogenmissbrauch erörtern wollen, müssen wir dazu folgende Wirkungen von Drogenmissbrauch und -sucht unterscheiden: einerseits die körperlichen Auswirkungen, die von verschiedenen Substanzen hervorgerufen werden, sowie andererseits die Langzeitwirkungen im körperlichen, geistlichen und sozialen Bereich.

Dan Korem, Autor eines einschlägigen Buches zum Thema, hat eine hilfreiche Tabelle[23] aufgestellt, die die körperlichen Wirkungen verschiedener verschreibungspflichtiger Substanzen detailliert auflistet (siehe Tabelle 39, S. 494). Diese Tabelle ermöglicht einen schnellen Überblick über die Zusammenhänge zwischen bestimmten Drogen und ihren grundlegenden Eigenschaften.

Zu den Langzeitwirkungen können folgende Bereiche zählen: körperliche Nebenwirkungen, Schuld, Schande und Reue, sexuelle Aktivität, Schulverweis, Problemverhalten, Depression, Selbstmord und Kriminalität.

Körperliche Nebenwirkungen

Zu den körperlichen Auswirkungen von Drogenmissbrauch und -sucht gehören trockene Haut, chronische Halsschmerzen, Erkrankungen der Leber und Bauchspeicheldrüse, sowie viele weitere Begleiterscheinungen. Andere Langzeitwirkungen von Drogenkonsum werden jedoch nicht so leicht entdeckt. Zusätzlich zu dem Risiko der Überdosis für den Abhängigen und die tragischen Folgen des Drogenkonsums bei werdenden Müttern und ihren Kindern, ist der Süchtige solchen körperlichen Nebenwirkungen ausgesetzt wie z.B. Leukämie, Herzattacken, Unfruchtbarkeit, Gewebeschäden und Unterernährung.

Leukämie. Eine von einem US-Krebsforschungs-Institut geförderte Studie legte nahe, dass Marihuana das Risiko nicht-lymphoblastischer Leukämie um den Faktor 11 erhöht![24]

Herzattacken. Ein von Dr. David Hills vom Medizinischen Zentrum Texas durchgeführte Studie ergab, dass selbst kleine Mengen Kokain den Blutfluss zum Herzen herabsetzen, wodurch das Risiko von Herzattacken gesteigert wird.[25]

Unfruchtbarkeit. Eine in einer Fachzeitschrift veröffentlichte Studie berichtet, dass die langfristige Einnahme von Kokain ein hauptsächlicher Faktor für Unfruchtbarkeit bei Männern sein kann.[26]

Gewebeschäden. Inhalantien zerstören Gehirnzellen und beschädigen Gewebe; Kokain gehört zu den Drogen, die auf lange Sicht die Lunge schädigen und zu Emphysemata führen.

Unterernährung. Konsum von bestimmten Drogen wie z.B. Kokain führt zu Appetitverlust, was manchmal zu Unterernährung führen kann.

Schuld, Scham und Reue

Ein Drogenabhängiger wird häufig Gefühle der Schuld, Scham und Reue empfinden. Ungeachtet dessen, wie vehement oder leichtfertig ein Drogenabhängiger sein Verhalten erklärt oder verteidigt, wird er oftmals verfolgt von Gefühlen der Schuld (eine innere Reaktion auf ein falsches Verhalten), Scham (ein Gefühl der persönlichen Unzulänglichkeit oder Minderwertigkeit als Reaktion auf ein falsches Verhalten) und Reue (ein Gefühl des Bedauerns wegen des Schadens, den die Person einer Sache oder einer anderen Person zugefügt hat). Derartige Gefühle können zur Buße führen – oder aber zur Verzweiflung und weiterem Missbrauch (vgl. auch Kapitel 3, »Schuld«).

Sexuelle Aktivität

Die Wissenschaftler Elliott und Morse von der Universität von Colorado haben einen Zusammenhang zwischen Drogenkonsum unter Jugendlichen und deren sexueller Aktivität dokumentiert. Sie berichten, dass »das Risiko, sich auf Geschlechtsverkehr einzulassen, in hohem Maße vom eigenen ... Zustand hinsichtlich des Drogenkonsums abhängig ist. Dementsprechend ist unter denen, die sexuell aktiv sind, die Häufigkeit des Geschlechtsverkehrs bei Drogenkonsumenten ... durchweg höher«[27] (vgl. Kapitel 28, »Vorehelicher Geschlechtsverkehr« und Kapitel 29, »Ungewollte Schwangerschaft«).

Schulverweis

Eine Studie von Jeffrey Fagan von der Rutgers Universität und Edward Pabon von der Universität Columbia deckte einen Zusammenhang auf zwischen dem Gebrauch von Substanzen und Verweis von der Schule. »Sowohl Jungen wie Mädchen, die von der Schule verwiesen werden, sind eher in schwerem und häufigem Drogenmissbrauch verwickelt«, berichten die Forscher. Zwar gaben nur wenige der von der Schule verwiesenen Schüler zu, Drogenprobleme zu haben. Der Drogenkonsum unter den männlichen Verwiesenen war fast drei mal so hoch wie bei männlichen Studenten und »Mädchen, die von der Schule verwiesen wurden, waren weit schwerwiegender in Drogenkonsum verstrickt als andere männliche oder weibliche Schüler«[28] (vgl. Kapitel 44, »Schulabbruch«).

Problemverhalten

Ralph und Barr identifizierten 1989 das, was sie als »adoleszentes Verhaltenssyndrom chemischer Abhängigkeit« bezeichneten. Das ist ein Zustand, der gekennzeichnet ist von gesteigerter Abneigung gegen die Eltern, Ablehnung elterlicher Werte, Rückgang der schulischen Leistung, Schwänzen, Zwanghaftigkeit, Depression und Hyperaktivität. Solche Verhaltensweisen sind bisweilen eine Folge nicht allein von Drogenkonsum, hängen aber häufig damit zusammen.

Depression

Eine Reihe von Wissenschaftlern, darunter Norbert Ralph und Kimberly Ann Morgan, haben einen Zusammenhang zwischen Drogenmissbrauch und Depression aufgezeigt. Während Drogenkonsum einerseits häufig von einer Depression verursacht wird, kann eine Depression auch eine Folge von Drogenkonsum sein (vgl. Kapitel 5, »Depression«). Die von der Droge verursachten Stimmungsschwankungen können zu einer schweren und langwierigen Depression führen, die, verstärkt von den Auswirkungen der Droge und/oder vom Entzug der Droge, eine fast unvorstellbar tiefe Depression hervorrufen kann.

Selbstmord

Die oftmals den Drogenkonsum begleitende Depression und Verzweiflung kann zu Selbstmordgedanken, -drohungen und -versuchen führen. Medina, Wallace, Ralph und Goldstein zeigten 1982, dass Drogen- bzw. Medikamentenmissbrauch ein wesentlicher Faktor unter den Todesursachen bei Heranwachsenden ist (Trunkenheit am Steuer und Selbstmord). Peggy Mann schrieb kürzlich in ihrem Marihuana-Report:

Dem Bericht [einer Chirurgen-Vereinigung] ... zufolge sind amerikanische Teenager in den USA die einzige Altersgruppe, deren Sterblichkeitsrate während der letzten zwei Jahrzehnte gestiegen ist. Die hauptsächlichen Gründe dafür gehen auf Trunkenheit und Rauschzustände am Steuer sowie auf Selbstmord in Zusammenhang mit Drogenkonsum zurück. Die Selbstmordrate unter 10- bis 14-jährigen Kindern ist fast genauso schnell angestiegen wie unter 15- bis 24-jährigen. Darüber hinaus kommen unter jungen Leuten auf jeden erfolgreichen Selbstmordversuch hundert gescheiterte. Die Selbstmordrate unter Teenagern hat sich innerhalb der letzten zwei Jahrzehnte verdreifacht – was übereinstimmt mit der epidemieartigen Verbreitung von Marihuanakonsum unter unseren jungen Leuten[29] (vgl. Kapitel 9, »Selbstmordgedanken, Tendenzen und Androhungen«).

Kriminalität

Drogenkonsum und -missbrauch führt häufig zu Delinquenz und Kriminalität, nicht nur unter Erwachsenen, sondern auch unter Jugendlichen. Der Economist berichtete: »Bei etwa zwei Dritteln der Straftäter, die in den größeren Städten aufgrund von Delikten wie Einbruch festgenommen werden, ergibt der Test auf illegale Drogen ein positives Ergebnis und etwa die Hälfte der inhaftierten Jugendlichen ist wegen eines Drogendelikts in Haft.«[30]

▲ Die biblische Sicht

Die Bibel spricht Drogenkonsum und -missbrauch nicht direkt an. Dieses Schweigen zum Thema Drogen – abgesehen von Alkohol – liegt natürlich darin begründet, dass die meisten heutigen Drogen zu biblischer Zeit unbekannt oder nicht verbreitet waren, es bedeutet jedoch nicht, dass Gottes Wort uns keine Wegweisung dazu bieten würde. Im Gegenteil, die Bibel bietet mehrere sehr eindeutige Perspektiven zum Thema Drogenmissbrauch.

Die Bibel verurteilt Drogenmissbrauch ausdrücklich. Trunkenheit wird mit klaren Worten verurteilt (Spr. 20,1 und 23,20) und wird als Kennzeichen der sündigen Natur aufgeführt (Gal. 5,21). Paulus schreibt, dass Trunksüchtige das Reich Gottes nicht erben werden und erteilt den eindeutigen Befehl: »Berauscht euch nicht mit Wein« (Eph. 5,18). Drogenkonsum – sei es Wein oder Crack, Whisky oder Hasch – ist den biblischen Prinzipien zuwider.

Die Gebote der Bibel sind mit Drogenkonsum unvereinbar. Gottes Wort schreibt eindeutig Einstellungen und Verhaltensweisen vor, die durch Drogenkonsum und -missbrauch beeinträchtigt und bis ins Gegenteil verdreht werden. Paulus war beispielsweise entschlossen, wie es sein Brief an die Korinther wiedergibt, dass er sich »von nichts beherrschen lassen« wollte (1. Kor. 6,12). Wer jedoch Drogen nimmt, wird jedoch unausweichlich von ihnen beherrscht werden. Drogenkonsum ist ferner mit folgenden geistlichen Geboten unvereinbar: Ausschweifungen vermeiden (Eph. 5,18), sich selbst zu beherrschen (1. Petr. 5,8), dem staatlichen Gesetz Folge zu leisten (Röm. 13,1) und Gott mit der Hingabe des Körpers zu ehren, der sein Tempel ist (1. Kor. 6,15-20).

Die Bibel macht deutlich, dass Lebensfreude nur in Christus zu finden ist. Viele junge Menschen greifen zu Drogen, weil sie ihren Problemen entkommen wollen, doch Drogen sind keine Fluchtmöglichkeit, sondern eine Falle. »Kommt her zu mir«, sagt Jesus zu dem, der von seinen Sorgen und Lasten niedergedrückt ist und Linderung bei Drogen sucht, »ich will dir Ruhe geben« (Mt. 11,28; siehe auch Jer. 6,16 und Jes. 55,1-3).

Die Bibel verordnet eine Alternative zum Drogenmissbrauch: »Berauscht euch nicht mit Wein, worin Ausschweifung ist«, schreibt Paulus, »sondern werdet erfüllt mit dem Geist« (Eph. 5,18). Der junge Mensch, der sich vom Heiligen Geist leiten und erfüllen lässt, wird den Wünschen der sündigen Natur nicht nachgeben (Gal. 5,16). Drogenkonsum ist zwar ein komplexes und schwieriges Problem, doch es kann verhindert – und überwunden – werden mit der Kraft Gottes durch ein Leben im Geist.

Schließlich befiehlt die Bibel einen mitfühlenden, aber entschiedenen Umgang mit dem Süchtigen. »Und der einen, die zweifeln, erbarmt euch, rettet sie, indem ihr sie aus dem Feuer reißt, der anderen aber erbarmt euch mit Furcht, indem ihr sogar das vom Fleisch befleckte Kleid hasst!« (Jud. 22-23).

Christen sind dazu aufgerufen, in freundlicher Weise diejenigen wieder zurecht zu bringen, die gefallen sind oder mit Problemen zu kämpfen haben (Gal. 6,1). Das ist ein Aufgabenbereich, zu dem sicherlich auch der junge Mann oder die junge Frau gehört, die in eine Sucht gefallen sind.

▶ Praktische Hilfen anbieten

»Von Süchtigen sollte man auf keinen Fall erwarten«, schreibt der Seelsorger und Autor Steve Arterburn, »dass sie imstande seien, sich selbst aus der Sucht herauszuziehen und wieder frei zu werden.« Ein junger Mensch, der sich in Drogen-

missbrauch verstrickt hat, braucht dringend Hilfe und während einerseits keine Zeit vergeudet werden darf und sofortige Hilfeleistung nötig ist, wird andererseits der Gemeindeleiter, Lehrer, Jugendmitarbeiter oder Elternteil nichts erreichen, wenn er den Jugendlichen anpredigt oder ihn nötigt, »sich zusammenzureißen«. Zu besseren Ergebnissen sollte folgende Vorgehensweise führen:

Zuhören. »Wer Antwort gibt, bevor er zuhört, dem ist es Narrheit und Schande«, sagte Salomo (Spr. 18,13). Widerstehen Sie allen Versuchungen, Ratschläge zu geben oder Kritik zu üben. Versuchen Sie den Jugendlichen dahin zu führen, dass er seinen Umgang mit Drogen schildert und bedenken Sie dabei, dass Süchtige oftmals Meister im Leugnen und Manipulieren sind. Führen Sie den Jugendlichen freundlich aber bestimmt zur Erkenntnis und zum Eingeständnis des Problems, möglicherweise durch Stellen der folgenden acht Fragen:

- Freust du dich gelegentlich darauf, Drogen zu nehmen oder »high« zu sein, wenn du eigentlich etwas anderes machen solltest?

- Wenn du Drogen nimmst, nimmst du dann so viel und so schnell du nur kannst?

- Kommst es vor, dass du mehr nimmst, als du (oder ein anderer) meinst, dass du solltest? (Wird diese Fragen mit »Ja« beantwortet, deutet das mit einer Wahrscheinlichkeit von 90% darauf hin, dass er das Problem des Drogenmissbrauchs hat.)

- Kommt es vor, dass du Drogen nimmst, wenn du alleine bist (nicht unbedingt körperlich allein, es können andere an-

501

wesend sein, die aber nichts mit ihm zu tun haben)?

- Versuchst du, deine Versorgung mit Drogen zu schützen, um sicher zu stellen, dass du nicht »auf dem Trockenen sitzt«, wenn du Drogen brauchst?

- Wenn du dich aufregst oder traurig bist, denkst du dann manchmal: »Wenn ich jetzt Drogen nehmen könnte, dann würde es mir besser gehen«?

- Bist du imstande, mehr Drogen zu nehmen als gewöhnlich und dennoch auffallend normal zu bleiben? (Nicht anwendbar bei Marihuana, was gewöhnlich den entgegengesetzten Effekt hat.)

- Fällt es dir manchmal schwer, dich an etwas zu erinnern, was du nach der Einnahme von Drogen getan oder gesagt hast? (Nur anwendbar bei Drogen mit beruhigender Wirkung.)

Wenn der Jugendliche auf vier oder mehr dieser Fragen mit »Ja« antwortet, ist er mit hoher Wahrscheinlichkeit drogensüchtig. Wenn der Jugendliche eine ehrliche Antwort verweigert oder nur widerwillig antwortet, bringen Sie in ruhiger, aber beständiger Weise Fakten vor, halten Sie dabei jedoch so gut es geht an einem nicht drohenden Fragestil fest.

Verständnis zeigen. Anstatt zu versuchen, aus dem Verhalten des Jugendlichen schlau zu werden, streben Sie danach, den Schmerz und die Hilflosigkeit zu verstehen (zumindest ansatzweise), den der Jugendliche durchlebt. Wo liegen seine Verletzungen? Worin ist er unsicher? Was sind seine Befürchtungen? Was frustriert ihn? Solange Sie keinen Einblick in diese Bereiche haben, können Sie nicht helfen. Bedenken Sie au-

ßerdem, dass Mitgefühl auch auf simple, praktische Weise gezeigt werden kann, wie z.B. aufmerksames Zuhören, Blickkontakt und Nicken, wenn der Jugendliche redet, dem Jugendlichen direkt gegenüber sitzen (anstatt hinter einem Schreibtisch) und mitfühlende Gesten, wie z.B. eine Hand auf seine Schulter zu legen, wenn der Jugendliche weint oder geduldiges Warten, wenn er lange um Worte ringt.

Bestätigen. Bedenken Sie, dass Süchtige typischerweise von heftigen Sorgen und einem geringen Selbstwertgefühl geplagt sind. Seien Sie deshalb zurückhaltend mit Kritik oder Verurteilung gegenüber dem Jugendlichen; drücken Sie stattdessen Ihre Anerkennung und Wertschätzung ihm gegenüber (doch nicht seinem Verhalten gegenüber) aus. Gehen Sie freundlich, weitherzig, bestätigend – aber nicht leichtgläubig – vor. Zielen Sie darauf ab, drei bestätigende Wahrnehmungen in seinem Denken zu ermöglichen:

- Gott liebt den Jugendlichen bedingungslos.

- Sie lieben den Jugendlichen bedingungslos.

- In Gottes Augen – und in Ihren – ist er eine Person von unschätzbarem Wert.

Richtung weisen. Ein betroffener Erwachsener kann einem mit Drogenproblemen kämpfenden jungen Menschen am besten helfen, indem er ihm folgende richtungsweisende Orientierung bietet:

- Weisen Sie den Jugendlichen auf Gott hin. Bringen Sie ihn zu einem Bekenntnis und Bereuen der Sünde und helfen Sie ihm, Gottes Liebe und Vergebung anzunehmen. Machen Sie ihm nachdrücklich klar, dass in der Beziehung zu Gott durch Jesus Christus Gnade und Stärke liegt. Leiten Sie ihn zum täglichen Gebet und Bibellesen an, damit er sich auf Gottes Stärke stützt, aus Seinem Wort lernt und Versuchungen in der Gesinnung Jesu Christi begegnen kann (Phil. 4,4-9).

- Informieren Sie die Eltern des Jugendlichen und beziehen Sie sie mit ein. Die Eltern des Jugendlichen müssen so früh wie möglich mit einbezogen werden. Manchmal sind die Eltern zwar nur widerwillig bereit, der Wahrheit über das Problem ihres Kindes ins Gesicht zu sehen, doch ihre Mitarbeit und Unterstützung ist für die effektive Behandlung und Wiederherstellung von zentraler Bedeutung.

- Überdenken Sie die Möglichkeiten der Behandlung. Steve Arterburn identifiziert drei wichtige Elemente der Behandlung, die für die Rehabilitation eines Süchtigen unabdingbar sind:

- Erstens muss die Droge aus dem Körper des Süchtigen verbannt werden. Der Organismus muss zu seinem Normalzustand zurückfinden können. Das zweite Element besteht aus einer positiven Unterstützung. Dieses Unterstützungssystem muss anleiten, für eine Therapie sorgen und den Rehabilitationsprozess einleiten. Der dritte Aspekt der Behandlung besteht in Belohnungen, d.h. der Süchtige darf Dinge tun, die ihm Sinn und Befriedigung bieten. Wenn die Person nicht mehr »high« ist, muss etwas anderes die Leere füllen. Alle drei Elemente der Behandlung sind für die Erstellung eines effektiven Rehabilitationsprogrammes äußerst wichtig.[31]

Ziele setzen. Während niemand von einem Drogensüchtigen erwarten sollte, dass er sich »zusammenreißt« und allein den Weg aus der Sucht findet, ist es entscheidend, dass dem Jugendlichen bei der Planung der Rehabilitation Ziele gesetzt werden. Der betroffene Erwachsene kann die Vorkehrungen treffen und für beständige und konsequente Anleitung sorgen. Nach Möglichkeit sollte dem Jugendlichen eingeräumt werden, Entscheidungen und Zielsetzungen bezüglich seiner Rehabilitation selbst zu bestimmen. Sehen Sie sich die Bedingungen für die Behandlung nochmals an (zu denen mit Sicherheit die drei oben angeführten Elemente gehören), doch stellen Sie sicher, dass der Jugendliche alle Entscheidungen letztlich selber trifft. Eine der effektivsten Möglichkeiten dies zu erreichen sind Entweder-oder-Vorschläge (»Würdest du mit deinem Problem lieber zu deinem Hausarzt gehen oder soll ich dir jemand anderes empfehlen?«).

Hilfe von außen. Ein Elternteil oder Jugendmitarbeiter sollte unter keinen Umständen versuchen, ohne Hilfe von Experten einen Drogensüchtigen durch eine Rehabilitation zu führen. Stellen Sie zum frühstmöglichen Zeitpunkt den Kontakt mit einem Suchtexperten her. Es gibt eine Vielzahl verschiedener hilfreicher Einrichtungen, Hilfsorganisationen und Therapien. Ein in Kenntnis gesetzter Arzt kann den Kontakt zwischen dem Jugendlichen bzw. dem Jugendmitarbeiter und einer solchen Einrichtung herstellen.

In diesem Kapitel zitierte Bibelstellen

- Sprüche 20,1; 23,20

- Galater 5,16.21; 6,1

- Epheser 5,18

- 1. Korinther 6,12.15-20

- 1. Petrus 5,8

- Römer 13,1-5

- Matthäus 11,28

- Jeremia 6,16

- Jesaja 55,1-3

- Judas 22-23

- Sprüche 18,13

- Philipper 4,4-9

Weitere hilfreiche Bibelstellen zum Thema

- Römer 6,12; 13,13

- Galater 5,16-25

- Epheser 6,10-18

- 1. Thessalonicher 5,4-11

- 2. Petrus 1,5-7

Spielsucht

Einführung

Es fing alles ganz harmlos an: Kartenspiele in der Mittelstufe um kleine Einsätze und ein paar kleine Wetten hier und da, dabei etwas Poolbillard beim Nachbarn. Doch David bemerkte nie, welche Auswirkungen das Gewinnen auf ihn haben würde.

Als David in die Highschool kam, wettete er bereits auf etliche Profisportarten. Bald gab ihm jemand die Telefonnummer eines richtigen Buchmachers. Er fing an, mit Hilfe dieses Kontaktes seine eigenen Wetten zu setzen. Je mehr er gewann, desto mehr wollte er gewinnen; je mehr er verlor, desto mehr fühlte er sich gezwungen, seine Verlust wieder einzuspielen. Allmählich verlor er die Kontrolle.

Während seiner ersten beiden Jahre an der Highschool (9. und 10. Klasse) hatte David mehr Glück als Pech. Vor seinen Freunden prahlte er mit seinen Gewinnen. Sein Besitz blähte sein Ego auf und verlieh ihm ein Gefühl der Macht und Kontrolle über sein Leben. Nach der Hälfte der 11. Klasse ging es für David jedoch abwärts, bis nach ganz unten. Er verfehlte sein Glück einmal zu viel. Am Wochenende vor dem Erntedankfest bekamen seine Eltern einen Anruf vom örtlichen Polizeipräsidium, der sie darüber informierte, dass ihr Sohn – Musterschüler, Leistungsträger in der Basketball-Mannschaft und vorbildlicher Gemeindejugendlicher – wegen eines Kraftfahrzeugdiebstahls festgenommen worden war.

Seine Mutter – am Rande eines Panikanfalls – und sein Vater – buchstäblich am Rande einer Herzattacke – riefen den Jugendleiter der Gemeinde an und baten ihn, mit ihnen zur Polizei zu gehen, um David gegen Kaution frei zu bekommen. Er willigte ein. Auf der trostlosen Autofahrt nach Hause sagte David immer wieder zu seinen Eltern: »Ich habe das nur getan, um euch zu schützen.« Weder seine Eltern noch der Jugendleiter verstanden, was David meinte, bis David darum bat, einige Zeit mit Scott, dem Jugendleiter, allein sein zu können. Vor Scott packte David sein Geheimnis aus. Er gestand, dass er seit sechs Monaten Gelegenheitsdieb war, um seine Spielschulden zu finanzieren. Er erklärte, dass er das Auto zu stehlen versucht habe, weil er irgendwie versuchen musste, eine Spielschuld von 10 000 Dollar zu begleichen. Davids Buchmacher hatte gedroht, seiner Familie Schaden zuzufügen, wenn er nicht zahlte und zwar schleunigst.

Mithilfe des finanziellen Opfers seiner Eltern und der Gebete, der Unterstützung und dem Beistand anderer schaffte David es nicht nur, die Highschool erfolgreich abzuschließen, er nahm auch den langen Weg der Rehabilitation auf sich.

● Das Problem

Spielsucht unter Jugendlichen ist kein neues Problem, aber Experten sind sich einig, dass es im Vormarsch ist. Ein Bericht aus dem Jahr 1992 schätzt, dass in den USA 7 Millionen Jugendliche um Geld spielen.[1] Im nordöstlichen Teil der USA geben sogar 50% der Highschool-Schüler (9. – 12. Klasse) an, im vergangenen Jahr um Geld gespielt zu haben.[2]

Eine aktuelle Umfrage der Harvard Medical School ergab, dass zwischen 6,4 und 8,5% der befragten Highschool-Schüler aus den Vorstädten Bostons als spielsüchtig eingestuft werden müssen. Von den 75%, die ihren Angaben zufolge um Geld spielen, haben 32,5% ihren ersten Wetteinsatz in einem Alter von weniger als 11 Jahren abgegeben. 56% fingen zwischen 11 und 15 Jahren damit an.[3]

Die erste US-Studie über Spielverhalten von Teenagern wurde vor zehn Jahren von der Loma Linda Universität und Medical School in Kalifornien unter Jugendlichen in Kalifornien, Virginia, New Jersey und Connecticut durchgeführt. Leiter der Studie war Durwood Jacobs, Vizepräsident des Nationalrates für das Spielproblem.

Jacobs sagte: »Unsere ursprünglichen Ergebnisse lauteten, dass 4 bis 6% der Jugendlichen im Highschool-Alter mit einem Durchschnittsalter von 16 Jahren zur Zeit der Studie wahrscheinlich krankhafte Spieler waren.«[4]

Nachfolgende Studien führten zu ähnlichen Ergebnissen, doch eine aktuellere Studie in Ontario (Kanada), die nach der Legalisierung von Spielkasinos durchgeführt wurde, wies auf eine Zunahme der Spielleidenschaft unter Jugendlichen hin.[5] Jacobs zufolge neigt das Problem aus einer Vielzahl von Gründen zu einer Steigerung, sobald die Jugendlichen ans College kommen:

Sie verfügen über mehr Geld, sie unterliegen nicht mehr der elterlichen Obhut, sie haben eine größere Handlungsfreiheit. Das ist schon seit geraumer Zeit so. Spielleidenschaft neigt allgemein dazu auszuufern, wenn Männer Ende 20 oder Anfang 30 sind. Denn in dieser Zeit müssen sie die Welt wirklich in den Griff bekommen. Es ist höchste Zeit, erwachsen zu werden. Das College ist lediglich eine Fortsetzung der Adoleszenz.[6]

Das Problem der Spielsucht unter Jugendlichen ist in den USA und Kanada sowohl tiefgehend als auch weitverbreitet und die Entwicklung verläuft weiter negativ. »Es ist tatsächlich so, dass wir immer mehr Teenager sehen, die spielen«, berichtet Tony Milillo, Koordinator einer Beratungs- und Hilfestelle für Spielsüchtige in Philadelphia. Solche Meldungen sind für die Polizei in New Jersey nicht überraschend; vor nicht langer Zeit knackten sie einen Sport-Wettring von Jugendlichen, an dem 30 bis 40 Highschool-Schüler beteiligt waren, die 5 000 bis 7 000 Dollar pro Woche verwetteten.

◀ Die Ursachen

Experten sind der Meinung, Spielsucht unter Jugendlichen würde durch eine zunehmende Akzeptanz dieses Verhaltens seitens der Gesellschaft gefördert. Kasinos und staatliche Lotterien florieren. Buchmacher gewähren Teenagern leichtfertig Kredite. Und in Verlegenheit gebrachte Eltern bezahlen die Spielschulden ihrer Kinder aus Angst vor Vergeltungsmaßnahmen.

Hauptsächliche soziale Ursachen

Es sind insgesamt fünf hauptsächliche soziale Ursachen für die Zunahme der

Spielsucht unter Jugendlichen zu verzeichnen: ein Zusammenbruch unserer gesellschaftlichen Moral; das verfügbare Angebot von Spielhöllen usw. sowie das »Werde-schnell-reich«-Syndrom, das die westliche Kultur überflutet; die Legalisierung des Spielens; die mangelnde Aufklärung der Jugendlichen über die Gefahren des Spielens und die fehlende Kontrolle über bzw. Bekämpfung von illegalen Spielorganisationen, die allen Altersgruppen offen stehen.

Jugendliche werden aus einer Vielzahl verschiedener Gründe spielsüchtig. Wie bei David ist der Anfang bei vielen das Wetten bei Sportereignissen. Die Verlockung, bei einem Risiko von einem Dollar neun Dollar zu gewinnen, hat ein enormes Potential. Außerdem scheinen viele Jugendliche im Risiko einen Lebensansporn zu finden, was ein dem Spielen eigener Faktor ist. Bei Jugendlichen, die spielsüchtig werden, lassen sich fünf charakteristische Merkmale aufzeigen:

Spielsüchtiger Jugendlicher

Spielsüchtige Jugendliche werden oft aufgrund anderer Probleme zum Spielen verleitet. Bei spielsüchtigen Jugendlichen stehen am Anfang häufig andere Probleme und das Spielen bietet ihnen eine Fluchtmöglichkeit. Das Spielen dient einem Teenager oft als Betäubungsmittel, wenn er Probleme in der Schule, mit Freundschaften, in der Familie oder mit seinem Selbstwertgefühl hat. Wenn der Jugendliche in der Schule scheitert, verleiht ihm eine gewonnene Wette ein Gefühl des Erfolgs. Die junge Frau, die keine Freunde hat, wird in der Welt der Spiele sicherlich viel Gesellschaft finden. Ein junger Mann mit schweren Familienproblemen wird durch die Flucht ins Spielen eine zeitweilige Oase finden – und das Gefühl, etwas unter seiner Kon-

trolle zu haben. Wenn ein junger Mensch kein Selbstwertgefühl hat, wird er sein lädiertes Ego durch den »Erfolg« einer gewonnenen Wette wieder aufmöbeln können (vgl. Kapitel 6, »Geringer Selbstwert«).

Sie zeigen häufig schon vorher suchtartiges Verhalten. Spielsüchtige Jugendliche haben oftmals schon vorher einen zur Sucht neigenden Charakter. Alkoholismus und Drogenabhängigkeit stehen in enger Verbindung mit dem Spielsyndrom. Spielsüchtige Teenager haben gemeinsame suchtartige Charakterzüge, die leicht zu identifizieren sind:

- Ihre Antwort auf jeden Konflikt, Schmerz und jedes Problem ist »Flucht«.

- Sie fühlen die Notwendigkeit, dass es in ihrem Leben irgendetwas geben muss, über das sie »absolute Kontrolle« haben.

- Sie sind egozentrisch und erwarten stets sofortige Bedürfnisbefriedigung.

- Sie sind impulsiv und denken selten nach vor ihrem Handeln.

- Sie sehen das Leben in Schwarz-weiß-Begriffen und haben eine Gewinner-Verlierer-Mentalität.

- »Verleugnen« ist ihre Lieblingsverteidigung, sobald man sie auf ihr Problem anspricht.

Sie neigen zu Depressionen. Spielsüchtige Jugendliche neigen zu Depressionen. Zur Zeit sind sich die Experten nicht sicher, ob die Depression eine Ursache oder ein Symptom ist, aber die meisten sind sich einig, dass ein Zusammenhang besteht zwischen Depression und Spielsucht (vgl. auch Kapitel 5, »Depression«).

Sie neigen zur »Soziopathie«. Spielsüchtige Jugendliche neigen zur »Soziopathie«. Ein Soziopath ist eine Person, die aus Fehlern nichts lernt, keine verbindliche Zugehörigkeit zu anderen Personen oder Gruppen kennt, schwaches Urteilsvermögen und geringe Verantwortlichkeit zeigt, unangemessenes Verhalten als richtig hinstellt und eine Denkweise hat, die ihr nicht sagt, wann sie im Unrecht ist.

Sie suchen gewöhnlich Nervenkitzel und Aktion. Spielsüchtige Jugendliche sind gewöhnlich auf der Suche nach »Action« und »dem letzten Kick«. Solche Teenager brauchen einen gewissen Adrenalinspiegel. Das normale Alltagsleben ist für sie zu langweilig. Den Sinn ihres Lebens suchen sie mittels primitiver körperlicher Stimulation.

▼ Die Folgen

Will man die Auswirkungen von Spielsucht bei Jugendlichen untersuchen, nimmt man am besten die Entwicklung der Spielsucht unter die Lupe. Der typische Verlauf umfasst drei wesentliche Phasen: Die Phase des Gewinnens, die Phase des Verlierens und die Phase des Verzweifelns.

Die Phase des Gewinnens

Spielen bereitet Teenagern Spaß, Genuss und Nervenkitzel. Diesen Nervenkitzel wollen sie mehr als alles andere. »Gewinnen« – selbst bei einem reinen Glücksspiel – ist attraktiv und die meisten spielenden Jugendlichen sehen ihre Gewinne als Anzeichen für ihre eigenen Fähigkeiten. Das Risiko erhöht den Nervenkitzel nur noch. Und das Spielen bietet ihnen eine Fluchtmöglichkeit, mit der sie die »Realität« vergessen oder umgehen können.

Die Phase des Verlierens

Wenn man längere Zeit spielt, wird man schließlich immer häufiger und mehr verlieren, was wiederum das Selbstwertgefühl bedroht. Um sein Selbstwertgefühl zu retten, muss der Spieler Wege finden, wie er an mehr Geld herankommen kann. Infolgedessen kann Spielsucht Jugendliche in Extreme führen: um hohe Spielschulden zu begleichen, fangen sie an, »sich Geld von der Freundin zu leihen oder sie stehlen ihren Eltern Geld und Schmuck oder sie brechen Autos auf oder in Häuser ein«, schreibt Edward Looney, Leiter einer Hilfseinrichtung für Spielsüchtige in New Jersey.[7] Außerdem können Jugendliche zu folgenden Mitteln greifen:

- Unberechtigtes Benutzen der Kreditkarte der Eltern;

- Dealen mit Drogen;

- Selber Buchmacher werden;

- Einbrechen und Stehlen;

- Verpfänden ihres und fremden Besitzes;

- Ein Job mit Überstunden.

Die Phase des Verzweifelns und das Ende der Entwicklung

Die Verzweiflung verstärkt sich, wenn dem jugendlichen Spieler seine Schulden über den Kopf wachsen und er keinen Ausweg mehr sieht, wie er sie abbezahlen könnte. Wenn er jetzt jedoch mit geliehenem oder gestohlenem Geld wettet und Geld verliert, mit dem er eigentlich die Schulden abbezahlen wollte, verstrickt sich der Teenager immer tiefer in dieses Netz; die Schuldscheine häufen sich. An diesen Punkt wird die Spielsucht der alles bestimmende Faktor im Leben des Jugendlichen und er wird zu den folgenden Symptomen neigen:

- Schlechte Noten, sitzenbleiben in der Schule;
- Vermehrtes Lügen;
- Entfremdung von der Familie und von Freunden;
- Die Schuld wird auf andere geschoben;
- Starke Schuldgefühle und Wut;
- Panik – Lebenssorgen;
- Gesteigerter Alkohol- und Drogenkonsum;
- Häufiges Leihen und Stehlen;
- Emotionaler Zusammenbruch;
- Hoffnungslosigkeit und Depression;
- Selbstmordgedanken und -andeutungen;
- Probleme mit dem Gesetz.

Die Spielleidenschaft eines Jugendlichen ist dann außer Kontrolle geraten, wenn von den folgenden zehn Erkennungsmerkmalen für Spielsucht drei auf ihn zutreffen:

- Das Spielen bzw. das Beschaffen von Geld fürs Spielen nimmt ihn häufig in Beschlag;
- Kontrollverlust (in Form von wiederholten erfolglosen Versuchen, das Spielen einzuschränken oder ganz damit aufzuhören);
- Gewöhnungseffekt (wenn erst einmal um höhere Geldbeträge gespielt oder gewettet wird, können Spiele um weniger Geld nicht mehr den erwünschten Kitzel bieten);

- Zurückziehen in sich selbst (einschließlich Ruhelosigkeit und Irritierbarkeit, Sehnsüchte und psychologische Anzeichen);
- Am nächsten Tag erneut spielen, um die Verluste auszugleichen (»nachjagen« der Verluste);
- Spielen als Fluchtmittel vor Problemen oder unakzeptablen Gefühlen;
- Anlügen von Familienmitgliedern oder anderen, was das Ausmaß des Spielens betrifft;
- Gefährdung von Beziehungen und der Ausbildung bzw. Karriere, um der Spielleidenschaft nachzugehen;
- Verwicklung in kriminelle Handlungen, um das Spielen zu finanzieren oder Spielschulden abzubezahlen;
- Verlassen auf andere oder auf Einrichtungen, um finanzielle Notlage zu lösen, die vom Spielen verursacht wurde.[8]

▲ Die biblische Sicht

Die Bibel spricht das Thema Spielen – Wetten nicht direkt an und bezeichnet demzufolge Spielen auch nicht als Sünde und verbietet es nicht ausdrücklich. Jedoch berührt das Spielen mehrere wichtige biblische Themenbereiche.

Die Bibel verurteilt Habsucht ausdrücklich. Spielen und Wetten haben vor allem mit Geldliebe und dem Wunsch nach mehr zu tun, was die Bibel eindeutig als »eine Wurzel alles Bösen« ausweist (1. Tim. 6,10). Spielen und Wetten fördern solche Übel wie Habsucht, Materialismus und Gier, die den biblischen Geboten entgegenstehen (Lk. 12,15; Spr. 15,7).

Spielen und Wetten widerspricht der biblischen Arbeitsmoral. Gott will, dass ehrlicher

Lohn durch ehrliche Arbeit verdient wird (Lk. 10,7; 2. Mo. 20,9; Eph. 4,28; 2. Thes. 3,10-12) und nicht durch Glücksspiele.

Spielen und Wetten ist destruktiv und führt in die Sucht. Das gilt insbesondere, da solche, die »reich werden wollen, in Versuchung und Fallstrick fallen und in viele unvernünftige und schädliche Begierden, welche die Menschen in Verderben und Untergang versenken« (1. Tim. 6,9). Nirgends tritt die Wahrheit der Worte, die Paulus an Timotheus richtet, deutlicher zutage als anhand der törichten und schädlichen Begierden, von denen Spielsüchtige oftmals in Hoffnungslosigkeit, Depression und Selbstmordgedanken gestürzt werden.

Die Bibel zeigt eine Alternative zum Spielen und Wetten. Gott hat jeden Christen bereits gesegnet »mit jeder geistlichen Segnung in der Himmelswelt in Christus« und ihn mit »dem Reichtum seiner Gnade« überschüttet (Eph. 1,3.7). Was auch immer die Beweggründe des Jugendlichen sein mögen, die ihn zum Spielen veranlasst haben – Flucht, Kontrolle, ein »Kick« – Gott kann »alles, wessen ihr bedürft, erfüllen nach seinem Reichtum in Herrlichkeit in Christus Jesus« (Phil. 4,19). Spielsucht ist zwar ein komplexes und herausforderndes Problem, doch sie kann am besten verhindert – und überwunden – werden mit der Kraft Gottes in einem Leben im Geist (Gal. 5,16).

Schließlich ordnet die Bibel an, dass man sich um einen Spielsüchtigen in mitfühlender, aber bestimmter Weise kümmern soll. Christen sind dazu aufgefordert, miteinander die Lasten zu tragen und in Güte diejenigen zurecht zu bringen, die gestrauchelt sind oder zu kämpfen haben (siehe Gal. 6,1-2). Obwohl man einem in Spielsucht gefallenen Jugendlichen in entschiedener Weise gegenüber treten muss, so muss man ihn dennoch in liebevoller und mitfühlender Weise behandeln.

▶ Praktische Hilfen anbieten

Der Elternteil oder Jugendleiter, der mit einem in Spielsucht geratenen Jugendlichen zu tun hat, wird weise sein, wenn er sich an die folgenden Richtlinien hält:

Zuhören. Beim Umgang mit einem in Spielsucht geratenen Jugendlichen ist es das erste Ziel, an Fakten zu gelangen, damit man den Schweregrad seines Problems erkennen kann. Dies kann geschehen, indem man die folgenden Fragen stellt (sieben Ja-Antworten weisen einen Jugendlichen als spielsüchtig aus):

*   Kommt es vor, dass du Arbeits- oder Schulzeit versäumst, um zu spielen?

*   Kommt es vor, dass das Spielen sich negativ auf dein Familienleben auswirkt?

*   Wirkt sich das Spielen auf dein Ansehen unter deinen Bekannten aus?

*   Kommt es vor, dass es dir hinterher leid tut, dass du gespielt hast?

*   Kommt es vor, dass du aus dem Grund spielst, um an Geld zu gelangen, mit dem du Spielschulden begleichen oder andere finanzielle Probleme beseitigen willst?

*   Wirkt sich das Spielen negativ auf deine Motivation oder Leistungsfähigkeit aus?

*   Wenn du verloren hast, meinst du dann, du müsstest so bald wie möglich erneut spielen und deinen Verlust wieder einspielen?

*   Wenn du gewonnen hast, verspürst du dann einen starken Drang, wieder zu spielen und mehr zu gewinnen?

- Kommt es häufig vor, dass du so lange spielst, bis du den letzten Pfennig verspielt hast?

- Kommt es vor, dass du dir Geld zum Spielen leihst?

- Kommt es vor, dass du etwas verkaufst, um Geld zum Spielen zu haben?

- Widerstrebt es dir, Geld, das du zum Spielen verwenden könntest, für andere Zwecke auszugeben?

- Macht das Spielen dich gleichgültig, was das Wohlergehen deiner Familie, Freunde und dir selbst betrifft?

- Kommt es vor, dass du länger spielst, als ursprünglich geplant?

- Kommt es vor, dass du spielst, um vor Sorgen und Problemen zu flüchten?

- Hast du schon einmal ein kriminelles Vergehen begangen, um an Geld fürs Spielen zu kommen oder hast du das schon einmal in Erwägung gezogen?

- Bereitet dir das Spielen Schlafschwierigkeiten oder führt es bei dir zu Leistungsabfall in der Schule?

- Verursacht Streit, Enttäuschung und Frustration bei dir einen Drang zum Spielen?

- Verspürst du manchmal den Drang, einen Glücksfall mit einigen Stunden Spielen zu feiern?

- Hast du schon einmal darüber nachgedacht, dass dich das Spielen in die Selbstzerstörung führt?[9]

Verständnis zeigen. Als Helfer eines spielsüchtigen Jugendlichen sind Sie womöglich sein buchstäbliches Rettungsseil. Für einen Spieler in der Phase der Verzweiflung (die Phase, in der am häufigsten Hilfe gesucht wird) ist Selbstmord in der Tat eine Alternative. Der Spieler, der sich an diesem Punkt befindet, ist wahrscheinlich in der Talsohle und sucht dringend Hilfe und nicht Aburteilung. Predigen Sie ihn nicht an, betonen Sie vielmehr den Punkt, an dem Sie eine Brücke des Vertrauens zu ihm bauen können. Letztlich wird der jugendliche Spieler Ihnen vertrauen müssen, um einzuwilligen, dass die Eltern – und notfalls die Polizei – informiert werden.

Bestätigen. Wenn ein spielsüchtiger Jugendlicher hofft, jemals der Sucht entkommen zu können, braucht er dazu bestimmte Dinge. Liebe, Güte und Geduld sollten der Startpunkt des helfenden Erwachsenen sein, da der Mangel hieran die tiefer liegende Ursache für das Spielen sein kann. Loben Sie den Mut des Spielers, dass er das Problem in Angriff nehmen und sich helfen lassen will. Geben Sie dem Spieler zu verstehen, dass er durch das Eingestehen des Problems den schwierigsten Schritt genommen hat. Bieten Sie bei jedem Anzeichen von Fortschritt Ermutigung und Bestätigung.

Richtung weisen. Ein betroffener Elternteil, Lehrer, Gemeindeleiter oder Jugendmitarbeiter muss mit dem Jugendlichen freundlich, mit dessen Spielsucht jedoch bestimmt umgehen. Eine praktische richtungsweisende Hilfe umfasst mehrere spezifische Phasen:

- Führen Sie den Jugendlichen freundlich, aber bestimmt dahin, dass er das Problem erkennt und eingesteht. Durchbrechen Sie sein System der Verdrängung. Wenn der Jugendliche eine ehrliche Antwort verweigert oder sich Ihren Anfragen widersetzt, bringen Sie in ruhiger, aber bestimmter Weise Fakten vor, halten Sie dabei jedoch so gut es geht an einem freundlichen Ton fest. Stellen Sie konkrete Fragen (»Wo ist das Geld geblieben, das du vom Verkauf deines Autos bekommen hast?«), anstelle von pauschalen Anklagen (»Du hast die Selbstkontrolle verloren!«). Vermitteln Sie in feinfühliger, aber bestimmter Art die in diesem Kapitel gebotene Information über die Auswirkungen des Spielens auf den Jugendlichen.

- Ermutigen Sie den Jugendlichen sich an Gott zu wenden. Bringen Sie ihn zu einem Bekenntnis und Bereuen der Sünde und verhelfen Sie ihm, Gottes Liebe und Vergebung anzunehmen. Machen Sie ihm nachdrücklich klar, dass in der Beziehung zu Gott durch Jesus Christus Gnade und Stärke liegt. Leiten Sie ihn zum täglichen Gebet und Bibellesen an. Das wird sowohl seine inneren Bedürfnisse stillen, die der Jugendliche bisher mit Spielen befriedigen wollte, als auch die nötige Kraft geben, um der Versuchung zu widerstehen.

- Informieren Sie die Eltern des Jugendlichen und beziehen Sie sie mit ein. Die Eltern des Jugendlichen müssen so früh wie möglich mit einbezogen werden. Manchmal sind die Eltern zwar nur widerwillig bereit, der Wahrheit über das Problem ihres Kindes ins Gesicht zu sehen, doch ihre Mitarbeit und Unterstützung ist für die effektive Behandlung und Wiederherstellung von zentraler Bedeutung.

- Überdenken Sie die Möglichkeiten der Behandlung. Helfen Sie dem Jugendlichen (und seinen Eltern) eine professionelle Therapie, Selbsthilfegruppen und andere Formen der Behandlung in Erwägung zu ziehen.

Ziele setzen. Wenn der Jugendliche eingesehen hat, dass er ein Problem hat und er bereit ist, Hilfe in Anspruch zu nehmen, muss der helfende Elternteil, Gemeindeleiter, Jugendmitarbeiter oder Lehrer den Jugendlichen bei der Planung jeden erfolgreichen Schritts miteinbeziehen. Widerstehen Sie der Versuchung, ihm alles Denken und jede Mühe abzunehmen. Beziehen Sie den Jugendlichen aktiv in das Entwerfen und Durchführen eines Programms zur Hilfe und Rehabilitation mit ein.

Hilfe von außen. In den meisten Fällen von Spielsucht muss die Hilfe von einer speziellen Einrichtung zur Hilfe von Spielsüchtigen in Anspruch genommen werden. Ihre Aufgabe besteht darin, den Jugendlichen dahin zu bringen, dass er zu einer solchen professionellen Betreuung bereit ist. Wenn Sie zu dem Ergebnis gekommen sind, dass der betreffende Jugendliche nicht wirklich süchtig ist, können Sie mit der Situation möglicherweise selber umgehen, wenn Sie die Informationen über die Gefahren der Spielsucht beachten.

In allen Fällen der Inanspruchnahme von Hilfseinrichtungen muss jedoch das Einverständnis – und am besten die Unterstützung – der Eltern eingeholt werden. Wenn Sie nicht selbst Experte für Spielsucht sind, seien Sie bereit, die Hilfe von speziellen Einrichtungen in Anspruch zu nehmen.

In diesem Kapitel zitierte Bibelstellen

- 1. Timotheus 6,9-10

- Lukas 10,7; 12,15

- Sprüche 15,7

- 2. Mose 20,9

- Epheser 1,3.7; 4,28
- 2. Thessalonicher 3,10-12
- Philipper 4,19
- Galater 5,16; 6,1-2

Weitere hilfreiche Bibelstellen zum Thema
- Jesaja 58,11

- Jeremia 6,16
- Römer 6,12; 13,13
- Galater 5,16-25
- Epheser 6,10-18
- Philipper 4,4-9
- 1. Thessalonicher 5,4-11
- 1. Petrus 5,8

Funktionsstörungen

41

Konzen-
trations-
störung

◆ Einführung

Drew Dawson war ein hochbegabtes, fröhliches Kind. Doch manchmal schien er Probleme wie ein Magnet an sich zu ziehen. Seine Lachgrübchen, sein dunkler Teint und seine tiefbraunen Augen machten den 15-jährigen zu einem hübschen Jungen, wenn er auch nicht ganz so groß oder entwickelt war, wie die anderen Jungen in seinem Alter. Er hatte Freunde, aber er hätte noch mehr gehabt, wäre er nicht ungeheuer begabt dafür gewesen, bei anderen »ins Fettnäpfchen zu treten«. Manchmal hatte es den Anschein, als käme jeder neue Gedanke in seinem Kopf sogleich aus seinem Mund heraus. Normalerweise drückte er sich auf so lustige Weise aus, dass die anderen über seine Taktlosigkeit hinweg sahen und manchmal konnte man meinen, dass er selber überhaupt nicht merkte, wie sehr er andere in Verlegenheit brachte.

Die Schule war für Drew ein ständiger Kampf. In seiner geistigen Arbeit war er chaotisch und nachlässig. Seine Lehrer beschrieben ihn mit den Ausdrücken ablenkbar, faul und vergesslich. Obwohl er von Zeit zu Zeit eine bemerkenswerte Einsicht zeigte, fielen seine Klassenarbeiten gewöhnlich schlecht aus. Seine Zensuren für persönliches Betragen waren bestenfalls ausreichend, weil er in der Schulklasse offenbar nicht ruhig auf seinem Platz sitzen bleiben konnte.

Drews Eltern waren Christen, die darum bemüht waren, in seiner Erziehung gute Richtlinien aufzustellen. Diese Richtlinien hatten sie bei Drews älteren Geschwistern erfolgreich eingesetzt und obwohl Drew anscheinend seinen Eltern gehorchen wollte, unterlag er doch häufig seiner impulsiven Natur. Wenn man unerwartet eine Bitte an ihn richtete, konnte Drew unversehens seine Beherrschung verlieren. Er hatte anscheinend kein Gefühl für Zeit und kam gewohnheitsmäßig zu spät. Er war derart auf das »Jetzt« orientiert, dass eine Tugend, wie das Sparen von Geld, wie eine Strafe für ihn war.

Drews Eltern gingen an dieses Problem von verschiedenen Ansatzpunkten heran. Seine Mutter fand immer wieder Entschuldigungen für ihn und akzeptierte ihre Rolle, ihm vergessene Utensilien in die Schule nachzutragen und ständig Drew nachzulaufen und seine Fehler auszubügeln und doch schimpfte sie fortwährend über seine Nachlässigkeit. Drews Vater war hingegen ein vielbeschäftigter Mann, der seinem Jüngsten wenig Aufmerksamkeit schenkte, bis schließlich ein Konflikt aufbrach. Dann war er nahe davor, im Zorn zu explodieren und stellte strenge und manchmal unsinnige Forderungen auf. Drew sah es dann sofort als Herausforderung an, festzustellen wer am lautesten brüllen konnte und so entwickelte sich ein Machtkampf, bei dem Drew offenbar stets den Kürzeren zog. Aus dem fröhlichen, temperamentvollen Jungen wurde bald ein verbitterter, frustrierter Teenager, dem die Worte seiner Eltern zum einen Ohr rein und zum anderen raus gingen … und der allmählich ihre Wertvorstellungen ablehnte.

● Das Problem

Kinder wie Drew werden von vielen Leuten missverstanden. Erwachsene meinen, solche Kinder würden mutwillig entscheiden, sich von ihren Impulsen beherrschen zu lassen. In Wirklichkeit haben Drew und seine Leidensgenossen (etwa jedes fünfte Kind) mit Aufmerksamkeitsstörungen zu kämpfen. Diese Störung ist grundsätzlich ein biologisches Problem. Kinder wie auch Erwachsene (aus diesem Problem wächst man nicht heraus) mit ADS werden hauptsächlich von der rechten Gehirnhälfte gesteuert. Dieses Gebiet des Gehirns beherbergt unsere Kreativität und Problemlösungs-Strategien, unser intuitives Denken, unsere Gefühle und Impulse und unsere Fähigkeit, aus Einzeleindrücken ein »ganzes Bild« zusammenzusetzen. Unsere linke Hirnhälfte beherbergt hingegen unser logisches Denken, lineares oder sequentielles Denken (Schritt 1, Schritt 2 usw.), unsere Fähigkeit, sich auf ein Detail zu konzentrieren, sowie unser Wertesystem. Den unter ADS Leidenden fehlen diese Fähigkeiten der linken Hemisphäre nicht völlig, aber die Neurotransmitter, die die beiden Hirnhälften verbinden, funktionieren nur sporadisch oder aber ein Teil der linken Hirnhälfte funktioniert, während andere Areale dieser Hemisphäre gestört sind. Deshalb begegnen uns bisweilen Menschen, die auf einem bestimmten Gebiet außergewöhnlich begabt sind, wie z.B. Mathematik, während sie ansonsten stark von ihrer rechten Gehirnhälfte geprägt sind.

Da die Funktion der Neurotransmitter zwischen den beiden Hemisphären eingeschränkt ist, haben Menschen mit ADS Schwierigkeiten mit der Zeitwahrnehmung, insbesondere bei der Herausfilterung der wichtigsten Aspekte ihrer Umgebung. Viele beschreiben ihre Gedanken als rasend, verschwommen oder überwältigt von eindringenden Reizen. Ihre Impulse, Gefühle und Kreativität spielen in ihrem Denkmuster die dominierende Rolle. Geordnetes, schrittweises Denken fällt ihnen äußerst schwer. In Spannungs- oder Entscheidungssituationen drängen sich Wertmaßstäbe, Konsequenzen und Ziele in ihrem Denken nicht automatisch nach vorn. Menschen mit ADS zeigen typischerweise eine Mehrzahl der folgenden Merkmale auf:

- Unfähigkeit zu langfristiger Konzentration;

- Leicht gelangweilt, ruhelos;

- Unorganisiert;

- Impulsiv;

- Intuitiv;

- Wenig Kontrolle über Wut;

- Kreativ;

- Neigung eher zu umständlichem als zu geradlinigem Denken;

- Schnelles Erfassen des ganzen Bildes;

- Kein Sinn fürs Detail;

- Probleme mit dem Selbstwertgefühl;

- Kann zusammen mit Hyperaktivität auftreten;

- Erhöhte Ablenkbarkeit;

- Schnell frustrierbar;

- Schwaches Kurzzeitgedächtnis;

- Risikobereites Denken;

- Auditiv-kinästhetischer Lernstil (optimales Lernen durch Hören und/oder gleichzeitige Bewegung).

◄ Die Ursachen

Leider stempeln viele Christen Kinder wie Drew als Problemkinder ab oder sogar als »unbekehrbar« und geben sie förmlich auf. Oder aber sie schieben die Schuld für das Verhalten des Kindes auf zu wenig Zuwendung oder Erziehung durch die Eltern oder auf Gruppenzwang. Ein solches Abstempeln von Jugendlichen mit ADS ist jedoch in schlimmster Weise unangemessen und falsch.

Ein biologisches Problem

ADS ist ein biologisches Problem, das normalerweise innerhalb einer Familie zurück verfolgt werden kann über die Eltern, Onkel, Tanten bis auf die Großeltern, die mit denselben Symptomen zu kämpfen hatten. Anders ausgedrückt: ADS wird gewöhnlich über die Erbanlagen weitergegeben. Die von ADS verursachten Probleme können natürlich verstärkt werden, wenn auch ein Elternteil des betroffenen Kindes unter ADS leidet.

Wurzeln in der Geschichte

Manche fragen, weshalb gerade in den USA das Problem der ADS so verbreitet ist, während in Ländern wie Deutschland oder Japan anscheinend nur sehr wenige daran leiden. Die Antwort ist eine zweifache: sowohl die Geschichte als auch die Umgebung hat damit zu tun.

Die typischen ersten Abenteurer und Siedler, die Nordamerika als ihre neue Heimat wählten, waren (allgemein genommen) Männer und Frauen mit einer Vision, die risikobereit und dazu veranlagt waren, neue Ideen und Lebensstile zu entwickeln. In jedem ihrer neuen Lebensbereiche benötigten sie vielfache Kreativität, um überleben zu können. Es ist leicht einzusehen, dass viele Menschen, bei denen heute ADS diagnostiziert wird, einen derartigen Lebensstil bevorzugen. Aus diesem Grund ist es möglich, dass der nordamerikanische Genpool eine höhere Konzentration von ADS-Veranlagung aufweist als es bei anderen Nationalitäten der Fall ist.

Wurzeln in der Umgebung

Doch warum ist ADS so plötzlich zu einer Volkskrankheit geworden? Manche wenden vielleicht ein, wir würden lediglich Ausflüchte für nachlässige Elternschaft suchen. Bevor wir jedoch eine solche Aussage als Tatsache akzeptieren, müssen wir einen näheren Blick auf unsere heutige Umwelt werfen. In der weitgehend ländlichen Gesellschaft von einst hatten Menschen mit ADS wahrscheinlich wesentlich weniger Probleme, mit der Kultur klarzukommen. Tatsächlich wurden ihre Energie und Kreativität und ihr Bedarf an vielen verschiedenen Betätigungen zur Vertreibung der Langeweile als großer Vorteil für die meisten Farmen und Ranchen angesehen.

Mit der beständig zunehmenden Komplexität der Gesellschaft wurde es jedoch nötig, dass der Einzelne seine Kräfte immer mehr für viele Stunden auf ein Gebiet konzentrierte, eine für ADS-Kranke äußerst schwierige Anforderung.

Außer dieser stark eingegrenzten Konzentration, wurde unser Leben in vielen Bereichen automatisiert und unsere körperliche Aktivität stark vermindert. Somit findet das natürliche Energiepotential des ADS-Kranken kein Ventil. Das ist besonders schwer für Hyperaktive. Im Schulbus zu sitzen, um zur Schule zu gelangen, dann den ganzen Tag in einem Klassenzimmer zu sitzen und anschließend nach Hause zu kommen und wieder über den Hausaufgaben oder vorm Fernseher oder Computer zu sitzen, ist für einen Jugendlichen mit ADS ein Patentrezept für Probleme. Wenn wir zu dieser Mixtur noch den ganzen ablenkenden und gewalttätigen Einfluss hinzufügen, den die Gesellschaft vielen Kindern in Form von zerbrochenen Familien, Film und Fernsehen und Gewalt auf den Straßen auferlegt, brauchen wir uns nicht zu wundern, dass ihre Lern- und Konzentrationsschwierigkeiten zu einer Störung von gewaltigem Ausmaß werden.

▼ Die Folgen

Ein Kind mit ADS kommt sich mit der Zeit wie ein Läufer in einem Rennen vor, der als einziger mit Gewichten an den Beinen laufen muss. Er beginnt sich zu fragen, weshalb andere anscheinend so mühelos laufen, während er zurückbleibt und kaum Anschluss halten kann.

Eingeschränkte Kreativität und Intelligenz

Wer mit solchen jungen Leuten zu tun hat, wird diesen Kampf miterleben. Die Familie des ADS-Kindes entdeckt bald, dass er in einer interessanten, aber sprunghaften Welt lebt. Die Eltern werden schon früh die Kreativität und den Einfallsreichtum des Kindes schätzen lernen, doch solche Charakterzüge können in einigen Fällen auch Anlass zu Verzweiflung geben. Da ihre Fähigkeit Konsequenzen abzuschätzen, ihr Wertesystem zu Rate zu ziehen oder an Langzeit-Zielen festzuhalten oft stark eingeschränkt ist, brauchen diese Kinder in ihren entscheidenden Jahren wesentlich mehr Anleitung und Kontrolle durch die Eltern oder andere Erwachsene.

Scheinbarer Hang zur Selbstzerstörung

Auch mit einem beträchtlichen Maß an Betreuung scheinen ADS-Kinder zur Selbstzerstörung zu neigen. Außerdem scheinen sie einen Hang zum Ungehorsam zu haben (oder es fällt ihnen zumindest äußerst schwer zu gehorchen). Manchmal hat man den Eindruck, dass sie zwar sehen, wie sich die Lippen der Eltern bewegen, die Bedeutung des Gesagten aber – gelinde gesagt – völlig an ihrem Bewusstsein vorbeistreicht. Ihre Gedanken schweifen irgendwo anders herum und in Wirklichkeit verarbeiten sie äußerst wenig von dem, was die Eltern sagen. Wutanfälle, starke Reaktion auf Zucker und Schwierigkeiten abends ins Bett zu gehen und morgens aufzustehen, sind für ADS-Kinder typische Symptome. Infolgedessen sind ihre Eltern häufig erschöpfte, frustrierte und zunehmend verzweifelte Menschen, die sich wie Versager auf dem wichtigsten Gebiet des Lebens vorkommen.

Carolyn und Bill zeigten Gefühle der Schuld, Verwirrung und sogar Angst bezüglich der Art und Weise, wie ihr Sohn Chris sich bei den Familienandachten verhielt. Obwohl sie sich bemühten, die Andachtszeiten kreativ und interessant zu gestalten, machte Chris oft den Eindruck, als wolle er absichtlich die Atmosphäre ruinieren. Als junge Christin hatte Carolyn von diesen besonderen Zeiten mit der Familie geträumt, in einer Runde um das Kaminfeuer sich gemeinsam an der Wahrheit des Wortes Gottes zu erfreuen. Doch ihre Realität ist ein unbändiges, störendes Kind, das offenbar an geistlichen Dingen gänzlich uninteressiert ist. Carolyn gab es auf, von besinnlichen Familienandachten zu träumen.

Schlechte schulische Leistungen

Wenn selbst die Eltern ein Kind »aufgeben«, kann man leicht sehen, dass auch die Lehrer zu diesem Punkt kommen können. Sofern diese Kinder überhaupt Erfolg haben, dann vielleicht auf dem Sportplatz oder als Klassenclown. Ihre Vergesslichkeit und schlechte Organisation bringt ihnen häufig schlechte Zensuren ein, selbst wenn ihr IQ hoch ist (was oft zutrifft). Jedes vierte ADS-Kind ist ein Mädchen, doch wird seine Störung nicht erkannt und es wird lediglich als Tagträumerin abgestempelt, weil sie gewöhnlich ruhiger als ihre männlichen Leidensgenossen ist und sich mehr anstrengt, die Erwartungen zu erfüllen. Im Laufe der Schulkarriere veranlassen die vielen Jahre des Versagens und der Enttäuschung in einer Welt der linken Gehirnhälfte viele ADS-Kranke, in einen zweiten Problembereich zu fallen, der mit geringem Selbstwertgefühl zu tun hat (vgl. Kapitel 6, »Geringe Selbstachtung«). Möglicherweise werden sie depressiv (vgl. Kapitel 5, »Depression«) oder rebellisch und sind eher anfällig für Sucht, Kriminalität und Selbstmord (vgl. Kapitel 9, »Selbstmordgedanken, Tendenzen und Androhungen«).

Peinliche und beschämende Ehrlichkeit

In der Gemeinde reagiert man häufig wenig mitfühlend auf das ADS-Kind. Kinderstunden-Mitarbeiter stempeln solche störenden Kinder schnell als »schwarze Schafe« ab. ADS-Kinder können peinlich und beschämend ehrlich sein; wo andere Jugendliche gelernt haben, ihre Langeweile oder ihre wahren Gefühle jeglicher Art zu verbergen, gibt der impulsive, gefühlsorientierte ADS-Jugendliche seinem Inneren freien Lauf. Sie sind nicht so begabt darin wie linkshemisphärische Kinder, das Richtige zur rechten Zeit zu sagen.

Jesus erzählte einmal ein Gleichnis von zwei Brüdern. Der Vater bat beide in den Weinberg zu gehen und zu arbeiten. Der erste sagte: »Ich will nicht«, später tat es ihm jedoch leid und er ging doch. Der zweite sagte »Ich gehe, Herr«, ging dann aber in Wirklichkeit nicht. Anschließend fragte Jesus, wer von den beiden den Willen des Vaters getan hat. Natürlich der Bruder, der zuerst abgelehnt hatte. Viele ADS-Kinder sind wie dieser Bruder. Ihre Herzen sind feinfühlig, aber ihre impulsiven Antworten können ihnen in der streng geordneten Struktur der Gemeinde und dem dortigen weiten Spektrum von speziell erwarteten Antworten Schwierigkeiten einbringen.

▲ Die biblische Sicht

Gibt es überhaupt eine biblische Sicht von einer Aufmerksamkeitsstörung? Die Bibel wurde etwa zwei Jahrtausende vor der klinischen Diagnose von ADS geschrieben, kann sie da irgendeine Hilfe oder Anleitung zu diesem Problem bieten?

Um diese Frage zu beantworten, wollen wir uns überlegen, ob wir die für ADS-Kinder (und Erwachsene) typische Impulsivität, Neigung zur Langeweile und Vergesslichkeit als Rebellion einstufen sollten. Dazu ließen sich gute Argumente anführen; vielleicht haben sie am Lesen und Auswendiglernen der Bibel einfach deshalb keine Freude, weil sie kein Herz für Gott haben. Vielleicht führen sie sich in der Gemeinde so seltsam auf, weil sie unehrerbietig sind und zu Hause nicht die nötige Strafe erfahren. So kann man es sich natürlich leicht machen, aber auf diese Weise beruhigen viele Kinderstunden- und Jugendmitarbeiter ihr Gewissen und können sich noch ganz wohl fühlen, wenn sie sich bei dem geheimen Wunsch ertappen, dass der kleine Johnny Cutup aus der Jugendgruppe verwiesen wird.

Es könnte uns jedoch weiterhelfen, wenn wir einen Blick darauf werfen, wie Jesus mit dem vorlauten, impulsiven Jünger namens Petrus umgegangen ist. Petrus litt nicht unbedingt unter ADS, aber anscheinend hatte er eine Menge gemein mit den jungen Leuten von heute, bei denen ADS diagnostiziert wird. Der große Fischer, dessen Mund oft in Bewegung war bevor sein Gehirn zu arbeiten begann (Mt. 16,21-23), war wahrscheinlich das Schreckenskind in der Jugendgruppe der Synagoge. Er war risikofreudig (Mt. 14,28-30), der das eine versprach und das andere tat (Lk. 22,33-34.54-62), der damit zu kämpfen hatte, seine Zornausbrüche zu beherrschen (Joh. 18,10-11) und der lief, wenn andere schlichen (Joh. 20,1-6).

Aber Jesus hat über Petrus' Veranlagung nicht verzweifelt seine Hände überm Kopf zusammengeschlagen, sondern war zu seinem ungestümen Jünger geduldig und liebevoll, ermutigend und korrigierend. Im Gegenteil, Jesus sah sogar eine verheißungsvolle Aussicht in dem galiläischen Fischer und anscheinend war der Herr entschlossen, Simon, den Sohn des Jona, in Petrus, den Felsen, umzugestalten (Mt. 16,17-18).

Betreuende christliche Erwachsene tun gut daran, eine ähnliche Sicht bei ADS-Kindern zu entwickeln. Jedes von ihnen verfügt über bemerkenswerte Kreativität, Fähigkeiten, Einsicht und Kühnheit. Als Jugendmitarbeiter und Eltern ist es unsere Aufgabe, diese Kinder geduldig zu erziehen, an sie zu glauben und sie zu korrigieren. ADS ist niemals eine Entschuldigung für sündiges Verhalten, aber die weisen Eltern, Lehrer oder Jugendmitarbeiter werden zwischen dem Verhalten und der Störung unterscheiden.

Wir brauchen störendes und unmoralisches Verhalten bei diesen Jugendlichen nicht zu entschuldigen, aber wir sollten ebenso wenig darauf bestehen, dass sie vollständig unserer linkshemisphärischen Welt entsprechen. Gott hat sie mit einer bestimmten Absicht anders gestaltet. Sie selbst und ihre besonderen Gaben sind für ihn und seine Gemeinde von enormen Wert. Wer weiß, ob Gott ihre Kühnheit nicht eines Tages benutzen wird, um eine Erweckung zu bewirken? Wer weiß, ob Er ihren bereitwilligen Glauben und ihre ungezügelte Energie nicht für bedeutende Schritte in der Sache Christi benutzen wird?

▶ Praktische Hilfen anbieten

Zuhören. Wenn ein Jugendlicher mit ADS seelsorgerlichen Rat sucht, kann dem ein weites Spektrum von Problemen vorausgegangen sein. Ein Kind hat unter Umständen allgemeinere Probleme, wie z. B. Ärger im Umgang mit Altersgenossen oder Eltern. Oder es ist bereits in eine zweite Problemstufe gefallen, zu der sexuelle Sünden, Drogensucht und andere Konflikte mit dem Gesetz gehören können, die aus den impulsiven unüberlegten Entscheidungen resultieren. Gestatten Sie diesem jungen Menschen, seine Gefühle in Sicherheit abzureagieren. Manchen scheint es Spaß zu machen, Sie zu schocken oder auf die Probe zu stellen; zeigen Sie ihnen, dass nichts von dem, was sie sagen oder tun, weder die Liebe Gottes zu ihnen verändern kann, noch Ihren Glauben an die Fähigkeit des Jugendlichen, nun richtige Entscheidungen zu treffen.

Verständnis zeigen. Wenn Sie das Leben bisher stets aus einer linkshemisphärischen Sicht gesehen haben, wird es Ihnen schwer fallen, mit dem ADS-Kind mitzufühlen. Ihnen scheint es, dass es sich nicht sonderlich große Mühe gibt; das liegt gewöhnlich an den Schutzmechanismen, die der Jugendliche zum täglichen emotionalen Überleben heranzieht. Wenn Sie seinen Frustrationen auf eine nicht verurteilende Weise zuhören, kann das diese äußere Mauer von Schutzmechanismen abzubauen beginnen.

ADS-Kinder sind äußerst scharfe Beobachter. Wenn ein ADS-Jugendlicher bemerkt, dass er Ihnen am Herzen liegt, wenn er weiß, dass Sie es ernst meinen, werden Sie sein Vertrauen gewinnen. Sie können Ihr Mitgefühl für einen ADS-Jugendlichen auf verschiedene praktische Weise ausdrücken, wie z.B. indem Sie ihm geduldig zuhören, Blickkontakt suchen (und beibehalten), ihn behutsam zum Thema zurückführen, wenn er davon abschweift und Ihre Kommentare kurz und treffend halten (bitte keine Vorträge). Wenn es angemessen ist, kann es helfen, wenn Sie beim Reden Ihr Gesicht nahe an das Gesicht des Jugendlichen bringen. (Sie können vielleicht sogar sein Gesicht sanft in Ihre Hände nehmen.)

Bestätigen. Die meisten ADS-Kinder sind wie im Sand wachsendes Gras; mit genügend Bewässerung wachsen sie gut – mit dem Wasser der Ermutigung. In fast jedem Fall gilt: Je mehr Ermutigung und positive Bestätigung ein ADS-Kind erhält, desto besser macht es sich auf jedem Gebiet, sei es in der Schule, in der sozialen Situation, beim Sport oder bei der Arbeit. Bestätigung lässt sie aufblühen und sorgt für das Weiterblühen. Natürlich gilt auch die Kehrseite der Medaille. Wenn ein ADS-Jugendlicher merkt, dass Sie ihm gegenüber eine negative Einstellung haben, wird er mit höherer Wahrscheinlichkeit als andere Jugendliche die-

se negative Haltung ausspielen. Das soll nicht heißen, dass der betreuende Erwachsene in jedem Fall versuchen muss, die Konsequenzen des negativen Verhaltens zu eliminieren. Natürliche Konsequenzen gehören zu den wertvollsten Lehrmitteln, die uns für diese Kinder zur Verfügung stehen, insbesondere, wenn der Erwachsene in liebevoller und geduldiger Weise dem Jugendlichen hilft, den Zusammenhang zwischen einem bestimmten Verhalten und einer bestimmten Konsequenz zu sehen.

Richtung weisen. Ein ADS-Jugendlicher braucht im Allgemeinen mehr Korrektur und Anleitung als andere Teenager, die mehr von der linken Gehirnhälfte gesteuert werden. Ein mitfühlender Erwachsener kann Hilfe leisten, indem er Folgendes bedenkt:

• Seien Sie ein Trainer und kein Nörgler. Konzentrieren Sie sich mehr darauf, den Jugendlichen zu betreuen und anzuleiten, als dass Sie an ihm herumnörgeln. Denken Sie an die positivste Weise, wie Sie ihm Orientierung bieten oder eine Verhaltensänderung herbeiführen können. Versuchen Sie, ihn zu bewegen, etwas Richtiges zu tun und loben Sie ihn dann dafür, anstatt zu warten, bis er etwas Falsches tut und ihn dann dafür zu kritisieren oder zurecht zu weisen.

• Ziehen Sie Leitfragen heran, um ihn zum Nachdenken zu bringen, welche Einstellungs- oder Verhaltensänderungen nötig sind, insbesondere »würdest du«-Fragen (»Würdest du mir lieber beim Dekorieren des Raumes helfen oder würdest du das lieber alleine machen?«). Fragen werden von der rechten Gehirnhälfte aus gesteuert und helfen den ADS-Jugendlichen sich darauf einzustimmen, was Sie sagen. Seien Sie jedoch äußerst vorsichtig und vermeiden Sie Sarkasmus oder Versuche, den Jugendlichen »platt zu reden«.

- Ermutigen Sie zur Abhängigkeit von Gott. Eine Aufmerksamkeitsstörung schließt nicht eine tiefe Beziehung zu Gott aus. Helfen Sie dem Jugendlichen, Gebetsfähigkeiten und -techniken zu entdecken, die durch ADS nicht beeinträchtigt werden (wie z. B. Auf- und Abgehen während des Betens, kürzere, aber häufigere Gebetszeiten, Verwendung von christlicher Musik und Musikvideos usw.). Helfen Sie ihm, auf Gott zu vertrauen, um mit der Aufmerksamkeitsstörung fertig zu werden und über Versuchungen zu siegen (Gal. 5,16).

- Setzen Sie Aktivitäten und Ziel ein, an denen der Jugendliche Interesse zeigt und lenken Sie seine Aufmerksamkeit und Energie auf diese Gebiete. Es wird effektiver sein, den Jugendlichen hin zu positiven Zielen zu lenken, als beständig zu versuchen, ihn von negativem Verhalten weg zu lenken.

- Helfen Sie dem Jugendlichen nicht auf Perfektion, sondern auf Verbesserung zu sehen. Ein Jugendlicher mit ADS kann sehr frustriert werden, wenn er versucht, jedermanns Erwartungen und Forderungen zu erfüllen, doch »wir alle straucheln oft« (Jak. 3,2). Leiten Sie den Jugendlichen an, jeden Tag für sich zu nehmen und nicht Perfektion anzustreben (die er nicht erlangen kann) sondern Verbesserung (die er erlangen kann).

- Behandeln Sie den Jugendlichen als eine Person, die es wert ist respektiert zu werden und Verantwortung zu tragen und er wird höchstwahrscheinlich sein Bestes tun, um diese Herausforderung zu meistern.

Ziele setzen. Versuchen Sie den Jugendlichen in ein Team miteinzubeziehen; beteiligen Sie ihn an der Identifikation von problematischem Verhalten und an der Erarbeitung möglicher Lösungen. Nehmen Sie auch die Hilfe von geistlich reifen jungen Menschen in Anspruch, die als inoffizielle verlässliche Partner fungieren können. Bitten Sie diese den ADS-Jugendlichen an Verabredungen, Termine und andere Details zu erinnern, die seinem Denken möglicherweise leicht entfallen. Bitten Sie sie, Ihnen zu helfen die positiven Verhaltensweisen zu fördern, zu denen der Jugendliche fähig ist. Wenn der ADS-Jugendliche merkt, dass er verstanden und akzeptiert wird, wird sein natürlicher Lebensdrang andere motivieren dazuzukommen und sich an allem zu erfreuen, was passiert.

Hilfe von außen. Es gibt Zeiten, in denen Probleme mit dem Verhalten und mit der Schule so tief verwurzelt erscheinen, dass Einstellungen und Handlungen nur schwer zu ändern sind. Wenn der Kampf der Eltern oder des Jugendlichen gegen die Aufmerksamkeitsstörung in einer Sackgasse festgefahren ist, können sie möglicherweise von den erhältlichen Präparaten und/oder Medikamenten profitieren. Diese erfordern jedoch die Betreuung durch einen Arzt oder lizensierten Ernährungsspezialisten, der eine spezielle Diagnose und Diät-Medikation erstellen kann. Medikamente wie Ritalin, Cylert, Tofranil und etliche andere sind mit großem Erfolg von ADS-Kranken eingenommen worden. Grundsätzlich stimulieren diese Medikamente lediglich den Neurotransmitter-Fluss zwischen der rechten und linken Gehirnhälfte, so dass der ADS-Kranke schneller von Gedächtnis, Logik, organisatorischen Fähigkeiten und tief verwurzelten Werten Gebrauch machen kann. Manchmal kann eine Reglementierung der Ernährung ebenfalls ähnliche Ergebnisse erzielen. Außerdem ist wichtig zu erkennen, dass bestimmte Allergien und geistige Verfassungen (wie z.B. Depression oder eine manisch-depressive Störung) eine Aufmerksamkeitsstörung imitieren können. Aus diesem Grund sollte stets ein lizensierter professioneller Seelsorger eine definitive Diagnose erstellen.

In diesem Kapitel zitierte Bibelstellen

* Matthäus 14,28-30; 16,17-18.21-23;

* Lukas 22,33-34.54-62

* Johannes 18,10-11; 20,1-6

* Galater 5,16

* Jakobus 3,2

Weitere hilfreiche Bibelstellen zum Thema

* Kolosser 1,9-12

* 1. Thessalonicher 5,14

* 1. Petrus 5,6-10

42

Pubertäts-Magersucht (Anorexia Nervosa)

Einführung

Schon als kleines Baby hatte Linda einen hohen Körperfettanteil. Ihre Eltern nannten sie »kleiner Teddybär«, weil sie so knuddelig und pummelig war. Eines ihrer Lieblingsbilder aus dem Fotoalbum zeigte Linda von einem Ohr zum anderen grinsend, ihre Arme aus einem ärmellosen Hemd hervorquellend, das halb aufgeknöpft über einen an Schwangerschaft erinnernden Bauch gezogen war. Linda hasste dieses Foto und alle Erinnerungen, die damit zu tun hatten, dass sie als »fettes Kind« bekannt war. Sie hatte geschworen, eines Tages dieses Foto aus dem Album zu nehmen und zu verbrennen.

Monate bevor Linda sich zum ersten Mal in Behandlung begab, versuchte sie sich als Cheerleader. Ihre besten Freundinnen sagten ihr, sie sei die begabteste aller Bewerberinnen. Als der große Tag der Ausscheidung kam, absolvierte sie ihre Vorstellung perfekt. Alle – einschließlich Linda selbst – dachten, dass sie genommen würde.

Am nächsten Morgen ging sie zur Schule, voller Erwartung, ihren Namen auf der Liste der neuen Cheerleader-Mannschaft zu sehen. Dann kam die schockierende Wahrheit. Ihr Name stand nicht auf der Liste. Sie konnte es nicht fassen. Was war schief gegangen? Sie wusste, dass sie bei der Ausscheidung besser gewesen war als die anderen Mädchen. Warum fehlte ihr Name?

Linda lief den Flur hinunter, um die Beraterin der Cheerleader zu suchen – vielleicht konnte die ihr eine Antwort geben. Als Linda in Tränen aufgelöst ihr Büro betrat, stand Mrs. Anderson von ihrem Stuhl auf.

»Warum bin ich nicht in die Mannschaft aufgenommen worden, wo doch alle, einschließlich Sie, gesagt haben, dass ich so gut war?«, schluchzte Linda.

Die offene Antwort von Mrs. Anderson machte auf Linda einen erschreckenden Eindruck. »Du bist gut«, sagte sie, »aber du hast auch Übergewicht. Wir können keine dicken Cheerleader nehmen. Außerdem haben wir keine passende Uniform für dich.«

Fassungslos drehte sich Linda auf dem Absatz um und verließ Mrs. Andersons Büro. Sie hasste sich selbst. Sie hasste ihr Fett. In diesem Augenblick beschloss sie, nie wieder irgendein dick machendes Nahrungsmittel in den Mund zu nehmen. Die folgenden Wochen lebte sie von Wasser, Kopfsalat und Sellerie.

Zwei Monate später hatte Linda über 18 Kilogramm abgenommen. Bei einer Körpergröße von 170 Zentimeter wog sie nur noch 46 kg. Mit 15 Jahren war sie bereits magersüchtig.[1]

● Das Problem

In den USA leiden etwa 8 Millionen Menschen unter einer Essstörung wie z.B. Pubertätsmagersucht.[2] Magersucht, die gekennzeichnet ist von einem extremen absichtlichen Gewichtsverlust von mehr als 25% des ursprünglichen Körpergewichts, tritt am häufigsten unter heranwachsenden Frauen auf und betrifft etwa jede ein- bis zweihundertste junge Frau. Das höchste Vorkommen ist unter 16- bis 18-jährigen Mädchen zu verzeichnen.[3]

Aber auch Männer können der Magersucht zum Opfer fallen. Von den 8 Millionen Opfern einer Essstörung in den USA sind etwa eine Million männlich. Cynthia Adams, Professorin für mentale Gesundheit an der Universität von Connecticut, zeigt auf, dass junge Sportler häufig eine Essstörung entwickeln, wenn sie sich darum bemühen ein bestimmtes Wettkampfgewicht zu erreichen.[4]

»Die zeitweilige Essstörung«, schreiben Joan Sturkie und Siang-Yang Tan, »bezieht sich auf den Missbrauch von Nahrung einschließlich Unter- und Überernährung sowie manipuliertes Erbrechen … Jeder normale Mensch kann eine Zeitlang in eine dieser Verhaltensweisen verfallen, wenn jedoch das Verhalten zur Gewohnheit wird, liegt eine Essstörung vor.«[5]

Robert S. McGee, Gründer und Vorsitzender einer christlichen Gesundheits- und Rehabilitationseinrichtung, erklärt den Begriff »Essstörung«, indem er zunächst klarstellt, was eine Essstörung nicht ist:

Essstörungen sind nicht die seltsamen Essgelüste, die Frauen während der Schwangerschaft erleben. Essstörungen sind weder die persönlichen Gewohnheiten der Überernährung mit darauf folgender Gewichtszunahme, noch sind sie notwendigerweise die Gewohnheit, Mahlzeiten zu überspringen und der darauf folgende Gewichtsverlust. Eine Essstörung ist nicht die Unfähigkeit, eine Diät konsequent einzuhalten … Essstörungen sind zwanghaft-süchtige Verhaltensmuster, bei denen Nahrungsmittel der Gegenstand des persönlichen Missbrauchs sind.[6]

Pubertätsmagersucht ist, um genau zu sein, »süchtiges Fasten, vorsätzliche Selbstaushungerung und umfasst einen Teil des zwanghaften Triebs zur Perfektion und Kontrolle, der allen Süchten gemein ist«[7]. Sturkie und Tan führen mehrere Kennzeichen von Magersucht auf:

- Magersüchtige praktizieren Selbstaushungerung und der Körper nimmt das Erscheinungsbild eines Ausgehungerten an. Der Magersüchtige meint ständig, er sei zu dick.

- Ein Magersüchtiger hat ein gesteigertes Interesse an Nahrung, aber gleichzeitig leugnet er hungrig zu sein.

- Indem er sich auf seine vermeindliche Fettleibigkeit (oder seine zu dünne Statur) konzentriert, vermeidet der Magersüchtige den Umgang mit ihm selbst betreffenden Problemen, mit Beziehungen zu anderen, Emotionen und intellektuellen Fähigkeiten und Einschränkungen.

- Magersüchtige meinen, es würde ihre Probleme lösen, wenn sie nur ein paar weitere Pfund abnehmen. Sie meinen, sie wären dann attraktiver und somit beliebter.

- Magersüchtige können u.U. ungewöhnliche Essvorlieben entwickeln und werden ihre Ernährung häufig auf bestimmte Nahrungsmittel be-

529

schränken. Dem Zählen von Kalorien geben sie eine hohe Priorität.

- Magersüchtige neigen zu Leistungsstärke, möchten in allem, was sie tun, die Besten sein.

- Magersüchtige können sich bis zum Exzess im Abnehmen trainieren. Ihre Übungsmethoden gehen weit über körperliches Training hinaus ...

- Ein Magersüchtiger kann für seine Familie raffinierte Mahlzeiten zubereiten, aber dann nicht mit den anderen gemeinsam, sondern lieber alleine essen wollen.[8]

Vivian Meehan, Gründerin eines Hilfsvereins für Magersüchtige, bezeichnet Magersucht als etwas das »anfängt als eine Art und Weise mit dem Leben umzugehen und schließlich vom ganzen Menschen Besitz ergreift«.[9]

◄ Die Ursachen

Es gibt viele Faktoren, die einen Jugendlichen in die Magersucht treiben können, die folgenden sind jedoch die auffälligsten:

Soziokulturelle Einflüsse

Annähernd sieben mal so viele Frauen wie Männer leiden unter einer Essstörung.[10] Über die Gründe für dieses Ungleichgewicht lässt sich streiten, doch Dr. Arnold Anderson, ein Professor für Psychiatrie an der Universität von Iowa, ist der Meinung, dass soziokulturelle Einflüsse eine signifikante Rolle spielen. »Für Männer gibt es eindeutig weniger allgemeine Beweggründe zur Schlankheit und Diät als für Frauen«, sagt er. »Wenn sich jedoch bestimmte Gruppen von Männern

in Situationen befinden, in denen eine Gewichtsreduktion notwendig ist – wie z.B. bei Ringern, Schwimmern, Läufern und Jockeys – folgt eine beträchtliche Änderung im Essverhalten wie Hungern und Bulimie. Das legt nahe, dass der entscheidende Faktor nicht das Geschlecht, sondern ein Verhaltenstrieb ist.«[11]

In einer Kultur, in der körperliche Schönheit – insbesondere für Frauen – dermaßen betont und belohnt wird, steht Schlankheit und eine gute Figur für geliebt, akzeptiert und anerkannt sein als wertvolle und wichtige Person.

Schmerz

»Nahrung ist nicht die Ursache für Magersucht«, schreiben die Autoren eines einschlägigen Fachbuches zu diesem Thema. Sie fahren fort:

Der Kreislauf beginnt stets mit Schmerz. Dieser Schmerz kann zurückgehen auf irgendein bedeutenderes Lebenstrauma, auf ein Familienproblem oder auf geringen Selbstwert.[12]

Manchmal geht Magersucht auf einen Missbrauch oder auf Ablehnung in der Kindheit zurück (vgl. Kapitel 34, »Sexueller Missbrauch« und Kapitel 35, »Misshandlung«), auf ein gestörtes Familienleben oder auf Unsicherheit und ein ungesundes Selbstwertgefühl (vgl. Kapitel 6, »Geringe Selbstachtung«).

Perfektionismus

McGee stellt heraus, dass »Perfektionismus eine der emotionalen und geistlichen Schlüsselkomponenten ist, die alle Essstörungen einleiten und aufrechterhalten«[13]. Der Magersüchtige meint, er sollte – müsste – perfekt sein: attraktiv, schlank, sportlich, beliebt. Ein derartiger

Perfektionismus wird häufig von den Eltern vermittelt, wie Dr. G. Keith Olson aufzeigt:

> Die Mütter [von Magersüchtigen] sind oftmals Perfektionisten. Sie haben eine Menge Ziele für ihre Töchter: erfolgreich, wortgewandt und das beliebteste Mädchen von allen sein. Und die Väter dieser Mädchen sind häufig in ihrem Beruf äußerst erfolgreich.[14]

Der in einer solchen Umgebung erzeugte Perfektionismus trägt oft noch zu der Frustration eines jungen Menschen bei und verstärkt den Kreislauf des Schmerzes, der zur Entwicklung einer Essstörung führt.

Kontrollbedürfnis

Die Essstörung stellt ferner oftmals einen symbolischen Ausdruck für das Bedürfnis nach Kontrolle dar, selbst wenn es sich bei der Kontrolle lediglich um den eigenen Körper des Jugendlichen handelt. Für den Magersüchtigen sind zwanghafte und bisweilen hochgradig ritualisierte Essmuster – oder Fastenmuster – eine Möglichkeit, Ordnung in das Chaos zu bringen. Das gilt insbesondere für den Magersüchtigen, der ein Opfer von Missbrauch ist (vgl. Kapitel 34, »Sexueller Missbrauch« und Kapitel 35, »Misshandlung«).

Fehlerhaftes Denken

Die oben erwähnten Autoren eines Fachbuches skizzieren ein Dutzend »irrationaler Annahmen«, die typischerweise die Ess- und Fastenleidenschaft eines Magersüchtigen schüren:

- »Die beste Weise dünn zu bleiben ist die Weise, die ich jetzt praktiziere.«

- »Das Schlimmste, das mir passieren könnte, wäre dick zu werden oder zuzunehmen.«

- »Dieses Essverhalten ist mein Leben. Wenn ich es aufgebe, habe ich nichts mehr einzusetzen.«

- »Meine Lieblingsflucht vor meinen Problemen ist Essen. Wenn ich diesen Teil meines Lebens aufgebe, werde ich mich um diese anderen wunden Punkte kümmern müssen und das will ich nicht.«

- »Ich bin mit meinem Leben so glücklich, wie es ist.«

- »Ich muss so weitermachen, weil meine Freunde sich nicht mehr um mich kümmern, wenn es mir gut geht und ich dieses Problem nicht mehr habe.«

- »Ich möchte keine Annäherungsversuche vom anderen Geschlecht. Wenn ich meine Essstörung aufgebe, werde ich vielleicht attraktiver und ich bin mir nicht sicher, ob ich mit einer Anmache umgehen könnte. Auf diese Weise kann ich meine Sexualität umgehen.«

- »Meine Familie nimmt meine Essgewohnheiten so wichtig, dass mir jeder wegen jedem bisschen, was ich mir in den Mund stecke, auf die Pelle rücken wird, wenn ich wieder zu essen anfange.«

- »Jetzt kann ich meine Essstörung als Sündenbock heranziehen. Wenn Leute mich ablehnen, kann ich sagen, das liegt an meiner Magersucht ... Wenn ich diese Essstörung aufgebe, habe ich nichts mehr, worauf ich diese Ablehnung schieben kann.«

- »Ich täte besser daran mich umzubringen als zu versuchen, gegen diese Essstörung anzugehen.«

- »Meine Essstörung betrifft keine anderen Leute.«

- »Ich möchte nicht versuchen mit diesem Verhalten aufzuhören, weil ich weiß, dass ich wieder dahinein zurückfallen werde.«[15]

▼ Die Folgen

Viele setzen irrtümlicherweise voraus, alle Auswirkungen von Pubertätsmagersucht seien auf jeden Fall sichtbar. In Wirklichkeit stehen hinter dem offensichtlichen Gewichtsverlust noch viele weitere und schwerwiegendere körperliche und psychische Auswirkungen.

Körperliche Folgen

Die körperlichen Auswirkungen von Magersucht sind zahlreich und schwerwiegend. Dazu gehören:

Amenorrhoe. Pubertätsmagersucht kann zur Unterbrechung des normalen Menstruationszyklus führen. »Magersüchtige überspringen oftmals drei oder mehr Menstruationsperioden.«[16]

Anämie. Anämie (verringerte Anzahl der roten Blutkörperchen) oder verminderte Anzahl der weißen Blutkörperchen sind häufige Folgen von Magersucht.

Drüsen-Fehlfunktion. Probleme wie z.B. Schilddrüsen-Fehlfunktion und andere Drüsenstörungen sind mit Magersucht und anderen Essstörungen in Verbindung gebracht worden.

Obstipation. Das Fehlen von Nahrungs- und Flüssigkeitszufuhr kann bei Magersüchtigen zu Problemen mit Verstopfung führen.

Malnutrition. Unterernährung kann mit Lethargie und Wasseransammlung einhergehen.

Nierenfehlfunktion und -versagen. Wenn der Gewichtsverlust extrem wird, steigt damit das Risiko von Nierenversagen – da den Nieren und anderen Organen lebenswichtige Nährstoffe und Proteine entzogen werden.

Schlaganfall. »Aus nicht gänzlich verstandenen Gründen«, schreiben die oben erwähnten Autoren, »treten bei Personen mit Essstörungen überdurchschnittlich häufig Schlaganfälle auf.«[17]

Osteoporose. Aufgrund von Vitaminmangel kann Osteoporose (wie auch andere Probleme des Muskel- und Skelettapparates) aus der Magersucht resultieren.

Zusätzlich zu den hier angeführten Auswirkungen können folgende Probleme auftreten:

Trockene Haut ist allgemein üblich. Das Kopfhaar kann dünn werden (und beim Waschen oder Kämmen ausfallen) und an anderen Körperteilen dünner Flaum auftreten ... Bei vielen Magersüchtigen ist das Haar matt und dünn und am Körper wird Flaum sichtbar, der sie vor kaltem Wetter schützen soll, da die natürliche Fettschicht auf ein Minimum geschrumpft ist. Die Hände, Füße und anderen Glieder des Magersüchtigen sind ständig kalt ...

Geplatzte Blutgefäße im Gesicht und Ränder unter den Augen sind zwei weitere typische Symptome dieser Krankheit. Ohnmachtsanfälle häufen sich und auch Herzrasen oder Herzrythmus-Störungen sind normal.[18]

Psychische Folgen

Obwohl die Grenzen zwischen körperlichen und psychischen Auswirkungen von Magersucht manchmal verschwommen sind und einige der oben angeführten körperlichen Konsequenzen medizinischen Ursprungs sein können, werden die folgenden Symptome allgemein zu den psychischen Nebenwirkungen von Magersucht gezählt:

Gestörte Impulsbeherrschung. Dieses Problem besteht im »Verlust der Selbstbeherrschung, was zu impulsiven Reaktionen und extremen Emotionen führt, wie z.B. Zorn und Wut«.[19] Hierbei kann es sich sowohl um eine Ursache wie auch um eine Auswirkung von Magersucht handeln oder auch um beides.

Schuld und Scham. Schuld und Scham sind ebenfalls schwerwiegende Folgen von Magersucht. Magersüchtige fühlen eine intensive Schuld wegen ihres Verhaltens sowie eine intensive Scham. Typischerweise hassen sie sich selbst und ihr Verhalten. Sie versuchen, ihre Schuld und Scham tief in ihr Inneres zu stopfen und hoffen, dass diese Gefühle verschwinden. Doch sie verschwinden natürlich nicht. Sie verursachen nur noch mehr Schmerz und weitere ernste Probleme (vgl. auch Kapitel 3, »Schuld«).

Beeinträchtigtes Urteilsvermögen. Ein weiteres unter Magersüchtigen verbreitetes Problem ist ein beeinträchtigtes Urteilsvermögen. Ob die tiefere Ursache körperlicher oder psychischer Art ist, darüber lässt sich streiten. Aber es ist hinlänglich bekannt, dass eine 1,65 Meter große Magersüchtige, die 40 Kilogramm wiegt, vor einem Spiegel stehen und mit allem Ernst behaupten kann, sie sei dick. Eine derartige Funktionsstörung erstreckt

sich auch auf andere Gebiete, z.B. scheinen manche Magersüchtige orientierungslos, vergesslich usw.

Sozialer Rückzug. Magersüchtige verbergen routinemäßig ihre Essgewohnheiten und lügen dazu auch vielfach. Die Verstrickung in Lüge und die Schuld und Scham, zu dem dieses Verhalten führt, veranlasst viele zum Rückzug von Freunden und Familie. Sie vereinsamen und ziehen es vor, allein zu essen – oder allein nicht zu essen.

▲ Die biblische Sicht

Es entspricht sicherlich nicht Gottes Ziel für eines seiner Kinder, unter den verheerenden Folgen von Magersucht zu leiden. Unsere Leiber sind Tempel des Heiligen Geistes und das Wort Gottes befiehlt uns, Gott mit unseren Leibern zu ehren[20] – mit dem, was wir mit ihnen tun und wie wir sie behandeln. Magersucht ist eine Form von Selbstmissbrauch und deshalb eine Verletzung von Gottes Willen. Er möchte, dass wir ihm unsere Körper zur Verfügung stellen »als ein lebendiges, heiliges, Gott wohlgefälliges Schlachtopfer« (Röm. 12,1) und nicht, dass wir sie aushungern, um einen Schmerz zu lindern oder sie in der Verfolgung unrealistischer Ideale vergeuden.

Das Problem eines Magersüchtigen wird jedoch nicht durch Anpredigen gelöst, denn Magersucht ist von ihrer tiefsten Wurzel her eine Reaktion auf Schmerz. Ein solcher Schmerz kann durch Missbrauch, Vernachlässigung oder irgendein anderes Trauma hervorgerufen sein. Er kann mit Perfektionismus oder geringem Selbstwert zusammenhängen und ist oftmals eine Folge einer gestörten Familiensituation. Leider erschwert der zur Magersucht führende Schmerz vielfach ein biblisches Verständnis des Problems. Die bereits mehrfach zitierten Autoren schreiben:

> [Magersüchtige] haben häufig Probleme damit, sich Gott als einen Gefährten und Freund vorzustellen. Sie sehen ihn als einen Richter in schwarzer Robe (oder als kritisierenden Vater), der ihnen ihre Probleme vorhält. Einer Magersüchtigen fällt es schwer zu verstehen, dass Gott sie liebt, sogar wenn sie sich selbst aushungert ... Wer in einer kaputten Familie aufgewachsen ist, für den ist bedingungslose Liebe fast immer eine fremdartige Vorstellung, wird diese Vorstellung jedoch verstanden und in Anspruch genommen, ist das ein gewaltiger Faktor der Erleichterung ...[21]

Gott versteht den Schmerz des Magersüchtigen. »Denn wir haben nicht einen Hohenpriester, der nicht Mitleid haben könnte mit unseren Schwachheiten, sondern der in allem in gleicher Weise (wie wir) versucht worden ist, doch ohne Sünde« (Hebr. 4,15).

Gott fühlt mit dem Schmerz des Magersüchtigen mit. Die Bibel bezeichnet Jesus als »Mann der Schmerzen« und sagt, dass er »unsere Leiden getragen und unsere Schmerzen auf sich geladen« hat (Jes. 53,3-4). Jesus ist mit dem Schmerz des Magersüchtigen nicht nur vertraut, er trägt ihn sogar. Er trauert mit Gottes Kindern, deren Leben kaputt ist; er ist denen nahe, deren Geist zerschlagen ist.[22] Er sehnt sich danach, ihre zerbrochenen Herzen zu heilen und ihr Leben in Gesundheit aufzurichten.

Gott kann den Schmerz des Magersüchtigen heilen. »Er heilt, die zerbrochenen Herzens sind, er verbindet ihre Wunden« (Ps. 147,3). Wie die zitierten Autoren schreiben, kann er den Schutt

aus unserem Leben nehmen und es umgestalten »in etwas Starkes und Schönes. Er kann alle Bereiche unseres Lebens nehmen, die über Jahre des Zerbruchs und der Zerstörung anscheinend nutzlos dalagen und sie wieder herstellen.«[23]

▶ Praktische Hilfen anbieten

Wenn ein Jugendleiter, Elternteil oder Lehrer bei einem jungen Menschen Verdacht auf Magersucht schöpft oder weiß, dass jemand daran leidet, sollte er zuerst im Gebet Gott um Weisheit und Fingerspitzengefühl bitten und sich dann an folgende Vorgehensweise halten:

Zuhören. Sprechen Sie mit dem jungen Menschen; fragen Sie, wie sie, wie er sich im Hinblick auf sich selbst fühlt. Fragen Sie freundlich und behutsam nach seinen Essgewohnheiten. Er neigt möglicherweise zu verfälschten Darstellungen und verbirgt die Tatsache, dass er nicht isst.

Reden Sie mit den Eltern, fragen Sie, welche Verhaltensmuster sie gesehen haben – sofern sie mit dem Jugendlichen über seine Essgewohnheiten gesprochen haben – und mit welchem Ergebnis.

Stellen Sie Fragen, um den Jugendlichen nicht anzuklagen, aber versuchen Sie, seine Aufmerksamkeit zu lenken, um seine Augen (oder die seiner Eltern) zu öffnen.

Hören Sie ihm gut zu (und, wenn möglich, den Eltern) und achten Sie nicht nur auf das, was gesagt wird, sondern auch auf das, was zwischen den Zeilen herauszuhören ist. Die folgenden von McGee vorgeschlagenen Fragen können dabei behilflich sein:

- (Bei Frauen:) Hast du unregelmäßige Perioden oder ist es vorgekommen, dass deine Regel mindestens drei Perioden lang entgegen deinem Erwarten ausgesetzt hat?

- Hast du gefastet, nicht weil du übergewichtig bist (nach dem üblichen Maßstab entsprechend Alter, Geschlecht und Körpergröße), sondern weil du ein schlankeres Erscheinungsbild abgeben möchtest?

- Denkst du, dass du zu dick bist, auch wenn andere dir sagen, dass du offensichtlich kein Übergewicht hast?

- Wenn andere dir sagen, dass du kein Übergewicht hast, fühlst du dich dann manchmal verärgert oder peinlich berührt? Hast du den Eindruck, dass sie sich in deine körperlichen Belange einmischen, dass sie neidisch sind oder dass sie einfach die Bedürfnisse deines Lebens und deines Körpers nicht verstehen können?

- Denkst du oft nach über Nahrungsmittel, Kalorien, Körpergewicht, Ernährung und Essen und das in einem solchen Maße, dass es dich von anderen wichtigen, aber davon unabhängigen Aufgaben und Verpflichtungen ablenkt?

- Nimmt sportliche Betätigung einen unverhältnismäßig großen Anteil deines Tagesablaufs ein?

- Wiegst du dich häufig, selbst wenn es ungelegen ist, um ein angestrebtes Gewicht zu erreichen?

- Hältst du eine Null-Diät, führst du absichtlich Erbrechen herbei oder benutzt du Abführmittel, um Gewicht zu verlieren?

- Gehst du nach den Mahlzeiten sofort ins Badezimmer? Wirst du ärgerlich oder verlegen, wenn es besetzt ist oder du es aus einem anderen Grund nicht sofort aufsuchen kannst?

- Versteckst oder hortest du öfters Essen oder übst du eine andere Form von abnormalem Verhalten bezüglich des Essens aus, das du für vernünftig hältst, von dem es dir aber lieber ist, wenn andere davon nicht wissen?

- Wird dir schlecht oder empfindest du ein Völlegefühl, wenn du bei einer normalen Mahlzeit so viel oder weniger isst wie deine (etwa gleich großen) Altersgenossen ohne vorheriges Naschen?

- Kommt es vor, dass du gelegentlich übermäßig viel isst und es dir dann leid tut und du dich schämst und dann anschließend für eine Zeitlang gar nichts mehr isst?[24]

Verständnis zeigen. Vermeiden Sie es, mit dem Jugendlichen zu diskutieren; versuchen Sie vielmehr, ihn in einem Geist der Liebe und des Verständnisses zu begleiten. Verwickeln Sie sich nicht in Machtkämpfe über das Essen. Versuchen Sie nicht, den Jugendlichen durch Schuld oder Schamgefühle zu motivieren. Bieten Sie keine pauschalen Antworten. Konzentrieren Sie sich stattdessen darauf, Verständnis und Mitgefühl zu vermitteln. Folgende praktische Hilfen können dazu beitragen:

- Sprechen Sie langsam und sanftmütig.

- Suchen Sie Blickkontakt.

- Beugen Sie sich auf Ihrem Stuhl leicht nach vorn, wenn er oder sie spricht.

- Nicken Sie, um Verständnis anzudeuten.

- Gehen Sie auf Schlüsselaussagen ein (»Du fühlst dich ...« oder »Das hört sich an, als ob du sagst ...«)

- Warten Sie Schweige- oder Tränenphasen geduldig ab.

Bestätigen. Da die tiefste Ursache der Magersucht in einem Problem mit dem Selbstbild oder Selbstwert begründet sein kann, konzentrieren Sie sich behutsam und unter Gebet darauf, das Selbstwertgefühl des jungen Menschen zu stärken. Es wird wenig nützen darauf zu bestehen, das der Jugendliche hübsch oder schlank genug ist; versuchen Sie sich stattdessen darauf zu konzentrieren, eine Beziehung der Annahme und Liebe zu schaffen, in der der Jugendliche ein Gefühl der Sicherheit und Geborgenheit entwickeln kann.

Richtung weisen. Magersucht ist ein komplexes Problem und stellt für die meisten kompetenten Seelsorger eine ausgesprochene Herausforderung dar. Von daher sollten die folgenden Hilfen nicht eine professionelle Betreuung ersetzen. Bei der Vorbereitung des Jugendlichen auf eine professionelle Behandlung, können diese Tips jedoch dem Elternteil oder einem anderen betroffenen Erwachsenen behilflich sein.

- Veranlassen Sie den Jugendlichen, das Problem zu erkennen und einzugestehen. Das kann einige Zeit dauern, aber der betroffene Erwachsene sollte geduldig und beharrlich (jedoch ohne zu nörgeln) sein.

- Ermutigen Sie zur Abhängigkeit von Gott. Wenn der Jugendliche kein Christ ist, führen Sie ihn dahin, die Sündenvergebung und Errettung durch Christus anzunehmen. Das ist ein notwendiger erster Schritt zur Gesundung. Leiten Sie den Jugendlichen zu einer täglichen Gemeinschaft mit Gott an, damit er sich auf Seine Stärke verlässt, aus Seinem Wort lernt und zerstörerischen Gedanken und Gefühlen in der Gesinnung Christi begegnet (siehe Phil. 4,4-9). Schlagen Sie eine Gebetspartnerschaft vor, in der der Jugendliche und der verantwortliche Erwachsene für- und miteinander beten.

- Beziehen Sie die Eltern des Jugendlichen mit ein. Wenn Sie selbst kein Elternteil des Jugendlichen sind, nehmen Sie jede Mühe auf sich, um die Eltern so früh wie möglich zu informieren und mit einzubeziehen. Ihre Kenntnis, Unterstützung und Bestätigung wird für die Hilfe für den Jugendlichen von entscheidender Bedeutung sein.

- Helfen Sie dem Jugendlichen, über die Ursachen des Problems zu reden. Was veranlasst ihn zu seinem Verhalten? Ist es seine Art, mit Schmerz umzugehen? Hat er das Gefühl, in den Augen seiner Eltern perfekt sein zu müssen? Spiegelt sein Verhalten ein Verlangen nach Selbstbestimmung wider? Helfen Sie dem Jugendlichen sich über diese Fragestellungen auszusprechen und versuchen Sie, ein Verständnis der Ursachen für sein Verhalten zu fördern.

- Führen Sie ihn zur Einsicht seiner falschen Auffassungen, die sein Verhalten fördern (siehe »Die Ursachen von Pubertätsmagersucht«). Ermutigen Sie den Jugendlichen ehrlich über seine Auffassungen zu sprechen und helfen Sie ihm, jede einzelne zu beurteilen.

- Helfen Sie dem Jugendlichen einen Tagesplan zur Bezwingung seiner Essstörung aufzustellen. Drängen Sie ihn, einen zielgerichteten Tagesplan zu entwickeln, der drei gesunde Mahlzeiten beinhaltet (einen schriftlichen Speiseplan für die nächsten Tage) sowie eine Reihe von durchführbaren Strategien für gesunde Essgewohnheiten (wie z.B. »Ich werde nur am Esszimmertisch essen«, »Ich werde daran denken, dass es normal ist, sich nach dem Essen satt zu fühlen« und »Ich werde die Waage im Badezimmerschrank lassen«).

- Ermutigen Sie den Jugendlichen, schwierige Zeiten auszumachen und einen Schlachtplan für solche Zeiten aufzustellen. Zum Beispiel: Verursacht die Gesellschaft bestimmter Menschen ein Gefühl, das zu seinem Problem beiträgt? Wie kann er diesen Menschen aus dem Weg oder besser mit ihnen umgehen? Ist er morgens als erstes von »Körperhass« bedrängt? Wäre es hilfreich den Ganzkörper-Spiegel aus dem Badezimmer zu entfernen? Gibt es eine Vertrauensperson, die er rufen kann, wenn es ihm am dreckigsten geht? Ermutigen Sie ihn, spezielle Pläne für den Umgang mit schwierigen Zeiten aufzuschreiben.

- Nehmen Sie die Hilfe anderer in Anspruch. Machen Sie andere Familienmitglieder, enge Freunde, Lehrer usw. darauf aufmerksam, wie sie helfen können: Ehrlichkeit bezüglich des Erscheinungsbildes des Jugendlichen (»Du sieht schon viel gesünder aus«, »Du siehst abgemagert aus, Liebling – isst du auch genug?«), Vermeiden von Bemerkungen über das eigene Körpergewicht (»Ich muss unbedingt zehn Pfund abnehmen«), Anerkennung für den Jugendlichen (»Du hast einen herrlichen Sinn für Humor«) usw.

- Helfen Sie dem Jugendlichen einzu-

sehen, dass Veränderung ihre Zeit braucht. Fördern Sie Geduld, Beharrlichkeit und Hoffnung. Ermutigen Sie den Jugendlichen, »stark und mutig« zu sein, »denn der HERR, dein Gott, er ist es, der mit dir geht; er wird dich nicht aufgeben und dich nicht verlassen«.[25]

Ziele setzen. Ob Sie Jugendmitarbeiter, Gemeindeleiter, Lehrer oder Elternteil sind – Sie können nicht darauf hoffen, eine Veränderung im Leben des Magersüchtigen zu bewirken, solange der Jugendliche sich selbst nicht beteiligt. Sie können einen Magersüchtigen nicht dazu zwingen, wieder normale Essgewohnheiten anzunehmen; er muss selber aktiv daran mitwirken.

Indem Sie dem Jugendlichen helfen offen zu sprechen, ihn bestätigen und ihn zur Einsicht des Problems führen, können Sie den Jugendlichen in die Entscheidung Hilfe zu suchen miteinzubeziehen. Das wird eine wichtige Errungenschaft sein, die möglicherweise sogar lebensrettend ist.

Hilfe von außen. Für die Rehabilitation eines Magersüchtigen ist es von äußerster und dringlicher Wichtigkeit, die Hilfe von medizinischen und psychologischen Experten (und die der Eltern) in Anspruch zu nehmen. Es kann sogar eine Einweisung in eine Fachklinik für Essstörungen nötig sein, doch die Entlassung aus der Klinik bedeutet nicht das Ende der Behandlung.

Der Jugendliche wird weitergehende Hilfestellung von einem professionellen christlichen Psychologen benötigen, um einem Rückfall vorzubeugen. Zusätzlich kann man sich an eine Hilfseinrichtung für Essgestörte wenden.

In diesem Kapitel zitierte Bibelstellen

- 1. Korinther 6,19-20
- Römer 12,1
- Hebräer 4,15
- Jesaja 53,3-4
- Psalm 34,18; 147,3
- Philipper 4,4-9
- 5. Mose 31,6

Weitere hilfreiche Bibelstellen zum Thema

- Psalm 62,5-8; 63,1-5
- Lukas 12,22-31
- 1. Korinther 10,31
- Epheser 6,10-18
- Philipper 4,6-8

43

Ess-Brech-
Sucht
(Bulimie)

Einführung

Alles begann in ihrer 13. Klasse in Harvard. Ellen Hart lief für das Leichtathletik-Team und ihr Trainer empfahl ihr über die Weihnachtspause etwas abzunehmen. Das würde ihr beim Wettkampf bessere Chancen geben, sagte er ...

Von diesem Augenblick an änderten sich die Essgewohnheiten der jungen Läuferin. Sie aß nur noch sehr wenig und verbrachte ihre ganze Freizeit mit Laufen. »Doch dann überfiel mich dieser unkontrollierbare dämonische Drang zu essen: Eis, Kekse, Kuchen – alles, was viel Kalorien hat. Und ich aß, bis nichts mehr hineinging. Anschließend konnte ich die Vorstellung nicht ertragen, dass alles in mir drin bleiben und in Fett umgewandelt werden würde und so erbrach ich es. Während der schlimmsten Zeit habe ich vier oder fünf mal am Tag Essen verschlungen und wieder erbrochen, vom Aufwachen bis zum Schlafengehen. Im April war ich auf 50 Kilogramm runter und sah aus wie eine Leiche ...«

Als sie im Juni ihr Abitur machte, war sich Ellen darüber im Klaren, dass sie ein Problem hatte. Es beeinträchtigte sie körperlich, es beeinträchtigte ihre Beziehungen und es beeinträchtigte sie emotional in solchem Maße, dass sie sagte: »Manchmal habe ich es wirklich bedauert, dass diese Essstörung mich nicht umbringt und ich dachte: Bitte lass mich hier raus.«

Alle Bemühungen, ihr Problem in den Griff zu bekommen, scheiterten, bis sie fünf Monate nach ihrer Hochzeit mit Federico Pena erfuhr, dass sie schwanger war. Während der Schwangerschaft fuhr sie zunächst mit dem gierigen Essen und Erbrechen fort und im sechsten Monat bekam sie Wehen. »Das war der Augenblick als ich sagte: Stop. Du musst auf deinen Körper achten, denn dein Körper trägt nun ein Baby.« Noch heute sagt sie: »Ich bin absolut davon überzeugt, dass ich nicht die Kurve gekriegt hätte, wäre ich nicht bereits seit längerer Zeit in Therapie gewesen.«

Heute sagt Ellen – eine Weltklasse-Läuferin, die 1982 einen amerikanischen Nationalrekord im 30-km-Lauf der Frauen aufstellte und mit dem US-Verkehrsminister verheiratet ist: »Ich laufe immer noch und könnte auch noch an Wettkämpfen teilnehmen, aber zum ersten Mal kann ich aus bloßem Spaß an der Sache laufen. Ich habe außerdem gelernt, mein Körpergewicht zu regeln, das nun 57 Kilogramm beträgt, ohne dabei völlig zwanghaft zu werden ... Es gibt immer noch Zeiten, in denen ich versucht bin, Essen zu verschlingen und wieder zu erbrechen und zu denken: Warum nicht gerade heute ... Aber ich bin stark genug dieser Versuchung zu widerstehen. Ich begebe mich nicht wieder an den Rand dieses Abgrunds, weil dieses Leben am Klippenrand meine private Hölle war. Ich kann nicht zurückgehen.«[1]

● Das Problem

Ellen Hart Pena leidet unter Bulimie, eine Essstörung, von der Schätzungen zufolge 3% aller US-amerikanischen Frauen zwischen 14 und 40 Jahren betroffen sind. Während die überwiegende Mehrzahl der diagnostizierten Bulimie-Kranken Frauen sind (85%[2]), können auch Männer – insbesondere junge Ringer, Läufer, Jockeys und andere Sportler – Opfer dieser Störung sein.[3]

In den USA leiden etwa 8 Millionen Menschen unter einer Essstörung, wobei Bulimie die verbreitetste Form ist.[4] 86% der Erkrankten berichten von einem Einsetzen der Störung vor einem Alter von 20 Jahren; nur die Hälfte berichten von einer erfolgten Heilung. 6% der schweren Fälle sterben an der Störung.[5]

Bulimie ist »eine psychotische Störung, deren Opfer in unbeherrschbarem Heißhunger verfallen, um Erleichterung von Sorgen oder Hunger zu finden und anschließend absichtlich Erbrechen auslösen, Abführmittel missbrauchen oder exzessiv Sport treiben, um eine Gewichtszunahme zu unterbinden«, sagt Dr. Katherine Halmi, Leiterin einer Hilfseinrichtung für Essstörungen. Sie sagt, ein wesentlicher Unterschied zwischen Bulimie und Magersucht bestehe darin, dass »Bulimie-Kranke in etwa ihr normales Gewicht sowie den Menstruationszyklus beibehalten, während Magersüchtige enorm an Körpergewicht verlieren und nicht mehr regelmäßig menstruieren. Etwa die Hälfte der Magersucht-Patienten leidet ebenfalls unter Bulimie.«[6]

◀ Die Ursachen

Zu den vielen Faktoren, die bei einem Jugendlichen Bulimie auslösen können, gehören die Folgenden:

Soziokulturelle Einflüsse

Die Autoren von Love Hunger, einem Buch über Essstörungen, schreiben das Problem zumindest teilweise kulturellen Einflüssen zu, die die Menschen ständig mit einer zwiespältigen und Konflikt verursachenden Botschaft bombardieren:

Niemals zuvor in der Geschichte wurde derart viel Zeit, Geld und Kraft dafür aufgebracht, einerseits Menschen zum Essen zu nötigen und andererseits gleichzeitig zu fordern, dass sie schlank sein müssten. Psychologen bezeichnen dies als Druck- und Zug-Botschaften, Doppelbindungs-Botschaften, Paradoxon-Botschaften oder am treffendsten: »verrückt machende Botschaften«. Und diese verrückt machenden Botschaften haben uns dahin geführt, die Essen-besessenste, Fettleibigkeit-geplagteste Gesellschaft der Welt zu werden.[7]

In einer Kultur, in der körperliche Schönheit – insbesondere für Frauen – dermaßen hoch geschätzt und bewertet und Essen derart leidenschaftlich gefördert und erstrebt wird, ist das tragische und häufige Vorkommen von Bulimie keine Überraschung.

Missbrauch

Bei Frauen mit Bulimie besteht eine drei mal so hohe Wahrscheinlichkeit auf sexuellen Missbrauch in der Kindheit als bei Frauen, die nicht unter einer Essstörung leiden, wie eine Studie unter geistig Gesunden in Kanada ergab. Paul Garfinkel, Leiter eines Psychiatrie-Instituts, erklärt: »Missbrauch führt zu Gefühlen der Hilflosigkeit in der Welt und zu Ekel vor dem eigenen Körper. Sie meinen, dass sie sich innerlich irgendwie besser fühlen würden, wenn sie ihr Äußeres ändern könnten.«[8]

Andere Studien zeigen, dass seelischer und körperlicher Missbrauch bei Frauen ebenfalls zur Wahrscheinlichkeit von Bulimie beiträgt. Ein solche Studie, die von Joel Yager von der Universität von Kalifornien durchgeführt wurde, legt nahe, dass ein längerer körperlicher und seelischer Missbrauch charakteristisch ist für frühe Familienerlebnisse vieler Bulimie-Kranker[9] (vgl. Kapitel 34, »Sexueller Missbrauch« und Kapitel 35, »Misshandlung«).

Trauma

Neben dem Trauma des Missbrauchs in der Familie kann Bulimie ferner durch andere Traumen gefördert werden. Dr. Katherine Halmi sagt, dass »bis zu 50% der Bulimie-Kranken in ihren Familien oder ihrem früheren Leben traumatische und stressreiche Probleme erlebt haben, [wie z.B.] den Tod eine Familienmitglieds [oder] ein traumatisches Erlebnis zu Hause oder in der Schule«.[10]

Perfektionismus

Der Seelsorger und Autor McGee stellt heraus, dass »Perfektionismus eine der emotionalen und geistlichen Schlüsselkomponenten ist, die alle Essstörungen einleiten und aufrechterhalten«.[11] Bulimie-Kranke sind oftmals von erfolgreichen Eltern und in einer von hohen Erwartungen geprägten Familienatmosphäre erzogen worden. Dieser Perfektionismus kann zu einem zwanghaften Verhalten bezüglich Körpergewicht und Essgewohnheiten führen.

Kontrollbedürfnis

Nach dem Medizin-Professor Dr. Peter D. Bash hat das Hauptproblem, von dem Bulimie geschürt wird, »so gut wie immer mit dem Bedürfnis zu tun, etwas unter Kontrolle zu haben«.[12] Ellen Hart Pena sagt, ihre Essprobleme seien angefangen als Folge von »auftretenden Veränderungen, die ich nicht kontrollieren konnte«. Das Bedürfnis des Bulimie-Kranken nach einem Gefühl der Kontrolle entwickelt sich schnell zu einem Problem, das der Betroffene ironischerweise nicht mehr kontrollieren kann.

Fehlerhaftes Denken

Die Psychologen Barbara Bauer und Wayne Anderson haben neun irrationale Überzeugungen identifiziert, die von Bulimie-Kranken im Allgemeinen vertreten werden:

- »Übergewichtig zu werden, ist das Schlimmste, das mir passieren kann.«

- »Ich glaube, dass es gute Nahrungsmittel gibt, wie z.B. Gemüse und Fisch und schlechte Nahrungsmittel, wie z.B. Süßigkeiten und Kohlehydrate.«

- »Ich muss mein ganzes Verhalten unter Kontrolle haben, damit ich mich sicher fühle.«

- »Entweder muss ich alles in perfekter Weise tun oder was ich tue, ist wertlos.«

- »Alle wissen und interessieren sich dafür, was ich tue.«

- »Alle müssen mich lieben und es gut finden, was ich tue.«

- »Bestätigung von außen ist für mich entscheidend wichtig.«

- »Sobald ein bestimmtes Ereignis in meinem Leben eintritt, wie z.B. der Schulabschluss oder die Heirat, wird meine Bulimie aufhören.«

- »Ich muss abhängig und unterwürfig und doch ehrgeizig und aggressiv sein.«[13]

Geringes Selbstwertgefühl

Die Autoren von Love Hunger stellen heraus, dass viele Menschen unter Bulimie leiden, wenn sie sich – bewusst oder unbewusst – darum bemühen, den von einem geringen Selbstwertgefühl verursachten Schmerz zu lindern (vgl. Kapitel 6, »Geringe Selbstachtung«).

Auf der Suche nach einem Weg, den Schmerz erträglich zu machen, greifen die Menschen selbst für eine kurze Zeitspanne nach einem Betäubungsmittel. Für manche ist es der Alkohol, für andere Drogen oder Sex oder Wut oder Kaufrausch. Für wieder andere … ist es Essen.[14]

Natürlich stellen die hier aufgezeigten Faktoren weder die einzigen Ursachen für Bulimie dar, noch sind bei einem Bulimie-Kranken notwendigerweise alle diese Symptome zu finden. Doch die Forschungsergebnisse zeigen, dass sie typischerweise bei vielen Bulimie-Kranken vorkommen.

▼ Die Folgen

Im Gegensatz zur Pubertätsmagersucht, die oft an dem schnellen Gewichtsverlusts des Opfers erkannt werden kann, zeigt Bulimie sich nicht sofort, denn Bulimie-Kranke sind im Allgemeinen nicht auffallend dünn. Einen Elternteil, Gemeindeleiter, Jugendmitarbeiter oder Lehrer kann es jedoch bei der Betreuung eines Jugendlichen helfen, auf die folgenden Auswirkungen der Störung zu achten:

Soziale Folgen

Einige Folgen von Bulimie zeigen sich im Verhalten des Jugendlichen. Viele Bulimie-Kranke werden zu heimlichen Essern; sie ziehen sich immer mehr von der Gemeinschaft mit ihren Freunden und ihrer Familie zurück. Überraschenderweise fangen Bulimie-Kranke oftmals an zu stehlen, um ihr Verhalten zu finanzieren.

Verschwiegenheit. Wenn Freunde und Bekannte anwesend sind, verweigern Bulimie-Kranke oftmals das Essen – oder essen nur sehr wenig. Sie stochern in ihrem Essen herum und bewegen es auf dem Teller hin und her, um den Eindruck zu erwecken, sie würden essen. Ihr eigentliches Essen vollziehen sie im Verborgenen, häufig in irrsinnigem Ausmaß. Kurz vor dem Ende der Mahlzeit – oder direkt danach – entschuldigen sie sich und verschwinden im Badezimmer, wo sie das, was sie hinter verschlossener Tür gegessen haben, absichtlich erbrechen können.

Sozialer Rückzug. Bulimie-Kranke fangen oft an, die Gemeinschaft mit anderen zu vermeiden, selbst mit ihren engsten Freunden, um ihre Störung im wahrsten Sinne des Wortes zu füttern. Sie gehen vielleicht Verabredungen ein, lassen sich jedoch nicht auf eine enge Beziehung ein und brechen oft unerklärlicherweise eine offenbar tiefe Beziehung ab, weil sie die Entdeckung ihrer Gewohnheit fürchten.

Stehlen. Die Autoren des Buches The Thin Disguise berichten, dass »24 % der Essgestörten zwanghaft stehlen«.[15] Sie entwenden Abführmittel, Präparate oder auch Nahrungsmittel, denn schließlich sind Exzesse kostspielig, genau wie die »Hilfsmittel«, die Bulimie-Kranke oftmals zum Entleeren heranziehen.

Körperliche Folgen

Zu den körperlichen Auswirkungen von Bulimie gehören:

Amenorrhoe. Bulimie kann zur Unterbrechung des normalen Menstruationszyklus führen.

Anämie. Anämie (verringerte Anzahl der roten Blutkörperchen) oder eine Verringerung der weißen Blutkörperchen sind häufige Folgen von Bulimie.

Zahn- und Zahnwurzelprobleme. Das häufige Erbrechen führt bei Bulimie-Kranken zu angegriffenem Zahnschmelz, Verfärbung der Zähne und Zahnwurzel-Erkrankungen, die von der Magensäure verursacht werden. Auch die Speiseröhre wird häufig in Mitleidenschaft gezogen.

Drüsen-Fehlfunktion. Probleme wie z.B. Schilddrüsen-Fehlfunktion und andere Drüsenstörungen sind mit Bulimie und anderen Essstörungen in Verbindung gebracht worden.

Hypoglykämie. »Ein Essgestörter kann infolge des gierigen Verschlingens von Nahrung mit hohem Kalorienwert und Einfachzuckern einen niedrigen Blutzuckerspiegel haben. Der Organismus zeigt eine Überreaktion in Form einer extrem erhöhten Insulinausschüttung, was den Blutzuckerspiegel auf einen zu tiefen Wert senkt. Infolge dessen verlangt der Körper mehr Zucker. Hypoglykämie zeigt sich in Form von Erschöpfungs- und Angstzuständen. Beschwerden wie Schwindel und Kopfschmerzen sind üblich.«[16]

Obstipation. Das Fehlen von im Organismus verbleibender Nahrung und Flüssigkeit kann bei Bulimie-Kranken zu Problemen mit Verstopfung führen.

Malnutrition. Unterernährung kann mit Lethargie und Wasseransammlung einhergehen.

Nierenfehlfunktion und -versagen. Wenn der Gewichtsverlust extrem wird, steigt damit das Risiko von Nierenversagen – da den Nieren und anderen Organen lebenswichtige Nährstoffe und Proteine entzogen werden.

Schlaganfall. »Aus nicht gänzlich verstandenen Gründen«, schreiben die oben genannten Autoren von The Thin Disguise, »treten bei Personen mit Essstörungen überdurchschnittlich häufig Schlaganfälle auf.«[17]

Osteoporose. Aufgrund von Vitaminmangel kann Osteoporose (wie auch andere Probleme des Muskel- und Skelettapparates) aus der Bulimie resultieren.

Weitere Gefahren. Weitere Gefahren im Zusammenhang mit Bulimie sind Magengeschwüre, Magen- und Darmstörungen und Unregelmäßigkeiten im Mund- und Rachenraum. Regelmäßiges erzwungenes Erbrechen kann die Körperchemie durcheinander bringen und zu Herzproblemen führen. Die Speiseröhre kann brechen und der Bulimie-Kranke daran verbluten.[18]

Psychische Folgen

Bulimie hat weitgehend dieselben psychischen Auswirkungen wie Magersucht und – wie auch bei Magersucht – einige der psychischen Folgen von Bulimie können auf eine medizinische Ursache zurückgehen. Die folgenden Auswirkungen werden im Allgemeinen zu den psychischen Nebenwirkungen von Bulimie gezählt:

Gestörte Impulsbeherrschung. Dieses Problem besteht im »Verlust der Selbstbeherrschung, was zu impulsiven Reaktionen und extremen Emotionen führt, wie z.B. Zorn und Wut«.[19] Hierbei kann es sich sowohl um eine Ursache wie auch um eine Auswirkung von Bulimie handeln oder auch um beides.

Schuld und Scham. Schuld und Scham sind sowohl Folgen wie auch Ursachen von Bulimie. »Die meisten Ärzte sind der Meinung, dass alle Süchte in irgendeiner Weise auf Scham zurückgehen«. Bulimie-Kranke tragen »eine doppelte Last der Schuld ... weil sie sich für ihre vermeintliche Fettleibigkeit und Verfressenheit an sich schon schämen und dazu noch die alten Beschuldigungen aus ihrer eigenen Familie kommen. Die beiden fließen ineinander über und die Scham wird überwältigend«[20] (vgl. auch Kapitel 3, »Schuld«).

Depression und Sorgen. Dr. Paul Garfinkel sagt, Bulimie-Kranke seien »Menschen, die wirklich leiden. Es sind keine Menschen, die ab und an mal erbrechen und dann weiter fröhlich ihres Weges ziehen. Sie haben schwerwiegende Probleme mit Depression und Sorgen«[21] (vgl. auch Kapitel 2, »Angst« und Kapitel 5, »Depression«).

▲ Die biblische Sicht

Der Körper des Christen ist ein Tempel des Heiligen Geistes und das Wort Gottes befiehlt uns, Gott mit unseren Leibern zu ehren[22] – mit dem, was wir mit ihnen tun und wie wir sie behandeln. Bulimie ist eine Form von Selbstmissbrauch und deshalb eine Verletzung von Gottes Willen.

Das eigentliche Problem des Bulimie-Kranken hat weniger mit Essen an sich zu tun, es ist nicht einfach Völlerei (Spr. 23,20-21). Der Bulimie-Kranke benutzt Essen zum Verbergen eines anderen, tiefer liegenden Problems – üblicherweise der Schmerz, der durch einen Missbrauch, ein Trauma, durch Perfektionismus oder geringes Selbstwertgefühl verursacht wird.

Der Schmerz eines Bulimie-Kranken geht jedoch nicht über die Reichweite eines liebenden und mitfühlendes Gottes hinaus. »Er heilt, die zerbrochenen Herzens sind«, sagt die Bibel, »und verbindet ihre Wunden.«[23] Er trauert wegen Seiner Kinder, deren Leben in Scherben liegt, deren Herz zerbrochen ist. »Sein sehnlichster Wunsch ist, dass ihr Leben wieder aufgerichtet und entsprechend Gottes ursprünglichem Sinn und Zweck wieder hergestellt wird ... Er sehnt sich danach, dass [der Bulimie-Kranke] geheilt und wieder hergestellt wird.«[24]

Gott ist der Gott allen Trostes (2. Kor. 7,6). Aber Er ruft Seine Kinder auch auf, mitfühlend auf ihre Mitmenschen Acht zu haben, insbesondere auf jene, denen es schlecht geht, die ihr Leben nicht mehr im Griff haben, die sich in den Fesseln einer zerstörerischen Krankheit befinden. »Tröstet, tröstet mein Volk! spricht euer Gott.«[25] Und in den Worten von Paulus an die Gemeinde in Thessalonich: »Wir ermahnen euch aber, Brüder: ... nehmt euch der Schwachen an, seid langmütig gegen alle!«[26]

Wer unter Bulimie leidet, braucht Trost und Hilfe, um das zu überwinden, was zu einer lebensbedrohlichen Krankheit werden kann. Sie kann überwunden werden im Vertrauen auf Gott und mit weiser Hilfe durch Seine Kinder.

▶ Praktische Hilfen anbieten

Wenn ein Jugendleiter, Elternteil oder Lehrer bei einem jungen Menschen Verdacht auf Bulimie schöpft oder weiß, dass jemand daran leidet, sollte er zuerst im Gebet Gott um Weisheit und Fingerspitzengefühl bitten und sich dann an folgende Vorgehensweise halten:

Zuhören. Sprechen Sie mit dem jungen Menschen und »finden Sie heraus, wie er sich in Bezug auf sich selbst fühlt. Stellen Sie fest, wie er über Essen denkt und wie oft er isst. Es kann sein, dass er etwas vortäuscht und [die Wahrheit über seine Essgewohnheiten] verbirgt. Ein Gespräch mit den Eltern ist äußerst angeraten. Welche Verhaltensmuster sind ihnen aufgefallen? Haben sie mit ihrem Kind darüber gesprochen? Liegt ein körperliches Problem vor?«[27] Verwenden Sie Fragen, nicht um den Jugendlichen anzuklagen, sondern zu versuchen, um ihm seine Augen (oder die seiner Eltern) zu öffnen. Die folgenden von McGee vorgeschlagenen Fragen können dabei behilflich sein:

- Hast du Angst dick zu sein und meinst du, dick sein ist »Sünde«?

- Versuchst du immer wieder eine Diät einzuhalten und fällst dann doch immer wieder in Fresserei, wofür du dich dann zutiefst schämst?

- Neigst du häufig zur Überschätzung deines Nahrungsbedarfs bei einer Mahlzeit oder einem Imbiss und isst dann zu viel, insbesondere in Stresszeiten?

- Versteckst und lagerst du eigene Essensreserven, die du später gierig aufisst?

- Verschlingst du eher »verbotene« Speisen mit vielen Kalorien und Zucker oder eher »sichere« Nahrungsmittel wie Salat?

- Verbirgst du deine Essgewohnheiten im Geheimen (insbesondere die Heißhungerexzesse) und hast du Angst davor, dass jemand dir auf die Schliche kommen könnte?

- Fühlst du dich doch häufig beschämt

und/oder niedergedrückt, wenn du isst?

- Verbringst du viel Zeit damit, über den nächsten Essexzess nachzudenken und ihn zu planen (vielleicht im Detail), wenn du eigentlich anderen Aufgaben und Tätigkeiten nachgehen solltest?

- Nehmen deine Gedanken übers Essen viel Zeit in Anspruch?

- Führt eine Unterbrechung dieses Gedankens dazu, dass du sauer, ärgerlich oder verwirrt bist, was du wiederum vor den anderen verbergen musst?

- Führst du absichtlich Erbrechen herbei, um verschlungenes Essen wieder los zu werden?

- Treibst du Sport, um einen Essexzess abzuarbeiten?

- Verwendest du Abführmittel oder Diuretika auf eine andere Weise als vorgeschrieben, um verschlungenes Essen aus dem Körper zu bekommen?

- Machst du etwas hiervon speziell um Gefühle der Angst und Wut zu entladen, die den Essexzess begleiten würden?

- Verschwindest du sofort nach den Mahlzeiten im Badezimmer oder einer anderen verfügbaren sanitären Einrichtung? Wirst du ärgerlich oder verlegen, wenn es besetzt ist oder du es aus einem anderen Grund nicht sofort aufsuchen kannst?

- Wenn du in einem Gemeinschaftsquartier untergebracht warst mit einem Spülbecken oder einer anderen sanitären Einrichtung auf dem Zimmer, musstest du dann schon einmal den Klempner rufen, um einen durch deine Abführgewohnheiten entstandenen Schaden zu beheben?

- Kommt es mehr als drei mal pro Woche vor, dass du einen Essexzess mit anschließendem Erbrechen hast?

- Bist du schon einmal von anderen wegen deines Verhaltens zur Rede gestellt worden (und hast alles verleugnet)? Und hast dir dann vorgenommen, von nun an mehr Abstand zu Freunden und Familienmitgliedern zu halten, um zukünftige Auseinandersetzungen wegen deines Essverhaltens zu vermeiden?[28]

Wenn der Jugendliche offensichtliche Symptome von Bulimie zeigt, ist es wichtig so schnell wie möglich professionelle Hilfe in Anspruch zu nehmen.

Verständnis zeigen. Versuchen Sie, den Jugendlichen in einem Geist der Liebe und des Verständnisses zu begleiten (anstatt in einer autoritären Haltung vor ihm aufzutreten). Vermeiden Sie Streitgespräche. Vermeiden Sie Machtkämpfe. Versuchen Sie nicht, den Jugendlichen durch Schuld oder Schamgefühle zu motivieren. Bieten Sie keine pauschalen Antworten. Konzentrieren Sie sich stattdessen darauf, Verständnis und Mitgefühl zu vermitteln. Folgende praktische Hilfen können dazu beitragen:

- Beugen Sie sich auf Ihrem Stuhl nach vorn, um Interesse zu verdeutlichen.

- Suchen Sie Blickkontakt mit dem Jugendlichen, wenn er spricht, ohne ihn dabei anzustarren oder mit dem Blick umherzustreifen.

- Vermeiden Sie, irgendeine Form von Schockierung, Missbilligung oder Verurteilung bezüglich seiner Aussagen auszudrücken.

- Warten Sie Schweige- oder Tränenphasen geduldig ab.

- Sprechen Sie langsam und sanftmütig.

- Lenken Sie das Gespräch durch Fragen wie »Was passierte dann als nächstes?« oder »Was meinst du mit …?«

- Gehen Sie auf seine Aussagen ein, indem Sie darauf mit Worten reagieren wie »Du fühlst dich …« oder »Das hört sich an, als ob du sagst …«

Bestätigen. Joan Sturkie erinnert daran, »beim Umgang mit dem Essgestörten nicht mit einem Richtgeist aufzutreten. Die Haltung von ›der Jugendliche ist selbst schuld‹ ist nicht vertretbar. Einsame, isolierte und hungrige Menschen brauchen Unterstützung.«[29] Da die tiefste Ursache der Magersucht in einem Problem mit dem Selbstbild oder Selbstwertgefühl begründet sein kann, konzentrieren Sie sich insbesondere behutsam und unter Gebet darauf, das Selbstwertgefühl des jungen Menschen zu stärken. Es wird wenig nützen darauf zu bestehen, das der Jugendliche hübsch oder schlank genug ist; versuchen Sie sich stattdessen darauf zu konzentrieren, eine Beziehung der Annahme und Liebe zu schaffen, in der der Jugendliche ein Gefühl der Sicherheit und Geborgenheit entwickeln kann.

Richtung weisen. Bulimie ist ein komplexes Problem und stellt für die meisten kompetenten Seelsorger eine ausgesprochene Herausforderung dar. Von daher sollten die folgenden Hilfen nicht eine professionelle Betreuung ersetzen. Bei der Vorbereitung des Jugendlichen auf eine professionelle Behandlung können diese Tips jedoch dem Elternteil oder einem anderen betroffenen Erwachsenen behilflich sein.

- Helfen Sie dem Jugendlichen, das Problem zu erkennen und einzugestehen. Das kann einige Zeit dauern, aber der betroffene Erwachsene sollte geduldig und beharrlich (jedoch ohne zu nörgeln) sein.

- Ermutigen Sie den Jugendlichen sich an Gott zu wenden. Wenn der Jugendliche kein Christ ist, führen Sie ihn dahin, die Sündenvergebung und Errettung durch Christus anzunehmen. Das ist ein notwendiger erster Schritt zur Gesundung. Leiten Sie den Jugendlichen zu einer täglichen Gemeinschaft mit Gott an, damit er sich auf Seine Stärke verlässt, aus Seinem Wort lernt und zerstörerischen Gedanken und Gefühlen in der Gesinnung Christi begegnet (Phil. 4,4-9). Schlagen Sie eine Gebetspartnerschaft vor, in der der Jugendliche und der verantwortliche Erwachsene für- und miteinander beten.

- Beziehen Sie die Eltern des Jugendlichen mit ein. Wenn Sie selbst kein Elternteil des Jugendlichen sind, nehmen Sie jede Mühe auf sich, um die Eltern so früh wie möglich zu informieren und miteinzubeziehen. Ihre Kenntnis, Unterstützung und Bestätigung wird für die Hilfe für den Jugendlichen von entscheidender Bedeutung sein.

- Helfen Sie dem Jugendlichen, über die Ursachen des Problems zu reden. Fragen Sie ihn, was ihn zu seinem Verhalten veranlasst? Ist es seine Art, mit Schmerz umzugehen? Hat er das Gefühl, in den Augen seiner Eltern perfekt sein zu müssen? Spiegelt sein Verhalten ein Verlangen nach Selbstbestimmung wider? Helfen Sie dem Jugendlichen sich zu diesen Fragen auszusprechen und versuchen Sie, ein Verständnis der Ursachen für sein Verhalten zu fördern.

- Führen Sie ihn zur Einsicht seiner falschen Auffassungen, die sein Verhalten fördern (siehe »Die Ursachen von Bulimie«). Ermutigen Sie den Jugendlichen ehrlich über seine Auffassungen zu sprechen und helfen sie ihm, jede einzelne aufrichtig und aus biblischer Sicht zu beurteilen.

- Helfen Sie dem Jugendlichen einen Tagesplan zur Bezwingung seiner Essstörung aufzustellen. Drängen Sie ihn, einen zielgerichteten Tagesplan zu entwickeln, der drei gesunde Mahlzeiten beinhaltet (einen schriftlichen Speiseplan für die nächsten Tage), sowie eine Reihe von durchführbaren Strategien für gesunde Essgewohnheiten (wie z.B. »Ich werde nur am Esszimmertisch essen«, »Ich werde mein Lieblingsessen, das ich am häufigsten im Heißhunger verschlinge, aus dem Haus verbannen« und »Ich werde die Waage im Badezimmerschrank lassen«).

- Ermutigen Sie den Jugendlichen, schwierige Zeiten auszumachen und einen Schlachtplan für solche Zeiten aufzustellen. Sind z.B. bestimmte Tageszeiten oder Wochentage besonders schwierig? Wie kann er sich auf diese Zeiten vorbereiten? Was gedenkt er zu tun, wenn der Heißhunger kommt (einen Spaziergang machen, ein spannendes Buch lesen, einen Freund anrufen)? Gibt es eine Vertrauensperson, die er rufen kann, wenn es ihm am dreckigsten geht? Ermutigen Sie ihn, spezielle Pläne für den Umgang mit schwierigen Zeiten aufzuschreiben.

- Nehmen Sie die Hilfe anderer in Anspruch. Machen Sie andere Familienmitglieder, enge Freunde, Lehrer usw.

darauf aufmerksam, wie sie helfen können: Die Eltern können den Riegel von der Badezimmertür entfernen (um dem absichtlichen Erbrechen vorzubeugen), Freunde können Kommentare über ihr eigenes Körpergewicht vermeiden (»Ich muss unbedingt zehn Pfund abnehmen«) und andere können dem Jugendlichen Anerkennung aussprechen (»Du hast einen herrlichen Sinn für Humor«) usw.

- Helfen Sie dem Jugendlichen einzusehen, dass Veränderung ihre Zeit braucht. Fördern Sie Geduld, Beharrlichkeit und Hoffnung. Ermutigen Sie den Jugendlichen, »stark und mutig« zu sein, »denn der HERR, dein Gott, er ist es, der mit dir geht; er wird dich nicht aufgeben und dich nicht verlassen«[30].

Ziele setzen. Ob Sie Jugendmitarbeiter, Gemeindeleiter, Lehrer oder Elternteil sind – Sie können nicht darauf hoffen, eine Veränderung im Leben des Bulimie-Kranken zu bewirken, solange der Jugendliche sich selbst nicht beteiligt. Sie können ihm helfen einzusehen und einzugestehen, dass er ein Problem hat, aber Sie können ihn nicht dazu zwingen, wieder normale Essgewohnheiten anzunehmen; er muss selber aktiv daran mitwirken. Veranlassen Sie den Jugendlichen, Verantwortlichkeit für sein Verhalten zu übernehmen. Lassen Sie ihm so viele Entscheidungen wie möglich selber treffen. Beziehen Sie den Jugendlichen in die Entscheidungen über die weitergehende Behandlung mit ein.

Hilfe von außen. Für die Rehabilitation eines Bulimie-Kranken ist es von äußerster und dringlicher Wichtigkeit, die Hilfe von medizinischen und psychologischen Experten (und die der Eltern) in Anspruch zu nehmen. Es kann sogar eine Einweisung in eine Fachklinik für Essstörungen nötig sein, doch die Entlassung aus der Klinik bedeutet nicht das Ende der Behandlung.

Der Jugendliche wird weitergehende Hilfestellung von einem professionellen christlichen Psychologen benötigen, um einem Rückfall vorzubeugen. Zusätzlich kann man sich an eine Hilfseinrichtung für Essgestörte wenden.

In diesem Kapitel zitierte Bibelstellen

- 1. Korinther 6,19-20
- Sprüche 23,20-21
- Psalm 147,3
- Jesaja 40,1
- 1. Thessalonicher 5,14
- Philipper 4,4-9
- 5. Mose 31,6

Weitere hilfreiche Bibelstellen zum Thema

- Psalm 62,5-8; 63,1-5
- Lukas 12,22-31
- 1. Korinther 10,31
- Epheser 6,10-18
- Philipper 4,6-8

Ausbildung

44

Schulab-
bruch

Einführung

Der Konflikt brodelte schon einige Zeit in Rays Gedanken. Er hatte schlechte Noten und musste häufig nachsitzen und seine Mutter wusste sich keinen Rat mehr, wie sie ihn dazu bringen könnte, aufzupassen und mit den Lehrern zusammenzuarbeiten. Sein Vater ließ sich nicht blicken und seine Mutter hatte, um wenigstens alle Rechnungen bezahlen zu können, mehrere kleine Jobs angenommen. Geld war knapp und Ray bekam keinerlei Taschengeld. Er fand die Schule langweilig und hielt sie für Zeitverschwendung.

Rays bester Freund hatte vor zwei Monaten die Schule verlassen und arbeitete ganztags in einer Autowerkstatt. Er hatte bereits ein neues Auto und redete vom Kauf eines Schneemobils.

Ray rechnete sich aus, wenn er die Schule abbrechen und einen eigenen Job anfangen würde, könnte er sich all die Dinge erlauben, der er so gerne tun wollte. Es wäre so schön, von all den Umständen frei zu sein: keine Auseinandersetzungen mehr in der Schule, keine Diskussionen mit Mutter, keine langweiligen Schulstunden mehr. Die Versuchung war überwältigend, denn die Vorteile lagen auf der Hand. Schon bald würde er »auf eigenen Füßen« stehen.

● Das Problem

Ein Bericht des Bildungsministeriums der USA aus dem Jahr 1986 zeigte, dass etwa 25% der Jugendlichen in den USA die Schule vorzeitig verlassen. Seit dieser Zeit sind über 2 600 Programme gestartet worden, sowohl von öffentlicher als auch privater Hand, um die Frage zu beantworten, warum junge Männer und Frauen die Schule vorzeitig verlassen und um die Abbrecherquote zu reduzieren. Viele solche Programme sind jedoch gescheitert.

In den Innenstädten sind die Abbrecherquoten weitaus höher, einige Schulbezirke berichten von 50%. Studien haben ergeben, dass Schulen, die die geringsten Abbrecherquoten aufweisen, am meisten Wert auf Lernen in Eigenverantwortung legen, Belohnungen für schulische Leistungen geben und die Eltern stark in die schulische Arbeit einbeziehen. Statistiken ergeben, dass auch innerstädtische Schulen, die sich ernsthaft auf Disziplin, Charakterbildung, Ordnung, Verantwortungsgefühl und Lernerfolge konzentrieren, weitaus geringere Abbrecherraten zu verzeichnen haben.

Obwohl die Raten in den letzten vierzig Jahren zurückgegangen sind, hat dieses Problem doch noch immer schwerwiegende soziale Folgen. Der technische Fortschritt und die Notwendigkeit ständiger Fortbildung drängen Schüler, die vorzeitig ihre Laufbahn abbrechen, immer mehr an den Rand der Gesellschaft. Die Schwierigkeit, mit nur wenigen Fähigkeiten eine Arbeitsstelle zu bekommen, erhöht das Risiko für den Schulabbrecher, ständig finanzielle Schwierigkeiten zu haben und begrenzt auf jeden Fall sein oder ihr Potential für Aufstieg und Erfolg. Beides kann schlimme Folgen haben, wenn der Abbrecher heiraten und eine Familie gründen will.

◀ Die Ursachen

Anforderungen von Ausbildungsstätte und Umgebung

Die Schule bietet Herausforderungen, Frustration und Spannungen, die zu ertragen zeitweilig auch die besten Schüler schwierig finden. Die Lernanforderungen von Algebra, Chemie und auch grundlegenden Fächern wie Deutsch oder Geschichte führen oft zu Frustration (insbesondere für eine Generation, die mit Videoclips und Shows aufwächst, in der nur noch kurze Konzentrationsspannen gefordert sind). Die sozialen Anforderungen wie Kleidung, Sprache und richtiges Verhalten können ermüdend, für manche Teenager sogar verwirrend sein. Die Notwendigkeit mit männlichen und weiblichen Mitschülern, mit jüngeren und älteren, mit Leuten aus der gleichen Altersgruppe und mit Autoritätspersonen umzugehen, kann für einige Heranwachsende extrem schwierig sein.

Doch die Herausforderungen, denen sich mögliche Abbrecher gegenüber sehen, sind in den meisten Fällen die gleichen wie diejenigen sie erleben, die die Schule abschließen. Unterschiede gibt es meist nur im Grad der Frustration, der Entmutigung und schließlichen Ablehnung durch »das System«, das die Abbrecher erleben.

Experimentelle oder ineffektive Lehrmethoden

Viele Ausbilder und Soziologen sind heute der Meinung, dass experimentelle Currikula, die meist aus den sechziger und siebziger Jahren stammen, sich auf das Lernverhalten schädlich auswirken und die Chancen für einen Schulabschluss senken. Schüler, die durch ineffektive Lehrmethoden behindert werden, haben ein vergleichsweise hohes Risiko, die Schule abzubrechen.

Langeweile und Frustration

Schüler, die ihre Schulausbildung abbrechen, sehen ihre Entscheidung als eine Lösung einer langen Geschichte von Langeweile und Frustration. Eine Studie hat ergeben, dass etwa die Hälfte der befragten Abbrecher die Schule als Reaktion auf Schulprobleme verläßt, etwa wiederholtes Versagen, Strafen für kontraproduktives Verhalten (etwa Ausschluss vom Unterricht oder gar der Schule) und Ablehnung durch das Schulpersonal.

Andere Probleme

Der engagierte Erwachsene sollte auch für andere Probleme sensibel sein, die ein hohes Risiko für den Abbruch der Schulausbildung darstellen. Schulprobleme sind eher Symptome für größere und schwerwiegendere Lebensprobleme des Teenagers. Sucht (vgl. Kapitel 38, »Alkohol: Genuss und Missbrauch« und Kapitel 39, »Drogenkonsum und -missbrauch«), Gesellschaft anderer Jugendlicher, die das »Aussteigen« propagieren und die Probleme, die von einem zerstörten Familienhintergrund ausgehen können, den aufmerksamen Erwachsenen auf die Gefahr eines Schulabbruchs hinweisen. Ein junger Mensch, der zu wenig Ermutigung und Hilfe bei seinen Schulproblemen bekommt, wird sicherlich eher darüber nachdenken, die Schule vorzeitig zu verlassen.

Die Frage, warum ein Schüler die Schullaufbahn abbricht, zieht eine andere – vielleicht wichtigere – nach sich: Welche Faktoren tragen zu einem Schulerfolg eines Schülers bei? Das ist die Hauptfrage, wenn man verhindern will, dass ein Schüler seine Ausbildung abbricht

bzw. wenn man diesen Schritt wieder korrigieren will.

▼ Die Folgen

Vermindertes Einkommen

Ein Schüler, der den Abbruch der Schulausbildung als Lösung für seine Schulprobleme sieht, wird schon bald die schmerzhaften Auswirkungen seiner Entscheidung spüren. Das geringe Gehalt und der damit zusammenhängende Lebensstil, werden mehr Frustration, Enttäuschung und Stress mit sich bringen, als die meisten Teenager sich vorstellen können. Studien zeigen, dass Abbrecher nicht nur selten aufsteigen, sondern es auch ganz allgemein schwerer haben, überhaupt eine Stelle zu bekommen. Abbrecher haben eine größere Wahrscheinlichkeit, von Sozialhilfe abhängig zu werden, als die restliche Bevölkerung.

Funktioneller Analphabetismus

Soziologen sehen den Schulabbruch als ein einzigartiges soziales Problem, dass eine Reihe von weitreichenden Konsequenzen nach sich zieht. Forscher schätzen, dass etwa 13% der Bevölkerung der USA schlechtere Rechtschreib- und Lesefähigkeiten als Sechstklässler haben. Dreiundzwanzig Millionen Erwachsene haben nicht die notwendigen Schreib- und Lesefähigkeiten, um adäquat am sozialen Leben teilzuhaben. Und weitere dreißig Millionen gelten als teilweise Analphabeten.

Verlust der Motivation, auf anderen Gebieten etwas zu leisten

Trotz der weitreichenden Konsequenzen eines Schulabbruchs ist der Einfluss auf den Einzelnen am schlimmsten. Häufig verliert sich mit dem Schulabbruch der Ehrgeiz, auf anderen Gebieten etwas zu leisten. Gleichgültigkeit, ungenutzte Potentiale und unterentwickelte eigene Fähigkeiten sind unter den Abbrechern weit verbreitet.

Es ist ermutigend zu bemerken, dass viele Abbrecher hinterher erkennen, dass ihre Entscheidung nicht richtig war. Die Umfragen, die herausgefunden haben, wie viele Jugendliche die Schule abbrechen, haben auch ergeben, dass etwa 40% nach einiger Zeit wieder ins Bildungssystem zurückkehren. Während diese Zahl ein gewisser Hoffnungsstrahl ist, ist es offensichtlich, dass Prävention jedoch besser ist als spätere Korrektur.

▲ Die biblische Sicht

Gott hat jedem Menschen Neugier und das Verlangen zu lernen gegeben. Wenn jemand etwas Neues über die Umwelt entdeckt oder lernt, die Gott geschaffen hat, dann bringt das Befriedigung und Freude. Unsere Denk- und Lernfähigkeit ist eine der schönsten und kostbarsten, die Gott uns geschenkt hat und Er erwartet von den Menschen, ihre Gaben so effektiv wie möglich einzusetzen. Paulus schrieb Timotheus:

Niemand verachte deine Jugend, sondern sei ein Vorbild der Gläubigen im Wort, im Wandel, in Liebe, im Glauben, in Keuschheit. Bis ich komme, halte an mit dem Vorlesen, mit dem Ermahnen, mit dem Lehren. Vernachlässige nicht die Gnadengabe in dir, die dir gegeben worden ist durch Weissagung mit Handauflegung der Ältestenschaft.[1]

Die Aufforderung des Paulus, die Gabe nicht zu vernachlässigen, bezieht sich zwar auf eine übernatürliche Gabe, die Timotheus für seinen Dienst erhielt, doch stellen die Worte des Paulus auch klar, dass Gott Gaben gibt, damit sie eingesetzt werden – und dazu gehört sicherlich auch der Intellekt.

Gottes Wort lobt auf jeden Fall Bildung und Weisheit:

Glücklich der Mensch, der Weisheit gefunden hat, der Mensch, der Verständnis erlangt![2]

Ein weiser Mann ist mehr als ein starker und ein Mann von Erkenntnis ist besser als ein kraftvoller.[3]

Strebe danach, dich Gott bewährt zur Verfügung zu stellen als einen Arbeiter, der sich nicht zu schämen hat, der das Wort der Wahrheit in gerader Richtung schneidet.[4]

Alles, was die Fähigkeiten des Einzelnen nicht voll ausschöpft, ist Verschwendung und unproduktiv. Doch müssen wir auch erkennen, dass die Entscheidung, die Schule abzubrechen, einen Menschen weder dumm noch wertlos macht. Er ist in Gottes Augen immer noch unendlich viel wert und verfügt über ein grenzenloses Potential. Es ist möglich – und biblisch – das Problem anzugehen, ohne die Person anzugreifen, sondern sie vielmehr zu bestätigen.[5]

► Praktische Hilfen anbieten

Zuhören. Schulprobleme sind oft Symptome für Probleme auf anderen Gebieten. Entwickeln Sie ein gutes Verhältnis zu dem jungen Menschen und zeigen

Sie Bereitschaft, ohne Kritik oder Korrektur zuzuhören. Ganz gleich, wie einfach für Sie die Lösung scheinen mag, nehmen Sie eine aufmerksam zuhörende Haltung ein. Wenn Sie jetzt aktiv zuhören, dann werden Sie mit der Zeit ein besseres Verständnis des Teenagers und ihrer oder seiner Probleme gewinnen.

Verständnis zeigen. Schule ist für die meisten Jugendlichen schwierig. Nur wenigen fällt das Lernen leicht, oft selbst den besten Schülern nicht. Wenn Sie Verständnis für einen Schüler zeigen, der die Schule zu schwierig oder aber langweilig findet, erhalten Sie die Möglichkeit, Hoffnung zu vermitteln. Das heißt nicht, dass Sie die Ansichten des Jugendlichen teilen müssen, es bedeutet nur, dass Sie sich mit den Gefühlen und Frustrationen des oder der Betroffenen identifizieren und zugeben, dass viele Lernprobleme haben und dass sich einige Schüler zu Recht über Lehrmethoden und -stile beklagen. Bauen Sie ein gutes Verhältnis auf, hören Sie sich den Frust und die Probleme an, zeigen Sie Verständnis für die Gefühle, die die Frustration auslöst und handeln Sie schließlich, um die Lernprobleme in den Griff zu bekommen. Verständnis ist die Brücke zwischen dem Problem und seiner Lösung.

Bestätigen. Versuchen Sie dem Jugendlichen zu vermitteln, dass das Ziel der Schulbildung nicht Vollkommenheit ist, sondern Entwicklung. Bildung ist ein Vorgang, der dazu führt (soweit man bereitwillig mitarbeitet), dass man Erfolg hat und Erfüllung und Befriedigung im Leben findet. Machen Sie dem uninteressierten Schüler eindeutig klar, dass er in die Schule gehört und dass er das Recht hat, gute Ergebnisse zu erwarten.

Wenn Lernstrategien angewendet werden und ein Hilfssystem aufgebaut wird, um den Schüler verantwortlich zu machen, dann gibt es kaum eine Grenze des Erreichbaren. Bestätigen Sie dem jungen Menschen seinen Wert, seine Fähigkeiten, seine Stärken. Achten Sie gleichzeitig darauf, keinen Druck auf den Jugendlichen auszuüben, der seine Fähigkeiten überbeansprucht. Oftmals wird ein Jugendlicher über seine Fähigkeiten hinaus angetrieben, dann folgt das Gefühl der Untauglichkeit, man verliert die Hoffnung und Pessimismus macht sich breit, was zum Aufgeben führt. Andererseits muss man vorsichtig sein, den Schüler nicht zu einem zu niedrigen Leistungsverhalten zu führen, das seine Fähigkeiten nicht ausschöpft.

Richtung weisen. Wenn der engagierte Erwachsene eine starke Grundlage des Vertrauens aufgebaut hat, indem er aufmerksam zuhört, Mitgefühl zeigt und dem Jugendlichen Bestätigung gibt, dann kann er oder sie dazu übergehen, einige Ratschläge zu geben. Die folgenden können eine hilfreiche Anregung sein:

- Beteiligen Sie die Eltern des Jugendlichen. Wenn Sie nicht selbst ein Elternteil sind, dann sollten Sie alles versuchen, um die Eltern zum frühestmöglichen Zeitpunkt zu informieren und an Ihren Bemühungen zu beteiligen. Ihre Einsichten, ihre Unterstützung und Zustimmung sind äußerst wichtig, um dem oder der Jugendlichen effektiv helfen zu können.

- Beteiligen Sie Gott. Stellen Sie alle Ihre Bemühungen, dem jungen Mann oder der jungen Frau zu helfen, unter die Aufsicht Gottes. Vertrauen Sie auf Seine Weisheit und Seine Macht. Fordern

Sie den jungen Mann oder die junge Frau, sich ebenfalls an Gott zu wenden, Ihn um Hilfe in der Gegenwart und in der Zukunft zu bitten (s. Jak 1,5). Helfen Sie dem Jugendlichen, täglich Gemeinschaft mit Gott zu haben und dies zur Gewohnheit werden zu lassen, damit er von Gottes Kraft profitieren, aus Seinem Wort lernen und Seinen Willen erkennen kann. Schlagen Sie dem Jugendlichen eine Gebetspartnerschaft vor, bei der der Jugendliche und der engagierte Erwachsene für- und miteinander beten.

- Ermutigen Sie den Jugendlichen, die Ursachen für sein Problem durchzusprechen. Laden Sie den Jugendlichen ein, alle Themen ausführlich anzusprechen, die zu seiner oder ihrer Unzufriedenheit mit der Schule beitragen. Für einen frustrierten Teenager stellt die Verlockung der Unabhängigkeit von der Schule und die Attraktion eines eigenen Einkommens (wie niedrig dieses auch sein mag) eine starke Versuchung dar. Sie sollten die Einzelheiten der Schulprobleme und der Frustration deshalb auf ihre Gültigkeit hin untersuchen und anerkennen.

- Erleichtern Sie Verhandlungen, um die Probleme anzugehen. Wenn der Schüler gelangweilt ist, sollten Sie einen Schulpsychologen zu Rate ziehen, der eventuell eine Stundenplanänderung vorschlagen kann, die zu mehr Interesse führt. Wenn der Schüler mit schriftlichen Arbeiten Schwierigkeiten hat, erwägen Sie, mit den Lehrern mündliche Prüfungen auszuhandeln. Versuchen Sie, Wege zu finden, die berechtigten Anliegen des Schülers zu lösen.

- Helfen Sie dem Schüler, seine oder ihre Bedürfnisse und Ziele einzuschätzen.

Bitten Sie den jungen Menschen, über seine Interessen und Ziele zu sprechen. Wenn Sie die Zukunftspläne (oder Begabungen) des Jugendlichen erforschen, befinden Sie sich in einer besseren Position, um die Bedeutung der Bildung herauszustellen und die Verantwortung des Schülers, sich auf diese Ziele vorzubereiten. Oftmals kann die Frustration der Schule ertragen werden, wenn der Schüler mehr das Ganze sieht, nämlich, was er durch seine Schulbildung gewinnt.

- Helfen Sie dem jungen Menschen, einen Plan zu formulieren. Fordern Sie ihn oder sie auf, eindeutig zu formulieren, welche langfristigen, mittelfristigen und kurzfristigen Ziele erreicht werden sollen. Langfristige Ziele gehen meist über die Schule hinaus (z.B. »Tennisprofi werden«). Mittelfristige Ziele sind Einzelziele, die helfen, dass langfristige Ziel zu erreichen (z.B. »in die Tennis-Schulmannschaft aufgenommen werden«, »Leitung der Schul-Tennismannschaft« etc.). Kurzfristige Ziele beschreiben einzelne Schritte, die zur Erreichung der Ziele notwendig oder nützlich sind (z.B. »Mit der Schule weitermachen«, »Durchschnitt von mindestens 3 erreichen«, »einen regelmäßigen Partner fürs Training suchen« etc.). Versuchen Sie, nicht mit der Vorstellung des Versagens zu argumentieren, es geht darum, dass ein Plan erstellt wird, der das Interesse des jungen Menschen anregt.

- Bieten Sie praktische Anregungen. Überlegen Sie, ob Sie einen Besuch in einem Betrieb oder in der Industrie arrangieren können, wo Arbeitsplätze geboten werden, die den oder die Jugendliche interessieren. Organisieren Sie eine Führung und ein Treffen mit Erwachsenen, die das Interesse für einen bestimmten Berufswunsch wecken können, die aber gleichzeitig auch deutlich werden lassen, welche Qualifikationen man für diesen Beruf braucht und welche Vorteile der Beruf dann bietet (Notwendigkeit eines Schulabschlusses, Gehalt, Prämien etc.). Überlegen Sie, ob man eventuell ein Praktikum arrangieren kann oder der Schulabschluss noch während einer betrieblichen Ausbildung nebenher gemacht werden kann.

- Beraten Sie sich mit anderen Beteiligten. Beziehen Sie den Seelsorger, die Eltern, die Lehrer, den Pastor und andere in die Bemühungen ein, eine kreative Alternative zu den Schulproblemen des Schülers zu finden.

Ziele setzen. Widerstehen Sie jeder Versuchung, den Jugendlichen zu zwingen, die Schule zu beenden (das ist nämlich letztlich unmöglich). Statt dessen versuchen Sie, seine oder ihre Beteiligung zu gewinnen, um zu verdeutlichen, welche Veränderungen und welche Ziele ein Bleiben in der Schule attraktiv und lohnenswert machen.

Hilfe von außen. Es ist sicherlich gut, wenn man Tests durchführen lässt, um die Stärken und Schwächen des Jugendlichen zu erkennen. Ein Schulpsychologe, der mit den Problemen von Abbrechern Erfahrung hat, ist am besten in der Lage, die Fähigkeiten des Jugendlichen festzustellen. Dieser Weg kann allen Beteiligten wichtige Informationen liefern, die dabei helfen können, das Lernprogramm zu verändern. Man muss dabei im Auge behalten, dass es viele Möglichkeiten gibt, die Ursachen von Lernproblemen zu erklären. Nicht immer ist nur mangelnde Motivation die Ursache für schlechte Lernergebnisse. Mit den Testergebnissen in der Hand können Berater und Psychologen klare Weisung geben, wie man das Problem in den Griff bekommen kann.

Eine wichtige Ergänzung wären Seminare oder Workshops zum Thema Verbesserung der Lesefähigkeit und allgemeiner Lerntechniken. In Büchereien findet man Nachschlagewerke zum Thema und Hilfen zur Besserung der schulischen Leistungen.

In diesem Kapitel zitierte Bibelstellen

- 1. Timotheus 4,12-14
- Sprüche 3,13; 24,5
- 2. Timotheus 2,15
- Johannes 8,1-11
- Jakobus 1,5

Weitere hilfreiche Bibelstellen zum Thema

- Sprüche 1,7.22; 8,10; 17,16
- Philipper 1,9-11
- Titus 3,14

45

Über-
und Unter-
motivation

◆ Einführung

Jo Mendoza ist ein Einzelkind. Und sie ist auch ein Wunderkind.

Jo und ihre Familie leben in El Paso in Texas. Die meiste Zeit ihres Lebens hat sie in einem Haus ohne fließendes Wasser gewohnt. Ihr Vater ist Feldarbeiter und ihre Mutter arbeitet in einer Wäscherei.

Jo fing mit zwei Jahren an, erste Bücher zu lesen und verschlang sie so, wie die meisten Kinder im Fernsehen Zeichentrickfilme ansehen. Mit fünf Jahren las sie Romane. Ihre Mutter fand es schwierig, ihren Lesehunger zu befriedigen.

Als Jo in der vierten Klasse war, nahm sie Kurse in Algebra. Sie erledigte den Mathematikstoff für drei Jahre in einem Sommerlager für Hochbegabte - in drei Wochen. Sie schloß mit 15 Jahren ihre Oberschule ab. Zur Zeit geht sie auf eine Universität, wo sie ein Vollstipendium bekommt. Sie möchte Schriftstellerin werden.

Patrick Borders aus Terre Haute in Indiana ist bei Eltern, Lehrern und Freunden als kluger Kopf bekannt – einige würden sogar sagen er sei brillant. Zu seiner Intelligenz kommen sein gutes Aussehen und eine sympathische Persönlichkeit. Er scheint alles zu haben – außer gute Schulnoten.

Patrick hat mit dem Lernen keine Probleme – wenn er sich denn damit befasst – und seine Lehrer predigten oft und bitten ihn, doch sein Potential endlich auszunutzen. Er hört immer höflich zu, aber er macht weiterhin keine Hausaufgaben, liefert schlechte schriftliche Arbeiten und bei Tests und Klassenarbeiten fällt er fast immer durch.

Patrick schloss seine Schule erst einen Monat vor seinem zwanzigsten Geburtstag durch ein Förderprogramm ab. Er bekam eine Arbeitsstelle als Monteur von Autoradios. Obwohl er kein Interesse am Kaufmännischen oder an Leitungsaufgaben im Geschäft hat, hofft er, eines Tages den Laden zu leiten oder sogar eines Tages ein eigenes Geschäft zu eröffnen.

● Das Problem

Warum waren Jo und Patrick so unterschiedlich? Der größte Unterschied zwischen beiden war nicht ihre Intelligenz, denn beide waren hochbegabt. Woher kamen nun die verschiedenen Ergebnisse? Und was können Eltern, Lehrer, Pastoren und Jugendleiter tun, um jungen Menschen zu helfen, sowohl in der Schule als auch im persönlichen Leben Erfolg zu haben?

Eine wichtige Aufgabe für einen Jugendlichen ist es, seine von Gott gegebenen Talente und Fähigkeiten zu entdecken und zu entwickeln. Ihre potentiellen Stärken, Interessen und Fähigkeiten werden durch die verschiedenen Leistungsmöglichkeiten zu Hause, in der Gemeinde und in der Schule erprobt und geübt.

Einige Jugendliche reifen scheinbar mühelos und kennen schon bald eindeutig ihre Möglichkeiten und Grenzen. Andere widersetzen sich der Herausforderung, ihre Potentiale zu nützen. Ein Untermotivierter wird nicht nur in der Schule versagen, sondern auch eine ganze Reihe anderer Probleme haben, die ihn sein ganzes Leben lang begleiten werden. Übermotivation ist ein Zustand, in dem Perfektionismus, Versagensängste, Zwangshandlungen und Furcht einen Studenten bis zur Erschöpfung und schließlich in die Leistungunsfähigkeit treiben. Zwar wird Übermotivation meist als positiv angesehen, doch auch hier gibt es recht schwerwiegende Folgen.

Das Yerkes-Dodson-Gesetz (manchmal als umgekehrte U-Kurve bezeichnet) zeigt die Beziehung zwischen der Erregung und der erbrachten Leistung. Dabei fällt auf, dass hier Ausgeglichenheit und Mäßigung wichtig sind. Stellen Sie sich drei Schüler vor, die die gleichen Fähigkeiten und dasselbe Vorwissen haben und deren schulische Leistungen verglichen

werden. Der erste Schüler hat keinerlei Interesse daran, wie gut er ist. Der zweite Schüler möchte gut sein und bleibt dabei gelassen, doch möchte er auch sein Bestes geben. Der letzte Schüler ist sehr motiviert, sehr angespannt und eifrig. Sein Selbstwertgefühl als Mensch leidet sehr, wenn er eine Klassenarbeit schlecht oder nicht besteht. Welcher von den dreien wird die besten Leistungen erbringen? Der zweite Schüler, weil Schüler am meisten leisten, wenn sie nur mäßig aufgeregt sind. Jemand, der gut motiviert ist und Selbstvertrauen hat, wird bessere Schulleistungen bringen als jemand, der gelangweilt und untermotiviert ist oder als jemand, der überängstlich versucht, Höchstleistungen zu bringen (vgl. Abbildung 45).

Abbildung 45.

niedrig: Untermotivation, verhindert Mitarbeit

hoch: Übermotivation, Angst, Furcht vor Versagen, Zwanghaftigkeit

Man schätzt, dass etwa 20% aller Schüler in den USA auf irgendeine Weise weniger leisten als sie könnten. 75% der Schüler mit Untermotivation sind männlich. Diese Schüler haben keine kognitiven oder zentralnervösen Störungen, auch haben sie keine echten Lernbehinderungen. Sie sind intelligent, doch ihre Leistungen spiegeln ihre Intelligenz nicht wider.

Drei Faktoren sind für gute Leistungen notwendig: Intelligenz, gute Lern-methoden und Interesse. Die Intelligenz ist natürlich von Schüler zu Schüler ganz unterschiedlich. Gute Arbeits- und Lern-methoden werden jedoch vom Schüler erlernt. Wenn sie für den Schüler selbst-verständlich geworden sind, dann wird er effektiver mit seiner Zeit umgehen und leichter lernen. Die dritte Erforder-nis für Schulerfolge ist Interesse und Mo-tivation.

Ein allgemeines Problem von Unter-motivierten ist es, dass sie nicht wirklich wissen, wo ihre Fähigkeiten und Stärken liegen. Auch kennen Sie meist keine ef-fektiven Lernmethoden und oftmals fehlt ihnen das Interesse und die Motivation, die für den Erfolg notwendig sind. Viele Lehrer sind der Meinung, dass mangeln-des Interesse für die Schule ein starkes Anzeichen dafür ist, dass der betreffende Schüler ein mangelndes Selbstbewusst-sein hat, dass seine Identität nicht ausrei-chend entwickelt ist und dass er unter Minderwertigkeitsgefühlen leidet (vgl. Kapitel 6, »Geringe Selbstachtung«). Die-se gehören zu den eigentlichen Ursachen von Untermotivation.

Übermotivierte zeigen zwar eine Be-herrschung der Voraussetzungen für gute Leistungen, doch fehlt es ihnen häufig an Selbstvertrauen und einem gesunden Selbstwertgefühl. Sie tendieren dazu, ih-ren persönlichen Wert von schulischen Leistungen abhängig zu machen. Des-halb ist schon das kleinste Versagen eine Bedrohung ihrer Identität und Integri-tät, was zu Angst, Schuldgefühlen und schließlich Lähmung führen kann.

◄ Die Ursachen

Schulprobleme sind häufig Indikatoren von weitreichenderen Problemen, die oft mit der Persönlichkeit, dem Lebensstil,

gesellschaftlichen und ökonomischen Faktoren und der Familie zusammenhän-gen.

Persönlichkeit und Lebensstil

Studien der Persönlichkeit und des Le-bensstils von Untermotivierten zeigen, dass sie meist folgende Persönlichkeits-merkmale aufweisen:

• Emotionale Unreife

• Mangelnde Anpassungsfähigkeit

• Starke Ängste

• Geringes Selbstbewusstsein

• Tieferliegende Hassgefühle

• Ärger, Groll

• Negative Lebenseinstellung

• Das Gefühl, ungerecht behandelt zu werden

• Ablehnung der Autorität Erwachsener

Gesellschaftliche und ökonomische Faktoren

Die meisten Heranwachsenden haben zeitweilig mit den meisten der oben an-gegebenen Faktoren zu kämpfen. Sie zö-gern, Ansprüchen nachzukommen. Sie wollen ihre Unabhängigkeit beweisen und sagen oft stolz:»Ich weiß selbst am besten, was für mich gut ist.« Doch die normalen Kämpfe und Belastungen der Pubertät führen nicht immer zu nachlas-senden Leistungen. Die normalen puber-tären Erscheinungen können jedoch durch andere Faktoren verstärkt werden.

Richard Jaeger, Pädagogikprofessor an der Universität von North Carolina, zi-tiert gesellschaftliche und ökonomische Faktoren wie Armut, Arbeitslosigkeit und Trennung der Eltern als verheerend für die Leistungen von Heranwachsenden. Nach Jaeger sind »ökonomische Unterstützung und Familienstabilität ... wesentlich für den Schulerfolg«.[1]

Familiäre Umstände

Familiäre Umstände spielen für den Schulerfolg eine wichtige Rolle. Eine Studie der familiären Interaktionsmuster in Mittelklassefamilien von Schülern, die die Leistung verweigern, zeigte vier Muster auf, die bei den Schülern Schaden anrichten:

Konflikte und Auseinandersetzungen zwischen den Eltern. Das erste Muster war ein allgemeiner Konflikt zwischen den Eltern, was Erziehungsmaßnahmen und -praktiken angeht. Die Verwirrung in der Familie führte zu negativer Lebenseinstellung, emotionaler Unreife und schlechten Schulnoten. Die grundlegenden Bedürfnisse der Kinder wurden einfach nicht erfüllt, weil die Eltern mehr Zeit mit Auseinandersetzungen als der Erziehung ihrer Kinder verbrachten.

Elterliche Gleichgültigkeit. Ein zweites Muster der Familienbeziehungen, das zur Arbeitsverweigerung führt, waren Eltern, denen die Leistungen ihrer Kinder gleichgültig waren (vgl. Kapitel 17, »Nachlässige Eltern«). Indem sich die Eltern auf ihre eigene Karriere und ihre eigenen Interessen konzentrieren, gaben sie dem Kind das Gefühl, ungeliebt und ungewollt zu sein. Kinder erbringen Leistungen, wenn grundlegende Bedürfnisse erfüllt werden. Wenn diese Bedürfnisse ignoriert oder nicht erfüllt werden, dann drücken sich die Symptome eines unglücklichen Kindes in schlechten Noten oder sogar einem Schulabbruch aus. Zu den Symptomen gehören Respektlosigkeit, Konzentrationsschwierigkeiten, Kampf gegen die Autoritäten, Rückzug aus der Mitarbeit in der Schule, geringe Motivation und mangelnde Lernbereitschaft.

Grundlage der Über- oder Untermotivation sind unerfüllte emotionale Bedürfnisse der Kinder. Eltern, die zu viel erwarten oder die zu nachgiebig sind, versäumen es oft, einen gesunden Sinn für das Erreichte bei ihren Kindern zu erzeugen. Wenn jungen Menschen auf eine Weise begegnet wird, dass ihre emotionalen Bedürfnisse erfüllt werden, dann kann man erwarten, dass sie gute Schulleistungen erbringen. Beachten Sie die folgenden wichtigen emotionalen Bedürfnisse:

• *Bedingungslose Liebe.* Ein Kind kann sich darauf verlassen, dass es bei seinen Eltern Rückendeckung hat und angenommen ist.

• *Verlässlichkeit und Voraussagbarkeit.* Unverlässlichkeit kann ein Kind jeden Alters durcheinander bringen. Unvorhersehbares Verhalten kann zur Verwirrung darüber beitragen, welches Verhalten akzeptiert ist und welches nicht.

• *Ansprache.* Kinder brauchen die Freiheit zu lachen, glücklich und entspannt zu sein. Solche Freiheit kann ihnen helfen, mit dem Druck und den Anforderungen, die an sie in und außerhalb der Schule gestellt werden, zurecht zu kommen.

• *Anerkennung.* Wenn persönliche Erfolge anerkannt werden, dann wird der Stolz auf die eigene Leistung und Erfolge gefördert. Wer das Gefühl hat, etwas erreicht zu haben und Anerkennung damit zu finden, wird sicherlich ein gesundes Selbstwertgefühl entwickeln.

• *Verantwortlichkeit.* Die Charakterentwicklung findet dann optimal statt, wenn Kinder gottesfürchtig geleitet werden und von ihnen erwartet wird, Ziele zu erreichen, etwa gute Schulleistungen, die den Herrn ehren.

- *Vorbild.* Junge Menschen beobachten und kopieren den Lebensstil, der ihnen vorgelebt wird. Der Einfluss auf Ansichten und Verhalten liegt schwer auf den Schultern von Erwachsenen, die ein Beispiel geben. Eltern und Lehrer, die negative Lebenseinstellung, Perfektionismus, Gleichgültigkeit oder Zynismus ausstrahlen, erzeugen meist die gleiche Haltung bei ihren Kindern.

Druck durch die Eltern. Das dritte Muster für Familienbeziehungen, das zu Schulproblemen führen kann, zeigt sich an Eltern, die ihre Kinder übermäßig behüten, perfektionistisch sind, ständig dominieren und alles unter Kontrolle haben wollen (vgl. Kapitel 16, »Überfürsorgliche Eltern«). Die ständige Erwartungshaltung gegenüber dem Kind, besser und besser zu sein, ohne die Fähigkeiten und das Erreichte zu beachten, richtet großen Schaden an. Wenn ein Kind unter Druck gesetzt wird, mehr Leistung zu erbringen, als seiner Entwicklung entspricht, dann folgt das Gefühl des Versagens, Hoffnungsverlust und Pessimismus.

Mangelnde Beschäftigung der Eltern mit der Thematik. Der vierte Lebensstil, der sich belastend auf die Motivation von Schülern auswirkt, sind Eltern, die sich mit der Thematik nicht beschäftigen (vgl. Kapitel 17, »Nachlässige Eltern«). Solche Eltern sind vielleicht an den schulischen Leistungen des Kindes interessiert bzw. machen sich deswegen Sorgen, sie sind aber nicht in der Lage oder bereit, die notwendigen Schritte zu tun, um Leistung zu fördern. Ein deutliches Vorleben

von Vertrauensbildung, Zielen und führender Leiterschaft ist notwendig, um das richtige Maß an Motivation in Schülern zu fördern.

▼ Die Folgen

Schlechte Noten, begrenzte Aussichten

Untermotivation hat viele Auswirkungen, von denen einige offensichtlich sind. Ein Jugendlicher, der in der Schule nicht mitarbeitet, bekommt schlechte Noten und seine oder ihre Aussichten auf einen Studienplatz, ein Stipendium, auf freie Berufswahl, freie Wahl der Arbeitsstelle und das künftige Einkommen werden stark eingeschränkt.

Verlust des Selbstvertrauens

Die seelischen Folgen, die über diese offensichtlichen Konsequenzen hinausgehen, können auf lange Sicht weitaus schwerwiegender sein. Ein Jugendlicher, der in der Schule keine Leistungen erbringt, kann alles Vertrauen auf seine Fähigkeit, etwas zu erreichen, verlieren, (ein Zustand, den man auch als »Schulentfremdung« bezeichnet). Er oder sie werden wahrscheinlich mit dem Gefühl zu kämpfen haben, wertlos zu sein (vgl. Kapitel 6, »Geringe Selbstachtung«), mit Sinnlosigkeit und Ohnmacht. Er oder sie wird mit ziemlicher Wahrscheinlichkeit auch in eine Außenseiterrolle gedrängt.

Soziale Probleme

Der weitverbreitete Niedergang der Schulleistungen in den vergangenen Jahrzehnten hat auch einige schwerwiegende soziale Probleme geschaffen. Oft entsteht in Familien und Gemeinden ein Teufelskreis des Versagens, der zu Arbeitslosigkeit oder nur teilweiser Beschäftigung führt, zu Armut und anderen Problemen. Unausgeschöpfte Potentiale bei Jugendlichen führen zu einem Verlust an Effektivität und Kompetenz in vielen Diensten, Industrien und Geschäften.

Andere Probleme

Der Übermotivierte, der verkrampft darauf bedacht ist, nur Höchstleistungen in der Schule zu erbringen, kann sich leicht überfordern und damit leistungsunfähig werden. Die psychischen Zwänge und Unsicherheiten, die manchmal zur Übermotivation führen, können auch zur Entfremdung gegenüber den Mitmenschen führen und einen jungen Mann oder eine junge Frau ein Leben lang in ihren Beziehungen beeinträchtigen.

▲ Die biblische Sicht

Das Wort Gottes spricht in Römer 12,6-8 von geistlichen Gaben, doch was für geistliche Gaben gilt, gilt genauso für die intellektuellen Gaben:

> Da wir aber verschiedene Gnadengaben haben nach der uns verliehenen Gnade, so lasst sie uns gebrauchen: es sei Weissagung, nach dem Maß des Glaubens; es sei Dienst, im Dienen; es sei, der lehrt, in der Lehre: es sei, der ermahnt, in der Ermahnung; der mitteilt, in Einfalt; der vorsteht, mit Fleiß; der Barmherzigkeit übt, mit Freudigkeit.

Nicht jeder ist gut in Mathematik. Nicht jeder ist musikalisch begabt oder kann gut naturwissenschaftlich denken. Nicht jeder kann in Deutsch immer eine 1 oder 2 haben.

Aber Gott möchte, dass jedes Seiner Kinder die Gaben benutzt, (ob sie nun geistlicher oder geistiger Natur sind), die ihm gegeben sind. Wer gut dichten kann, der sollte das tun. Wer sich Einzelheiten gut merken kann, wer gut planen kann, wer gut lesen oder singen kann, der soll das tun. Und Kinder Gottes sollen alles so gut tun, wie sie können:

> Strebe danach, dich Gott bewährt zur Verfügung zu stellen als einen Arbeiter, der sich nicht zu schämen hat, der das Wort der Wahrheit in gerader Richtung schneidet. [2]

Doch müssen wir auch betonen, dass »der HERR nicht auf das sieht, worauf der Mensch sieht. Denn der Mensch sieht auf das, was vor Augen ist, aber der HERR sieht auf das Herz.«[3] Gott gibt jedem von uns andere geistige Gaben und Fähigkeiten, doch weder diese Gaben noch unsere Anwendung der Gaben haben etwas damit zu tun, welchen Wert wir in Seinen Augen haben.

Der Untermotivierte ist aufgerufen, alle Gaben, die Gott ihm gegeben hat, anzunehmen und zu benutzen – sowohl geistige als auch geistliche Gaben, leibliche und auch psychische Gaben. Der Übermotivierte ist aufgerufen, sich daran zu erinnern, dass Gottes Liebe – und der Wert eines Menschen – nicht von Vorbedingungen abhängen; man kann sie weder verdienen noch verlieren.

▶ Praktische Hilfen anbieten

Es gibt viele Hilfen für junge Menschen, die sich in der Fülle schulischer Erwartungen und ihrer Verwirrung allein gelassen fühlen. Die Schule mag ihnen zu schwierig oder zu langweilig erscheinen

– und das mag den Tatsachen entsprechen – doch ist dies keine Entschuldigung für Faulheit, Apathie, Gleichgültigkeit oder Sorglosigkeit. Trotz der Lernprobleme oder der Probleme mit der Motivation gibt es Hilfen.

Zuhören. Weil Untermotivierte sich nicht an die Anforderung anpassen können, unabhängig in der Schule zu arbeiten und eine Zahl von Abwehrmechanismen aufgebaut haben, muss der engagierte Erwachsene dem Schüler die Gelegenheit geben, seiner Frustration und seiner Ablehnung der Schule gegenüber Ausdruck zu verleihen. Zeigt er oder sie Ablehnung, Unreife oder Ängste? Benutzen Sie Fragen, die eine ausführliche Antwort verlangen (keine Suggestivfragen) – z.B. »Warum empfindest du die Schule auf diese Weise?« – und solche Fragen mit entweder/oder Charakter: »Hast du eher Angst oder bist du eher sauer?« Solche Fragen können dem Jugendlichen helfen, seine Gefühle auszudrücken.

Hören Sie mit einem offenen Herzen zu. Hören Sie hin, welche Verletzungen der junge Mensch mit sich herumträgt. Auch wenn sie Zeichen von Unreife sein mögen, so sind sie doch für den jungen Menschen von großer Bedeutung. Die Eltern sollten aufgefordert werden, ihre Art der Kommunikation zu überdenken. Halten Sie die Konflikte und das Maß an Anklagen niedrig.

Verständnis zeigen. Es ist sehr leicht für einen Erwachsenen, das eigentliche Anliegen zu missverstehen, wenn er sich die Klagen eines Teenagers über die Schule anhört. Viele engagierte Erwachsene hören zu, um zu reden, aber es ist wesentlich hilfreicher, zuzuhören, um zu verstehen. Ein engagierter Elternteil, Leh-

rer oder anderer Erwachsener wird sicherlich dem Jugendlichen bei seinem Problem helfen wollen, doch Verständnis muss an erster Stelle stehen. Beten Sie um Mitleid und die Fähigkeit, mit Verständnis auf die Probleme des Jugendlichen zu reagieren und vertrauen Sie dann auf die Leitung des Geistes Gottes für jeden einzelnen Augenblick.

Bestätigen. Eltern von Kindern, die in der Schule erfolgreich sind, loben ihre Kinder, zeigen ihre Zustimmung, zeigen Interesse und Verständnis für ihre Kinder. Sie geben den Kindern das Gefühl, dazuzugehören und damit Möglichkeiten zur Identifikation. Verantwortlichkeit, Respekt und Ermutigung vereinigen sich zum Schulleben des Schülers.

Ein anderer wichtiger Schritt, auf Leistungsprobleme zu reagieren, besteht darin, die individuellen Fähigkeiten des Schülers zu bestätigen. Wenn der Schüler seine Probleme verbalisiert und ein engagierter Erwachsener für diese Probleme Verständnis gezeigt und seine Fähigkeiten bestätigt hat, kann der Schüler anfangen zu erkennen, dass er die Möglichkeit zur Leistung besitzt. Die ersten drei Schritte sind äußerst wichtig und können einige Zeit in Anspruch nehmen, doch ehe sie nicht getan sind, kann die nächste Phase nicht in Angriff genommen werden.

Richtung weisen. Der erste Schritt, junge Menschen dazu hinzuführen, in der Schule Leistungen zu erbringen, ist es, die richtige Haltung und Motivation für Mitarbeit in der Schule zu entwickeln. Es ist der Wunsch notwendig, in der Schule gut zu sein und der Glaube, dass das auch gelingen kann. Es geht darum, eine positive Haltung und Selbstdisziplin zu entwickeln, damit man aus der Schule so viel Nutzen wie nur möglich zieht. Jede ungelöste Frustration, jede Ablehnungshaltung oder falsche Einstellung wird den Versuch, gute Leistungen in der Schule zu erbringen, im Keim ersticken.

- Nehmen Sie sich Zeit und bemühen Sie sich herauszufinden, was der Schüler wirklich kann und wo seine Stärken liegen. Vergleichen Sie das mit den zur Zeit erbrachten Leistungen.

- Definieren Sie die Schulprobleme in Form eines Ziels. Nehmen Sie sich immer nur ein Ziel gleichzeitig vor und erklären Sie, was der Schüler von sich erwarten und wie es ihm gelingen kann, das gesteckte Ziel auch zu erreichen. Nachhilfe und die Entwicklung von Lernstrategien können auf besondere Problembereiche abgestellt werden.

- Machen Sie den Schüler mit anderen Menschen bekannt, die interessiert und begeistert über Schulleistungen sind. Untermotivierte Schüler sind (meistens) unglücklich, gelangweilt und unbeteiligt. Wenn Eltern, Lehrer und andere engagierte Erwachsene den Jugendlichen interessanten und guten Einflüssen aussetzen, dann ist der Schüler besser in der Lage, Leistung zu erbringen.

- Halten Sie mit Geduld, liebevoller Strenge und Unterstützung durch, wenn der Jugendliche Fehler macht. Loben Sie und bestätigen Sie, wenn er Fortschritte macht. Ein uninteressierter Schüler, der echten Erfolg in der Schule erlebt, empfindet es einfacher, mitzumachen und auf der Erfolgsleiter der Schule hinaufzuklettern.

- Sobald der Schüler gute Lerngewohnheiten in der Schule erlangt hat, sollten Sie darauf achtgeben, wann er das nächste Mal selbständig Erfolg hat. Ergreifen Sie die Gelegenheit, seinen Erfolg zu bestätigen und sein Verhalten so zu verstärken.

- Konzentrieren Sie sich darauf, Lernmethoden zu erarbeiten. Benutzen Sie Übersichten und Listen, um produktives Lernverhalten aufzuzeigen.

- Helfen Sie dabei, gute Lerngewohnheiten zu entwickeln. Der nächste Schritt, den jungen Menschen dazu anzuleiten, ihren oder seinen Fähigkeiten entsprechend Leistung zu erbringen, besteht darin, die Lerngewohnheiten und -fähigkeiten des Schülers genau zu untersuchen. Es gibt bewährte Techniken, die dazu führen, dass die Lernzeit verkürzt wird und gleichzeitig bessere Ergebnisse erzielt werden. Lehrer werden immer wieder darauf hinweisen, dass die Qualität des Lernens wichtiger ist als die eigentliche Quantität der Lernzeit. Jeder möchte Zeit sparen, insbesondere Schüler, die noch viele Interessen außerhalb der Schule haben. Man kann wirklich weniger Zeit zum Lernen benötigen, wenn man bestimmte Organisationsstrategien anwendet und Lernmethoden eingeübt sind. Die folgenden Grundsätze bringen messbaren Fortschritt, wenn man sie treu und sorgfältig befolgt:

- Lerne in einer Umgebung ohne Ablenkungen, Unterbrechungen und Lärm (kein Radio, CD, Fernsehen etc.).

- Ein aufgeräumter Tisch, gutes Licht und gute Haltung sind wichtig. Auf dem Tisch sollte nichts liegen, das ablenkt, etwa Bilder, Spielzeug, Notizen oder Krimskrams.

- Mache das Lernen zur Freude, nicht zur lästigen Pflicht. Geh in dieser Gesinnung an deine Aufgaben heran. Fange mit einem Gebet an, dass Gott diese Zeit benutzt, um dich etwas lernen zu lassen.

- Wende alles, was du lernst, so weit wie möglich auf dich und deine Umwelt an.

- Fange zuerst mit den schwierigsten Aufgaben an. Einfache Aufgaben sollte man sich für später aufheben, wenn man schon etwas müder ist.

- Gönne dir Pausen. Dreißig Minuten Lernen, dann fünf Minuten Pause. Geh aber nach den fünf Minuten sofort an die Arbeit zurück.

- Erkenne, dass das Schwierigste am Lernen das Anfangen ist. Warte nicht auf irgendeine Inspiration. Fange jetzt an und du wirst von deinen Fortschritten beim Lernen inspiriert werden.

- Lerne so schnell, dass du gut vorwärtskommst. Geh nicht zu langsam vor, sondern konzentriere dich und sei aktiv. Sei dir sicher, was zu tun ist und dann mach dich an die Arbeit.

- Beachte grundlegende Gesundheitsregeln, damit du auch körperlich in der Lage bist, gut zu lernen. Acht Stunden Schlaf, regelmäßiges und gesundes Essen, täglicher sportlicher Ausgleich und eine gesunde Beziehung zu Gott sind wichtige Bausteine zum Erfolg!

- Betrachte die Schule als Vorbereitung für ein gutes Leben. Jede Aufgabe, die du erledigst, bringt dich dem Erfolg ein Stückchen näher.

- Sei diszipliniert. Höre in der Schule aufmerksam zu, mache sinnvolle Notizen. Konzentriere dich und plane vor.

- Lerne mit Neugier. Stelle die W-Fragen: WER? WAS? WANN? WO? WARUM? und WIE?

- Der Schlüssel zum Lernerfolg ist Wiederholung, Überblick und Vertiefung.

- Auch wenn du etwas nicht verstehst, bemühe dich darum.

- Überlege, was der Lehrer erreichen will. Zeige deinem Lehrer, dass du etwas lernst und Fortschritte machst.

Ziele setzen. Es ist notwendig, sowohl mit Eltern als auch Lehrern intensiv zusammenarbeiten, wenn die Verhaltensmuster der Unter- oder Übermotivation korrigiert werden sollen. Doch ist es am wichtigsten, die Mitarbeit des oder der Jugendlichen selbst zu erlangen. Dr. Foster Cline und Jim Fay sagen: »Teenager müssen dazu gebracht werden, den Erfolg oder Misserfolg in der Schule mit sich selbst in Zusammenhang zu bringen. Viele Schüler haben Probleme, weil sie bewusst oder unbewusst rebellieren, weil sie denken, dass ihr Versagen ihre Eltern – und nicht sie selbst – trifft.«[4]

Hilfe von außen. Es ist notwendig, einen Schüler mit Lernproblemen an qualifizierte Helfer zu vermitteln, etwa einen Seelsorger oder einen christlichen Psychologen. Es gibt viele Tests, um die geistigen und kognitiven Fähigkeiten und die Leistungsfähigkeit zu überprüfen, um Lernstrategien zu entwickeln und andere Problembereiche anzugehen.

Die Information, die solche Tests bieten können, ist nützlich, um ein individuell zugeschnittenes Lernprogramm zu erstellen. Schulpsychologen verfügen über reichhaltige Informationen durch Seminare, Nachschlagewerke und Literatur für Eltern und Schüler, um die Lernmethoden zu verbessern. Nachhilfe ist notwendig, wenn die Noten so schlecht sind, dass die Versetzung oder der Schulabschluss gefährdet sind. Zusätzliche Programme zur Verbesserung der Lesefähigkeit und zum Gedächtnistraining können auch angebracht sein, wenn der Schüler bereit ist, daran teilzunehmen.

In diesem Kapitel zitierte Bibelstellen

- Römer 12,6-8
- 2. Timotheus 2,15
- 1. Samuel 16,7

Weitere hilfreiche Bibelstellen zum Thema

- Sprüche 1,7.22; 3,13; 8,10; 17,16; 24,5
- Philipper 1,9-11
- 1. Timotheus 4,12-14
- Titus 3,14
- Jakobus 1,5

Äußere Bedingungen

46

Leben mit einer Behinderung

Einführung

Stacy Brennan hatte zwanzig Operationen über sich ergehen lassen. Und sie war immer noch nicht wieder hergestellt.

Sie war acht Jahre alt, als ihre Eltern sie zum ersten Mal über Schmerzen im Kiefer klagen hörten. Ein Besuch beim Hausarzt ergab, dass die Schmerzen von einem Tumor verursacht wurden. Bei Stacy wurde ein Ewingsches Knochensarkom diagnostiziert, eine seltene und häufig tödliche Form von Krebs.

Die Familie hielt sich an den Rat des Arztes und setzte eine Operation zur Entfernung des Tumors an. Diese erste Operation entstellte Tracys Gesicht und die folgenden Jahre der Behandlung mit Chemotherapie und Bestrahlung führten zu zeitweiligem Ausfall aller Haare. Stacy fühlte sich scheußlich.

Sie fürchtete sich vor der schmerzhaften Chemotherapie, die sie fünf mal pro Woche ertragen sollte, aber im Vergleich zur Behandlung in der Schule zog sie diese Therapie noch vor. Ihre Schulkameraden aus der dritten und vierten Klasse hänselten sie. Einem Jungen schien es Spaß zu machen, sie »das hässlichste Mädchen der Welt« zu nennen. Sie wurde zur Einzelgängerin und war von den anderen Kindern ihres Alters isoliert. Selbst ihre Eltern, denen die Krankheit ihrer Tochter zu viel wurde, entfremdeten sich von ihr und voneinander; als sie 13 war, ließen sie sich scheiden.

Mit 15 begannen für Stacy eine Reihe von Operationen, bei denen mit Hilfe von Haut- und Knochentransplantaten die Verformung ihres Gesichts korrigiert werden sollte. Auf jede Operation setzte sie große Hoffnungen und betete, dass sie wieder normal aussehen würde, mit einem Gesicht, das die Leute anschauen könnten, ohne sich zu entsetzen oder zu belustigen. Die erste Serie von Transplantationen war jedoch erfolglos und mit jeder Operation nahm Stacys Bitterkeit und Hoffnungslosigkeit zu.

Heute ist Stacys Gesicht auch nach zwanzig Operation immer noch missgebildet. Die rechte Hälfte ihres Kiefers fällt nach unten ab und ihre Unterlippe ist nur etwas dicker als ein Bleistiftstrich. Doch Stacy, die an einer staatlichen Universität Musik unterrichtet, ist nicht mehr verbittert.

»Es hat lange Zeit gebraucht«, sagt sie, »aber ich habe gelernt, Glück in anderen Dingen zu finden – Dinge, die nicht von einem Schönheitsideal abhängig sind. Ich weiß, dass ich niemals ein Modell sein werde, aber ich lerne mich so zu mögen wie ich bin.«[1]

● Das Problem

Weltweit leiden Millionen von Menschen unter irgendeiner Form von Missbildung oder Behinderung, die ihr Erscheinungsbild betrifft und/oder ihre Fähigkeit ihr Alltagsleben zu regeln in beträchtlichem Maße einschränkt. Viele solcher Missbildungen und Behinderungen sind angeboren oder gehen auf Krankheiten, Unfälle oder andere Verletzungen zurück. Offensichtliche Behinderungen sind z.B. Blindheit, Taubheit, Entstellung im Gesicht, Lähmungen uvm. Nicht offensichtliche Behinderungen sind Entwicklungsbehinderungen, Lernbehinderungen und Krankheiten wie Diabetes oder Arthritis.

In Kanada leiden schätzungsweise 200 000 Jugendliche unter irgendeiner Behinderung;[2] in den USA sind es noch wesentlich mehr.[3] Teenager mit einer Missbildung oder Behinderung sind oftmals gigantischen Kämpfen ausgeliefert – selbst wenn es sich um eine »kleinere« Behinderung handelt – die zu den ohnehin schwierigen Anforderungen und Umstellungen der Adoleszenz noch hinzukommen. Der Einfluss einer Missbildung oder Behinderung kann durch die intensiven Emotionen und Lasten der Jugendjahre enorm verstärkt werden. David Veerman schreibt:

Während der Adoleszenz konzentrieren sich die Emotionen auf die Identität. Das ist die Zeit der Suche nach dem Selbst, wenn die Teenager zu entdecken versuchen, »wer ich bin« und »wo ich hingehöre«. Es sind Jahre des Zweifelns und »Augenblicke der Wahrheit«. Denken wir nur an das Mädchen, das von Dutzenden Verwandten gesagt bekam, wie hübsch sie sei – aber jetzt auf der Highschool hat ein etwas überdurchschnittlich viel mit Pickeln behafteter Teint sie zum »schlechten Mittelmaß« degradiert. Oder der Junge, der zum Fußballspielen gedrängt wurde, um die Wünsche eines frustrierten Vaters zu befriedigen: Alles geht gut, bis seine Hypophyse nicht mehr mitspielt. Alle anderen wachsen munter weiter in die Höhe und Breite, doch Johnny bleibt einer dieser kleinen Kerle, ein »Das-war's-dann-wohl« schon mit 15 Jahren.[4]

Wenn Akne oder ein kleinerer Wuchs im Denken und Fühlen eines Jugendlichen einen derartigen Schaden anrichtet – und das ist der Fall – dann führt eine schwere Missbildung oder Behinderung ganz gewiss zu extremsten Schwierigkeiten, verursacht schwerwiegende Minderwertigkeitsgefühle und schafft ernstliche Probleme.

◄ Die Ursachen

Während die körperliche oder medizinische Ursache der Missbildung oder Behinderung eines Jugendlichen zumeist offenkundig ist – z.B. Krebs oder Spina bifida – werden die vom Zustand des Jugendlichen verursachten Herausforderungen und Probleme von vier Schlüsselfaktoren verschlimmert:

Gesellschaftlicher Druck

Die moderne Gesellschaft legt höchsten Wert auf körperliche Fitness und Schönheit und verachtet solche, die nicht dem Hollywood-Model von makellosen Zähnen, makellosem Haar, makelloser Figur und makelloser Bewegung entsprechen. Die Gesellschaft befürwortet die Abtreibung von Säuglingen, die wahrscheinlich mit einem Defekt zur Welt kämen, billigt die Beihilfe zum Selbstmord bei älteren Menschen, die für die Gesellschaft nicht mehr nutzbringend sind und vermittelt auf unzählige Weisen Verachtung gegenüber denjenigen, die nicht »schritthalten« können. Der Autor Les John Christie schreibt:

> Denken wir an die Geschichten, die wir unseren Kindern beibringen: »Das hässliche Entlein« (aber was ist mit den Kindern, die immer hässliche Entlein bleiben werden?), »Die schlafende Schöne«, »Schneewittchen«, »Cinderella«. Stets geht es um äußere Schönheit. Oder was ist mit »Rudolf Rotnase« oder »Dumbo, der Elefant«? Sie beide litten unter körperlichen Beeinträchtigungen und mussten der Gesellschaft ihren Wert unter Beweis stellen, indem sie etwas Spektakuläres leisteten, um ihre Missbildung wett zu machen. Von vier Jahren an aufwärts hören die Kinder diese Botschaft laut und deutlich.[5]

Identitätssuche in der Adoleszenz

Teenager beschäftigen sich leidenschaftlich mit ihrem äußerem Erscheinen und ihren Fähigkeiten, weil das adoleszente Denken (und manche Menschen wachsen aus diesem Denken nie heraus – auch nicht, wenn sie längst erwachsen sind) »was ich bin« gleichsetzt mit »wie ich aussehe« und »was ich kann«. Folglich findet in den Jugendjahren häufig ein unendlicher, oftmals innerer Wettstreit um die Festigung eines Identitätsgefühls statt. Genau wie seine Kameraden neigt auch der Jugendliche, der unter einer Missbildung oder Behinderung leidet, dazu, sich an anderen zu messen und zieht dann das Ergebnis dieses Vergleichs zur Formulierung einer »Arbeitshypothese« seiner Identität heran. Leider verschleiert die Unfähigkeit des Teenagers oft seine

wahre Identität in einem solchen Maße, dass die Antwort auf die Frage »Wer bin ich?« sich vielfach etwa so anhört: »Ich bin ein Krüppel« oder »Ich bin komisch« oder »Ich bin hässlich«.

Unrealistische Erwartungen

Gutmeinende Erwachsene setzten häufig unrealistische Erwartungen in einen Behinderten. Eltern haben unter Umständen fast genauso sehr damit zu kämpfen, mit der Behinderung ihres Sohnes oder ihrer Tochter fertig zu werden. Mit fortgesetzter medizinischer Behandlung wächst ihre Ungeduld. Womöglich lassen sie sich von den Schmerz- und Frustrationsschreien des Jugendlichen nicht überzeugen. Dann drängen sie ihr Kind, »sich mehr anzustrengen«. Sie ermahnen ihn, »nicht den Kopf hängen zu lassen«. Wenn sich die Träume und Hoffnungen verflüchtigen, die sie für ihr Kind hatten, werden sie verbittert. Derartige Reaktionen und Erwartungen machen es für den Teenager noch schwieriger, mit einer Missbildung oder Behinderung fertig zu werden.

Reaktionen der Altersgenossen

Veerman schreibt: »Das Problem wird durch die Altersgenossen noch verschlimmert. Auch sie ringen um ihre Selbstbehauptung und dieser Wettstreit wird brutal. Anerkennung unter Altersgenossen bedeutet so viel, doch Kinder können so grausam sein.«[6] Der Teenager mit einer Missbildung oder Behinderung wird oft Opfer von Hänselei und Drangsalierung durch die Kameraden sein, von stillschweigender Ablehnung und Meidung, von gutgemeinten, aber demütigenden Trostversuchen und schwach maskiertem Mitleid – was alles schweren Schaden anrichten kann.

▼ Die Folgen

Dr. James Dobson meint, dass »Schönheit, Intelligenz und Geld die drei am höchsten bewerteten Attribute in unserer Gesellschaft sind. Und wenn [junge Leute] zum ersten Mal entdecken, dass es ihnen an einer dieser drei Auszeichnungen fehlt, fangen sie an in Verzweiflung abzurutschen.«[7]

Der junge Mensch, der mit einer Missbildung oder Behinderung fertig werden muss, steht möglicherweise auf gar keinem dieser Gebiete zurück. Doch die vier oben angeführten Faktoren können dem Jugendlichen den Eindruck vermitteln, dass es ihm an Schönheit oder auch an Intelligenz fehlt. Dieser vorgetäuschte Mangel wird sich – ob er nun auf Tatsachen beruht oder nicht – auf drei wichtige Gebiete auswirken:

Selbstidentität

Tom Perski schreibt in einem hilfreichen Buch über Erziehung: »Eine der schwierigsten Kombinationen beim Erwachsenwerden ist der Versuch, die Identität zu formen, wenn gleichzeitig eine körperliche Behinderung vorliegt. Die Beantwortung der Frage ›Wer bin ich?‹ ist während der ganzen Adoleszenz eine wichtige Aufgabe für den Jugendlichen und jungen Erwachsenen.«[8] Es kann sein, dass der Jugendliche seine Identität allein in Begriffen im Zusammenhang mit seiner Missbildung oder Behinderung definiert: »Ich könnte genauso schnell wie Tony laufen, wenn ich wollte« oder »ich könnte so aussehen wie Cindy, wenn ich mich nur genauso stark schminken würde wie sie.« Die gesunde Methode wäre natürlich die Missbildung oder Behinderung weder zu leugnen noch nur allein auf sie zu sehen, sondern sie anzunehmen und ihre Bedeutung für meine Identität anzuerkennen.

Selbstwertgefühl

Der christliche Seelsorger und Autor Jay Kesler schreibt: »Alle jungen Leute sehen sich in einem gewissen Maß Hänselei und Verspottung ausgeliefert.«[9] Manche erleben vielleicht einen solchen den Selbstwert vernichtenden Missbrauch aus Gründen, die sie in gewisser Weise selbst in der Hand haben, wie z.B. Sitzenbleiben oder ein Eigentor beim Fußballspiel. Jugendliche mit Missbildungen oder Behinderungen erleben die demütigende Behandlung infolge einer Sache, die sie selbst nicht in der Hand haben. »Hänselei«, sagt Kesler, »zielt gewöhnlich auf die Schaffung von Gleichförmigkeit ab.«[10]

Doch ein Behinderter kann nicht den anderen gleich werden; folglich wird er sich die Kritik oder Hänselei arg zu Herzen nehmen und sie als Widerspiegelung seines Wertes als Individuum interpretieren (vgl. Kapitel 6, »Geringe Selbstachtung«).

Geistiger und emotionaler Ausblick

Die hier angeführten Druckfaktoren werden auf den geistigen und emotionalen Ausblick des Jugendlichen, der mit einer Behinderung zu kämpfen hat, eine schädigende Wirkung ausüben. Er reagiert möglicherweise mit Wut und sieht einen Großteil des Lebens und seiner Beziehungen zu anderen durch eine Brille der Verärgerung und ist bereit, beim ersten Anzeichen von Kritik oder Verachtung die Offensive zu ergreifen. Auf der anderen Seite reagiert er vielleicht mit Verzweiflung und zieht sich aus den Beziehungen zurück, nährt seine Depression und gibt alle Hoffnung auf ein »normales« Leben auf. Manche Jugendliche schwanken womöglich zwischen diesen Reaktionen, obwohl das Vorherrschen einer von beiden verbreiteter ist.

▲ Die biblische Sicht

Gott verursacht keine Missbildungen und Behinderungen. Er erlegt Säuglingen keine Spina bifida auf. Er schlägt keine 9-jährigen Mädchen mit Ewingschem Knochensarkom. Er schießt nicht mit Diabetes auf kleine Jungen. Aber Er verheißt auch nicht, dass wir alle um diese Dinger herum kommen werden. Er verheißt weder, dass keine Krankheitskeime in unseren Körper eindringen werden, noch dass keine Wirbelstürme unsere Häuser zerfetzen, noch dass wir allen Verletzungen, Katastrophen, Missbildungen oder Behinderungen entgehen werden.

Das Wort Gottes macht klar, dass Christen wie Nichtchristen, Männer wie Frauen, Kinder wie Erwachsene, gute wie böse Menschen womöglich die Folgen einer gefallen Welt zu spüren bekommen. »Zeit und Geschick trifft uns alle«, schrieb Salomo;[11] wir alle erleiden die Spuren der Zeit und die Gefahren des Geschicks.

Diese Erkenntnis macht es natürlich nur selten leichter – insbesondere für einen Teenager – mit einer Missbildung oder Behinderung fertig zu werden. Aber Gottes Wort spricht auch deutlich davon, was für Gott am wichtigsten ist. In 1. Samuel 16,7 sagt der Herr zu Samuel:

Sieh nicht auf sein Aussehen und auf seinen hohen Wuchs! Denn ich habe ihn verworfen. Denn der HERR sieht nicht auf das, worauf der Mensch sieht. Denn der Mensch sieht auf das, was vor Augen ist, aber der HERR sieht auf das Herz.

Das soll nicht heißen, dass Gott den Schmerz eines Menschen, der unter einer Missbildung oder Behinderung zu leiden hat, als unbedeutend bewerte. Im Gegenteil: Er ist ein »barmherziger und gnädiger Gott, langsam zum Zorn und groß an Gnade und Wahrheit«.[12] Er erachtet jedoch das Innere eines Menschen weit wichtiger als sein äußeres Erscheinen oder seine körperlichen Fähigkeiten.

Gott sieht auf das Herz. Er ist beeindruckt von einem liebenden Herzen. Er ist gerührt von einem willigen Geist. Er hält Ausschau nach Wesenszügen wie Selbstbeherrschung, Freude, Frieden, Geduld, Sanftmut, Güte, Treue und Freundlichkeit.[13] Er weiß – wie alle Christen wissen sollten – dass »unsere Tage auf Erden wie ein Schatten sind«[14] und das unsere Körper lediglich »irdene Gefäße« sind, deren wahrer Schatz im Innern liegt.[15] Und das ist es natürlich, wer wir sind – nicht das irdene Gefäß, das die Menschen von außen sehen, sondern der innere Schatz, den Gott sieht.

▶ Praktische Hilfen anbieten

Dem Jugendlichen, der mit einer Missbildung oder Behinderung fertig werden muss, ist nicht mit platten Antworten oder pauschalen Aussagen geholfen. Er befindet sich in einer Situation, mit der auch nur wenige Erwachsenen wirklich umgehen können. Ein mitfühlender und geduldiger Elternteil, Gemeindeleiter, Jugendmitarbeiter oder Lehrer sollte jedoch unter Gebet und mit großer Sorgfalt den folgenden Plan befolgen:

Zuhören. Ein junger Mensch mit einer Missbildung oder Behinderung wird auf Ratschläge oder Mitleidsbekundigungen wahrscheinlich mit Ausdrücken reagieren wie: »Du hast keine Ahnung, wie ich mich fühle!« Und damit hat er Recht. Niemand kann wissen, wie sich ein anderer fühlt. Deshalb ist der beste Anfangspunkt (und Endpunkt) beim Umgang mit einem behinderten Jugendlichen, ihn zu ehrlichem Ausdruck seiner Gedanken und Gefühle anzuregen (vielleicht mit solch offenen Fragen wie: »Wie ist das so?«, »Wie fühlst du dich dabei?« usw.). Erteilen Sie nicht mühsam Ratschläge um zu helfen, geben Sie sich lieber Mühe beim Zuhören um zu verstehen.

Verständnis zeigen. David Veerman rät: »Fühlen Sie ihren Schmerz. Es ist so einfach, ihre Situation von der Hand zu weisen [und das bietet einfache Lösungen], aber der Schmerz ist real.«[16] Versetzen Sie sich selbst in die Lage des Jugendlichen und versuchen Sie die Dinge mit seinen Augen zu sehen. Gott fordert Christen auf, »sich mit den sich Freuenden zu freuen und mit den Weinenden zu weinen«.[17] Das einfache Teilen der Sorgen und mitfühlendes Anbieten von Trost gehören zu den einfachsten und effektivsten Mitteln, um jemandem zu dienen, der eine Missbildung oder Behinderung hat. Achten Sie außerdem behutsam auf mögliche Wege, wie Sie Ihr Mitgefühl und Verständnis ausdrücken können, wie z.B.:

- Entfernen Sie Hindernisse bei der Konversation (hocken oder knien Sie sich beispielsweise neben den Rollstuhl des Jugendlichen oder erlernen Sie die Grundkenntnisse in Zeichensprache, um mit einem Hörgeschädigten umgehen zu können).
- Nicken Sie mit dem Kopf.
- Suchen Sie Blickkontakt.
- Beugen Sie sich auf Ihrem Stuhl nach vorn.
- Sprechen Sie in einem beruhigenden Ton.
- Antworten Sie leise.

- Warten Sie Schweigen oder Tränen geduldig ab.

Bestätigen. Donald Mardock betont, dass Teenager …

wissen müssen, dass sie einzigartig sind. Das hilft ihnen aufzuhören, ihr Aussehen, ihre Sportlichkeit, Intelligenz und Persönlichkeit mit anderen zu vergleichen … Wir müssen außerdem jedem Jugendlichen helfen zu erkennen, dass er so angenommen wird, wie er ist. Er muss nicht andere nachahmen, um wertvoll zu sein. Wir müssen Jugendlichen als Personen mit einzigartigen Fähigkeiten und Begabungen anerkennen. Keine zwei sind gleich und Gott hat sich bei jedem Menschen besondere Gedanken gemacht, als er ihn in seinem Mutterschoß bildete (siehe Ps. 139,13) … [Schließlich] müssen wir sie für das wertschätzen, was sie sind und nicht was sie tun. Wie oft kritisieren wir unsere Kinder, wenn wir meinen, sie könnten es besser machen, doch vergessen ihnen zu sagen, dass wir das schätzen, was sie gut und richtig machen.[18]

Richtung weisen. Wenn sich ein Gemeindeleiter, Elternteil, Lehrer oder anderer Erwachsener mit einem unter einer Missbildung oder Behinderung leidenden Jugendlichen beschäftigt, kann er ihm auf folgende Weise Orientierung bieten:

- Partnerschaft mit den Eltern. Die Eltern eines Kindes oder Jugendlichen sind die entscheidendsten Faktoren zum Erfolg bei der Hilfe, mit einer Missbildung oder Behinderung fertig zu werden. Wenn Sie selbst kein Elternteil des jungen Menschen sind, stellen Sie sicher, dass Sie mit ihnen in Kontakt stehen und sie so viel wie möglich in den Umgang mit den Kämpfen des Jugendlichen einbeziehen. Dabei sollten Sie stets bedenken, dass die Eltern eines solchen Kindes häufig erschöpft sind und selber Trost und Verständnis brauchen.

- Ermutigen Sie zu Vertrauen auf Gott. Wenn der Jugendliche kein Christ ist, weisen Sie ihn zu dem Gott hin, der durch Jesus Christus Gesundheit und Wohlergehen der wichtigsten (geistlichen) Art verheißt. Leiten Sie den Jugendlichen zu einer täglichen Gemeinschaft mit Gott an, damit er sich auf Seine Stärke verlässt, aus Seinem Wort lernt und Trost im Gebet findet. Bringen Sie dem Jugendlichen bei, die Psalmen als Gebetbuch zu verwenden und laut die Worte solcher Psalmen wie z.B. 31, 41, 42, 61, 62 und 71 – um einige wenige zu nennen – zu beten. Schlagen Sie eine Gebetspartnerschaft vor, bei der der Jugendliche und der betreuende Erwachsene füreinander und miteinander beten.

- Betonen Sie Gottes völlige Annahme und Liebe. Veerman meint:»Für die meisten Teenager ist Gott ein Konzept, das zu kühl ist, zu lieben oder Fürsorge zu zeigen. Doch Gott ist eine Person, der sie erschaffen, angenommen und geliebt hat und nur das Beste für ihr Leben will. Jesus, Gott im Fleisch, war der Inbegriff bedingungsloser Liebe. Er berührte Aussätzige, Huren und andere Ausgestoßene. Wenn man die jungen Menschen sanft und liebevoll an diese Wahrheit erinnert (anstatt sie anzupredigen), wird sie ihnen Verständnis und Heilung bringen.«[19]

- Fördern Sie die Pflege tieferer Quali-

täten. Verhelfen Sie dem Jugendlichen zur Erkenntnis und Pflege von tieferen Qualitäten. Fördern Sie die Entwicklung von Charakterzügen wie Freundlichkeit, Offenheit, Ehrlichkeit und Disziplin und bestätigen Sie diese Qualitäten in ihrem Leben, wann immer sie sich auf irgendeine Weise zeigen.

- Lenken Sie den Jugendlichen in Gebiete der Bestätigung. Für einen jungen behinderten Menschen gibt es viele Ziele, die er erreichen kann. Veerman schlägt vor, kreative Alternativen zu identifizieren:»Die meisten weiterführenden Schulen bieten eine breite Auswahl an Aktivitäten außerhalb des Unterrichts an, von denen viele ein ausgezeichnetes Training für die Zukunft darstellen (z.B. Diskussionsgruppen, Öffentlichkeitsarbeit, Musik, Theater). Hobbys wie z.B. Sammeln und [Angeln] können hilfreich sein und bei Jugendgruppen wie Campus Life, Young Life und Campus für Christus wie auch der Gemeindejugend werden Altersgenossen und Erwachsene ihre Aufnahmebereitschaft anbieten.«[20]

Ziele setzen. Dr. Foster Cline und der Autor Jim Fay treten dafür ein, dass man Jugendlichen»selbst ihr eigenes Problem, ihre eigenen Gefühle, ihre eigenen Enttäuschungen, ihre eigenen Ziele in den Griff bekommen lässt ... Es ist die Verantwortung der Jugendlichen, das Problem in den Griff zu bekommen und eine Lösung zu finden.«[21] Geben Sie dem Teenager nicht einfach Ratschläge; gehen Sie so früh wie möglich darauf ein, wenn er erkennt, dass er selbst der Handelnde werden muss, der die Strategie ausarbeitet, die zu einer Besserung führen wird.

Hilfe von außen. Die Probleme und Herausforderungen einer Behinderung erstrecken sich manchmal auf einen weiten Bereich und folglich werden sie am besten mit der Hilfe eines ausgebildeten Experten angesprochen. Ein professioneller christlicher Seelsorger sollte so früh wie möglich hinzugezogen werden (mit elterlicher Erlaubnis und Beteiligung) und Hilfe von staatlichen und örtlichen Einrichtungen sollten wahrgenommen werden.

In diesem Kapitel zitierte Bibelstellen

- Prediger 9,11
- 1. Samuel 16,7
- Psalm 86,15

- Galater 5,22
- 1. Chronik 29,15
- 2. Korinther 4,7
- Römer 12,15
- Psalm 139,13
- Psalm 31, 41, 42, 61, 62 und 71

Weitere hilfreiche Bibelstellen zum Thema

- Psalm 16, 18, 4, 57, 86, 88, 91, 102, 116, 121, 139, 142
- Prediger 3,1-11; 4,9-12
- Klagelieder 3,22-33
- Jesaja 53,4-6

47

Lebenslange Krankheit

Einführung

Susan war ein äußerst hübsches Mädchen mit sprechenden Augen und einem Lächeln, das echte Wärme ausstrahlte. Mit 17 schien sie alles Wünschenswerte zu besitzen. Sie kam aus einer liebevollen Familie mit reichem christlichem Erbe, war eine Musterschülerin, spielte Waldhorn im Schulorchester und stand bei ihren Bekannten in hohem Ansehen.

Susans Abitur-Schuljahr verlief perfekt. Alles schien planmäßig zu gehen. Sie machte ihr Abitur, nahm über die Sommerferien einen Job an und bereitete sich dann auf das langersehnte Studium vor.

Auch an dem christlichen College, das sie besuchte, zeichnete sie sich als Ausnahmeerscheinung aus und aufgrund ihrer schulischen Leistungen und ihres Charakters erhielt sie ein großzügiges Stipendium. Susan war nun auf dem besten Weg, eine verheißungsvolle junge Erwachsene zu werden und eine steile Laufbahn als Grundschul-Pädagogin einzuschlagen. In den ersten Augusttagen brach Susan mit hohen Erwartungen zum College auf.

Susans Erfolg am College knüpfte dort an, wo ihre Highschool-Karriere aufgehört hatte. Sie war der Liebling der Professoren und ihre Zuversicht steigerte sich von Tag zu Tag – bis zum 12. November. Diesen Tag wird Susan nie vergessen.

An jenem Morgen wachte sie mit einem Kribbeln in den Füßen auf. Zuerst tat sie es mit einem Achselzucken ab, doch dieses Symptom dauerte den ganzen Tag an. Susan fing an, sich Sorgen zu machen und rief ihre Eltern an, um Rat einzuholen. Sie empfahlen ihr, einen Arzt aufzusuchen und nach einer Reihe von Untersuchungen stellte sich heraus, dass sie Lupus hat.

Lupus ist eine fortschreitende Krankheit. Dieses entstellende Leiden kann sowohl schnell den ganzen Körper erfassen als auch längere Zeiten der scheinbaren Genesung mit sich bringen. Als Susan von Lupus befallen wurde, betraf es nicht nur ihre Fähigkeit zu gehen, sondern richtete auch in ihrem Gesicht einen verheerenden Schaden an. Um alles noch schlimmer zu machen, verursachte die medizinische Behandlung schwere Schwellungen.

Susans fantastische Träume fanden ein jähes Ende; sie war gezwungen, das College abzubrechen (zumindest zeitweilig). Ohne Krücken konnte sie nicht mehr gehen. Susan wurde depressiv und ihre schwierige Situation führte zu Spannungen in den Beziehungen zu ihren Freunden und Familienmitgliedern.

Susan und ihre Familie erkannten die Notwendigkeit, einige Änderungen vorzunehmen. Sie waren weise genug, um nicht zu lange damit zu warten. Sie konsultierten einen christlichen Seelsorger und obwohl die Krankheit ihr immer noch arg zu schaffen macht, lernen Susan und ihre Familie, sich auf die Realität einer langwierigen Krankheit einzustellen.

● Das Problem

Wird ein Jugendlicher von einer langwierigen Krankheit befallen, zerschmettert dies seine Hoffnungen und Träume. Sich ein solches Leiden zuzuziehen, kann für einen Teenager eine entmutigende Hürde darstellen, sei es von biologischen oder von Umweltfaktoren hervorgerufen.

Die Teenager-Jahre umfassen eine Zeit, in der die meisten Jugendlichen schon genug mit den Begleiterscheinungen der Adoleszenz zu kämpfen haben – mit Akne, hormonellen Veränderungen, erwachende Interessen und Formung eines gesunden Selbstbildes und einer Selbstidentität; es ist eine Zeit der Umstellung und der Herausforderung, die »Zeit der Suche nach dem Selbst, in der die Jugendlichen zu entdecken versuchen, ›wer bin ich‹ und ›wo gehöre ich hin‹ … Jahre des Zweifels und ›Augenblicke der Wahrheit‹«.[1]

Wenn zusätzlich zu dieser explosiven Mischung eine langwierige Krankheit hinzu kommt, kann das in ein völliges Chaos führen – und eine überraschende Anzahl von Jugendlichen musste bereits eine derartig umwälzende und bisweilen traumatische Erfahrung durchleben, wie in Tabelle 47 dargestellt: Die hier aufgeführten Probleme umfassen natürlich nicht alle langwierigen Krankheiten, unter denen viele Jugendlichen zu leiden haben, aber diese Liste bietet einen statistischen Einblick in die Verbreitung einiger körperlicher Krankheiten und Schwierigkeiten.

▼ Die Folgen

Wenn ein junger Mensch mit der Aussicht einer langwierigen Krankheit wie z.B. Lupus oder Diabetes konfrontiert wird, tritt wahrscheinlich eine ganze Reihe von Problemen auf. Die offensichtlichen Auswirkungen sind natürlich körperlicher Natur, aber man schätzt, dass in mehr als der Hälfte der Fälle aus der Seelsorge-Erfahrung das körperliche Problem nicht der hauptsächliche Grund für die Schwierigkeiten im Leben des Patienten sind. Häufig wirft eine Krise nicht nur neue Probleme auf, sondern bringt auch alte wieder zum Vorschein.

Körperliche Folgen

Die körperlichen Folgen einer langwierigen Krankheit erstrecken sich oftmals weit über die offensichtlichen körperlichen Auswirkungen hinaus. Hartman-Stein und Reuter zeigen z.B. auf, dass »Unregelmäßigkeit ihres Insulinspiegels« ein junges Mädchen veranlassen könnte, sich weniger attraktiv als ihre Altersgenossinnen zu fühlen.[3]

Diabetes setzt ferner eine Schwangere und ihr Ungeborenes dem Risiko verschiedener Abnormalitäten und Abweichungen aus. Jeder der in Tabelle 47 aufgeführten Krankheiten bringt körperliche Komplikationen mit sich, die über die eigentlichen Symptome der Krankheit hinaus gehen.

Tabelle 47. Chronische Erkrankungen bei Jugendlichen unter 18 Jahren[2] (Verbreitungsrate vorliegender Fälle auf 1.000 Einwohner)

Arthritis	15,0	Geschwüre	1,6
Chronische Sinusitis	56,7	Herzleiden	18,9
Dermatitis	31,0	Orthopädische Leiden	28,8
Diabetes	0,6	Schwerhörigkeit	21,0

Quelle: *Healt Care Book of Lists*, 1993.

Psychische Folgen

Die vielleicht voraussagbarste Reaktion auf eine Krise ist eine Zeit der Benommenheit. Und wenn dem Ereignis eine schwierige Phase des Wartens oder der Ungewissheit vorausgegangen ist, folgt oftmals ein paradoxes Gefühl der Erleichterung, wenn an die Stelle der Sorgen nun die Realität tritt. Ärzte haben festgestellt, dass der Körper in einer extrem kritischen Zeit oft eine valiumähnliche Droge produziert. Wenn jemand unter dem Einfluss dieser Substanz steht, die jemand als »Gottes emotionales Novazin« bezeichnet hat, kann er tapfer lächeln und sich wacker schlagen. Freunde meinen vielleicht, »ihm geht es emotional erstaunlich gut« und gehen wieder, so gut es geht, zur Tagesordnung über. Später wird die betroffene Person dann von der Realität eingeholt und stürzt emotional, geistlich und/oder körperlich total ab.

Der Verlust der Gesundheit bringt stets ein gewisses Maß an Trauer mit sich. Jeder Mensch geht mit den Stufen der Trauer (Verdrängung, Wut, Aushandeln, Depression und Schuld) anders um, doch ist jede Stufe notwendig, um schließlich wieder emotional gesund und ausgeglichen zu werden (vgl. Kapitel 8, »Trauer«). Weil der frühe Trauerprozess üblicherweise von Extremen gekennzeichnet ist, sollten Freunde und Verwandte bedenken, dass es eine Zeitlang dauern kann, bis ein stabiler Zustand erreicht ist und von daher das Verhalten in dieser Zeit nicht allzu ernst nehmen.

Ein weiterer verbreiteter Effekt einer Langzeitkrankheit sind strapazierte Beziehungen. Die Zuversicht oder Ungewissheit des Kranken und seiner Freunde und Familienangehörigen sowie frühere Kommunikationsmuster und der Einfluss von vergangenen gemeinsamen Erfahrungen sind häufige Ursachen von Konflikten. Dass der Kranke sich entschließt, durch Verdrängung mit den Problemen fertig zu werden, ist ein verbreiteter Überlebensmechanismus, der wiederum zu neuen Problemen und gestörten Beziehungen führen kann. Wenn die Angehörigen das Geschehen oder den daraus resultierenden Schmerz verdrängen, werden die Beziehungen einer großen Spannung ausgesetzt.

Wenn jemand sich weigert, die Auswirkungen von bedeutenden Ereignissen auf sein Leben anzuerkennen, wird die Kommunikation oberflächlich und gekünstelt. Eine Verdrängung des Problems wird nur zu Missverständnissen und distanzierten Beziehungen führen.

Eine Tendenz zu beziehungsmäßigen Extremen ist ebenfalls ein Effekt in der Zeit der Anpassung an eine langfristige Krankheit. Der Jugendliche kann geneigt sein, sich von anderen zurückzuziehen und zu isolieren; manche jedoch neigen dazu, während dieser Zeit völlig abhängig von anderen zu werden. Von daher besteht das Bedürfnis einer sozialen Regelmäßigkeit, die zur Stabilität beiträgt – z.B. der regelmäßige sonntägliche Gemeindebesuch, jeden Dienstag ein gemeinsames Mittagessen mit einem Freund usw.

Wie Susan neigen die meisten Menschen in der Zeit der Einstellung auf ihre Situation zu extremer Sensibilität auf tatsächliche oder eingebildete Kränkungen. Susan erinnert sich, dass in den ersten Tagen nach ihrer Heimkehr vom College der größte Stress von gutmeinenden Freunden, Bekannten und Verwandten verursacht wurde. »Sie brachten mir gegenüber ihr echtes Mitleid zum Ausdruck«, sagte sie. »Aber in den meisten Fällen fügten sie hinzu: ›wirst du jemals wieder Auto fahren können?‹, ›Ich hoffe, du wirst noch Rendezvous verabreden können‹ oder ›Was wirst du nun machen, wo das College nicht mehr in Frage kommt?‹. Ich brauchte ihre Liebe und ihr Verständnis, doch stattdessen erniedrigten ihre Bemerkungen mein Selbstwertgefühl und führten dazu, dass ich mich unterlegen fühlte. Heute weiß ich, dass zu der Zeit, wenn die Traurigkeit ganz akut ist, jede sensible Thematik noch sensibler als sonst wird – und Auto fahren lernen war das Thema, auf das ich am empfindlichsten reagierte.«

Und schließlich ist eine weitere allgemeine Auswirkung einer schwerwiegenden medizinischen Problematik ein empfindliches Gespür der Identität und des Selbstwertes (vgl. Kapitel 6, »Geringe Selbstachtung«). Eine unter Druck stehende Person wird zunehmend empfindsam für die Wahrnehmung und Beurteilung anderer. Diese Zeit kann von Identitätsverschiebungen geprägt sein. Der Kranke kann u.U. anfangen, eine jahrelange Tragödie zu inszenieren und Rollen einnehmen, die er sich in Krisenzeiten angeeignet hat. Wer vor der Krise bereits ein stabiles soziales Netz aufgebaut hatte, ist für dieses Problem weniger anfällig. Wenn wir beispielsweise als Kinder mehr für unsere Errungenschaften und Leistungen geliebt als bedingungslos angenommen wurden, fühlen wir uns ängstlich, wertlos oder haben Selbstzweifel, wenn unsere Errungenschaften oder Leistungen bedroht sind. Dann wird dieses Problem ein Problem von vermeintlichem Identitäts- oder Selbstwert-Verlust und nicht nur des Verlustes der Gesundheit, des Stipendiums oder des Arbeitsplatzes.

Theologische Folgen

Sehr oft veranlasst eine erste Diagnose von Diabetes, Arthritis oder andern körperlichen Beeinträchtigungen einen jungen Menschen dazu, Gott selbst, Seine Liebe, Seine Gerechtigkeit und Seine Existenz in Frage zu stellen. Ein Jugendlicher, der damit zu kämpfen hat, zukünftig mit einer andauernden Schwierigkeit fertig zu werden, wird sich auf ganz natürliche Weise fragen, warum Gott gerade ihn für ein solches Schicksal »ausgewählt« hat. Manche Jugendlichen gehen noch über das Infragestellen hinaus und rebellieren aktiv gegen Gott. Einige wenige verbleiben in dieser Rebellion, doch viele werden nach einer Zeit der Zweifel Lösungen für ihre Fragen finden und – selbst wenn sie keine Antworten erfahren – auf Gott vertrauen, der die Antwort weiß.

Spannungen und Kämpfe sind ganz natürliche, sogar gesunde Folgen des Beginns einer langwierigen Krankheit. Der Jugendliche kann schlechte und gute Zeiten erwarten. Die Erholung vom Schock einer entmutigenden Diagnose besteht normalerweise in einem Prozess mit dazwischenliegenden zeitweiligen Rückschlägen.

▲ Die biblische Sicht

Wer nie eine Tragödie auf persönlicher Ebene erlebt hat, glaubt meistens an das Glück und geht sorglos davon aus, dass »es mich niemals treffen wird«. Wenn eine Krise, wie eine langwierige Krankheit, auftritt, widerfährt einem solchen Menschen etwas Gewaltiges.

Vor einigen Jahren wurde bei Elizabeth Berg Immunsystem-Krebs diagnostiziert. In einem Artikel mit dem Titel »Momente der Muße« schrieb sie:

Voller Schmerz schaust du dir deine Fotos von früher an. Es ist, als sei dein eigentlicher Kern von dir genommen und nur noch eine zerbrechliche Schale von dir übrig, die vergeblich darauf wartet, wieder wie einst zu sein. Du denkst, du wirst nie wieder sorgenfrei sein und nie wieder frei lachen oder dich seufzend und genüsslich lächelnd mit geschlossenen Augen und herabhängenden Armen in deinen Sessel zurücklehnen, voller naiver Zuversicht, von der du nicht weißt, dass du sie hast, bis du sie verlierst.[4]

Selbst reife Christen können diese frischfröhliche, »naive Zuversicht« unbewusst mit Glauben verwechseln. Wenn sie nicht mehr davon ausgehen können, dass schon alles gut werden wird, meinen sie, sie haben ihren Glauben an Gott verloren. Manche Menschen verwechseln Gott mit Leben; wenn sie vom Leben enttäuscht sind, werden sie auch von Gott enttäuscht. Wenn das Leben nicht gut ist, schließen sie, auch Gott sei nicht gut.

Obwohl wir uns vielleicht verletzlich und tief erschüttert fühlen, wenn unser Gefühl der Sicherheit verloren gegangen ist, muss der Verlust unserer fälschlichen Zuversicht nicht unsere Beziehung zu Gott unterbrechen. Gott hat nie eine Garantie für lebenslange Gesundheit gegeben. Das Gegenteil sagt keine geringere Autorität als Hiob: »Der Mensch, von der Frau geboren, lebt kurze Zeit und ist von Unruhe gesättigt.«[5]

Während jeder, der unter einer langwierigen Krankheit leidet, verständlicherweise mit dem Psalmisten weinen wird: »Kehre wieder, o HERR, – wie lange verziehst du?«[6] und obwohl Gott »eine Hilfe, in Nöten kräftig erfunden«[7] ist und »der Gott des Trostes, der uns tröstet in unsrer Trübsal«,[8] muss ein reifer Glaube auf einer tiefen Ebene beruhen, auf der Ebene der Liebe zu Gott, aufgrund dessen, was Er ist und weniger aufgrund dessen was Er in diesem Augenblick tut oder nicht tut, um unseren Schmerz zu stillen.

Eine ernste Krankheit räumt mit der falschen Vorstellung auf, wir hätten das Leben in unserer eigenen Hand. Sie deckt unsere völlige Abhängigkeit vom Schöpfer des Lebens auf. Während dieser empfindlichen Zeit der verwirrenden Gefühlsvielfalt und ungelösten Fragen über Gottes Eingreifen, ist Gott immer gegenwärtig (ob wir Seine Gegenwart fühlen oder nicht) und Seine Gnade[9] genügt, denn:

Der HERR ist gütig gegen die, welche auf ihn hoffen, gegen die Seele, die nach ihm fragt ...
Es ist einem Manne gut, in seiner Jugend das Joch zu tragen.
Er sitze einsam und schweige, wenn man ihm eines auferlegt!
Er stecke seinen Mund in den Staub; vielleicht ist noch Hoffnung vorhanden!
Schlägt ihn jemand, so biete er ihm den Backen dar und lasse sich mit Schmach sättigen!
Denn der Herr wird nicht ewig verstoßen; sondern wenn er betrübt hat, so erbarmt er sich auch nach der Größe seiner Gnade.
Denn nicht aus Lust plagt und betrübt ER die Menschenkinder.[10]

▶ Praktische Hilfen anbieten

Ein Jugendlicher, bei dem eine Krankheit diagnostiziert wird, die voraussichtlich lange andauern wird – womöglich sein ganzes Leben lang – ist gezwungen, mit einer Situation fertig zu werden, die sich selbst für die meisten Erwachsenen als äußerst entmutigend erweisen würde. Mitfühlende und geduldige Eltern, Gemeindeleiter, Jugendmitarbeiter oder Lehrer werden jedoch imstande sein, sich unter Gebet behutsam an den folgenden Plan zu halten:

Zuhören. Ein vorrangiges Bedürfnis von jedem, der mit einer entmutigenden Diagnose fertig zu werden versucht, ist ein zuhörendes Ohr. Der Jugendliche wird auf Ratschläge oder Mitleidsbekundungen wahrscheinlich mit Ausdrücken reagieren wie:»Du hast keine Ahnung, wie ich mich fühle!« (was stimmt, niemand kann wissen, wie sich ein anderer fühlt). Dem Teenager wird nicht geholfen – zumindest anfänglich nicht – wenn er weiß, was Sie denken; ihm wird jedoch geholfen, wenn Sie einfach bereit sind zuzuhören, wie er sich fühlt.

Verständnis zeigen. David Veerman rät jedem, der mit Jugendlichen zu tun hat, »ihren Schmerz zu fühlen«.[11] Sehen Sie selbst die Dinge mit den Augen eines Jugendlichen und speziell mit den Augen des betreffenden Jugendlichen. Geben Sie keinen voreiligen Rat; seien Sie geduldig und fühlen Sie mit ihm mit. Achten Sie ferner behutsam auf mögliche Wege, wie Sie Ihr Mitgefühl und Verständnis ausdrücken können, wie z.B.:

Entfernen Sie Hindernisse bei der Konversation (kommen Sie beispielsweise hinter Ihrem Schreibtisch hervor oder hocken Sie sich neben den Rollstuhl des Jugendlichen).

- Beugen Sie sich auf Ihrem Stuhl nach vorn.

- Suchen Sie Blickkontakt.

- Nicken Sie mit dem Kopf, sagen Sie »ja«, »fahr fort« usw.

- Gehen Sie auf die Äußerungen des Ju-

gendlichen ein (»Du meinst also ...«, »Deshalb fühlst du dich also ...« usw.)

- Warten Sie Schweigen, Wut oder Tränen geduldig ab.

Bestätigen. Ein schmerzerfüllter Jugendlicher wird sich wahrscheinlich nicht durch mündliche Bestätigung überzeugen lassen (zumindest nicht zuerst). Lassen Sie stattdessen den Jugendlichen Ihre Bestätigung sehen, bis er imstande ist sie anzunehmen (»die Freundschaft mit dir ist für mich ein Geschenk Gottes«, »ich danke Gott für dich«). Zeigen Sie, wie sehr Sie ihn wertschätzen und lassen Sie ihn Ihre Achtung spüren, indem Sie ihn respektvoll wie einen Erwachsenen behandeln, als jemanden, der liebenswert und leistungsfähig ist.

Richtung weisen. Um einer anscheinend hoffnungslosen Situation etwas Positives abzugewinnen, entschloss sich Susan, mit ihrer Krankheit auf eine »pro-aktive« Weise umzugehen. »Wer eine schwere Krankheit durchmacht, dem würde ich empfehlen, nicht in Träumen von der ›guten alten Zeiten‹ zu schwelgen«, sagt sie. Wenn man lernen will, mit einer langfristigen Krankheit zu leben, braucht man Realismus, gespickt mit Hoffnung. Ein Elternteil, Gemeindeleiter, Lehrer oder Jugendmitarbeiter kann hilfreiche Orientierung bieten wie die folgende:

- Helfen Sie dem Jugendlichen zu verstehen, dass er nicht für die Krankheit verantwortlich ist. Viele Kranke geben sich selbst die Schuld an ihrem Zustand und meinen (bewusst oder unbewusst), es habe sie getroffen, weil sie es verdient hätten. Hinterfragen Sie solche Auffassungen freundlich, aber deutlich und helfen Sie dem Jugendlichen, eine biblische Sicht von seiner Krankheit zu verstehen und anzunehmen.

- Führen Sie den Jugendlichen zu Gott als die Quellen des Friedens und Trostes. Helfen Sie dem jungen Menschen, zu Gott zu flehen, der ein Vater der Waisen,[12] ein Verteidiger der Schutzlosen[13] und ein Tröster in Sorgen ist.

- Begleiten Sie den Jugendlichen durch die Phasen der Trauer und durch andere Emotionen und Reaktionen. Über Verlust muss man trauern[14] und mit dem Verlust von Zeit, Gesundheit und Wohlergehen, der oftmals infolge einer langwierigen Krankheit gefühlt wird, ist es nicht anders. Doch ein fürsorglicher Erwachsener kann einem jungen Menschen durch die Phasen der Trauer (Verdrängung, Wut, Aushandeln, Depression und Annahme) durchhelfen, indem er ihm behilflich ist, sich mit solchen Gefühlen auseinander zu setzen, sie auszudrücken und zu verarbeiten und sie mit Verständnis und Trost anzunehmen (vgl. Kapitel 8, »Trauer«).

- Verabreden Sie eine tägliche Partnerschaft im Gebet für und mit dem Jugendlichen. Ermutigen Sie ihn zu einer tägliche Gemeinschaft mit Gott, um sich so auf Gottes Stärke zu stützen und Seine Hilfe zu erfahren (siehe Jes. 41,10).

- Stellen Sie dem Jugendlichen die verfügbaren Hilfsmittel bereit, mit denen er das Trauma verarbeiten kann. Helfen Sie ihm, die Personen zu bestimmen (am besten mit Namen), die bereit sind, ihm auf praktische Weise zu helfen: ein verständnisvoller Elternteil, ein enger Freund, die Telefonseelsorge, Organisationen, Brieffreunde usw.

- Seien Sie dem Jugendlichen beim sorgfältigen Planen behilflich – einschließlich ggf. der Prüfung und Verbesserung der Pläne. Susan entschloss sich schließlich, doch ans College zurückzukehren, obwohl sie von zu Hause aus pendeln musste und nur zwei Kurse pro Semester belegen konnte. Helfen Sie dem Jugendlichen zu entscheiden,

  - welche früheren Pläne und Ziele weiter verfolgt werden können,

  - welche Pläne und Ziele neu durchdacht und geändert oder verschoben werden müssen und

  - welche neuen Pläne und Ziele formuliert werden sollten, um ihm zu helfen mit der Situation fertig zu werden und aus der Notlage bewahrt heraus zu kommen.

- Fördern Sie realistische Hoffnung. Helfen Sie dem Jugendlichen zu verstehen, dass es wahrscheinlich unrealistisch ist, wieder in den Zustand zurückzugelangen, »wie es früher einmal war«. Erstreben Sie stattdessen die Förderung der Einsicht, dass nicht völlige Genesung oder Vollkommenheit das Ziel ist, sondern Fortschritt.

- Lenken Sie den Jugendlichen zum Dienst. Susan sagte, als sie anderen in ihrer Not half, schien der »Stachel« ihrer langwierigen Krankheit zu verschwinden. Helfen Sie dem Jugendlichen zu erkennen, dass Gott »uns tröstet in all unserer Bedrängnis, damit wir die trösten können, die in allerlei Bedrängnis sind, durch den Trost, mit dem wir selbst von Gott getröstet werden«.[15] Räumen Sie genügend Zeit ein, damit die Gefühle sich stabilisieren können, denn anders als in den Seifenopern im Fernsehen werden Krisen des wirklichen Lebens selten innerhalb von 30 Minuten bewältigt.

Ziele setzen. Beraten Sie den Jugendlichen nicht nur, sondern ziehen Sie ihn so früh wie möglich in den Rehabilitationsprozess mit ein und übergeben Sie ihm Verantwortung für die Ausführung des Plans. Eine effektive Möglichkeit hierzu ist der Vorschlag, ein geistliches Tagebuch zu führen. Susan berichtet, das habe ihr geholfen »den gesamten Genesungsprozess zusammenzubinden«. Hier sind weitere Vorschläge, die Sie dem Jugendlichen empfehlen können:

- Fange an, größere Stressfaktoren, Problemgebiete, persönliche Ziele, emotionale Kämpfe usw. aufzuschreiben.

- Lies jeden Tag 15 bis 20 Minuten lang einen kleineren Abschnitt aus der Bibel, mit dem Ziel, mindestens ein »Goldnugget« zu finden, das Klarheit über mindestens einen der aufgezeigten Stressfaktoren bietet.

- Schreibe im Tagebuch das Datum auf, wann du diese Bibelstelle gelesen hast, sowie die Querverweise bzw. gewonnenen Erkenntnisse (wobei sie in die richtige Reihenfolge entsprechend der Anliegen des Jugendlichen geordnet werden sollten).

- Liste alles Positive und Negative des Tages auf, bevor du dich schlafen legst. Stelle sicher, dass das Positive das Negative im Verhältnis 2:1 aufwiegt! (Susan musste sich zuerst dazu zwingen, weil sie den Eindruck hatte, dass es so viel Negatives in ihrem Leben gab.) Dann schreibe neben jedem negativen Punkt ein Gegenmittel (»Wenn dies wieder vorkommt, wie sollte ich dann darauf reagieren?«).

- Sieh mindestens einmal pro Woche diese Goldnuggets und Gegenmittel nochmals durch.

Hilfe von außen. Der Arzt des Jugendlichen und das Krankenhaus sollten imstande sein, weitere Ressourcen zur Verfügung zu stellen (wie z.B. Selbsthilfegruppen, Einrichtungen am Ort sowie landesweite Organisationen), die weitere Hilfe bieten können. Darüber hinaus sollte so früh wie möglich mit der Erlaubnis und aktiven Teilnahme der Eltern ein professioneller christlicher Seelsorger hinzugezogen werden.

In diesem Kapitel zitierte Bibelstellen

- Hiob 14,1

- Psalm 90,13

- Psalm 46,1

- 2. Korinther 1,4; 12,9

- Klagelieder. 3,25-26.28-33

- Psalm 68,5

- Sprüche 23,10-11

- Jeremia 8,18

Weitere hilfreiche Bibelstellen zum Thema

- Psalm 16; 18; 31; 40; 41; 42; 57; 61; 62; 71; 86; 88; 91; 102; 116; 121; 139; 142

- Psalm 145,17-18

- Jesaja 53,4-6

- Prediger 3,1-11; 4,9-12

- Klagelieder 3,22-33

Berufswahl

48

Gottes Willen erkennen

◆ Einführung

Der Rest der Jugendgruppe war schon aus der Eisdiele gegangen, wo sie alle nach der Jugendstunde etwas getrunken hatten. Aber Brenda und Marty blieben noch zurück und saßen einander am Tisch gegenüber.

Marty trank den Rest seiner Limo und seufzte. »Danke, dass du noch geblieben bist«, sagte er zu Brenda. »Ich muss wirklich mit jemandem reden.«

Brenda sagte erst einmal nichts, lehnte sich jedoch vor, um ihre Bereitschaft zum Zuhören zu zeigen. Sie und Marty waren seit der sechsten Klasse befreundet, jetzt waren sie in der letzten Klasse der Oberschule.

»Es geht um das College«, sagte er, runzelte die Stirn und setzte das Glas wieder auf den Tisch. »Ich habe keine Ahnung, was ich tun soll. Ich meine, diese Entscheidung betrifft ja schließlich meine ganze Zukunft, weißt du? Ich weiß, dass es toll ist, für so viele verschiedene Einrichtungen Stipendien bekommen zu können, aber das macht es so verwirrend. Wie soll ich wissen, auf welches dieser vielen Colleges ich gehen soll? Ich meine, ich habe darüber gebetet und gebetet und immer noch keine Ahnung, was Gott von mir will. Ich habe ihn sogar um ein Zeichen gebeten, aber ...« Er brach ab, als ein junges Mädchen in ihrer Nähe anfing, den Boden zu wischen.

»Ich weiß genau, was du meinst«, antwortete Brenda. »Du weißt, dass Jim mich gefragt hat, ob ich ihn heiraten will und ich liebe ihn und alles, aber woher soll ich wissen, dass er der Mann ist, den Gott für mich bestimmt hat?«

Marty nickte. Sie blickten sich zweifelnd an. »Tja«, sagte Brenda langsam. »Was wirst du nun tun?«

»Ich habe keine Ahnung«, antwortete Marty. »Nicht die leiseste Ahnung.«

● Das Problem

»Woher weiß ich, was Gottes Wille ist?« Das ist eine der vier oder fünf am häufigsten gestellten Fragen, der sich christliche Gruppenleiter gegenüber sehen, insbesondere diejenigen, die in der Jugendarbeit engagiert sind.

Viele junge Leute fragen ehrlich und ernsthaft nach Gottes Willen.

Das Thema ist für viele Jugendliche sicher nicht leicht zu bewältigen. Sie reden darüber, sie machen sich Sorgen – und haben manchmal deswegen schlaflose Nächte.

Der Grund ist, dass die Jugendjahre die Zeit sind, in der sich die meisten Menschen den drei wichtigsten Entscheidungen ihres Lebens gegenüber sehen: »Die Entscheidung für Jesus, die Entscheidung für einen Ehepartner und die Entscheidung für einen Beruf.«[1]

Erwachsene vergessen nur zu leicht den Druck, der auf vielen Kindern deshalb lastet oder tun dies als nebensächlich ab. Doch handelt es sich hier um echte Probleme, die so früh und so gründlich wie möglich angesprochen werden müssen.

◀ Die Ursachen

Viele junge Menschen wissen überhaupt nicht, dass Gott mit ihrem Leben etwas vorhat. Adrian Rogers schreibt:

> Der Ausgangspunkt für Teenager, die den Willen Gottes erfahren wollen, sind ihre Eltern, nicht sie selbst ... Es ist außerordentlich wichtig, dass Eltern ihre Kinder lehren, dass Gott für jeden Menschen einen Plan für dessen Leben hat. Viele junge Menschen gehen ohne diese Vorstellung durchs Leben.[2]

Doch die Bibel sagt in Psalm 32,8:

> Ich will dich unterweisen und dich lehren den Weg, den du gehen sollst; ich will dir raten, meine Augen über dir offenhalten.

Einige christliche Kinder mögen zwar wissen, dass Gott einen Plan für ihr Leben hat, doch sie wissen einfach nicht, wie und wo sie ihn erkennen können. Viele von ihnen sagen: »Ich habe noch nie den Willen Gottes gekannt. Ich lebe einfach so vor mich hin – ohne Seinen Rat.« Doch Gottes Wille, Sein guter Rat stehen uns zur Verfügung. Oft wird er nicht erkannt, ignoriert oder missverstanden, weil es viel Irrglauben in Zusammenhang mit Gottes Willen gibt. Diese Ansichten können auf verschiedene Weise ausgedrückt werden, aber sie laufen meist auf das Folgende hinaus:

Gottes Wille ist »verloren« und ich muss ihn wiederfinden. Rogers schreibt:

> Gottes Willen erkennen ist kein Ostereiersuchen, wobei Gott Seinen Willen irgendwo versteckt und man versucht, ihn zu finden. Es ist nicht unsere Aufgabe, Gottes Willen zu finden. Es ist Gottes Aufgabe, ihn zu offenbaren und unsere Aufgabe ist es, offen und bereit zum Gehorsam zu sein.[3]

Ich möchte Gottes Willen gar nicht kennen, denn ich habe Angst davor. Manche Menschen haben im Grunde ihres Herzens Angst vor dem Willen Gottes. Sie befürchten, dass Er etwas verlangen könnte, was sie nicht geben können oder sie irgendwo hinschickt, wohin sie nicht gehen wollen. Doch Römer 8,32 spricht Bände über Gottes Haltung gegenüber Seinen Kindern:

> Er, der doch seinen eigenen Sohn nicht verschont, sondern ihn für uns alle

hingegeben hat: wie wird er uns mit ihm nicht auch alles schenken?

Gott spielt keine Spielchen mit unserem Leben. Er möchte nicht, dass wir uns Seinem Willen unterwerfen, damit Er uns Gutes wegnehmen kann und wir unglücklich werden, sondern Er möchte uns in Seiner Gnade alles schenken, was wir brauchen, um unsere tiefsten Bedürfnisse zu befriedigen.

Ich möchte einen Teil des Willens Gottes tun und den Rest ignoriere ich lieber. Der junge Mensch, der diese Haltung hat, wird sicherlich Gottes Willen nie erfahren, es sei denn, er oder sie ist bereit, den ganzen Willen Gottes zu tun. Ein solcher Ansatz ist so, als wollte man ein Auto fahren und tritt dabei gleichzeitig auf Gaspedal und Bremse. In einem Augenblick sagt man: »Herr, zeige mir doch Deinen Willen« und im nächsten Moment sagt man: »Diesen Teil Deines Willens will ich aber nicht tun.« Wenn man nicht jetzt schon den Teil des Willens Gottes tut, den man erkannt hat, dann kann man nicht erwarten, dass Gott noch mehr offenbart.

Ich möchte Gottes Willen kennenlernen, damit ich dann entscheiden kann, ob ich mich danach richten will oder nicht. Gottes Willen zu suchen ist kein Autokauf. Es gibt keine »Probefahrt« für den Willen Gottes, nach der man sich entscheiden kann, ob man ihn »kaufen« will. Wenn der junge Mensch so denkt, dann wird er Gottes Willen nie erfahren, es sei denn, er entscheidet sich, wirklich Gottes Willen tun zu wollen statt den eigenen.

Ich bin bereit, Gottes Willen zu tun, ganz gleich, wie er aussieht. Die richtige Haltung dem Willen Gottes gegenüber – und das ist die einzige, die belohnt wird – ist es, den Willen Gottes schon zu akzeptieren,

bevor man ihn kennt. Es ist die Haltung, die der Psalmist zum Ausdruck brachte, als er sagte: »Deinen Willen, mein Gott, tue ich gern und dein Gesetz hab ich in meinem Herzen« (Ps. 40,9). Warum sollte sonst Gott sich die Mühe machen, Seinen Willen zu offenbaren? Und warum sollte Gott Seinen Rat geben, wenn er nicht beachtet oder beiseite geschoben wird?

▲ Die biblische Sicht

Man kann den Willen Gottes in zwei verschiedene Kategorien einordnen: Seinen allgemeinen Willen, der sich auf jeden Menschen bezieht und Seinen besonderen Willen, der sich auf einen einzelnen Menschen bezieht. Die meisten Menschen beschäftigen sich ernsthaft mit der zweiten Kategorie und sind mehr oder weniger gleichgültig gegenüber der ersten. Doch beide Kategorien sind zwar zu unterscheiden, hängen aber auf vielerlei Weise miteinander zusammen.

Gottes allgemeiner Wille

Gottes allgemeiner Wille ist klar und eindeutig, weil er im Wort Gottes aufgeschrieben ist. Z.B. ist es Gottes Wille, dass seine Kinder beten. In 1. Thessalonicher 5,17 heißt es: »Betet unablässig!« Gott möchte, dass wir eine ständige Haltung des Gebets und der Gemeinschaft mit Ihm haben. Die Worte Jesu in Johannes 13,34-35 weisen uns auch auf etwas hin, von dem wir alle wissen, dass es Gottes allgemeiner Wille ist:

Ein neues Gebot gebe ich euch, dass ihr einander liebt, damit, wie ich euch geliebt habe, auch ihr einander liebt. Daran werden alle erkennen, dass ihr meine Jünger seid, wenn ihr Liebe untereinander habt.

Ein anderer Bereich des allgemeinen Willens Gottes ist, dass wir Zeit mit der Bibel verbringen sollen. 2. Timotheus 3,16.17 macht klar, dass das Lesen und Studieren der Bibel Gottes Wille für jeden Gläubigen ist.

Die meisten Leute erkennen nicht, dass der größte Teil des Willens Gottes schon offenbart ist. Wir brauchen noch nicht einmal darüber zu beten oder danach zu suchen. Die wichtigsten Punkte des allgemeinen Willens Gottes – Erlösung, Unterordnung, Gehorsam gegenüber den Eltern, Weitersagen des Glaubens, sexuelle Reinheit und Erfülltwerden mit dem Geist – sind in Gottes Wort ausdrücklich dargelegt.

Erlösung. Der erste Aspekt des von Gott offenbarten Willens für alle Menschen ist die Erlösung, dass sie auf Jesus Christus als ihren Herrn und Retter vertrauen. In 1. Timotheus 2,3.4 heißt es:

> Dies ist gut und angenehm vor unserem Heiland-Gott, welcher will, dass alle Menschen errettet werden und zur Erkenntnis der Wahrheit kommen.

Unterordnung. Gottes Wille für jeden, der zum Glauben kommt, ist Hingabe, die Übergabe der Lebensführung, der Zukunft und des eigenen Willens an Jesus. Das ist der nächste Schritt, den Gott als Seinen allgemeinen Willen offenbart hat. In Römer 12,1.2 heißt es:

> Ich ermahne euch nun, Brüder, durch die Erbarmungen Gottes, eure Leiber darzustellen als ein lebendiges, heiliges, Gott wohlgefälliges Opfer, was euer vernünftiger Gottesdienst ist. Und seid nicht gleichförmig dieser Welt, sondern werdet verwandelt durch die Erneuerung des Sinnes, dass ihr prüfen mögt, was der Wille Gottes

ist: das Gute und Wohlgefällige und Vollkommene.

Gehorsam den Eltern gegenüber. Gottes Wille für jeden Gläubigen ist es, dass er oder sie ihren Eltern gehorcht. Der Grund dafür ist, dass Gott Seinen Willen einem Menschen durch den Rat oder das Beispiel der Eltern verdeutlicht. Wenn diese Person ihren Eltern nicht gehorcht, dann kann diese Beziehung nicht den Willen Gottes ausdrücken. In Epheser 6,1 heißt es:

> Ihr Kinder, gehorcht euren Eltern im Herrn, denn das ist recht.

Weitersagen. Es ist Gottes allgemeiner Wille, dass Christen anderen Menschen von ihrem Glauben erzählen. Ein junger Christ braucht niemals zu beten: »Soll ich meinem Freund von dir erzählen?« oder »Soll ich diesem Menschen Zeugnis von dir geben?« Gottes Wille ist an diesem Punkt schon offenbart – für alle Gläubigen. Es ist Sein Wille, dass alle Völker von Jesus erfahren und zwar nicht nur die in Übersee, sondern auch die Nachbarn und die, mit denen man zu Mittag isst. In Matthäus 28,19.20 heißt es:

> Geht nun hin und macht alle Nationen zu Jüngern, indem ihr diese tauft auf den Namen des Vaters und des Sohnes und des Heiligen Geistes und sie lehrt alles zu bewahren, was ich euch geboten habe! Und siehe, ich bin bei euch alle Tage bis zur Vollendung des Zeitalters.

Sexuelle Reinheit. Ein junger Christ oder eine junge Christin brauchten Gott nicht zu fragen, ob er mit seiner Freundin oder sie mit ihrem Freund Geschlechtsverkehr haben darf. Das ist in Seinem Wort schon offenbart. Sein Wille ist es, dass Seine Kinder sexuell rein leben, nicht freizügig. In

1. Thessalonicher 4,3 heißt es:

> Denn dies ist Gottes Wille: eure Heiligung, dass ihr euch von der Unzucht fernhaltet.

Erfülltsein mit dem Heiligen Geist. Gottes Wille für Sein Volk ist es, dass es mit dem Heiligen Geist erfüllt ist. Der Gläubige empfängt den Heiligen Geist bei der Bekehrung. Der Gläubige braucht nicht versuchen, mehr Heiligen Geist zu erhalten, der Heilige Geist möchte lieber den ganzen Gläubigen beherrschen. Gott möchte den Christen völlig durchdringen, ihn ganz durch den Heiligen Geist regieren, der schon in ihm wohnt. Es ist Gottes ausdrücklicher Wille, dass ein junger Christ mit dem Geist erfüllt ist. In Epheser 5,17.18 heißt es:

> Darum seid nicht töricht, sondern versteht, was der Wille des Herrn ist. Und berauscht euch nicht mit Wein, worin Ausschweifung ist, sondern werdet voll Geist.

Gottes besonderer Wille

Natürlich möchten die meisten jungen Menschen den Willen Gottes für sie persönlich erkennen. Sie wollen wissen:

- Mit wem sie sich verabreden sollen;

- Wen sie heiraten sollen;

- Welche Universität sie besuchen sollen;

- Welche Fächer sie belegen sollen;

- Welche Vorlesungen sie besuchen sollen;

- Wo Gott sie während der Sommerferien gebrauchen will;

- Welchen Beruf sie ergreifen sollen …

und natürlich Gottes Meinung über Hunderte von scheinbar wichtigen und dringenden Entscheidungen, die sie zu treffen haben.

Zunächst einmal ist es wichtig zu verstehen, dass Gott meistens Seinen Willen für jeden Tag neu offenbart. Viele Menschen wollen Gottes Willen für die ferne Zukunft kennen. »Was ist Dein Wille, Herr«, beten sie, »für den nächsten Monat, für das nächste Jahr, für mein Leben?« Doch Gott handelt nur sehr selten so.

In Johannes 16,12 hat Jesus Seinen Jüngern gesagt:

> Noch vieles habe ich euch zu sagen, aber ihr könnt es jetzt nicht tragen.

Nur wenige von uns könnten es ertragen, Gottes Willen für die nächsten 15 Jahre zu kennen – das könnte uns leicht überfordern. Doch Gott hat in Seiner Gnade bestimmt, wann Er uns »das viele« offenbart, nämlich wenn wir es ertragen können. So geht Er Schritt für Schritt vor, uns Seinen Willen zu offenbaren.

Es ist auch wichtig zu verstehen, dass Gottes besonderer Wille von Seinem allgemeinen Willen abhängig ist. Eine junge Frau, die Gottes allgemeinem Willen nicht gehorcht, vergeudet ihre Zeit, wenn sie betet, dass Gott ihr doch ihren Freund und späteren Ehemann zeigen möge. Der junge Mann, der nicht Gottes allgemeinem Willen gehorsam ist, vergeudet seine Zeit, wenn er sich fragt, ob er in den Semesterferien eher in die Berge oder an die See fahren soll. Wenn ein junger Mensch Gottes Willen ignoriert, der für jeden gilt, warum sollte Gott dann noch deutlicher zu ihm reden?

Doch der junge Mensch, der Gottes allgemeinem Willen gehorcht – der junge Mann oder die junge Frau, die Gottes Willen bezüglich der Erlösung, der Unterordnung, des Gehorsams gegenüber den

Eltern, dem Weitersagen des Glaubens, der sexuellen Reinheit und eines Lebens im Geist gehorcht – kann anfangen, Gottes Willen zu suchen, der auf sie oder ihn genau zugeschnitten ist. Das kann am effektivsten folgendermaßen geschehen:

Bibel. Bibelkenntnis ist eine Grundlage dafür, Gottes Willen zu suchen und zu erkennen. Ein junger Christ braucht sich keine Gedanken darüber zu machen, ob er einen Nichtchristen heiraten darf, denn Gottes Wort macht dazu eindeutige Aussagen (vgl. 2. Kor. 6,14.15; auch Kapitel 11, »Verabredungen mit dem Partner«). Gott wird niemals einen jungen Mann oder eine junge Frau auffordern, etwas zu tun, was Seinem Wort widerspricht.

Gebet. In Matthäus 6,8-10 lehrte Jesus seine Jünger:

> Seid ihnen (den Heiden) nun nicht gleich; denn euer Vater weiß, was ihr benötigt, ehe ihr ihn bittet. Betet ihr nun so: »Unser Vater, der du bist in den Himmeln, geheiligt werde dein Name; dein Reich komme; dein Wille geschehe, wie im Himmel so auch auf Erden ...«

Jesus suchte den Willen seines Vaters im Gebet. Genauso kann der fragende Christ versuchen, Gottes Willen im Gebet zu entdecken und sich Ihm unterzuordnen, genau wie Jesus es getan hat (Mt. 26,39).

Rat einholen. Ein weiterer Schritt, Gottes Willen zu erkennen, ist, geistlichen Rat von reifen Gläubigen einzuholen. Rat hilft dem Gläubigen auf verschiedene Weise: Er verhindert rein gefühlsmäßige Entscheidungen (er bietet eine objektive Ansicht) und er hilft, die mangelnde Lebenserfahrung auszugleichen (er bietet einen reifen Standpunkt).

Umstände. Gott leitet häufig durch äußere Umstände. In Römer 1,13 schrieb Paulus:

> Ich will aber nicht, dass euch unbekannt sei, Brüder, dass ich mir oft vorgenommen habe, zu euch zu kommen – und bis jetzt verhindert worden bin –, damit ich auch unter euch einige Frucht haben möchte, wie auch unter den übrigen Nationen.

Gott verschloss Türen vor Paulus, Er leitete ihn in diesem Fall durch Umstände. Natürlich muss man vorsichtig sein, wie man Umstände zu deuten hat, weil sie nicht immer Gottes Willen darstellen. Wenn es zum Beispiel auf einem bestimmten Weg Schwierigkeiten gibt, dann heißt das nicht sofort, dass man auf dem falschen Weg ist. Das Gegenteil kann sich als wahr erweisen. Und wenn alles gut geht, dann ist das nicht unbedingt ein Zeichen dafür, dass es Gottes Wille ist. Umstände müssen im Licht der Heiligen Schrift betrachtet werden, man muss darüber beten und dazu Rat einholen.

Der junge Mann oder die junge Frau, die Gottes allgemeinen Willen tut (Erlösung, Unterordnung, Gehorsam gegenüber den Eltern, Weitersagen des Glaubens, sexuelle Reinheit und Leben im Geist) und der oder die Seinen besonderen Willen gesucht hat, indem er seine Frage im Licht der Bibel betrachtet hat, darüber gebetet, um Rat gefragt und die Umstände bedacht hat, kann den nächsten Schritt gehen: Entscheide dich, wie du meinst, dass es vor Gott richtig ist.

Psalm 37,4 verheißt:

> Habe deine Lust am HERRN,
> so wird er dir geben, was dein Herz
> begehrt.

Wenn ein Gläubiger eine bestimmte Entscheidung treffen muss und er dem allgemeinen Willen Gottes gehorcht und ernsthaft Seinen Willen im Lichte der Schrift, des Gebetes, des Rates anderer und der Umstände gesucht hat, dann besteht der letzte Schritt darin, sich den gewonnenen Erkenntnissen gemäß zu entscheiden. Wer seine Lust am Herrn und an Seinem Willen hat, wird das wollen, was Gott auch will. Dann ist man frei, im Glauben Schritte nach vorn zu tun, dass Gott selbst ganz sicher klar machen wird, wenn das Verlangen des eigenen Herzens nicht Seinem Willen entspricht.

▶ Praktische Hilfen anbieten

Ein Jugendleiter, Pastor, Elternteil oder Lehrer, der einem jungen Menschen Rat geben soll, der Gottes Willen sucht, wird folgende Schritte als hilfreich empfinden:

Zuhören. Wie immer ist es notwendig, dem jungen Menschen zuzuhören – und zwar genau zuzuhören. Manchmal möchte ein junger Mann oder eine junge Frau, die wegen »Gottes Willen« um Rat fragen, nur eine Bestätigung der eigenen Gedanken hören oder die Entscheidung abgenommen haben. Lassen Sie den Jugendlichen sprechen und hören Sie aufmerksam zu.

Verständnis zeigen. Viele Erwachsene vergessen, wie dringend manche Probleme einem Teenager erscheinen. Sie vergessen auch gerne, wie ungeduldig sie selbst waren, als sie Entscheidungen zu treffen hatten und wie schwer es war, »auf Gott zu warten«, während jeder um sie herum schon verlobt war, Heiratsplä-

ne hatte, wusste, wie seine Ausbildung weitergehen würde, vielleicht sogar eine Bibelschule besuchte. Der weise Erwachsene wird versuchen, sich an seine eigene Situation zu erinnern und sich durch diese Erinnerung helfen lassen, für den Jugendlichen echtes Verständnis aufzubringen.

Bestätigen. Widerstehen Sie der Versuchung, einen jungen Menschen in Richtung auf einen Dienst »im Reich Gottes« steuern zu wollen oder ihm direkt zu sagen, was Sie für das Beste halten. Konzentrieren Sie sich statt dessen darauf, eine liebevolle Beziehung zu dem Jugendlichen aufzubauen, in der der Jugendliche entspannt ist und so leichter eine Entscheidung treffen kann.

Richtung weisen. Der engagierte Elternteil oder ein anderer Erwachsener kann auf viererlei Weise einen hilfreichen Rat geben:

• Gehorche dem allgemeinen Willen Gottes. Fordern Sie den jungen Menschen auf, Gottes Willen bezüglich Erlösung, Gebet, Leben im Geist, sexueller Reinheit etc. zu tun.

• Informiere dich über den besonderen Willen Gottes. Geben Sie die Sicht, wie sie in diesem Kapitel aufgezeigt ist, an den Jugendlichen weiter. Helfen Sie ihm oder ihr, jede Entscheidung unter den vier oben angegebenen Aspekten zu betrachten (Bibel, Gebet, Rat, Umstände).

• Ordne dich dem Willen Gottes unter und handle dann so, wie du es vor Gott verantworten kannst. Helfen Sie dem jungen Menschen, eine ständige Beziehung zu Gott aufrecht zu erhalten. Dadurch erhält er die Sicherheit, dass Gott ihm schon klarmachen wird, wenn der eigene Wille nicht mit dem Gottes übereinstimmt.

- Nehmen Sie den Druck. Wenn ein Jugendlicher sich an die oben angegebenen Schritte gehalten hat, dann darf er aufhören, sich Sorgen zu machen. Er braucht sich nicht mehr bedrückt zu fühlen. Bill Bright (Gründer der christlichen Studentengruppe Campus für Christus) rät, dem jungen Menschen zu sagen:»Du musst wirklich nicht jetzt entscheiden, was aus deinem Leben einmal werden soll ... Da Gott allmächtig ist und wenn die Schritte eines jungen Mannes oder einer jungen Frau durch den Herrn bestimmt werden, dann braucht man sich für den Rest des Lebens nur noch sicher sein, dass das, was man an dem jeweiligen Tag tut, dem Willen Gottes entspricht. Mach dir keine Sorgen darüber, was du einmal werden sollst oder wen du heiratest. Sage einfach ›Herr, ich möchte tun, was du willst‹. Dann ist es Seine Aufgabe, das Wollen und das Vollbringen zu schaffen.«[4]

Ziele setzen. Fordern Sie den jungen Mann oder die junge Frau auf, zunächst einmal Gottes allgemeinen Willen zu tun. Dann sollte er ehrlich versuchen, Gottes besonderen Willen im Licht der Schrift, des Gebetes, des Rates anderer und der Umstände zu erkennen. Wenn er oder sie nicht aktiv an diesen Schritten teilhat, dann ist Ihr Rat mit ziemlicher Sicherheit nutzlos.

Hilfe von außen. Erwägen Sie, die Hilfe eines geistlich reifen Gebetspartners zu suchen, der sich regelmäßig mit dem jungen Menschen treffen kann, gemeinsam mit ihm vor Gott tritt und Seinen Willen im Gebet und gegenseitiger Verantwortung sucht.

In diesem Kapitel zitierte Bibelstellen

- Psalm 32,8

- Römer 8,32

- 1. Thessalonicher 5,17

- Johannes 13,34.35

- 2. Timotheus 3,16.17

- 1. Timotheus 2,3

- Römer 12,1.2

- Epheser 6,1

- Matthäus 28,19.20

- 1. Thessalonicher 4,3

- Epheser 5,17.18

- Johannes 16,12

- 2. Korinther 6,14-15

- Matthäus 6,8-10; 26,39

- Römer 1,13

- Psalm 37,4

Weitere hilfreiche Bibelstellen zum Thema

- Psalm 40,8; 143,10

- Hebräer 13,20.21

- 1. Johannes 2,17

49

Berufswahl

◆ Einführung

»Vater, hör zu ...«

Danny lehnte seine fast zwei Meter über das Münztelefon im Flur seines Wohnheims. Er schaute immer wieder den Flur entlang, denn er wollte nicht gehört werden.

»Sieh mal, Vater, ich weiß, dass du möchtest, dass ich Optiker werde wie du, aber ...«

Danny schnitt eine Grimasse, als die Stimme am anderen Ende ihn schon wieder unterbrach.

»Ja, sicher, das wäre echt cool«, sagte er, als er die Gelegenheit bekam, wieder etwas zu sagen. »O.k., es würde heißen, dass ich in deiner Werkstatt viel zu tun hätte.«

Danny schwieg wieder. Schließlich sagte er: »Nein, es geht nicht nur um die Noten, Vater. Wie oft muss ich das noch sagen. Ich schwänze, weil es einfach tödlich langweilig ist! Ich schere mich keinen Deut um diese Sachen. Das ist es, was ich dir sagen will. Ich will nicht mein ganzes Leben in einem Beruf zubringen, der mich langweilt.«

Die Metalltür des Treppenhauses ging auf und drei ältere Studenten kamen lachend herein. Sie gingen an Danny vorbei, scheinbar ohne Notiz von ihm zu nehmen und verschwanden im Flur am anderen Ende des Gebäudes.

»Nein, ich konnte nur nichts verstehen, das ist alles«, sagte Danny einen Augenblick später. »Was?« Er hörte zu. »Nein, ich weiß nicht, was ich mit meinem Leben anfangen will. Ich weiß einfach nur was ich nicht tun will.«

»Ja«, seufzte er etwas später wieder ins Telefon. Seine Stimme hatte einen deprimierten Ton. »Ja, Vater.« Er lehnte sich neben dem Telefon an die Wand und nahm den Hörer auf die andere Seite. »Ja, ich glaub‹ schon. O.k., gib mir doch bitte Mama.«

● Das Problem

Es fängt mit vier oder fünf Jahren an. »Was willst du denn einmal werden, wenn du groß bist?« Ironischerweise haben in diesem Alter die Kinder meist schon eine konkretere Vorstellung als später, wenn sie achtzehn oder zwanzig Jahre alt sind, an der Schwelle des Berufslebens.

Einige Jugendliche treffen ihre Berufswahl schon gegen Mitte oder Ende der Pubertät, also in den späteren Schuljahren. Sie gehen entweder auf eine Hochschule oder machen eine Ausbildung, aber sie haben eine feste Vorstellung davon, was sie wollen.

Viele andere jedoch verlassen die Schule und besuchen eine Hochschule mit kaum einer oder gar keiner Vorstellung davon, was sie später einmal werden wollen. Sie wechseln unter Umständen von einem Studiengang zum anderen. Oder sie wechseln ständig ihre Arbeitsstelle. Oder sie treffen eine übereilte Entscheidung und bereuen sie anschließend, weil sie sich eingesperrt fühlen. Dr. Gary Collins schreibt:

Die Berufswahl ist sehr wichtig und oft auch schwierig ... Sie ist wichtig, weil die Aufstiegschancen bestimmen, wieviel Geld man schließlich verdient, welchen Lebensstandard man sich leisten kann, welche Stellung man in der Gesellschaft hat, wie sehr man mit dem Leben zufrieden ist (es ist schwer, glücklich zu werden, wenn man seinen Beruf hasst), welche sozialen Kontakte man hat, ob es einem psychisch gut geht, wieviel Selbstwertgefühl man entwickelt und wie man seine Zeit verbringt (wie man mindestens ein Drittel der nicht mit Schlafen verbrachten Zeit zubringt). Berufswahl ist auch deshalb oft schwierig, weil es so viele verschiedene Berufe gibt, weil es immer weniger Arbeitsstellen gibt und weil man sehr schnell einen Fehler machen kann.[1]

Die Wahl eines Berufes ist eine der bedeutendsten Entscheidungen, die in der Zeit der Pubertät oder des frühen Erwachsenseins getroffen werden muss. Diese Entscheidung liegt vielen Jugendlichen schwer auf der Seele und sie brauchen in dieser Zeit reife, gottesfürchtige Führung.

◀ Die Ursachen

Viele junge Menschen halten die Berufswahl nicht nur für wichtig, sondern auch für dringend. Viele kämpfen auf diesem Gebiet ängstlich und teilweise sogar ohne Hoffnung, weil sie befürchten, dass »die guten Stellen eh' alle besetzt sind« und dass sie sich mit etwas weitaus weniger Erfüllendem und Zufriedenstellendem begnügen müssen als noch ihre Eltern.

Die Berufswahl wird von mehreren Schlüsselfaktoren beeinflusst, wie Druck in der Familie, in der Gesellschaft, den Umständen und den bisher erbrachten Leistungen.

Druck in der Familie

Obwohl sich in den vergangenen Generationen einiges verändert hat – man erwartet heute nicht mehr unbedingt von den Söhnen, dass sie den Beruf ihres Vaters ergreifen – so spielen doch Erwartungen von außen noch immer eine große Rolle bei der Berufswahl. Viele junge Menschen fühlen sich »zu einer Zeit unter Druck, in der sie noch zu unreif, idealistisch und unerfahren sind«,[2] um eine Berufswahl zu treffen. Selbst wenn die Eltern nicht verlangen, dass die Kinder in ihre Fußstapfen treten, drängen Eltern oft auf frühe Entscheidungen (denn sie denken an solche Dinge wie Wettbewerb u.ä.). Die Forschung zeigt zwar, dass Kinder, die schon früh einen Beruf anstreben, im Allgemeinen mehr Erfolg haben, aber unvernünftiger Druck von Vater und Mutter kann durchdachte Planung verhindern und zu überschnellen und schlecht beratenen Entscheidungen führen.

Gesellschaftlicher Druck

Dr. James Dobson schreibt:

> Ich erinnere mich an eine ältere Studentin, die mich um eine Beratung wegen ihrer Pläne nach dem Studium bat. Wir sprachen die verschiedenen Möglichkeiten durch und vergassen auch nicht die Möglichkeit, noch weiter zu studieren. Dann unterbrach sie sich plötzlich und schaute über ihre Schulter. Sie lehnte sich vor und sagte fast flüsternd zu mir: »Darf ich einmal ganz ehrlich zu Ihnen sein?« Ich sagte: »Sicher, Debbie.«
> »Nun«, fuhr sie leise fort, »eigentlich will ich überhaupt keine Karriere machen. Was ich wirklich will, ist vollzeitig Ehefrau und Mutter zu sein.«
> Ich sagte: »Warum sagst du das so, als ob du dich dafür schämen müsstest? Es geht schließlich um dein Leben …«
> »Sie scherzen wohl?«, sagte sie. »Wenn meine Professoren und Mitstudenten das wüssten, die würden mich so auslachen, dass ich mich nicht mehr auf die Uni trauen würde.«[3]

Sozialer Druck übt oft einen großen Einfluss auf die Berufswahl von Jugendlichen aus. Freunde mögen einen Jugendlichen aufziehen, wenn er sich immer noch nicht für eine Ausbildung entschei-

den kann. Berater in der Schule betonen, wie wichtig es ist, rechtzeitig zu wissen, was man will. Eine Gemeinde oder ein Missionswerk kann hohen Druck ausüben, um junge Menschen zu überreden, in den vollzeitlichen Dienst für den Herrn zu gehen.

Umstände

Einige junge Leute wählen ihre Ausbildung oder ihren Beruf aufgrund von äußeren Umständen. Sie können durch Familienverhältnisse motiviert werden. Wenn sie in ihrer Familie nicht glücklich sind, dann neigen Jugendliche oft dazu, vorzeitig eine Stelle anzunehmen, nur um dieser Situation zu entkommen. Manchmal sind finanzielle Schwierigkeiten der Grund, einen bestimmten Beruf zu wählen. Auch wenn sie zu früh Eltern werden oder schon als Teenager heiraten, neigen viele junge Menschen dazu, eine Stelle zu wählen, die zunächst einen guten Verdienst verspricht.

Frühere Leistungen

Ein junger Mensch, der in der Schule schon Schwierigkeiten hatte, durchschnittliche Noten zu erzielen, wird sicherlich zögern, eine Hochschule zu besuchen oder einen anspruchsvollen Beruf zu ergreifen. Schlechte Noten in Mittel- und Oberstufe können die Wahlmöglichkeiten (teilweise auch nur scheinbar) einschränken. Im Gegensatz dazu eröffnen gute Noten die Tür zu weitaus mehr Möglichkeiten.

Eine weise Berufswahl wird zwar oft von den oben genannten Faktoren beeinflusst (die oft zu übereilten oder falschen Entscheidungen führen), doch wird die Berufswahl auch von Faktoren wie Persönlichkeit, Interessen und Fähigkeiten, Werten und Glaubensinhalten bestimmt.

Persönlichkeit

Die Persönlichkeit des Einzelnen bildet ein wesentliches Element für die Berufswahl. Wenn jemand z.B. ein sehr sozial veranlagtes Wesen hat, so wird er andere Berufe in Erwägung ziehen als jemand, der in erster Linie intellektuell veranlagt ist oder mehr geschäftsmäßig denkt.

Interessen und Fähigkeiten

Es ist einleuchtend, dass Menschen dann am meisten im Beruf leisten, wenn er ihren Interessen, Neigungen und Fähigkeiten entspricht. Wenn ein junger Mann der Meinung ist, dass Bücher und Zeitschriften nur langweilige Zeitverschwendung sind, dann wird er sicherlich nicht als Lektor oder Verleger taugen. Wenn eine junge Frau keine Neigung zu Mathematik oder Naturwissenschaften zeigt, dann sollte sie es sich zweimal überlegen, ob sie Medizin studieren will.

Werte

Collins schreibt: »Eine ältere Studie ergab, dass drei Werte die Berufswahl von Hochschülern bestimmen: Menschen helfen, Geld verdienen oder zu Ansehen gelangen und die Möglichkeit, kreativ tätig zu sein. Andere wollen die Gesellschaft verändern, größtmögliche Unabhängigkeit erreichen, die besten Arbeitsbedingungen bekommen oder aber den größtmöglichen Einfluss für Jesus erreichen.«[4]

Glaubensinhalt

Für einen jungen Christen sollte an erster Stelle bei der Berufswahl die Offenheit gegenüber Gottes Willen stehen und die Bereitschaft zum Gehorsam (vgl. Kapitel 48, »Gottes Willen erkennen«). Einige werden ihren Beruf in der Gewissheit antreten, dass Gott für sie die Wahl getroffen hat. Andere werden sich und ihre Wahl Gott vollkommen unterwerfen und dann »dem Verlangen des Herzens«[5] folgen. In jedem Fall ist Feinfühligkeit für Gottes Führen ein Mittel, um Unabhängigkeit und Selbstvertrauen bei der Wahl eines Berufes zu erlangen.

▼ Die Fehler

Ein junger Mann oder eine junge Frau, die schlecht beraten einen Beruf ergreift, wird die Folgen auf vielfache Weise zu spüren bekommen, doch die wichtigsten Folgen sind: Unzufriedenheit, mangelnde Ausdauer, psychische Probleme, unzureichendes Selbstvertrauen und geistliche Konsequenzen.

Unzufriedenheit

Die Folgen einer falschen Berufswahl zeigen sich nicht nur darin, dass man mit seiner Arbeit unzufrieden ist, sondern auch auf allgemeinere Weise. Wie Collins sagt: »Menschen, die ihre Arbeit nicht mögen, sind oft mit dem Leben allgemein unzufrieden. Wenn jemand mit seiner Arbeit nicht zufrieden ist, dann kann sich die Unzufriedenheit auf das gesamte Leben auswirken.«[6]

Mangelnde Ausdauer

Jemand, der seinen Beruf ohne die entsprechende Motivation antritt, hat eine weitaus höhere Wahrscheinlichkeit, die Beschäftigung – und den Beruf – zu wechseln. Solch mangelnde Ausdauer ist ein Zeichen für eine ganze Generation Jugendlicher, die ins Arbeitsleben eintreten. Der Forscher George Barna sagt (von den Kindern der Baby Boomer Generation): »Man kann davon ausgehen, dass sie ihren Beruf (nicht nur ihre Arbeitsstelle) im Laufe ihres Berufslebens bis zu sechsmal wechseln.«[7]

Psychische Probleme

Ein Mann oder eine Frau, der/die ihren Beruf als unbefriedigend und nichterfüllend empfindet, wird wahrscheinlich mehr unter Stress, Frustration, Ablehnung und Bereuen der Berufswahl zu leiden haben, als jemand, der mit seiner Berufswahl zufrieden ist. Solche Gefühle können psychische Probleme hervorrufen oder vorhandene verstärken.

Unzureichendes Selbstvertrauen

Jemand, der sich unerfüllt und frustriert in seinem Beruf erlebt, neigt leicht zu unzureichendem Selbstvertrauen. Manche Männer oder Frauen finden es schwieriger, in einem Beruf Leistungen zu erbringen, an dem sie keine Freude haben und selbst jene, die gute Leistungen erbringen, setzen ihre eigene Leistung herab, weil sie argumentieren, dass ihre mangelnde Zufriedenheit ein Anzeichen für einen Persönlichkeitsfehler ihrerseits ist (vgl. Kapitel 6, »Geringe Selbstachtung«).

Geistliche Konsequenzen

»Das Wesen unserer Arbeit und der Grad unseres Erfolges«, sagt Collins, »beeinflusst viele Lebensbereiche und hat sogar Auswirkungen auf unsere geistliche Entwicklung. Wenn wir glauben, dass Gott uns in einen Beruf geführt hat, können wir zufriedener mit der Arbeit sein und sind meist besser in der Lage, unser kompliziertes Leben zu meistern.«[8] Genauso kann das Gefühl, dass man »Mist gebaut« hat oder dass Gott »nicht durchgekommen ist«, einen zerstörerischen Einfluss

auf unser Leben haben. Meredith Long schrieb einmal in der Zeitschrift HIS, dass er lange Zeit »einen Groll gegen Gott gehegt hat«, weil Long, der hochgebildet war, als Verkäufer in einem Eisenwarengeschäft arbeiten musste.[9] Und dieser Groll hatte natürlich schlechte Auswirkungen auf sein geistliches Leben.

▲ Die biblische Sicht

Die Bibel zeigt uns die Arbeitswelt auf verschiedene Weise. Adam war ein Gärtner und später Bauer. Noah war unter anderem Schiffsbauer. Josua war ein Soldat. David war ein Schäfer, der zum höchsten Amt im Land aufstieg. Joseph, Esther und Daniel hatten Aufgaben in der Regierung. Matthäus war Steuereintreiber, der erst spät in den vollzeitlichen Dienst ging. Lukas war Arzt und Historiker. Paulus war Zeltmacher und Missionar. Von Anfang an war Arbeit Teil des Planes Gottes für uns (vgl. 2. Mo. 2,15). Die Bibel gibt uns eine klare Sicht zum Thema:

Arbeit ist ein Gebot, Faulheit wird verurteilt. Schon vor dem Fall nahm »der Herr den Menschen und setzte ihn in den Garten Eden, ihn zu bebauen und ihn zu bewahren« (1. Mo. 2,15). Die Bibel verurteilt Faulheit sehr deutlich (vgl. Spr. 6,6-11; 13,4; 20,4 und 2. Thes. 3,10-12), doch befiehlt und empfiehlt sie harte Arbeit (vgl. Spr. 14,23 und 1. Thes. 4,11).

Eine gute Arbeit bringt Ehre. Diejenigen, die mit ihren Händen (Eph. 4,28; 1. Thes. 4,11) oder in der Familie (Spr. 31,10-31) arbeiten und diejenigen, die im Dienst des Herrn stehen, werden in der Schrift als der Hochachtung würdig bezeichnet (1. Tim. 5,17.18). Wie Jesus sagte (und Paulus zitierte), »der Arbeiter ist seines Lohnes wert« (Lk. 10,7 und 1. Tim. 5,18).

Man muss nicht pausenlos arbeiten. Gott »ruhte am siebten Tag von allem seinem Werk«, nachdem er die Welt erschaffen hatte und zwar nicht, weil er müde gewesen wäre, sondern weil er den Sabbat einsetzte (vgl. 1. Mo. 2,2.3; 2. Mo. 20,8-11.) Gott befahl die Arbeit, aber er verordnete ebenso die Ruhe von der Arbeit, eine biblische Handlungsweise, der auch Jesus und Seine Jünger folgten.

Bei der Arbeit sollten die individuellen Fähigkeiten und Eigenschaften des einzelnen zum Tragen kommen. Die Bibel sagt eindeutig, dass den Menschen verschiedene Gaben gegeben sind (Röm. 12,3-8; 1. Kor. 12,4-31; Eph. 4,7-13). Im besten Fall sollten diese Gaben bei der Arbeit eingesetzt werden. Obwohl dies nicht notwendige Voraussetzung dafür ist, dass eine Arbeit ehrlich und gesegnet ist, ist es doch sicher wünschenswert (vgl. Jes. 55,2).

Christliche Arbeit sollte sich durch Qualität auszeichnen. Die Bibel sagt: »Was ihr auch tut, arbeitet von Herzen als dem Herrn und nicht den Menschen« (Kol. 3,23). Nachlässigkeit, Halbherzigkeit und zweifelhafte Geschäftspraktiken sind eindeutig unbiblisch (s. Eph. 6,5-9; Kol. 2,22-25; 1. Thes. 4,11.12).

Die Berufswahl kann von Gott geleitet und gesegnet werden. Gott berief Jesaja und Jeremia zum Prophetenamt, bevor sie geboren wurden (vgl. Jes. 49,1.5; Jer. 1,5). Das Werk Johannes des Täufers als Vorläufer des Messias wurde schon vor der Empfängnis angekündigt (s. Lk. 1,11-24). Obwohl Saulus als Rabbi ausgebildet wurde und zum Broterwerb eine Zeltmacherlehre machte, berief Gott ihn als Erwachsenen als Heidenapostel (Apg. 9,1-19). Obwohl die Bibel es nicht in jedem Fall aussagt, ist es offensichtlich, dass Gott Menschen beruft, um bestimmte Aufgaben zu erledigen. Es ist auch offensichtlich, dass jeder, ganz gleich welchen Beruf er ergreifen mag, die Arbeit benutzen sollte, um Gott die Ehre zu geben (Kol. 3,23).

▶ Praktische Hilfen anbieten

Die Berufswahl ist eine sehr persönliche Entscheidung. Niemand sollte diese Entscheidung für den anderen treffen. Doch ein Jugendleiter, Pastor, Elternteil oder Lehrer kann einem jungen Mann oder einer jungen Frau helfen, Klarheit in ihre Gedanken zu bekommen, ihre Möglichkeiten zu erforschen und eine weise Wahl zu treffen, indem er folgenden Plan anwendet:

Zuhören. Der erste Schritt ist, dem jungen Menschen zuzuhören. Persönlichkeits- und Fähigkeitstests werden angewendet, um jemanden durch Reaktionen auf Fragen besser kennen zu lernen. Versuchen Sie, etwas Ähnliches zu erreichen, indem sie nach den Bedürfnissen, Interessen, Fähigkeiten, Hoffnungen und Träumen fragen und hören Sie nicht nur die Antworten an, sondern beachten Sie auch die Gefühle, die der Jugendliche übermittelt – Angst, Furcht, Schuld etc.

Verständnis zeigen. Versuchen Sie, die Angelegenheit aus der Sicht des Jugendlichen zu betrachten. Wie würden Sie sich fühlen, wenn Sie in seiner oder ihrer Situation wären? Wie haben Sie sich in diesem Alter gefühlt? Welches Verständnis und welches Mitgefühl kann Ihre Erfahrung bringen? Erinnern Sie sich auch daran, dass Sie emotionale Wärme folgendermaßen vermitteln können:

- Sorgfältig zuhören, dabei auch auf nonverbale Kommunikation achten;

- Nicken;

- Blickkontakt aufnehmen;

- Sich im Sessel vorbeugen, um Interesse und Anteilnahme zu signalisieren;

- Mit ruhiger Stimme sprechen;

- Hauptaussagen oder Gesten wiederholen (»Du meinst also ...«, »Du scheinst darüber ziemlich sauer zu sein.«)

Bestätigen. Versuchen Sie, die Persönlichkeit, die Interessen und Fähigkeiten des Jugendlichen zu erfahren und zu bestätigen. David L. McKenna schreibt: »Wenn wir bei der Berufswahl beraten, dann fragen wir zunächst, ob der Schüler mit Dingen, mit Zahlen oder mit Menschen zu tun haben möchte. Normalerweise kann man diese Interessen schon früh feststellen. Jeder dieser Bereiche ist wertvoll, deshalb sollte man ein ›Zahlen‹-Kind nicht zwingen, mit Menschen zu arbeiten. Fangen Sie an, ihren Teenager in dem Bereich zu ermutigen, in welchem er sich wohl fühlt. Loben Sie jedes Anzeichen von Erfolg auf dem entsprechenden Gebiet.«[10]

Richtung weisen. Jon Clemmer rät: »Bei der Beratung bei Problemen mit der Berufswahl, versuchen Sie sich auf folgende Themen zu konzentrieren:

- Sprechen Sie über Gottes Willen nach den biblischen Prinzipien (vgl. Kapitel 48, »Gottes Willen erkennen«).

- Beziehen Sie persönliche Neigungen als Kriterium in die Überlegungen ein.

- Sprechen Sie darüber, wie man falschen Druck handhabt (gesellschaftlichen, familiären und anderen Druck).

- Beurteilen Sie vergangene Erfahrungen auf dem Arbeitsmarkt.

- Holen Sie die Meinung von guten Freunden und Verwandten ein.

- Lassen Sie bei einem christlichen Psychologen einen ausführlichen Persönlichkeitstest machen.

- Lassen Sie bei einer Beratungsstelle Berufseignungstests durchführen.

- Überlegen Sie, welche Beschränkungen bezüglich Fähigkeiten oder Ausbildung bestehen.

- Bestimmen Sie, ob weitere Ausbildung notwendig ist.

- Bringen Sie die gegenwärtige Arbeitsmarktsituation in Erfahrung.

- Halten Sie enge Gemeinschaft mit Jesus (s. Jak 1,6-8).

- Lernen Sie die Prinzipien kennen, die für eine Berufung in den vollzeitlichen Dienst Voraussetzung sind.[11]

Ziele setzen. »Es ist nicht die Aufgabe des Seelsorgers, dem Ratsuchenden die Entscheidung über die Berufswahl abzunehmen«, sagt Collins. »Stattdessen muss dem Ratsuchenden geholfen werden, seine eigene Entscheidung aufgrund der vorhandenen Information zu treffen und zu beurteilen. Man sollte nicht erwarten, dass in der Seelsorge ›genau der richtige Job‹ gefunden wird. Stattdessen wird Seelsorge die vielen Möglichkeiten auf ein paar wenige Kategorien einschränken, wo sich wahrscheinlich befriedigende Berufe finden lassen. Ausbildungmöglichkeiten, die Wünsche und Motivation des Ratsuchenden, Arbeitsmöglichkeiten und ähnliche Umstände bestimmen dann, welcher Beruf ergriffen werden kann.«[12]

Hilfe von außen. Wie schon oben erwähnt, kann es wichtig sein, durch einen christlichen Psychologen Persönlichkeits- und Berufseignungstests durchführen zu lassen. Die Beteiligung der Eltern, eines Schulpsychologen, der Leiter der Bildungseinrichtungen und von Menschen, die schon in einem Beruf arbeiten, der den jungen Menschen interessiert, kann sich als hilfreich erweisen.

In diesem Kapitel zitierte Bibelstellen

- Psalm 37,4
- 1. Mose 2,2.3.15
- Sprüche 6,6-11; 13,4; 14,23; 20,4; 31,10-31
- 2. Thessalonicher 3,10-12
- 1. Thessalonicher 4,11-12
- Epheser 4,7-13.28; 6,5-9
- 1. Timotheus 5,17-18
- Lukas 1,11-24; 10,7
- 2. Mose 20,8-11
- Römer 12,3-8
- 1. Korinther 12,4-31
- Jesaja 49,1.5; 55,2
- Kolosser 3,22-25
- Jeremia 1,5
- Apostelgeschichte 9,1-19
- Jakobus 1,6-8

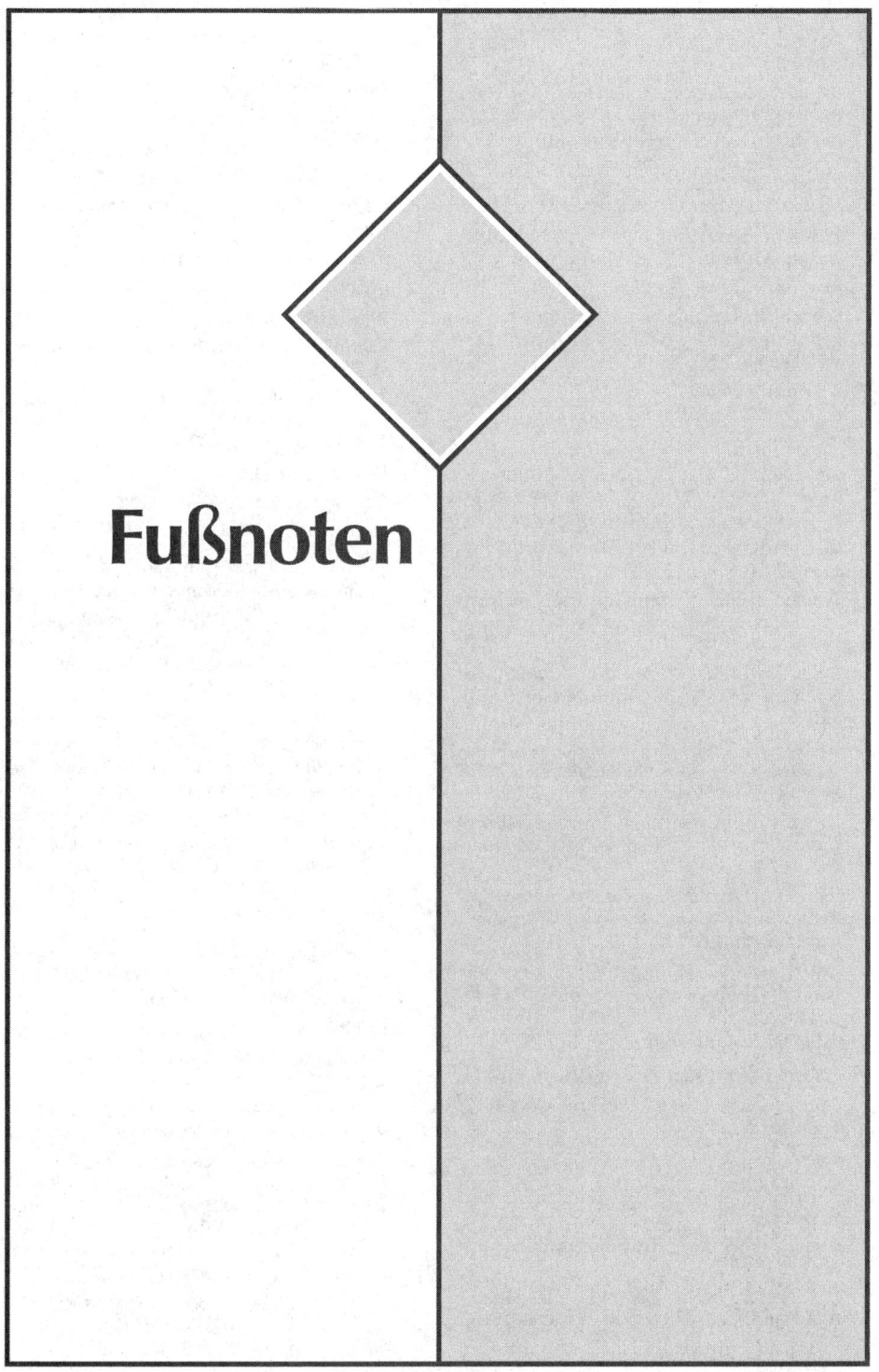

Fußnoten

Einführung

[1] Diese Statistiken sind abgeleitet aus dem Buch »13th Generation« von Neil Howe und Bill Strauss (veröffentlicht durch »The Children's Defense Fund«) und aus dem Bericht »Struggling to Save Our Kids«, in *Fortune* Magazine, 10. August 1992.

[2] Zitiert in »Struggling to Save Our Kids«, in *Fortune* Magazine, 10. August 1992, S. 38.

[3] Ebenda, S. 34.

[4] Schriftliche Umfrage unter 23 nationalen Jugendleitern, durchgeführt vom Josh McDowell Dienst, 1993.

[5] 2. Korinther 4,6.

Grundlagen

[1] Tim Stafford, »The Therapeutic Revolution«, *Christianity Today* 37, Nr. 6 (17. Mai 1993, S. 24.

[2] Garry R. Collins, »Christian Counseling, A Comprehensive Guide«, (Waco, Tex.: Word, 1986), S. 16.

[3] William Backus, »Telling the Truth to Troubled People«, (Minneapolis: Bethany House, 1985), S. 20.

[4] Dr. Henry Cloud, »When Your World Makes No Sense« (Nashville: Oliver Nelson, 1990), S. 17.

[5] Lawrence J. Crabb Jr., »Understanding People: Deep Longings for Relationship« (Grand Rapids, Mich.: Zondervan, 1987), S. 21.

[6] Lawrence J. Crabb Jr., »Effective Biblical Counseling« (Grand Rapids, Mich.: Zondervan, 1977), S. 20-21.

[7] John F. MacArthur Jr., »The Psychology Epidemic and Its Cure«, *The Master's Seminary Journal* 2, Nr. 1 (1991), S. 7.

[8] Jay E. Adams, »Competent to Counsel« (Grand Rapids, Mich.: Baker, 1970) S. 24-25.

Christlichen Rat anbieten

[1] 2. Timotheus 1,6-8 und 1. Timotheus 4,12-14.

[2] Apostelgeschichte 15,36-40; Kolosser 4,10; 2. Timotheus 4,11.

[3] Esther 4,1-17.

[4] Ruth 3,1-18.

[5] 5. Mose 31,1-8.

[6] Backus, »Telling the Truth to Troubled People«, S. 15.

[7] Dr. G. Keith Olson, »Counseling Teenagers« (Loveland, Colo.: Group Books, 1984), S. 3.

[8] Ebenda, S. 3 und 5.

[9] Ebenda, S. 5.

[10] Matthäus 8,5-13 und Markus 5,30.

[11] Markus 1,41 und Lukas 8,13.

[12] Collins, »Christian Counseling«, S. 25.

[13] Olson, »Counseling Teenagers«, S. 9.

[14] Backus, »Telling the Truth to Troubled People«, S. 16.

[15] Collins, »Christian Counseling«, S. 25.

[16] Crabb, »Effective Biblical Counseling«, S. 25.

[17] Ebenda, S. 22-23.

[18] Cloud, »When Your World Makes No Sense«, S. 17.

[19] Garry R. Collins, »Christian Counseling, A Comprehensive Guide«, rev. Ed., (Dallas, Tex.: Word, 1988), S. 42-45.

[20] Ebenda, S. 48-49.

[21] Ebenda, S. 29.

[22] 1. Thessalonicher 5,22.

[23] 1. Korinther 10,12; 16,13.

[24] Collins, »Christian Counseling«, rev. Ed., S. 28.

[25] Garry D. Bennett, »When to Seek Professional Help«, in Jay Kesler mit Ronald A. Beers, »Parents and Teenagers« (Wheaton, Ill.: Victor Books, 1984), S. 526.

[26] Sandi Black, »Does Your Teen Need Counseling?« *Living with Teenagers*, Juli 1984, S. 29.

[27] Vgl. Joan Sturkie und Valerie Gibson, »The Peer Counselor's Poket Book« (San Jose, Calif.: Resource Publications, 1989), S. 32-33.

[28] Vgl. »How to Choose a Counselor«, *Christianity Today* 37, Nr. 6 (17. Mai 1993, S. 58.

Kapitel 1: Einsamkeit

[1] Charles Durnham, »When You're Feeling Lonely: Finding a Way Out« (Downers Grove, Ill.: InterVarsity Press, 1984), S.15.

[2] Collins, »Christian Counseling«, S. 72.

[3] Durnham, »When You're Feeling Lonely: Finding a Way Out«, S.15.

[4] »Loneliness Called Britons' Biggest Fear«, *Washington Times*, 13. September 1993, S. A15.

[5] Rubin Zick, »Seeking a Cure for Loneliness«, Psychology Today, Oktober 1979, S. 82-90, zitiert in Leslie W. Carter, Paul D. Meier und Frank B. Minirth, »Why Be Lonely?« (A Guide to Meaningful Relationship) (Grand Rapids, Mich.: Baker, 1982), S. 75.

[6] Craig W. Ellison, »Loneliness: A social-Developmental Analysis«, *Journal of Psychology and Theology* 6 (1978), S. 3-17, zitiert in Col-

lins, »Christian Counseling, A Comprehensive Guide«.

[7] Zitiert von James J. Ponzetti in »Loneliness Among College Students«, *Family Relations*, Nr. 39 (Juli 190), S. 337.

[8] Collins, »Christian Counseling«, S. 75.

[9] Ponzetti, »Loneliness Among College Students«, S. 337.

[10] Carter, Meier und Minirth, »Why Be Lonely?« (A Guide to Meaningful Relationship), S. 50.

[11] Paul Tounier, »Escape from Loneliness« (Philadelphia: Westminster Pree, 1962).

[12] Collins, »Christian Counseling«, S. 76.

[13] Ebenda, S. 75.

[14] Ira J. Tanner, »Loneliness – The Fear of Love«, New York: Harper & Row, 1973), S. 11.

[15] Carter, Meier und Minirth, »Why Be Lonely?« (A Guide to Meaningful Relationship), S. 92.

[16] Ebenda, S. 98-99.

[17] W. A. Sadler, »Cause of Loneliness«, *Science Digest 78*, (Juli 1975), S. 58-66.

[18] Collins, »Christian Counseling«, S. 73.

[19] Richard Wolff, »The Meaning of Loneliness« (Wheaton, Ill.: Key Publishers, 1970), S. 45.

[20] Collins, »Christian Counseling«, S. 79.

[21] Craig W. Ellison, »Loneliness: The Search of Intimacy« (Chappaqua, N. Y.: Christian Herald, 1980), S. 154.

[22] Vgl. Ellison, »Loneliness: The Search of Intimacy«, S. 154.

Kapitel 2: Angst

[1] Garry R. Collins, »Overcoming Anxiety« (Santa Ana, Calif.: Vision House, 1973), S. 11.

[2] Frank B. Minirth und Paul D. Meier, »Happiness is a Choise« (Grand Rapids, Mich.: Baker, 1978), S. 168.

[3] Mary Pipher in Nicole Carroll, »The Rocky Road to a Girl's Adolescence«, *USA Today*, 27. April 1994, S. 7D.

[4] Olson, »Counseling Teenagers«, S. 331.

[5] Minirth und Meier, »Happiness is a Choise«, S. 168-169.

[6] Collins, »Christian Counseling«, S. 63-65.

[7] Ebenda.

[8] Ebenda.

[9] Cecile Osborne, »Release from Fear and Anxiety« (Waco, Tex.: 1976), zitiert in Collins,

»Christian Counseling, A Comprehensive Guide«, S. 63-65.

[10] Collins, »Christian Counseling«, S. 63-65.

[11] Ebenda.

[12] Ebenda.

[13] Ebenda.

[14] Ebenda.

[15] Ebenda.

[16] Olson, »Counseling Teenagers«, S. 331.

[17] Collins, »Christian Counseling«, S. 66.

[18] Ebenda.

[19] Collins, »Overcoming Anxiety«, S. 11.

[20] Olson, »Counseling Teenagers«, S. 336.

[21] Collins, »Christian Counseling«, S. 60-61.

[22] Jay E. Adams, »The Christian Counselor's Manual« (Grand Rapids, Mich.: Baker 1973), S. 414-415.

[23] Collins, »Christian Counseling«, S. 67.

[24] Minirth und Meier, »Happiness is a Choise«, S. 170.

[25] Berry Applewhite, »Feeling Good About Your Feelings« (Wheaton, Ill.: Victor Books, 1980), S. 77.

Kapitel 3: Schuld

[1] Jane Marks, »We Have a Problem«, *Parents Magazine*, März 1992, S. 50.

[2] O. Quentin Hyder, »The Christian's Handbook of Psychiatry« (Old Tappan, N. J.: Flemming H. Revell, 1971), zitiert in Olson, »Counseling Teenagers«, S. 324.

[3] Bruce Narramore, »You're Someone Spezial« (Grand Rapids, Mich.: Zondervan, 1978), S. 144.

[4] Collins, »Christian Counseling«, S. 117.

[5] Ebenda, S. 119-122.

[6] Ebenda.

[7] Ebenda.

[8] Ebenda.

[9] Cecile Osborne, »Release from Fear and Anxiety« (Waco, Tex.: 1976), zitiert in Collins, »Christian Counseling, A Comprehensive Guide«, S. 63-65.

[10] Narramore, »You're Someone Spezial«, S. 145-146.

[11] Collins, »Christian Counseling, A Comprehensive Guide«, S. 122-123.

[12] Ebenda.

[13] Ebenda, S. 146-147.

[14] Ebenda.

[15] Collins, »Christian Counseling«, S. 123.

[16] Bruce Narramore und Bill Counts, »Freedom from Guilt« (Santa Ana, Calif.: Vision House, 1974), S. 123.

[17] Collins, »Christian Counseling«, S. 118.

[18] Narramore und Counts, »Freedom from Guilt«, S. 123-125.

[19] Collins, »Christian Counseling«, S. 124.

[20] Olson, »Counseling Teenagers«, S. 329.

[21] Collins, »Christian Counseling«, S. 125.

Kapitel 4: Wut

[1] Olson, »Counseling Teenagers«, S. 313.

[2] Collins, »Christian Counseling«, S. 100.

[3] Les Carter, »Good ‚n‘ Angry: How to Handle Your Anger Positively« (Grand Rapids, Mich.: Baker, 1983), S. 93-99.

[4] Olson, »Counseling Teenagers«, S. 314.

[5] Collins, »Christian Counseling«, S. 104.

[6] Olson, »Counseling Teenagers«, S. 315-316.

[7] Ebenda, S. 315.

[8] Collins, »Christian Counseling«, S. 104.

[9] Olson, »Counseling Teenagers«, S. 317.

[10] Collins, »Christian Counseling«, S. 105.

[11] Milton Layden, »Escaping the Hostility Trap« (Englewood Cliffs, N. J.: Prentice-Hall, 1977).

[12] Collins, »Christian Counseling«, S. 106-108.

[13] Ebenda.

[14] Ebenda.

[15] Ebenda.

[16] Backus, »Telling the Truth to Troubled People«, S. 157-158.

[17] Olson, »Counseling Teenagers«, S. 322.

[18] Collins, »Christian Counseling«, S. 108.

[19] Hebräer 12,15.

[20] Rose Campbell, »How to Really Love Your Teenager« (Wheaton, Ill.: Victor Books, 1987), S. 71-72.

[21] Richard P. Walters, »Anger: Yours and Mine and What to Do About It« (Grand Rapids, Mich.: Zondervan, 1981), S. 152-155.

Kapitel 5: Depression

[1] John W. Maag, Robert B. Rutherford Jr. und Bradford T. Parks, »Secondary School Professionals' Ability to Identify Depression in Adolescents«, *Adolescence* 23, Nr. 89 (1988), S. 73.

[2] Joan F. Robertson und Ronald L. Simons, »Family Factors, Self-Esteem, and Adolescent Depression«, *Journal of Marriage and the Family* 51 (1989), S. 126.

[3] Julie Monaham, »True Stories Dealing with Depression«, *Teen Magazine* (1993).

[4] »Merriam-Webster's Collegiate Dictionary«, 10. Ausgabe (Springfield, Mass.: Merriam Webster, 1993).

[5] John White, »The Masks of Melachnoly« (Downers Grove, Ill.: InterVarsity Prss, 1982), S. 63.

[6] Ebenda.

[7] Campbell, »How to Really Love Your Teenager«, S. 89-91.

[8] Olson, »Counseling Teenagers«, S. 354.

[9] Collins, »Christian Counseling, A Comprehensive Guide«, rev. Ed., S. 107.

[10] Tim LaHaye, »How to Win Over Depression« (Grand Rapids, Mich.: Zondervan, 1975), S. 52.

[11] Collins, »Christian Counseling, A Comprehensive Guide«, rev. Ed., S. 87.

[12] Robertson und Simons, »Family Factors, Self-Esteem, and Adolescent Depression«, S. 134.

[13] K. Brent Morrow und Gwendolyn T. Sorell, »Factors Affecting Self-Esteem, Depression, and Negativ Behaviors in Sexually Abused Female Adolescents«, *Journal of Marriage and the Family* 51 (1989), S. 683.

[14] Collins, »Christian Counseling«, S. 87.

[15] Olson, »Counseling Teenagers«, S. 353.

[16] Zitiert von Cathie Stivers, »Parent-Adolescent Communication and Its Relationship to Adolescent Depression and Suicide Proneness«, *Adolescence* 23, Nr. 90 (1988), S. 292.

[17] Minirth und Meier, »Happiness is a Choise«, S. 99.

[18] Collins, »Christian Counseling«, S. 87.

[19] Minirth und Meier, »Happiness is a Choise«, S. 26.

[20] Ebenda, S. 24.

[21] Campbell, »How to Really Love Your Teenager«, S. 91-92.

[22] Marion F. Ehrenberger, David N. Cox und Ramond F. Koopmann, »The Million Adolescent Personality Inventory Profiles of Depresses Adolescents«, *Adolescence* 25, Nr. 98 (1990), S. 416.

[23] Collins, »Christian Counseling«, S. 90.

[24] Campbell, »How to Really Love Your Teenager«, S. 91.

25 Collins, »Christian Counseling«, S. 90.

26 William Backus und Marie Chapian, »Telling Yourself the Truth«, (Minneapolis: Bethany House, 1980), S. 36.

27 Minirth und Meier, »Happiness is a Choise«, S. 20.

28 Matthäus 26,37-38.

29 Collins, »Christian Counseling«, S. 86.

30 Psalm 42,5.

31 Römer 15,13.

32 Olson, »Counseling Teenagers«, S. 363.

33 Ebenda, S. 357.

34 Ebenda, S. 361-362.

35 Vgl. David A. Seamands, »Healing for Damaged Emotions«, (Wheaton, Ill.: Victor Books, 1981), S. 128-129.

36 Don Baker und Emery Nester, »Depression: Finding Hope and Meaning in Life's Darkest Shadow« (Portland, Oreg.: Multnomah, 1983), S. 147-148.

37 Collins, »Christian Counseling«, S. 91-92.

Kapitel 6: Geringe Selbstachtung

1 Dorothy Corkille Briggs, »You Child's Self-Esteem: The Key to Life« (Garden City, N. Y.: Doubleday, 1970), S. 154.

2 Vgl. Maurice E. Wagner, »The Sensation of Being Somebody« (Grand Rapids, Mich.: Zondervan, 1975), S. 31.

3 Wagner, »The Sensation of Being Somebody« (Grand Rapids, Mich.: Zondervan, 1975), S. 33-34.

4 Ebenda, S. 34.

5 Ebenda, S. 36.

6 Bruce Brower, »Teenage Turning Point: Does Adolescence Herald the Twilight of Girls' Self-esteem?« Science News, 23. März 1991, S. 184.

7 K. Brent Morrow und Gwendolyn T. Sorell, »Factors Affecting Self-Esteem, Depression, and Negativ Behaviors in Sexually Abused Female Adolescents«, Journal of Marriage and the Family 51 (1989), S. 683.

8 Marry Beth Marklein, »Sarcasm, Humiliation wound Kids' Esteem«, USA Today, 18. Dezember 1990, S. 10D.

9 Marklein, »Sarcasm, Humiliation wound Kids' Esteem«, S. 10O.

10 Joan F. Robertson und Ronald L. Simons, »Family Factors, Self-Esteem, and Adolescent Depression«, Journal of Marriage and the Family 51 (1989), S. 134.

11 Robert S. McGee, »The Search for Significance« (Dallas, Tex.: Word, 1987), S. 35.

12 Narramore, »You're Someone Special«, S. 87.

13 McGee, »The Search for Significance«, S. 83.

14 aus Josh McDowell, »Building Your Self-Image« (Nashville, Ten.: Thomas Nelson).

15 »Mired in Misery«, Psychology Today (Juli-August 1992), S. 16.

16 Rollo May; »Man's Search for Himself« (New York: W.W. and Co., 1953), S. 100.

17 Walter Bauer, »A Greek-English Lexikon of the New Testament« (Chicago: University of Chicago Press, 1957), S. 874.

18 Epheser 2,10.

19 David A. Seamands, »Affirm the Present Achievement« in »How to Get Your Teenager to Talk to You«, (Wheaton, Ill.: Victor Books, 1984), S. 134.

20 Tony Campolo, »Developing High Self-Esteem« in »How to Get Your Teenager to Talk to You«, S. 137.

21 Ebenda.

22 Tim Hansel, »Five Steps to A Healthy Self-Esteem« in »How to Get Your Teenager to Talk to You«, S. 137.

23 Römer 8,1.

Kapitel 7: Begegnung mit dem Tod

1 »Statistic Abstract of the United States«, aus dem Jahr 1994.

2 Joan Sturkie und Siang-Yang Tan, »Advanced Peer Counseling in Youth Groups« (Grand Rapids, Mich.: Youth Specialities, 1993).

3 Olson, »Counseling Teenagers«, S. 487.

4 Ebenda, S. 489.

5 Ebenda, S. 490.

6 Mary Beth Moster, »When the Doctor Says It's Cancer« (Wheaton, Ill.: Tyndale, 1979), S. 27.

7 Olson, »Counseling Teenagers«, S. 488.

8 2. Samuel 14,14.

9 Moster, »When the Doctor Says It's Cancer«, S. 50-53.

10 Collins, »Christian Counseling«, S. 420.

11 Olson, »Counseling Teenagers«, S. 497.

12 Ebenda, S. 497-498.

13 Collins, »Christian Counseling«, S. 423-424.

Kapitel 8: Trauer

1 W.A. Miller, »When Going to Piecex Holds

You Together« (Minneapolis: Augsburg, 1976), zitiert in Collins, »Christian Counseling«, S. 411-412.

2 Sturkie und Tan, »Advanced Peer Counseling in Youth Groups«.

3 Collins, »Christian Counseling«, S. 414.

4 Sturkie und Tan, »Advanced Peer Counseling in Youth Groups«.

5 V.D. Volkan und D. Josephtal, »The Treatment of Established Pathological Mourners«, *Specialized Techniques in Individual Psychotherapy*, Hg.: T.B. Karasu und L. Bellak (New York: Brunner/Mazel, 1980).

6 Olson, »Counseling Teenagers«, S. 494.

7 Ebenda, S. 494.

8 Collins, »Christian Counseling«, S. 412-413.

9 Olson, »Counseling Teenagers«, S. 487.

10 Ebenda, S. 489.

11 Ebenda, S. 490.

12 Ebenda, S. 490.

13 Collins, »Christian Counseling«, S. 412-413.

14 Olson, »Counseling Teenagers«, S. 486.

15 Prediger 3,1.4.

16 Vance Havner, »Though I Walk Through the Valley« (Old Tappan, N.J.: Revell, 1974), S. 67.

17 Gary D. Bennett, »Dealing with Death«, in Kesler, Parents and Teenagers.

18 Hiob 2,13.

19 Olson, »Counseling Teenagers«, S. 498.

20 Römer 12,15.

21 2. Korinther 1,4-5.

22 Olson, »Counseling Teenagers«, S. 497-798.

23 Psalm 46,1.

24 Olson, »Counseling Teenagers«, S. 500.

Kapitel 9: Selbstmordgedanken, Tendenzen und Androhungen

1 Basierend auf eines tatsächlichen Zeitungsberichtes der Selbsttötung eines Jugendlichen. Der Name und die genaueren Umstände wurden zum Schutz der Identität verändert.

2 Jerry Johnston, »Why Suicide?« (Nashville: Oliver Nelson, 1987), S. 34.

3 David Elkind, »The Facts About Teen Suicide«, *Parents magazine*, Januar 1990, S. 111.

4 Olson, »Counseling Teenagers«, S. 369. Die Bemerkung über »Totschlag im Effekt« stammt von Marvin E. Wolfgang, »Selbst-

mord durch die Möglichkeit das Opfer eines Todschlags im Effekt« zu sein, aus *Suicidal Behavior*, ed. H. L. Resnick (Boston: Little, Brown, 1968).

5 Elkind, »The Facts About Teen Suicide«, S. 111.

6 Bill Blackburn, »What You Should know about Suicide« (Waco, Tex.: Word, 1982), S. 31.

7 Marion Duckworth, »Why Teens Are Killing Themselves« (San Bernadino, Calif.: Here's Life Publishers, 1987), S. 35-36.

8 Blackburn, »What You Should Know about Suicide«, S. 20-21.

9 Ebenda, S. 23.

10 Olson, »Counseling Teenagers«, S. 371.

11 Blackburn, »What You Should Know about Suicide«, S. 22.

12 Ebenda, S. 23.

13 Olson, »Counseling Teenagers«, S. 371.

14 Ebenda, S. 373.

15 Baker und Nester, »Depression: Finding Hope and Meaning in Life's Darkest Shadow«, S. 49.

16 Redaktion, »Youth Suicide: The Physician's Role in Suicide Prevention«, JAMA 264, Nr. 24 (26. Dezember 1990): 3195.

17 Johnson, »Why Suicide?«, S. 36.

18 Blackburn, »What You Should Know about Suicide«, 62.

19 Psalm 73,14.

20 Hiob 3,3.11.

21 Richter 16,29-30.

22 1. Chronika 10,4-5.

23 2. Samuel 17,23.

24 1. Könige 16,18.

25 Matthäus 27,5.

26 1. Samuel 2,6.

27 Johannes 16,33b.

28 Baker und Nestor, »Depression: Finding Hope and Meaning in Life's Darkest Shadow«, S. 180-181.

29 Blackburn, »What You Should Know about Suicide«, S. 90.

30 Duckworth, »Why Teens Are Killing Themselves«, S. 147-48.

31 Blackburn, »What You Should Know about Suicide«, S. 90.

32 Duckworth, »Why Teens Are killing Themselves«, S. 77-84.

33 Adams, »The Christian Counselor's Manual«, S. 45.

[34] Duckworth, »Why Teens Are Killing Themselves«, S. 81.

[35] Blackburn, »What You Should Know about Suicide«, S. 83.

[36] Olson, »Counseling Teenagers«, S. 380.

[37] »Before It's Too Late«, Der amerikanische Verband zur Selbstmorderforschung in Zusammenarbeit mit dem Informationsdienst für Gesundheit MSD, S. 8.

Kapitel 10: Liebe

[1] Jerry Johnston, »Going All the Way« (Waco, Tex.: Word, 1988), S. 154-155.

[2] Jon Bon Jovi zitiert in Anthony Carr, »Liberty Report«, Februar 1987, S. 3.

[3] Joyce Huggett, »Dating, Sex, and Friendship« (Downers Ill.: InterVarsity, 1985), S. 68-69.

[4] Bearbeitet nach Dick Purnell und Jerry Jones, »Beating the Breakup Habit« (San Bernadino, Calif.: Here's Life Publishers, 1984), S. 76.

[5] Matthäus 19,19, Markus 12,31, Lukas 10,27.

[6] Stacy und Paula Rinehart, »Choices: Finding God's Way in Dating, Sex, Singleness, and Marriage« (Colorado Springs, Colo.: NavPress, 1982), S. 139. Die zitierte Passage ist von Robert K. Kelley, Courtship, Marriage, and the Family (New York: Harcourt, Brace, Jovanovich, 1974), S. 214.

[7] Barry St. Clair und Bill Jones, »Love: Making It Last« (Bernadino, Calif.: Here's Life Publishers, 1988), S. 110-119.

Kapitel 11: Verabredungen mit dem Partner

[1] Ann B. Cannon, »The Dating Game: Is Your Teen Ready?« Living with Teenagers, July 1994, S. 11.

[2] Barry Wood, »Questions Teenagers Ask about Dating and Sex« (Old Tappan, N.J.: Fleming H. Revell Co., 1981), S. 33.

[3] Galater 3,28.

[4] Johannes 4,1-10.

[5] Matthäus 15,21-28.

[6] Lukas 7,1-10.

[7] Wood, »Questions Teenager Ask about Dating and Sex«, S. 144.

[8] Les John Christie, »Dating and Waiting: A Christian View of Love, Sex, and Dating« (Cincinnati: Standard Publishing, 1983), S. 12-14.

[9] Cannon, »The Dating Game: Is Your Teen Ready?«, S. 11.

[10] Vgl. Doug Fields und Todd Temple, »Creative Dating und More Creative Dating« (Thomas Nelson Publishers).

[11] Ann Cannon, »Sexuality: God's Gift« (Nashville: Family Touch Press, 1993).

Kapitel 12: Die Wahl des richtigen Ehepartners

[1] Tim Stafford, »Worth the Wait: Love, Sex, and Keeping the Dream Alive« (Wheaton, Ill.: Tyndale, 1988), S. 106.

[2] Josh McDowell und Bob Hostetler, »Right From Wrong: What You Need to Know to Help Youth Make Right Choices« (Dallas: Word, 1994), S. 294, (deutsch: Glaube ohne Werte, CLV Bielefeld 1997).

[3] St. Clair und Jones, »Love: Making It Last«, S. 139-140.

[4] Charles R. Swindoll, »Singleness« (Portland, Oreg.: Multnomah, 1981), S. 13.

[5] Stafford, »Worth the Wait: Love, Sex, and Keeping the Dream Alive«, S. 107.

[6] Rinehart und Rinehart, »Choices: Finding God's Way in Dating, Sex, Singleness, and Marriage«, S. 142.

[7] Stafford, »Worth the Wait: Love, Sex, and Keeping the Dream Alive«, S. 111.

[8] St. Clair und Jones, »Love: Making It Last«, S. 141-142.

[9] Ebenda, S. 115-121.

Kapitel 13: Leben als Single

[1] Zitiert in Stephanie Brushs, »Still Single at 38«, McCall's, April 1993, 86.

[2] Ebenda.

[3] Clifford und Joyce Penner, »A Gift for All Ages: A Family Handbook on Sexuality« (Waco, Tex.: Word, 1986), S. 154.

[4] Zitiert in Carolyn Koons', »The Single Adult Identity« Singles Ministry Handbook, ed. Douglas L. Fagerstrom (Wheaton, Ill.: Victor Books, 1988), S. 43.

[5] Allen Hadidian, »A Single Thought« (Chicago: Moody Press, 1981), S. 15.

[6] Brush, »Still Single at 38«, S. 86.

[7] Koons, »The Single Adult Identity«, S. 46-47.

[8] Dr. Angela Neal, angeführt in Lisa C. Jones', »Single Satisfaction: Unmarrieds Sing Praises of Uninhibited, Unhitched Lifestyle«, Ebony, November 1994, S. 164.

[9] Don Clarkson, angeführt in Jones', »Single Satisfaction: Unmarried Sing Praises of Uninhibited, Unhitched Lifestyle«, S. 164.

[10] Nel, holländischer Sozialarbeiter zitiert in Gien Karssens, »Getting the Most Out of Being Single« (Colorado Springs, Colo.: NavPress, 1982), S. 53.

[11] Hadidian, »A Single Thought«, S. 104.

[12] Reginald K. Brown, angeführt in Jones', »Single Satisfaction: Unmarrieds Sing Praises of Uninhibited, Unhitched Lifestyle«, S. 164.

[13] Rinehart und Rinehart, »Choices: Finding God's Way In Dating, Sex, Singleness, and Marriage«, S. 122.

[14] Penner und Penner, »A Gift for All Ages: A Family Handbook on Sexuality«, S. 159.

[15] Ebenda.

[16] Ebenda, S. 158.

[17] Koons', »The Single Adult Identity«, S. 46.

[18] Fred Hartley, »Dare to Date Differently« (Old Tappan, N.J.: Fleming H. Revell, 1988), S. 98.

[19] 1. Korinther 7,25-35.

[20] St. Clair und Jones, »Love: Making It Last«, S. 138-139.

[21] Dan Lundblad, »Counseling the Discouraged«, Singles Ministry Handbook, ed. Douglas L. Fagerstrom (Wheaton, Ill.: Victor Books, 1988), S. 145.

[22] Dick Purnell, »Becoming a Friend and Lover« (San Bernardino, Calif.: Here's Life Publishers, 1986), S. 212-213.

[23] Diese vier Ratschläge wurden aus Lundblads, »Counseling the Discouraged« entliehen, S. 146-147.

[24] Ebenda, S. 146.

Kapitel 14: Umgang mit Gruppendruck

[1] Nachzuschlagen bei Josh McDowell und Bob Hostetler, »Right From Wrong: What You Need to Know to Help Youth Make Right Choices« (deutsch: Glaube ohne Werte, CLV Bielefeld 1997).

[2] Ebenda, S. 8-9.

[3] Narramore, »Adolescence Is Not an Illness« (Tarrytown, N.Y.: Fleming Revell, 1980), S. 47-48.

[4] Sharon Scott, »PPR: Peer Pressure Reversal« (Amherst, Mass.: Human Resource Development Press, 1985), S. 6.

[5] Vgl. Kapitel 17, »Nachlässige Eltern«.

[6] Scott, »PPR: Peer Pressure Reversal«, S. 7.

[7] McDowell und Hostetler, »Right From Wrong: What You Need to Know to Help Youth Make Right Choices«, S. 283-289

(deutsch: Glaube ohne Werte, CLV Bielefeld 1997).

[8] Narramore, »Adolescence Is Not an Illness«, S. 48.

[9] Ebenda, S. 48-49.

[10] Vgl. Kapitel 6, »Geringe Selbstachtung«.

[11] Vgl. Kapitel 5, »Depressionen«.

[12] Scott, »PPR: Peer Pressure Reversal«, S. 3.

[13] Bill Sanders, »Tough Turf: A Teen Survival Manual« (Old Tappan, N.J.: Fleming H. Revell, 1986), S. 89.

[14] Hebräer 4,15.

[15] Dr. James Dobson, »Preparing for Adolescence« (Santa Ana, Calif.: Vision House, 1978), S. 60-61.

[16] Scott, »PPR: Peer Pressure Revival«, S. 102.

[17] Psalm 46,1.

[18] Alison Bell, »Twenty Ways to Fight Peer Pressure«, Teen Magazin, August 1993, S. 73. Nachdruck mit freundlicher Genehmigung des Teen Magazin.

[19] Vgl. Scott, »PPR: Peer Pressure Reversal«.

Kapitel 15: Ablehnung und Einschüchterung durch Gleichaltrige

[1] Judith Timson, »Adolescent Girls: WorldBeaters at 11«, Chatelaine, April 1994, S. 58.

[2] »Peer Rejection: Of Bullies and the Bullied«, *Psychology Today*, Januar/Februar 1993.

[3] »Children at Risk: 1. Risk Factors and Child Symptomatology«, *Journal of the American Academy of Child and Adolescent Psychiatry* 29, Nr. 1 (1990), S. 51-59.

[4] »Risk, Protective Factors, and the Prevalence of Behavioral and Emotional Disorders in Children and Adolescents«, *Journal of the American Academy of Child and Adolescent Psychiatry* 28, Nr. 6 (1989), S. 918-924.

[5] 1. Thessalonicher 5,14.

[6] »Alcohol and Drug Use by 3rd, 4th, and 5th Graders in Town of 20,000", Sociology and Social Research 76, Nr. 3 (1992), S. 156-160.

[7] 2. Korinther 5,17.

[8] Römer 12,1-2.

[9] Vg. Psalm 46,1.

[10] »Risk, Protective Factors, and the Prevalence of Behavioral and Emotional Disorders in Children and Adolescents«, S. 262-268.

Kapitel 16: Überfürsorgliche Eltern

[1] Bernice Berk und Patricia Owen, »Are You an Overprotective Parent?« [Bist du ein überfürsorglicher Elternteil?], Good Housekeeping, Sept. 1990, S. 100.

[2] Ebenda.

[3] Ebenda.

[4] »The Age of Anxiety«, *Psychology Today*, Sept.-Okt. 1994, S. 18.

[5] Ebenda.

[6] 2. Mose 20,12.

[7] Epheser 6,4.

[8] Dick Foth, »The Power of Affirmation«, Moody, Juli/August 1995, S. 54.

[9] Empfohlen in Ronald Hutchcraft, »The Power of a Letter«, How to Get Your Teenager to Talk to You [Wie bewegst du einen Teenager dazu, mit dir zu reden], (Wheaton, Ill.: Victor Books, 1984), S. 50.

Kapitel 17: Nachlässige Eltern

[1] »Child Abuse: A Trust Betrayed«, *USA Today*, 8. April 1994, S. 8A.

[2] Schriftliche Umfrage unter 23 nationalen Jugendleitern, durchgeführt vom Josh McDowell Dienst (16), 1993.

[3] USA Today, 6. September 1989.

[4] 1. Timotheus 5,8.

[5] Markus 10,14.

[6] 2. Mose 20,12.

[7] Epheser 6,4.

[8] Foth, »The Power of Affirmation«, S. 53.

[9] Vgl. Jeremia 29,11.

Kapitel 18: Ungläubige Eltern

[1] Schriftliche Umfrage unter 23 nationalen Jugendleitern. Durchgeführt vom Josh McDowell Dienst, 1993.

[2] 2. Korinther 6,14b-16a.

[3] Rinehart und Rinehart, »Choices: Finding God's Way Dating, Sex, Singleness, and Marriage«, S. 72-73.

[4] Matthäus 10,37-38.

[5] Jim Craddock, »Breaking the Cycle: Responding to Your Parents«, in Robert S. McGee/Pat Craddock, Your Parents and You (Houston: Rapha Publishing, 1990), S. 166-167.

[6] Lukas 2,51.

[7] Craddock, »Breaking the Cycle: Responding to Your Parents«, S. 168.

[8] Norman Wakefile, »Listening: A Christian's Guide to Relationships« (Waco, Tex.: Word, 1981), S. 36.

[9] Ebenda, S. 37.

[10] Craddock, »Breaking the Cycle: Responding to Your Parents«, S. 168-174.

[11] Hutchcraft, »The Power of a Letter«, S. 50.

Kapitel 19: Geschiedene Eltern

[1] Beachten Sie, dass diese Statistiken nicht korreliert sind. Das heißt, sie vergleichen nur die Zahl der Hochzeiten eines Jahres mit der Zahl der Scheidungen desselben Jahres. Keine weitere Beziehung kann zwischen den beiden Tabellen gezogen werden.

[2] Anne Claire und H.S. Vigeveno, »No One Gets Divorced Alone«, (Ventura, Calif.: Regal, 1987), S. 75.

[3] Neil Kalter in »Young Children of Divorce: Depressed, Wary, Subdued«, USA Today, September 1987, S. 10.

[4] Elisabeth Kübler-Ross, »On Death and Dying«, (New York: Macmillan, 1969).

[5] Richard A. Gardner, »The Parents Book about Divorce«, (New York: Bantam, 1977), S. 123.

[6] Untersuchungen in diesem Bereich ergaben, dass während Smilanski und Weisman (1981) Scheidungskinder als weniger beliebt und mehr »abgewiesen« fanden, Allers (1982) und Hetherington (1979) zeigten, dass sich Jugendliche im Schulalter bei Fragen zu Gefühlen und Beziehungen, während sie mit einer Scheidung umgehen lernen, oft an ihre Freunde wenden.

[7] Marilyn Elias, »Parent' Divorce Affects Sex Lives of Collegians«, *USA Today*, 8. November 1989, S. 1D.

[8] Ebenda.

[9] 1. Mose 2,18.

Kapitel 20: Leben mit nur einem Elternteil

[1] Barbara Defoe Whitehead, »Dan Quayle Was Right«, *The Atlantic Monthly*, April 1993, S. 47.

[2] Jim Smoke, »Growing Through Divorce«, S. 62.

[3] Whitehead, »Dan Quayle Was Right«, S. 62.

[4] Ebenda, S. 66.

[5] Elias, »Parents' Divorce Affects Sex Lives of Collegians«, S. 1D.

[6] Nicholas Zill, zitiert in Whitehead, »Dan Quayle Was Right«, S. 66-70.

[7] Ronald P. Hutchcraft, »Life As a Single Pa-

rent« in Jay Kesler mit Ronald A. Beers, »Parents and Teenagers« (Wheaton, Ill.: Victor Books, 1984), S. 471.

8   Clyde Colvin Besson, »Picking Up the Pieces« (Milford, Mich.: Mott Media, 1982), S. 144.

9   Ebenda, S. 142.

10 Hutchcraft, »Life As a Single Parent«, S. 471.

11 1. Mose 2,24.

12 Hutchcraft, »Life As a Single Parent«, S. 48.

13 Lukas 2,41-52.

14 2. Timotheus 1,5.

15 2. Mose 22,21.

16 5. Mose 24,19.

17 Jesaja 1,17.

18 Sacharja 7,10.

19 Whitehead, »Dan Quayle Was Right«, S. 70.

20 Smoke, »Growing Through Divorce«, S. 66.

Kapitel 21: Stiefeltern

1   Die Fallstudie ist in Gardner, »The Parents Book about Divorce«, S. 358-359, abgedruckt.

2   Myriam Weisang Misrach, »The Wicked Stepmother and Nasty Myths«, Redbook, Juli 1993, S. 88.

3   Connie Schultz, »Seperating Fact, Fiction of Blended Family«, Cleveland Plain Dealer, 28. Januar 1995, S. 1E.

4   Virginia Rutter, »Lessons from Stepfamilies«, Psychology Today, May-Juni 1994, 30.

5   Ebenda.

6   Ebenda.

7   Joshua Fischman, »Stepdaughter Wars«, Psychology Today, November 1988, S. 38.

8   Mavis Hetherington, zitiert in Fischman, »Stepdaughter Wars«, S. 38.

9   Fischman, »Stepdaughter Wars«, S. 38.

10 Lynn Smith, »Stepfamilies Still Face Many Woes«, St. Louis Post-Dispatch, 10. November 1993, S. 4F.

11 Mavis Hetherington, zitiert in Rutter, »Lessons from Stepfamilies«, S. 30.

12 Rutter, »Lessons from Stepfamilies«, S. 30.

13 Leman, »Living in a Step-Family without Getting Stepped On« (Nashville: Thomas Nelson, 1994), S. 237.

14 Ebenda, S. 238.

15 Harold H. Bloomfield with Robert B. Kory, »Making Peace in Your Stepfamily« (New York: Kyperion, 1993), S. 26.

16 Leman, »Living in a Step-Family without Getting Stepped On«, S. 240.

17 James Bray, zitiert in Fischman, »Stepdaughter Wars«, S. 38.

18 Ebenda.

19 Beide Entdeckungen sind in Whitehead, »Dan Quayle Was Right«, S. 71-72, zitiert.

20 Whitehead, »Dan Quayle Was Right«, S. 71-72.

21 Leslie Margolin und John L. Craft, »Child Sexual Caretakers«, Family Relations 38 (1989): S. 450-455.

22 Matthäus 1,18-25.

23 2. Mose 2,1-10.

24 1. Mose 2,24.

Kapitel 22: Konkurrenz von Geschwistern

1   Wanda Draper, zitiert in »Sibling Rivalry Is Perfectly Normal«, USA Today Magazine, August 1994, S. 3.

2   Dr. Annaclare van Dalen, zitiert in »Oh Brother (and Sisters!): When Sibling Stress Strikes«, Teen, April 1994, S. 40.

3   Van Dalen, zitiert in »Oh Brother (and Sisters!): When Sibling Stress Strikes«, Teen, April 1994, S. 40.

4   Van Dalen, zitiert in »Oh Brother (and Sisters!): When Sibling Stress Strikes«, Teen, April 1994, S. 40.

5   Siehe Dr. Kevin Lemans »The Birth Order Book« (Tarrytown, N.Y.: Fleming H. Revell, 1985).

6   Dr. James Dobson, »The Strong-Willed Child« (Wheaton, Ill.: Tyndale, 1978), S. 128.

7   Ebenda, S. 128-129.

8   Perlmutter, staatlich anerkannter Sozialarbeiter in Mineola/New York, zitiert in »Oh Brother (and Sisters!): When Sibling Stress Strikes«, Teen, April 1994, 40.

9   Nancy Samalin und Patricia McCormick, »How to Cure Sibling Fights«, Parents-Magazin, Mai 1993, S. 146.

10 Dobson, »The Strong-Willed Child«, S. 133.

11 Zitiert aus »Sibling Rivalry Is Perfectly Normal«, S. 3.

12 Adele Faber und Elaine Mazlish, »Wouldn't You Like Your Kids to Be Closer?«, Redbook, Februar 1989, S. 98.

13 Samalin und McCormick, »How to Cure Sibling Fights«, S. 146.

14 Dobson, »The Strong-Willed Child«, S. 132.

Kapitel 23: Auflehnung

[1] Basierend auf und weitgehend zitiert aus einem Bericht von William Lee Carter, Ed.D., Teenage Rebellion (Houston/Dallas: Rapha Publishing/Word, 1991), S. 9-10.

[2] Grace Ketterman, M.D., »Rebellion: Can It Be Prevented?« in Jay Kesler mit Ronald A. Beers, »Parents and Teenagers« (Wheaton, Ill.: Victor Books, 1984), S. 483-484.

[3] Carter, »Teenage Rebellion«, S. 20-21.

[4] Olson, »Counseling Teenagers«, S. 476.

[5] Ebenda.

[6] Ronald P. Hutchcraft, »Why Teens Reject Parental Authority«, in Kesler und Beers, »Parents and Teenagers«, S. 171 und 173.

[7] Linda Peterson, »Teen Rebellion: the Good, the Bad, and the Healthy«, Redbook, Januar 1992, S. 125.

[8] Carter, »Teenage Rebellion«, S. 30-31.

[9] Ebenda.

[10] Ebenda.

[11] Epheser 6,1-4.

[12] Carter, »Teenage Rebellion«, S. 3.

[13] Marshall Shelley, »Helping Those Who Don't Want Help« (Waco, Tex.: Word, 1986), S. 148.

[14] Carter, »Teenage Rebellion«, S. 52-53.

Kapitel 24: Fluchttendenzen und -versuche

[1] Übernommen aus einem aktuellen Familienbericht. Namen und Details wurden zum Schutz der Personen geändert.

[2] Paul Chance, »Running from home – and Danger«, Psychology Today, September 1989, S. 10.

[3] Myrna Kostash, »Surviving the Streets«, Chatelaine, Oktober 1994, S. 103.

[4] USA Today, 18. Oktober 1989, 5D, zitiert in Josh McDowell Research Almanca and Statistical Digest, 1990, S. 117.

[5] Gary D. Bennett, »Runaways«, in Kesler und Beers, »Parents and Teenagers«, S. 487.

[6] Keith Wade, zitiert in Rubenstin, »Erica Who Hated Rules«, Minneapolis-St. Paul Magazine, Juni 1993, S. 64.

[7] Ebenda.

[8] Ebenda.

[9] Dr. James R. Oraker und Char Meredith, »Almost Grown« (San Francisco: Harper & Row, 1980), S. 153-155.

[10] Keith Wade, zitiert in Rubenstin, »Erica Who Hated Rules«, S. 64.

[11] Chance, »Running from home – and Danger«, S. 10.

[12] Oraker und Meredith, »Almost Grown«, S. 152.

[13] Zitiert von Rubenstin, Minneapolis-St. Paul Magazine, Juni 1993, S. 64.

[14] Marjorie Rosen, »Road Warrior«, People, 12. Dezember 1994, S. 48.

[15] Oraker und Meredith, »Almost Grown«, S. 151.

[16] Bennett, »Runaways«, S. 487.

[17] Ebenda.

[18] Brian Bergman, »Hell on the Streets: Winnipeg Tries to Cope with Runaways«, Maclean's, 19. November 1990, S. 21.

[19] Bennett, »Runaways«, S. 488.

[20] Lukas 15,11-24.

[21] Jesaja 53,6.

[22] Oraker und Meredith, »Almost Grown«, S. 156.

[23] Rosen, »Road Warrior«, S. 48.

[24] Carter, »Teenage Rebellion«, S. 3.

[25] Bennett, »Runaways«, S. 488.

[26] Oraker, »Almost Grown«, S. 158-159.

[27] Ebenda, S. 159.

Kapitel 25: Begierde

[1] Collins, »Christian Counseling«, S. 284.

[2] Backus, »Telling the Truth to Troubled People«, S. 240.

[3] Jakobus 1,14.15.

[4] Collins, »Christian Counseling«, S. 286.

[5] Ebenda, S. 289.

[6] Backus, »Telling the Truth to Troubled People«, S. 240.

[7] Matthäus 5,27-28.

[8] »Dating and Heavy Petting«, ein nichtveröffentliches Papier von Joan Barlett, Marty Hansen, Isolde Anderson und Jay Terbusch, Schüler der Trinity Evangelical Divinity School, 1977, das von Collins in »Christian Counseling«, S. 294, übernommen wurde.

[9] Collins, »Christian Counseling«, S. 290-291.

[10] Backus, »Telling the Truth to Troubled People«, S. 237.

[11] Collins, »Christian Counseling«, S. 291.

[12] Erwin W. Lutzer, »Living with Your Passions« (Wheaton, Ill.: Victor Books, 1983), S. 155.

[13] Collins, »Christian Counseling«, S. 291.

[14] Ebenda, S. 292.

Kapitel 26: Selbstbefriedigung

[1] Collins, »Christian Counseling«, S. 285.

[2] Aus J. Allen, »The 'M' Word: It's Joked About, Whispered About, But It's Hardly Ever Talked About«, Chicago Tribune Tempo section, 30. Januar 1995, S. 1.

[3] Ebenda.

[4] Collins, »Christian Counseling«, S. 295.

[5] Olson, »Counseling Teenagers«, S. 403.

[6] Dobson, »Preparing for Adolescence«, S. 83.

[7] Barry St. Clair und Bill Jones, »Sex: Desiring the Best« (San Bernadino, Calif.: Here's Life Publishers, 1987), S. 110.

[8] Olson, »Counseling Teenagers«, S. 403.

[9] Adams, »The Christian Counselor's Manual«, S. 400.

[10] Oraker und Meredith, »Almoust Grown«, S. 52-53.

[11] St. Clair und Jones, »Sex: Desiring the Best«, S. 116.

[12] Randy Alcorn, »Christians in the Wake of the Sexual Revolution« (Portland, Oreg.: Multnomah, 1985), S. 215.

[13] St. Clair und Jones, »Sex: Desiring the Best«, S. 113-114.

[14] Adams, »The Christian Counselor's Manual«, S. 400.

[15] Matthäus 5,27-28.

[16] Collins, »Christian Counseling«, S. 296.

[17] St. Clair und Jones, »Sex: Desiring the Best«, S. 118-122.

[18] Collins, »Christian Counseling«, S. 292.

Kapitel 27: Pornografie

[1] Alexandra Mark und Vernon H. Mark, »The Pied Pipers of Sex« (Plainfield, N.J.: Haven, 1981), S. 112.

[2] »Report of Attorney General's Task Force on Family Violence«, US-Rechtsministerium, Washington D.C., 112 und Mark und Mark, The Pied Pipers of Sex, S. 113.

[3] US-Senat-Rechtskomitee, Unterkomitee für Jugendrecht, Effect of Pornography on Woman and Children, 98. Kongress, 2. Sitzung, 1984, S. 227.

[4] Studie von Dr. Jennings Bryant, zitiert von Victor B. Cline, Universität von Utah, Fakultät für Psychologie, »Correlating Adolescent and Adult Exposure to Sexually Explicit Material and Sexual Behavior« (bei der Na-

tionalkonferenz über HIV-Viren vorgestellter Artikel).

[5] McDowell und Hostetler, »Right from Wrong: What You Need to Know to Help Youth make Right Choices«, S. 258 (deutsch: Glaube ohne Werte, CLV Bielefeld 1997).

[6] Mark und Mark, »The Pied Pipers of Sex«, S. 115.

[7] Philip Elmer-DeWitt, »On a screen near you: Cyberpron – It's popular, pervasive, and surprisingly perverse«, Time, Juli 1995, S. 38.

[8] Zitiert in »Pornography: The Longford Report« (London: Coronet, 1972), S. 412.

[9] Zitiert in »A Disrespector of Persons«, Christianity Today, 7. März 1986, S. 18.

[10] Cline, »Correlating Adolescent and Adult Exposure to Sexually Explicit Material and Sexual Behavior«.

[11] Ebenda.

[12] »AFA Journal«, Februar 1989, zitiert in Josh McDowell Research Almanac and Statistical Digest, 1990, S. 89.

[13] Studie von Dolf Zillman an der Universität von Indiana, zitiert in Tim Minnery, »Pornography: The Human Tragedy«, Christianity Today, 7. März 1986, S. 20.

[14] Edward Donnerstein an der Universität von Wisconsin, zitiert von Minnery in: »Pornography: The Human Tragedy«, S. 20.

[15] Rabbi Akiba, der etwa ein Jahrhundert nach Christus lebte, lehrte, dass der Ausdruck »und wird seiner Frau anhängen« auch bedeutet »aber weder der Frau seines Nachbarn noch einem Mann, noch einem Tier«, womit gleichzeitig Ehebruch, Homosexualität und Sodomie untersagt wird.

[16] 1. Mose 1,28.

[17] 1. Mose 2,24.

[18] Sprüche 5,18-19.

[19] Die Studie von Bryant zitiert von Cline, »Correlating Adolescent and Adult Exposure to Sexually Explicit Material and Sexual Behavior«.

Kapitel 28: Vorehelicher Geschlechtsverkehr

[1] Zahlen zitiert aus: Baby Busters: »The Disillusioned Generation«, (Chicago: Northfield Publishing, 1994), S. 122-123.

[2] Warren E. Eary, in: New York Times, 9. Febr. 1989.

[3] Liana Clark, zitiert von Doug Levy in: »Doktors Hope to bring a Healing Touch to Social

Ills«, *USA Today*, 6. Juli 1995, S. 3D.

[4] Diese Tabelle stammt aus dem Buch von McDowell und Hostetler, »Right from Wrong: What You need to Know to Help Youth Make Right Choices«, S. 269 (deutsch: Glaube ohne Werte, CLV Bielefeld 1997).

[5] Nadine Brozan, »New Look at Fears of Children«, New York Times, 2. Mai 1983, S. 85.

[6] Zitiert aus: »Teenage Pregnancy: National Policies at the Crossroads«, Family, the Family Research Council, November/Dezember 1989, S. 3.

[7] Arland Thornton, Donald Camburn, »Religious Participation and Adolescent sexual Behaviour and Attitudes«, Journal of Marriage and the Family, Bd. 51 (August 1989), S. 651.

[8] Robert L. Felwellling, Karl E. Bauman, »Family Structure as a Predicatior of Initial Substance Abuse and Sexual Intercourse in Early Adolescence«, Journal of Marriage and the Family Bd. 52, Febr. 1990: S. 178.

[9] Wie von Greer L. Fox in dem Aufsatz: »The Family's Role in Adolescent sexual Behavior« dargestellt. Aus: Theodora Ooms, Hrsg., Teenage Pregnancy in a Family Context, Philadelphia: Temple University Press 1981.

[10] S. Roberts, D. Kline, J. Gabon, »Family Life and sexual Learning of Children«, Bd. 1 (Cambridge, Mass.: Population Education, 1981).

[11] Lewis J. Lord, »Sex with Care«, *US News and World Report*, 2. Juni 1986, S. 53-57.

[12] Josh McDowell and Dick Day, »Why Wait? What You Need to Know about the Teen Sexuality Crisis« (San Bernardino, Cal.: Here's Life Publishers 1987), S. 92.

[13] Aussage eines Teenagers zitiert in: Ronald S. Toth, »Teen Pregnancy«, Plain Truth, September 1986, S. 5.

[14] Josh McDowell, »The Myths of Sex Education« (San Bernardino, Calif.: Here's Life Publication, 1990), S. 20.

[15] Ebenda.

[16] Ergebnisse zitiert in: Jeannie Echenique, »Early Dating May Lead to Early Sex«, USA Today, 12. Nov. 1986, S. D1.

[17] Leslie Jane Nonkin, I Wish My Parents Understood, New York: Penguin 1982, Anhang II, S. 58.

[18] David Gelman, »The Garnes Teenagers Play«, Newsweek, 1. Sept. 1980, S. 48-53.

[19] Robert Coles, Geoffrey Stokes, »Sex and the American Teenager«, New York: Harper and Row 1985, S. 79.

[20] Jerry Peyton, unveröffentlichte Umfragen unter Studenten der Universität von Arizona in den Jahren 1970, 1975 und 1980.

[21] McDowell, »Day, Why Wait? What You Need to Know about the Teen Sexuality Crisis«, S. 256.

[22] Ebenda, S. 200.

[23] Alcorn, »Christians in the Wake of the Sexual Revolution«, S. 176.

[24] 1. Mose 1,18.

[25] 1. Mose 2,24.

[26] Sprüche 5,18-19.

Kapitel 29: Ungewollte Schwangerschaft

[1] Kim Painter, »Tenns und Sex, a Fact of American Life«, in: USA Today, 7.7.94, S. 6D.

[2] Zitiert in: Naomi B. Farber, »The Process of Pregnancy Resolution Among Adolescent Mothers«, in: Adolescence 26, Nr. 103 (Herbst 1991), S. 697.

[3] Quelle: Statistisches Material des Children Defense Fund.

[4] Statistical Abstract, 1989; S. 454-56; zitiert nach *Josh McDowell Research Almanac and Statistical Digest*.

[5] »Pregnancy Problem ist Real«, in: *Dallas Morning News*, 19. Feb. 1987.

[6] Kristin Moore, »Teenage Motherhood: Social and Economic Consequences«, The Urban Institute, Washington, D.C., 1979, S. 32.

[7] Karen J. Sandvig, »You're What? Help and Hope for prägnant Teens« (Ventura, Calif: Regal 1988), S. 12.

[8] Olsen, »Counseling Teenagers«, S. 409.

[9] *Family Planning Perspectives* 18, Nr. 5 (Sept./Okt. 1986), S. 204 und 207.

[10] Elsie F. Jones; Jacqueline Darroch Forrest, »Contraceptive Failure Rates Pased on the 1988 NSFG«, *Family Planning Perspectives* Bd. 24, Nr. 1, Jan/Feb. 1992, S. 12-17.

[11] Arlene R. Stiffman, u. a. »Pregnancies, Childrearing, mental Health Problems in Adolescents«, in: Youth & Societey Nr 4 (Juni 1990): S. 492-93.

[12] Olsen, »Counseling Teenagers«, S. 409.

[13] Sandvig, »You're What? Help and Hope for prägnant Teens«, S. 22-23.

[14] Stiffman, u. a. »Pregnancies, Childrearing, mental Health Problems in Adolescents«, S. 491.

[15] Farber, »The Process of Pregnancy Resolution Among Adolescent Mothers«, S. 702.

[16] Ebenda.

[17] Einige dieser Anzeichen wurden von Sandvig in »You're What? Help and Hope for Teenagers«, S. 49 genannt.

[18] Olsen, »Counseling Teenagers«, S. 411.

[19] Ebenda, S. 409.

[20] Ebenda, S. 411.

Kapitel 30: Abtreibung

[1] Zitiert in: Farber: »The Process of Pregnancy Resolution Among Adolescent Mothers«, S. 697.

[2] Zitiert in: Marcus, Tarshis, Whiteford: »The Most Difficult Decision«, S. 6.

[3] Salholz, McDaniel et al.: »The Battle Over Abortion«, *Newsweek*, 1. Mai 1989, S. 31.

[4] M. Balfin, »A New Problem in Adolescent Gynaecology«, *Southern Medical Journal*, Bd. 72, Nr. 8 (August 1979).

[5] Nach einer NBC Sondersendung über ein Gerichtsverfahren.

[6] Deborah Anne Dawson: »The Effekts of Sex Education on Adolescent Behaviour«, *Family Planning Perspectives*, Bd. 18, Nr. 4 (Juli/August 1986).

[7] Nach dem 1991 United Nations Demographic Yearbook wurden in Kanada 1989 70 705 Abtreibungen durchgeführt.

[8] Nach dem 1991 United Nations Demographic Yearbook wurden in Großbritanien im Jahr 1989 180 622 Abtreibungen vorgenommen und 184 092 im Jahr 1990.

[9] Salholz, MacDaniel, et al.: »The Battle Over Abortion«, S. 31.

[10] Leary, *New York Times*, 9. Febr. 1989.

[11] Liana Clark, zitiert in: Doug Levy, »Doktors Hope to bring a Healing Touch to Social Ills«, *USA Today*, 6. Juli 1995, S. 3D.

[12] Edward A. Brann et al.: »Strategies for the Prevention of Pregnancy in Adolescents«, Reprint durch das US-Erziehungsministerium, Aus: Advances in Planned Parenthood 1979, Bd. 14, Nr. 2.

[13] Ebenda.

[14] *Christianity Today*, Binghamton, 14. Juli 1989.

[15] Randall A. Terry: »Operation Rescue« (Binghamton, N. Y.: Operation Rescue, 1988), S. 256.

[16] Ebenda, S. 256-258.

[17] Vgl. Kapitel 3 »Schuld«, wo der Unterschied zwischen moralischer und psychischer Schuld eingehender erklärt wird.

[18] Spaulding and J. Cavernar, »Psychoses Following Abortion«, *American Journal of Psychiatry*, Bd. 135, Nr. 3 (März 1978), S. 64.

[19] »Legalized Abortion and the Public Health«, Bericht über eine Studie des Institute of Medicin, National Academy of Sciences, Washington, D.C., May 1975.

[20] Zitiert in: *Illinois right to Life Committee News*, July-September 1988.

[21] Balfin, »A New Problem in Adolescent Gynaecology«.

[22] C. Cowell, »Problems of Adolescent Abortion«, Ortho Panel 14, Toronto General Hospital.

[23] M. Balfin, *OB-GYN Observer*, Oktober-November 1975.

[24] M. Balfin, »A New Problem in Adolescent Gynaecology".

[25] «Teenage Pregnancy: The Problem That Hasn't Gone Away«, Alan Guttmacher Institute, 1981, Abschnitt 5, S. 28.

[26] «Legalized Abortion and the Public Health«.

[27] R. Kumar und K. Robson, *Psychological Medicine* Bd. 8 (1978), S. 711-15.

[28] Anne Catherine Speckhard: »The Psycho-Social Aspects of Stress Following Abortion«, eine Arbeit für die Fakultät des Graduiertenstudiums an der Universität Minnesota, Mai 1985, S. 69.

[29] *Newsweek*, 30. Jan. 1989.

[30] *All About Issues*, Okt. 1989, S. 34.

[31] Salholz, McDaniel, et al.: »The Battle Over Abortion«, S. 31.

[32] Quelle: New England Regional Genetics Group.

[33] »The Economic Factor of Abortion«, Nurses for Life, Atlanta, Georgia.

[34] Auszüge aus: Paul B. Fowler, »Abortion: Toward an Evangelical Consensus« (Portland, Oreg.: Multnomah Books, Questar 1987), S. 135 - 147. Zitiert mit Erlaubnis des Verlags. Fowler legt auch eine gesunde Auslegung der oft zitierten Stelle 2Mo 21,22-25 vor.

[35] Olsen, »Counseling Teenagers«, S. 411.

[36] Ebenda.

[37] Collins, »Christian Counseling«, S. 449.

[38] Olsen, »Counseling Teenagers«, S. 411.

[39] Psalm 34,18.

Kapitel 31: Homosexualität

1 George Barna, »The Invisible Generation« (Glendale, Cal.: Research Group, 1992), S. 145-146.

2 David Gelman et al.: »Tune In, Come out«, *Newsweek*, 8. Nov. 1993, S. 70-71.

3 Melinda Beck, Daniel Glick, Peter Annin: »The Power and the Pride«, in: *Newsweek*, 21. Juni 1993, S. 58.

4 Stanton L. Jones, »The Loving Opposition«, *Christianity Today*, 19. Juli 1993, S. 23.

5 John White, »Eros Defiled« (Downer's Grove, Ill.: InterVarsity, 1977), S. 114-116. Abdruck mit Genehmigung.

6 Jerry Arterburn mit Steve Arterburn, »How Will I Tell My Mother?« (Nashville: Oliver Nelson, 1988), S. 45.

7 Ken Philpott, »The Gay Theology« (Plainfield, N.J.: Logos international, 1977), S. 99.

8 Brad Hayton, John Eldredge: »Homosexual Rights: What's Wrong?«, *Focus on the Familiy Citizen*, 18. März 1991, S. 7.

9 Jones, »The Loving Opposition«, S. 23.

10 Jones, »The Loving Opposition«, S. 20.

11 White, »Eros Defiled«, S. 119.

12 Herbert J. Miles, »Singles, Sex, and Marriage« (Waco, Texas: Word 1983), S. 72-73.

13 Jones, »The Loving Opposition«, S. 20.

14 Miles, »Singles, Sex, and Marriage«, S. 79.

15 Jones, »The Loving Opposition«, S. 25.

16 Psalm 18,19.

17 White, »Eros Defiled«, S. 132-33.

18 Adams, »The Christian Counselor's Manual«, S. 408.

19 White, »Eros Defiled«, S. 133.

20 Arterburn, »How Will I Tell My Mother?«, S. 152.

21 Ebenda, S. 151-52.

22 Ebenda, S. 151.

23 Ebenda, S. 150.

Kapitel 32: AIDS

1 Nach den Zahlen der Weltgesundheitsorganisation (WHO) in: »The global AIDS Situation«, Information Please Almanac, Boston: Houghton-Mifflin 1995.

2 Nach Angaben der Centers for Disease Control, betrug die Zahl der 1993 diagnostizierten AIDS-Fälle 106.618. Diese Zahl wurde zitiert in: Dante Ramos, »A Second Wave«, »The New Republic«, 5. Juni 1995, S. 29.

3 Mary-Ann Schafer, zitiert in: William Hines, »Other sex diseases dwarf AIDS«, Chicago Sun Times v. 21. Mai 1989, S. 28.

4 Anita Manning, »Teens and Sex in the Age of AIDS«, USA Today, 3. Okt. 1988, S. 2D.

5 Hines, »Other sex diseases dwarf AIDS«, S. 28.

6 Peter A. Selwyn, »AIDS: What Is Now Known«, in: Hospital Practice, 15. Juni 1988, S. 150-151.

7 »MD's suggestions Are invited in Research on prevention of AIDS«, American Medical News, 4. Mai 1984, S. 27.

8 Ebenda.

9 Ellen Flax, »Explosive Data Confirm Prediction: Aids ist Spreading Among Teenagers«, in: Education Week 9, Nr. 8 (Oktober 1989), S. 1 u. 12.

10 Shaffin Shariff, »The Hidden toll: Lore Women Are Victims of AIDS« in: Maclean's, 13. Mai 1991, S. 56.

11 Flax, »Explosive Data Confirm Prediction: Aids ist Spreading Among Teenagers«, S. 1 und 12.

12 Manning, »Teens and Sex in the age of AIDS«, S. 2D.

13 Helene Gayle, zitiert von M. F. Goldsmith, Redner über AIDS bei Jugendlichen, Bericht von der vierten Internationalen Konferenz über AIDS, in: Journal of the American Medical Association, Bd. 260, Nr. 6 (August 1988).

14 W. H. Masters, V. E. Johnson, R. C. Kolodny, Crisis: Heterosexual Behaviour in the Age of AIDS, New York: Grove Press 1988, zitiert von Robert C. Kolodny, Virginia Johnson, »New Directions in the AIDS Crisis: The heterosexual Community«, Medical Aspects of human Sexuality, April 1988, S. 83.

15 Chuck Talbert, »Sexually Transmitted Diseases – What Teachers, Counselors, and Parents Should Know«, in: Adolescent Counselor, Feb./März 1990, S. 33-37.

16 Patricia Kloser, »aids News: Special Report from the Fourth International AIDS Conference, Stockholm, 12. - 16. Juni«, Medical Aspects of human Sexuality, August 1989, S. 15.

17 C. Everett Kop., zitiert von William Bennett, zu der Zeit Erziehungsminister in: »AIDS, the Ongoing Debatte«, AIDS-Konferenz Washington D. C. 1987.

18 »A Decade of Denial: Teens and AIDS in Amerika«, Minority Dissend, Select Committee on Children, Youth and Families, 10. Apr. 1992.

[19] «Understanding AIDS«, General Almanac.

[20] Lisa Holland, »Women, Children and AIDS: The Latest News« in: Good Housekeeping, November 1990, S. 271.

[21] «Understanding AIDS«, General Almanac.

[22] S. I. McMillen, None of These Diseases, Old Tapppan, N. J.: Fleming H. Revell 1984, S. 44.

[23] 1. Korinther 6,18.

[24] Epheser 4,29-5,2.

[25] Kolosser 3,12-14.

[26] Johannes 8,1-11.

[27] Markus 5,25-34.

[28] Johannes 4,1-42.

[29] Vgl. Josh McDowell, »The Myths of Sex Education« (San Bernardino, Calif.: Here's Life Publication, 1990) für ausführliche Informationen zu den einzelnen Punkten.

Kapitel 33: Andere Geschlechtskrankheiten

[1] Dieser aus verschiedenen Fällen zusammengesetzte Fall basiert auf einem Zeitschriftenartikel von 1990, der das wachsende Problem von Teenagersex beschreibt.

[2] »Other Sexually Transmitted Diseases«, in: Information Please Almanac, Boston: Houghton-Mifflin, 1994.

[3] Lewis J. Lord, Jenny Thornton, Joseph Carey, »Sex with Care« in: U.S. News and World Report, 2. Juni 1986, S. 53.

[4] Hine, »Other sex diseases dwarf AIDS«, S. 28.

[5] Manning, »Teens and Sex in the age of AIDS«, S. 2D.

[6] Hines, »Other sex diseases dwarf AIDS«, S. 28.

[7] New England Journal of Medicine, 6. Juli 1989.

[8] Ann P. Stein, »The Chlamydia Epidemic: Teenagers At Risk«, in: Medical Aspects of human Sexuality, Febr. 1991, S. 26.

[9] »Other Sexually Transmitted Disease«, Information Please Almanac.

[10] »Cervical neoplasia cuased by Condyloma Virus«, Medical Aspects of human Sexuality", Bd. 19, Nr. 10 (Oktober 1985), S. 150.

[11] »Several Types considered genital Cancer risks«, in: Sexually Transmitted Diseases Bulletin, Bd. 6, Nr. 5, Oktober 1986, S. 5.

[12] »Cervical Cancer Epidemic with Current Lifestyles«, in: Family Practice News Bd. 14, Nr. 15, 1. - 14 August 1984, S. 3.

[13] »Medical Aspects of human Sexuality«, in: Contemporary Ob/Gyn, September 1972 (eine längere Version des Artikels erschien im September 1974 in derselben Zeitschrift).

[14] Journal of the American Medical Association, 17. Feb. 1962, S. 486.

[15] Cancer Research, April 1967, S. 603.

[16] »Venereal Factors in human Cervical Cancer«, in: Cancer, Bd. 39, 1977, S. 1912-19.

[17] Joe, S. McIlhaney in: CMS Journal Bd. 18, Nr. 1, Winter 1987, S. 28-30.

[18] Information Please Almanac, Houghton-Mifflin 1994.

[19] All News 28. Juli 1989. Quellen: Journal of the American Medical Association, 23-30. Juni 1989; Washington Times, 12. Juni 1989; Washington Post Health section 11. Juli 1989.

[20] Flax, »Explosive Data Confirm Predition: Aids ist Spreading Among Teenagers«, S. 1 und 12.

[21] Ebenda.

[22] »Spreading the Word on Disseminated Gonorrhea«, Emergency Medicine, 15. Mai 1983, S. 71.

[23] Information Please Almanac, Houghton-Mifflin 1994.

[24] Marsha F. Goldsmith »'Silent Epidemic' of 'social Disease' Makes Std. Experts Raise Their Voices«, in: »Medical News and Perspectives"-Spalte, Journal of the American Medical Association, Bd. 261, Nr. 24 (23-30. Juni 1989), S. 3509.

[25] Mark G. Martens, Sebastian Faro, »Update on Trichomoniasis: Detection and Management«, Medical Aspects of human Sexuality, Jan. 1989, S. 73.

[26] McMillen, None of These Diseases, S. 44.

[27] Epheser 4,29 - 5,2.

[28] Kolosser 3,12-14.

[29] Johannes 8,1-11.

[30] Markus 5,25-34.

[31] Johannes 4,1-42.

[32] Vgl. Josh McDowell, »The Myths of Sex Education« (San Bernardino, Calif.: Her's Life Publishers, 1990), wo die angegebenen Punkte ausführlicher besprochen sind.

Kapitel 34: Sexueller Missbrauch

[1] Cheryl McCall, »The Cruelest Crime – Sexual Abuse of Children: The Victims, the Offenders, How to Protect your Family«, in: Life, Dezember 1984, S. 35.

[2] Glamour-Magazin, zitiert in: Signs of the Times, Dez. 1989, S. 6.

3 Brooklyn Society for the Prevention of Cruelty to Children, Annual Report, 1977.

4 Lois Timnick, »22 Percent in Survey were Child Abuse Victims«, Los Angeles Times, 25. Aug. 1985.

5 Penner & Penner, »A Gift for all Age«, S. 224.

6 Maxine Hancock and Karen Burton Mains, Child Sexual Abuse: A Hope for Healing, Wheaton, Ill:Harold Shaw, S. 5-6.

7 Emily Page, zitiert in: Marcia Youdkin: »The Nightmare of Child Sexual Abuse: Survivors Speak Out«, Cosmopolitan, Mai 1992, S. 246.

8 Florence Rush, »The Best Kept Secret: Sexual Abuse of Children«, New York: McGraw-Hill 1980, S. 4.

9 Zitiert von Rush, »The Best Kept Secret: Sexual Abuse of Children«, S. 3-4.

10 Rush, »The Best Kept Secret: Sexual Abuse of Children«, S. 6.

11 Ebenda, S. 4.

12 Janice R. Butler and Linda M. Burton, »Rethinking Teenage Childbearing: Is Sexual Abuse a Missing Link?« Family Relations, Jan 1990, S. 73.

13 Judith Weiler, Zitiert bei Yudkin, »The Nightmare of Child Sexual Abuse: Survivors Speak Out«, S. 246.

14 Butler and Burton, »Rethinking Childbearing: Is Sexual Abuse a Missing Link«, S. 77.

15 Hancock, Mains: »Child Sexual Abuse: A Hope for Healing«, S. 24.

16 Holly W. Green, »Turning Fear to Hope«, Nashville: Thomas Nelson 1984, S. 78.

17 Hancock, Mains, »Child Sexual Abuse: A Hope for Healing«, S. 24.

18 Linda Schiller, Zitiert von: Yudkin: »The Nightmare of Child Sexual Abuse: Survivors Speak Out«, S. 34-35.

19 Jan Frank, »A Door of Hope«, San Bernardino, Cal.: Here's Life Publ. 1987, S. 34-35.

20 Hancockand Mains, »Child Sexual Abuse: A Hope for Healing«, S. 88.

21 Rabbi Zacharias, »Can Man Live Without God?«, Dallas: Word 1994, S. 100.

22 Susan Forward, zitiert von Hancock, Mains, »Child Sexual Abuse: A Hope for Healing«, S.72.

Kapitel 35: Misshandlung

1 Bericht des Nationalen Komitees zur Verhinderung von Kindesmisshandlungen, zitiert in: »Child Abuse: A Trust Betrayed«, USA Today, 7. Apr. 1994, S. 8A.

2 Ebenda.

3 Angela R. Carl, »Child Abuse: What You Can Do about It« (Cincinnati: Standard Publishing, 1985), S. 16.

4 Ebenda, S. 20.

5 Ebenda, S. 20-21.

6 Ebenda, S. 21.

7 John White, »Parents in Pain« (Downers Grove, Ill:Inter Varsity, 1979), S. 78.81.

8 »Charting the Aftermath of Child Abuse«, Science News, 12. Januar 1991, S. 29.

9 Ebenda.

10 Zitiert bei: Paul Chance, »Running from Home – and Danger«, Psychology Today, September 1989, S. 10.

11 Studie zitiert bei: »Child Abus: A 'cycle of violence'?« Science News, 22. Juli 1989, S. 61.

12 Auszüge aus: »How to Help: Tips, Telephone Numbers«, USA Today, 8. Apr. 1994, S. 8A.

13 Carl, »Child Abuse: What You Can Do About It«, S. 66.

Kapitel 36: Vergewaltigung

1 Wie in Violence in Dating Relationships berichtet.

2 Dr. Mary P. Koss, berichtet in: »Date Rape: Whan Sex is a Weapon«, The Orange County Sexuala Aasoult Network (OSCAN).

3 Laura Mansnerus, »The Rape Laws Change Faster Than Perceptions«, New York Times, 19. Febr. 1989.

4 Berichtet vom Reporter Claude Lewis, »Distored Attitudes Reinforced«, in der Zeitung Philadelphia Inquirer.

5 Ebenda.

6 »Date/Acquaintance Rape: What You Need to Know ...« vom Rape Crisis Center des Center for Women's Study and Service.

7 Wie in Violence in Dating Relationships berichtet.

Kapitel 37: Ritueller Missbrauch und Misshandlung

1 Quelle: Childen's Institute International, Marshall Resource Center, Southern California Training Center, 1989.

2 Lukas 17,2, Luther 1912.

3 2. Könige 21,6, Luther 1912.

4 5. Mose 12,31

Kapitel 38: Alkohol: Genuss und Missbrauch

[1] Berichtet in »Group Members Only«, zitiert in *Josh McDowell Research Almanac and Statistical Digest* (Josh McDowell Ministry, 1990), S. 147.

[2] Ein Bericht aus dem Jahre 1987 von »Monitoring the Future«, zitiert in »It Is Time to Ban the Advertising of Alcohol from Broadcasting«, *AFA Journal*, Januar 1990, S. 12.

[3] Eine landesweite Umfrage unter heranwachsenden Schülern 1987, zitiert in »It Is Time to Ban the Advertising of Alcohol from Broadcasting«, S. 12.

[4] Zitiert in »It Is Time to Ban the Advertising of Alcohol from Broadcasting«, S. 12.

[5] Johnston, »Why Suicide?«, S. 54.

[6] Ebenda.

[7] Frank Moran, zitiert in Stephen Phillip Policoff, »Bottle Babies«, *Ladies Home Journal*, Mai 1989, S. 182.

[8] Robert. J. Ackerman, »Children of Alcoholics« (Holmes Beach, Fla.: Learning Publications, 1978), zitiert in Collins, »Christian Counseling«, S. 380.

[9] Collins, »Christian Counseling«, S. 380.

[10] Steve Arterburn, »Growing Up Addicted« (New York: Ballantine, 1987), S. 129.

[11] Ebenda, S. 138.

[12] Policoff, »Bottle Babies«, S. 182.

[13] Arterburn, »Growing Up Addicted«, S. 137.

[14] Ebenda, S. 138.

[15] Ebenda, S. 139.

[16] Ebenda, S. 294.

[17] Zitiert in Barbara R. Thompson, »Alcoholism: Even the Church Is Hurting«, Christianity Today, 5. August 1983.

[18] Collins, »Christian Counseling«, S. 379.

[19] Zitiert in Thompson, »Alcoholism: Even the Church Is Hurting«.

[20] Collins, »Christian Counseling«, S. 388.

[21] Philipper 4,5.

Kapitel 39: Drogenkonsum und -missbrauch

[1] Übernommen aus einem Bericht in Arterburn, »Growing Up Addicted«, S. 257-258.

[2] Kesler und Beers, »Parents and Teenagers«, S. 502.

[3] *USA Today*, 13. September 1989, S. 1D.

[4] *USA Today*, 27. September 1989, S. 1D.

[5] McDowell und Hostetler, »Right from Wrong«, S. 6 (deutsch: Glaube ohne Werte, CLV Bielefeld 1997).

[6] Johnston, »Why Suicide?«, S. 58.

[7] Ebenda, S. 59.

[8] Studie zitiert in Johnston, »Why Suicide?«, S. 58.

[9] »How to Beat Drugs«, *U.S. News and World Report*, 14. August 1989, 70.

[10] Johnston, »Why Suicide?«, S. 59.

[11] McDowell und Hostetler, »Right from Wrong«, S. 9 (deutsch: Glaube ohne Werte, CLV Bielefeld 1997).

[12] »How to Beat Drugs«, S. 70.

[13] »Drugs and White America«, *U.S. News and World Report*, 18. Sept. 1989.

[14] »Teenage Drug Use Alarming«, *USA Today*, 15. August 1989, S. 6A.

[15] Armand M. Nicholi Jr., »Commitment to Family«, *Family Building*, Hg. Dr. George Rekers (Ventura, Kalif.: Regal, 1985), S. 55.

[16] Sanders, »Tough Turf: A Teen Survival Manual«, S. 129.

[17] *AFA Journal*, September 1989, S. 18.

[18] *USA Today*, 6. September 1989.

[19] »Drug Abuse through the Umbilical Cord«, Report #6, 1989-90, San Diego County Grand Jury, April 1990, S. 9.

[20] Sanders, »Tough Turf: A Teen Survival Manual«, S. 129.

[21] Ebenda, S. 129.

[22] Collins, »Christian Counseling: A Comprehensive Guide«, S. 380-384.

[23] Diese Tabelle stammt aus Dan Korem: »Streetwise Parents, Foolproof Kids«, 2. Aufl. (Richardson, Tex.: International Focus Press, 1996). Mit Genehmigung zitiert.

[24] *USA Today*, 16. Oktober 1989, S. 1.

[25] »Cocaine: A Little Can Hurt Heart«, *USA Today*, 7. Dezember 1989, S. 1.

[26] »Cocaine Use Linked to Infertility«, *USA Today*, 13. Februar 1990, S. 1D.

[27] Delbert S. Elliot und Barbara J. Morse, »Delinquency and Drug Use as Risk Factors in Teenage Sexual Activity«, *Youth & Society* 21, Nr. 1 (September 1989): S. 56.

[28] Jeffrey Fagan und Edward Pabon, »Contributions of Delinquency and Substance Use to School Dropout Among Inner-City Youths«, *Youth & Society* 21, Nr. 3 (März 1990): S. 330.

[29] Peggy Mann, »Marijuana Alert« (New York: McGraw-Hill, 1985), S. 18-19.

[30] *The Economist*, 21. Januar 1989, S. 25-26.

[31] Arterburn, »Growing Up Addicted«, S. 273.

Kapitel 40: Spielsucht

[1] Zitiert in »Against All Odds: Will Christians reclaim the high ground in a battle to fight America's recreational pastime?«, *Christianity Today*, 14. November 1994, S. 58-60, 62.

[2] Ebenda.

[3] Ron Scherer, »Easy Credit and Sheepish Parents Add to the Rise of Underage Gambling«, *The Christian Science Monitor*, 19. Mai 1995, S. 3.

[4] Durwood Jacobs, zitiert in Steve Wilstein, »Colleges Deal with Gambling«, *The Arizona Press*, 31. März 1995, S. 01.

[5] Ebenda.

[6] Ebenda.

[7] Edward Looney, zitiert in Scherer, »Easy Credit and Sheepish Parents Add to the Rise of Underage Gambling«, S. 3.

[8] Symptome beschrieben in *American Psychiatric DSM IV* (Diagnostic Statistical Manual) Ausgabe 0004 (Washington, D.C.: Amerikan Psychiatric Press, 1996).

[9] Ein nichtklinisches Umfrageinstrument, das von den »Gamblers Anonymous« eingesetzt wird.

Kapitel 42: Pubertäts-Magersucht (Anorexia Nervosa)

[1] Pam Vredevelt, Dr. Deborah Newman, Harry Beverly, Dr. Frank Minirth, »The Thin Disguise: Understanding and Overcoming Anorexia and Bulemia« (Nashville: Thomas Nelson, 1992), S. 48-49.

[2] Basierend auf Zahlen aus: Leslie Knowlton, »Silence and Guilt: Eating Disorders Have Long Been Associated with Woman«, *Los Angeles Times*, 23. Mai 1995, S. E1.

[3] Liliana R. Kossoy, »Detecting the Hidden Eating Disorders«, *Medical Aspects of Human Sexuality*, August 1991, S. 46.

[4] Zitiert in: Knowlton, »Silence and Guilt: Eating Disorders Have Long Been Associated with Woman«, S. E1.

[5] Sturkie und Tan, »Advanced Peer Counceling in Youth Groups«.

[6] Robert S. McGee, »Overcoming Eating Disorders« (Houston und Dallas: Rapha/Word, 1990), S. XIII.

[7] Ebenda.

[8] Sturkie und Tan, »Advanced Peer Counceling in Youth Groups«.

[9] Vivian Meehan, zitiert in Knowlton, »Silence and Guilt: Eating Disorders Have Long Been Associated with Woman«, S. E1.

[10] Basierend auf Zahlen aus Knowlton, »Silence and Guilt: Eating Disorders Have Long Been Associated with Woman«, S. E1.

[11] Dr. Arnold Anderson, zitiert in Knowlton, »Silence and Guilt: Eating Disorders Have Long Been Associated with Woman«, S. E1.

[12] Vredevelt, Newman, Beverly und Minirth, »The Thin Disguise: Understanding and Overcoming Anorexia and Bulemia«, S. 51.

[13] McGee, »Overcoming Eating Disorders«, S. XIV.

[14] Olson, »Counseling Teenagers«, S. 396.

[15] Vredevelt, Newman, Beverly und Minirth, »The Thin Disguise: Understanding and Overcoming Anorexia and Bulemia«, S. 51.

[16] Ebenda, S. 35.

[17] Ebenda, S. 44.

[18] Ebenda, S. 42.

[19] Ebenda, S. 40.

[20] 1. Korinther 6,19-20.

[21] Vredevelt, Newman, Beverly und Minirth, »The Thin Disguise: Understanding and Overcoming Anorexia and Bulemia«, S. 77.

[22] Psalm 34,18.

[23] Vredevelt, Newman, Beverly und Minirth, »The Thin Disguise: Understanding and Overcoming Anorexia and Bulemia«, S. 78-80.

[24] McGee, »Overcoming Eating Disorders«, S. 2-3.

[25] 5. Mose 31,6.

Kapitel 43: Ess-Brech-Sucht (Bulimie)

[1] Aus »Hitting Her Stride«, *People-Magazin*, 10. April 1995, S. 115-119.

[2] »An Expert Confronts the Complex Challenges of Bulimia Nervosa«, *People-Magazin*, 3. August 1992, S. 70.

[3] Zitiert in Knowlton, »Silence and Guilt: Eating Disorders Have Long Been Associated with Woman«, S. E1.

[4] Basierend auf Zahlen aus Knowlton, »Silence and Guilt: Eating Disorders Have Long Been Associated with Woman«, S. E1.

[5] Leslie Knowlton, »Basic Facts about Bulimia and Anorexia«, *Los Angeles Times*, 23. Mai 1995, S. E1.

6 Zitiert in »An Expert Confronts the Complex Challenges of Bulimia Nervosa«, S. 70.

7 Dr. Frank Minirth, Dr. Paul Meier, Dr. Robert Hemfelt, Dr. Sharon Sneed und Don Hawkins, »Love Hunger« (Nashville: Thomas Nelson, 1990), S. 20.

8 »Many Bulimic Woman Were Abused as Kids, Study Says«, *Chicago Tribune*, 10. Juli 1995, New Section, S. 6.

9 Berichtet in Bruce Bower, »Tracing Bulimia's Roots«, Science News, 5. Juni 1993, S. 366.

10 Dr. Katherine Halmi, zitiert in »An Expert Confronts the Complex Challenges of Bulimia Nervosa«, S. 70.

11 McGee, »Overcoming Eating Disorders«, S. XIV.

12 Zitiert in Marjorie Rosen, »Eating Disorders: A Hollywood Historie«, *People-Magazin*, 17. Februar 1992, S. 98.

13 Zitiert in Pamela Kind, »Turning Around Bulimia with Therapy«, *Psychologie Today*, Sept. 1989, S. 14.

14 Minirth, Meier, Hemfelt, Sneed und Hawkins, »Love Hunger«, S. 57.

15 Vredevelt, Newman, Beverly und Minirth, »The Thin Disguise: Understanding and Overcoming Anorexia and Bulimia«, S. 70.

16 Ebenda, S. 40.

17 Ebenda, S. 44.

18 Sturkie und Tan, »Advanced Peer Counseling in Youth Groups«.

19 Vredevelt, Newman, Beverly und Minirth, »The Thin Disguise: Understanding and Overcoming Anorexia and Bulimia«, S. 40.

20 Minirth, Meier, Hemfelt, Sneed und Hawkins, »Love Hunger«, S. 59-60.

21 Dr. Paul Garfinkel, zit. in »Many Bulimic Woman Were Abused as Kids, Study Says«, S. 6.

22 1. Korinther 6,19-20.

23 Psalm 147,3.

24 Vredevelt, Newman, Beverly und Minirth, »The Thin Disguise: Understanding and Overcoming Anorexia and Bulimia«, S. 78-80.

25 Jesaja 40,1.

26 1. Thessalonicher 5,14.

27 Olson, »Counseling Teenagers«, S. 397.

28 McGee, »Overcoming Eating Disorders«, S. 3-4.

29 Sturkie und Tan, »Advanced Peer Counseling in Youth Groups«.

30 5. Mose 31,6.

Kapitel 44: Schulabbruch

1 1. Timotheus 4,12-14.

2 Sprüche 3,13.

3 Sprüche 24,5.

4 2. Timotheus 2,15.

5 Vgl. Johannes 8,1-11.

Kapitel 45: Über- und Untermotivation

1 Zitiert in: »The Dunce Gap«, *Psychology Today*, Nov./Dez. 1992, S. 9.

2 2. Timotheus 2,15.

3 1. Samuel 16,7.

4 Foster Cline, Jim Fay, »Parenting Teens with Love and Logic« (Colorado Springs: Pinion Press, o. J.), S. 207.

Kapitel 46: Leben mit einer Behinderung

1 Basierend auf einem aktuellen Bericht in einer Zeitschrift. Namen und Einzelheiten wurden zum Schutz der Person geändert.

2 *Demographic Yearbook*, United Nations.

3 Statistical Abstract of the United States, 1994.

4 David Veerman, »Skin Deep«, in Kesler, »Parents and Teenagers«, S. 180.

5 Christie, »Dating and Waiting: A Christian View of Love, Sex and Dating«, S. 18.

6 Veerman, »Skin Deep«, S. 180.

7 Dobson, »Preparing for Adolescence«, S. 27.

8 Tom Perski, »Handicapped, But Complete«, in Kesler, »Parents and Teenagers«, S. 521.

9 Jay Kesler, »Handling the Sting of Ridicule and Teasing«, in Kesler, »Parents and Teenagers«, S. 284.

10 Ebenda, S. 284.

11 Prediger 9,11.

12 Psalm 86,15.

13 Galater 5,22.

14 1. Chronika 29,15.

15 2. Korinther 4,7.

16 Veerman, »Skin Deep«, S. 180.

17 Römer 12,15.

18 Donald Mardock, »What Teens Don't Like about Themselves«, in Kesler »Parents and Teenagers«, S. 189.

19 Veerman, »Skin Deep«, S. 180-181.

20 Ebenda.

21 Cline und Fay, »Parenting Teens with Love and Logic«, S. 51-52.

Kapitel 47: Lebenslange Krankheit

1 Veerman, »Skin Deep«, S. 180.

2 Quelle: *Healt Care Book of Lists*, 1993.

3 Paula Hartman-Stein und Jeanette M. Reuter: »Developmental Issues in the Treatment of Diabetic Woman«, *Psychology of Woman Quarterly* 12 (1988): S. 421.

4 Elizabeth Berg: »Moments of Ease«, *Special Report on Health*, Januar 1991, S. 9.

5 Hiob 14,1.

6 Psalm 90,13.

7 Psalm 46,1.

8 2. Korinther 1,4.

9 2. Korinther 12,9.

10 Klagelieder 3,25.27-33.

11 Veerman, »Skin Seep«, S. 180.

12 Psalm 68,5.

13 Sprüche 23,10-11.

14 Jeremia 8,18.

15 2. Korinther 1,4.

Kapitel 48: Gottes Willen erkennen

1 Adrian Rogers, »Letting God Be Your Guide«, in: Kesler, »Parents and Teenagers«, S. 353.

2 Ebenda.

3 Ebenda.

4 Bill Bright, »Knowing God's will«, in: Kesler, »Parents and Teenagers«, S. 353.

Kapitel 49: Berufswahl

1 Collins, »Christian Counseling«, S. 235.

2 Ebenda, S. 238.

3 James Dobson, »Dr. Dobsen Answers Your Questions«, in: *Focus on the Family Magazin*, Nov. 1995, S. 5.

4 Collins, »Christian Counseling«, S. 240.

5 Psalm 37,4.

6 Collins, »Christian Counseling«, S. 243.

7 Barna, »The Invisible Generation«, S. 123.

8 Collins, »Christian Counseling«, S. 241.

9 Meredith W. Long, »God's Will and the Job Market«, *HIS*, Juni 1996, S. 1.

10 David L. McKenna, »Guiding Your Teen to the Right Career«, in: Kesler, »Parents and Teenagers«, S. 670.

11 Jon Clemmer, »Goal- and Career-Planning«, in: Douglas L. Fagerstrom (Hrsg.) »Singles Ministry Handbook« (Wheaton, Ill.: Victor Books, 1988), S. 105.

12 Collins, »Christian Counseling«, S. 243.

Josh McDowell und Bob Hostetler

Glaube ohne Werte

Jugend am Abgrund?

352 Seiten
24,80 DM
ISBN 3-89397-252-8

Paperback

Gewalt in Schulen, drogenabhängige Kinder, Jugendbanden-Kriminalität, zügelloser Sex von Teenagern – die Schlagzeilen der Medien sind voll davon – das Verhalten einer Generation, die ihren Glauben an objektive Werte wie Recht und Unrecht verloren hat. Für sie gibt es keine Verantwortlichkeit im Blick auf Moral und Wahrheit mehr.

Und das gilt nicht nur für Kinder aus schwierigen familiären Verhältnissen – es sind die jungen Leute aus den christlichen Gemeinden und Familien. Gemeindeleiter und Eltern machen die schmerzliche Erfahrung, daß ihre Kinder in alarmierender Weise die biblischen Wahrheiten über Bord geworfen haben und im Sog der Masse mitschwimmen.

Dieses Buch zeigt aber nicht nur die schockierenden Zustände sondern auch biblische und praktikable Wege zum Verständnis von Moral und Wahrheit und die Möglichkeit einer Vermittlung an die nächste Generation.

Charles C. Ryrie

Die Bibel verstehen

Das Handbuch biblischer Theologie für jedermann

Hardcover

608 Seiten
39,80 DM
ISBN 3-89397-370-2 (CLV)
ISBN 3-89436-109-3 (CVD)

Wenn jemand Grund hat, sich mit Theologie zu beschäftigen, dann sind es zuallerst die Christen, denn die Zeit und Kraft, die sie in das Nachdenken über den wahren Gott investieren, erleuchtet nicht nur ihren Verstand, sondern verändert ihr Leben. Letztlich ist es das Ziel aller Theologie, unser Leben dem Vorbild Christi gleichzugestalten.

Dieses Buch wendet sich nicht nur an den Fachmann, sondern an jeden Christen, dessen Denken darauf ausgerichtet ist, den lebendigen Gott zu erkennen. Prof. Ryrie versteht es, auch komplexe Zusammenhänge in einfacher Sprache verständlich zu machen. Eine Reihe von Grafiken und Tabellen erleichtert das Erfassen der Zusammenhänge.

Dr. Charles Ryrie ist in der ganzen Welt bekannt wegen seiner fundierten Schriftkenntnis und wegen der Klarheit, mit der er die Wahrheiten des Wortes Gottes zu formulieren versteht. Von 1962–1983 war er Präsident am *Dallas Theological Seminary*. Er ist Autor zahlreicher Bücher und Artikel; heute ist er als Schriftsteller tätig.

Computer-Bibelprogramm

BibleWorkshop '97

Basis-Studienpaket

Software auf CD
98,– DM
Bestell-Nr. 255.807 (CLV)
Bestell-Nr. 273.162 (CVD)

Ein unbegrenzt erweiterungsfähiges Bibelstudienpaket für jeden Anwender. Lieferumfang und wichtigste Eigenschaften des Basis-Studienpakets:

* Bibelversionen: Schlachter 1951, Luther 1912, Unrev. Elberfelder 1905, King-James-Bible, Louis Segand (Franz.).
* Deutschsprachige Nachschlagewerke: *Arbeitsbuch für den biblischen Unterricht*, *Kommentar zum NT* (MacDonald), *Was die Bibel lehrt: Hebräerbrief*, Jahresbibelleseplan *Tiefenschärfe*.
* Einbinden weiterer Bibelversionen möglich.
* Parallele Anzeige mehrerer Bibelübersetzungen in einem oder mehreren Fenstern.
* Begriffsuche auch in Nachschlagewerken.
* Hyperlink-Funktion für eigene Notizen.
* Alles kann gespeichert, gedruckt oder in eine Textverarbeitung übernommen werden.
* Sprechblasen- und Online-Hilfe zum leichten Einstieg.
* Sehr hohe Geschwindigkeit. Abfrage komplexer Wortkombinationen in kaum meßbarer Zeit.
* uvm.

Folgendes Zubehör ist erhältlich:
* Modul Luther '84 + Jerusalemer Bibellexikon (98,– DM)
* Modul Revidierte Elberfelder + Namenslexikon (49,– DM)
* Handbuch zu BibleWorkshop (19,80 DM)

Sonderausgabe:
* BWS-Spezial – alle Funktionen, jedoch nur mit Schlachter-Bibeltext (9,80 DM)